解放军和武警部队院校招生
文化科目统考复习参考教材
(适用于高中毕业生[含同等学力]士兵)

语　文

军考教材编写组　编

国防工業出版社
·北京·

内容简介

本书是解放军和武警部队院校招生文化科目统考复习参考教材的语文分册,供报考军队院校的高中毕业生[含同等学力]士兵复习使用。本书以《2021年军队院校招收士兵学员文化科目统一考试大纲》为依据,以广大考生复习考试的实际需要为目标而编写。

图书在版编目(CIP)数据

解放军和武警部队院校招生文化科目统考复习参考教材.语文/军考教材编写组编.—北京:国防工业出版社,2019.4(2021.9重印)
ISBN 978-7-118-11850-6

Ⅰ.①解… Ⅱ.①军… Ⅲ.①语文课—军事院校—入学考试—自学参考资料 Ⅳ.①E251.3 ②G723.4

中国版本图书馆CIP数据核字(2019)第055114号

※

国防工业出版社出版发行
(北京市海淀区紫竹院南路23号 邮政编码100048)
北京天颖印刷有限公司印刷
新华书店经售

*

开本 787×1092 1/16 **印张** 25¾ **字数** 643千字
2021年9月第1版第5次印刷 **印数** 46001—48000册 **定价** 65.00元

国防书店:(010)88540777 书店传真:(010)88540776
发行业务:(010)88540717 发行传真:(010)88540762

本书编委会

丛书说明

应广大考生要求，军队院校招生主管部门授权中国融通教育集团组织编写了《解放军和武警部队院校招生文化科目统考复习参考教材》。本套教材分为三个系列：高中毕业生[含同等学力]士兵适用的《语文》《数学》《英语》《政治》《物理》《化学》；大专毕业生士兵适用的《语言综合》《科学知识综合》《军政基础综合》；大学毕业生士兵提干推荐对象和优秀士兵保送入学对象适用的《综合知识与能力》。

本套教材是军队院校招生考试唯一指定的复习参考教材，内容紧扣2021年军队院校招生文化科目统一考试大纲，科学编排知识框架，合理设置练习讲解，确保了复习内容的科学性、针对性和实用性。同时，这套教材的电子版可在强军网"军队院校招生信息网"(http://www.zsxxw.mtn)免费下载使用。

为提供优质、便捷、高效的考学助学服务，融通人力考试中心联合81之家共同打造了"81之家军考"服务平台，考生可通过关注相关公众号和下载App，获取更多考试帮助。

本套教材的编审时间非常紧张，书中内容难免有不当之处，如对书中内容有疑问，请通过邮箱(81zhijia@81family.cn)及时反馈。

军考教材编写组

2021年1月

前　言

本书是解放军和武警部队院校招生文化科目统考复习参考教材的语文分册，供2021年报考军队院校的高中毕业生［含同等学力］士兵考生复习使用。本书以《2021年军队院校招收士兵学员文化科目统一考试大纲》为依据，参考现行高中语文教材，并针对广大士兵考生特点编写而成。

本书主要包括考试大纲解读、考试真题解读、知识介绍、基础练习及强化练习（基础练习侧重于对该章节知识点进行训练与考查，旨在检验对知识点的掌握程度；强化练习则是以考题形式针对该章节知识点所进行的考场适应性训练）四大部分。

本书在最后收录了“二〇二〇年军队院校生长军（警）官招生文化科目统一考试士兵高中语文试题”和“二〇二〇年军队院校士官招生文化科目统一考试士兵高中语文试题”，并附有参考答案，供考生全面了解考试形式和内容并模拟练习。

本书由杨春魁任主编，赵新新、任晶任副主编。参加本书编写的人员还有李凯敏、王斌、郭渊。全书由魏明主审。由于时间紧、任务急、水平有限，难免存在不足之处，给读者带来不便，恳请读者予以谅解并批评指正。

编者

2021年1月

目　录

第一编　语言与表达

第一章　字　音

【考试大纲解读】

考试大纲中，与本章节相关的内容，只有“识记现代汉语普通话常用字的字音”这一句话，而且，在语言表述上，近年没有更改。

大纲明确指出，字音题所考的字是普通话中常用的字，方言字的读音等不在考试范围内，不要求掌握。考题中考查的字，往往是常用而且常常读错的字。

军考近于成人考试，不受中学语文教材常用词和普通生活常用词的局限，而以日常生活实用为准则。军人的日常生活，体现在词语使用上，军味词语自然会是考试素材的首选。2019 年以来的考题中，军事词语比重有所增加。考生在关注通用词语的同时，适应身份转变的需要，多加关注军味词语，对于工作、参加军考都是有必要的。

【考试真题解读】

Ⅰ. 2020 年真题回放

1. 下列加点字的读音，完全正确的一项是______。

A. 狙击 jū　　亲家 qìn　　气馁 něi　　荷枪实弹 hè

B. 忖度 cǔn　　斐然 fēi　　偈语 jì　　飞来横祸 hèng

C. 扛鼎 gāng　　纤细 xiān　　粗犷 guǎng　　一哄而散 hòng

D. 发酵 jiào　　弓弦 xián　　祛除 qù　　刚愎自用 bì

Ⅱ. 2019 年真题回放

1. 下列加点字的注音，完全正确的一项是______。

A. 讣告 bǔ　　金柝 tuò　　博闻强识 zhì　　蜚声文坛 fēi

B. 觊觎 jì　　应届 yìng　　曲径通幽 qū　　不容置喙 huì

C. 刹那 chà　　擘画 bì　　穷兵黩武 dú　　自怨自艾 yì

D. 说服 shuō　　模板 mú　　雄师劲旅 jìng　　忠贞不渝 yú

Ⅲ. 2018 年真题回放

1. 下列加点字的注音，完全正确的一项是________。

A. 皈依 guī　　拓片 tuò　　长颈鹿 jǐng　　戛然而止 jiá
B. 稗官 bài　　掮客 qián　　有血性 xiè　　暴殄天物 tiǎn
C. 悚然 sǒng　　戏谑 xuè　　冠心病 guān　　怙恶不悛 quān
D. 绦虫 tāo　　悖逆 bèi　　入场卷 quàn　　淙淙流水 zōng

Ⅳ. 对考试真题的解读及复习指导

最近 10 年的字音考查，都是 3 分的分值，而且是无一例外地居于考卷开头，以单选题的形式出现，以多音字、形近字、习惯误读字为焦点。考题难度为中档或较难档次，平均得分最低。

今年的语音考试，想必还会沿袭单选题型。万一有变化，则可能是结合阅读理解文本或者语用文本出语音选择题。即便考题位置有变，也还是考常用、常错字。出主观题的可能性极小：拼音的手写体，不便于判卷识别。

字音这一考点，普遍认为多音字最难掌握。主要是因为平时积累不多、关注不够，不少考生没有追究正确读音的习惯，不觉得读错几个字会有多大妨碍。作为军考必考题，它是适应军队成员来自五湖四海、信息时代更要快速、准确地交流这一特殊需要而设置的，是引导考生正确使用普通话的必要手段。不能正确读出“稍息、船舷、停泊、舰载机、歼击机、迫击炮、雄师劲旅、颇有造诣、千里迢迢、空穴来风、绯闻不断”这些词语，工作和生活或多或少地会受到影响。

建议考生留意本章节之后的两个附录，它是编者花费多年来心血不断整理完善的资料，其中囊括了大部分考题素材。考生可根据自身情况浏览几遍，每次都对自己没能掌握的字，用一种特定颜色标识出来，再三过目，最终达到绝大多数字音能够正确读出的程度。知识讲解之后的“基础练习”题，作为消化和检验本章节知识点的材料，对基础不是很牢固的考生还是较有价值的。基础扎实的考生，可以直接从“强化练习”做起，搞专项“实战训练”。

【字音知识介绍】

考查汉字字音，对于军校招生统考来说，不仅承载着检验考生汉语语音基础知识的任务，还承载着引导推广汉语普通话的重要任务。正确识记现代汉语普通话的字音，目的是为了准确地进行言语交流，避免汉字误读。

辨别、确定汉字字音正确与否，以 2013 年 6 月国务院发布的《通用规范汉字表》为唯一标准。《现代汉语词典》(第 7 版)、《现代汉语规范词典》(第 3 版)等工具书就是以它为依据加以修订的，应当视为辨别字音、字形和词语使用正误的重要依据，也是我们平时学习现代汉语的重要工具书。网络上的各种检索工具，还有那些旧的法规和字典词典，在汉字字音字形规范方面或多或少地与《通用规范汉字表》有所不同，不能作为判断汉字使用正误的依据。这一点，我们必须清楚，以免产生无谓的争执。

字音的考查重点是常用字中的多音字及部分形近字、形声字的读音。所选的字，大多数在中学教材中出现过，有时也会考查卷舌音和平舌音以及鼻音边音。通过这种题型，旨在考查多种读音的辨识以及读音的准确性。

复习中，要注意对一些常用语音拼写规则的掌握。例如：①i、ü 单独成音节时，若前面加 y，则 ü 去掉两点；i 上标调，点要去掉；u 单独成音节时，前面加 w。②j、q、x 不和 u 相拼；当与 ü 相拼时，ü 须去掉两点。③韵母 iou、uei、uen 前面加声母时，须省略中间的 o、e，写成 iu、ui、un。④声调标在韵母中最响亮、开口度最大的元音上，元音开口度大小的次序是 ɑ、o、e、i、u、ü。⑤当

ɑ、o、e 开头的音节连在其他音节后时，应用隔音符号隔开，如 rè'ài(热爱)。⑥轻声不标音调。⑦人名、地名开头的字母和一句话开头的字母要大写。

要重视对多音多义字的归纳类比，对多音字、形近字、易误字进行针对性的识记。语音方面，要注意掌握汉语拼音方案，注意区分方言与普通话之间的语音区别，克服自身发音上的缺陷。语音试题主要考查的是识记，我们在复习时就要加强记忆，注重积累，同时适当注意一些方法的运用，做到举一反三。

常见的误读主要包括形声字的误读、多音字的误读、形近字的误读、音近字的误读等。复习时，建议采用平时点滴积累，考前着意强化、反复识记的方法。

拼写、注音的规则要适当关注。军校试题中曾经出现过“注音有误的一项是________”这样的题型。例如“流动”的“流”，正确的注音是 liú，声调标注在第二个字母上就是错误的；如果在“i”之后再加上个“o”，并且在它上面标调，那也是错误的。

与地方高考相比，军校招生考试具有成人高考性质，更注重语言实际使用。例如，在 2014 年军校考试中就曾经考过轻声字“宽绰”的“绰”字。不过，如果考轻声，一般考的是常见的词语，如“显摆”“亮堂”。要养成良好的学习习惯，在日常生活中留心常见字的字音，注意日积月累。

一、形声字的字音

形声字的误读，也就是常说的：“识字不识字，先识半个字。”误读声旁，主要有以下三种情况：

一是声旁的声母有变。例如：“歼击机”的“歼”读 jiān，不读 qiān；“发酵”的“酵”读 jiào，不读 xiào。

二是声旁的韵母有变。例如：“掌掴”的“掴”读 guāi，不读 guō；“酗酒”的“酗”读 xù，不读 xiōng；“帷幄”的“幄”读 wò，不读 wū。

三是声旁的声母、韵母全变。例如：“造诣”的“诣”读 yì，不读 zhǐ；“嵩山”的“嵩”读 sōng，不读 gāo；“莅临”的“莅”读 lì，不读 wèi。

正确认读形声字，要注意以下三点：

一是要注意不读声旁的形声字。由于古今语音的变化和规范字形的变化，现代汉语中已经有七成左右的形声字，不能根据其声旁确定其读音了。所以不能“秀才识字读半边”，不然的话，就容易造成误读。比如，“爬、池、剔、积”，这些字都不能按照它们的声旁去读了。

二是要根据字形确定字音。要想据形定音，就得确定声旁的位置。形声字形旁和声旁结合的方式主要有左形右声、右形左声、上形下声、下形上声、外形内声、内形外声等几种。此外，还有形占一角的，如“荆、疆”；有声占一角的，如“徒、旗”。相当一些形声字，能根据声旁确定其读音，如“啧、帻”都读 zé，“框、眶”都读 kuàng，等等。

三是要注意同一声旁而读音不同的形声字。有些形声字的声旁相同，而读音不完全相同，如“消、销、宵、霄、俏、悄、稍”等，再如“减、碱、箴、感”等，这些形声字往往是最容易考查能否正确识记现代汉语普通话字音的字。

二、多音字的字音

多音字有两种类型：一种是多义多音字，一种是同义多音字。

多义多音字。一般是为了区别字义而读不同的字音。比如：“拗”表示不顺时，读 ào，如“拗口”；表示固执、不顺从时，则读 niù，如“执拗”；方言中“使……弯曲或断，则读 ǎo。“阿”当动词

"迎合"用时,读 ē;当名词的前缀用时,则读 ā。

辨识这一类字的字音,常常要在特定的语境中来进行。比如:"澄清"两个字在一起时,用在"澄清事实真相"这一语境中,"澄清"作为一个动词用,"澄"字读 chéng;在"等把水澄清了再洗"这个语境中,"澄"字是单独作动词的,这种情况下则读 dèng。

同义多音字。可分为三种情况:

(1) 作单音节词时与作双音节或多音节词时读音不同。比如:"削"在"削苹果皮"中读 xiāo,在"剥削""削减"中读 xuē。

(2) 一般读音与个别读音不同。比如:"番"在"番号"一词中读 fān,在"番禺"这个地名中则读 pān;"蕃"在"蕃盛"一词中读 fán,在"吐蕃"这个古代民族名中则读 bō;"咖"在"咖喱"这个音译词中读 gā,在其他词语中则读 kā。

(3) 口语读音与书面语读音不同。比如:"血"在"血淋淋""血糊糊"等口语词汇中读 xiě,在"血液"等书面语词汇中则读 xuè。

避免误读多音字,就需要摸清规律、掌握辨析方法。可以从以下几个方面入手加以辨析:

1. 从字的意义和词性入手

多音多义字,在具体的词语和使用环境中,其义项是相对固定的,体现在词性上则更单纯,因此,可以从字义、词性的角度去分辨。比如:"兴"的两个读音,作名词时读 xìng,像"兴致""兴高采烈""兴味盎然"等;作动词时读 xīng,像"兴亡""兴风作浪""兴师动众"等。类似的还有"曲""横""泊""泥""炮""弹""省""丧""藏""乘""处""笼""宁"等。

2. 从词义的使用习惯入手

有些多音多义字,其字音有的习惯用于人,有的习惯用于物;有的习惯作前词根,有的习惯作后词根。使用习惯不同,也决定了读音不同。比如:"角",当其意义与物有关时读 jiǎo,像"角落""钩心斗角"等;当其意义与人的活动有关时读 jué,像"角色""角斗"等。类似的还有"量""供""塞"等。

3. 从口语与书面语入手

有些多音字分别用于口语和书面语。口语环境与日常生活有关,通俗平易;书面语庄重典雅,多在复音词和成语中出现。比如:"露",书面语中读 lù,像"露骨""崭露头角"等;口语中读 lòu,像"露脸""露马脚""露富"等。类似的还有"落""差""壳""给""血""剥"等。

4. 从普通词语与专用词语入手

有些多音字的字音分别用于普通词语和专用词语。这些专用词语,主要指的是姓氏和地名。比如:"单",当读 shàn 时,作姓氏用;当读 chán 时,作专用名词,像"单于";当读 dān 时,作普通词语,像"单独"。类似的还有"区""解""缪"等。

5. 从词义的特殊性入手

有些多音字,其多种读音中有一两个意义是非常稀有或特殊的。对这种多音字,可采取记少不记多的办法来识记。比如:"艾"有两个读音,当读 yì 时,其意义为"治理、惩治",像"自怨自艾""惩艾";其余大部分词语中的读音为 ài。"巷"字,在"巷道"中读 hàng,在其他双音节词中读 xiàng。类似的还有"冯""否""度""藉""暴""称""扁""蛇""般"等。

三、形近字的字音

形近字由于形体差别细微,认读和书写时常常会张冠李戴。例如,"颖—颍、赢—羸、徒—

徙、鸩—鸠、瞻—赡”等，稍不注意，就会产生认读错误。

对于形近字，首先，要把读音和意义联系起来进行记忆。比如：“瞻”，形旁是“目”，这个字的意义与眼睛有关；而“赡”字从“贝”，和钱财有关。由此来区别读音，就不会把“赡养”读为zhān yǎng。其次，要找出形近字之间的不同之处加以辨别，以免认错字、读错音。例如，“戍、戌、戊”，三个字的字形只有一笔之差，其差异可以概括为“点戍横戌戊中空”。

四、音近字的字音

这里所说的音近字，主要指那些字音相同或相近而字形明显不同的字。例如“融”和“溶”，都读 róng。对这类音近字，要把音、形、义联系起来，在理解的基础上巩固记忆。对于音近且义近的字，如“竟”和“竞”等，尤其要注意辨别。

五、难读字的字音

有些字的字义，可以根据上下文的意思来推断，但字音却不好把握。有的字的声旁虽然熟悉，却不能贸然按声旁来读。比如：“黠”读 xiá，“涸”“阂”都读 hé。有的字虽说有声旁，但声旁不一定认识。比如：“鬣”读 liè，“鹬”读 yù。有的字表面上找不到什么读音的依据，比如：“贮”读 zhù。这样的字不太好归类，可以算作难读字，只能逐个识别、熟习牢记。

六、语音考题的解题技巧

解答语音试题常见的方法有以下几种：

1. *语义辨析法*

对多音字的认读，要掌握“音随意转”的原则。在难以确定正确选项的情况下，可多考虑从词语具体意义的角度入手解决问题，把词语的读音放在具体的语境中加以分析判断。一般情况下，常见多音字所标“次读音”正确的可能性比较大，标“常读音”正确的可能性比较小；形声字标“不同声旁读音”正确的可能性比较大，标“同声旁读音”正确的可能性比较小；常见字标音正确的可能性比较小，而生僻字一般不会标错音。

【例1】 加线字的注音，全都正确的一组是(　　)。

A. 海市蜃(shèn)楼　　良莠(yǒu)不齐　　怙(gú)恶不悛

B. 为(wèi)渊驱鱼　　心广体胖(pán)　　瞠(chēng)目结舌

C. 刚愎(bì)自用　　胜券(juàn)在握　　面面相觑(qù)

D. 冠(guān)冕堂皇　　买椟(dú)还珠　　茅塞(sài)顿开

【解析】这个小题考查的是成语中汉字的注音。解题时要注意两点：一是该字的本来读音，二是该字在这个成语小语境中的读音。首先要理解成语的结构、意思，即根据语义来辨析读音。如“为渊驱鱼”这个主谓短语，“为”字是个多音字。这个成语出自《孟子・离娄上》，意思是水獭想吃鱼，却把鱼赶到深水里去了。后来比喻不善于团结人，把一些本来可以争取过来的人赶到了敌对的一方。“为”在这里是“替”的意思，作动词用，因此读作“wèi”。此外，还要注意切忌按照一般通行的单个字音或读一半的方法来读，如“良莠不齐、怙恶不悛、心广体胖、瞠目结舌、刚愎自用、胜券在握、面面相觑、茅塞顿开”等，这些成语中的加线字都不同于一般形声字的读音。A 项，“怙恶不悛”的“怙”读 hù，C 项，“胜券在握”的“券”读 quàn，D 项，“茅塞顿开”的“塞”读 sè。答案为 B。

2. 排除法

首先将能确定的正确的读音标识出来,其他的再进行下一步的辨识。注意语音试题许多时候考查的是易读错的字音,所以切忌轻易当作形声字只读半边。如果题干是全部不相同的选项,一般可以通过选项的比较,把其中两项予以排除;如果题干是要求读音全都正确,就先排除明显有错误的一项;如果题干要求选择读音有错误的一组,就首先排除确定无误的一项。总之,排除法是一种比较好的方法,要依靠一定的知识积累和巧妙地利用选项之间的差异来进行排除。

【例 2】 加线字的注音,全都正确的一组是(　　)。

A. 觊(jì)觎　胴(tóng)体　恫(dòng)吓　纨绔(kù)子弟

B. 忤(chǔ)逆　扒(pá)窃　伉(kàng)俪　垂涎(xián)三尺

C. 不啻(chì)　谄(chǎn)媚　隽(juàn)永　稗(bài)官野史

D. 刹(chà)那　篡(cuàn)改　狙(zǔ)击　岿(kuī)然不动

【解析】本题考查对汉语常用词语语音的准确识读能力。对一些字如果能够避免只读一边的话,可以通过直接确认进行排除。如果能确定 A 项中"胴"读"dòng",B 项中"忤"读"wǔ",D 项中"狙"读"jū",那么,就不难判定答案应为 C。

3. 直接认读法

答题时要迅速比较各个备选项的异同,找出其细微差别。一旦碰到似曾相识或难以肯定的试题时,可多读几遍,凭语感做出选择,此时要相信自己的第一感觉。因为之所以会有这样的感觉,多半是因为你平时接触过,在头脑中已有模糊的印象,只是由于未加注意而显得陌生罢了。直接认读,调动的是潜意识,是一种印象上的不谋而合,正确率是相对较高的。所以,此时切忌当断不断,要敢于凭借第一印象进行判断选择。

【例 3】 加线字的注音,全部正确的一项是(　　)。

A. 嗜好(hào)　破绽(dìng)　迸(bèng)流　荷(hé)枪实弹

B. 惬(xiá)意　澎湃(bài)　赫(hè)然　泰然处(chǔ)之

C. 绮(qǐ)丽　贮(zhù)藏　拾掇(duō)　茅塞(sài)顿开

D. 肇(zhào)事　攻讦(jié)　黏(nián)合　波谲(jué)云诡

【解析】这道语音题考查面较广。包括多音字(如"好""和""处""塞""荷")、形似字(如"绽一定""贮一伫")、常见易读错音的字(如"绽""惬""黏""谲")、难读字(掇、黏、讦)。只有在平时准确、扎实地掌握了这些字的读音,才能选出正确答案。A 项应为破绽(zhàn)、荷(hè)枪实弹;B 项应为惬(qiè)意、澎湃(pài);C 项应为拾掇(duo)、茅塞(sè)顿开。答案选 D。这种知识考查比较密集的试题,常常会不知道选择哪个选项,这时候宜于根据第一印象做出选择,不必花费时间去逐个分析。

【附录一】

容易读错的字辑录(按音序排列)

词语	读音	词语	读音	词语	读音	词语	读音
				A			
挨紧	āi	挨饿	ái	白皑皑	ái	狭隘	ài
艾灸	ài	谙练	ān	熬菜	āo	煎熬	áo
鏖战	áo	拗断	ǎo	拗口	ào		

（续）

词语	读音	词语	读音	词语	读音	词语	读音
B							
扒车	bā	纵横捭阖	bǎi hé	稗官野史	bài	扳平	bān
同胞	bāo	炮羊肉	bāo	剥皮	bāo	薄纸	báo
并行不悖	bèi	蓓蕾	bèi lěi	奔波	bēn	投奔	bèn
迸发	bèng	包庇	bì	麻痹	bì	奴颜婢膝	bì xī
复辟	bì	刚愎自用	bì	针砭	biān	便宜行事	biàn
濒临	bīn	摈除	bìn	屏气	bǐng	摒弃	bìng
剥削	bō xuē	波涛	bō	吐蕃	bō	菠菜	bō
衣钵	bō	停泊	bó	淡薄	bó	巨擘	bò
哺育	bǔ						
C							
采邑	cài	粗糙	cāo	嘈杂	cáo	参差	cēn cī
差错	chā	偏差	chā	差距	chā	搽粉	chá
刹那	chà	差遣	chāi	侪辈	chái	谄媚	chǎn
忏悔	chàn	羼杂	chàn	为虎作伥	chāng	一场雨	cháng
场院	cháng	赔偿	cháng	徜徉	cháng	怅惘	chàng
绰棍子	chāo	掣肘	chè	风驰电掣	chè	坼裂	chè
抻面	chēn	瞋目	chēn	瞠目结舌	chēng	惩前毖后	chéng
乘机	chéng	惩处	chéng	驰骋	chěng	鞭笞	chī
痴心妄想	chī	痴呆	chī	白痴	chī	踟蹰	chí chú
奢侈	chǐ	整饬	chì	炽热	chì	不啻	chì
叱咤风云	chì zhà	忧心忡忡	chōng	憧憬	chōng	崇拜	chóng
惆怅	chóu chàng	踌躇	chóu chú	处理	chǔ	相形见绌	chù
黜免	chù	揣摩	chuǎi	椽子	chuán	命运多舛	chuǎn
创伤	chuàng	凄怆	chuàng	辍学	chuò	啜泣	chuò
宽绰	chuo	瑕疵	cī	伺候	cì	烟囱	cōng
从容	cóng	淙淙流水	cóng	蹙迫	cù	簇拥	cù
一蹴而就	cù	璀璨	cuǐ	忖度	cǔn duó	蹉跎	cuō tuó
D							
答话	dā	呆板	dāi	逮老鼠	dǎi	逮捕	dài
殚精竭虑	dān	虎视眈眈	dān	肆无忌惮	dàn	档案	dàng
档次	dàng	长歌当哭	dàng	安步当车	dàng	当(本)年	dàng
追悼	dào	提防	dī	瓜熟蒂落	dì	缔造	dì
真谛	dì	掂掇	diān duo	玷污	diàn	装订	dìng
订正	dìng	恫吓	dòng hè	句读	dòu	蠹虫	dù
兑换	duì	咄咄逼人	duō	踱步	duó		

（续）

词语	读音	词语	读音	词语	读音	词语	读音
E							
阿谀	ē yú	婀娜	ē nuó	讹传	é	扼要	è
阏止	è						
F							
梵文	fàn	绯闻	fēi	菲薄	fěi	沸点	fèi
氛围	fēn	肤浅	fū	敷衍塞责	fū sè	仿佛	fú
凫水	fú	篇幅	fú	辐射	fú	果脯	fǔ
随声附和	fù hè	讣告	fù				
G							
咖喱	gā	准噶尔	gá	大动干戈	gē	诸葛亮	gě
百舸争流	gě	脖颈儿	gěng	股肱	gōng	觥筹	gōng
提供	gōng	供销	gōng	供给	gōng jǐ	供不应求	gōng yìng
供认	gòng	口供	gòng	佝偻	gōu lóu	勾当	gòu
骨朵儿	gū	骨气	gǔ	蛊惑	gǔ	商贾	gǔ
桎梏	gù	粗犷	guǎng	皈依	guī	瑰丽	guī
刽子手	guì	聒噪	guō				
H							
哈欠	hā	哈达	hǎ	尸骸	hái	稀罕	han
引吭高歌	háng	沆瀣一气	hàng xiè	干涸	hé	上颌	hé
一丘之貉	hé	喝彩	hè	负荷	hè	蛮横	hèng
发横财	hèng	飞来横祸	hèng	一哄而散	hòng	糊口	hú
囫囵吞枣	hú lún	怙恶不悛	hù quān	华山	huà	豢养	huàn
病入膏肓	huāng	阴晦	huì	污秽	huì	讳疾忌医	huì jì
诲人不倦	huì	浑水摸鱼	hún	混淆	hùn xiáo	和泥	huó
豁达	huò	霍乱	huò				
J							
窗明几净	jī	茶几	jī	畸形	jī	羁绊	jī
羁旅	jī	跻身	jī	通缉令	jī	放荡不羁	jī
无稽之谈	jī	汲取	jí	即使	jí	嫉妒	jí
棘手	jí	贫瘠	jí	狼藉	jí	开学在即	jí
疾恶如仇	jí	一触即发	jí	脊梁	jǐ	给予	jǐ yǔ
人才济济	jǐ	霁月光风	jì	觊觎	jì yú	成绩	jì
事迹	jì	雪茄	jiā	戛然	jiá	稼穑	jià sè

（续）

词语	读音	词语	读音	词语	读音	词语	读音
歼灭	jiān	信笺	jiān	缄默	jiān	渐染	jiān
草菅人命	jiān	眼睑	jiǎn	间断	jiàn	缴纳	jiǎo
矫枉过正	jiǎo	校对	jiào	开花结果	jiē	事情结果	jié
结冰	jié	反诘	jié	拮据	jié jū	攻讦	jié
桔梗	jié	押解	jiè	情不自禁	jīn	尽快	jǐn
根茎叶	jīng	长颈鹿	jǐng	杀一儆百	jǐng	强劲	jìng
劲敌	jìng	劲旅	jìng	痉挛	jìng	抓阄	jiū
针灸	jiǔ	韭菜	jiǔ	内疚	jiù	既往不咎	jiù
狙击	jū	咀嚼	jǔ	矩形	jǔ	沮丧	jǔ
龃龉	jǔ yǔ	循规蹈矩	jǔ	前倨后恭	jù	镌刻	juān
隽永	juàn	口角	jué	角斗	jué	角色	jué
角逐	jué	崛起	jué	猖獗	jué	诡谲	jué
矍铄	jué	攫取	jué	一蹶不振	jué	倔强	jué jiàng
细菌	jūn	龟裂	jūn	俊杰	jùn	竣工	jùn
隽秀	jùn	崇山峻岭	jùn				
K							
同仇敌忾	kài	不卑不亢	kàng	窠臼	kē jiù	坎坷	kě
可汗	kè hán	恪守	kè	倥偬	kǒng zǒng	会计	kuài
窥探	kuī	傀儡	kuǐ				
L							
邋遢	lā ta	拉个口子	lá	丢三落四	là	书声琅琅	láng
唠叨	láo	落枕	lào	奶酪	lào	勒索	lè
勒紧	lēi	擂鼓	léi	羸弱	léi	果实累累	léi
罪行累累	lěi	擂台	lèi	罹难	lí	暴戾	lì
潋滟	liàn	量入为出	liàng	打量	liang	撩水	liāo
撩拨	liáo	寂寥	liáo	瞭望	liào	恶劣	liè
雕镂	lòu	贿赂	lù	棕榈	lǘ		
M							
抹布	mā	阴霾	mái	埋怨	mán	耄耋	mào dié
联袂	mèi	闷热	mēn	扪心自问	mén	愤懑	mèn
蒙头转向	mēng	蒙混过关	méng	靡费	mí	萎靡不振	mǐ
静谧	mì	分娩	miǎn	缅怀	miǎn	酩酊	mǐng dǐng
荒谬	miù	脉脉	mò	抹墙	mò	蓦然回首	mò

（续）

词语	读音	词语	读音	词语	读音	词语	读音
牟取	móu	模样	mú				
N							
羞赧	nǎn	呶呶不休	náo	泥淖	nào	口讷	nè
气馁	něi	拟人	nǐ	隐匿	nì	拘泥	nì
亲昵	nì	拈花惹草	niān	佞幸	nìng	泥泞	nìng
宁死不屈	nìng	忸怩	niǔ ní	拗劲	niù	驽马	nú
袅娜	nuó	虐待	nüè				
O							
浮沤	ōu	偶然	ǒu	怄气	òu		
P							
耙地	pá	扒手	pá	迫击炮	pǎi	蹒跚	pán
心广体胖	pán	滂沱	pāng tuó	彷徨	páng	炮制	páo
咆哮	páo xiào	炮烙	páo luò	胚胎	pēi	香喷喷	pēn
抨击	pēng	澎湃	péng pài	纰漏	pī	毗邻	pí
癖好	pǐ	否极泰来	pǐ	媲美	pì	扁舟	piān
大腹便便	pián	剽窃	piāo	饿殍	piǎo	牝鸡司晨	pìn
乒乓	pīng pāng	湖泊	pō	居心叵测	pǒ	糟粕	pò
解剖	pōu	前仆后继	pū	玉璞	pú	奴仆	pú
匍匐	pú fú	风尘仆仆	pú	瀑布	pù	曝晒	pù
Q							
栖身	qī	蹊跷	qī	休戚与共	qī	祈祷	qí
颀长	qí	歧途	qí	稽首	qǐ	绮丽	qǐ
休憩	qì	修葺	qì	关卡	qiǎ	悭吝	qiān
掮客	qián	虔诚	qián	潜移默化	qián	天堑	qiàn
呼天抢地	qiāng	戕害	qiāng	强迫	qiǎng	勉强	qiǎng
强求	qiǎng	牵强附会	qiǎng	襁褓	qiǎng	翘首远望	qiáo
讥诮	qiào	伽蓝	qié	惬意	qiè	怯懦	qiè
提纲挈领	qiè	锲而不舍	qiè	衾枕	qīn	倾盆大雨	qīng
引擎	qíng	亲家	qìng	曲折	qū	祛除	qū
黢黑	qū	清癯	qú	瞿塘峡	qú	水到渠成	qú
通衢大道	qú	龋齿	qǔ	兴趣	qù	面面相觑	qù
怙恶不悛	quān	债券	quàn	商榷	què	逡巡	qūn
麇集	qún						

（续）

词语	读音	词语	读音	词语	读音	词语	读音
R							
娆乱	rǎo	围绕	rào	荏苒	rěn rǎn	稔知	rěn
妊娠	rèn shēn	仍然	réng	冗长	rǒng	繁文缛节	rù
S							
懊丧	sàng	缫丝	sāo	堵塞	sè	刹车	shā
芟除	shān	潸然泪下	shān	禅让	shàn	赡养	shàn
讪笑	shàn	苫布	shàn	折本	shé	慑服	shè
退避三舍	shè	海市蜃楼	shèn	教室	shì	舐犊之情	shì
有恃无恐	shì	狩猎	shòu	倏忽	shū	束缚	shù fù
刷白	shuà	游说	shuì	吸吮	shǔn	瞬息万变	shùn
怂恿	sǒng yǒng	溯源	sù	塑料	sù	簌簌	sù
虽然	suī	鬼鬼祟祟	suì	婆娑	suō		
T							
趿拉	tā	鞭挞	tà	叨光	tāo	熏陶	táo
体己	tī	孝悌	tì	倜傥	tì tǎng	恬不知耻	tián
暴殄天物	tiǎn	腼腆	tiǎn	轻佻	tiāo	调皮	tiáo
妥帖	tiē	请帖	tiě	字帖	tiè	恸哭	tòng
如火如荼	tú	湍急	tuān	颓废	tuí	蜕化	tuì
囤积	tún						
W							
逶迤	wēi yí	圩堤	wéi	违反	wéi	崔嵬	wéi
冒天下之大不韪	wěi	为虎作伥	wèi chāng	揾泪	wèn	龌龊	wò chuò
斡旋	wò	深恶痛绝	wù				
X							
歙风吐雾	xī	淅沥	xī	膝盖	xī	檄文	xí
狡黠	xiá	翩跹	xiān	纤维	xiān wéi	屡见不鲜	xiān
弓弦	xián	垂涎三尺	xián	鲜见	xiǎn	飨客	xiǎng
肖像	xiào	采撷	xié	叶韵	xié	纸屑	xiè
机械	xiè	省亲	xǐng	不朽	xiǔ	铜臭	xiù
星宿	xiù	黑魆魆	xū	长吁短叹	xū	自诩	xǔ
酗酒	xù	煦暖	xù	抚恤金	xù	烜赫	xuǎn
眩晕	xuàn yùn	炫耀	xuàn	洞穴	xué	戏谑	xuè

（续）

词语	读音	词语	读音	词语	读音	词语	读音
驯服	xùn	徇私舞弊	xùn				
Y							
睚眦	yá zì	倾轧	yà	揠苗助长	yà	殷红	yān
湮没	yān	筵席	yán	河沿	yán	百花争妍	yán
偃旗息鼓	yǎn	奄奄一息	yǎn	赝品	yàn	佯装	yáng
怏怏不乐	yàng	安然无恙	yàng	杳无音信	yǎo	窈窕	yǎo tiǎo
发疟子	yào	耀武扬威	yào	因噎废食	yē	揶揄	yé yú
陶冶	yě	呜咽	yè	摇曳	yè	拜谒	yè
笑靥	yè	甘之如饴	yí	颐和园	yí	迤逦	yǐ lǐ
旖旎	yǐ nǐ	后裔	yì	游弋	yì	友谊	yì
肄业	yì	造诣	yì	奇闻轶事	yì	自怨自艾	yì
熠熠闪光	yì	络绎不绝	yì	一望无垠	yín	荫凉	yìn
应届	yīng	应承	yìng	应用文	yìng	应试教育	yìng
生死攸关	yōu	邮递员	yóu	黑黝黝	yǒu	良莠不齐	yǒu
囿苑	yòu yuàn	迂回	yū	愉快	yú	逾越	yú
娱乐	yú	舆论	yú	始终不渝	yú	尔虞我诈	yú
向隅而泣	yú	年逾古稀	yú	伛偻	yǔ lǚ	囹圄	yǔ
熨帖	yù	参与	yù	驾驭	yù	卖儿鬻女	yù
鹬蚌相争	yù	家喻户晓	yù	寓情于景	yù	断瓦残垣	yuán
头晕	yūn	陨落	yǔn	晕船	yùn	酝酿	yùn niàng
Z							
包扎	zā	柳荫匝地	zā	登载	zǎi	载重	zài
拒载	zài	载歌载舞	zài	怨声载道	zài	暂时	zàn
臧否	zāng pǐ	宝藏	zàng	确凿	záo	啧啧称赞	zé
咋舌	zé	谮言	zèn	憎恶	zēng	赠送	zèng
咋呼	zhā	驻扎	zhā	挣扎	zhá	札记	zhá
择菜	zhái	占卜	zhān	破绽	zhàn	精湛	zhàn
客栈	zhàn	颤栗	zhàn	高涨	zhǎng	涨价	zhǎng
着慌	zháo	沼泽	zhǎo	召开	zhào	肇事	zhào
折腾	zhē	蛰伏	zhé	贬谪	zhé	动辄得咎	zhé jiù
铁砧	zhēn	甄别	zhēn	日臻完善	zhēn	箴言	zhēn
缜密	zhěn	赈灾	zhèn	饮鸩止渴	zhèn	症结	zhēng
拯救	zhěng	诤友	zhèng	挣脱	zhèng	症候	zhèng

（续）

词语	读音	词语	读音	词语	读音	词语	读音
脂肪	zhī	形单影只	zhī	踯躅	zhí zhú	咫尺天涯	zhǐ
质量	zhì	对峙	zhì	博闻强识	zhì	鳞次栉比	zhì
脍炙人口	zhì	中听	zhōng	接踵	zhǒng	中肯	zhòng
刀耕火种	zhòng	胡诌	zhōu	啁啾	zhōu	压轴	zhòu
贮藏	zhù	别出机杼	zhù	撰稿	zhuàn	莺啼鸟啭	zhuàn
谆谆	zhūn	弄巧成拙	zhuō	灼热	zhuó	卓越	zhuó
着陆	zhuó	穿着打扮	zhuó	啄木鸟	zhuó	濯足	zhuó
辎重	zī	恣意	zì	浸渍	zì	越俎代庖	zǔ páo
作坊	zuō	柞蚕	zuò				

【附录二】

常见非多音字辑录

音序	读音	组词	形似或音近字词联想
			A
皑	ái	白雪皑皑	凯旋 kǎi　铠甲 kǎi
隘	ài	观念狭隘	洋溢 yì　自缢 yì　谥号 shì
黯	àn	黯然泪下	歆羡 xīn　万马齐喑 yīn　深谙医道 ān　幽暗 àn
盎	àng	意兴盎然	泱泱大国 yāng　殃及池鱼 yāng　怏怏不乐 yàng
			B
嬖	bì	嬖 爱	劈风斩浪 pī　癖好 pǐ　偏僻 pì　薜荔 bì　躲避 bì　巨擘 bò　开辟 pì
痹	bì	麻痹大意	投畀豺虎 bì
愎	bì	刚愎自用	馥郁 fù
荸	bí	荸 荠	悖理 bèi　勃发 bó
跛	bǒ	跛 脚	陂塘 bēi　披沙拣金 pī　疲惫 pí
哺	bǔ	哺育小孩	惊魂甫定 fǔ　果脯 fǔ　逮捕 bǔ　铺位 pù　蒲苇 pú　辅导 fǔ
埠	bù	河 埠 头	民股财阜 fù
稗	bài	稗官野史	卑躬屈膝 bēi　睥睨 pì　奴颜婢膝 bì　纵横捭阖 bǎi　俾众周知 bǐ 裨益 bì　碑碣 bēi
蓓	bèi	蓓 蕾	赔偿 péi　菩萨 pú　并行不悖 bèi
迸	bèng	迸 溅	饼干 bǐng　拼搏 pīn　胼手胝足 pián
砭	biān	针砭时弊	泛滥 fàn　疲乏 fá
膘	biāo	膘肥体壮	镖局 biāo　剽悍 piāo　缥缈 piāo　漂流 piāo　剽窃 piāo　漂泊 piāo 瓢泼 piáo　漂白 piǎo　漂洗 piǎo　骠勇 piào

（续）

音序	读音	组词	形似或音近字词联想
镳	biāo	分道扬镳	渗漉 lù　辘轳 lù
殡	bìn	殡 殓	摈除 bìn　傧相 bīn　妃嫔 pín
濒	bīn	濒临灭绝	频繁 pín　东施效颦 pín
摒	bìng	摒 弃	屏蔽 píng　屏除 bǐng
		C	
疵	cī	吹毛求疵	睚眦必报 zì　信口雌黄 cí
笞	chī	鞭 笞	怡然自得 yí　危殆 dài　贻笑大方 yí　懈怠 dài　舌苔 tāi　苔藓 tái
饬	chì	整 饬	修饰 shì　奢侈 chǐ　叱咤 chì　炽热 chì
踟	chí	踟 蹰	踯躅 zhí zhú　痴心 chī　踌躇 chóu chú　彳亍 chì chù
萃	cuì	出类拔萃	猝不及防 cù　憔悴 cuì　鞠躬尽瘁 cuì　纯粹 cuì　粉碎 suì
忖	cǔn	忖 度	助纣为虐 zhòu　捉襟见肘 zhǒu　映衬 chèn
杵	chǔ	杵 杖	违迕 wǔ　忤逆 wǔ
黜	chù	罢 黜	咄咄逼人 duō　茁壮 zhuó　相形见绌 chù　拙劣 zhuō
啜	chuò	啜 泣	拾掇 duo　点缀 zhuì　辍学 chuò
槌	chuí	鼓 槌	缒城而下 zhuì　边陲 chuí　捶胸 chuí　锤炼 chuí　椎骨 zhuī 椎心泣血 chuí　唾手可得 tuò
糙	cāo	粗 糙	造访 zào
诧	chà	诧 异	叱咤 zhà　住宅 zhái　姹紫嫣红 chà
谄	chǎn	谄媚	阎罗 yán　焰火 yàn　掐算 qiā　韬光养晦 tāo
忏	chàn	忏悔罪过	舞姿翩跹 xiān　纤细 xiān　纤夫 qiàn
伥	chāng	为虎作伥	怅惘 chàng
坼	chè	摧山坼地	金柝 tuò　斥骂 chì　拆迁 chāi　斫木 zhuó
辰	chén	诞 辰	海市蜃楼 shèn　妊娠 shēn　振振有词 zhèn
瞠	chēng	瞠目结舌	胸膛 táng
骋	chěng	驰骋疆场	聘请 pìn　伶俜 líng pīng
遄	chuán	逸兴遄飞	水流湍急 tuān　揣摩 chuǎi　惴惴不安 zhuì　喘气 chuǎn
椽	chuán	如椽巨笔	不容置喙 huì　掾吏 yuàn　缘木求鱼 yuán
舛	chuǎn	命途多舛	桀骜不驯 jié
怆	chuàng	怆然泪下	满目疮痍 chuāng
淙	cóng	泉水淙淙	鬃毛 zōng
宠	chǒng	哗众取宠	庞大 páng
憧	chōng	憧 憬	人影幢幢 chuáng　一幢房屋 zhuàng　瞳孔 tóng

（续）

音序	读音	组词	形似或音近字词联想
D			
蒂	dì	瓜熟蒂落	真谛 dì　取缔 dì　啼哭 tí
堤	dī	修筑河堤	醍醐 tí　缇骑 tí
砥	dǐ	中流砥柱	水中坻 chí　胼手胝足 zhī　抵挡 dǐ　氏族 shì　抵掌而谈 zhǐ
喋	dié	喋喋不休	间谍 dié　通牒 dié
黩	dú	穷兵黩武	亵渎 dú　案牍 dú　情深意笃 dǔ　户枢不蠹 dù
兑	duì	兑现诺言	悦耳 yuè
酊	dǐng	酩酊大醉	瘦骨伶仃 dīng　汀洲 tīng
殚	dān	殚精竭虑	肆无忌惮 dàn　弹丸之地 dàn　禅让 shàn　封禅 shàn　禅宗 chán 弹冠相庆 tán　婵娟 chán
诞	dàn	荒　诞	垂涎三尺 xián　筵席 yán　蜿蜒 yán
淀	diàn	沉　淀	绽放 zhàn　启碇 dìng　掂量 diān
恫	dòng	恫　吓	侗族 dòng
E			
讹	é	以讹传讹	白垩 è　遏止 è
F			
敷	fū	入不敷出	束缚 fù　师傅 fu　溥仪 pǔ
拂	fú	拂　晓	佛龛 fó kān
讣	fù	讣　告	占卜 bǔ　仆人 pú　赴会 fù
釜	fǔ	破釜沉舟	斧正 fǔ
抚	fǔ	抚恤金	果脯 fǔ　惊魂甫定 fǔ　哺育 bǔ　怃然不乐 wǔ　扶助 fú
阜	fù	物阜民丰	河埠头 bù
菲	fēi	芳　菲	菲薄 fěi　斐然成章 fěi　绯闻 fēi　绯红 fēi　俳优 pái 悱恻 fěi　诽谤 fěi　徘徊 pái huái　翡翠 fěi
幡	fān	幡然悔悟	虎踞龙盘 pán
防	fáng	防微杜渐	妨碍 fáng　彷徨 páng
G			
椁	guǒ	棺　椁	廓清 kuò　醇厚 chún　敦厚 dūn　桥墩 dūn　谆谆教诲 zhūn
亘	gèn	亘古不变	盘桓 huán　恒心 héng　断壁残垣 yuán
耿	gěng	耿耿于怀	芦荻 dí　骨鲠在喉 gěng
沽	gū	待价而沽	骷髅 kū　怙恶不悛 hù
梏	gù	挣脱桎梏	诰命 gào　鸿鹄 hú　冷酷 kù

（续）

音序	读音	组词	形似或音近字词联想
辜	gū	死有余辜	蛊惑人心 gǔ
晷	guǐ	焚膏继晷	皈依佛门 guī
瑰	guī	色彩瑰丽	指桑骂槐 huái　傀儡 kuǐ　崔嵬 wéi
圭	guī	奉为圭臬	硅谷 guī　跬步 kuǐ
聒	guō	聒噪不已	恬不知耻 tián　恬静 tián　概括 kuò
赅	gāi	言简意赅	弹劾 hé　惊世骇俗 hài　放浪形骸 hái　隔阂 hé
概	gài	英雄气概	感慨 kǎi
杲	gǎo	杲杲日出	杳无音信 yǎo　拖沓 tà
旰	gàn	宵衣旰食	攻讦 jié
觥	gōng	觥筹交错	恍然大悟 huǎng　股肱之臣 gōng
犷	guǎng	性格粗犷	空旷 kuàng
		H	
涸	hé	涸泽而渔	思想禁锢 gù
貉	hé	一丘之貉	恪尽职守 kè
扈	hù	飞扬跋扈	都邑 yì
晦	huì	风雨如晦	教诲 huì　侮辱 wǔ　淫秽 huì
肓	huāng	病入膏肓	盲目 máng
蒿	hāo	蓬 蒿	犒劳 kào　竹篙 gāo　稿费 gǎo　枯槁 gǎo　缟素 gǎo
悍	hàn	短小精悍	捍卫 hàn
沆	hàng	沆瀣一气	高亢 kàng　坑蒙拐骗 kēng　颉颃 háng　吭声 kēng　引吭高歌 háng　伉俪 kàng
寰	huán	惨绝人寰	投缳自缢 huán
浣	huàn	浣 溪 沙	莞尔一笑 wǎn
诨	hùn	插科打诨	辛辣荤腥 hūn　浑水摸鱼 hún　诨名 hùn
踝	huái	踝 骨	裸露 luǒ　徘徊 huái
讧	hòng	内 讧	豇豆 jiāng　杠杆 gàng　扛大梁 káng　力能扛鼎 gāng
		J	
狙	jū	狙 击 手	神情沮丧 jǔ　含英咀华 jǔ　蛆虫 qū　越俎代庖 zǔ
倨	jù	前倨后恭	据理力争 jù　踞守 jù　拮据 jū
踽	jǔ	踽踽独行	龃龉 jǔ yǔ
汲	jí	汲汲以求	羁旅 jī　放荡不羁 jī　岌岌可危 jí　负笈从师 jí　嫉妒 jí　故伎重演 jì
偈	jì	偈 语	拜谒 yè　揭穿 jiē　葛巾 gé　碣石 jié　遏制 è
辑	jí	编 辑	作揖 yī　舟楫 jí　修葺 qì　缉拿 jī

（续）

音序	读音	组词	形似或音近字词联想
谲	jué	波谲云诡	一蹶不振 jué
俊	jùn	英 俊	险峻 jùn　竣工 jùn　疏浚 jùn　穿梭 suō　教唆 suō　逡巡 qūn　怙恶不悛 quān
咎	jiù	既往不咎	咎由自取 jiù　臼 jiù　一蹴而就 cù　秃鹫 jiù
睫	jié	迫在眉睫	捷报 jié　攻讦 jié　孑遗 jié　碣石 jié　反诘 jié　拮据 jié
嗟	jiē	嗟来之食	蹉跎岁月 cuō　揉搓 cuō
戛	jiá	戛然而止	嘎吱 gā　摇曳 yè　强拉硬拽 zhuài
颊	jiá	脸 颊	挟持 xié　汗流浃背 jiā
歼	jiān	歼灭敌人	纤细 xiān　纤绳 qiàn
饯	jiàn	饯 别	信笺 jiān　客栈 zhàn
缄	jiān	缄口不言	箴言 zhēn　遗憾 hàn　震撼 hàn
菅	jiān	草菅人命	管窥蠡测 guǎn
僭	jiàn	僭 越	谮言 zèn　箴言 zhēn　时乖命蹇 jiǎn
馑	jǐn	饥 馑	觐见 jìn　觊觎 jì yú
噤	jìn	噤若寒蝉	胸襟 jīn
胫	jìng	不胫而走	雄师劲旅 jìng　大相径庭 jìng　不经之谈 jīng
粳	jīng	粳 米	梗塞 gěng
兢	jīng	兢兢业业	竞赛 jìng
儆	jǐng	以儆效尤	尊敬 jìng　警句 jǐng
酵	jiào	发 酵	孝顺 xiào
迥	jiǒng	迥然不同	炯炯有神 jiǒng
		K	
溘	kè	溘然长逝	瞌睡 kē　磕头 kē
窠	kē	不落窠臼	鸟巢 cháo　缫丝 sāo
疴	kē	沉 疴	呵斥 hē　斧柯 kē　百舸 gě
揩	kāi	揩 油	谐谑 xié　楷模 kǎi
忾	kài	同仇敌忾	饩食 xì
勘	kān	勘 误	湛蓝 zhàn　桑葚 shèn　斟酌 zhēn　鸟瞰 kàn
绔	kù	纨绔子弟	夸张 kuā　骷髅 kū lóu　刳木为舟 kū　酷爱 kù
喟	kuì	喟然长叹	所谓 wèi　渭河 wèi
聩	kuì	振聋发聩	功亏一篑 kuì　匮乏 kuì　溃不成军 kuì　岿然不动 kuī
抠	kōu	抠 字 眼	呕心沥血 ǒu　浮沤 ōu　伛偻 yǔ　殴打 ōu　老妪 yù　怄气 òu
倥	kǒng	戎马倥偬	箜篌 kōng

（续）

音序	读音	组词	形似或音近字词联想
侩	kuài	市 侩	刽子手 guì　荟萃 huì　秦桧 huì　杂烩 huì　狡狯 kuài　脍炙人口 kuài
L			
蠡	lí	管窥蠡测	风声鹤唳 lì　罹难 lí
勠	lù	勠力同心	濯濯童山 zhuó　邮戳 chuō　杀戮 lù
羸	léi	身体羸弱	秦王嬴政 yíng　输赢 yíng
籁	lài	万籁俱寂	水獭 tǎ　懒惰 lǎn　稚嫩 nèn
瓴	líng	高屋建瓴	伶仃 líng　翎毛 líng
赁	lìn	租 赁	凭借 píng　荏苒 rěn rǎn
琉	liú	琉 璃 瓦	钟灵毓秀 yù　梳理 shū　疏忽 shū
伦	lún	不伦不类	沦落 lún　羽扇纶巾 guān　满腹经纶 lún　囫囵吞枣 lún
谰	lán	无耻谰言	波澜 lán　斑斓 lán　阑珊 lán
褴	lán	衣衫褴褛	门槛 kǎn　栏槛 jiàn　滥竽充数 làn
锒	láng	锒铛入狱	踉踉跄跄 liàng　琅玕 láng gān
敛	liǎn	聚敛财货	入殓 liàn　暴殄天物 tiǎn
寥	liáo	寥若晨星	谬误 miù　未雨绸缪 móu　杀戮 lù　戳穿 chuō　蓼蓝 liǎo
棱	léng	棱角分明	陵寝 líng　菱角 líng　壮志凌云 líng
陇	lǒng	得陇望蜀	垄断 lǒng　拉拢 lǒng　笼罩 lǒng
M			
糜	mí	生活糜烂	靡费 mí　羁縻 mí　麋鹿 mí　麇集 qún　弭乱 mǐ　靡靡之音 mǐ
秣	mò	厉兵秣马	唾沫 mo　抹布 mā　抹黑 mǒ　广袤 mào
蓦	mò	蓦然回首	募捐 mù　帷幕 mù　羡慕 mù　描摹 mó
懑	mèn	愤懑不平	步履蹒跚 pán
袂	mèi	联袂出演	诀别 jué　抉择 jué
霾	mái	阴霾不散	埋怨 mán　埋藏 mái
眸	móu	明眸善睐	牟取暴利 móu
娩	miǎn	分 娩	挽救 wǎn
N			
淖	nào	浊淖污泥	船棹 zhào　悼念 dào　绰绰有余 chuò
呶	náo	呶呶不休	弩箭 nǔ　驽钝 nú
孽	niè	残渣余孽	萌蘖 niè　啮齿 niè　龋齿 qǔ
嗫	niè	嗫 嚅	威慑 shè　蹑手蹑脚 niè
嫩	nèn	稚 嫩	懒散 lǎn　水獭 tǎ
拈	niān	拈轻怕重	玷污 diàn　粘贴 zhān　黏合 nián　黏稠 nián　毡房 zhān　扶乩 jī

（续）

音序	读音	组词	形似或音近字词联想
			P
纰	pī	纰 漏	毗邻 pí 庇护 bì 如丧考妣 bǐ 蓬荜生辉 bì 刚愎自用 bì
坯	pī	土 坯	胚胎 pēi
圮	pǐ	颓 圮	杞人忧天 qǐ
媲	pì	媲 美	蓖麻 bì 庇护 bì 复辟 bì 辟谣 pì 麻痹 bì
葩	pā	奇 葩	芭蕉 bā
叵	pǒ	居心叵测	绕树三匝 zā
粕	pò	糟 粕	淡泊 bó 湖泊 pō 船舶 bó 帛书 bó 松柏 bǎi
湃	pài	汹涌澎湃	拜师 bài
滂	pāng	滂沱大雨	诽谤 bàng
抨	pēng	抨击时弊	萍踪 píng 秤杆 chèng
			Q
戚	qī	休戚相关	栖身 qī 休憩 qì 雕栏玉砌 qì 沏茶 qī
绮	qǐ	绮罗锦缎	旖旎 yǐ 椅子 yǐ 犄角 jī 掎角之势 jǐ 畸形 jī 奇数 jī 倚靠 yǐ
讫	qì	收 讫	回纥 hé 稽首 qǐ 滑稽 jī 迄今为止 qì
畦	qí	田 畦	桂花 guì 卦辞 guà
怯	qiè	胆怯怕事	祛邪 qū 商榷 què
惬	qiè	惬 意	负箧曳屣 qiè
挈	qiè	提纲挈领	锲而不舍 qiè 玉柱擎天 qíng 风驰电掣 chè 契约 qì
遒	qiú	遒劲有力	虬龙 qiú 泅游 qiú
沁	qìn	沁人心脾	分泌 mì 静谧 mì
罄	qìng	罄竹难书	馨香 xīn 肯綮 qìng 风雨如磐 pán
绻	quǎn	缠绵缱绻	蜷缩 quán 胜券 quàn 豢养 huàn
悭	qiān	悭 吝	铿锵 kēng
黔	qián	黔驴技穷	虔诚 qián 掮客 qián
倩	qiàn	倩 影	靓女 liàng 靓妆 jìng 绥靖 jìng 菁华 jīng
戕	qiāng	戕 害	襁褓 qiǎng
俏	qiào	俊 俏	悄然 qiǎo 琐屑 xiè 宵衣旰食 xiāo 稍微 shāo 艄公 shāo 讥诮 qiào
茕	qióng	茕茕孑立	晶莹 yíng 茔地 yíng 荧光灯 yíng
觑	qù	面面相觑	废墟 xū 龋齿 qǔ 踽踽独行 jǔ 龃龉 jǔ yǔ
			R
褥	rù	被 褥	繁文缛节 rù 妊娠 rèn shēn 含辛茹苦 rú
濡	rú	耳濡目染	蠕动 rú 嗫嚅 rú 风流儒雅 rú

（续）

音序	读音	组词	形似或音近字词联想
枘	ruì	方枘圆凿	木讷 nè　权柄 bǐng
偌	ruò	偌 大	许诺 nuò　销声匿迹 nì
稔	rěn	熟 稔	色厉内荏 rěn
饶	ráo	富饶美丽	侥幸 jiǎo　蹊跷 qiāo　百般阻挠 náo　骁勇善战 xiāo
冗	rǒng	冗长拖沓	沉淀 chén
攘	rǎng	熙熙攘攘	镶嵌 xiāng　土壤 rǎng
S			
溯	sù	追本溯源	晦朔 shuò
夙	sù	夙兴夜寐	凤凰 fèng
搔	sāo	隔靴搔痒	瘙痒难忍 sào
飒	sà	飒爽英姿	疯狂 fēng　讽刺 fěng
霎	shà	霎 时	刹那 chà
铩	shā	铩羽而归	古刹 chà　刹车 shā
歃	shà	歃血为盟	插曲 chā
睢	suī	暴戾恣睢	雎鸠 jū
祟	suì	鬼鬼祟祟	崇敬 chóng　嵩山 sōng
绥	suí	绥靖政策	气馁 něi　饿殍 piǎo
薮	sǒu	渊 薮	抖擞 sǒu　盥漱 guàn shù　咳嗽 sou
舐	shì	舐犊情深	舔食 tiǎn
赦	shè	十恶不赦	羞赧 nǎn　赫赫有名 hè
哂	shěn	哂 笑	栖息 qī　洒脱 sǎ
劭	shào	年高德劭	昭雪 zhāo　韶华 sháo　功勋 xūn
嬗	shàn	嬗 变	擅长 shàn　颤抖 chàn
赡	shàn	赡养老人	瞻念前途 zhān
姗	shān	姗姗来迟	珊瑚 shān　蹒跚 shān　栅栏 zhà　潸然泪下 shān
铄	shuò	众口铄金	闪烁 shuò　瓦砾 lì
吮	shǔn	吮 吸	允许 yǔn
楯	shǔn	栏 楯	循序渐进 xún　徇私枉法 xùn　盾牌 dùn　逃遁 dùn
竦	sǒng	竦身一跃	毛骨悚然 sǒng　怂恿 sǒng
讼	sòng	诉 讼	惺忪 sōng
莘	shēn	莘莘学子	桑梓之地 zǐ
T			
挞	tà	鞭 挞	纷至沓来 tà

（续）

音序	读音	组词	形似或音近字词联想
倜	tì	风流倜傥	稠密 chóu　绸缎 chóu
剔	tī	挑 剔	锡箔 xī　警惕 tì　孝悌 tì
荼	tú	如火如荼	品茶 chá　赊账 shē
唾	tuò	唾手可得	沉睡 shuì　边陲 chuí　捶胸顿足 chuí　锤炼 chuí
迢	tiáo	千里迢迢	昭然若揭 zhāo
铤	tǐng	铤而走险	挺身而出 tǐng　朝廷 tíng
傥	tǎng	倜 傥	惝恍迷离 tǎng
恫	dòng	恫 吓	胴体 dòng
W			
骛	wù	好高骛远	趋之若鹜 wù　心无旁骛 wù
芜	wú	纷繁芜杂	妩媚 wǔ　忤逆 wǔ　怃然不乐 wǔ　抚慰 fǔ
斡	wò	外交斡旋	韩愈 hán
韪	wěi	甘冒不韪	讳疾忌医 huì　猥琐 wěi　依偎 wēi
瘟	wēn	不瘟不火	愠色 yùn
紊	wěn	有条不紊	蓊蓊郁郁 wěng
惘	wǎng	惘然若失	魑魅魍魉 wǎng　置若罔闻 wǎng
X			
檄	xí	战斗檄文	缴械 jiǎo　激烈 jī　犀利 xī
葸	xǐ	畏葸不前	腮帮子 sāi
栩	xǔ	栩栩如生	自诩 xǔ
酗	xù	酗酒闹事	汹涌 xiōng　体恤 xù
徇	xùn	徇私枉法	殉职 xùn
械	xiè	机械部队	告诫 jiè　邂逅 xiè　松懈 xiè
黠	xiá	狡黠圆滑	狎亵 xiá　闲暇 xiá　闻名遐迩 xiá
谑	xuè	戏 谑	虐待 nüè
淆	xiáo	混淆视听	菜肴 yáo
嫌	xián	嫌 弃	谦逊 qiān　歉收 qiàn　兼葭 jiān
煊	xuān	煊赫一时	渲染 xuàn　喧哗 xuān　寒暄 xuān　宣泄 xuān
弦	xián	琴 弦	娴熟 xián　舰舷 xián　眩目 xuàn　玄妙 xuán　炫耀 xuàn
腺	xiàn	胰 腺	泉水 quán
Y			
揠	yà	揠苗助长	偃旗息鼓 yǎn
迤	yí	山路逶迤	施舍 shī

（续）

音序	读音	组词	形似或音近字词联想
诣	yì	苦心孤诣	脂肪 zhī
绎	yì	络绎不绝	驿站 yì　铃铎 duó　恩泽 zé　翻译 yì
肄	yì	大学肄业	肆无忌惮 sì
轶	yì	轶 事	佚游 yì　对弈 yì　神采奕奕 yì　高潮迭起 dié
靥	yè	笑 靥	恹恹欲睡 yān　梦魇 yǎn
腋	yè	集腋成裘	奖掖 yè　因噎废食 yē
赝	yàn	赝 品	义愤填膺 yīng
妍	yán	妍媸毕露	盘发插笄 jī
湮	yān	湮没无闻	堙塞 yīn　禋祀 yīn
喑	yīn	万马齐喑	歆享 xīn　谙熟 ān
氤	yīn	氤 氲	胭脂 yān　茵褥 yīn
揄	yú	揶 揄	觊觎 yú　忠贞不渝 yú
虞	yú	不虞之誉	身陷囹圄 yǔ
蜮	yù	鬼 蜮	地域 yù　熨帖 yù　熨斗 yùn　钟灵毓秀 yù
殒	yǔn	殒身不恤	陨落 yǔn　损失 sǔn　陶埙 xūn
莠	yǒu	良莠不分	铁锈 xiù　诱导 yòu
囿	yòu	囿于成见	溱洧 wěi
攸	yōu	生死攸关	悠然自得 yōu
佯	yáng	佯 装	打烊 yàng　庠序 xiáng
喁	yóng	喁喁私语	负隅顽抗 yú　偶然 ǒu
Z			
渍	zì	浸 渍	啧啧称赞 zé　帻巾 zé
帙	zhì	卷帙浩繁	秩序井然 zhì
趾	zhǐ	趾高气扬	扯谎 chě　福祉 zhǐ
抵	zhǐ	抵掌而谈	抵达 dǐ　胼胝 pián zhī
咫	zhǐ	咫尺天涯	旗帜 zhì　炽烈 chì
峙	zhì	两车对峙	侍候 shì　秩序 zhì　有恃无恐 shì　日臻完善 zhēn
踯	zhí	踯躅不安	孤注一掷 zhì　鳞次栉比 zhì
杼	zhù	别出机杼	独抒己见 shū　纾难 shū
贮	zhù	贮 藏	伫立 zhù　储蓄 chǔ
躁	zào	戒骄戒躁	干燥 zào　害臊 sào　粗糙 cāo　穿凿 záo
谪	zhé	贬 谪	文摘 zhāi　嫡传 dí　嘀咕 dí　动辄得咎 zhé　车辙 zhé
诌	zhōu	胡 诌	皱痕 zhòu　雏鸟 chú　反刍 chú

（续）

音序	读音	组词	形似或音近字词联想
灼	zhuó	真知灼见	饭勺 sháo 钓鱼 diào 媒妁之言 shuò 灼热 zhuó 芍药 sháo
坠	zhuì	摇摇欲坠	堕落 duò
怍	zuò	愧 怍	欺诈 zhà
锃	zèng	锃光瓦亮	逞强 chěng 鼎铛玉石 chēng
缜	zhěn	缜 密	谨慎 shèn 嗔怪 chēn 滇池 diān 谨慎 shèn
臻	zhēn	日臻佳境	榛莽 zhēn 装帧 zhēn 祯祥 zhēn 饮鸩止渴 zhèn 鹊巢鸠占 jiū
拯	zhěng	拯 救	丞相 chéng
踵	zhǒng	接踵而来	坟冢 zhǒng 肿胀 zhǒng 仲裁 zhòng 伯仲 zhòng 忧心忡忡 chōng

【基础练习】

给下面加点的字注音。

A 狭隘 谙熟 凹陷 鏖战
翱翔 翁媪 拗口

B 纵横捭阖 稗官 同胞 薄荷
疲惫 蓓蕾 悖逆 畚箕
迸裂 绷住劲 绷直 荸荠
鄙薄 如丧考妣 匕首 裨益
辟邪 婢女 刚愎自用 包庇
麻痹 针砭 蝙蝠 分道扬镳
濒临 屏弃 箔条 停泊
巨擘 哺育

C 嘈杂 巢穴 掣肘 天崩地坼
参差 岑寂 嗔怪 瞠目
偏差 一刹那 金钗 吾侪
禅杖 谄媚 阐明 颤抖
忏悔 为虎作伥 赔偿 鞭笞
豆豉 炽热 不啻 整饬
吹毛求疵 伺候 憧憬 流水淙淙
冲床 踌躇 惆怅 抽搐
罢黜 一蹴而就 簇拥 揣测
如椽大笔 万头攒动 怆然 戳穿
辍学 啜泣 阔绰 蹉跎
一撮盐 皴裂 忖度

D 一沓纸 逮捕 锐不可当 档案

	悼念	缔造	真谛	玷污
	滇池	句读	穷兵黩武	笃诚
	粮囤	咄咄逼人	猜度	踱步
E	婀娜	刚正不阿	讹诈	
F	须发斑白	帆船	牌坊	敷衍
	果脯	束缚		
G	力能扛鼎	百舸争流	觥筹交错	女红
	股肱	供给	佝偻	勾当
	水流汩汩	呱呱坠地	余勇可贾	禁锢
	冠心病	道观	粗犷	皈依
	鳜鱼	刽子手	聒噪	
H	哈达	哈巴狗	遗骸	精悍
	引吭高歌	巷道	沆瀣一气	呵欠
	干涸	弹劾	恫吓	一丘之貉
	沟壑	荷枪	附和	专横跋扈
	内讧	怙恶不悛	踝骨	病入膏肓
	麾下	不容置喙	讳疾忌医	搅和
J	羁旅	跻身	奇数	通缉
	畸变	汲取	嫉妒	荆棘
	棘手	佶屈聱牙	岌岌可危	亟待解决
	济济一堂	觊觎	鲫鱼	汗流浃背
	戛然而止	雪茄	缄默	歼击机
	间不容发	草菅人命	眼睑	离间
	监生	矫揉造作	发酵	倔强
	疖子	押解	攻讦	弱不禁风
	沉浸	根茎	粳米	杀一儆百
	不胫而走	劲旅	痉挛	抓阄
	马厩	狙击	循规蹈矩	矩形
	咀嚼	沮丧	龃龉	一蹶不振
	大放厥词	口角	角斗	细菌
	龟裂(皲裂)	隽秀	窘迫	
K	揩拭	同仇敌忾	鸟瞰	壳子
	恪守	可汗	铿锵	倥偬
	空岗	抠门	窥探	喟然长叹
L	邋遢	丢三落四	书声琅琅	不稂不莠
	落枕	羸弱	连累	牵累
	酹酒	打擂	风声鹤唳	收敛
	踉跄	尥蹶子	瞭望	趔趄
	拎包	遴选	仓廪	租赁

	镂刻	掳掠	勠力	藏头露尾
	贿赂	《论语》		
M	阴霾	埋怨	不蔓不枝	蔓延
	牤牛	抛锚	联袂	愤懑
	靡费	风靡	萎靡	分娩
	乜斜	谬论	秣马厉兵	陌生
	含情脉脉	模具	模样	
N	羞赧	呶呶不休	泥淖	木讷
	气馁	端倪	隐匿	拘泥
	信手拈来	酝酿	嗫嚅	玩弄
	虐待	怯懦		
P	奇葩	徘徊	蹒跚	心广体胖
	河畔	滂沱	炮制	炮烙
	喷香	烹饪	澎湃	毗连区
	否极泰来	癖好	媲美	扁舟
	大腹便便	蹁跹	胼胝	剽窃
	饿殍遍野	骠勇	妃嫔	牝鸡司晨
	体态娉婷	凭海临风	骈文	湖泊
	朴刀	剖析	苗圃	一曝十寒
Q	栖息	蹊跷	菜畦	绮丽
	稽首	小憩	亟来问讯	关卡
	接洽	悭吝	罪愆	荨麻
	掮客	堑壕	纤夫	天堑
	嵌入	戕害	将进酒	踉跄
	雪撬	硗薄	樵夫	翘首
	悄声细语	愀然	躯壳	金蝉脱壳
	提挈	惬意	噙	沁人心脾
	引擎	亲家	遒劲	黑黢黢
	龋齿	祛除	面面相觑	胜券在握
R	稔知	妊娠	冗长	繁文缛节
S	杉篙	歃血	闭目塞听	折耗
	慑服	潸然	苫布	禅让
	森林	桑葚	海市蜃楼	舐犊情深
	谥号	似的	教室	箪食壶浆
	伺机	枢纽	富庶	庶务
	回溯	洗涮	游说	吮吸
	毛骨悚然	怂恿	嗾使	作祟
	毛遂自荐	遂愿	调唆	硕大
	悚然	鹰隼	婆娑	

T	趿拉	水獭	鞭挞	拓片
	纷至沓来	绦虫	倜傥	精卫填海
	暴殄天物	轻佻	迢迢	俯首帖耳
	请帖	恸哭	湍流	唾手可得
W	瓜蔓	斡旋	抵牾	可恶
X	檄文	迁徙	畏葸不前	呷一口
	纤维	翩跹	船舷	弦外之音
	癫痫	垂涎三尺	骁勇善战	混淆
	肖像	挟持	采撷	血淋淋
	浑身解数	挑衅	省亲	星宿
	铜臭	长吁短叹	自诩	抚恤
	畜养	酗酒	脚癣	绚丽
	瘦削	洞穴	戏谑	削减
	徇私	殉情	驯服	
Y	湮没无闻	殷红	偃旗息鼓	筵席
	赝品	佯攻	怏怏不乐	杳无音信
	舀子	疟子	因噎废食	笑靥
	谒见	呜咽	摇曳	游弋
	贻笑大方	委蛇	开门揖盗	疆埸
	屹立	造诣	光彩熠熠	肄业
	驿站	堙塞	万马齐喑	无垠
	荫凉	封妻荫子	应许	应承
	生死攸关	良莠不分	迂曲	向隅而泣
	逾期	伛偻	熨帖	吁请
	鬼蜮	老妪	锁钥	头晕
	晕车			
Z	眨眼	栅栏	摘取	择菜
	崽子	载歌载舞	怨声载道	暂时
	破绽	栈桥	颤栗	打颤
	蘸水	玄奘	宝藏	开凿
	人言啧啧	砧板	坚贞	装帧
	缜密	鸩毒	形单影只	摭拾
	指甲	桎梏	博闻强识	栉风沐雨
	对峙	床笫之乐	浸渍	胡诌
	骤雨	压轴戏	贮存	越俎代庖
	编撰	生拉硬拽	编纂	惴惴不安
	赘疣	谆谆	拙著	胶着
	不着边际	擢用	一撮毛	

【参考答案】

A	隘 ài	谙 ān	凹 āo	鏖 áo	翱 áo	媪 ǎo
	拗 ào					
B	捭阖 bǎi hé	稗 bài	胞 bāo	薄荷 bè he	惫 bèi	蓓 bèi
	悖 bèi	畚箕 běn jī	迸 bèng	绷 běng	绷 bèng	荸荠 bí qí
	鄙 bǐ	妣 bǐ	匕 bǐ	裨 bì	辟 bì	婢 bì
	愎 bì	庇 bì	痹 bì	砭 biān	蝙 biān	镳 biāo
	濒 bīn	屏 bǐng	箔 bó	泊 bó	擘 bò	哺 bǔ
C	嘈 cáo	巢 cháo	掣 chè	坼 chè	参差 cēn cī	岑 cén
	嗔 chēn	瞠 chēng	差 chā	刹 chà	钗 chāi	侪 chái
	禅 chán	谄 chǎn	阐 chǎn	颤 chàn	忏 chàn	伥 chāng
	偿 cháng	笞 chī	豉 chǐ	炽 chì	啻 chì	饬 chì
	疵 cī	伺 cì	憧 chōng	淙淙 cóng	冲 chòng	踌躇 chóu chú
	惆怅 chóu chàng		搐 chù	黜 chù	蹴 cù	簇 cù
	揣 chuǎi	椽 chuán	攒 cuán	怆 chuàng	戳 chuō	辍 chuò
	啜 chuò	绰 chuò	蹉跎 cuō tuó	撮 cuō	皴 cūn	忖 cǔn
D	沓 dá	逮 dài	当 dāng	档 dàng	悼 dào	缔 dì
	谛 dì	玷 diàn	滇 diān	读 dòu	黩 dú	笃 dǔ
	囤 dùn	咄 duō	度 duó	踱 duó		
E	婀娜 ē nuó	阿 ē	讹 é			
F	发 fà	帆 fān	坊 fāng	敷衍 fū yǎn	脯 fǔ	缚 fù
G	扛 gāng	舸 gě	筹 gōng	红 gōng	肱 gōng	供给 gōng jǐ
	佝偻 gōu lóu	勾 gòu	汩 gǔ	呱 gū	贾 gǔ	锢 gù
	冠 guān	观 guàn	犷 guǎng	皈 guī	鳜 guì	刽 guì
	聒 guō					
H	哈 hǎ	哈 hǎ	骸 hái	悍 hàn	吭 háng	巷 hàng
	沆瀣 hàng xiè	呵 hē	涸 hé	劾 hé	恫吓 dòng hè	貉 hé
	壑 hè	荷 hè	和 hè	横 hèng	讧 hòng	怙悛 hù quān
	踝 huái	肓 huāng	麾 huī	喙 huì	讳 huì	和 huo
J	羁 jī	跻 jī	奇 jī	缉 jī	畸 jī	汲 jí
	嫉 jí	棘 jí	棘 jí	佶 jí	岌 jí	亟 jí
	济 jǐ	觊觎 jì yú	鲫 jì	浃 jiā	戛 jiá	茄 jiā
	缄 jiān	歼 jiān	间 jiān	菅 jiān	睑 jiǎn	间 jiàn
	监 jiàn	矫 jiǎo	酵 jiào	强 jiàng	疖 jiē	解 jiè
	讦 jié	禁 jīn	浸 jìn	茎 jīng	粳 jīng	儆 jǐng
	胫 jìng	劲 jìng	痉 jìng	阄 jiū	厩 jiù	狙 jū
	矩 jǔ	矩 jǔ	咀 jǔ	沮 jǔ	龃龉 jǔ yǔ	蹶 jué
	厥 jué	角 jiǎo	角 jué	菌 jūn	龟 jūn	隽 jùn
	窘 jiǒng					

K 揩 kāi　忾 kài　瞰 kàn　壳 ké　恪 kè　可汗 kè hán
铿锵 kēng qiāng　倥偬 kǒng zǒng　空 kòng　抠 kōu
窥 kuī　喟 kuì

L 邋遢 lā ta　落 là　琅 láng　稂 láng　落 lào　羸 léi
累 lěi　累 lěi　酹 lèi　擂 lèi　唳 lì　敛 liǎn
踉跄 liàng qiàng　尥 liào　瞭 liào　趔趄 liè qie　拎 līn
遴 lín　廪 lǐn　赁 lìn　镂 lòu　掳 lú　勠 lù
露 lù　赂 lù　论 lún

M 霾 mái　埋 mán　蔓 màn　蔓 màn　牤 māng　锚 máo
袂 mèi　懑 mèn　靡 mí　靡 mǐ　靡 mǐ　娩 miǎn
乜 miē　谬 miù　秣 mò　陌 mò　脉 mò　模 mú
模 mú

N 赧 nǎn　呶 náo　淖 nào　讷 nè　馁 něi　倪 ní
匿 nì　泥 nì　拈 niān　酿 niàng　嗫 niè　弄 nòng
虐 nüè　懦 nuò

P 葩 pā　徘徊 pái huái　蹒跚 pán shān　胖 pán　畔 pàn　滂 pāng
炮 páo　炮烙 páo luò　喷 pèn　烹 pēng　澎 péng　毗 pí
否 pǐ　癖 pǐ　媲 pì　扁 piān　便 pián　蹁跹 pián xiān
胼胝 pián zhī　剽 piāo　殍 piǎo　骠 piào　嫔 pín　牝 pìn
娉 pīng　凭 píng　骈 pián　泊 pō　朴 pō　剖 pōu
圃 pǔ　曝 pù

Q 栖 qī　蹊跷 qī qiao　畦 qí　绮 qǐ　稽 qǐ　憩 qì
亟 qì　卡 qiǎ　洽 qià　悭 qiān　愆 qiān　荨 qián
掮 qián　堑 qiàn　纤 qiàn　堑 qiàn　嵌 qiàn　戕 qiāng
将 qiāng　踉跄 liàng qiàng　撬 qiāo　硗 qiāo　樵 qiáo
翘 qiáo　悄 qiǎo　愀 qiǎo　壳 qiào　壳 qiào　挈 qiè
惬 qiè　噙 qín　沁 qìn　擎 qíng　亲 qìng　遒劲 qíu jìng
黢 qū　龋 qǔ　祛 qū　觑 qù　券 quàn

R 稔 rěn　妊娠 rèn shēn　冗 rǒng　缛 rù

S 杉 shā　歃 shà　塞 sè　折 shé　慑 shè　潸 shān
苫 shān　禅 shàn　森 sēn　葚 shèn　蜃 shèn　舐 shì
谥 shì　似 shì　室 shì　食 sì　伺 sì　枢 shū
庶 shù　庶 shù　溯 sù　涮 shuàn　游 shuì　吮 shǔn
悚 sǒng　怂 sǒng　嗾 sǒu　祟 suì　遂 suì　遂 suì
唆 suō　硕 shuò　悚 sǒng　隼 sǔn　娑 suō

T 趿拉 tā la　獭 tǎ　挞 tà　拓 tà　沓 tà　绦 tāo
倜傥 tì tǎng　填 tiān　殄 tiǎn　佻 tiāo　迢 tiáo　帖 tiē
帖 tiě　恸 tòng　湍 tuān　唾 tuò

W 蔓 wàn　斡 wò　牾 wǔ　恶 wù

X	檄 xí	徙 xǐ	葸 xǐ	呷 xiā	纤 xiān	跹 xiān
	舷 xián	弦 xián	痫 xián	涎 xián	骁 xiāo	淆 xiáo
	肖 xiào	挟 xié	撷 xié	血 xiě	解 xiè	衅 xìn
	省 xǐng	宿 xiù	臭 xiù	吁 xū	诩 xǔ	恤 xù
	畜 xù	酗 xù	癣 xuǎn	绚 xuàn	削 xuē	穴 xué
	谑 xuè	削 xuē	徇 xùn	殉 xùn	驯 xùn	
Y	湮没 yān mò	殷 yān	偃 yǎn	筵 yán	赝 yàn	佯 yáng
	怏 yàng	杳 yǎo	舀 yǎo	疟 yào	噎 yē	靥 yè
	谒 yè	咽 yè	曳 yè	弋 yè	贻 yí	蛇 yí
	揖 yī	埸 yì	屹 yì	诣 yì	熠 yì	肄 yì
	驿 yì	堙 yīn	喑 yīn	垠 yín	荫 yìn	荫 yìn
	应 yīng	应 yìng	攸 yōu	莠 yǒu	迂 yū	隅 yú
	逾 yú	伛偻 yǔ lǚ	熨帖 yù tiē	吁 yù	蜮 yù	妪 yù
	钥 yuè	晕 yūn	晕 yùn			
Z	眨 zhǎ	栅 zhà	摘 zhāi	择 zhái	崽 zǎi	载 zài
	载 zài	暂 zàn	绽 zhàn	栈 zhàn	颤 zhàn	颤 zhàn
	蘸 zhàn	奘 zàng	藏 zàng	凿 záo	啧 zé	砧 zhēn
	贞 zhēn	帧 zhēn	缜 zhěn	鸩 zhèn	只 zhī	摭 zhí
	指 zhǐ	桎梏 zhì gù	识 zhì	栉 zhì	峙 zhì	笫 zǐ
	渍 zì	诌 zhōu	骤 zhòu	轴 zhòu	贮 zhù	俎 zǔ
	撰 zhuàn	拽 zhuài	纂 zuǎn	惴 zhuì	赘疣 zhuì yóu	谆 zhūn
	拙 zhuō	着 zhuó	着 zhuó	擢 zhuó	撮 zuǒ	

第二章　字　形

【考试大纲解读】

考试大纲中，与本章节相关的内容，只有“识记并正确书写现代常用规范汉字”这一句话。而且，近年来在语言表述上没有什么变化。

从大纲可以知道，“识记并正确书写”是考试所要求的。体现在考卷中，最为直接的就是考错别字，考常见常错词语的写法，侧重于记忆性考查；另外，在作文和答题时，对正确书写汉字也有相关的要求。

2019年以来，错别字考题的词语素材中军事词语略有增加，这是一个新变化，复习时不妨多关注一下军队日常生活中的常用词语的写法。

【考试真题解读】

Ⅰ．2020年真题回放

2. 下列没有错别字的一项是______。

A. 湮塞　　别出机杼　　饮鸩止渴　　哀声叹气

B. 腊月　　草菅人命　　杯盘狼籍　　别出新裁

C. 竣工　　挺而走险　　锋芒毕露　　天遂人愿

D. 闲暇　　韦编三绝　　各行其是　　粲然一笑

Ⅱ．2019年真题回放

2. 下列没有错别字的一项是______。

A. 肆业　　白内瘴　　按兵不动　　坐镇指挥

B. 青睐　　活性炭　　独当一面　　军事部署

C. 博弈　　大杂烩　　班师回朝　　英雄事绩

D. 陷阱　　抚恤金　　戮力同心　　唇枪舌剑

Ⅲ．2018年真题回放

2. 下列没有错别字的一项是________。

A. 诵读　　掂量　　辩证法　　揭杆而起

B. 观摩　　幅员　　哈密瓜　　独辟蹊径

C. 安祥　　驰骋　　录像机　　对簿公堂

D. 寒喧　　通讯　　座谈会　　临渊羡鱼

Ⅳ．对考试真题的解读及复习指导

最近10年的字形考查都是3分的分值，而且是以单选题的形式出现。今后的字形考试，仍以单选题为常态。考题难度为中等或较难。平均得分很低,仅次于字音题。

字形考查,普遍认为是汉语基础知识中最难掌握的。这是因为汉字教学欠账甚多,使得学生对很多常用字,不懂得其字义演变过程,没有掌握字义引申规律,因而,推求字义变化、举一反三的能力过弱;没有培养出学生刨根问底、追究字义的习惯。遇到错别字,不知道从词义入手,难以判断应当选用哪个汉字。比如“共商国事”的“事”正确的字形应作“是”,其含义为“正确”。因为“国是”指的是正确的国家大政方针,是宏观层面的;“国事”则是指具体的“国家大事”,是微观层面的。“树木葱笼”的“笼”正确的字形应作“茏”,本义是一种草。“葱茏”是个叠韵联绵词,形容植物茂盛,其字形应当是草字头的;如果写作“笼”,其名词意义为“竹笼”“笼子”,动词意义为“笼罩”,与词义不合,也不合字词意义演变规律。“计日程功”“集思广益”“声名鹊起”“犄角”“拾掇”“连缀”……都需要根据词义、联系字义去反推字形,判断正误。

建议考生养成穷根究底的习惯,平时多留意词语的规范写法。应急措施是,对本章节之后的附录和“基础练习”熟练到95%正确率的程度;遇到疑问,在查工具书(手机上装个“国学大师”之类的免费APP,作为辅助手段,使用起来非常方便,字词名句查检尽在其中)的同时,联想类比,触类旁通。把自己的词汇语料库充实起来,对写作文、做语用题、积累文化常识,甚至语文能力的全面提高都是大有裨益的。

本章附录及练习的使用和学习方法:每次过目,都对自己没能掌握的字形,用一种特定颜色标识出来,再三复习,最终达到九成以上的正确率。如果有关于错别字的同类资料,也尽量浏览一下,积沙成塔,积羽沉舟。

【字形知识介绍】

考查汉字字形,是推广规范汉字的手段之一。能够正确地识记汉字的字形,是汉字使用的基本功。

随着手机和计算机的普及,我们手写汉字越来越少,随着拼音输入法的广泛使用,书写时产生错误的几率日见增加。因此,加强对汉字书写基本功的考查力度大有必要,加大分值实属必然。它成为语言表达能力,尤其是书面语言表达能力的重要考查方面。考查的重点主要是同音字、近音字、形近字,要求不写错别字,辨别不规范字,做到书写规范、辨清正误。

一、同音近音字——学会以义辨形

现代汉语由于只有一千多个音节,因此存在着大量的同音字和近音字。所谓同音字,是字形、字义不同,而字音相同的字。例如“非、飞、菲、绯、妃、斐、扉、霏”等,这些字的读音完全相同,但字形不同、意义不同,因而不能相互替代。所谓近音字,是字的读音相近,也就是声母、韵母相同,仅仅是声调不同,例如“古、故、谷、姑、雇、辜、蛊”等。在学习和生活中,常常有人因音同或音近写成别字,如把“树木葱茏”的“茏”写成“笼”,把“走上正轨”的“轨”写成“规”。写错的原因有两点:

(1) 没有弄清字(词)的含义而张冠李戴。如区分不开“截止、截至”的含义而随便写,把“一张一弛”中的“弛”写成“驰”,把“针砭”中的“砭”写成“贬”,有人甚至“斜、邪”不分,“采、彩”不辨,“叠、迭”误用。

（2）由于误记而误写，以致生造词语。例如把“一筹莫展”写成“一愁莫展”，把“渐入佳境”写成“渐入加境”。

同音、近音字词是考试中考查的一个重点，要正确区别它们，就要从汉字的三要素音、形、义入手，整体把握。纠正音同音近的错别字主要靠以义辨形的方法。许多音同音近的字，形体也很相近，它们都有共同的声旁，而区别只在形旁。所以只要抓住形旁，结合字义，加以记忆，就不会写错。例如“燥”和“躁”，前者从“火”，有“干”的意思，常组成“干燥、燥热”等词；而“躁”字从“足”，有“急”的意思，常组成“急躁、烦躁”等词。再如“墨守成规”，了解了它的出处，知道成语字面含义是墨子守着现成的规则，就不可能将它写成“墨守陈规”了。

二、形近字——学会以音辨形

形近字是指形体相似而意思不同的字。如“仓—仑、睑—脸、瞠—膛、灸—炙”等，这些字非常相似，如果不仔细辨认，书写时又不认真，就很容易写成错别字。

要掌握形近字，必须做到以下几点：

（1）以音辨形。例如：翔（xiáng，盘旋地飞）实，自诩（xǔ，夸耀）。这样熟记字音，辨别字形，就不会写错、用错。

（2）了解汉字的结构特点，熟记形近字。有些形近字是声旁相同，形旁不同，要辨析不同形旁的意义。例如：“狐、孤、弧”这几个字的声旁相同。但“狐”的形旁是“犬”，用“犬”作声旁的字，原意多与兽类有联系。“孤”的形旁是“子”，用“子”作形旁的字，原意多与小孩有联系，“孤”古代指死去父亲的孩子。“弧”的形旁是“弓”，用“弓”作形旁的字，原意一般与弓箭有联系；“弧”的原意是木弓，引申后表示圆周的一段。

三、同音多义字——根据语境辨形

例如：“化妆”意为用脂粉等使容貌美丽；“化装”①假扮；②演员为了适合所扮演的角色的形象而修饰容貌。“他俩为了迷惑敌人，化装成夫妻”一句，就不能用“化妆”，因为在这个语境中，“化装”有“假扮”的意思。

四、错别字及其纠正方法

错别字是错字和别字的总称。像字又不是字，叫错字；把一个字当成另外一个字来用，是别字。通常说的错别字，主要是指别字。一般来说，错别字有以下几种情况：

（1）笔画致误。例如：“步”字最末一撇的右上角，容易误加一个“点”；“武”字，容易在“弋”上加撇而误为“戈”；“假”的右边误为“段”；“德”的右边少一横。

（2）偏旁致误，例如“拴心留人”误为“栓心留人”，“黏合”误为“粘合”。

（3）形近致误，例如“肄业”误为“肆业”，“赢得”误为“羸得”或“嬴得”。

（4）音近致误，例如“绝非易事”误为“决非易事”，“融会贯通”误为“融汇贯通”。

（5）义近致误，例如“签订”误为“签定”，把“定金”混同于“订金”。

（6）音同形近致误，例如“急躁”误为“急燥”，“妥帖”误为“妥贴”。

辨别和纠正错别字，可采用以下方法：

归类析异法。有些字的字形只是一笔之差，或是某一笔、几笔的长短曲直略有不同。把这些字集中起来加以比较，找出各自笔画的特点，可以帮助记忆。例如：“戍、戌、戊”，笔画的特点是中间一笔有所不同,可以概括为“点戍,横戌,戊中空”。再如:“己、已、巳”,笔画的特点是左边竖笔的长短有所不同,可以概括为“开口己,半口已,闭口巳”。

形旁辨析法。汉字中绝大多数是形声字,许多音同音近的形声字都有共同的声旁,区别只在形旁。所以抓住形旁加以辨析,就可以避免用错字。例如:“驰、弛”,形旁为“马”,就有“奔驰”;形旁为“弓”,就有“松弛”。再如:“炷、柱”,形旁为“火”,就有“一炷香”;形旁为“木”,就有“柱石”。“蒙眬(矇眬)”形旁为“目”,用于与眼睛有关的语境;“朦胧”形旁为“月”,用于形容月光或者形容像月光中那样模糊。

声旁辨析法。有些形声字,区别在于声旁。抓住声旁加以辨析,也可以避免用错字。例如:“海蜇”的“蜇”与“蛰伏”的“蛰”,“门第”的“第”与“床笫”的“笫”,“饮鸩止渴”的“鸩”与“鸠占鹊巢”的“鸠”,都是声旁不同,本义不同。

据义定形法。汉字的基本特点是音、形、义统一,要正字,就应从三者的关系入手,以义为纲,据义定形。例如:“重(叠、迭)”,“叠”为“一层加上一层”之意,“迭”为“一次又一次”之意,所以写成“重迭”是错误的。再如:“一诺千金”是说到做到、信用极高的意思,与贵重有关,与重量无关,所以,不会是“一诺千斤”。需要注意的是,“厉兵秣马”的“厉”不能写作“砺”,因为“厉”是“砺”的古字(“砺”是后来才产生的),作为成语,要依从古人的写法。相当一些成语和名句,写法要遵从古人,尤其是在标明出处时,如《离骚》中“路曼曼其修远兮”的“曼”、《孟子》“天将降大任于是人也”的“是”,仅仅据义定形是不够的,得像遵循“名从主人”原则那样“字从主人”才算正确,不能写成“漫”“斯”。

结构推断法。对词语(包括成语)结构的分析,可以帮助我们准确而迅速地推断出字形的正误。例如:“脉搏”这个词是主谓结构,意思是“动脉跳动”,如果把“搏”换成“膊”,动词变成名词,其语法结构就被破坏了,由此可推断写成“膊”是错误的。

语境辨析法。有些汉字应根据词语(或熟语)的组合情况甚至根据语句的意思来确定正误。例如:“传颂”与“传诵”,“变换”与“变幻莫测”,“旁证”与“旁征博引”,“留恋”与“流连忘返”,“厉害”与“利害得失”。对这些词语,如果没有语境意识就很容易产生用字错误。

造字分析法。《说文解字》将造字法归为六种,即象形、指事、会意、转注、假借和形声。懂得造字法知识,可以帮助我们准确识记汉字字形。比如,“福祉”二字都是示字旁,与古代祭祀祈祷有关,而“初、袒、袂”都与衣物有关。再如:“残羹冷炙”的“炙”是会意字,是把肉放在火上烤,本义为烤肉。它可以组成“炙手可热”“炙热”等词语,与“针灸”的“灸”容易混淆。“灸”是由“久”和“火”构成的形声字,针灸是一种中医治疗方法。

历史文化常识分析法。汉字的文化内涵非常丰富,很多字形可以从历史文化常识的角度加以赏析。例如:不刊之论——古代把字刻在龟甲、兽骨上或写在竹简上,有错误就得用刀一类的工具将错误笔迹刮掉,所以现代汉语还有“刊刻”的说法。因而,“刊”就有“更改、修改”之意了。“不刊之论”用来形容不能改动或不可磨灭的言论。所以“刊”不能写成“堪”。

典故分析法。典故是指有来历的、有出处的语句或故事,很多词语特别是成语中都包含典故,弄清这些典故的来历和出处,对于识记字形特别重要。例如:世外桃源——词语出自陶渊明的《桃花源记》,讲的是晋太元中,武陵人捕鱼时发现长满桃树、盛开桃花的一处水源的故事,所以是“桃花源”而非“桃花园”,是“世外桃源”而非“世外桃园”。同类的有“安徽灵璧县”的“灵璧”,不是写作“灵壁”,是有历史故事的。

生活经验分析法。语文学科是人文学科,语文与生活的关系非常密切。很多词语反映了实际生活,是对实际生活的总结,识记字形,应调动生活经验。例如:书声琅琅——在我们的生活经验中,玉发出的声音美妙动听,“琅琅”指金石相击发出的清脆的声音,比喻响亮的读书声是很恰当的,包含着对读书的一种肯定,所以“琅琅”不能写成“朗朗”。

民族情感认同分析法。任何民族对现实生活中的一些事物总会有褒贬好恶的情感态度,这些也会体现在语言中,我们可以据此识记字形。例如:鸠占鹊巢——字面意思是斑鸠占了喜鹊的巢,用来比喻强占别人的房屋、土地、产业等,这个成语所含的贬义是十分明显的,这里的“鹊”不能写成“雀”。在我们的心目中,“喜鹊叫,好事到”,而雀一类叫起来则让人心烦,且体形小,有“猥琐、丑恶、不大气”等意思;而且斑鸠性拙,人们未赋予它美好的情感,喜鹊则代表那些美好的事物,从这个成语的通行意义来看,当然是“鹊”而非“雀”了。

【附录】

常见的错别字辑录

(说明:括号内为正确的字)

A

按步就班(部) 安兵不动(按) 按图索冀(骥) 按装机器(安) 安份守己(分)
安步挡车(当) 安排就序(绪) 安民告事(示) 暗然销魂(黯) 暗然失色(黯)
哀声叹气(唉) 安　祥(详)

B

爬山涉水(跋) 不共带天(戴) 不寒而粟(栗) 不卑不伉(亢) 不既不离(即)
不记其数(计) 不骄不燥(躁) 不循私情(徇) 不径之谈(经) 不径而走(胫)
不孝子孙(肖) 不可思意(议) 不孚重望(众) 不可明状(名) 不容分辨(辩)
不修边副(幅) 不落巢臼(窠) 步履维坚(艰) 步入正规(轨) 搬门弄斧(班)
班驳陆离(斑) 蔽帚自珍(敝) 并行不背(悖) 波橘云诡(谲) 标炳千秋(彪)
被迫就犯(范) 别出新裁(心) 兵慌马乱(荒) 卑躬曲膝(屈) 饱经苍桑(沧)
白璧无暇(瑕) 筚路褴缕(蓝) 辫长莫及(鞭) 报消车费(销) 百口莫辨(辩)
百无聊懒(赖) 变本加利(厉) 变换莫测(幻) 暴虎凭河(冯) 暴殓天物(殄)
暴戾恣睢(睢) 杯盘狼籍(藉) 卑躬曲膝(屈) 碑贴临摹(帖) 鞭劈入里(辟)
辩证论治(辨) 辨 证 法(辩) 病入膏盲(肓) 薄暮暝暝(冥) 搏取功名(博)
抱头鼠蹿(窜) 禀公办事(秉) 裨官野史(稗) 搬师回朝(班) 必　竞(毕)
报　负(抱) 边　埵(陲) 编　篡(纂) 编　缉(辑)

C

惨绝人环(寰) 残渣余蘖(孽) 草管人命(菅) 穿流不息(川) 促不及防(猝)
长篇累读(牍) 粗枝大意(叶) 辰己午未(巳) 常年累月(长) 蝉连冠军(联)
摧山拆地(坼) 叱之以鼻(嗤) 城门立雪(程) 陈词烂调(滥) 成群结对(队)
缠绵诽恻(悱) 叱诧风云(咤) 串凿附会(穿) 春花秋实(华) 嵯跎岁月(蹉)
错手不及(措) 出类拔粹(萃) 绌绌有余(绰) 传颂一时(诵) 插科打浑(诨)
惩前毙后(毖) 出人投地(头) 仓惶失措(皇) 嗔目结舌(瞠) 出而反尔(尔)
唇枪舌箭(剑) 长嘘短叹(吁) 重蹈复辙(覆) 痴心枉想(妄) 察颜观色(言)

出奇致胜(制)	赤博上阵(膊)	冲耳不闻(充)	残无人道(惨)	惨绝人圜(寰)
苍海桑田(沧)	苍海一粟(沧)	侧隐之心(恻)	初出茅芦(庐)	层峦迭嶂(叠)
必成大气(器)	草木葱笼(茏)	重山峻岭(崇)	出奇不意(其)	成规陋习(陈)
传种接代(宗)	粗制乱造(滥)	醇厚朴实(淳)	灿然一笑(粲)	趁伙打劫(火)
弛　　骋(驰)	沉　　缅(湎)	湎　　怀(缅)	重　　迭(叠)	

D

沾污清白(玷)	打报不平(抱)	大浪涛沙(淘)	带罪立功(戴)	独挡一面(当)
度过难关(渡)	远度重洋(渡)	渡 假 村 (度)	豆寇年华(蔻)	独辟溪径(蹊)
哆哆逼人(咄)	大相径廷(庭)	惮精竭虑(殚)	吊以轻心(掉)	得不尝失(偿)
当人不让(仁)	谍谍不休(喋)	短小精捍(悍)	大有稗益(裨)	独占螯头(鳌)
动则得咎(辄)	得垄望蜀(陇)	凋虫小技(雕)	打架斗欧(殴)	读书扎记(札)
断章取意(义)	颠沛流漓(离)	断壁残垣(壁)	待价而估(沽)	对薄公堂(簿)
大声急呼(疾)	独竖一帜(树)	道帽岸然(貌)	大厅广众(庭)	当即立断(机)
大才小用(材)	调兵谴将(遣)	大伤原气(元)	对　　奕(弈)	抵　　毁(诋)
大 姆 指(拇)				

E

耳儒目染(濡)	耳鬓斯磨(厮)	耳根清静(净)	恶惯满盈(贯)	恶虎扑食(饿)
尔虞我榨(诈)				

F

浮想连翩(联)	蜂涌而上(拥)	法网灰灰(恢)	愤笔疾书(奋)	非夷所思(匪)
凤冠霞披(帔)	幅　　射(辐)	焚育继晷(膏)	蜚然成章(斐)	反映热烈(应)
方柄圆凿(枘)	发号司令(施)	负偶顽抗(隅)	防微堵渐(杜)	防碍交通(妨)
风糜世界(靡)	繁冗拖踏(沓)	锋芒必露(毕)	愤发图强(奋)	愤世疾俗(嫉)
丰功伟迹(绩)	飞扬拔扈(跋)	风驰电擎(掣)	分道扬镖(镳)	风生鹤唳(声)
纷至踏来(沓)	凤毛鳞角(麟)	沸返盈天(反)	富丽堂黄(皇)	风尘扑扑(仆)
烦文缛节(繁)	辐　　员(幅)	翻云复雨(覆)	肺腹之言(腑)	反应情况(映)
敷衍塞职(责)	风雨如诲(晦)	斐声文坛(蜚)	分廷抗礼(庭)	飞机船泊(舶)
反唇相击(讥)	风餐路宿(露)	复水难收(覆)	赋　　与(予)	

G

故弄悬虚(玄)	各行其事(是)	甘之如怡(饴)	莺营狗苟(蝇)	改弦更章(张)
高潮叠起(迭)	高屋建翎(瓴)	觥筹交措(错)	刚腹自用(愎)	甘冒不讳(韪)
功亏一匮(篑)	功于心计(工)	沾名钩誉(钓)	鬼斧神功(工)	冠冕堂黄(皇)
过尤不及(犹)	聒躁不已(噪)	故作矜恃(持)	感人肺腹(腑)	公伤事故(工)
感情溶洽(融)	贯输知识(灌)	归纳演译(绎)	感恩带德(戴)	攻城掠地(略)
共商国事(是)	呱呱堕地(坠)	功不可抹(没)	贡不应求(供)	供献巨大(贡)
各杼己见(抒)	鬼蜮技俩(伎)	瓜熟缔落(蒂)	恒古不变(亘)	鬼鬼祟祟(祟)
钢柔相济(刚)	甘败下风(拜)	功守同盟(攻)	规　　距(矩)	观　　摹(摩)

H

混然不觉(浑)	合盘托出(和)	混身是胆(浑)	谎谬绝伦(荒)	划地为牢(画)

虎据龙盘（踞）　捍然不顾（悍）　黄梁美梦（粱）　好高鹜远（骛）　怙恶不俊（悛）

寒冬蜡月（腊）　荒诞不径（经）　涸泽而鱼（渔）　诲莫如深（讳）　含辛如苦（茹）

虎视耽耽（眈）　忽然开朗（豁）　和霭讨亲（蔼）　沆泄一气（瀣）　黄粮美梦（粱）

合好如初（和）　鼾然人梦（酣）　荒芜人烟（无）　划清界线（限）　红木家俱（具）

祸国快民（殃）　混混噩噩（浑）　涣然一新（焕）　焕然冰释（涣）　汗流夹背（浃）

哗众取庞（宠）　火中取粟（栗）　海市唇楼（蜃）　候门似海（侯）　轰堂大笑（哄）

函养很深（涵）　欢呼鹊跃（雀）　回拢资金（笼）　呼吸频律（率）　怀旧情节（结）

寒风凛洌（冽）　宏篇巨制（鸿）　汉马功劳（汗）　推托责任（脱）　推脱之词（托）

哈 蜜 瓜（密）　寒　喧（暄）　涵　概（盖）

J

桀傲不驯（骜）　纪律焕散（涣）　接踪而来（踵）　坚如磬石（磐）　经渭分明（泾）

绝代嘉人（佳）　鞠躬尽悴（瘁）　箴口不言（缄）　纠纠武夫（赳）　迥迥有神（炯）

禁若寒蝉（噤）　决无仅有（绝）　箭拔弩张（剑）　精精业业（兢）　娇揉造作（矫）

计日成功（程）　积毁消骨（销）　急于事工（功）　精美绝仑（伦）　戒骄戒燥（躁）

惊世咳俗（骇）　军事布署（部）　金壁辉煌（碧）　锦秀前程（绣）　炯然不同（迥）

居心卜测（叵）　进退唯谷（维）　鸠占雀巢（鹊）　娇生贯养（惯）　九洲大地（州）

挤挤一堂（济）　接长补短（截）　精兵俭政（简）　记忆尤新（犹）　既往开来（继）

叫苦不叠（迭）　积腋成裘（集）　犄角之势（掎）　既往不究（咎）　即然如此（既）

救死抚伤（扶）　卷秩浩繁（帙）　饥肠漉漉（辘）　惊淘骇浪（涛）　挤身名流（跻）

节哀顺便（变）　见微知卓（著）　及及可危（岌）　酒中渗水（掺）　坚苦卓绝（艰）

举世振惊（震）　交待工作（代）　金榜提名（题）　酒味淳厚（醇）　集思广议（益）

嘎然而止（戛）　坚守自盗（监）　进升职称（晋）　加官进爵（晋）　咎尤自取（由）

精简人员（减）　吉详如意（祥）　急走如飞（疾）　截至时间（止）　精神矍烁（铄）

机秘文件（密）　精典音乐（经）　见风驶舵（使）　焦燥不安（躁）　金 钢 钻（刚）

寂　漠（寞）　惊　蜇（蛰）

K

宽洪大量（宏）　刻苦功读（攻）　脍灸人口（炙）　慷概激昂（慨）　克不容缓（刻）

开门缉盗（揖）　开源截流（节）　格尽职守（恪）　揆情渡理（度）　窥豹一班（斑）

苦心孤旨（诣）　苦思瞑想（冥）

L

烂竽充数（滥）　连篇累椟（牍）　麟次栉比（鳞）　良秀不分（莠）　连袂出演（联）

牢燕分飞（劳）　利令知昏（智）　寥若辰星（晨）　戮力同心（勠）　厉精图治（励）

淋漓尽至（致）　略见一般（斑）　绿草如荫（茵）　礼上往来（尚）　老奸巨滑（猾）

老态龙肿（钟）　老声常谈（生）　雷历风行（厉）　廖廖无几（寥）　留芳百世（流）

路有饿俘（殍）　老马识涂（途）　利兵秣马（厉）　励行节约（厉）　力挽狂谰（澜）

良晨美景（辰）　羚羊挂脚（角）　绿草如荫（茵）　临渊羡渔（鱼）　另辟溪径（蹊）

敛声摒气（屏）　厉害得失（利）　流恋忘返（连）　厉害攸关（利）　笼拢人心（络）

伶牙利齿（俐）　良师铮友（诤）　流言诽语（蜚）　立杆见影（竿）　琅铛入狱（锒）

礼义之邦（仪）　曲屈词穷（理）　立功恕罪（赎）　录 象 机（像）

M

买椟还珠(椟)　名符其实(副)　莫中一是(衷)　莫明其妙(名)　满不经心(漫)
冥玩不灵(顽)　毛骨耸然(悚)　明火执杖(仗)　目不遐接(暇)　貌和神离(合)
缪种流传(谬)　墨守陈规(成)　明辩是非(辨)　名列前矛(茅)　满腹经论(纶)
糜糜之音(靡)　民生凋蔽(敝)　名落深山(孙)　密而不宣(秘)　寞不关心(漠)
棉里藏针(绵)　磨肩接踵(摩)　明察秋豪(毫)　明知固犯(故)　矛塞顿开(茅)
谋取暴利(牟)　莫齿不忘(没)　脉膊微弱(搏)　面面具到(俱)　面黄饥瘦(肌)
满目创痍(疮)　脉胳分明(络)　满脸绉纹(皱)　模范事绩(迹)　美仑美奂(轮)
冒然行动(贸)　迷天大谎(弥)　名门旺族(望)　民庖物与(胞)　暮色沧茫(苍)
名躁一时(噪)　明枪暗剑(箭)　门可罗鹊(雀)　脸色腊黄(蜡)　眉青目秀(清)
漫骂侮辱(谩)　描　摩(摹)

N

蘖根祸胎(孽)　奴颜卑膝(婢)　弄巧成绌(拙)　年高德韶(劭)

O

藕断丝联(连)　沤心沥血(呕)　呕　气(怄)　呕　歌(讴)　欧　打(殴)

P

破斧沉舟(釜)　迫不急待(及)　迫在眉捷(睫)　凭心而论(平)　劈荆斩棘(披)
批漏百出(纰)　披星带月(戴)　旁证博引(征)　贫脊不堪(瘠)　篷荜生辉(蓬)
扑溯迷离(朔)　披肝裂胆(沥)　批沙拣金(披)　拼拼揍揍(凑)　胼手脂足(胝)
砰然心动(怦)　疲备不堪(惫)　品位人生(味)　盘根错结(节)　骋　请(聘)

Q

浅尝则止(辄)　趋之若骛(鹜)　情不自尽(禁)　前据后恭(倨)　勤能补绌(拙)
磬竹难书(罄)　泌人心脾(沁)　穷兵渎武(黩)　穷形尽像(相)　前扑后继(仆)
乔妆打扮(装)　巧夺天功(工)　契妇将雏(挈)　气冲宵汉(霄)　轻歌慢舞(曼)
缺之不恭(却)　曲指可数(屈)　敲榨勒索(诈)　曲高合寡(和)　屈意逢迎(曲)
气喘嘘嘘(吁)　气度灰宏(恢)　气　慨(概)　感　概(慨)　情节类同(雷)
起迄时间(讫)　讫今为止(迄)　千练百炼(锤)　洽如其分(恰)　清沏见底(澈)
情有独衷(钟)　清规诫律(戒)　宠然大物(庞)　黔驴计穷(技)　启用能人(起)
起用设备(启)　巧舌如黄(簧)

R

入不付出(敷)　认识浮浅(肤)　惹事生非(是)　若既若离(即)　弱不经风(禁)
融汇贯通(会)　如梗在喉(鲠)　如雷灌耳(贯)　人才荟粹(萃)　日没途穷(暮)
锐不可挡(当)　如法泡制(炮)　如火如茶(荼)　人才倍出(辈)　如影随行(形)
人情事故(世)　忍劳忍怨(任)　儒子可教(孺)

S

风兴夜寐(夙)　撕　杀(厮)　扇风点火(煽)　杀一警百(儆)　刹羽而归(铩)
死有余姑(辜)　事必恭亲(躬)　死不瞑目(瞑)　随声附合(和)　生灵途炭(涂)
山青水秀(清)　色厉内任(荏)　胜卷在握(券)　肆无忌惮(肆)　瞻养老人(赡)
煞废苦心(费)　生杀与夺(予)　神彩奕奕(采)　拾人牙惠(慧)　跚跚来迟(姗)

姗姗可爱(珊) 十恶不赫(赦) 三长二短(两) 所向披糜(靡) 生死悠关(攸)
申张正义(伸) 食不裹腹(果) 首曲一指(屈) 伤心病狂(丧) 稍安毋躁(少)
司空见贯(惯) 世外桃园(源) 时过景迁(境) 书写缭草(潦) 身体嬴弱(羸)
插血为盟(歃) 声名雀起(鹊) 三翻两次(番) 潸然泪下(潸) 四马难追(驷)
睡眼醒忪(惺) 水乳交溶(融) 随寓而安(遇) 史无前列(例) 嗜酒成僻(癖)
首挡其冲(当) 失口否认(矢) 神密莫测(秘) 授与奖章(予) 事在必行(势)
俗不可奈(耐) 水性扬花(杨) 舔犊情深(舐) 试目以待(拭) 死心踏地(塌)
上交利润(缴) 身价爆涨(暴) 事得其反(适) 搜括钱财(刮) 神昏颠倒(魂)
上窜下跳(蹿) 善罢干休(甘) 深情厚意(谊) 水蒸汽(气) 摄服(慑)
双璜(簧) 训养(驯)

T

挺而走险(铤) 脱颕而出(颖) 题纲挈领(提) 题纲(提) 推心至腹(置)
推崇倍至(备) 天花乱堕(坠) 天翻地复(覆) 天随人愿(遂) 天网灰灰(恢)
聒不知耻(恬) 投笔从戒(戎) 贪脏枉法(赃) 谈笑风声(生) 谈吐恢谐(诙)
头昏目旋(眩) 提要勾玄(钩) 挑拔是非(拨) 突如奇来(其) 天崩地拆(坼)
甜言密语(蜜) 誊写文稿(誊) 退化变质(蜕) 同等学历(力) 通情达礼(理)
通货膨涨(胀) 通霄达旦(宵) 韬光养诲(晦) 同病相连(怜) 通辑(缉)
通谍(牒) 涕笑皆非(啼) 提心掉胆(吊) 天方夜谈(谭) 屠戳(戮)
通迅(讯) 婷婷玉立(亭) 同仇敌汽(忾) 螳臂挡车(当) 趟水(蹚)

W

未雨稠缪(绸) 闻名暇迩(遐) 万籁具寂(俱) 为虎作帐(伥) 歪理斜说(邪)
闻过饰非(文) 枉自菲薄(妄) 尉然成风(蔚) 吻颈之交(刎) 无动于中(衷)
无计于事(济) 歪风斜气(邪) 无耻之犹(尤) 乌烟障气(瘴) 无耻澜言(谰)
无与仑比(伦) 尾大不调(掉) 妄费心机(枉) 枉加揣测(妄) 翕翕郁郁(蓊)
味同嚼腊(蜡) 委屈求全(曲) 望风披糜(靡) 万事具备(俱) 罔然若失(惘)
万马齐暗(喑) 戍戌变法(戊) 无精打彩(采) 完壁归赵(璧) 万事享通(亨)
纬编三绝(韦) 温文而雅(尔) 无可质疑(置) 物富民安(阜) 稳操胜卷(券)
危言悚听(耸) 歪门斜道(邪) 挖人墙角(脚) 惋言相劝(婉) 五脏六腹(腑)
物竟天择(竞)

X

循私舞弊(徇) 星罗旗布(棋) 虚左以代(待) 行同路人(形) 响彻云宵(霄)
循章摘句(寻) 嘻笑怒骂(嬉) 修养生息(休) 喜上眉稍(梢) 细水常流(长)
心无旁鹜(骛) 饶勇善战(骁) 徇序渐进(循) 兴高彩烈(采) 心狠手棘(辣)
胸无成府(城) 形影相掉(吊) 熙熙嚷嚷(攘) 相辅相承(成) 消声匿迹(销)
信口眦黄(雌) 信口开合(河) 宣宾夺主(喧) 暇不掩瑜(瑕) 闲情逸志(致)
相得益章(彰) 相形见拙(绌) 相儒以沫(濡) 向偶而泣(隅) 笑容可鞠(掬)
心旷神贻(怡) 心心相映(印) 心有灵隙(犀) 心照不喧(宣) 修戚相关(休)
虚无缥渺(缈) 削足适屦(履) 循规蹈距(矩) 心恢意冷(灰) 心浮气燥(躁)
心力交悴(瘁) 信而有证(征) 协从不问(胁) 渲泄感情(宣) 洗耳躬听(恭)

信而有证(征)　下车尹始(伊)　行踪鬼秘(诡)　性命悠关(攸)　席不瑕暖(暇)
宵壤之别(霄)　修养生息(休)　虚渡光阴(度)　陷　井(阱)　萧规曹遂(随)
消毁证据(销)　喜忧掺半(参)　席地而座(坐)　寻物启示(事)　殉情枉法(徇)
形容枯稿(槁)　信心实足(十)　秀外惠中(慧)　悬梁刺骨(股)　喧然大波(轩)
香消玉陨(殒)　小家璧玉(碧)　小题大作(做)　心力交悴(瘁)　谐 奏 曲(协)
弦　律(旋)　小巧伶珑(玲)

Y

一见中情(钟)　一脉相成(承)　一视同人(仁)　一踏糊涂(塌)　一巧不通(窍)
一股作气(鼓)　一如继往(既)　一愁莫展(筹)　一厥不振(蹶)　一张一驰(弛)
一劳永易(逸)　一轰而散(哄)　一言敝之(蔽)　一惯如此(贯)　一泄千里(泻)
一幅对联(副)　呀呀学语(牙)　要言不繁(烦)　鱼鲜晕腥(荤)　忧柔寡断(优)
贻然自得(怡)　遗笑大方(贻)　以警效尤(儆)　以偏盖全(概)　依老卖老(倚)
引疚自责(咎)　饮鸩止渴(鸩)　隐约其词(辞)　英才倍出(辈)　英雄事绩(迹)
忧心仲仲(忡)　欲盖弥张(彰)　源木求鱼(缘)　云蒸霞尉(蔚)　原形必露(毕)
遗误战机(贻)　陨身不恤(殒)　运筹帷屋(幄)　因才施教(材)　因地治宜(制)
因陋就俭(简)　因咽废食(噎)　雅雀无声(鸦)　有口皆牌(碑)　阴谋鬼计(诡)
引亢高歌(吭)　越俎代疱(庖)　余音绕粱(梁)　犹豫不绝(决)　摇摇欲堕(坠)
以身作责(则)　饮鸠止渴(鸩)　羽扇伦巾(纶)　睚呲必报(眦)　影影绌绌(绰)
渊远流长(源)　雍荣华贵(容)　英雄倍出(辈)　义不容词(辞)　揠旗息鼓(偃)
扬常而去(长)　眼花潦乱(缭)　月明星希(稀)　以逸代劳(待)　言简意该(赅)
沓无音信(杳)　怨天忧人(尤)　鸦俗共赏(雅)　与时具进(俱)　义愤填赝(膺)
央央大国(泱)　肄无忌惮(肆)　沿续下去(延)　偃苗助长(揠)　鱼　船(渔)
有势无恐(恃)　以德报冤(怨)　肆　业(肄)　要言不繁(烦)　永保青春(葆)
游忍有余(刃)　寅吃卯粱(粮)　语重深长(心)　影 牒 机(碟)　夜暮降临(幕)
异曲同功(工)　言谈灰谐(诙)　义气用事(意)　义气风发(意)　语无仑次(伦)
义气相投(意)　以偏盖全(概)　鱼燕传书(雁)　由来以久(已)　越规行为(轨)
庸人自挠(扰)　油头猾脑(滑)　神智不清(志)　以德抱怨(报)　艺术品味(位)
炎皇子孙(黄)　淹没无闻(湮)　摇 控 器(遥)

Z

再接再励(厉)　展露头角(崭)　置若惘闻(罔)　作茧自傅(缚)　捉襟见胄(肘)
追本朔源(溯)　钟灵梳秀(毓)　职无旁贷(责)　战战精精(兢)　诏然若揭(昭)
直接了当(截)　斩草锄根(除)　植物稼接(嫁)　灸手可热(炙)　中流坻柱(砥)
忠贞不谕(渝)　志志不倦(孜)　纵横俾阖(捭)　遮天避日(蔽)　淳淳教诲(谆)
真知卓见(灼)　仗义直言(执)　坐地分脏(赃)　震古铄今(烁)　振耳欲聋(震)
震聋发瞶(振)　震　憾(撼)　众口烁金(铄)　锱株必较(铢)　走头无路(投)
恣意忘为(妄)　珠联壁和(合)　左右逢缘(源)　坐收鱼利(渔)　粘粘自喜(沾)
指高气扬(趾)　中心感谢(衷)　揣揣不安(惴)　仗义舒财(疏)　招摇装骗(撞)
针贬时弊(砭)　展露头角(崭)　捉发难数(擢)　自曝自弃(暴)　臻于至治(郅)
针炙治疗(灸)　照本喧科(宣)　准备就序(绪)　诤诤誓言(铮)　做客他乡(作)

坐右铭(座)　坐谈会(座)　座　落(坐)　座标定位(坐)　做月子(坐)
知人论事(世)　咫尺天崖(涯)　装　祯(帧)　正本清原(源)　蛛丝蚂迹(马)
整齐画一(划)　终生大事(身)　自鸣不凡(命)　遭致非议(招)　置办嫁装(妆)
抵掌而谈(扺)　坐阵指挥(镇)　坐想其成(享)　指手划脚(画)

【基础练习】

根据拼音,在下面词语的括号里填上正确的汉字。

A

和 ǎi(　　)可亲　āi(　　)声叹气　ān(　　)熟兵法　àn(　　)然神伤
意义深 ào(　　)　独占 áo(　　)头　桀 ào(　　)不驯

B

飞扬 bá(　　)扈　纵横 bǎi(　　)阖　bài(　　)官野史　略见一 bān(　　)
bān(　　)门弄斧　bǎn(　　)上走丸　自 bào(　　)自弃　英雄 bèi(　　)出
并行不 bèi(　　)　锱铢 bì(　　)较　民生凋 bì(　　)　遮天 bì(　　)日
大有 bì(　　)益　刚 bì(　　)自用　原形 bì(　　)露　珠联 bì(　　)合
原物 bì(　　)还　金 bì(　　)辉煌　惩前 bì(　　)后　针 biān(　　)时弊
明 biàn(　　)是非　街头 biāo(　　)车　赤 bó(　　)上阵　脉 bó(　　)强弱
排兵 bù(　　)阵　按 bù(　　)就班　军事 bù(　　)署

C

兴高 cǎi(　　)烈　cǎn(　　)无人道　cán(　　)酷无情　酒中 chān(　　)水
为虎作 chāng(　　)　老生 cháng(　　)谈　好景不 cháng(　　)　cháng(　　)年累月
扬 cháng(　　)而去　chàng(　　)然若失　天崩地 chè(　　)　清 chè(　　)见底
chēn(　　)目叱之　积羽 chén(　　)舟　chèn(　　)心如意　计日 chēng(　　)功
相辅相 chéng(　　)　墨守 chéng(　　)规　驰 chěng(　　)沙场　故作矜 chí(　　)
鞭 chī(　　)三百　有张有 chí(　　)　chī(　　)之以鼻　一 chóu(　　)莫展
相形见 chù(　　)　chuān(　　)流不息　走街 chuàn(　　)巷　chuō(　　)穿阴谋
义不容 cí(　　)　拼 còu(　　)文章　出类拔 cuì(　　)　鞠躬尽 cuì(　　)
切 cuō(　　)技艺

D

披星 dài(　　)月　以逸 dài(　　)劳　dān(　　)精竭虑　肆无忌 dàn(　　)
虎视 dān(　)(　)　dān(　　)搁时间　锐不可 dāng(　　)　独 dāng(　　)一面
循规 dǎo(　　)矩　中流 dǐ(　　)柱　dǐ(　　)毁他人　diàn(　　)污清白
diào(　　)以轻心　尾大不 diào(　　)　最后通 dié(　　)　dié(　)(　)不休
机构重 dié(　　)　dié(　　)床架屋　签 dìng(　　)条约　穷兵 dú(　　)武
欢 dù(　　)春节　腐化 duò(　　)落　duō(　)(　)逼人

F

三 fān(　　)两次　fǎn(　　)复无常　fān(　　)云覆雨　要言不 fán(　　)
fáng(　　)碍交通　铺张浪 fèi(　　)　义 fèn(　　)填膺　入不 fū(　　)出

认识 fū(　　)浅　　fú(　　)射源　　破 fǔ(　　)沉舟　　感人肺 fǔ(　　)

魂不 fù(　　)体　　名 fù(　　)其实

G

以偏 gài(　　)全　　言简意 gāi(　　)　　英雄气 gài(　　)　　揭 gān(　　)而起

gèn(　　)古未有　　卑 gōng(　　)屈膝　　gòng(　　)献巨大　　蝇营狗 gǒu(　　)

gū(　　)负好意　　待价而 gū(　　)　　一 gǔ(　　)作气　　明知 gù(　　)犯

如雷 guàn(　　)耳　　羽扇 guān(　　)巾　　发扬 guāng(　　)大　　性格粗 guǎng(　　)

步入正 guǐ(　　)　　行踪 guǐ(　　)秘　　阴谋 guǐ(　　)计

H

惊涛 hài(　　)浪　　短小精 hàn(　　)　　震 hàn(　　)人心　　hé(　　)盘托出

随声附 hè(　　)　　万事 hēng(　　)通　　宽 hóng(　　)大量　　声音 hóng(　　)亮

hōng(　　)堂大笑　　hóu(　　)门如海　　刻 huà(　　)人物　　老奸巨 huá(　　)

精神 huàn(　　)散　　丢掉 huàn(　　)想　　惨绝人 huán(　　)　　交通瘫 huàn(　　)

huāng(　　)谬绝伦　　病入膏 huāng(　　)　　富丽堂 huáng(　　)　　人心 huáng(　　)(　　)

张 huáng(　　)失措　　惊 huāng(　　)失措　　仓 huáng(　　)失措　　心 huī(　　)意懒

天网 huī(　　)(　　)　　言谈 huī(　　)谐　　风雨如 huì(　　)　　融 huì(　　)贯通

拾人牙 huì(　　)　　群英 huì(　　)萃　　hūn(　　)素搭配　　hún(　　)身是胆

J

迫不 jí(　　)待　　无 jī(　　)之谈　　jī(　　)身文坛　　痛心 jí(　　)首

jí(　　)腋成裘　　故 jì(　　)重演　　若 jì(　　)若离　　jì(　　)往不咎

招之 jí(　　)来　　jī(　　)角之势　　土地贫 jí(　　)　　丰功伟 jì(　　)

不 jì(　　)其数　　模范事 jì(　　)　　创 jì(　　)录　　绝代 jiā(　　)人

汗流 jiā(　　)背　　jiā(　　)宾满座　　jiān(　　)口不语　　jiān(　　)难困苦

草 jiān(　　)人命　　咬文 jiáo(　　)字　　直 jié(　　)了当　　情不自 jīn(　　)

弱不 jīn(　　)风　　jìn(　　)若寒蝉　　时过 jìng(　　)迁　　jīng(　　)(　　)业业

不 jìng(　　)而走　　jìng(　　)渭分明　　针 jiū(　　)疗法　　既往不 jiū(　　)

jiū(　　)(　　)武夫　　前 jù(　　)后恭　　龙盘虎 jù(　　)　　循规蹈 jǔ(　　)

面面 jù(　　)到　　性格 jué(　　)强　　jué(　　)无仅有　　千 jūn(　　)一发

工程 jùn(　　)工

K

同仇敌 kài(　　)　　不卑不 kàng(　　)　　kào(　　)劳军士　　kēng(　　)害百姓

kōng(　　)前绝后　　kuài(　　)炙人口　　众目 kuí(　　)(　　)　　功亏一 kuì(　　)

L

味同嚼 là(　　)　　脸色 là(　　)黄　　心狠手 là(　　)　　陈词 làn(　　)调

衣衫 lánlǚ(　　)　　无耻 làn(　　)言　　春意 lán(　　)珊　　色彩斑 lán(　　)

和事 lǎo(　　)　　身体 léi(　　)弱　　情节 léi(　　)同　　暴 lì(　　)恣睢

群策群 lì(　　)　　lì(　　)害得失　　变本加 lì(　　)　　再接再 lì(　　)

lì(　　)精图治　　lì(　　)行节约　　自 lì(　　)更生　　老骥伏 lì(　　)

火中取 lì(　　)　　风声鹤 lì(　　)　　史无前 lì(　　)　　伶牙 lì(　　)齿

黄 liáng(　　)美梦　　膏 liáng(　　)子弟　　liáo(　)(　)无几　　书写 liáo(　　)草
liú(　　)览一遍　　liú(　　)连忘返　　因 lòu(　　)就简　　惨遭屠 lù(　　)
lù(　　)力同心　　高官厚 lù(　　)　　庸庸 lù(　)(　)　　树木葱 lóng(　　)
luán(　　)生姐妹　　语无 lún(　　)次　　脉 luò(　　)分明

M

màn(　　)山遍野　　无礼 màn(　　)骂　　轻歌 màn(　　)舞　　睡眼 ménglóng(　)(　)
风 mí(　　)一时　　望风披 mǐ(　　)　　甜言 mì(　　)语　　mì(　　)而不宣
miǎn(　　)为其难　　自 míng(　　)得意　　死不 míng(　　)目　　临 mó(　　)碑帖
教学观 mó(　　)　　mó(　　)糊不清　　mò(　　)不关心　　mò(　　)守成规
拐弯 mò(　　)角

N

急不可 nài(　　)　　自寻烦 nǎo(　　)　　初露端 ní(　　)　　强 nǔ(　　)之末

O

ǒu(　　)心沥血　　打架斗 ōu(　　)　　金 ōu(　　)无缺　　无独有 ǒu(　　)

P

坚如 pán(　　)石　　如法 páo(　　)制　　péng(　　)荜生辉　　pī(　　)沙拣金
嗜酒成 pì(　　)　　pī(　　)漏百出　　东施效 pín(　　)　　píng(　　)心而论
心怀 pǒ(　　)测　　pōu(　　)土未干　　前 pū(　　)后继　　风尘 pú(　)(　)

Q

夸夸 qí(　　)谈　　两全 qí(　　)美　　误入 qí(　　)途　　星罗 qí(　　)布
修 qì(　　)一新　　感情融 qià(　　)　　qià(　　)如其分　　粮食 qiàn(　　)收
qiáo(　　)装打扮　　一 qiào(　　)不通　　提纲 qiè(　　)领　　qǐng(　　)刻之间
qìng(　　)竹难书　　卑躬 qū(　　)膝　　qū(　　)意逢迎　　面面相 qù(　　)
怙恶不 quān(　　)　　证 quàn(　　)交易　　入场 quàn(　　)　　尚待商 què(　　)
què(　　)之不恭　　què(　　)巢鸠占

R

当 rén(　　)不让　　一视同 rén(　　)　　rèn(　)劳(　)怨　　熙熙 rǎng(　)(　)
矫 róu(　　)造作　　相 rú(　　)以沫　　rú(　　)子可教　　妇 rú(　　)皆知
耳 rú(　　)目染　　含辛 rú(　　)苦　　聪明 ruì(　　)智

S

shà(　　)费苦心　　shà(　　)血为盟　　shà(　　)羽而归　　shān(　　)然泪下
shān(　)(　)来迟　　shàn(　　)养父母　　礼 shàng(　　)往来　　喜上眉 shāo(　　)
shāo(　　)纵即逝　　海市 shèn(　　)楼　　谈笑风 shēng(　　)　　有 shì(　　)无恐
挑拨 shì(　　)非　　文过 shì(　　)非　　各行其 shì(　　)　　手不 shì(　　)卷
shǒu(　　)屈一指　　灌 shū(　　)知识　　军事部 shǔ(　　)　　寒来 shǔ(　　)往
shuān(　　)心留人　　sì(　　)无忌惮　　到处传 sòng(　　)　　毛骨 sǒng(　　)然
危言 sǒng(　　)听　　sǒng(　　)人听闻　　鬼鬼 suì(　)(　)

T

深为 tàn(　　)惜	tāng(　　)水过河	作文 tí(　　)纲	tián(　　)不知耻
义愤 tián(　　)膺	暴 tiǎn(　　)天物	大相径 tíng(　　)	tǐng(　　)而走险
走 tóu(　　)无路	按 tú(　　)索骥	如火如 tú(　　)	tú(　　)毒生灵
tuò(　　)手可得			

W

wǎng(　　)费心机	wēi(　　)言耸听	wěi(　　)靡不振	互相推 wěi(　　)
甘冒不 wěi(　　)	wéi(　　)命是从	从中 wò(　　)旋	运筹帷 wò(　　)
定期会 wù(　　)	趋之若 wù(　　)	宁缺 wù(　　)滥	好高 wù(　　)远

X

笔锋 xī(　　)利	xī(　　)世珍宝	雨声 xī(　　)沥	条分缕 xī(　　)
xiá(　　)不掩瑜	自顾不 xiá(　　)	声闻 xiá(　　)迩	权势 xiǎn(　　)赫
举止安 xiáng(　　)	真 xiàng(　　)大白	撤 xiāo(　　)计划	xiāo(　　)勇善战
通 xiāo(　　)不眠	九 xiāo(　　)云外	报 xiāo(　　)车费	xiāo(　　)声匿迹
不 xiào(　　)子孙	歪风 xié(　　)气	xié(　　)从不问	xié(　　)调工作
舞步 xié(　　)调	不 xiè(　　)一顾	一 xiè(　　)千里	睡眼 xīng(　　)忪
xiū(　　)养生息	长 xū(　　)短叹	气喘 xū(　　)(　　)	申酉 xū(　　)亥
xǔ(　　)(　　)如生	一切就 xù(　　)	循 xù(　　)渐进	寒 xuān(　　)客套
照本 xuān(　　)科	xuān(　　)宾夺主	心照不 xuān(　　)	头晕目 xuàn(　　)
xùn(　　)情枉法	xún(　　)私舞弊	不幸 xùn(　　)职	

Y

yà(　　)苗助长	yǎ(　　)俗共赏	yǎn(　　)旗息鼓	察 yán(　　)观色
和 yán(　　)悦色	举行 yàn(　　)会	yān(　　)没无闻	此系 yàn(　　)品
敷 yǎn(　　)塞责	yǎo(　　)无音信	专程 yè(　　)见	心 yí(　　)已久
yì(　　)口同声	演 yì(　　)推理	不可思 yì(　　)	心孤 yì(　　)怯
巍然 yì(　　)立	一劳永 yì(　　)	劳 yì(　　)结合	yí(　　)笑大方
yí(　　)臭万年	满目疮 yí(　　)	大学 yì(　　)业	以 yì(　　)待劳
万马齐 yīn(　　)	绿树成 yīn(　　)	绿草如 yīn(　　)	一望无 yín(　　)
反 yìng(　　)敏捷	反 yìng(　　)意见	新 yǐng(　　)别致	蝇 yíng(　　)狗苟
yōu(　　)柔寡断	yóu(　　)然而生	生死 yōu(　　)关	良 yǒu(　　)不齐
记忆 yóu(　　)新	yóu(　　)豫不决	怨天 yóu(　　)人	手头宽 yù(　　)
生杀 yǔ(　　)夺	滥 yú(　　)充数	膏 yú(　　)之地	竭泽而 yú(　　)
向 yú(　　)而泣	始终不 yú(　　)	瑕 yú(　　)互见	瑕不掩 yù(　　)
卖官 yù(　　)爵	yú(　　)期作废	yǔ(　　)人口实	阿 yú(　　)奉承
天气 yù(　　)热	yuān(　　)远流长	yuán(　　)气大伤	世外桃 yuán(　　)
颓 yuán(　　)断壁	yuán(　　)木求鱼		

Z

销 zāng(　　)灭迹	口干舌 zào(　　)	鼓 zào(　　)而进	以身作 zé(　　)
zé(　　)(　　)称羡	读书 zhā(　　)记	zhǎ(　　)眼之间	敲 zhà(　　)勒索

压 zhà(　　)人民	高 zhān(　　)远瞩	皮开肉 zhàn(　　)	zhāng(　　)灯结彩
改弦易 zhé(　　)	通货膨 zhàng(　　)	动 zhé(　　)得咎	计划 zhěn(　　)密
举世 zhèn(　　)惊	zhèn(　　)撼人心	仗义 zhí(　　)言	孤注一 zhì(　　)
zhǐ(　　)掌而谈	出奇 zhì(　　)胜	励精图 zhì(　　)	zhì(　　)地有声
zhì(　　)风沐雨	令人 zhì(　　)息	幼 zhì(　　)可笑	zhí(　　)迷不悟
各 zhí(　　)一词	zhǐ(　　)高气扬	神 zhì(　　)不清	两军对 zhì(　　)
莫 zhōng(　　)一是	接 zhǒng(　　)而至	和 zhōng(　　)共济	捉襟见 zhǒu(　　)
满脸 zhòu(　　)纹	高瞻远 zhǔ(　　)	招摇 zhuàng(　　)骗	梳 zhuāng(　　)打扮
zhuì(　)(　)不安	zhuì(　　)句成文	呱呱 zhuì(　　)地	心劳日 zhuō(　　)
zhuó(　　)摸不透	真知 zhuó(　　)见	zhuó(　　)发难数	zī(　　)牙咧嘴
zì(　　)意妄为	故作 zī(　　)态	恶意 zǔ(　　)咒	编 zuǎn(　　)词典
人生 zuò(　　)标	zuó(　　)磨事情	有所 zūn(　　)循	

【参考答案】

A

和蔼可亲	唉声叹气	谙熟兵法	黯然神伤
意义深奥	独占鳌头	桀骜不驯	

B

飞扬跋扈	纵横捭阖	稗官野史	略见一斑
班门弄斧	坂上走丸	自暴自弃	英雄辈出
并行不悖	锱铢必较	民生凋敝	遮天蔽日
大有裨益	刚愎自用	原形毕露	珠联璧合
原物璧还	惩前毖后	金碧辉煌	针砭时弊
明辨是非	街头飙车	赤膊上阵	脉搏强弱
排兵布阵	按部就班	军事部署	

C

兴高采烈	惨无人道	残酷无情	酒中掺水
为虎作伥	老生常谈	好景不长	长年累月
扬长而去	怅然若失	天崩地坼	清澈见底
瞋目叱之	积羽沉舟	称心如意	计日程功
相辅相成	墨守成规	驰骋沙场	故作矜持
鞭笞三百	有张有弛	嗤之以鼻	一筹莫展
相形见绌	川流不息	走街串巷	戳穿阴谋
义不容辞	拼凑文章	出类拔萃	鞠躬尽瘁
切磋技艺			

D

披星戴月	以逸待劳	殚精竭虑	肆无忌惮
虎视眈眈	耽搁时间	锐不可当	独当一面
循规蹈矩	中流砥柱	诋毁他人	玷污清白

掉以轻心　尾大不掉　最后通牒　喋喋不休
机构重叠　叠床架屋　签订条约　穷兵黩武
欢度春节　腐化堕落　咄咄逼人

F

三番两次　反复无常　翻云覆雨　要言不烦
妨碍交通　铺张浪费　义愤填膺　入不敷出
认识肤浅　辐射源　破釜沉舟　感人肺腑
魂不附体　名副其实

G

以偏概全　言简意赅　英雄气概　揭竿而起
亘古未有　卑躬屈膝　贡献巨大　蝇营狗苟
辜负好意　待价而沽　一鼓作气　明知故犯
如雷贯耳　羽扇纶巾　发扬光大　性格粗犷
步入正轨　行踪诡秘　阴谋诡计

H

惊涛骇浪　短小精悍　震撼人心　和盘托出
随声附和　万事亨通　宽宏大量　声音洪亮
哄堂大笑　侯门如海　刻画人物　老奸巨猾
精神涣散　丢掉幻想　惨绝人寰　交通瘫痪
荒谬绝伦　病入膏肓　富丽堂皇　人心惶惶
张皇失措　惊慌失措　仓皇失措　心灰意懒
天网恢恢　言谈诙谐　风雨如晦　融会贯通
拾人牙慧　群英荟萃　荤素搭配　浑身是胆

J

迫不及待　无稽之谈　跻身文坛　痛心疾首
集腋成裘　故伎重演　若即若离　既往不咎
招之即来　犄角之势　土地贫瘠　丰功伟绩
不计其数　模范事迹　创纪录　绝代佳人
汗流浃背　嘉宾满座　缄口不语　艰难困苦
草菅人命　咬文嚼字　直截了当　情不自禁
弱不禁风　噤若寒蝉　时过境迁　兢兢业业
不胫而走　泾渭分明　针灸疗法　既往不咎
赳赳武夫　前倨后恭　龙盘虎踞　循规蹈矩
面面俱到　性格倔强　绝无仅有　千钧一发
工程竣工

K

同仇敌忾　不卑不亢　犒劳军士　坑害百姓
空前绝后　脍炙人口　众目睽睽　功亏一篑

L

味同嚼蜡　脸色蜡黄　心狠手辣　陈词滥调

衣衫褴褛　无耻谰言　春意阑珊　色彩斑斓
和事老　身体羸弱　情节雷同　暴戾恣睢
群策群力　利害得失　变本加厉　再接再厉
励精图治　厉行节约　自力更生　老骥伏枥
火中取栗　风声鹤唳　史无前例　伶牙俐齿
黄粱美梦　膏粱子弟　寥寥无几　书写潦草
浏览一遍　流连忘返　因陋就简　惨遭屠戮
勠力同心　高官厚禄　庸庸碌碌　树木葱茏
孪生姐妹　语无伦次　脉络分明

M

漫山遍野　无礼谩骂　轻歌曼舞　睡眼蒙眬
风靡一时　望风披靡　甜言蜜语　秘而不宣
勉为其难　自鸣得意　死不瞑目　临摹碑帖
教学观摩　模糊不清　漠不关心　墨守成规
拐弯抹角

N

急不可耐　自寻烦恼　初露端倪　强弩之末

O

呕心沥血　打架斗殴　金瓯无缺　无独有偶

P

坚如磐石　如法炮制　蓬荜增辉　披沙拣金
嗜酒成癖　纰漏百出　东施效颦　平心而论
心怀叵测　抔土未干　前仆后继　风尘仆仆

Q

夸夸其谈　两全其美　误入歧途　星罗棋布
修葺一新　感情融洽　恰如其分　粮食歉收
乔装打扮　一窍不通　提纲挈领　顷刻之间
罄竹难书　卑躬屈膝　曲意逢迎　面面相觑
怙恶不悛　证券交易　入场券　尚待商榷
却之不恭　鹊巢鸠占

R

当仁不让　一视同仁　任劳任怨　熙熙攘攘
矫揉造作　相濡以沫　孺子可教　妇孺皆知
耳濡目染　含辛茹苦　聪明睿智

S

煞费苦心　歃血为盟　铩羽而归　潸然泪下
姗姗来迟　赡养父母　礼尚往来　喜上眉梢
稍纵即逝　海市蜃楼　谈笑风生　有恃无恐
挑拨是非　文过饰非　各行其是　手不释卷

首屈一指 灌输知识 军事部署 寒来暑往
拴心留人 肆无忌惮 到处传颂 毛骨悚然
危言耸听 耸人听闻 鬼鬼祟祟

T

深为叹惜 趟水过河 作文提纲 恬不知耻
义愤填膺 暴殄天物 大相径庭 铤而走险
走投无路 按图索骥 如火如荼 荼毒生灵
唾手可得

W

枉费心机 危言耸听 萎靡不振 互相推诿
甘冒不韪 唯命是从 从中斡旋 运筹帷幄
定期会晤 趋之若骛 宁缺毋滥 好高骛远

X

笔锋犀利 稀世珍宝 雨声淅沥 条分缕析
瑕不掩瑜 自顾不暇 声闻遐迩 权势显赫
举止安详 真相大白 撤销计划 骁勇善战
通宵不眠 九霄云外 报销车费 销声匿迹
不肖子孙 歪风邪气 胁从不问 协调工作
舞步谐调 不屑一顾 一泻千里 睡眼惺忪
休养生息 长吁短叹 气喘吁吁 申酉戌亥
栩栩如生 一切就绪 循序渐进 寒暄客套
照本宣科 喧宾夺主 心照不宣 头晕目眩
徇情枉法 徇私舞弊 不幸殉职

Y

揠苗助长 雅俗共赏 偃旗息鼓 察言观色
和颜悦色 举行宴会 湮没无闻 此系赝品
敷衍塞责 杳无音信 专程谒见 心仪已久
异口同声 演绎推理 不可思议 心孤意怯
巍然屹立 一劳永逸 劳逸结合 贻笑大方
遗臭万年 满目疮痍 大学肄业 以逸待劳
万马齐喑 绿树成荫 绿草如茵 一望无垠
反应敏捷 反映意见 新颖别致 蝇营狗苟
优柔寡断 油然而生 生死攸关 良莠不齐
记忆犹新 犹豫不决 怨天尤人 手头宽裕
生杀予夺 滥竽充数 膏腴之地 竭泽而渔
向隅而泣 始终不渝 瑕瑜互见 瑕不掩瑜
卖官鬻爵 逾期作废 予人口实 阿谀奉承
天气燠热 源远流长 元气大伤 世外桃源
颓垣断壁 缘木求鱼

Z

销赃灭迹	口干舌燥	鼓噪而进	以身作则
啧啧称羡	读书札记	眨眼之间	敲诈勒索
压榨人民	高瞻远瞩	皮开肉绽	张灯结彩
改弦易辙	通货膨胀	动辄得咎	计划缜密
举世震惊	震撼人心	仗义执言	孤注一掷
抵掌而谈	出奇制胜	励精图治	掷地有声
栉风沐雨	令人窒息	幼稚可笑	执迷不悟
各执一词	趾高气扬	神志不清	两军对峙
莫衷一是	接踵而至	和衷共济	捉襟见肘
满脸皱纹	高瞻远瞩	招摇撞骗	梳妆打扮
惴惴不安	缀句成文	呱呱坠地	心劳日拙
捉摸不透	真知灼见	擢发难数	龇牙咧嘴
恣意妄为	故作姿态	恶意诅咒	编纂词典
人生坐标	琢磨事情	有所遵循	

第三章 词 语

【考试大纲解读】

在考试大纲中，与本章节直接相关的内容，只有“正确使用词语”6个字。虽然只有这6个字，却需要我们花费不少精力来备考。

“正确使用词语”，具体到考卷中，直接的考查的是单选题中的选词填空和语病题；间接的考查的是作文中的词语使用情况。在作文中侧重对语词使用能力进行检测，在其他地方侧重理解记忆性考查。

【考试真题解读】

Ⅰ．2020 年真题回放

3. 依次填入下列横线上的一组词语，最恰当的是______。

我们读所有的书，最终的目的都是读自己。读有益的书，你会发现______的心平息下来了，有种______的感觉，你会发现你百思不得其解的______，千百年来被无数的人思考过，并且提供了各种各样的答案。每一本在你心目中值得阅读和记住的书，都是因为其中______着未来你更期待的那个自己。

A. 焦虑　　豁然开朗　　疑惑　　蕴含

B. 焦躁　　豁然开朗　　困惑　　蕴藏

C. 焦躁　　茅塞顿开　　困惑　　蕴含

D. 焦虑　　茅塞顿开　　疑惑　　蕴藏

4. 下列句子中加点的成语，使用不恰当的一项是______。

A. 李克强总理在国务院常务会议上表示，国务院绝不会发空头文件，为官也绝不能尸位素餐。

B. 生活是一切文艺的源泉，在当今仍然是一条颠扑不破的真理，是医治当今文艺病态的一剂良方。

C. 毋庸置疑，铁路电话订票使很多旅客获得了便利，但是，铁路局数万张车票无人领取的状况，也反映了有的旅客把电话订票当成儿戏，缺乏一言九鼎的诚信。

D. 修复长城是一份既辛苦又危险的工作，工人们却甘之如饴，因为他们觉得这是一种荣誉，他们在用汗水和勇气维护着长城的荣光。

Ⅱ．2019 年真题回放

3. 依次填入下列横线上的词语，最恰当的一项是______。

你的名字无人知晓，你的______永世长存。在历史的天空中，当年的烽火连天、金戈铁马已经远去，但______是在世的老兵还是血染沙场的每一位英烈，都值得我们永远______。不管时代如何变迁，英雄人物始终是______历史的精神坐标。

A. 功劳　　即使　　铭刻　　标注

B. 功勋　　即使　　铭记　　标记

C. 功勋　　无论　　铭记　　标注

D. 功绩　　无论　　铭刻　　标榜

4. 下列句子中加点的成语，使用不恰当的一句是______。

A. 牢记“听党指挥”这一宗旨，让“红色基因”融入官兵血液，筑起一道固若金汤的钢铁长城，这是新形势下我军将士实现强军目标的时代最强音。

B. 抗战时期，中美两国空军飞行员组成的“飞虎队”以大无畏的精神，开辟了闻名天下的“驼峰航线”，这种用鲜血凝结的战斗友谊是牢不可破的。

C. 漫步百年古村李家坑，细细品味村落的一草一木，你是否也和我一样，不由自主地生出“岁月静好，现世安稳”的感慨？

D. 作为班长，你应该身体力行，不能在这么点小事上犯错误。

Ⅲ. 2018 年真题回放

3. 依次为下列两副对联选填词语，正确的一项是________。

1936 年鲁迅先生逝世时，美国作家斯诺撰写了一副挽联，托人送到鲁迅先生追悼会上。挽联是：译著尚未成书，惊闻陨星，________何人领呐喊？先生________作古，痛忆旧雨，文坛从此感彷徨？

1990 年德高望重的徐向前元帅逝世，越共领导人黄文欢即书一联以悼之，挽联是：________军心暖，威震沙场敌胆寒。

A. 中国　已经　身先士卒

B. 中国　不幸　同甘共苦

C. 寰宇　已经　同甘共苦

D. 寰宇　不幸　身先士卒

4. 下列句子中加点的成语，使用恰当的一句是________。

A. 科隆新年夜发生的耸人听闻的群体犯罪事件，再度引发德国民众对外来难民的恐慌情绪，科隆市长发言人说，政府绝不容许执法“无人区”出现。

B. 不言而喻，物理学家和数学家阐发问题、提出理论的途径往往有差异，甚或大相径庭，物理学家重在理念的物质基础，数学家重在数学逻辑的严密。

C. 进入工业革命时代后，民众生活明显改变，咖啡成为下里巴人的重要饮料。

D. 那是一张两人的合影，左边是一位英武的解放军战士，右边是一位文弱的莘莘学子。

Ⅳ. 对考试真题的解读及复习指导

军考题词语的考查范围，不仅包括实词，也包括虚词和成语。

还有一种考查方式，近年没有出现过：在语用题中结合所给出的文本语境，以填空形式来考查词语（往往不是成语）使用问题。这样来考，按说并不算难，然而不少考生觉得有点偏难。原因在于：一是重视选择题轻视填空题，训练力度不够；二是词汇量少，找不到语感，做题无所依从；三是平时很少有意识地去辨析词语，对辨析方法不能熟练掌握，甚至几乎没能掌握。

2021 年的词语考查，着力点应当集中在成语和易混词语的考查。在这里加大精力投入，不仅是应对词语考试的需要，而且可以积累一些文化常识和文言常识。同时，也不能放弃积累和掌握普通词语,因为 2018 年以来的考题新增了对易混词语尤其是近义词语的考查内容。

要想适应易混词语考查的需要,做好考前准备工作,除了突击增加词汇量以外,就是对本章所提供的词语辨析的方法,达到完全掌握、运用自如的水平,并能够举一反三,在进行词语辨析时做到熟练运用。比如:对“必须、必需”这两个词语,就可以使用同义词辨析的方法,找到它们在用法上的差异。首先,要弄清“必需”是“必定(必然)需要”的意思,是简缩词组,其中有个动词性的“需”字,所以它可以带宾语或者作定语。“必须”是个副词,只能修饰动词。对这两个词语的区别,就是从其词语性质和用法的角度辨析清楚的。

另外,还有一些词语,需要摸清其演变的脉络,才能恰当使用。这一点必须引起我们足够的注意。比如,“半老徐娘”在《现代汉语词典》第 5 版中释义为“指中年色衰的妇女。”第 6 版改为“指已到中年尚有风韵的妇女。”这意味着它用于肯定事主的语境里;同时新增了“徐娘半老”词条:“指有风韵的妇女已到中年。”这意味着它是带着叹惋语气的。《新华成语词典》(第 2 版)也是分为两个词条,让这两个词各司其职。《现代汉语规范词典》(第 3 版)则是合二为一,把“半老徐娘”解释为“指仍存风韵或仍爱卖弄风骚的中年妇女”。在试题中,像这种用法有争议的词语,应当不会拿来作考查素材。不过平时学习时,还是查一下词典,弄清源流是非,明白它二者语义侧重点不同,因此运用场合理所当然有所不同:“徐娘半老”侧重于说人,“半老徐娘”侧重于说事。再如“青梅竹马”一词,《现代汉语词典》(第 7 版)解释为“形容男女小的时候天真无邪,在一起玩耍。现多指夫妻俩或恋人从小就相识。”意思是说,这个词语多用于忆及某对男女少儿时期就相知相合;当下很少用于直接叙述天真无邪的一男一女两儿童相处和美的场景了,使用场景发生了变化。总之,要勤于查词典,仅仅止步于网络搜索,这些词义演变问题是解决不了的。不知其源,焉知其流? 不知其常,焉知其变? 不知其理,焉知其用? 茫然无知,是没有办法得分的。

不管对词汇量是否作出明确要求,不掌握足够的词汇,不会辨析其异同,必定会影响到词语的准确使用。

【词语知识介绍】

正确使用词语,需要两种能力:对词义的准确理解,对语境的确切领会。对词语的考查,往往涉及虚词、实词、成语等内容。考查形式多是在动态的语境中考查词语(包括成语等)的使用。其中,对虚词的考查集中在关联词(连词、部分副词及部分介词)的使用上,对实词的考查则主要集中在含有相同语素的同义词上。复习时,一要落实词义的认读,注重多角度的辨析;二要强化语境意识,坚持“词不离句”的原则;三要重视语言实践的积累,形成良好的语言感悟能力。

一、词语

(一)词语在不同视角下的类型

苏轼著名的诗句“横看成岭侧成峰,远近高低各不同”,本来是用来描写山的,同样可以用来形容词语。表 3 - 1 可以帮助我们从不同的角度观察词语,认识词语。

表 3－1　词语的类型及特点

视角及类型		特　点	辨析要点及示例	
结构方式	单纯词	由一个语素构成	蹊跷　徘徊　囫囵　猩猩　哗啦　沙发	
	合成词	由至少两个语素构成	芭蕾舞　朋友　站岗　提高　年轻　学者　妈妈　车辆	
成分稳固性	成语	成分定型的固定短语	瑕不掩瑜　蒸蒸日上　口若悬河　莫须有　更上一层楼	
	惯用语		敲竹杠　打棍子　抓辫子　扣帽子　吹牛皮　钻空子	
	谚语	成分比较稳定的固定短语	一天能误一个春，十年能误一代人	
	歇后语		外甥打灯笼——照舅(旧)	
	普通词	自由组合而成	白话　建军节　电子化　获得感	
读音多少	单音词	只有一种读音	美　买　矛盾　纠结	
	同音词	音同而义不同	书写形式相同	别：别上校徽；永别了，战友；别有风味；别在意 仪表：人的外表；一种测量仪
			书写形式不同	工事—公事—公式—攻势　服法—伏法
感情色彩	褒义词	带有赞美、喜爱、尊敬、肯定等感情色彩	高尚　谦逊　赞扬　领袖　全心全意	
	贬义词	蕴含贬斥、轻蔑、鄙视、否定等感情色彩	卑劣　傲慢　吹捧　头目　敷衍塞责	
	中性词	不带褒贬色彩	结果　生日　生长	
语体色彩	口头语	用于口头	生日　唠嗑　见面	
	书面语	用于书面或者严肃庄重的场合	诞辰　谈论　会晤	
词义数量	单义词	只有一个意义	罗布泊(专有名称)　元素(科技术语)	
	多义词	有几个互相联系的意义	深：(基本义)从表面到底部的距离：谷深林密；(引申义)颜色重：深红；(引申义)久，时间长：深更半夜；(引申义)程度高：深谋远虑	
词义虚实	实词	意义比较实在	军队　打击　狠　四　公斤　他	
	虚词	词义已经虚化	恰恰　按照　以及　吗　呀　叮咚	
词义对比	同义词	意义相同或相近	注视—凝视　战役—战斗　坚定—坚决　聪明—聪慧	
	反义词	意义相反或相对	相反：对—错　真—假　　相对：黑—白　大—小	
词义稳固性	词典义	词义稳固	透明：(物体)能透过光线	
	语境义	特定语境中的临时词义	《错字小议》："这些都可以叫作透明的错字。""透明"在这里的意思是"能容易地、清楚地识别"	

关于词义，有几个概念容易产生误解，需要引起注意，以免答题时发生表述错误。

本义、基本义不是一个概念。二者的所指(外延)有时相同，有时不同。本义是某个词最原始的意义(文献记载中最早出现的意义)。基本义是某个词在现代最为常用的意义。比如："兵"的本义指"武器"，而基本义则略等于"战士""军事""军队""战争"等，它们都是从"武器"这个词义推演而来的，是"武器"的引申义之一。再比如："户"在甲骨文中，其形体写法像是一扇门的样子,本义是单扇门,而它的基本义则是作为量词来使用的“一家一户”的那个“户”。“日”“月”“山”“水”等常用词语,几千年来意义相对比较单一,比较稳定,它们的本义也是今天的基本义,没有什么变化。只有个别的词,内涵发生了变化。比如:“脸”的本义是“面颊”,指妇女抹胭脂的那个地方,而基本义是“头前部从额到下巴的那部分”,所以说,虽然词还是那个词,但当今之“脸”早已不是上古之“脸”了！我们不要以今律古,以免发生理解上的偏差。

比喻义是通过本词打比方而产生并且词义已经固定下来的,成为这个词义家族中的一项;它与比喻修辞格的重要区别是:比喻义是某个词已经固定下来的词义。例如:“摇篮”这个词,它可以用来指“人才成长的处所或重要事物的发源地”;这个用法已经固化为“摇篮”的一个义项,载入词典了,因而就成了“摇篮”的比喻义。比喻则只是在特定的语境中临时的打比方。例如:把蜡烛比喻为燃烧自己照亮别人的老师,“蜡烛”与“老师”只是在这个语境中暂时打个比方,目的在于引起人们的联想,让语言形象化一些,但“蜡烛”的义项中,并没有“指代老师”这么一条,这个词义属于临时的语境义。

引申义是由本义或者基本义演绎生成的意义。比喻义就是引申义的一种。

(二) 实词和虚词

词是能够独立使用来造句的最小语言单位,根据词在句子中充当成分的能力和与别的词的组合特点,从语法角度给词划分类别,进一步认识词的功能特点,这样有助于我们更好地使用词语,不至于出现错误。

根据能不能充当句子成分,词首先可以分为实词和虚词两大类。实词是可以独立充当句法成分的词,可以充当主语、谓语、宾语、定语、状语、补语,而且实词的意义都有较具体实在的词汇意义,与客观现实现象有比较紧密的联系,例如“太阳”“人类”“城市”“学习”“漂亮”“我们”“把”“架次”等。

虚词是不能充当句法成分的词,而且意义比较虚,一般不能独立使用,主要用来表达实词之间的某种语法关系,增添某种语法意义,或构成一些特殊的句式。例如“关于”“已经”“以及”“似的”“地”“得”“啊”“晦”等。有人比喻虚词为语言的私合剂,用不用虚词,用什么样的虚词,实词组合起来的意义差别很大,例如“俄罗斯朋友—俄罗斯的朋友”“爸爸和妈妈—爸爸的妈妈”。

不过把词分为实词和虚词来认识还过于笼统,需要进一步分类,这样才能加深认识。

根据词和词的组合特点和组合关系,实词可以分为以下一些类别:

名词:表示人或事物、方位、处所、时间的名称的词,例如“农民”“士兵”“西瓜”“东方”“故里”“早晨”“目前”等。名词,可以用“不是”否定,常充当主语和宾语。

动词:表示动作行为、心理活动、使令、趋向、判断、存在、消长的词,例如“打击”“思考”“想念”“要求”“下去”“是”“有”“减少”等。动词常常充当谓语,其中及物动词后面可以带宾语,单音节动词可以按照“AA”方式重叠,双音节动词可以按照“ABAB”方式重叠。重叠后附加一种尝试意味,或者表示短暂的动作行为,例如“你体验体验”“我翻翻”。动词还可以进一步分为助动词、趋向动词、判断动词、及物动词、不及物动词、单宾动词、双宾动词等。

形容词:表示事物的性质、状态的词,例如“好”“大”“红”“长”“美丽”“热烈”“高兴”“哀愁”等。形容词常常充当谓语,也可以修饰名词充当定语,也可以修饰动词充当状语。形容词还可以受程度副词修饰,例如“很好”“很漂亮”“很高兴”,这是形容词的一个非常重要的组合特

征。不过形容词按照“AABB”方式重叠以后,已经附加了程度加强的含义,前面就不能使用程度副词修饰了。

数词:表示数目的词语,例如“零”“一”“二”“十”“百”“千”“万”“亿”等。

量词:表示事物、动作的量和时间的词语,例如“个”“根”“只”“张”“本”“辆”“尺”“双”表示事物的量,叫作物量词,“次”“趟”“回”“遍”“场”“阵”表示动作的量,叫作动量词,“年”“月”“日”“天”“周”表示时间,就是时间量词。

数词和量词常常组合成量词短语使用,一般不单独使用。在普通话中量词与名词的组合都是习惯性的,往往是名词相应的计量单位,不能随意使用,与方言有些不同,需要注意。

代词:代词是在语句中代替其他词语的词,如人或事物、处所、时间、数量、性质、状态、方式、程度等。它代替哪个词,就有哪个词的功能,可以充当主语、宾语、定语或状语。代词可分人称代词(包括第一人称代词、第二人称代词、第三人称代词)、疑问代词、指示代词三类。例如“我”“你”“他们”“谁”“什么”“怎么”“怎么样”“这”“那”等。

虚词包括下面一些类别:

副词:表示程度、情状、时间、范围、频率、肯定、否定、语气等的词语,例如“非常”“特别”“悄悄”“亲自”“都”“全”“只”“才”“刚刚”“逐渐”“再”“不”“别”“的确”“难道”“反正”等。副词的功能主要是修饰动词或形容词充当状语,只有少量的词如“极”“很”可以充当补语。

介词:表示时间、处所、目的、方式、施事、受事等意义的词,例如“在”“自”“从”“为了”“沿着”“按照”“被”“把”“向”“对”等,主要同名词组成介词短语来修饰别的成分,充当状语。

连词:用来连接词、短语或句子的词语。通过连接把不同的语法单位组合起来。例如“和”“跟”“同”“与”“及”连接名词,“并”“并且”“而”“而且”连接动词、形容词。

助词:表示词语之间的结构关系、动作行为的状态或其他附加意义(如概数)的词。可分为结构助词(的、地、得)、时态助词(着、了、过)、其他助词(似的、们、所、第、来、给)三类。

语气词:附着在句子后面表示句子语气的词语,例如“啊”“吗”“呢”“吧”“么”“呀”“哇”等。它不同于副词中表示语气的词语,语气副词用在句子中充当状语,语气词附着在句尾,不充当句子成分,只是表示陈述、疑问、祈使等语气。

叹词:表示感叹的词语,例如“啊”“哎呀”“哎哟”“哈哈”“嗯”“哼”“呸”等,它的突出特点是独立使用,不同其他任何词组合。

拟声词:描绘客观事物声响的词,例如“哗哗”“哗啦”“噼啪”“叮咚”“轰隆”等。

以上就是现代汉语词的全部语法类别,一共是十三类,其中实词六类,虚词七类。

有些词兼有两类词的功能特点,我们称之为兼类词。例如“代表”,在“一个代表”中具有名词的功能特点,在“代表大家”中具有动词的功能特点。兼类词在不同的组合中只表示一种功能特点。如果在一种组合中具有几种功能特点,那一定是个歧义句。例如“这个自行车没有锁”,其中的“锁”是指“锁头”还是指“上锁”这个动作行为,在这里看不出来,两种理解都可以。把它放在特定语境中,仍然可以有两种解释,就造成了歧义。

二、正确使用词语

(一)易混虚词的辨析

辨析易混虚词,可以使用以下几种方法:

1. 造句法

当有些虚词在意义和用法上比较模糊时，如果用它们各造一个句子，那么意义就会一目了然。例如：

①不是老于户牖，就是战死沙场。

②与其老于户牖，不如战死沙场。

③宁可战死沙场，决不老于户牖。

可见，“不是……就是……”表示二者必选其一、非此即彼的意思；“与其……不如……”表示先舍后取的选择关系，立场较明确；“宁可……决不……”表示的是先取后舍的选择关系，感情强烈，态度坚决。

2. 辨字法

有些虚词读音相同或相近、字形相近，很容易混淆，如“径自”与“径直”等。这类词，只要辨清其中不同的那个字，就能区分出彼此的意思。“径自”（“自”强调的是主观性，含有自作主张、擅自做主的意思，含贬义），“径直”（“直”主要表示动作、行为一直进行下去，没有间断、不费周折或不绕弯子）。可用这种方法区别的词还有“一起”与“一齐”，“既而”与“继而”，“不止”与“不只”，“而后”与“尔后”等。

3. 搭配法

有些虚词在使用时有搭配上的要求，也应予以注意：

(1) 语意要求。具体来说，有副词“相继”的句子，它的主语不能为单个的人或事物，因为它表示至少两个人或事物先后做出相同的动作。例如：“在反贪局的调查过程中，女市长突然自杀身亡，随后公安局局长也相继自杀”这句话，主语是“女市长”，是单个的人，所以用“相继”这个词就不合适了，可以修改为“在反贪局的调查过程中，女市长和公安局局长相继自杀”。

(2) 用法要求。例如：介词“对”前面可以出现副词或者助动词，可以说“应该对情况更了解”，可以引出动作的对象，说“对谁都是这样”，而“对于”在这两方面就不能够。二者在适用范围上存在差异。再如：“而况”是文言词语，主要在庄重典雅的书面语中使用，比“何况”“况且”的使用场合要窄小得多；“何况”的前面可以加副词“又、更”，“而况、况且”前不能加；“而况、何况”可以用在陈述句或者反问句里，“况且”只能用在陈述句里。再如：“而且”与“并且”最重要的区别在于，“并且”不能与“不但”搭配来表示递进关系，“而且”则可以。

(3) 感情色彩要求。例如：“大肆”与“大事”。“大肆”（肆，放肆、放纵）是贬义词，搭配的动词本身应含贬义色彩，如“掠夺、搜刮、挥霍、鼓吹、歪曲、污蔑、攻击、屠杀、鼓噪”等；而“大事”（事，从事）是中性词，搭配的动词一般也是中性词，如“宣传、活动、宣扬、撕、渲染、介绍”等。

(4) 固定搭配要求。先看一个例句：“……这也就决定了女性总要离开她所出生的那个家庭而外嫁别家。”这里的助词“所”用错了，因为在汉语中，“所＋动词＋的＋名词”这个结构能否成立，要看其中的动词和名词能否构成动宾关系。可以说“所读的书（读书）”“所怀念的亲人（怀念亲人）”，而不能说“所读的人（读人）”“所怀念的时间（怀念时间）”。所以例句中的“所”字应删去。

（二）同义词的辨析

掌握并运用好同义词，关键在于能够辨析同义词之间的差别。

每一种发达的语言，都有大量语义相同或相近的词（统称同义词）存在，汉语也不例外。只有弄清楚同义词之间存在的各种差别，才能恰当地使用它们来确切地表达自己的意思。理论上弄清楚其差别，是恰切地运用它们的前提。这就有必要掌握同义词的辨析方法。

辨析同义词，可以从以下几个方面入手：

1. 从意义方面来辨析

（1）程度轻重不同。例如："相信、信任"。"相信"是认为正确或确信而不疑，程度轻；"信任"指相信而敢于托付，程度较重。类似的词语还有"担心—担忧""研究—探讨""损坏—破坏""请求—恳求""尽力—竭力""铲除—根除"等。

（2）词义着重点不同。例如："截止、截至"。"截止"着重于"止"，不再继续；"截至"着重强调从某个时间开始算起到某个时间点为止，可能还会进行下去。"终止、中止"与之相同。再如，"诡辩"与"狡辩"同是无理强辩，但"诡辩"着重在"诡"，即欺诈、怪异；"狡辩"则着重在"狡"，即不老实、耍花招。"化装、化妆"都有修饰、打扮之义，但"装"有服装之义，"化装"就是改变自己的服饰而装扮成某种身份的人；"妆"就是打扮，使自己容貌美丽。这种类型的同义词，它们之间的语义差别，一定是体现在那个不同的语素上。类似的词语还有"侦查—侦察""培塑—培树""职掌—执掌""突显—凸显""讨教—叨教""震动—振动""启航—起航"等。

（3）范围大小不同。例如："开垦、开拓、开辟"都有"开发"之义，但"开垦"指把荒芜的土地开发为可耕种的土地，"开拓"指在原来开发的基础上加以扩充，二者词义范围较小。而"开辟"着重指开发、新开创，词义范围较大。类似的词语还有"科目—课目""广阔—宽阔""时代—时期"等。

（4）适用对象不同。例如："领略"与"领会"都有理解、认识体会的意思，但"领略"着重指感性上的体验、欣赏，可连接"风光、风味"等；而"领会"着重指理性上的了解、体会，适用于抽象事物，可连接"内容、道理"等。因此，二者是不能替换的。类似的词语还有"抚养—奉养""奉行—执行""供养—赡养""激烈—剧烈""期望—希望"等。

（5）具体与概括不同。例如："舰只、舰"。前者只是一个较为概括的词语，是各类舰艇的总称，它不能受具体的数量词修饰，不能说"我们舰队今年入役了 6 艘舰只"；后者则可以表示具体的事物，能够受具体数量词语的修饰。类似的词语还有"书、书籍""枪、枪支""花、花朵"等。

2. 从色彩方面来辨析

（1）感情色彩不同。例如："鼓动、鼓舞、煽动"都有激发人的情绪使之行动起来的意思，但"鼓动"是中性词，既可用在好的方面，也可用在坏的方面；"鼓舞"是个褒义词，指受到好的影响而积极奋发；"煽动"则是个贬义词，有挑唆、怂恿人干坏事的意思。类似的词语还有"大力—大肆""叨教—讨教""爱护—保护—庇护""团结—结合—勾结"等。

（2）语体色彩不同。首先表现在口语和书面语的差异上。例如："措施"和"办法"，前者适用于书面语中，后者适用于普通口语中。"恐吓"与"吓唬"与之相同。再比如"倘若—要是""即使—哪怕""然而—不过"等，都是连词，但是，都是前者属于书面语语词，后者属于口语语词。其次表现在语体风格的差异上。例如："寂静"与"安静"，前者适用于文学文体，后者适用于普通场合。"准予"与"可以"，前者适用于公文文体，后者适用于普通场合。"酒精"与"乙醇"是同一物质，但"酒精"常用于普通场合，"乙醇"则是专业用语，常见于科技文中和专业场合。"盐"与"氯化钠"、"煤气"与"一氧化碳"的区别也是如此。类似的词语还有"私下—擅自""大方—慷慨""或许—也许"等。

（3）形象色彩不同。一组同义词中，有的词只表达概念意义，有的词不仅表达概念意义，并且还具有一定的形象色彩，使人能从视觉、嗅觉、听觉、触觉、味觉等方面产生联想，因而在表义上形成了细微差别。例如："红—火红""蓝—天蓝""直—笔直""快—飞快"这四组词中，后一个词语形象色彩就十分突出。具有形象色彩的词，或者直接以比喻手段构成，或者是词的比喻、借代用法形成了派生义，例如"羞愧"与"汗颜"、"大笑"与"喷饭"，后者的意义就具有形象感。恰当选用富有形象色彩的词，可以传达出丰富的信息，给人以多方面的联想，可以增强语言的鲜明性和生动性，收到强调突出的修辞效果。类似的词语还有"妇女—巾帼、言辞—唇舌、男子—须眉、高兴—雀跃、少量—零星、再婚—续弦、躲藏—龟缩、嫉妒—眼红"等。

（4）情调色彩不同。例如，说"诞辰"比说"生日"显得更庄重，说"驳斥"比说"反驳"显得更严肃，说"老伴"比说"妻子"显得更亲切，说"夫人"显得很文雅，说"教书匠"带着自谦或者鄙视的态度。

3. *从用法方面来辨析*

（1）搭配对象不同。有的同义词，它们之间的差别主要体现在与别的词的组合关系上。它们各自都有比较固定的搭配对象，彼此不能混用。例如"改善、改正、改进、改良"这一组同义词，搭配对象就各不相同："改善"常与"关系""生活""条件"等搭配，"改正"常与"缺点""错误"搭配，"改进"常与"工作""方法""技术"搭配，"改良"常与"品种""产品""土壤"搭配。再如："交流"和"交换"，前者多与表示比较"虚"一些的名词搭配，如交流思想、交流体会；后者多与表示比较"实"一些的名词搭配，如交换礼品、交换场地等。类似的词语还有"检查—检验"等。

（2）造句功能不同。同义词大多数的词性是相同的。即便词性相同，也可能还有其他方面的差别。比如动词可能会有及物、不及物之别，哪怕都是及物动词，也会有一些差别。例如"掌握"与"把握"都可以是及物动词，但"把握"兼有名词功能，可以充当宾语，"掌握"没有这个功能。再比如"充分"和"充足"都是形容词，可以做定语、谓语、补语，但"充分"还可做状语，"充足"则不可以。

词性不同的同义词，造句功能一般也不同。如"突然"和"忽然"，前者是形容词，可做定语、状语，后者是副词，只能做状语；"发展"和"发达"，前者是动词，可带宾语，不受程度副词修饰，后者是形容词，不能带宾语，可受程度副词修饰。类似的词语还有"拥入—蜂拥""阻碍—障碍""充分—充沛""刚才—刚刚""突然—猛然""疾苦—痛苦"等。

以上介绍的是同义词差别的常见情况。不过，一组同义词的差别实际上是多方面的，不限于某一方面，所以辨析同义词要注意多方面逐项分析、综合概括。例如"死"和"逝世"，二者既有适用对象的不同，也有感情色彩的不同、语体风格的差异。它们的语法功能也不一样，因为"死"除了有谓语功能外，还可充当定语、状语、补语，"逝世"只能充当谓语；同样作为动词，"死"可以带宾语，"逝世"不能带宾语。从适用对象看，"死"可以用于人、动物、植物，适用面较宽；"逝世"只能用于人，而且一般还是上年纪的、有一定社会地位的人，适用面较窄。

需要特别说明的是：同义词的辨析方法，我们不妨活学活用、推而广之，用以辨析其他易混词语，尤其是近音词、同音词，我们使用拼音输入时往往注意了读音的相同而忽视了词义的差异，造成词语选择的错误。比如："正规、正轨"两个近音词，前者的意思是"合乎正式规定或正常标准"，而后者的意思是"正常的发展道路，正常的秩序"，二者的意思显然不同。输入"走上正轨"的拼音之后，可能会在选词时误选为"走上正规"。再比如："枉顾—罔顾"两个近音词，前者是个敬词，用于称对方来看望自己；后者的意思是"不顾"。尽管都有"顾"这个字眼，但含义是不同的：在"枉顾"中是"看望"的意思，在"罔顾"中则是"顾念"的意思。运用同义词的辨析方法，辨析清楚了每个字词的含义、色彩，在输入“罔顾事实”时，注意正确地选择，就不会误选为“枉顾事实”。使用语音输入法录入汉字时或者书写时，要格外注意近音词语。类似的错误常常见诸报刊等媒体，甚至国家一级媒体也难以避免出现类似错误。

同义词的修辞作用不可忽视。恰切地使用同义词，可以使语言表达准确、恰当，可以增强语言表现力，可以使文章生动、活泼、富于变化，避免语句的单调重复，也可以使语体风格更鲜明。同义词连用，还可以增加语势，使语意饱满，起到强化语意的作用。

（三）正确使用成语

成语是汉语经过长期演化而形成的固定短语。它以生动的形象唤起人们的联想，以精辟的语义启迪人们的心智，形式简练却蕴含丰富的内容。所以，成语才成为必考内容之一。在复习成语内容时，一般可采用三步走的方法。先是熟悉以往同类考试出现过的成语，再了解考试命题中设置成语使用不当的类型，最后通过多做练习，找到解答成语题的钥匙。用这样的方法来指导自己，并且及时进行集中训练，往往可以收到事半功倍的效果。

成语，最常见的是四字结构，也有一三组合或三一组合的，如：“瑕/不掩瑜”“一衣带/水”。也有二字、三字、五字或更多字的成语，如：“莫须有”“更上一层楼”“初生牛犊不怕虎”等。成语有定型性，不能随便更换或插入其他的字。成语大多来源于历史故事、古代寓言、神话，或摘自古代文献语句。成语内涵丰富、表意具有整体性。

1. 同类考试中出现过的成语

考试命题应该说是有规律性的，是比较科学的，因此，有必要认真研究近几年的相关考试试题，这样，复习时才能有的放矢，取得较大效果。这里所说的相关考试，是指同等层次和难度的语文考试，除了军校招生统考以外，还有全国和各省市的地方高校招生考试、硕士学位研究生入学资格考试语文试题、公务员招生考试（“言语理解与表达”试题）。

现将近几年同类考试试卷中有关成语试题的命题特点分析如下：

（1）着重考查常用成语的使用。

近几年考试出现过的成语，摘录其中一部分供大家借鉴：

一念之差、乐此不疲、拍手称快、功败垂成、不足为训、卓尔不群、彪炳千古、捉襟见肘、百里挑一、精彩纷呈、旁征博引、新颖别致、再接再厉、紧锣密鼓、取而代之、琳琅满目、独树一帜、饮鸩止渴、当仁不让、叹为观止、忍无可忍、相得益彰、顺藤摸瓜、差强人意、火中取栗、海市蜃楼、雪上加霜、马首是瞻、纷至沓来、九牛一毛、匪夷所思、事倍功半、捉襟见肘、未雨绸缪、自惭形秽、如数家珍、光怪陆离、雨后春笋、有口皆碑、偃旗息鼓、安步当车、颐指气使、车水马龙、蓬荜生辉、汗牛充栋、淋漓尽致、洗心革面、左右逢源、殚精竭虑、美轮美奂、炙手可热、一劳永逸、望其项背、处心积虑、火中取栗、拭目以待、莘莘学子、不孚众望、趋之若鹜、万人空巷。

近年考过的成语，不论是在媒体上，还是在人们的日常生活中，使用频率都是比较高的。从命题的指导思想来说，它同考汉字语音、词汇一样，所选取的素材绝大多数是常见常用而且容易出现使用错误的成语。当然，着重考查常用成语的使用，并不是说试题就没有多大难度。事实上，成语的使用在考试中的得分率还是比较低的，它与其他的语言运用题一样，都是考生容易丢分的题目，应当引起足够重视，增加成语数量的积累。

（2）着重考查对常用成语含义的理解。

命题究竟从什么角度来考查常用成语的使用呢？是近义成语的比较，还是使用方法？是感情色彩、语体色彩，还是使用范围、场合？虽然这些有时会偶然涉及，但是，从近几年的统计数据来看,考查的重点是常用成语含义的正确理解和结合语境的正确使用。

2. 考试命题中设置成语使用不当的类型

试题对入选的成语的生疏度是有所控制的:既非十分生僻,又非过于浅显。选项设置的语境,大多是经过强调的语境。试卷中,除了以正确使用成语的考查为主要题型外,汉字的字形、字音的考查也常常以成语为载体。

考试命题主要从以下几个方面来设置错误选项。

(1) 张冠李戴,用错对象。

每个成语的使用都有其适用的对象和范围,不能随意搬用。有些成语只适用于描述特定的人或事,有特定的"方向性",命题者常常故意偷梁换柱,张冠李戴,把使用的对象、特定的"方向性"有意弄错。如果不了解它特定的适用对象、特定的"方向性",就会出现问题。

【例 1】 本刊将洗心革面,继续提高稿件的编辑质量,向文学刊物的高层次、高水平攀登。

【例 2】 会议期间,农科院等单位在会场外摆出了鲜花盆景销售摊。休息时,摊前车水马龙,产品供不应求。

【例 3】 李大夫用针灸疗法,只用了一个疗程就把张大娘的风湿病治好了,真是起死回生啊!

【解析】以上三例都是使用对象不当。例 1 中"洗心革面"比喻彻底悔改,指人的改过自新,不能用来形容刊物。例 2 中"车水马龙"是说人车往来不绝或形容繁华的情景,与人们争着购买鲜花这个对象不符。例 3 中"起死回生"用于治疗风湿病显然不当。

类似的成语还有"蓬荜生辉、美轮美奂、汗牛充栋、左右逢源、蔚为大观"等。

(2) 望文生义,故意曲解。

成语都有其固定的意思,很多时候,字面的意思与它本来的意思是大不相同的,如果从字面上理解其意义,就容易出现望文生义的错误。因此使用时一定要弄清成语的确切含义,切忌望文生义。

【例 1】 这次选举,本来他是最有希望的,但由于他近来的所作所为不负众望,结果落选了。

【例 2】 成都五牛队俱乐部一二三线球队请的主教练及外援都是清一色的德国人,其雄厚财力令其他甲 B 球队望其项背。

【例 3】 我本来就对那里的情况不熟悉,你却硬要派我去,这不是差强人意吗?

【例 4】 很少有人知道,他最近还出版了一本文不加点,又几乎没有注释的旧体诗集,文字比较艰深,读起来确实累人。

【例 5】 临上车时,他这个服装设计师非要送我们几套高档衣服不可,真是大方之家呐!

【解析】例 1 中"不负众望"与"不孚众望"仅一字之差,但语义大不相同。"不孚众望"中的"孚"是"信服"的意思,整个成语的意思是"不能使大家信服";"不负众望"意为"不辜负大家的期望"。可见句中的成语应该是"不孚众望"而不是"不负众望"。例 2 中"望其项背"意思是"能够望见别人的颈项和脊背",表示赶得上或比得上,多用于否定式,这里误解了词义,使用不恰当。例 3、例 4、例 5 这三个成语都属于不理解成语的确切含义,以致望文生义。"差强人意"意思是"大体上还能使人满意","差"是稍微、较、尚之意。"文不加点"是形容文思敏捷,写起文章来速度很快,不涂改就写成了,"点"是指涂上一点,表示删去。"大方之家"指专家学者或内行人,属书面用语,如贻笑大方等。

类似的成语还有"应接不暇、琳琅满目、目不暇接、美不胜收、耸人听闻、骇人听闻、万人空巷、炙手可热、首当其冲"等。

（3）忽视语境，不分范围。

成语是在具体的语言环境中使用的，有些成语意思比较接近，这就要求结合具体语境，细致分析，选择最切合语境的成语。成语还有一定的使用范围，有些成语的误用正是由于分不清范围的大小而导致的。而命题者设置干扰项时常常故意混淆语境，不分范围，造成考生的错误判断。

【例1】 只要你设身处地，到抗洪抢险第一线去，你就不能不为我们子弟兵那种舍己为人的精神所感动。

【例2】 他有一个幸福的家庭，大人喜欢孩子，孩子也喜欢大人，一家三口，相濡以沫。

【例3】 翘首西望，海面托着的就是披着银发的苍山。苍山如屏，洱海如镜，真是巧夺天工。

【例4】 由于目睹家乡农民生活艰难，加上社会上各种腐败现象如雷贯耳，他的心中甚感迷惘与失望。

【解析】例1中“设身处地”的意思是“设想自己处在别人的地位或境遇中”，而句子的语境是“到抗洪抢险第一线去”，不是设想，因此这里不能用“设身处地”，只能用“身临其境”。例2中“相濡以沫”是指在困难环境中相互救助，而句中所给的环境却洋溢着幸福气氛，与语境不相吻合。例3中“巧夺天工”指精巧的人工胜过天然，形容技巧极其精巧；“苍山”“洱海”并非人工所造，成语使用的范围不对。例4中“如雷贯耳”形容人的名声非常大，不能形容腐败现象。

（4）混淆情感，褒贬不分。

成语的感情色彩可谓褒贬分明，比如：“无微不至”与“无所不至”仅一字之差，感情色彩却截然不同，因此，我们在运用时，要区分目的、场合、对象，恰当地使用。用于赞扬、夸奖的使用褒义成语，用于贬斥、批评的使用贬义成语。否则，成语运用就要出差错了。

【例1】 齐白石画展在美术馆开幕了，诸多画界名家竞相观摩，艺术爱好者也趋之若鹜。

【例2】 这些年轻的科学家以无所不为的勇气，克服重重困难，去探索大自然的奥秘。

【例3】 陕西剪纸粗犷朴实，简练夸张，同江南一带细致工整的风格相比，真是半斤八两，各有千秋。

【解析】例1中旨在突出“画家”，尤其是“艺术爱好者”观摩“齐白石画展”的热情，而句中却用“趋之若鹜”（像鸭子一样成群跑过去，比喻很多人争着赶去）这个含贬义的成语来表示，运用明显不恰当。例2中“无所不为”意为没有什么事情是不敢干的，指什么坏事都干，这里用来形容科学家的勇气，自然不当。例3中“半斤八两”形容彼此一样，不相上下，多含贬义，而句中是赞美陕西与江南的剪纸艺术，显然成语的使用不恰当。

类似的成语还有“炙手可热、按图索骥、处心积虑、殚精竭虑、蠢蠢欲动、雨后春笋、有口皆碑”等。

（5）违情背理，不合逻辑。

一个词语依据的某种语法关系，往往有较固定的搭配方式，如果脱离这种搭配，则容易出错。考题中常常会遇到修饰语与中心词不搭配，或者是动词与宾语不搭配，有的是本身就不能带宾语等。还有些成语从意义上看符合句意，似乎没有错误，但从逻辑事理的角度推敲则存在问题，主要表现为前后矛盾。

【例1】 如果对中国人民的严正声明和强烈抗议置之度外，一意孤行，必将自食其果。

【例2】 那是一张两人的合影，左边是一位英俊的解放军战士，右边是一位文弱的莘莘学子。

【例 3】 拖拉机司机急于赶路,不走公路,另辟蹊径,沿着江边小道行驶,不料驾驶失控,出了车祸。

【解析】例 1 中的“置之度外”与“置之不理”“置若罔闻”词义相近,“置之度外”常常和介词“把”搭配,“置之不理”“置若罔闻”常常和介词“对”搭配,因此例 1 中要么把“对”改为“把”,要么把“置之度外”改为“置若罔闻”,这样,才是正确的。这样的词还有一些,比如:“司空见惯”“耳熟能详”不能带宾语;“同心同德”“深思熟虑”不能作修饰语;等等。例 2 中的“莘莘学子”,“莘莘”用来“形容众多”,“莘莘学子”就是“众多的学子”的意思。既然是“众多的学子”,怎么可以用“一位”来限定它?删去“莘莘”,意思就通顺了。高考考过的类似成语还有“安步当车”等。例 3 中“另辟蹊径”原意是另外开辟一条路,比喻另创一种风格或方法。这里如用原意,与“沿着江边小道”相矛盾。

(6) 叠床架屋,语义重复。

这种类型的成语主要表现为句子中已含有该成语的部分意思的词语,而命题者却还运用包含这个意思的成语,从而导致整个句子叠床架屋,如果不加细辨,就会发生误判。

【例 1】 看到他这种滑稽的表情,坐在身旁的一名外国记者忍俊不禁,扑哧一声笑起来。

【解析】“忍俊不禁”是“忍不住笑”的意思,而句中“扑哧一声笑起来”与“忍俊”的意思一样,因而造成重复,可删去“扑哧一声笑起来”,句子才简明。

(7) 不知本义,不明来源。

不少成语的词义后来都被引申了,但它的本义偶尔还会使用,当一个成语重新回到本义时,不能轻易认为它用错了。有的成语出自古典诗文或历史故事,不能简单地从字面去理解,也不能把成语各组成部分的意义加起来理解,必须弄清这些成语的来源以及故事的内容,这样才有利于更好地理解成语的内涵。

【例 1】 关于金字塔和狮身人面像的种种天真的、想入非非的神话和传说,说明古埃及人有着极为丰富的想象力。

【例 2】 为了应付高考,老师越教越细,学生越学越碎,其结果是肢解了一篇篇美文,长此以往,学生自然目无全牛,见一斑而不见全豹。

【解析】例 1 中“非非”,佛家语,指一般人认识所达不到的境界。现比喻脱离实际,幻想不能实现的事情,含贬义。在此句中,使用的是本义,更有利于表现古埃及人想象力的丰富。类似的成语还有“灯红酒绿、淋漓尽致、指手画脚、不三不四、光怪陆离”。例 2 中“长此以往”之后,本来要表达的意思是学生们学习的是支离破碎的东西,而“目无全牛”能不能表达这种意思呢?如果清楚这个成语的出处以及它的具体内容,那么我们就很容易进行判断了。“目无全牛”出自《庄子·养生主》,讲的是庖丁解牛的技艺高超,牛在他的眼里已经不是完整的牛,而是由许多小的部分组成。“目无全牛”形容技艺精湛、纯熟,因此,这里是用错了的。高考考过的类似成语还有“火中取栗”。

以上七点是命题者设置干扰角度的一般方式,随着命题的创新发展,成语考查中也许还会有新的方式出现,但考生只要平时多读多悟,克服使用成语时的诸多毛病,弄清命题的“迷惑”角度,就一定能提高自身抗干扰能力。

3. 考点落实需要注意的事项

成语的复习,一是要注意积累的“量”,二是要注意使用过程中的“质”。具体说,要做到以下几点：

（1）高度重视积累。

首先，对中学教材中出现的成语及课文注解中出现的成语，要做到读得准确、写得无误、用得自如。其次，把各种考题中用错的成语进行搜罗汇总，整理归纳，并通过一定量的练习加以巩固。再次，日常阅读中要注意积累成语，对一些正确使用而较为陌生的成语的例句或成语使用不规范的句子，要加以记录，以备复习掌握。

（2）确切掌握成语意义。

首先要弄清成语的字面意义和整体意义。现代汉语中大部分的成语的字面意义和整体意义并不一致，它们的意义并非字面意义的简单相加，往往是通过引申或用本义作比喻而产生的整体意义。其次要注意成语中某些字的古义。了解成语的出处有助于对成语的理解。一般来说，成语的来源主要有五个方面，包括神话寓言、历史故事、诗文语句、口语俗语以及外来词语等。比如：汗牛充栋、望洋兴叹、目无全牛、完璧归赵、负荆请罪、刎颈之交、破釜沉舟、狡兔三窟、青出于蓝、登堂入室、屡试不爽、一衣带水、东施效颦、请君入瓮等这些成语，如果不追其本源，简单地照现代意义去理解，就会弄错成语的含义，导致成语的误用。

（3）仔细辨析差异。

不同的成语，感情色彩和适用范围常常不同，不理解这一点，就会导致成语运用不当。如良莠不齐、巧夺天工、凤毛麟角、耳濡目染、萍水相逢、老气横秋、脍炙人口等，使用时就必须弄清它们的范围。如始作俑者、趋之若鹜、耿耿于怀、乐不思蜀、不可理喻、无所作为、大放厥词、罄竹难书、弹冠相庆等，运用时就必须辨明它们的感情色彩。

辨析成语时，尤其要注意辨析近义成语的细微差异。要注意从对象、程度、褒贬、范围、侧重点等方面认真加以揣摩。例如："风流云散"与"烟消云散"是对象的不同；"妄自菲薄"与"自暴自弃"是程度上的差别；"侃侃而谈"与"夸夸其谈"是褒贬的不同；"洞若观火"与"了如指掌"是侧重点的不同；"手无寸铁"与"赤手空拳"是范围的不同。

类似的成语还有"包罗万象—应有尽有""遍体鳞伤—体无完肤""病入膏肓—不可救药""不动声色—无动于衷""不共戴天—势不两立""不谋而合—不约而同""不由自主—情不自禁""趁火打劫—浑水摸鱼""称心如意—心满意足""重整旗鼓—卷土重来""当仁不让—义不容辞""道貌岸然—一本正经""东山再起—死灰复燃""独树一帜—标新立异""耳闻目睹—耳濡目染""功亏一篑—前功尽弃""钩心斗角—尔虞我诈""固若金汤—坚如磐石""海市蜃楼—空中楼阁""和衷共济—同心协力""囫囵吞枣—生吞活剥"。

（4）巧扣语境选用。

使用成语，就表明成语是处在一种"动态"之中的。巧扣语境，就是要对上下文的内容有清楚的理解，只有理解上下文的内容，才会知道所用成语的语境意义是什么。可以说，准确地把握上下文，死死扣住语境，巧妙地联系语境，就找到了解答成语题的钥匙。

4. 多义成语举要

多义成语常因只知其常见义而导致对它的误解误判，需要倍加重视。这里列出常见的一些，仅供参考。

【灯红酒绿】既形容寻欢作乐的腐化生活，也形容都市或娱乐场所夜晚的繁华景象。

【想入非非】一般用来形容胡思乱想，不切实际，多用于贬义。有时形容思想进入虚幻境界，完全脱离实际。"非非"是佛家用语，指"一般人认识达不到的境界"。

【左右逢源】既比喻做事得心应手，处处顺利，也比喻办事圆滑。

【秀色可餐】形容女性美丽动人，也形容景色优美，让人入迷忘饥。

【登峰造极】意思是到了极点，有褒贬两种感情色彩。比喻干坏事猖狂到了极点，贬义；也比喻学问、技能等达到了最高水平，褒义。

【另眼相看】褒义指看重和优待，贬义指用另外的眼光来看待，含有歧视的意思。

【异想天开】用来形容思想解放，想法独特时，含褒义；用来形容想法很不切实际，非常奇怪，带讽刺意味时，含贬义。

【洁身自好】指保持自身纯洁，不同流合污。也指怕招惹是非，只关心自己，不关心公众事情。

【按图索骥】既比喻办事机械死板，也比喻按照线索寻找。

【暗送秋波】既指献媚取宠，暗中勾结，也指有情人暗中眉目传情。

【可圈可点】原指文章精彩，值得加以圈点，现形容表现好，值得肯定或赞扬。

【独善其身】既指只顾自己，缺乏集体精神，也指人要搞好自身修养。

【评头论足】既指无聊的人随便谈论妇女的容貌，也指在小节上多方挑剔，贬义词。

【顾影自怜】既指孤独失意的样子，也指自我欣赏。

【呼风唤雨】既比喻进行煽动性活动，也比喻人能够支配自然。

【冷眼旁观】既指用冷淡的态度从旁观看，不愿参加，也指用冷静的态度从旁审视。

【另起炉灶】既比喻脱离集体另搞一套，也比喻重新做起。

【绵里藏针】比喻外貌柔和，内心刻毒，也形容柔中有刚。

【莺飘凤泊】莺，传说中凤凰一类的鸟。形容书法潇洒，毫无拘束，也比喻离散或漂泊不定。

【难分难解】既指双方争吵、打斗相持不下，难以分出胜负，也形容双方关系异常亲密，难于分离。

【谦谦君子】既指故作谦虚而实际虚伪的人，也指谦虚，能够严格要求自己的人。

【穷形极相】既指丑态毕露，也指描写刻画十分细致、生动。

【如虎添翼】既比喻凶恶的得到帮助后更加凶恶，也比喻强大的得到援助后更加强大。

【沙里淘金】既比喻费力大而成效少，也比喻从大量的材料中选择精华。

【四平八稳】既形容说话、做事、写文章稳当，也指做事情只求不出差错，缺乏创新精神。

【舞文弄墨】既指歪曲法律条文作弊，也指玩弄文字技巧。

【应接不暇】暇，空闲；不暇，没有空闲，来不及。指美景繁多，来不及观赏，后多形容来人或事情太多，应付不过来。

【不赞一词】原指文章写得好，别人不能再添加一句话，现在也指一言不发。

【明修栈道，暗度陈仓】既比喻用行动迷惑对方，实际上另有所图，也比喻暗地里进行某种活动。

【瞻前顾后】既形容做事以前考虑周密，也形容顾虑太多，犹豫不决。

【奇文共赏】既指把荒谬、错误的文章发表出来供大家识别和批判，也指把新奇的文章拿出来共同欣赏。

【短小精悍】既形容人身材矮小而精明强干，也形容文章、戏剧等篇幅短小而有力。

【不省人事】既指人昏厥过去，失去知觉，也指不懂人情世故。

【不蔓不枝】原指莲茎不分枝杈，现形容文章简洁。

【标新立异】独创新意,立论与人不同,中性词。为了显示自己,故意另搞一套,贬义。

【异曲同工】既比喻不同的人的辞章或言论同样精彩。也比喻不同的做法收到同样好的效果。

【咄咄逼人】原形容说话伤害人,令人难受。现形容气势汹汹,盛气凌人。也形容后辈超过前人,令人赞叹。也指形势发展很快,促使人赶上。

【天马行空】比喻思想行为无拘无束。也形容文笔超逸流畅。

【纵横裨阖】既形容在政治上运用各种手段分化争取。也形容文章大开大合,不受拘束。

【国色天香】指牡丹花色香俱佳。也形容女子容貌超群。

【不翼而飞】比喻东西突然不见了。也形容消息、言论等传布迅速。

【奇货可居】商人把难得的货物囤积起来,等待高价出售。也比喻凭借某种独特的技能或成就,作为要求名利地位的本钱。

【平铺直叙】形容说话或写文章平平淡淡,没有起伏,重点不突出,含贬义。也可指说话或写文章时不加修饰,直接地说出自己的意思,含褒义。

【水落石出】水退落下去,石头就显露出来。本写自然现象,后比喻事情的真相得以完全显露出来。

【东涂西抹】本指妇女涂脂抹粉。后常比喻随意提笔作文、写字或涂画。又喻指做事无规则、无定准。

【海阔天空】形容大自然的广阔。也比喻想象或说话毫无拘束,漫无边际。

【粗枝大叶】比喻做事不细致、不认真。原来比喻内容简略、不具体。

【肝脑涂地】原指在战乱中惨死的景象,后指竭尽忠诚,不惜牺牲生命。

【一针见血】通常比喻说话、写文章言辞直截了当,能切中要害。原本是形容医务人员技术熟练。

【不三不四】形容人不正派、不规矩。也用来说明事物不成样子,与“不伦不类”相似。这是它的本义,有存在的合理性,如:本来还不错的文章,让你这样改来改去,反而改得不三不四了。

【指手画脚】可以形容轻率地指点,妄加评论、指责、批评,作贬义词。也形容说话时兼用手势示意,作中性词。

【光怪陆离】形容奇形怪状,五颜六色,也形容事物离奇多变。

【百花齐放】原本指各种鲜花一齐绽放,形容繁荣的景象。后来也用来比喻不同形式和风格的艺术作品自由发展。

【乘风破浪】比喻志向远大,不怕困难,奋勇前进。也指飞速地航行。

【垂涎欲滴】形容非常嘴馋。也比喻看到好吃的东西十分地馋,渴望得到,含贬义。

【不绝如缕】既形容声音细微悠长,也形容形势危急。

【步步为营】军队每前进一步就设置一道营垒,形容进军谨慎。也比喻行事谨慎、稳妥。

【老气横秋】形容人摆老资格,自以为了不起的样子。也形容人没有朝气,暮气沉沉的样子。

【金盆洗手】指盗贼等改邪归正,不再干坏事。借指退出本行业,不再去做。

【金玉满堂】形容财富奇多。也比喻人学识渊博。

【寸步难行】形容走路、行动困难。也比喻开展某项工作困难重重。

【平易近人】比喻态度和蔼,没有架子,使人容易接近。也形容文字深入浅出,通俗易懂。

【洋洋洒洒】形容说话或写文章才思充沛,长篇大论,连绵不断。也形容规模盛大,气势磅礴。

【处之泰然】形容面对困难或者危急情况镇定沉着,不慌不忙。也指对事情无动于衷。

【花里胡哨】形容颜色过分鲜艳繁杂,也形容浮华、不实在。

【守株待兔】株,露出地面的树根。比喻心存侥幸,坐等意外收获,也比喻死守狭隘经验,不知变通。

【按部就班】本义是按照门类排定次序。指写文章时结构安排得当,选词造句合乎规范。后用以形容做事中规中矩,遵循一定的程式。

【玲珑剔透】形容镂空的工艺品等做工精制、结构奇巧,也形容人聪明伶俐。

【眉来眼去】多用于男女示爱,也指坏人之间勾勾搭搭。

【掌上明珠】比喻儿女极受父母宠爱。也用来比喻被人珍爱的物品。

【朝三暮四】原比喻聪明的人善于使用手段,愚笨的人不善于辨别事情。后来形容思想、言行变化不定,反复无常。

【万紫千红】形容百花齐放,色彩绚烂。比喻事物丰富多彩,也比喻事业欣欣向荣。

【精雕细刻】形容精心、细致地雕刻。也比喻精心创作艺术作品或做事耐心、细致。

【粉墨登场】本义是化了装登台演戏。比喻坏人经过策划,登上政治舞台,也比喻人们在一般的社会生活中充当某种角色进行活动。

【半死不活】形容快要死的样子,也形容没有精神、没有生气的样子。

【笨头笨脑】形容人不聪明,反应迟钝。也比喻器具等式样粗笨。

【百发百中】形容射箭或射击非常准。也比喻做事有充分把握,绝不落空。

【强化练习】

1. 依次填入下列各句横线处的词语,最恰当的一组是________。

① “据我所知,有关个人所得税的改革方案还在探讨中,目前还没有推出明确的时间表。”一位接近管理层的税收专家________。

② 日前台湾公布了大学院校招收大陆学生的规定________简章,其中有不少歧视性限制,在一定程度上影响了台湾高校对大陆学生的吸引力。

③ 莫言的获奖,很难改变今天中国文学创作整体________的现实,也缓解不了我们的文化焦虑。

④ 毋庸置疑,铁路电话订票使很多旅客获得了便利。但是,铁路局数万张车票无人领取的状况也反映了有的旅客把电话订票当成儿戏,缺乏________的诚信。

A. 披露　　及其　　良莠不齐　　一言九鼎

B. 披露　　及　　良莠不齐　　一诺千金

C. 透露　　及　　参差不齐　　一诺千金

D. 透露　　及其　　参差不齐　　一言九鼎

2. 加线的成语,使用恰当的一项是________。

A. 在世界各国的社会转型和经济发展过程中,食物都扮演了<u>推波助澜</u>的角色,从史前时代至今,与食物有关的故事成为人类发展史的重要篇章。

B. 科隆新年夜发生的耸人听闻的群体犯罪事件，再度引发德国民众对外来难民的恐慌情绪，科隆市长发言人说，政府绝不容许执法“无人区”出现。

C. 中国和本地区国家就解决南海分歧达成了有效共识，希望域外国家支持而不是干扰中国和东盟国家的努力，不要横生枝节，不要试图破坏这个局面。

D. 进入工业革命时代后，民众生活明显改变，咖啡成为下里巴人的重要食品。当时，工人生活环境恶劣，工作时间长，咖啡成为保持精力的必需品。

3. 依次填入下列各句横线处的成语，最恰当的一组是________。

① 漫步百年古村李家坑，细细品味村落的一草一木一花，你是否也和我一样，________地生出“岁月静好，现世安稳”的感慨。

② 看到女儿在操场上忙碌着，帮助叔叔阿姨发了50盏台灯和50个文具盒给小朋友，万芝斌________地说，女儿帮助了别人，而真正快乐的是她自己。

③ 在与现场粉丝互动环节中，五个小鲜肉展现出与舞台上帅气形象截然相反的“搞笑”一面，令在场粉丝________、尖叫连连。

A. 忍俊不禁　　情不自禁　　不由自主

B. 情不自禁　　不由自主　　忍俊不禁

C. 不由自主　　情不自禁　　忍俊不禁

D. 不由自主　　忍俊不禁　　情不自禁

4. 依次填入下列各句横线处的成语，最恰当的一组是________。

① 抗战时期，中美两国空军飞行员组成的“飞虎队”以大无畏的精神，开辟了闻名天下的“驼峰航线”，这种用鲜血凝结的战斗友谊是________的。

② 生活是一切文学艺术的源泉，在当今仍是一条________的真理，是医治当今文艺病态的一剂良方。文艺工作者应当真正深入生活，成为人民艺术家。

③ 牢记“听党指挥”这一宗旨，让“红色基因”融入官兵血液，筑起一道________的钢铁长城，这是新形势下我三军将士实现强军目标的时代最强音。

A. 牢不可破　固若金汤　颠扑不破　　　B. 颠扑不破　牢不可破　固若金汤

C. 牢不可破　颠扑不破　固若金汤　　　D. 固若金汤　颠扑不破　牢不可破

5. 依次为下列两副对联选填词语，正确的一项是________。

1936年鲁迅先生逝世时，美国作家斯诺撰写了一副挽联，托人送到鲁迅先生追悼会上。挽联是：译著尚未成书，惊闻陨星，________何人领呐喊？先生________作古，痛忆旧雨，文坛从此感彷徨！

1990年德高望重的徐向前元帅逝世，越共领导人黄文欢即书一联以悼之，挽联是：________军心暖，威震沙场敌胆寒。

A. 寰宇　已经　同甘共苦　　　B. 中国　不幸　同甘共苦

C. 中国　已经　身先士卒　　　D. 寰宇　不幸　身先士卒

6. 依次填在下文横线处最恰当的一组词语是________。

我得到了友情，便告别那________；我得到了真诚，便告别那________；我得到了希望之舟，便告别那________；我得到那光亮的一闪，便告别那________。

① 黑暗的深渊　② 貌似善良的虚假　③ 深恶痛绝的狡诈　④ 犹豫之岸的彷徨

A. ②③①④　　　B. ④②①③

C. ②③④①　　　　D. ③②④①

7. 依次填入下列各句横线处的成语,最恰当的一组是________。

① 小张被提拔为部门领导三个月以来,凡事________,消瘦了不少。

② 面对肆虐的大火,队长________,冲进火中去营救被困的百姓。

③ 作为班长,你应该________,不能在这么点小事上也犯错误。

A. 以身作则　　身体力行　　身先士卒

B. 身体力行　　身先士卒　　以身作则

C. 以身作则　　身先士卒　　身体力行

D. 身体力行　　以身作则　　身先士卒

8. 画线词语的使用,正确的一项是________。

① 2015 年,中国电影总票房不孚众望地突破了 400 亿元人民币大关,国产电影更是创下了票房的历史新高,但“口碑差,票房高”的现象依然存在。

② 中朝有着很深的渊源,本是一丘之貉,理应通力合作,但是朝鲜却不顾中方意见,进行氢弹试验。

③ 只有与国家和人民休戚与共,把个人荣辱置之度外的人才会得到人民的口碑,得到人民的拥戴。

④ 李克强总理在国务院常务会议上表示,国务院绝不会发空头文件,为官也绝不能尸位素餐。

⑤ 中国官方正式承认正在建造第二艘航母,但是新航母的性能和美国航母相比只能望其项背,一时难以赶超。

⑥ 京剧大师梅兰芳先生不仅在舞台上风姿绰约,在日常生活中也气度不凡,无论何时何地,他总能让人为之倾倒。

A. ①④⑥　　　　B. ③④⑥

C. ②④⑤　　　　D. ①④⑤

9. 画线的成语使用恰当的一项是________。

A. CBA 联赛落下帷幕,胜利者欢欣鼓舞,失败者偃旗息鼓,然而有一些事件却不能因为赛季结束而被人们忘记,如球场暴力。

B. 尽管科学家试图证明外星人的存在,但现有资料表明,银河系中存在浩如烟海的其他行星,但人类是唯一的生命形式。

C. 历史事实已经证明,欧阳修的“忧劳可以兴国,逸豫可以亡身”实属不刊之论,难道你就不能从历史事实中吸取教训?

D. 安全问题无小事,对一些看似细小的安全隐患要重视;否则,滴水穿石,细小问题也会酿成大灾祸,从而造成巨大损失。

10. 在下列句子的空缺处依次填入成语,最恰当的一组是________。

① 我喜爱青衣的凤头绣鞋,绿裙衩里露出的红里子;我喜爱花旦的兰花指、甩水袖、水上漂样的小碎步,以及________、缠绵悱恻的唱腔。

② 如今的书坛画坛________,且到处是圈起来的围墙篱笆。若去看看那些展览,你悲哀的并不是这些艺术家,而要浩叹这个时代的荒芜来了。

③ 但母亲斑白的双鬓分明让我感到她一个人的冬天已经来临。隔着三十年这样的人生距

离,我感觉着母亲独自在冬天的透心寒冷。我________。

A. 不瘟不火　　鱼目混珠　　无能为力

B. 不温不火　　鱼龙混杂　　爱莫能助

C. 不瘟不火　　鱼龙混杂　　无能为力

D. 不温不火　　鱼目混珠　　爱莫能助

11. 依次填入下列各句横线处的成语,最恰当的一组是________。

① 在中国国奥足球队 1∶3 输给卡塔尔国奥足球队后,主教练傅博神情严肃,对球员________,告诫他们后面两场要吸取教训,争取两场全胜出线。

② 所谓"名校",总能让人处于________的环境里,在聆听中思想,在思想中创造,在创造中享受。

③ 唐弢在《琐忆》中写道:鲁迅先生说话时态度镇静、亲切而从容,使听的人心情舒畅,真个有________的感觉。

A. 耳提面命　春风化雨　如坐春风　　B. 耳提面命　如坐春风　春风化雨

C. 春风化雨　如坐春风　耳提面命　　D. 春风化雨　耳提面命　如坐春风

12. 依次填入下列各句横线处的词语,最恰当的一组是________。

A. 2015 年 11 月 24 日至 26 日,中央军委改革工作会议在京召开,标志着新一轮的国防和军队改革正式按下了启动键,这次国防和军队改革________是动"棋子",而且要调"棋盘"。

B. 从小到大,母亲一直是你的守护天使,当母亲需要你的时候,不要________工作繁忙,久不回家,哪怕是一句问候,也是给母亲最好的安慰。

C. 在席卷全球的金融危机中,连那些科班出身的经济学博士都被赶出华尔街,到地铁卖热狗去了,________他这个半路出家的?

D. ________历史问题和岛屿争端,当前中日战略和军事互信都很低,而造成该局面的责任都在日方。

A. 不止　推托　何况　基于　　B. 不止　推脱　况且　鉴于

C. 不只　推脱　况且　基于　　D. 不只　推托　何况　鉴于

【参考答案及解析】

1. C。**【解析】**"披露"意为发表,公布;"透露"意为泄漏或显露消息、意思等。"及"连接并列的名词或名词性短语;"及其"表示以及它的。"良莠不齐"是指好人坏人都有,混杂在一起,只能用于形容人;"参差不齐"(参差:长短、高低不齐)。形容水平不一或很不整齐。"一言九鼎"(九鼎:古代国家的宝器,相传为夏禹所铸)一句话抵得上九鼎重,比喻说话力量大,能起很大作用;"一诺千金"(诺:诺言)。许下的一个诺言有千金的价值,比喻说话算数,极有信用。

2. C。**【解析】**"推波助澜"比喻促使或助长事物的发展,使扩大影响。多指坏的事物。"耸人听闻"含有故意夸大的意思,应为"骇人听闻"。"下里巴人"泛指通俗的、普及的文学艺术。

3. C。**【解析】**"不由自主"由不得自己,控制不住自己。"情不自禁"感情激动得不能控制,强调完全被某种感情所支配。"忍俊不禁"指忍不住要发笑。

4. C。**【解析】**"牢不可破"坚固得不可摧毁。"颠扑不破"无论怎样摔打都不会破裂,比喻永远不会被推翻。"固若金汤"像金属造的城和灌满滚水的护城河一样坚固。"牢不可破"偏重强调友谊、团结、联盟等抽象事物极其坚固,无法摧毁。"颠扑不破"偏重强调原理、学说、原则、道理、理论、真理等绝对正确,无可辩驳。"固若金汤"偏重强调城池或阵地非常坚固,不易攻破。依据①句语境中“战斗友谊”、②句语境中“真理”、③句语境中“钢铁长城”的提示，三句横线处应依次填入“牢不可破、颠扑不破、固若金汤”。

5. C。【解析】本题需要考虑背景因素的客观表意。第一段的背景因素是美国作家，必定是“中国”人领呐喊，排除A、D；“已经”作古是对应上联的“尚未”成书的，排除B。第二段“同甘共苦军心暖”可以，但和下联失去联系；“身先士卒”和“威震沙场”都是讲作战，与下联吻合。故选C。

6. D。【解析】这道题的题干和选项之间是对称关系，“友情”对“狡诈”，“真诚”对“虚假”，“希望之舟”对“犹豫之岸的彷徨”，“光亮的一闪”对“黑暗的深渊”，应选D。

7. B。【解析】“以身作则”用自己的行动做出榜样。“身体力行”亲身体验，努力实行。“身先士卒”作战时将帅亲自带头，冲在士兵前面，现多指领导带头走在群众前面。

8. B。【解析】①“不孚众望”不能使大家信服，未符合大家的期望。本句指电影总票房没有辜负大家的期望，应用“不负众望”。②“一丘之貉”比喻彼此相同，没有差别，贬义词。本句感情色彩错误。③“休戚与共”彼此共同承受幸福与灾祸。④“尸位素餐”空占着职位，不做事而白吃饭。本句使用恰当。⑤“望其项背”能够望见别人的颈的后部和背脊，表示赶得上或比得上(多用于否定)。本句指差距大，不合语境。⑥“风姿绰约”形容女子风韵姿态柔美动人。梅兰芳在舞台上表演的是旦角，也就是指女子，因此使用恰当。

9. C。【解析】C项，“不刊之论”不能改动或不可磨灭的言论，形容言论确当，无懈可击。本句用于评价欧阳修的正确言论，使用恰当。A项，“偃旗息鼓”指秘密行军，不暴露目标。现多指停止战斗或停止批评、攻击等。本句用于形容球场上失败者的黯然，不合语境。B项，“浩如烟海”形容文献、资料等非常丰富。本句用于银河系的行星，使用对象错误。D项，“滴水穿石”指只要坚持不懈，事情就能成功。本句用于安全隐患，感情色彩错误。

10. C。【解析】①“不瘟不火”指表演既不沉闷，也不过火。“不温不火”不冷淡也不火爆，形容平淡适中。本句形容戏曲的唱腔，应选用“不瘟不火”。②“鱼龙混杂”比喻坏人和好人混在一起。“鱼目混珠”比喻拿假的东西冒充真的东西。本句主要指好坏混杂，而没有以假乱真之意，因此选用“鱼龙混杂”。③“无能为力”用不上力量；没有能力或能力达不到。“爱莫能助”心里愿意帮助，但是力量做不到。本句指我有心帮母亲却没有能力，应选用“无能为力”。

11. A。【解析】“耳提面命”比喻教诲，用于“告诫教诲”的表述上。“春风化雨”比喻良好的熏陶和教育，多用于状态、环境。“如坐春风”比喻受到品德高尚或具有学识的人的熏陶和教导，多用于感受。

12. D。【解析】“不只”连词，不但，不仅。“不止”做副词时，表示超出某个数目或范围。“推托”动词，借故拒绝，强调借助“理由”。“推脱”动词，推卸，如“推脱责任”。“何况”连词，用反问的语气表示更进一层的意思。“况且”连词，用在后一分句前面，表示更进一层，多用来补充说明理由。“何况”带有前后对比的意味；“况且”有“而且、再说”的意思，经常和“也”“还”“又”配合使用。“基于”介词，表示以某种事物作为结论的前提或语言行动的基础，如“基于以上理由”。“鉴于”有两个义项：一是做介词，表示以某种情况为前提加以考虑，如“鉴于党的领导地位，更加需要向党员提出严格的要求”；二是做连词，用在表示因果关系的复句中前一分句句首，指出后一分句行为的依据、原因或理由，如“鉴于群众反映，我们准备开展质量检查”。

第四章　句　子

【考试大纲解读】

大纲中与本章相关的内容，只有“辨析语序不当、搭配不当、成分残缺或赘余、结构混乱、语句歧义等常见病句。”这一句话。需要注意的是，考题中出现的常见的病句类型不止所列举的那几种，用词不当、句式杂糅、不合逻辑常常会考到。

【考试真题解读】

Ⅰ. 2020 年真题回放

5. 下列各句中没有语病的一项是______。

A. 当前某些引起轰动的影视作品，也许在五年以后，甚至在两年之后就会被人遗忘得一干二净。

B. 张艺谋执导的《十面埋伏》对于中国青年是不陌生的。

C. 今年，支队政治处向支队推广了一中队开展尊干爱兵教育活动。

D. 与空中航路相对应，在沿途地面上，平均间隔 300 公里左右就设有一处雷达站，为“天路”上的飞行提供服务。

Ⅱ. 2019 年真题回放

5. 下列各句中没有语病的一句是______。

A. 从“辽宁舰”服役开始，中国海军舰载电子战机部队完成了从无到有的转变，并在短短数年内，发展成为一支拥有多机型、多任务能力。

B. 国产大飞机的一些关键部件是否国产，一些核心技术能否掌握，这恐怕是判断一个国家在这一领域实力的重要标准。

C. 中国作家愿与南亚各国作家一道，书写各自国家人民对美好生活的新期待，分享创作的经验和成果，为增进人民之间的相互信任、了解、理解发挥积极作用。

D. 大数据运用有助于引领高等教育创新变革，提升教学、科研水平，应该进一步扩大大数据在高等教育领域的应用研究，为实现中国梦贡献智慧。

Ⅲ. 2018 年真题回放

5. 下列各句中没有语病的一项是________。

A. 我们知道，魏晋人在思想上崇尚放任、崇尚自由，因此其文学、艺术、哲学皆能彰显个性。

B. 汉末之王充思想，是批评阴阳五行、天人感应及是古非今思想的代表人物。

C. 意志坚强的人们绝不会因为暂时的挫折影响了他对获得最后胜利的信心。

D.《礼记》是从先秦至西汉关于《仪礼》解说、发挥的文字汇集，是我国秦汉以前的社会生活史和生活习俗、礼仪制度、人生经验。

Ⅳ. 对考试真题的解读及复习指导

从最近 3 年的语病单选题来看，2019 年考题，4 个选项字数较多，难度最大。2020 年考题难度稍小一些，2021 年难度应当与之相近。

考查的对象主要是单句，有时会是复句。

复习过程中理解记忆固然重要，但是，更重要的是通过大量做习题来消化知识。正所谓"见多识广"，没有遇到足够的病例，哪里会有名医产生？不做足够的练习，怎么可能弥补短板、辨清语病呢？建议考生不仅要掌握语病辨析方法，而且要做足够量的练习。要知道，汉语基础知识得分多少，几乎可以决定语文成绩的高低。

【句子知识介绍】

一、句子的分类

任何事物都是可以分类的。通过分类，可以从不同角度认识事物的特点，从而更好地把握事物对象。比如我们前面所学习的"词"，从结构角度可分为单纯词与合成词，从意义角度可分为多义词、同义词、反义词，从功能角度可分为名词、动词、形容词，等等。句子也一样，可以从不同角度加以分类。一般给句子分类，主要从语气角度和结构角度来划分。

（一）从语气角度分类

不同语气的句子归为一类，这就是句类。语气有陈述、疑问、祈使、感叹四种。相应地，句子的语气类别也分为四种，即陈述句、疑问句、祈使句、感叹句。唐代大诗人王维有一首著名的绝句《相思》，四句诗从语气角度看，正好代表四种语气类别的句子：

红豆生南国，（陈述句）

春来发几枝？（疑问句）

愿君多采撷，（祈使句）

此物最相思。（感叹句）

不同语气类别的句子，在交际中具有不同的作用：陈述句的作用是叙述说明客观事物或现象；疑问句是向听话人发出询问；祈使句是要求听话人采取行动，或制止其行动；感叹句是就客观对象发出感叹，表示赞赏或者惊讶的情感。例如：

① 他这个人很聪明。（陈述客观事实）

② 他这个人聪明吗？（对事实有疑问）

③ 他要放聪明一些。（要求对方行动）

句子的语气类别，实际上是根据句子的作用划分的，我们还可以从结构角度给句子分类，也就是根据句子自身结构上的一些特点划分类别，这就是句型。

弄清句型对学习句子、正确运用句子非常重要。

（二）从结构角度分类

从结构角度可以层层往下分类，分出大类，大类里面再进一步划分小类。首先可分为单句

和复句两大类。单句由词组构成，只有一套句子成分，复句则由单句充当分句，有两套以上的句子成分。一般而言，单句比较简短，句中没有语音停顿，而复句恰恰相反。例如：

① 网络教学师生联系很方便。(单句)

② 很多人参加网络教育。(单句)

③ 因为网络教学师生联系很方便，所以很多人参加网络教育。(复句)

④ 因为网络教学师生联系很方便，所以很多人参加网络教育，最近几年我国的网络教育发展非常快。(复句)

从上面可以看出，单句是由词或词组构成的，复句则是由单句形式组合而成的。某个内容可以用几个单句来表达，也可以把意义上有关联的几个单句组成复句来表达，如同上面的例子那样。用单句，有强调各项的作用；用复句，则显得紧凑，逻辑性强。造句的时候，用单句还是用复句，是由内容和表达的需要来决定的。

1. 单句

单句是由短语或单个词加上特定的语气和语调构成的，不可再分出分句的句子。掌握句子成分及句子主干的知识，能帮助我们辨析和修改病句，以及提高语言表达能力。

(1) 句子成分与句子使用(见表4－1)

表4－1　句子成分与句子使用

<table>
<tr><th rowspan="2">名称</th><th colspan="2">句子成分</th><th colspan="2">句子使用</th></tr>
<tr><th>说明及符号</th><th>举例</th><th>注意事项</th><th>病句示例</th></tr>
<tr><td>主语</td><td>句子的陈述对象，说明是谁或什么。符号为“＝＝”</td><td rowspan="4">书里有(很多)(奇妙)的故事。</td><td rowspan="6">1. 句子要完整。
2. 成分要搭配。
3. 语序要合理。
4. 表意要准确。</td><td rowspan="6">例1：听了专家的报告，使我受益匪浅。(能做主语的“我”放到了“使”后面，使句子缺主语)
例2：农业生产必须走现代化。(“走”什么，没有说完，缺宾语)
例3：这是一种非常奇缺的药品。(“非常”“奇”意思相同，成分多余，删掉前者)
例4：就这样，第一篇处女作——散文《蓝眼睛，灰眼睛》总算发表了。(“第一篇”“处女作”意思相同，删掉前者)
例5：发稿后，赠送样本和稿酬。(“稿酬”不是“赠送”的，动宾搭配不当)
例6：为迎接检查，我们把宿舍打扫得又干净又整齐。(“打扫”与补语“整齐”搭配不当)
例7：这是有效的治疗高血压的方法。(修饰语之间语序不当)
例8：经过学习，群众普遍的觉悟提高了。(语序不当，“普遍”应当修饰“提高”)
例9：门口一边站着一个哨兵。(有歧义，弄不清总共几个哨兵)
例10：这个自行车没有锁。(有歧义：是没有锁住，还是没有锁头？)</td></tr>
<tr><td>谓语</td><td>对句子的主语作陈述，说明主语是什么或怎么样。符号为“___”</td></tr>
<tr><td>宾语</td><td>谓语动词的支配成分，表示动作行为的对象、结果、时间、工具等。符号为“～～”</td></tr>
<tr><td>定语</td><td>句子中名词中心语前头的修饰成分，说明事物的性质、状态，或限定事物的所属、性质、数量等。符号为“(　)”</td></tr>
<tr><td>补语</td><td>谓语动词的补充成分，补充动作行为的情况、结果、时间、处所、数量、时间等。符号为“〈　〉”</td><td>我惊恐〈到了极点〉。</td></tr>
<tr><td>状语</td><td>句子中动词或形容词中心语前的修饰成分，表示动作行为的方式、状态、时间、处所或性状、程度等。符号为“[　]”</td><td>我们[要][尽快][把问题]解决好。</td></tr>
</table>

（2）句子的用途（见表4－2）

表4－2 句子的用途

句子名称	表达特征	示例
陈述句	陈述事情，用陈述语调，句终在书面上用句号。 1. 肯定的陈述：以“是”字句或一般肯定句式表示。 2. 否定的陈述：以“不”“没”“没有”表示否定语气。	例1：他是鲁迅。 例2：他不是医生。
疑问句	向别人提出问题，用疑问语调，书面上句终用问号。 1. 用“谁”“什么”“哪里”“怎样”“多少”“为什么”提问，要求针对这些疑问回答。	例3：你上哪去？
	2. 只在陈述句的基础上加上疑问语调，要求对提出的问题作肯定或否定回答。 3. 并列提出几个问题，要求选择其中一个回答。 4. 以肯定否定相叠方式提问，要求作肯定或否定回答 5. 无疑而问，不要求回答。	例4：这是他的吗？ 例5：你吃还是不吃？ 例6：你见没见过他？ 例7：你看这车不是真的修了吗？
祈使句	表示要求别人做或不做的句子。用祈使语调时，书面上，语气强烈用叹号，语气较缓用句号。分别表示请求、劝阻及命令、禁止两类。	例8：您喝吧，赵大爷！（请求类） 例9：不准说话！（禁止类）
感叹句	表示自己的某种强烈感情。用感叹语调，书面上用感叹号。	例10：啊！多乖的孩子！ 例11：我进步了！

2. 复句

复句至少由两个意义相关、结构上互不包含的分句组成。分句是没有完整语调的单句形式。复句中的各个分句之间一般有停顿，书面上用逗号、分号或冒号表示；复句前后有隔离性语音停顿，书面上用句号、问号或叹号表示。

语法上指能分成两个或两个以上相当于单句的分段的句子，如：“河不深，可是水太冷。”“明天不下雨，我们上西山去。”这两个复句各包含两个分句。同一复句里的分句，说的是有关系的事。一个复句只有一个句终语调，不同于连续几个单句。

（1）复句的类型（见表4－3）

表4－3 复句的类型

<table>
<tr><th>类型</th><th>说明</th><th colspan="3">常用关联词语</th><th>示例</th></tr>
<tr><td rowspan="2">并列关系</td><td rowspan="2">前后分句分别叙述或描写有关联的几件事情或同一事物的几个方面。分句间或是平列关系，或是对举关系。</td><td rowspan="2">平列式</td><td>合用</td><td>既A，又/也B；又/也A，又/也B；有时A，有时B；一方面A，另/一方面B；一边A，一边B；一会儿A，一会儿B</td><td rowspan="2">例1：风轻悄悄的，草软绵绵的。
例2：他一边跑，一边回头张望。
例3：风停了，雨也停了。</td></tr>
<tr><td>单用</td><td>也、又、同时、同样、另外</td></tr>
<tr><td rowspan="2">承接关系</td><td rowspan="2">前后分句按时间、空间或逻辑事理上的顺序说出连续的动作或相关的情况，分句之间有先后相承的关系。</td><td rowspan="2">对举式</td><td>合用</td><td>不是A，而是B；是A，不是B；首先/起先/先A，然后/后来/随后/再/又B；刚A，就B；一A，就B</td><td rowspan="2">例4：起先只小张一个人唱，后来大家都跟着唱了起来。
例5：太阳出来了，雪就开始融化了。</td></tr>
<tr><td>单用</td><td>而、而是、就、又、再、于是、然后、后来、接着、跟着、继而、终于</td></tr>
</table>

（续）

类型	说明	常用关联词语			示例
递进关系	后面分句的意思比前面分句的意思更进一步，一般由少到多，由小到大，由轻到重，由浅到深，由易到难，反之亦可。	一般递进	合用	不但/不仅/不只/不光/非但 A，而且/还/也/又/更/就连 B；不但/不但不/非但没 A，反而/反倒还/相反还/偏偏还 B	例 6：水不仅是植物生命的源泉，而且是植物生命得以诞生的条件。 例 7：他不但不生我气，反而对我更好了。 例 8：别说是只狗，就是老虎我也不怕。
			单用	而且、并且、何况、况且、甚至、更、还、甚至于、更何况	
		衬托递进	合用	尚且 A，何况/更不用说/还 B；别说/慢说/不要说 A，连/就是 B	
			单用	而且、何况、反而	
选择关系	分别说出两种或几种可能的情况，要求从中选择，或者说话人已经做出选择。	任选		或者 A，或者 B；是 A，还是 B	例 9：或者你说，或者我说，或者我们一起说。 例 10：孩子不是飞似的跑，就是蹲在树下拣石子玩儿。
		限选		不是 A，就是 B 要么 A，要么 B	
		已选		与其 A，不如 B 宁可 A，也不 B	
转折关系	前一个分句说一个意思，后一个分句不是顺着说下来，而是说出前一个分句全然相反或相对的意思。	重转		虽然/虽是/虽说/虽则/虽/尽管/固然 A，但是/可是/然而/却/还/也/而 B	例 11：春节过后，虽然各地雨雪纷飞，但江南的原野上却仍是一片绿色。 例 12：春天可爱，但秋色更令人欣喜。 例 13：事情到头了，他倒不干了。
		中转		但是、可是、却	
		轻转		不过、只是、倒是	
因果关系	从句表示原因，主句表示结果。	说明式	由因到果	因此、从而、可见、以致 因为 A，所以 B	例 14：因为河里结了冰，所以船只都停在岸上。 例 15：既然是科学，就得讲实事求是。
			由果溯因	之所以 A，是因为 B	
		推论式		既然 A，那么 B	
假设关系	从句提出一种假设，主句说明这种假设情况实现后的结果。	推论式		要不是 A 的话/如果 A，就 B；假如 A，那么 B	例 16：如果没有水，种子就不会发芽。 例 17：要不是你的帮助，我早就失败了。
		退论式		即使 A，也 B；再 A，也 B	
条件关系	一个分句说出条件，另一个分句说明在这个条件下产生的结果。	必要条件		只有 A，才 B 除非 A，才 B	例 18：只有努力学习，才能掌握好现代科学技术。 例 19：只要霸权主义存在，就有战争的危险。 例 20：不论我在哪里，我都会永远相信你。
		充分条件		只要 A，就 B	
		无条件		无论 A，都 B	

（2）多重复句

结构上有两个或两个以上层次的复句称为多重复句。有两个层次的称为二重复句，有三个层次的称为三重复句，其余以此类推。多重复句是由一重复句扩展而成的。

分析多重复句的步骤为：一是总观全句的意思，注意关联词语所表示的关系；二是把全句第一个层次找出来，用单竖线隔开，在竖线下方写明它属于哪种关系；三是进一步分析单竖线前面和后面的部分，找出第二个层次，标出双竖线，以此类推，逐层分析，一直分析到所有的分句都为单句为止。

分析多重复句可以采用符号法，如：

① 有些人背上虽然没有包袱，‖（并列）②有联系群众的长处，|（转折）③但是不善于思考，|||（并列）④不愿多动脑筋多想苦想，‖（因果）⑤结果仍然做不成事业。

① 他后来还托他父亲带给我一包贝壳和几支很好看的鸟毛，‖（并列）②我也曾送他一两次东西，|（转折）③但从此没有再见面。

二、辨析并修改病句

病句的辨别题，是必考的内容，只是题型有所不同。有的是单项选择题，有的是在特定语段中把有语病的句子的序号填在横线上，还有的要求选出病句并提出修改意见。

常见的病句类型有：成分残缺或赘余、语序不当、搭配不当、结构混乱、表意不明、不合逻辑等。具体类型参见表4－4。

表4－4　病句类型表

类型	子类别		例句	说明
语序不当	修饰语语序不当	定语位置	1. 初春的花园里盛开的几朵红色玫瑰花被雨打湿了。（“盛开的”与“几朵”位置互换） 2. 一位优秀的有20多年教学经验的国家队的篮球女教练。（“国家队”放在“一位”前，“优秀”放在“篮球”前）	多重定语次序：领属性的词（表谁的或时间、处所的）—数量性的词（表多少）—动词或动词短语（表怎样的）—形容词或形容词性短语—表性质名词（属性）—中心词（名词）。简记：谁的—多少—怎样的—中心词（名词）。另外，带“的”的定语放在不带“的”的定语前
语序不当	修饰语语序不当	状语位置	他为寻找薄弱环节星期天在家里重新认真地把试卷检查了一遍。（“重新”应当紧靠在“检查”前）	多重状语次序：表目的或原因的短语—时间词—处所词—副词—情态动词或形容词—表对象的介宾短语—中心语。简记：何时—何地—何范围—中心词（动词）
语序不当	虚词位置不当	关联词语位置不当	1. 同一主语：不仅李阳同学学习好，而且乐于帮助其他同学。（“学习好，乐于帮助其他同学”都是用来说李阳的，为了上下句的连贯性，应将“李阳同学”置于关联词“不仅”的前面） 2. 不同主语：这些产品质量不是比沿海地区的同类产品低，就是成本比沿海的高。（前比质量，后比成本，“不是”应放在“质量”前）	复句中两个分句用同一主语时，关联词语应在主语后边；主语不同时，关联词语应在主语前边
语序不当	虚词位置不当	副词位置不当	1. 我们如果把学习不搞好，就很难考上好大学。 2. 如果趁现在不赶快检查一下消防工作，就容易酿成火灾。（“不”移到“趁”字前）	“把”字句、“被”字句的否定副词应在“把”字、“被”字之前

（续）

类型	子类别		例句	说明
语序不当	逻辑事理顺序不当	分句语序不当	1. 对于自己的路，他们在探索着，他们在判断着，他们在寻找着，他们在思考着。（应改为：对于自己的路，他们在思考着，他们在判断着，他们在探索着，他们在寻找着。） 2. 家长不应当助长孩子的缺点，更不能溺爱。（“助长”比“溺爱”在意思上更进了一层，因此前后两个分句的次序应当颠倒一下。改为：家长不应当溺爱孩子，更不能助长孩子的缺点）	句间有先后、轻重、缓急、大小、因果等关系，句序应依据一定的标准排列
		词序不当	我们认真研究听取了大家的意见。（“研究听取”，颠倒了承接的先后关系。应改为“听取研究”）	词语顺序要按承接先后、轻重主次等语意来排列
搭配不当	主谓搭配不当		我国棉花的生产，过去不能自给。（不能自给的是“棉花”而不是“生产”）	
	主宾搭配不当		秋天的北京是个美丽的季节。	
	动词和宾语搭配不当		战士们连续打败敌人的五次进攻。	
	修饰语和中心语搭配不当		1. 我们严肃地研究了职工们的建议。（状语与中心语搭配不当） 2. 蜜蜂每酿造一斤蜜大约采集50万朵的花粉。（定语与中心语搭配不当） 3. 我们对你照顾得太不周全了。（补语与中心语搭配不当）	
	一面与两面搭配不当		1. 做好生产救灾工作决定于干部作风是否深入。 2. 文艺作品语言的好坏，不在于它用了一大堆华丽的词。	注意“能否、是否、成败、优劣、好坏、高低”等词
	多对一、一对多搭配不当		这就要求我们必须尽快提高和造就一批专业技术人员。（“人员”能与“造就”搭配，但不能与“提高”搭配。）	注意前后并列短语间的搭配
	否定与肯定搭配不当		我想这应该是不必叙述的，没有谁不会想象不出来。（“没有谁不会想象不出”等于说“谁都想象不出”，推测原意是“谁也想象得出”。）	多重否定容易导致语病
	关联词语搭配不当		人们认为，团队有效性的关键因素不只是个体贡献的简单相加，而是能使队员行动一致、互相配合的团队协作技能。（“不只是”表递进关系，与其搭配的是“而且是”；“而是”表并列关系，与其搭配的是“不是”“不只是”。改为“不是”，或把“而是”改为“而且是”）	
成分残缺或赘余	成分残缺	缺主语	1. 对于手中有闲钱的人，可以进行合理的投资。（删除“对于”，使句子主语出现。） 2. 由于他这样的好成绩，得到了老师的赞扬。（“得到”没有主语） 3. 通过大家的讨论，使我明白了很多道理。	1. 介词“在、当、从、对于、为了”打头的句子，常造成主语残缺。 2. 注意没有主语的句子不一定就是病句，无主句、独词句并非病句
		缺谓语	我们要在这次质量大检查运动中建立和加强技术管理制度等一系列工作。（“工作”是哪个动词的宾语呢？要在建立和加强前补上谓语“完成”）	状语过长，常导致谓语残缺

（续）

类型	子类别		例句	说明
成分残缺或赘余	成分残缺	缺宾语	人类已进入知识产权的归属和利益分成。（动词谓语“进入”没有宾语，在“分成”后面加上“的阶段”）	宾语部分过长，后面往往忽视与前面成分的响应，导致宾语残缺
		缺少必要的修饰限制成分	1. 一开春，小麦就长得很好，获得了可喜的收获。（要在“获得”前加“夏季”以限制时间） 2. 这次学习收获很大，时间并不长。（应地“时间”前加关联词“尽管”） 3. 怎么就和自己同患难、共生死的朋友分道扬镳了呢？（“和自己“之前缺少介词，应加“跟”“同”等）	
		缺介词	他有说不清的后悔，道不明的愧疚，怎么就和自己同过患难、共过生死的朋友分道扬镳了呢？（“和”后面缺介词“跟”）	
		缺关联词	这不仅是个工作方法的问题，是关系到是否坚持为人民服务的正确方向的问题。（这是一个递进关系复句，前一分句用了“不仅”，后一分句必须使用“而且”或其他的关联词语与之相照应）	有的关联词必须成组使用，缺少一个词，语意就会受到影响
	成分赘余	词语堆砌	现在渔民自己选出了组长，负责掌握渔民的生活及生产的管理。（“掌握”应删去）	
		语意重复	1. 手机几乎成为大家不可缺少的必需品。（“不可缺少”和“必需品”重复） 2. 我们必须好好学习，否则，拿不出真本事，就会活得没有尊严。（“否则”与后面的“拿不出真本事”同义重复） 3. 我们的报刊、杂志和一切出版物，更有责任做出表率。（并列短语“报刊、杂志和一切出版物”意义有包容） 4. 新的制度终于付诸于实施了。（“诸”在这里本就有之于的意思，再加介词“于”就重复了。 5. 这是我的拙见。（“我的”和“拙”语意重复）	出现文言词语、书面语，可能重复
结构混乱	句式杂糅		1. 这慷慨悲歌的壮举背后，还是自信心不够的表现。（在“……的背后还是自信心不够”和“……壮举还是自信心不够的表现”里选一个） 2. 你不认真学习，那怎么可能有好成绩是可想而知。（反问句式与判断句式糅在一起。或用“那怎么会有好成绩呢？”或用“成绩可想而知”）	1. 同一个意思，却用两种句式杂糅在一起。 2. 同一句中时而用这种结构，时而用那种结构，结果两种结构都用了
	藕断丝连		1. 出版一部译作要经过多少人的努力以后，才能与读者见面（把“出版……的努力”和“一部译作……见面”拼凑在一块。用哪一句都可以） 2. 我们向政府提意见是人民的责任。（把“我们向政府提意见”和“向政府提意见是人民的责任”凑在一起，应删去“我们”）	一句话的结构已经完整，却把它的最后一部分用作另一句的开头；或明明是两句话，偏用一句话来说
	中途易辙		中国人民自从接受了马列主义思想之后，中国的革命就大大改了样子。“中国人民……思想之后”就怎么样？作者不接去着说，却用“中国革命”另起一句。应改为“自从中国人民……之后”）	一句话说了一半，忽然另起炉灶，重来一句

（续）

类型	子类别	例句	说明
结构混乱	暗换主语	反革命分子的阴谋活动是应当加以揭露，而且能够把它揭露的。（表面上看，上半句的主语是“……阴谋活动”，而下半句的主语显然不能用该主语，只能用隐而未现的主语“我们”，这样主语就被暗换了，所以就只有在“应当”前加上主语“我们”，以与下半句的主语相统一）	
表意不明	语音歧义	他一节课就写了三封信。（“就”轻读，是说他写信写得快；“就”重读，则说他工作效率低，只写了三封信）	
	结构歧义	1. 指代不明：有人主张接受，有人反对，他同意这种主张。（“这种主张”指接受还是指反对不明确） 2. 组合层次不同：开学前3个月到2个星期内进行辅导。（既可理解为“开学前的3个月”，也可理解为“开学以后的前3个月” 3. 施受对象不明：这个孩子谁都欺负。（既可以理解为“这个孩子，谁都欺负他”，也可以理解为“这个孩子欺负所有的人”） 4. 复指不明：优秀共产党员、著名爱国将领吉鸿昌烈士的女儿吉瑞芝给我们做了报告。（这句话中“优秀共产党员”既可以复指“吉鸿昌烈士”又可以复指“女儿吉瑞芝”） 5. 省略不当：我认识他时，也不过十来岁。（“也不过十来岁”的主语，既可以理解为第一分句的主语“我”，也可以理解为第一分句的宾语“他”） 6. 关系不明：进口彩电很好。（可理解为动宾关系，也可理解为偏正关系）	
	多义歧义	1. 我要炒肉丝。（“炒”可理解为动词或形容词） 2. 中央已向东北调拨物资。（“向”可理解为“从”，也可理解为“给”，表意大不相同）	
	停顿歧义	县里通知赵镇长10月5日前去报到。（10月5日前/去报到，10月5日/前去报到）	
	数量词修饰不明	他请几个学校的领导参加座谈会。（可理解为学校的几个领导，也可理解为几所学校的领导）	
不合逻辑	自相矛盾	1. 他是多少个死难者中幸免的一个。（“死”跟“幸免”矛盾） 2. 这增强了中国人民与侵略者斗争的无比力量。（“无比”了还怎么“增强”？）	
	强加因果	因为他来自北方，思想根本上还是旧的一套。	
	主客倒置	1. 在那个时候，报纸与我接触的机会是很少的。（应该是“我与报纸的接触”） 2. 去年的学习情绪和今年比较起来大不相同。（我们比较一先一后两件事，一般总是以后者为主体，应是“今年的学习成绩和去年……”）	
	并列不当	1. 包含关系置于并列：从事业的发展上看，还缺乏各项科学专家与各项人才。（各项人才包括科学家，不宜并列，应该说“各学科的专家与其他人才”）	

（续）

类型	子类别	例句	说明
不合逻辑	并列不当	2. 不同类别置于并列：在这次民族联欢节中，举行了各种民族体育比赛，主要有赛马、摔跤、抢花炮、赛歌等，丰富多彩的比赛受到来宾的热烈欢迎。（“体育比赛”与后面所列举的比赛种属不搭配，“赛歌”不属于“体育比赛”，不应并列）	
	否定不当	1. 在铁证面前，他还是矢口否认没犯一点罪行。（“矢口”是“一口咬定”之意，“矢口否认没犯”就是“一口咬定否认没犯”；而“否认没犯”，为双重否定，表达的是“肯定犯”，与原意相悖。应去掉一个否定词，改为“他还是矢口否认所犯的罪行”） 2. 谁也不能否认治理污染，搞好绿色环保不重要。（三重否定误用。“不能否认”是双重否定，表达肯定。全句表达的是“谁都认为治理污染，搞好绿色环保不重要”，显然与原意相违，应将“重要”前的“不”去掉）	答题技巧：看到否定词，负负得正。但注意：如句中有否定意义的词，如：“防止”等，也作“－1”处理；“无时无刻”是没有一分钟的意思，也用“－1”表示。反问句亦算负

弄清病句类型是辨析疑难病句的前提，此外还要掌握辨认病句的基本方法，能够根据表达的需要修改病句，并在多做练习、形成良好的语感的基础上，掌握快速且准确判断的方法等，争取具有较高的解题能力。

面对病句考题，正如医生看病，如果凭语感（经验）一眼就能看出毛病，那就不费周折了，指出或者做出恰当修改即可。如果仅靠语感，是不能解决问题的，只能调动理论知识，分析猜测其可能性，按类型逐个进行比照辨析，或者进行造句，用相似的句子进行比较，看看是否能够发现问题所在。具体来说，辨析语句是否有毛病，常用的方法是：

（一）语感审读

凭借语言修养、经验积累，在审读过程中，根据感觉去发现语句的毛病，也就是按语言习惯察看是否觉得别扭。如果别扭，就注意分析比较，明辨是非。但要注意，跟着感觉走，只是初步筛选，借助语法验证才更为可靠。

（二）语法分析

先撇开句子的枝叶定状补，析出句子主干主谓宾，看主谓宾缺不缺、多不多，搭配上、次序位置上是否有问题。如果主干没问题，再检查枝叶，方法和流程与检查主干的相同。就像观察一个人，判断是否有问题，既要看外在形体，也要看内科和神经科等。一个健全的人，外在的要各个器官不多不少，摆位和搭配得宜，内在的要脏器和心智正常。句子何尝不是这样？用医生看病的方法来类比我们辨析病句，方法技巧有不少相似之处，可以发现结构不完整、成分不搭配、关联失当、句式杂糅等问题。

（三）逻辑分析

有的语句从语法上不好找毛病，但是感觉确实是有毛病，不妨从事理上进行分析。从概念使用、判断、推理方面考虑是否恰当，语句的前后顺序、句间关系是否合适。

（四）造句类比

语病辨识还常用到“造句类比法”。仿照原句结构重造一个日常熟悉的句子，经过比较，有无问题便清楚了。

【基础练习】

下面的句子都有语病，请加以改正。

1. ①许多附近的妇女、老人和孩子都跑来看他们。

② 在新中国的建设事业上，发挥着他们无穷的蕴藏着的力量。

③ 里面陈列着各式各样列宁过去所使用的东西。

④ 夜深人静，想起今天一连串发生的事情，我怎么也睡不着。

⑤ 这种管子要不要换，在领导和群众中广泛地引起了讨论。

⑥ 他把我们几个团的负责干部叫到一起。

⑦ 工作者的多数是农村来打工的。

⑧ 解放前，约有百分之七十的中国农业人口是贫雇农。

2. ①迎面吹来的寒风不禁使我打了个寒战。

② 美国有十五个州禁止黑人在娱乐场所与白人享有平等的地位。

③ 这期研究班是全国职工教育管理委员会和国家经委联合于今年5月底举办的。

3．如果趁现在不赶快检查一下消防工作，就容易酿成火灾。

4. ①苏联著名的生理学家巴甫洛夫整天忙于做动物的条件反射试验，把动物用绳子缚在试验的架子上。

② 有些科学家急于对兰花在最有异域色彩的热带物种标本完全消失前进行研究。

5. ①一篇文章要是字迹过于潦草，那么内容即使很不错，也是要不得的。

② 不但圆明园建筑宏伟，还收藏着最珍贵的历史文物。

③ 学生们一方面爱动脑筋，经常讨论学习中碰到的问题；另一方面老师们注意培养学生良好的学习习惯。

④ 这样的课堂练习，既使学生能全面复习已学的内容，也能学到新的知识，学生都感到满意。

6. ①这个村很好执行了党的富民政策。现在不但向国家交售了六万斤公粮，而且还不吃国家救济了。

② 他既兼任数学课代表，又是班委会学习委员。

③ 这是一本好书，它能催人进取，促人猛醒，引人深思。

7. 一种观念只有被人们普遍接受、理解和掌握并转化为整个社会的群体意识，才能成为人们自觉遵守和奉行的准则。

8. ①清晨，参加长跑的同学们在公路上飞快地驰骋着。

② 这个县的水稻生产，由于合理密植，加强管理，一般长势良好。

③ 贝多芬的一生创作了许多著名钢琴变奏曲。

9. ①他统一安排了现场会的内容、时间和出席人员，以及会议中应注意的问题。

② 现在同志们都已提出自己的决心，要在艰难困苦的环境中，锻炼自己成为钢铁战士。

10. 我们坚信，有这么一天，中国的工业和农业会成为发达的国家。

11. ①早晨五六点钟，在通往机场的大街两旁便站满了数万名欢送的人群。

② 1997年，世界各地厄尔尼诺现象频频发生，其影响范围、持续时间和灾害程度都是十分

严重的。

③ 古代诗人常以“自我”歌颂的形式，自由地去刻画一系列斑驳陆离的形象。

12. 对于一个无产阶级革命政党而言，其战略估量的对错，大体上有两个相关的判据：一是要切合社会历史进程的实际，二是要符合马克思主义。这就要求我们必须尽快提高和造就一批专业技术人员。

13. ①在文科方面，要弄懂马列主义、毛泽东思想的基本原理，还要掌握有关的基础知识，和比较熟练的写作能力。

② 在这场战争中，共缴获、击落、击伤敌人飞机 1200 多架、坦克 300 多辆。

14. 对少量小学课本印刷质量不高的现象，有关部门做了认真的处理，要求今后应杜绝不再出现这类情况。

15. 培养一代新风，不只是学校的事情，而是整个社会的事。

16. 各级财政部门要提高科学管理水平，特别是对农村基础设施建设经费的管理上，要做到心中有数，全盘考虑，周密安排。

17. 讲起我的婚姻问题，所经过的路线是很复杂的。

18. ①本公司本着坚持公开、公正的原则，面向社会招聘。

② 这种非常奇缺的药品，不到万不得已，是不能动用的。

③ 昨天是转会截止日期的最后一天，中国足协又接到 25 名球员递交的转会申请。

④ 在北京举办了第一个古埃及文物展览，此次展览有 143 件埃及国宝级文物集体亮相北京。

⑤ 本公司是属于国有中型企业。

⑥ 这些问题可以交诸于司法部门解决。

⑦ 一年来已经获得了显著的成绩，收到了巨大的效果。

19. 这样问东问西，谈七谈八，不觉就走了十里路左右的距离。

20. ①在建设事业迅猛发展的新形势下，对建筑材料工作提出了更高的要求。

② 罗马尼亚艺术家的演出，博得了各界观众热烈的欢迎，对这次成功的演出给予了很高的评价。

③ 看了南京大屠杀的电视片，使我的心灵受到巨大震动。

21. 我们数千年的极其丰富的民间文学艺术为我们吸取不尽的滋养。

22. 依据纪律处罚办法，决定给予该队员停止参加今年余下所有甲级队比赛资格，并罚款人民币 4 万元。

23. 那种不顾林区客观实际，片面强调粮食生产，到头来只能是得不偿失。

24. ① 多年来曾被计划经济思想束缚下的人们也觉悟起来。

② 在旧社会，他利用开当铺进行残酷的高利贷剥削人民。

25. ①当上级宣布摄制组成立并交给我们任务的时候，大家有既光荣又兴奋的感觉是颇难形容的。

② 这次网络短训班的学员，除北大本校学员外，还有来自清华大学等 15 所高校的教师、学生和科技工作者也参加了学习。

26. 南堡人民经过一个冬天的苦战，一道 4 米高、20 米宽、700 米长的大坝，巍然屹立在天幕溪边。

27. ① 当匪徒们偷袭游击队的时候,反而被游击队包围了,歼灭了无数匪军。

② 他是位廉洁奉公的好干部,得到了人民的拥戴,并安排他担任了县长的职务。

③ 真人真事的创作方法,近几年来曾提倡过,而且产生了许多写真人真事的作品。

28. 到北京参观奥运村及新改造后的“地铁”是我这次旅行的归途。

29. ① 李民看见王伟和他爱人在护城河边散步。

② 西城区建立了 14 个退休教师管理小组。

③ 开刀的是他父亲。

④ 一上班,老王就要学习文件。

⑤ 买车、船、饭票在服务台。

⑥ 外地民工进京后,吃、住难靠用工单位解决。

⑦ 纸条上写着:还欠款 5000 元。

⑧ 世界上一年出版的刊物有上亿册。

30. ① 我在英国留学期间,非常喜爱英国文学和欧洲文学。

② 这种新款多功能手机刚一上市,就受到许多青年和女同志的青睐,争相购买。

③ 出现水土流失现象是和这一带的地质构造、水文、下雨、植被等自然条件分不开的。

31. ① 这将保证了现代化农业的迅速发展。

② 他正在攻克博士学位。

③ 这些贪污所得全被其挥霍殆尽。

④ 边防战士守卫在远离祖国的边疆,虽生活艰苦但使命光荣。

⑤ 我国有世界上没有的万里长城。

⑥ 相传当年建关时,一位老工匠计算用料精确,竣工时砖瓦刚好用完,只剩一块砖。

⑦ 凤凰牌自行车在国外有很大的市场,外商要货很多。“凤凰”要是不断增加品种,提高质量,完全可以飞向世界。

⑧ 与空中航路相对应,在沿途的地面上,平均间隔 300 公里左右就设有一处雷达、通信导航和众多空管中心等设备,为“天路”上的飞行提供服务。

32. ①一忌睡眠不可仰卧,二忌睡眠不可忧虑。

② 他非常懊悔当初不该结交这么个不求上进的人。

③ 有了错误,既不听劝说,又不肯改正,这样下去,难免不犯更大的错误。

④ 我们并不否认他的话没有一定道理,只是认为他的道理不那么充分罢了。

33. ①希望剧组再多听取历史学家、艺术家以及专家们的意见,继续努力拍出更多更好的电视剧。

② 美联超市最近增添了新款手机、液晶电视、数码相机、可视电话、频谱饮水机、纳米杯等最新电器产品。

34. ①英文原版小说对我们这些刚刚认识 ABC 的人是看不懂的。

② 我们对于“比较文学”是个陌生的概念,读读钱钟书的《谈中国诗》或许能引你走进这一陌生的境地。

③ 张艺谋执导的《十面埋伏》对于中国青年是不陌生的。

35. ①为了庆祝祖国 60 周岁生日,各大城市都在筹办各种纪念活动。

② 当前某些引起轰动的影视作品,也许在两年以后,甚至五年以后就会被人遗忘的

一干二净。

36. 胡某由于把自己混同于一般老百姓,所以走上了贪污犯罪的道路。

【参考答案及解析】

一、语序不当

1. 多项定语次序不当。

①“附近的”移到“许多”前面。

②“蕴藏着的”移到“无穷的”前面。

③“列宁过去所使用的”移到“各式各样”前。

④把“一连串”移到“事情”前。

⑤“广泛地”应移到“讨论”前,“地”改为“的”。

⑥“几个”应放在“负责干部”前。

⑦“多数”移到“工作者”之前,去掉“的”。

⑧“中国农业人口”移到“约有”之前,去掉“的”。

2. 多项状语次序不当。

①“不禁”应移到“打”的前面。

②“与白人”移到“平等”的前面。

③表示时间的介词结构“于今年5月底”应提到表示情态的状语“联合”前边。

3. 副词的位置不对。

本句中应把“不”移到“趁”字前。

4. 介词位置不当。

①“把”字短语应紧挨动词中心语“缚”。

②表对象的介宾短语“对兰花”应紧挨在中心语“进行研究”前。

5. 关联词语的位置不当。

①“即使”移至“内容”前,“内容很不错”是主谓短语作谓语。

②同一主语时,关联词语应在主语后边。把“不但”移至“圆明园”后。

③把关联词“一方面”错放到了主语“同学们”之后。从文意看,一句话前后两个分句的主语不一样,前面分句的主语是“学生”,后面分句的主语是“老师”,因此不能把关联词“一方面”放在主语“学生”后面。应改为:一方面学生们爱动脑筋,经常讨论学习中碰到的问题;另一方面老师们注意培养学生良好的学习习惯。

④把关联词“既”错放到兼语“全面复习已学的内容,也能学到新的知识”之前,造成主语不明,应把“既”移到“学生”之后。应改为:这样的课堂练习,使学生既能全面复习已学的内容,也能学到新的知识,学生都感到满意。

6. 分句位置不当。

①递进关系不当,应改为“不但不吃国家救济粮了,而且还向国家交售了六万斤公粮”。

②一般认为“学习委员”领导着“课代表”,应该责任大的先说。

③应按事理、逻辑次序先后、轻重、缓急、大小、因果等排序,本句应改为“引人深思,促人猛醒,催人进取”。

7. 相关联的并列词语或短语语序不当。

“接受、理解和掌握”应改为“理解、接受和掌握”。

二、搭配不当

8. 主谓搭配不当。

① 人不能“驰骋”,改为“跑”。

② “生产”与“长势良好”不能构成主谓关系,应将“生产”删掉,使“水稻”作主语。

③ “一生”与“创作”不能构成主谓关系,主语应是贝多芬,“的一生”应改为“在一生中”做“贝多芬”的状语。

9. 动词和宾语搭配不当。

① 不能“安排了”“会议中应注意的问题”。

② 句中动词“提出”和宾语“决心”意义上不相应,“决心”只能表示,不能“提出”。

10. 主语和宾语搭配不当。

此句宾语是由一个主谓短语充当的,但这个主谓短语的主干是“工业和农业成为国家”。主宾意义明显不当,可将“国家”改为“行业”等。

11. 附加成分与中心语搭配不当。

① “人群”是整体性名词,前面不能再用“数万名”予以限制。可将“人群”改为“人”。

② “灾害程度”“十分严重”,是可以的。但是,不能说“影响范围”“持续时间”“十分严重”。“范围”只有大小之分,“时间”只有长短之分。这个句子可以改为:……其影响范围很广,持续时间很长,灾害程度十分严重。

③ “斑驳陆离”是句成语,形容花样色彩纷繁。把它作“形象”的定语在意义上不相应,可以把它改为“多彩多姿”。

12. 一面与两面搭配不当。

前句是“对错”,是两面的,后句的判断依据是“一是要、二是要”,是一面的,两面与一面搭配不起来。可以将“一是要、二是要”改为“一是否、二是否”,“对错”和“是否”都是两面的,就可以搭配了,表达的意思就明白无误了。

13. 多对多、一对多、多对一搭配不当。

① “掌握”的宾语是一个联合词组,可是“掌握”跟“基础知识”可以搭配,而跟“写作能力”不能搭配。改法:将“和”字换作“具备”。

② 这一句的谓语“缴获、击落、击伤”是一个联合词组,宾语“飞机、坦克”也是一个联合词组,它们之间构成了分承关系,按语法的要求,谓语词组的每一个动词都应该能和宾语词组的每一个名词搭配。此句中谓语词组中的“击落”只能和宾语词组中的“飞机”搭配,而不能和“坦克”搭配。因此,最好分成两句说,改为:缴获、击伤坦克300多辆,击落、击伤飞机1200多架。

14. 否定与肯定搭配不当。

错用了“杜绝”“不再”。“杜绝”是“制止、消灭”的意思,把它和“不再出现”组合,就成了要再出现的意思,与本意相反。应删去“不再出现”。

15. 关联词搭配不当。

在复句中,凡有关联词连用时,都应有相应的搭配方式,否则就会造成语法错误,影响句意的准确表达。关联词“不只是”只能与“而且是”搭配,表示前后句的递进关系。关联词“不是”与“而是”是固定搭配,表示转折关系。应改为:培养一代新风,不只是学校的事情,而且是整个社会的事。

16. 介词搭配不当。

不能“对……上”，应改为：特别是在农村基础设施建设经费的管理上。

三、成分赘余

17. 堆砌。

滥用了“问题”和“路线”，使句子失去了准确性，应当把“问题”和“路线”删去，改为：讲起我的婚姻，经过是很复杂的。

18. 重复。

① “本着”与“坚持”同义重复。

② “非常”与“奇”词义重复。

③ “截止日期”与“最后一天”重复。

④ 前面有“在北京举办了”，后面又说“亮相北京”，字面重复，应把后面的“北京”删掉。

⑤ “是”与“属于”语意重复。

⑥ “诸”在这里本就有之于的意思，再加介词“于”就重复了。

⑦ 属于句子重复的语病，“获得了显著的成绩”和“收到了巨大的效果”两句的意思一样，只能用一句。

19. 烦冗。

“的距离”多余，删掉。

四、成分残缺

20. 缺主语。

① 滥用介词造成主语残缺。去掉“在”和“下”，使主语出现。

② 前一分句的主语是“演出”，后一分句的主语应该是“观众”，但没有出现，应在“对”之前补上主语“观众”。

③ 滥用介词造成主语残缺。去掉“使”。

21. 缺谓语。

由于在“吸取不尽的滋养”前面缺失动词“提供了”造成谓语残缺，应补上。

22. 缺宾语。

动词谓语“给予”没有宾语，在“资格”后面加上“的处罚”。

23. 缺中心词。

“生产”之后缺少了中心成分“的做法”。

五、结构混乱

24. 句式杂糅。

① 应该在“曾被……束缚……”和“在……束缚下的……”两种格式中选用一个。

② 这句的错误是把“利用开当铺进行高利贷剥削”和“利用开当铺残酷地剥削人民”两种说法糅在一起，修改只留一种说法。

25. 藕断丝连。

① 句中从“大家”到“的感觉”，意思已经完整，而后面又以“感觉”做主语说了一句话，造成结构混乱。要想表达后一层意思，应在前一句话完了之后，另写一句：“这种感觉是颇难形容的。”

② “清华大学等15所高校的教师、学生和科技工作者”既做了动词“有”的宾语，又做了

“参加”的主语,应将“也参加了学习”删去。

26. 中途易辙。

“一道”之前只有半句话,“南堡人民”是主语,介词短语“经过……苦战”只能是修饰谓语的状语,谓语却没有出现。后面又以“一道……大坝”另起一句。应将“南堡人民”与“经过”交换位置,让介词短语“经过……苦战”作整个句子的状语。

27. 暗换主语。

① “反而被游击队包围”的主语是“匪军”,但“歼灭了无数匪军”的主语只能是游击队,应该把末一分句改作“死者不计其数”,这样主语就一致了。

② 暗中更换主语造成主语残缺。把“并安排他”删去,加关联词语“因此”。

③ 句中的“产生”是个无主句,主语承前省略了。那么上半句应该改为“近几年来曾倡导过真人真事的创作方法”,这样才顺畅。

六、语意不明

28. 费解。

“参观”怎么会是“归途”? 作者的意思是说“……是我预定在归途中要做的事。

29. 歧义。

① 指代不明:“他”是指谁? 是李民,还是王伟?

② 组合层次不同:“14 个退休教师管理小组”既可以理解为[14 个(退休教师管理小组)],也可以理解为[14 个退休教师(管理小组)]

③ 施受对象不明:可理解为他父亲是医生,也可理解为医生为他父亲开刀。

④ 关系不明:“学习文件”是一个多义结构,既可视为动宾结构,也可视为偏正结构。在一般的情况下,多义结构进入具体的语言环境之后都会自动分化,变为单义。但是本句中的“学习文件”依然保持多义。其原因在于“要”也是多义的。“要”有“索取”“希望”等义。如果“要”是“索取”义,后面的“学习文件”是偏正结构,即为“学习的文件”,表示事物;如果“要”是“希望”义,后面的“学习文件”是动宾结构,表示动作。要把两种结构关系分化开来,使语义表达明确,必须换一个说法,或说“要学习的文件”,或说“希望学习文件”。

⑤ 省略不当:可理解为车票、船票和饭票;也可理解为买车、买船和买饭票。

⑥ 多义造成歧义:“难”字多义,作动词是“使感到困难”的意思;作形容词是“不容易”的意思。句中的“难”既可解释为“民工感到吃、住困难,靠用工单位解决”,也可解释为“民工的吃住问题,用工单位难以解决”。

⑦ 多音造成歧义:本句中由于“还”字既可读“huán”又可读“hái”,造成歧义。

⑧ 停顿不同造成歧义:这个句子中可以有两种停顿,意思不同,一是“世界上/一年”,再一个是“世界/上一年”。

七、不合逻辑

30. 并列不当。

① 包含关系置于并列:“英国文学”和“欧洲文学”是具有属种关系的两个概念。其实“欧洲文学”已经包括了“英国文学”。可改为“非常喜爱欧洲文学,尤其是英国文学”;或改为“非常喜爱英国文学及其他欧洲文学”。

② 交叉并列不当:“青年”和“女同志”是具有交叉关系的两个概念。可改为“许多青年尤其是女青年的青睐”。

③ 联合词组并列不当：联合词组“地质构造、水文、下雨、植被”中的“下雨”是动词性词语，而其他的都是名词性词语。现代汉语语法要求，不同性质、不同范畴的词语，不能组成联合词组。因此，应把“下雨”改为名词“气候”。

31. 前后矛盾。

① 时间副词“将”表示行为或情况在不久以后发生，受它修饰的动词不能带助词“着/了/过”，因此应把句中的动词“保证”后的“了”删去。

② 本句是状语和中心词之间的意思冲突。句中的时间状语“正在”是表示动作正在进行，但谓语动词“攻克”却表示已经取得博士学位了，前后矛盾。应把“攻克”改为“攻读”，或改为“他已经攻克了博士学位。”

③ 本句是状补之间意思冲突。句中谓语动词“挥霍”所带的补语“殆尽”是“几乎、差不多”的意思，与“挥霍”前面所带的状语“全”的语义不一致。可以依据实际情况，或删去“全”，或删去“殆尽”。

④ 句中的“远离祖国的边疆”，结合上下文理解是一个以“边疆”为中心词的偏正词组，却含义矛盾。“远离祖国”是指在祖国以外，“边疆”是指国家边界以内地区。是“边疆”就不会“远离祖国”，是“远离祖国”就不会有“边疆”，自相矛盾。

⑤ 句中包含了两个互相矛盾的判断：“我国有万里长城”和“世界上没有万里长城”。

⑥ 前面说“竣工时砖瓦刚好用完”，后面又说“只剩一块砖”，前后两句自相矛盾。

⑦ 句子之间语义矛盾。这个句群的第一个句子是说凤凰牌自行车已进入了国际市场，第二个句子是说凤凰牌自行车要进入国际市场的条件，前后矛盾，让人搞不清凤凰牌自行车究竟进没进入国际市场。

⑧ 平均数是一个确数，而“300 公里左右”则是一个概数，应删掉“左右”。

32. 否定不当。

① 错用了“忌”和“不可”。“忌”是“认为不适宜而避免”的意思，有否定的意思。因此，“忌”和“不可”就构成了表示肯定意思的双重否定，本来是说睡的时候“不要仰卧”“不要忧虑”，现在变成了“要仰卧”“要忧虑”，与原意拧了。

② 错用了“懊悔不该”。“懊悔”是“自恨不应该这样”的意思，已有否定的意思，“懊悔”和“不该”就构成了表示肯定意思的双重否定，本来是想说懊悔结交这个不求上进的人，现在却变成了不懊悔结交这个不求上进的人了，意思全然相反。应该删去“不该”。

③ “难免不”也是双重否定，应删去“不”，或改为“难免会”。

④ 错用了“并不否认……没有”。这一句话用了“并不”“否认”和“没有”三重否定，与意思拧了。原想说“他的话有一定的道理”，现在却变成了“他的话没有一定的道理”了。

33. 范围不清。

① “历史学家”“艺术家”是种概念，“专家”是属概念，属种概念不能并列。因此，应把“以及”改为“等”。

② “手机”“相机”“饮水机”“纳米杯”都不属于“电器产品”。这些产品与电器产品之间没有属种关系，因此不能概括为“电器产品”，可改为“高科技产品”。

34. 主客颠倒。

① 介词“对”引进的对象通常是客体，本句引进的却是主体“我们这些刚刚认识 ABC 的人”，而该作客体的“英文原版”却成了主体，主客颠倒。应改为：刚刚认识 ABC 的人对英文原

版小说是看不懂的。

② 与句①犯了一样的错。应改为"'比较文学'对于我们来说是个陌生的概念"。

③ 本句可改为:中国青年对张艺谋执导的《十面埋伏》是不陌生的。

35. 不合事理。

①"祖国"的含义(内涵)是"自己的国家",它所指的范围(外延)是古往今来相对每个国人自己所属的国家。显然,"祖国"与1949年10月1日建立的"中华人民共和国"(或"新中国")表达的不是同一个概念。"祖国"在中国岂止存在60年,她已有五千年的历史。应改为"庆祝中华人民共和国(或'新中国')60周岁生日"。

② "甚至"表递进关系,因为"被人遗忘的一干二净"应该是"两年"比"五年"更加递进一层,所以应该改为"五年以后,甚至两年以后就会被人遗忘的一干二净"。

36. 强加因果。

"把自己混同于一般老百姓"与"走上了贪污犯罪的道路"没有因果关系。

第五章　标点符号

【考试大纲解读】

考试大纲中，与本章相关的内容，只有“正确使用标点符号”这几个字。《大纲》没有在“标点符号”之前加“常见”二字对考试范围加以限定，但是，标点题从未涉及那些较少使用的标点符号，比如连接号、间隔号、分隔号、着重号、专名号、方括号等；考题难度总是控制在一般甚至较低的水平，绝不可能等同于编辑、校对专业考试那样的难度，甚至比新近出现于高考试题中的标点题难度还略微容易一些。

【考试真题解读】

Ⅰ. 2020 年真题回放

6. 下列标点符号的使用，正确的一项是______。

A. 没有任何根据可以得出这样一种结论，市场经济越发展，消极腐败越严重。

B. “太晚了，你也累了，”妈妈轻声说：“明天还得早起，快睡吧。”

C. 据不完全统计，截至去年年底，我国各类民办学校——包括幼儿园已有两万多所。

D. 这种态度，就是有的放矢的态度。“的”就是中国革命，“矢”就是马克思列宁主义。

Ⅱ. 2019 年真题回放

6. 下列标点符号的使用，正确的一项是______。

A. 在金砖国家领导人第八次会晤上，习近平主席审时度势、鉴往知来，为推动共同发展开出中国良方，向世界释放出团结合作、共创未来的积极信号。

B. 假如艺术不能把真理的火种传播于人间，假如艺术不能为人类的现在和未来而战斗，假如艺术不能拂拭去人们心灵上的锈迹和灰尘，假如艺术不能给予人民以支援和裨益。这样的艺术就毫无价值，也毫无意义。

C. 南宋造船工匠能造各种船只，一般的大海船可以载五、六百人，较小的也载二、三百人。

D. 行进队列渐渐呈现出：“再见”两个巨大的汉字，人们的眼里噙着泪，心在微微颤动。

Ⅲ. 2018 年真题回放

6. 下列标点符号的使用，正确的一项是________。

A. 总之，这部论文集，触及了当代一系列重要的理论问题。

B. 他喊了一声：“跟我来”！就向前冲锋了。

C. 北京联合张家口申办 2022 年冬奥会有利于进一步展示中国形象，增强我国的软实力和国际影响力，推动我国由体育大国向体育强国迈进。

D. 但是每一过程的开始阶段，是否也有矛盾存在呢，是否每一事物的发展过程具有自始至终的矛盾运动呢?

Ⅳ. 对考试真题的解读及复习指导

对标点符号使用能力的考查,直接的考查,是分值为 3 分的一道单选题;间接的考查,就是在作文中的模糊考查。在作文中,不能较为正确、规范地使用标点符号,会酌情扣分。

题型多要求选出标点符号使用正确的一项,有时要求选出使用错误或准确恰当的一项。

本章的知识介绍是比较详尽的。介绍每种标点符号用法时,提醒大家一定要注意的问题,就是考点所在。

常考的是冒号、顿号、省略号、破折号、书名号等用法的正误。对句号、引号,经常是结合特定语境,考查句号在后引号之前还是之后的问题。考查逗号用法的几率不大,但却是难点之所在。因为往往牵扯在特定语境中,它与句号、冒号等使用哪个才更合适的问题,需要加倍注意。

【标点符号知识介绍】

一、正确使用标点符号

标点符号是书面语言不可或缺的辅助工具,它能够帮助文字精密地记录语言。要正确使用标点符号,必须掌握各种标点符号的基本用法。另外,标点符号运用起来也有很大灵活性,必须与语段的思路层次结合起来考虑,才能用得准确。具体说有以下几点:

1. 弄清功用

每一种标点符号都有其独特的功用,必须切实掌握它们的功用,特别是那些易混淆的标点,更要弄清它们的区别,从而正确地判断和使用。

【例题】粉丝们宁肯一两个小时簇拥在她周围,只为多领略一下她的风采、或签上一个名。

【解析】顿号用来表示句中最小的停顿,分句间的停顿是比较大的停顿,其连词之前可以用逗号,不能用顿号。“或多或少”之类的词语中,连词所连接的是词,一般不会有语气停顿,书面中也就不加标点;偶尔有停顿时,可以加顿号。连词“或、和、及、与”连接的是分句时,语气停顿较长,后面分句的连词前也就不能用表示较小停顿的顿号,只能用表示较长停顿的逗号或者分号。根据语境和语气,宜于直接删去顿号,“或”字之前也可以改用逗号。

【例题】在高铁车厢里,我的邻座上,一位长者戴着花镜在看书,有时还在书上画个杠杠圈圈什么的。他合上书时,我惊讶地发现,他看的竟然是“毛选”。

【解析】此例混淆了书名号与双引号的功用。“毛选”是《毛泽东选集》的简称。在上文没有出现过全称,书名也不是广为人知的情况下,是不适合用简称的;即便读者熟知此书,书的简称也应当用书名号,而不是用双引号。证件名、课程名、楼盘名等可以加双引号以示强调,但不能加书名号,因为它们不是精神文化产品。具备“精神文化产品”这个属性的,才可以用书名号来标识。

2. 揣摩语气

判断句子的语气要从整个句子去考虑,不能只看其中的一些词语。有的句子虽有疑问词,但整个句子表达的是陈述语气,所以句末就应该用句号,而不能用问号。

【例题】有位用户在外地出差期间把手机丢了,他刚才来电询问遇到这种情况怎么办?

【解析】此句误用了问号。句中尽管有疑问词“怎么”,但整个句子表达的并不是疑问语气,而是陈述语气，所以问号应该改为句号。

3. 分析结构

句子的结构影响标点的使用。做标点题时，要注意分析结构，不能让标点影响句子结构的完整而形成语病，或因层次不清而影响句意的表达。如单句内部结构不能用句号、问号等句末点号，同样复句结构即复句的分句之间，不能使用顿号。

【例题】发射基地的气候如何？对神舟七号飞船顺利升空有重要影响。

【解析】此句由于单句内部结构使用句末点号，从而句子被一刀两断，造成前后两句结构不完整。应将问号改为逗号。

4. 理解文意

标点的使用是为了更好地表达文意，因此我们判断标点使用是否恰当时，要考虑对文章的表达是否有伤害，要注意分析文意对标点使用的限制，也就是要在理解文意的基础上正确使用标点。

【例题】出版社在新书征订广告中提醒邮购者，务必在汇款单上写清楚姓名及详细地址（汇款附言栏内注明所购书名、册数）。

【解析】根据语境，括号里的内容本该是用来注解前文的，实际上却不是对“详细地址”加以注释解说的，所以，这个括号用得不恰当。改法有两种：一种是把括号删掉，在“详细地址”后面加上个逗号；另一种是把句号移到括号之前，把括号变成句外括号。

5. 留意套用

平时不少情况是点号和标号连在一起使用的，使用时应当注意分析二者的位置关系。最常见的有引号与句末点号的套用、括号与点号的套用，它们的位置关系都有一些要求，要留意。

【例题】现代画家徐悲鸿笔下的马，正如有的评论家所说的那样，“神形兼备，充满生机。”

【解析】使用引号时，如果是独立引用，末尾点号放在引号里面；如果引用的内容是句子的一个组成部分，即引文没有独立性，引用部分末尾不用点号（问号、感叹号可保留），整个句子该停顿的地方就停顿，该用什么点号则用什么点号。此句引用应属于后一种，所以句号应放置在引号之外。

二、掌握常见的标点符号

标点符号是标号和点号的合称。标号主要是标明语句性质的符号，常用的有引号、括号、书名号、破折号、省略号、间隔号 6 种；点号主要是点断语句，表示结构关系和句子语气的符号，包括句号、问号、叹号、逗号、顿号、分号、冒号 7 种。复习时，应侧重理解和掌握本章介绍的 13 种标点符号的用法。

（一）句号

句号表示一句话完了之后的停顿，主要用于陈述句的末尾，有时也用于语气舒缓的祈使句、感叹句的末尾。在科技文献、外文辞书中，为避免句号与其他符号相混，句号常常改为另一种形式“. ”。

使用句号时要注意：

（1）不该用句号时就不用句号。复句内部，不管字数是多是少、结构是否复杂，分句之间只能用逗号或者分号。下面这句话中的第一个句号，应改为逗号：“五年的知青生活，不但使他了解了乡间的生活。也使他的人生得到了一次永志难忘的磨炼。”滥用句号，会把一句话弄得支离破碎。

(2) 该用句号时就必须用句号。尤其要避免在一段文章里一“逗”到底,最后才用上一个句号,导致结构层次不清,难以确切地表达语气和情感。要正确使用句号,就要结合句子多琢磨、多分析,要确切推断作者使用句号的意图。例如:“猜起来,仿佛是无常嫂的前夫之子似的。但不知何以相貌又和无常有这么像。”例句中的第一个句号,用得就很恰当。

二、问号

主要用于表示疑问语气(无论是否有疑问);有时用于祈使语气,如:“你听听大家的意见好不好?”;偶尔用于夹注,表示对句子中某个词语的疑问,如:“记得《三国演义》记袁术(?)死后,后人有诗叹道:‘长揖横刀出,将军盖代雄。头颅行万里,失计杀田丰。’”

使用问号时要注意:

(1) 只有其中一部分是问句的形式,而整个句子不是问句时,不能用问号。如:“军队究竟怎么个搞法,这个问题以后还要议。”“为什么不能轻易放弃的道理,要向大家讲清楚。”鉴于此,下面句子中的问号应改为逗号:“南边的半个天响晴白日,北边的半个天乌云如墨,仿佛有什么大难来临? 一切都惊慌失措。”

(2) 选择问句虽然包含至少两个选择分句,但它们仍然只是一个完整的句子,一般按照“一句话”来对待,只是在整个句子的末尾用一个问号,其前面各分句的末尾用逗号。如:“这种树是先开花后落叶呢,还是先落叶后开花呢?”如此说来,下面的例句“是今天去呢? 还是明天去呢? 我实在拿不定主意。”其中的第一个问号改为逗号才妥当,因为整个句子的语义侧重点在最后一个分句上,既然不是要强调第一个分句,就不必要在它后面用问号。个别情况下,出于修辞的需要,为了加强每个分句的疑问语气,也可以在每个分句的末尾都用问号。

(3) 倒装问句,前面的停顿用逗号,句末才用问号。如:“干什么,他?”

(4) 一般不能问号连用,除非着意强调疑问语气才间或使用“??”形式。

(5) 表示强烈的疑问时,可以问号与叹号并用。问号与叹号二者的位置是,问号在前,叹号在后;不然就错了。比如:“发生了这么大的事故,作为第一把手,你就没有责任吗!?”

三、叹号

叹号经常用于感叹句句末,或者感情强烈的祈使句、反问句句末。如:“法制废坏到了那样的程度,人哪里还有尊严可言!”有时句中夹注叹号,不是表示句子停顿或感叹语气,而是起到引人注意的作用。

使用叹号时要注意:

(1) 成分倒装的句子里,感情丰富、语气强烈的地方是句子的结尾,所以叹号一般放在句末。如:“出来呀,你!”

(2) 单独成句的称呼语、呼唤语或象声词,后面一般用叹号。如:“周总理! 您在哪里?”再如:“喂! 该醒了吧。”

(3) 两个以上的叹词、象声词或者称呼语连用时,通常只在后一个叹词后面用叹号。如:“‘唉,唉! 你就别提那日子有多难过了!’爷爷紧皱着眉头说。”

(4) 在一般的陈述句、祈使句、反问句末尾不要使用叹号,更不必两三个叹号连用。如:“听了连长的动员后,大伙儿都觉得自己肩上的担子是多么重呀!”这句话中的“……多么……呀”

独立时，后面可以用叹号；但现在它作宾语，整个句子是陈述句，所以叹号应改为句号。

（5）不要轻易在句中使用叹号，搞得“句不成句”。如：“全体战士！一起上！”

四、逗号

逗号表示一句话内部的一般性停顿。就停顿的时间长短而言，比顿号长，比分号和冒号短。如：“其他人都可以去，但是，你不能去。”连词“但是”之后停顿一下，书面上用逗号与下文隔开，是强调前后意思的转折。

使用逗号时要注意：

（1）“和”“与”等并列连词前一般不加逗号，只在并列词语字数较多等特殊情况下，并列连词前面才加逗号。

（2）防止滥用逗号。如：“在故障诊断系统中，为每一个被诊断的子系统，建立专用的知识库。”这句话“建立”前的逗号就属于不该停顿而停顿。

（3）防止该用逗号却不用。如“陈涛、刘渊、贺喜三位前辈都认真为本书撰稿以示支持。陈涛先生还为本书题签，在此一并致谢。”例句中的第一个句号应改为逗号。要注意两点：一是做主语的每个并列成分，字数极少的一般用顿号；而字数较多的，因停顿时间稍长，语意稍重，需用逗号，以加深读者印象。二是为了表示句子中的语气，以适合修辞上的需要。如：“多子，饥荒，苛税，兵，匪，官，绅，都苦得他像一个木偶人了。”“绅”字之前都可以用顿号，但作者却用了逗号，选择了比顿号更长一些的停顿，表示生活压力的繁多和说话语气的深沉。

五、顿号

顿号主要用来表示句子内部并列词语之间的停顿，用途比逗号单一，停顿的时间也比逗号短。因此当并列成分需要区分层次时，逗号便被用在较大的并列词语之间，顿号则用在较小的并列词语之间。

使用顿号时要注意：

（1）为表示概数而连用的两个数字之间不用顿号，而表示确指的两个汉字数字之间一定要用顿号。如：“他们三、四个都是二营的。”其中顿号应当去掉。“没过几分钟，第二、三师师长就来到了兵团司令部。”这句话中的顿号删去，则容易产生歧义。

（2）当加有括号或圈号数词表示行文次序时，序数与正文之间不要加顿号。阿拉伯数字表示序号时，按惯例，其后不是用顿号，而是用小圆点“.”。

（3）标题中的并列词语，中间一般不用顿号，而是空一格，使得标题简洁、美观。

（4）并列词语后面用了语气助词，其间的顿号要改为逗号。

（5）并列的内容或需选择的内容，用了“和”“或”之类的连词时（“以及”例外），连词前面就不再用顿号。因为顿号一定程度上起连词的作用，在功能上相当于“和”“或”。

（6）当并列的词语联系相当密切并为人们所熟知时，其间不需要用顿号。如“青红皂白”“党政军”“真善美”“国内外”等，用了顿号反而不得体。

（7）既不可以在同一个层次的停顿中混用顿号与逗号，也不可以在不同层次的停顿中都用顿号。如：“词是最小的、能够独立运用的，有一定意义的语言单位。”句中的逗号就应当用顿号。

（8）并列复句的各分句之间，不用顿号用逗号。如“她的美丽让男人动心、让女人妒忌。”实际上这句话不应当是一个单句，而应当视为复句后一分句的主语承前省略，所以句中的顿号

必须改为逗号。

(9) 词语之间不是并列关系，不能用顿号。如："自从2008年12月26日我第一批护航编队从海南三亚起航以来，我海军先后派出三批次8艘军舰开赴亚丁湾、索马里海域执行护航任务。"索马里海域属于亚丁湾的一部分，所以，不能用顿号把它两个并列起来。

六、分号

分号是停顿长短介于逗号和句号之间的一种标点符号，用来表示复句内部并列分句之间的停顿。有的复句，用句号会把完整的意思割裂开来，用逗号又显不出各分句之间相对独立的意思，这时，就必须用分号。如："鹦鹉能言，不离于禽。猩猩能言，不离于兽。"例句中第一个句号就应当改为分号。

使用分号时要注意：

(1) 分号在复句中表示的是复句内部较大的停顿，所以一般只在两种情况下使用：①分号隔开的部分，至少有一部分包含不止一个分句。如："'讽刺'的生命是真实；不必是曾有的实事，但必须是会有的实情。"②单重复句中，只有并列关系才可以用分号；而并列关系的复句只在需要分清层次关系时才有必要使用分号。被分号分隔开的各个并列分句中，至少应当有一个分句的内部有逗号。

(2) 并列分句不在第一层上则不能在其间使用分号，否则就混淆了整个句子的结构层次，妨碍了句意。如："片面地强调读书，而不关心政治；或者片面地强调政治，而不努力读书，都是极端错误的。"句中的分号用在主语内部，而主谓之间则是逗号，显然与语气停顿长短的实际相背离，所以视为使用不当。

(3) 在两个本该独立的句子之间，不要误用分号。如："他的心又飞到了广场上；虽然花圈没有送去，好歹在被捕的前几个小时到广场去了一趟，总算尽了一点心愿。"

(4) 在用分号的语句内部，不能使用句号，否则，便混淆了结构层次。如："科学作为一个口号，是在'五四'的浓厚的人文空气里产生的。一旦这种空气消失，便有可能化为一种扼杀人性和创造力的东西；民主也一样，如果它不是意味着民主精神，便永远是'大多数'的代名词。"例句中的第一个句号应改为逗号。

七、冒号

冒号用在提示性话语之后或者总括性话语之前，起提示下文或总结上文的作用。其停顿时间与句号接近。

使用冒号时要注意：

(1) 冒号只能用在有停顿的地方。"他的报告文学作品：《利剑》，在广大读者当中引起了强烈反响。"其中的冒号应当删掉，因为读起来不需要停顿，结构上也不需要分开。

(2) 没有提示作用时，就不能用冒号。"拥护者说，他讲明了中东问题的实质；反对者则指责他：'为恐怖和暴力辩护'。""指责他"没有提示作用，所以冒号应当删去。

(3) 提示性的冒号，不能与表示解释说明的词语"即、乃、是、指、就是"等同时使用。"我们目前有三大任务：就是汲取知识，提高修养，锻炼身体。"这个句子中，冒号和"就是"二者只能保留一个。

(4) 在一个句子里，应当尽可能避免出现冒号套叠。

(5) 冒号的提示范围一般是管到句终,有的提示范围甚至是几个段落或成篇文字。不管它提示范围有多大,其范围必须是确定无疑的。

八、引号

引号分双引号和单引号两种,由前(上)引号和后(下)引号两部分组成,主要用于对文章中的一些词句进行特别标示,例如需要着重论述的对象,具有特殊含义的词语,节日、纪念日的数字部分,象声词等。引号完全是书面语的辅助工具,诵读时没有办法听出来。

使用引号时应当注意:

(1) 过于熟悉的简称和节日、纪念日或重大事件的发生生日期不必加引号。如“北约”“二十五史”“五四运动”等。

(2) 对成语、谚语、俗语、格言、歇后语、惯用语等所谓的熟语和新词、专词、方言词,以及反语、讽刺语等带有特殊意义的词,如果没有想突出或强调它的意图,如果不加引号不影响理解,就不必加。

(3) 不要误用原文标点。直接引语中,引文内标点的处理方法有四种:①若引文独立而完整,文中所有的标点符号,包括文末的标点符号,均依原样移植。②若引文独立而不完整,去掉原文末尾的标点符号,再根据内容的需要在引号外使用相应的标点符号。③若引文不独立,引用的只是自己的话的一部分,不管它是不是完整,后引号前都不能有点号(问号、叹号除外);至于后引号外面用什么标点符号,则根据句子需要而定。④非独立引用的引文,末尾是问号或者叹号的,可以保留下来,以体现原文的语气。如:“游行队伍高喊着‘工农兵,联合起来向前进!’的口号,向市中心涌去。”对于双引号,要注意引文末尾标点符号位置的正确使用。

(4) 所引内容如果是转述或者综述别人的思想观点,那么,这些话不必加引号。

(5) 带引号的并列词语之间,原则上不宜再用顿号,因为引号已经起到了把并列的各项隔开的作用。另外,不管加还是不加顿号,一般来说,同一篇文章、同一本书中,应当保持一致。

九、括号

括号有圆括号、方括号、六角括号和方头括号等多种形式,我们只要求考生掌握圆括号的用法。按照构成形式和功能来分,括号有前括号、后括号之别。从注释的范围来说,有注释句中某个词语的句内括号和注释整个句子的句外括号之分。

使用括号时要注意:

(1) 句内括号应当紧贴注释内容,不能与被注释的词语有所分隔。如:“不久,国民议会迁到法皇的内宫凡尔赛去(在巴黎城西南十八里)。”括号及其中内容应当在“去”字之前。再如:“现在的大青山,树木不多,但在汉代,这里却是一个‘草木茂盛,多禽兽’的地方(《汉书·匈奴传》),古代的匈奴人曾经把这个地方当做自己的苑囿。”“《汉书·匈奴传》”括注的是“草木茂盛,多禽兽”,应当紧跟其后。

(2) 句内括号里的文字,如果可以组合到句子里,就不必采用括号注释的方式。如:“用活血化淤的方药,能防治新生儿溶血症和治疗自身免疫性疾病(如红斑性狼疮、硬皮病、结节性动脉周围炎等)。”这句话中的括号应当删去,在“如”前加逗号即可。

(3) 句内括号内容的末尾,除了可以用问号和叹号外,不能用其他任何标点,即便是一个完整的句子也不例外。句内括号之外的文字是否要用标点、用什么标点,原则上该怎么用就怎么用,不受括号内的文字与标点的影响。如:“中国人做海鲜,很强调‘鲜活’‘生猛’(西方人对此食法颇不以为然,认为‘野蛮’);意大利人则反之:他们以‘海鲜已经过多少小时冷冻’为标榜,非把海鲜冻死不食。”

(4)句外括号一定要放在句末标点之后。句外括号的注释,如果是一句话,末尾也可以用句号、问号或叹号。如:“写研究文章跟文学创作不同,不能摊开稿纸搞‘即兴’。(其实文学创作也要有素养才能有‘即兴’。)”这句话中的括号,就是句外括号;注释文字是完整的一句话,所以括号前用了句号。

十、破折号

破折号用于标明行文中解释说明的语句,也用于表示语意的中断、跃进、转换或延长。

使用破折号时要注意:

(1)破折号前多数不再用点号,但如果破折号前用的是叹号或问号,则应当保留,因为它虽是标号但兼有点号的性质,除了表示停顿外还表示语气。如:“‘这颐和园可真是个好地方!——我们今天什么时候回去?’王强问章浩。”

(2)一般来说,破折号后面不宜再用点号,但在破折号不以标号(即表示波折)的形式出现而以点号的形式出现来表示语音的停顿或延长时,破折号后面的点号是需要保留的。如:“‘老队长,他……他去世了——!’大伟悲痛地对大家说。”

(3)注意破折号的位置。如:“有个古谜颇巧:‘一声不响,二目无光,三餐不食,四肢无力,五官不正,六亲不认,七窍不通,八面威风,九(久)坐不动,十分无用。’谜底令人拍案叫绝——泥塑佛像。”如果用破折号,那么,应当是“谜底——泥塑佛像,令人拍案叫绝”。

(4)分清破折号与括号的区别:①破折号引出的解释说明是正文的一部分,它带出的文字相对来说比较重要;括号里的解说不是正文,只是附带的解释说明,可以不读出来。试比较下面例子:“任何一门理论科学中的每一个新发现——它的实用价值也许还根本无法预见——都使马克思感到衷心喜悦。”“我们处理一切事情,都从实际(即客观存在)出发,而不是从主观出发。”②注释的部分放在读断的地方,适宜用破折号,放在不读断的地方,适宜用括号。但只要意义重要,即使不在读断的地方,也该用破折号;意义不重要,即便在读断的地方,也不该用破折号。如:“萨尔图——一个有月亮的地方(“萨尔图”是蒙语,意思是一个有月亮的地方)的人们说:‘她的丈夫叫耿玉亭。’”

十一、省略号

也叫删节号。主要用于表示文中省略的内容,也用于表示说话的断续。

使用省略号时要注意:

(1)省略的内容必须明确。

省略的内容不明确,让读者莫名其妙,就失去了省略的意义。如:“他很喜欢刘若英的歌,如《听说》……”省略的是歌名还是歌曲的具体情况,没有表达清楚。

(2)注意省略号前后标点的使用问题。

处理省略号前后标点这一问题的原则是:在表意准确的前提下,根据语境需要灵活处理。具体来讲,省略号的前面是个完整的句子时,原有的点号必须保留,以保持原有的语气和停顿,同时也表示与下文不直接相连;其前如果不是个完整的句子,原来需要句中停顿的,依旧保持原有标点,以表明省去的只是整个句子的一部分；其前不是个完整的句子，原来就不需要句中停顿的，那就直接用省略号，而不加其他标点。如：“他笑着朝大家点头，说：‘要说喝茶的好处，确实不少嘛，喝了它浑身有精神，还能让人多吃饭，……’”“我嘛……缝缝补补……风吼得这么凶，真叫人害怕。”

一般来说，省略号后面不用标点；如果用了标点眉目更清楚，或能表达出感情色彩，那就要用标点。如：“那是，……实在，我说不清……。其实，究竟有没有魂灵，我也说不清。”“你不陪我去，也不让别人陪我去……！”而下例中的省略号之后就没有必要用点号了：“阿炳做出一副可怜相：‘不关我的事，是他们，他们出的点子……’。”

（3）余指代词“等”“等等”表示列举未尽而不是表示总结上文列举的诸项数目时，其功能相当于省略号，所以，一般选择其中一种形式即可，不能两种形式同时使用。

（4）注意省略号与破折号的区别。

省略号和破折号都能表示语音的中断，它们的区别是：破折号表示语言的戛然而止，省略号表示余音未尽。

十二、书名号

用于标志精神文化产品。有双书名号与单书名号之分。在使用时要注意：

（1）非精神文化产品（如课程、证件、奖项、展览、称号、集会等）不能使用书名号。

（2）对缩写的文件、书籍、报刊名称，一般仍然用书名号标注，只是在正文中第一次出现书名全称时须括注简称称法；不宜用双引号标注。

（3）对西文书名不是用书名号标注，而是用引号标注，或者显示为斜体。

（4）不要把单书名号与数学符号中的大于号“ > ”和小于号“ < ”弄混。

（5）报刊栏目不可以用书名号，而只能用引号。如：“他在《人民日报》的“文学”栏目上发表了小说《红瓦》。”

（6）正确处理书名号与括号的关系。①对书名内容注释，用在书名号内。如：《琵琶行（并序）》。②对书的性质说明，用在书名号外。如：《平凡的世界》（三卷本）。

（7）书名号之间不宜再用顿号。因为书名之间用了书名号之后，它们之间的区别和语气的停顿都已很清楚了，不再用其他标点符号显得更为简洁明了。

（8）书名号内的内容表达有着完整的语气，可以使用句号，特别是感叹号、问号。如：《不老的苍天哪！》

（9）出版物种类、出版地等词语，本身不是出版物名称的组成部分的，不可以放在书名号之内。

十三、间隔号

也称分读号、音界号。用在字与字之间，表示相邻两个有密切联系的词语的分界。

使用间隔号时要注意：

（1）分界清楚，不要使用间隔号；分界不清楚，必须使用间隔号。如：“五・卅运动”这个词语，分界很清楚，不至于产生歧义，加上间隔号就是多余的。但以月、日为标志的事件或者节日，在涉及一月、十一月、十二月时必须用间隔号，因为不用间隔号会产生歧义。

（2）间隔号的位置是在字行的正中间，不要把它与下脚点相混淆。如“‘3・15’消费者日”“3. 15 千米”。

（3）不要误用为顿号。比如“‘9・18’恐怖袭击事件”中的间隔号，不能因为打字、写字方

便,误写为顿号。

(4) 注意书名与它的篇、卷与章之间的间隔。如:“这段话选自王火《战争与人 · 月落乌啼霜满天 · 第三卷 · 第五章》。”或者可以不用间隔号。如:“上面这段话载于《新唐书》卷五十五《食货志》。”

当书刊的专名和类名紧挨着出现时,要注意分清书刊名是否包括类名。如《海军杂志》《航空杂志》,其中的“杂志”二字属于刊物名称的一部分,那当然要把它写在书名号之内;否则,就要在书名号之外了。

【基础练习】

找出下列句子中标点使用不当的地方,并加以改正。

1. 许多有分量高质量的学术著作目前见不到书评,这不利于学术思想的传播,学术著作书评缺乏的现象,应该尽快改变,我们期待在新的一年里,书评市场能把成熟和繁荣同时呈现在读者面前。

2. 假如艺术不能把真理的火种传播于人间,假如艺术不能为人类的现在和未来而战斗,假如艺术不能拂拭去人们心灵上的锈迹和灰尘,假如艺术不能给予人民以支援和裨益。这样的艺术就毫无价值,也毫无意义。

3. ①理论,来源于实践,实践,要靠理论来指导。

② 观众可不是那么好伺候的。你以为有意思的,他们未必买账,他们看得津津有味的,你恰恰不屑一顾。

4. ①笑声,歌声,嬉闹声响彻山谷。

②菜场就是要姓“菜”,菜场经营蔬菜,豆类制品为主的方向不能动摇,要充分发挥菜场调控市场的作用。

5. ①我的确没有想到这件事,后来怎么发生了那样急转直下的变化。

② 无论处于多么艰难的境遇之中,都能找到欢乐和情趣的人,才是真正的强者。

③ 他几步跨了过去,把小孙子搂在怀里,左边亲了,右边亲。

④ 总之,这部文集,触及了当代一系列重大的学术问题,相信有心的读者,会从中得到深刻的启示。

6. 我在武汉听了毛委员演说三个月之后又在郑州听到谭延闿对湖南农民运动的恶毒攻击……

7. ①我一面按照他的指示挖战壕,一面想,总司令身经百战,这一仗一定会打胜的。

② 没有任何根据可以得出这样一种结论,市场经济越发展,消极腐败越严重。

8. 南宋造船工匠能造各种船只,一般的大海船可以载五、六百人,较小的也载二、三百人。

9. ①由于商品供求往往随着不同区域、不同季节、甚至不同客流成分的变化而变化,所以采购者应当及时把握需求信息。

② 他也不得不继续办下去,或亲自签批、或指示下属领导,将同心县、海原县和固原地区117 名不符合条件的人录用为干部。

③ 现在,在全球范围内,人们对社区和社区发展的概念、尤其是政治行动者对它的关注呈上升趋势。

④ 正如人们不应当割断历史一样，人们不应当、也不可能割断历史智慧同现代科学知识和认识能力之间的联系。

⑤ 以往一些先进人物的宣传过分地强调人物身上的社会价值，而忽略了、甚至抹杀了人们身上的自我价值。

⑥ 最近出版的这一百多种新书、包括一些外国文学名著，在书市上大受青年读者的欢迎。

10. ①全国人大常委会又颁布了禁毒决定，对制造、贩卖、运输、非法持有毒品、非法种植罂粟、大麻等原植物、引诱、教唆他人吸食、注射毒品等，都作了严厉的处罚规定。

② 请将此文件抄报市委副书记杨山、市委常委、宣传部部长林小华、副市长吴一用等领导同志。

③ 中国共产党的优秀党员、著名物理学家、教育家谢希德同志昨日不幸逝世。

④ 我们要重点发展中药加工成套设备，改变中药切片、制片、针剂、膏、散、丸药的加工所存在的落后状况。

⑤ 现实中的国有小企业由于规模小、技术、产品、管理水平落后、面临的竞争程度高、市场需求变化快，因而政府承担的风险要大于收益。

11. ①入冬以来，丰台区公安分局先后共查获非法制造、贩运、禁放烟花爆竹的治安案件八起。

② 宛南华侨新村位于徐汇区、中山南二路与宛平路交会处，是整个宛平新村的组成部分。

③ 1984 年，第一家台资企业、上海联华合纤股份有限公司在沪诞生。

12. ①他们过着牛、马不如的生活。

② 在村口支锅搭灶卖个烹、炒、煎、炸什么的。

③ 元世祖继续进攻南宋，占领长江中、下游许多地方，遭到南宋军民的英勇抵抗。

④ 我们那里就不是这样，一听要跳舞，无论男、女都兴高采烈，有的人还暗暗买书来学呢。

⑤ 我们的老祖宗最懂得辩证法，把生与死视作“红、白喜事”。

⑥ 偏偏在这方面崔世诚一窍不通，老师教了一遍、又一遍，他只是傻呵呵地站在那儿。

13. 小学三四年级，五六月份，四五号泊车位。

14. 第一、……；第二、……。首先、……；其次、……。

15. ①《三国演义》、《西游记》、《水浒传》、《红楼梦》是中国四大古典名著。

②《三国演义》（罗贯中）、《西游记》（吴承恩）、《水浒传》（施耐庵）、《红楼梦》（曹雪芹）是中国四大古典名著。

16. ①《雷雨》中的人物对话；《红楼梦》里的心理描写；《水浒传》中故事情节的铺叙都极富特色。

② 跨世纪学校体育必将形成既是体育，又是文化；既是运动，又是教育；既是锻炼，又是玩乐；既能参与又能观赏的社会文化教育现象。

17. 这样的豪言壮语，究竟出自谁人之口呢？不是别人，正是林彪；它是赤裸裸的反马克思主义谬论。

18. ①去年 12 月 13 日，在河北省香河县公安局的配合下，通州区公安局破获了盗窃高压电线路铁塔塔材的案件；抓获犯罪分子二十余人。

② 两头老母牛同时叫了一声；又将各自的孩子唤到了自己的身边；然后，虎视眈眈地盯着就要跑近的两个孩子，一股凛然不可侵犯的样子。

③ 这些众多的外来事物石雕,不仅再次体现了盛唐时期广泛吸收、大胆使用的消化吸收能力之旺盛;而且也是盛唐时中外友好往来、广泛交流的见证。

19. 这些智慧,一方面可以通过大量的物质财富折射出来;一方面又可以以精神产品的形式积累和传承。

20. ①虽然尼布尔受欧洲巴特派抗议运动的影响;虽然在巴特和尼布尔作品之间可以找出相似之处,但是两人之间某些明显的分歧却随尼布尔思想的发展而发展。

② 如果是这样,那么我将对不起唐才常等"庚子六君子";对不起血染菜市口的谭嗣同等"戊戌六君子";对不起在多次起义中牺牲的成百成千烈士;对不起四万万人民!

21. ①动物吃植物的方式是多种多样的,有的动物会把整个植物吃掉,如原生动物和鱼类取食单细胞的浮游生物;有的动物会把植物的大部分吃掉,如鼠类和某些暴食性昆虫;有的动物因吃去植物的要害部位而引起植物的死亡,如鸟类吃掉发芽植物的嫩芽和小蠹虫沿着松树树干咬去一圈韧皮层。

② 第一,请你不要翻看我的东西;第二,家里有客人,你的任务只是端茶倒水,要是再违反,我可要送你回家了。

22. 说来说去,村民们最关心的还是建水库的资金由谁来出?

23. ①他独自走着,低着头,分不清天上下的是雨,是雪,还是雪珠儿?

② 据张国宾交代,和他一起在金谷大厦住的,有一些很有钱的"朋友"。天知道张国宾此时是不是又在吹牛皮?

③ 大家也不知道她是开玩笑随便说说的,还是真想那么做?

④ 干部决策是否科学? 管理是否得当? 都与人民利益息息相关。

24. 老屋依旧,主人却早已长逝。自己贸然去拜访新主人合适吗? 她若是追根究底地问起我和故人的关系,我该怎么说呢?? 碰到小楠,我又怎么说呢??

25. 发生了这么重大的事故,作为一校之长,你难道没有责任!?

26. ①"不做生意?"翁亮说:"不做生意打那么多长话? 鬼才相信,你一定是在做大生意!"

② "太晚了,你也累了,"妈妈轻声说:"明天还得早起,快睡吧。"

③ "哎哟,"一个小男孩惊叫起来:"大家快来看啊,这儿有一窝小老鼠!"

27. ①我跳下车来,说了声:"忠爷爷再见!"就往家里走。

② 厂领导及时提出:"以强化管理抓节约挖潜、以全方位节约促成本降低、以高质量低成本开拓市场增效益"的新思路。

③ 一个人为了自己的利益对别人说:"你为什么不学雷锋?"的时候,他已经亵渎了道德。

28. ①也还有另一种观点:当作品涉及某些阴暗现象的时候,有的同志会说:"你写的现象虽然是真实的,但要考虑文艺的党性原则。"

② 还有一个好消息:据建行总行住房与建筑业信贷部透露:1998 年的个人住房贷款业务不受贷款规模限制,充分满足个人贷款需求。

29. ①上学期间和刚毕业的时候,几乎每一个同学都抱有成就一番事业的强烈愿望,所谓:"书生意气,挥斥方遒"。

②行进队列渐渐呈现出:"再见"两个巨大的汉字,人们的眼里噙着泪,心在微微颤动。

30. 前锋线上派出了上届西班牙大赛时为夺冠立功的三名前锋,罗西、孔蒂和阿尔托贝利。

31. 早餐时间:7:30。

32. 脑海中闪过一个带有几分哲理性的问题:即群山与高峰的关系。

33. ①走了一段路,李小文忽然说我把袋子忘在餐馆里了。他回去拿袋子,我站在路边等了他好久也不见回来。

② 校领导对她说:这不是给你的奖金,这是你的科研成果转让后,按市政府的政策,按生产力要素分配,给你的转让收益。你应该心安理得地拿。

34. 俗谚云:“惊蛰多栽树,春分犁不闲”。

35. ①病人虽然打赢了官司,却并未感到欣慰,他在胜诉后仍认为“这是一种悲哀。”

② 新桂系承认:“土地改革在廿三年至廿六年曾雷厉风行,可是收获不大,”“各县能切实照规定减租者,寥寥无几。”

36. ①自私,不听从合理的指导,没有自尊心,都是性格上很大的弱点。这些弱点都是老牌的慈母送给她们孩子的恩物。

② 从山脚向上望,只见火把排成许多之字形,一直连到天上,跟星光接起来,分不出是火把还是星星。

③ 然而,她还感到遗憾,总觉得有两个是字没有唱好。

④ 认知一词最早是承认父子关系的法律用语,后来又用于哲学,表示认识的意思。

⑤ 这种态度,就是有的放矢的态度。的就是中国革命,矢就是马克思列宁主义。

37. ①牛大水说,“他父亲来过这里,在这里打过一场恶仗”。

② 这本书写得还是太“赶”了,它的每一部分几乎都是“急就章”。

③ 连日来持续高温,公共电汽车热得像“烤箱”,司售人员们坚持运营,十分辛苦。

④ 二十多年过去了,她又一次来到老陆家,她仍然感受到了陆夫人的“亲切”。

38. 所以,先前是刊物的封面上画一个工人,手捏铁铲或鹤嘴锹,文中有“革命! 革命”“打倒! 打倒”者,一帆风顺,算是好的。

39. ①对烧伤面积达93%的王德林,有的医生就觉得是无法挽救的!

② 山顶上风很大,一股股迅猛的山风像轮番进攻的拳击手,又准又狠地朝人的口鼻砸来!

③ 他在讲话中首先表示向教卫系统全体党员,特别是向我们的老前辈、老党员致以亲切的问候和同志的敬礼!

40. ①哇! 这地方真美!

② 祖国壮丽的河山啊! 就像一块巨大的磁石强烈地吸引着游子的心。

41. ①刘燕气哼哼地说:“搞什么名堂! 别理他!!”说着气冲冲地推门走了。

② 这才是真正的天籁之音呢! 你就看反响吧。老百姓辨得出好坏!!

42. ①一部《天鹅湖》火了中国芭蕾,一个贝多芬火了中国的交响乐,那么,中国的歌剧呢?《图兰朵》会不会是一个契机呢?!

② 在这场抗洪抢险的战斗中,涌现出了多少可歌可泣的英雄事迹啊?!

43. 《长征二号》运载火箭、颁发《身份证》、填报《职工换岗登记表》、办理《营业执照》、《99中国油画艺术展》开幕

44. 《五味》丛书、《科学家爷爷谈科学丛书》

45. ①《解放军》报、《海外星云杂志》

②《人民日报(海外版)》、《人民日报 · 海外版》

③《中华人民共和国民事诉讼法》(试行)、《汉语拼音正词法基本规则》(试用稿)

46. ①新桂系批评和反对蒋介石的不抵抗政策,认为“中国除武装抵抗日本的侵略外,决无第二条死里求活的出路”。(《南宁民国日报》1936 年 6 月 9 日)

② 在气温接近皮肤温度时(33℃),出汗就明显了。

③ 不料许多病人买回这种草药服下后,发现对身体的康复根本没有什么帮助,而且价格昂贵,(每 500 毫升售价 24 元多)于是顾客纷纷要求退款,酿成许多纠纷。(有的甚至告到法院)

④ 这一带岩石较为破碎,地震较多,致使河(沟)床坡降加大,山坡陡峭,而且夏季暴雨很多,这就为泥石流的形成提供了条件(《一次大型的泥石流》)。

47. 此谕旨颁于康熙十七年三月(1678 年),内容为整饬海疆事宜。

48. ①有意者请于登报之日起 15 日内将个人简历(有关证件、证书复印件,联系电话等)寄给本院人事处。

② 世上有两种人(品格高尚的君子和品格低劣的小人),照理说,君子应受人尊重,小人应遭到唾弃,但偏偏有人怕招麻烦,宁得罪君子不得罪小人。

③ 这种人造海蜇跟天然海蜇外观很相似,只是吃起来口感(口中的感觉)比天然海蜇稍微差一点。

49. ①长期以来,人们(包括个别专门从事民间文学研究的“内行”,)往往只注意到民间文学作为“文学”的这一面,却忽视甚至无视民间文学作为科学研究资料的另一面。

②可是,“可持续”(顺便提一句,“可持续”中的“可”似乎可以去掉,去掉了更顺口。把 Sustainable Development 译为“可持续发展”是直译,不是意译。)终究是只回答了社会发展的一个侧面,只为解决当前与长远之间的矛盾提供了理论依据。

③ 我们只能顺应市场运行的规律,对市场进行必要的干预,减弱其负面效应或其负面效应的社会后果(如对被淘汰企业的职工实行失业保障制、进行失业职工的再培训等。)。

④ 这个诗意神话的破灭虽无西方式的剧烈的戏剧性,但却有最地道的中国式的地久天长的悲凉。(在这一点上,身为洋人的金介甫先生反倒比我们有更敏锐的体验和论述。)

50. 一位女大学生对布源说:“我并不指望您给我回信,只希望有人听我倾诉……”另一个女孩也说:“……深宵里拥被而坐,与你说话,从未打算要你解答问题,仅仅想开口低语一番。”

51. ①雄伟的人民大会堂,是首都最著名的建筑之一……。那壮丽的廊柱,淡雅的色调,以及四周层次繁多的建筑立面,组成了一幅绚丽的图画。

② 人需要的是空气中的氧气。可是空气里什么都有,灰尘、细菌、粉末、……样样俱全。

③ 关于科学发现问题,他有一段话:“每一种假说都是想象力发挥作用的产物,而想象力又是通过直觉发挥作用的……但直觉常常变成一个很不可靠的同盟者,不管它在构成假说时是如何不可缺少。”

④ 不受制约的权力将产生腐败现象。但是,谁来制约?谁来监督?谁能制约?谁能监督?……尚有一系列问题需要深入探讨。

⑤ 别人用公款大吃大喝,我至少也得小吃小喝一番。你多占三间房,我多占一间也行。你开得后门,我有什么开不得?……于是,对于种种不正之风,尽管不满,却又往往不免沾点边。

⑥ 罗布人的生活所需都是取自身边,针是红柳针,斧头是石斧,衣服是水鸟羽绒或罗布麻织就,房屋是芦苇和土坯垒起……他们无法抗拒的,是外来的传染病。

⑦ 我们在饭桌上背《岳阳楼记》,背《木兰辞》,背昆明大观楼的长联……大家抢着背,看谁

背得多。

52. ①在另一领域中，人却超越了自然力，如飞机、火箭、电视、计算机……等等。

② 应该说，股票、证券投资、收购产权、金融信贷……等，都是资本经营的一种形式。

③ 春花什么都没带，所需的日用杂品全都是娟姐替她买来的：热水瓶、脸盆、毛巾、香皂、镜子、剪刀……之类。

④ 那整版整版的所谓“传真”，除了声色犬马的娱乐新闻，就是花样翻新的贩毒、诈骗、走私、绑架……之类，让人眼花缭乱。

53. 73岁的萨马兰奇先生手捧大信封，正稳健地迈入专设的多功能新闻大厅。在这里，萨翁将亲自开启信封，向全世界揭示这一秘密……

54. ①这一切，使人们想起了解放前——1937年大旱50天，赤地千里，四出逃荒的悲惨往事。

② 它既不是汽油，也不是酒精，而是金属——镁或铝。

55. ①一个士兵惊惶失措地跑进来向戒严司令报告：“不——不好了！工人冲了进来，挤上楼梯来了。我们用枪也拦不住。

② 在亲人金珠玛米——解放军——的帮助下，我很快就恢复了健康。

③ 健康成年人最适宜的运动强度是运动后心率在140——150次/分之间，50至60岁者运动后心率在120——130次/分，60岁以上老年人运动后心率在100——120次/分比较合适。

56. ①这个计划由国家拨款一百亿，其中包括七个领域的十五个主题项目——这七个领域是：生物技术、航天技术、信息技术、激光技术、自动化技术、能源技术、材料技术。

② 中华武术，广义而言——它包括各民族的武技拳术；狭义而言——它泛指汉民族诸多流派的武术。

③ 阿格布拉着流浪人——拉吉给他讲起自己当兵的事情。

57. ①哈雷收集了从1337年到1698年间各种书刊上有关彗星的记录，在牛顿思想的启发下终于认出了他所关注的彗星——后人称之为哈雷彗星。

② 盛夏时节，北京城里暑气蒸人，而门头沟区两座名山(灵山和百花山)上，却凉爽宜人，温差在10℃以上。

③ 据不完全统计，截至去年年底，我国各类民办学校——包括幼儿园已有两万多所。

④ 数学文化在现阶段的一个显著特色是数学尽管分支众多——主要分支达八十多种，发展迅猛，但仍是一个统一的思想体系。

58. ①为纪念第二次世界大战中英勇牺牲的战马，匈牙利首都布达佩斯市建造了一座铝质战马塑像，底座上有这样一行字：——“献给忠诚的战友们”。

② “小铁，想认识一下吗？这就是地区少年摔跤比赛冠军赵强：我的表哥。”

59. ①二氧化碳和水在合成车间，叶绿体里发生了奇妙的变化。

② 计算机科学的另一个实用分支情报检索中，语言学的问题更具体。

60. 一二、九运动

61. ①“3.15”消费者日

② 爱新觉罗．溥仪

③ A·罗伯特·李

④ 埃斯尔．M．戴尔

【参考答案解析】

一、句号的误用

1. 一逗到底。本句其实是由三个互有联系的句子组成的,开始到“传播”是第一句,“学术”到“改变”是第二句,“我们”到末尾是第三句。应把第一句和第二句末的逗号改成句号。

2. 该连却断。本句的“裨益”后面错用了句号,因为至此只说了一个完整意思的前一部分,前面的四个分句和后面的分句连起来才构成一个完整的复句,错用了句号就隔开了前后的联系,应改为逗号。

二、逗号的误用

3. 复句内部并列分句之间的停顿,应当用分号,而误用了逗号。

① 句中“来源于实践”后面的逗号应改为分号。

② 句中“买账”后面的逗号应改为分号,因为前后是并列分句,意思联系较紧,并且分句里已经用了逗号,因此改用分号层次才更清楚。

4. 并列词语之间的停顿,应当用顿号,而误用了逗号。

① 句中“笑声”“歌声”后的逗号应改为顿号。

② 句中“菜场经营蔬菜,豆类制品为主的方向不能动摇”中间的逗号应为顿号,误用逗号甚至有碍意思表达。

5. 无须停顿而误用逗号。有的地方,无论从句子结构还是说话的语气上看都无须停顿,或不能停顿。如果用了逗号,就会中断语气,肢解语意,影响正常表达。

① 句中“这件事”后面不该有停顿,用了逗号反而造成结构关系的混乱,影响了意思表达,这个逗号应去掉。如果觉得宾语长,要停顿也只能在谓语动词之后,但该句谓语动词“想到”后用不用逗号都可以。

② 句是复句形式“无论……都……”作定语,中间不宜用逗号断开,逗号应去掉。

③ 句中“左边亲了,右边亲”说的时候语气应连下来,中间没有停顿,逗号应去掉。

④ 句的“读者”后面不应有停顿,逗号应删去。

6. 该停顿的地方没有用逗号。

本句的“演说”与“之后”后面都应有停顿,应在它们后面加上逗号。

7. 提示性话语之后的停顿,应当用冒号,而误用了逗号。

① 句中的“一面想”为提示性话语,其后的逗号应改为冒号。

② 句中“没有任何根据可以得出这样一种结论”是一句提示性的话,后面用冒号更明确。

三、顿号的误用

8. 表示概数的两个连用数字之间不用顿号隔开。

句中的“五六百人”“二三百人”都表示概数,所以两个连用数字之间不用顿号隔开,顿号应删去。

9. “特别是……、包括……”等插说前的停顿,误用顿号。“特别是……、尤其是……、无论……、甚至……、也……、而且……、包括……、或者……”等短语可以插在句子当中,表示强调、补充等意思。这些短语之前如果有停顿,要用逗号,不要用顿号。

① 句中“不同季节”与“不同客流成分”之间有关联词“甚至”联结,两者之间不能用顿号,而应改成逗号。

② 句中“或……或……”联结的是选择性的并列结构,第二个“或”前的顿号应改为逗号。

③④⑤⑥句的顿号使用犯了同样的错误,各句中的顿号都应改用逗号。

10. 并列词语内又包含有并列词语,并列词语之间的停顿不能一概用顿号,应当根据不同层次使用顿号或其他点号,以免混淆结构层次。

① 句中"制造、贩卖、运输、非法持有毒品""非法种植罂粟、大麻等原植物""引诱、教唆他人吸食、注射毒品"这三个短语为并列关系。由于这三个短语内部又有并列关系,使用了顿号,因而这三个短语之间应该用逗号,不能再用顿号。

② 句中三位市党政领导人的名字构成第一层并列关系,林小华部长的两个职衔为第二层并列关系。两个层次都用顿号造成了层次混乱,应改为第一层用逗号,第二层用顿号,即林小华部长的两个职衔之间用顿号,其余两个顿号应改为逗号。

③ 句中"中国共产党的优秀党员"与"著名物理学家、教育家"是同位并列关系,构成第一层次;而"物理学家"与"教育家"也是并列关系,是第二层次。为清楚标示这两层关系,应将第一个顿号改为逗号。

④ 句中"中药切片、制片""针剂、膏、散、丸药的加工"为第一层并列关系,而"切片"与"制片"为第二层并列关系,"针剂、膏、散、丸"也为第二层并列关系。为明确标示这两层关系,应将第一层关系之间的停顿改为逗号,即"制片"后的顿号应改为逗号。

⑤ 句中第一层次的并列应改用逗号,次一层的用顿号,并配之以连词"和""以及"等。可改为:"现实中的国有小企业由于规模小,技术、产品、管理水平落后,面临的竞争程度高,以及市场需求变化快,因而政府承担的风险要大于收益。"

11. 非并列词语间误用顿号。

① 句中"非法制造""贩运"为并列关系的词语,"禁放烟花爆竹"是这两个词语的宾语,不能与它们构成并列关系,"禁放烟花爆竹"前的顿号应删去。

② 句中"徐汇区"与后面的"中山南二路与宛平路"具有领属关系,中间不能用顿号。

③ 句中"第一家台资企业"和"上海联华合纤股份有限公司"是同位语关系,顿号可以改用破折号,也可以什么都不用。

12. 没有明显停顿的并列词语间误用顿号。并列词语之间的停顿一般用顿号,但并不是说所有并列词语都要用顿号隔开。有些并列词语,并列的部分相互结合得很紧密,一般说起来都不停顿,中间不能用顿号隔开,用了顿号与一般习惯不符,也不便阅读。

① 句中"牛马"是并列关系的词语,连接紧密,中间没有停顿,不要加顿号。

② 句中"烹炒煎炸"是并列关系的词语,连接紧密,中间没有停顿,不要加顿号。

③④⑤⑥句中并列词语之间的顿号都应去掉。

类似的还有"东西南北""上下班""男女生""青少年""中小学""动植物""离退休"等。

13. 表示缩略的两个相连数字之间应该用顿号而未用顿号。"三四""五六""四五"之间应该用顿号。相当于小学三年级和四年级,五月份和六月份,四号泊车位和五号泊车位。

14. 表序列的词语、字母或数字后面误用了顿号。

句中"第一、……;第二、……。首先、……;其次、……"的顿号应改成逗号。

类似的还有:"(一)、(二)、(1)、(2)、(3)、①、②、③",因为这些序列数字都加了括号(或圆圈),所以不必再加顿号。

15. 并列使用的引号之间、书名号之间为紧凑起见,顿号一般可省略,但书名号后面若有括

注成分等,顿号则不能省略。

① 句中的顿号可省略。

② 句中因为书名号后面有括注成分,顿号则不能省略。

四、分号的误用

16. 并列词语之间只能用顿号和逗号,不能用分号。分号一般用来表示复句内部并列分句之间的停顿,不用于单句中。

① 句中"《雷雨》中的人物对话""《红楼梦》里的心理描写""《水浒传》中故事情节的铺叙"3个并列词组在句中作主语,它是一个单句。所以,句中的分号应改为逗号。

② 本句是并列的四个复句形式"既……又……"作句子成分(定语),中间也不能用分号,可改为逗号。此外,"既……又……"结构中间的逗号也可以去掉,使语气更紧凑。

17. 应该用句号断开的两个独立的句子间误用分号。

本句中"林彪"后面的分号应改为句号,因为此分号前后为两个独立的句子。

18. 非并列关系的分句间误用了分号。

① 本句是承接关系,分号应改为逗号。

② 本句是连贯关系复句,中间停顿用逗号就可以。

③ 本句是递进关系复句,而且都是简单复句,分句之间应当用逗号,不能用分号。

19. 不必要处使用分号。如果表述不复杂,层次没有那么多,相连的分句语气比较紧凑,分句内部也没有逗号,分句之间就没有必要使用分号,用逗号就可以了。如果用了分号会给人大材小用的感觉。

本句中相连的分句语气比较紧凑,分号应改为逗号。

20. 并列分句不处在多重复句的第一层次,却误用分号。不在第一层次而是在以下层次上的并列,分句之间的停顿不能用分号,否则结构层次就乱了。

①②两句都是多重复句,但其中并列关系都不在第一层次而在次一层次上,其中的分号都应改为逗号。只注意到分句的关系是并列,却忽略了这个并列所在的层次,就容易造成此类的误用。

21. 用逗号的句子里包含了分号,用分号的句子里包含了句号。用分号的几个并列分句不能由逗号统领,也不能由逗号总结。用了句号的句子也不能包含在用分号的句子里。

① 句中开始一句是总括性地说动物吃植物方式多样,后面三个并列句是在总括之下具体列举各种方式。分说的并列分句之间用了分号,前面的总括句后就不能用逗号,应改为大于分号的句号,或改用冒号。

② 本句是先分说,后总结,总结是对前面说的"第一、第二"两种情况的,但例子中并列的两个分说句之间用分号,完了却用逗号引出总结,似乎后面的总结句只是对第二个分说句而言而不管前一句。这样有违原意。因此"端茶倒水"后那个逗号应改为句号。

五、问号的误用

22. 含有疑问词的非疑问句误用问号。疑问句大多会使用疑问词,如"谁""什么""怎么""哪儿"等,但是疑问词也可以用在非疑问句中。

本句是一个陈述句,问号应改为句号。

23. 包含选择性疑问结构的非疑问句误用问号。有的句子内包含选择性的疑问结构,如"是……还是……""是否"等,但全句末尾或这些疑问结构之后不能用问号。

①②③④句都是陈述句，句末的问号应改为句号。④句中两处疑问结构后的停顿也不能用问号而应改为逗号。

24. 问号叠用失当。有时候为了表示疑问语气特别强烈或表示问话的声音很大，有的人喜欢把两个甚至三个问号叠用在一起。

本句中叠用的问号不合适，最好改为单用。

25. 问号的讹用还有一种情况：表示强烈的疑问，常常问号与叹号并用，问号与叹号的位置有时会错置。正确的用法应是问号在前，叹号在后，因为表示强烈疑问的句子首先应是疑问句。

本句中应改为问号在前，叹号在后。

六、冒号的误用

26. 引文中间的插入语（通常为“某某说”）后面误用了冒号。

① 句中的“翁亮说”为插入语，非提示性话语，其后一定要用逗号。

②③句中的冒号都应改为逗号。

27. 在没有停顿的地方用了冒号。

① 句中“说了声”后面的冒号应删去，同时应删去“再见”后的叹号，在引号后加逗号。

② 句中“提出”指向的是宾语“新思路”，其后不应有停顿，应删去冒号。

③ 句中的“一个人为了自己的利益对别人说：‘你为什么不学雷锋？’”如果单独成句，“说”后可以用冒号表示停顿，但在这个例子中它是后面成分的定语，所以中间不能有停顿，不能用冒号。本句误用了冒号，破坏了结构的完整性，应去掉。

28. 套用两个甚至更多冒号的情形应当尽可能避免，否则会引起层次不清。

① 句中的第一个冒号应改为句号。

② 句中两个冒号套用，似乎第一个冒号管着第二个冒号。可以把前一个冒号改为逗号，也可以把后一个冒号改为逗号。

29. 非提示性话语后面误用冒号。

①②句中的冒号应去掉。②句如果用冒号，可以改为：行进队列渐渐呈现出两个巨大的汉字：“再见”，人们的眼里噙着泪，心在微微颤动。

30. 该用冒号的地方没有用冒号。

本句中的“三名前锋”为提示性话语，其后应该用冒号。

31. 冒号与比号混用。（冒号位于字的下标，比号位置居中）

表示时分秒之间的间隔用冒号，不用比号。

32. 起解释说明作用的冒号与“即”同时出现。

本句中的冒号与“即”所起的作用相同，删“即”或改冒号为逗号。

七、引号的误用

33. 直接引用而未用引号。

① 句中“说”后应加冒号，“我把袋子忘在餐馆里了。”用引号引起来。

② 句中冒号后是“校领导”对“她”说的原话，四处使用“你”，是直接引用，应当用引号引起来。该句话如果想用转述方式表达，不用引号，那么，冒号后的一段话里的四处“你”应相应改为“她”才对。

34. 整句引文，句末标点未放在引号内。

本句的“惊蛰多栽树，春分犁不闲”为整句引文，末尾的句号应放在引号里面。

35. 局部引文，引文末尾的标点应放在引号之外。

① 句中引号里面的句号去掉，后引号后面加句号，这个句号表示全句末尾的停顿。

② 句中的两处引文都是局部引文，非独立完整的句子，因而引文末尾的标点（“收获不大”后面的逗号、“寥寥无几”后面的句号）应放在引号之外。

36. 应加引号的地方未用引号。

（1）带有特殊含义（或修辞用法）的词语未加引号。这里所说的特殊含义（或修辞用法），指的是该词语在句中所用的意义不是其固有的理性意义，而是其比喻义、褒贬义等附加意义。为引起读者的注意，这些词语需加上引号。

① 句中“慈母”和“恩物”都带有贬义，应加上引号。

② 句中“之”在此语境里表示弯弯曲曲，是修辞用法，应加引号。

③ 句中“是”在句中指的是唱词里的字，应加引号。

（2）行文中论述的对象未加引号。

④ 句中“认知”是论述对象，应该加引号。

⑤ 句中的“的”和“矣”是论述对象，应加引号。

37. 不该用引号的地方用了引号。

（1）间接引用的文字加了引号。

① 句中引号里的句子实际上是对牛大水所说的话的转述，属间接引用，不能加引号。转述的话若改为直接引用，要调整人称，有时还要调整标点。此句若改为直接引用，则要将“他”改为“我”，“说”后面改成冒号，句号放到引号内。

（2）非特殊用法的词语加了引号。

② 句中的“赶”“急就章”在这个语境里都是一般用法，不必加引号。

③ 句中加引号的词是正常意义上的使用，没有什么特殊之处，引号用得全无必要，应当去掉。

④ 句中“亲切”一词用了引号，但从作者本意看并没有什么特殊意思，由于加了引号，反倒显得有什么特别，节外生枝，不好理解。引号应去掉。

38. 不作为独立句子来用的引文，其末尾原有的问号和叹号引用时未保留。

本句中的第二个“革命”和第二个“打倒”也应加上叹号，并放在引号里面。此句中的问号和叹号在句中已不表示停顿，只表示语气。

八、叹号的误用

39. 滥用叹号。不能认为句子里有带感情的词语，就要在句子末尾用叹号。

① 句虽带有感情，却只是个一般的陈述句，句末要用句号，不能用叹号。

② 句中尽管有“又准又狠”等带有某些感情色彩的词语，但句子的语气都不是感叹而是一般的陈述，因此句子末尾不能用叹号，应改用句号。

③ 句中的“向……致以亲切的问候和同志的敬礼”虽带有强烈的感情，如果独立成句，确实可以在末尾用叹号，但在此它是作整个句子的宾语来用的，全句是陈述句，应改用句号。

40. 句子内部误用叹号。叹号是句末点号，有人喜欢在叹词和语气词后面用叹号，不管这些叹词是不是独立成句，语气词是不是在句末，也不管句子是不是感叹句。

① 句中的“哇”是句首叹词，不独立成句，其后的叹号应改为逗号。

② 句中的“啊”是句中语气词,“祖国壮丽的河山啊”是整个句子的主语,不是一个独立的句子,“啊”后的叹号也应改为逗号。

41. 叹号叠用失当。

①②句中都已经有了说明感情强烈的文字描写,不必使用叠用叹号,叠用的叹号都应改成单用。

42. 问号和叹号并用失当。问叹并用一定要恰当,如果不是感情、语气特别强烈的反问句,或不是含有惊异、感叹语气的疑问句,就不能用“?!”。

① 句是疑问句,语气没有什么特别的,用问号就可以了。

② 句是一个感叹句,应用叹号。

九、书名号的误用

43. 滥用书名号。品牌、证照、展览、会议、活动、项目、团体、奖项、杯赛、课程等名称不能用书名号标明。

“《长征二号》”“《身份证》”“《职工换岗登记表》”“《营业执照》”“《99 中国油画艺术展》”,各例中的书名号都是讹用。

44. 丛书名称为一个词的,要连同“丛书”一词加书名号(或引号);丛书名称是词组的,“丛书”一词应放在书名号(或引号)外。丛书名用书名号还是引号?丛书名有用书名号的,也有用引号的。我们建议用书名号。

“《五味》丛书”应改为“《五味丛书》”,“《科学家爷爷谈科学丛书》”应改为“《科学家爷爷谈科学》丛书”。

45. 书名号位置不准确。

(1) 书名号里面的名称应与实际文化精神产品名称一致,否则即为误用。

① “《解放军》报”应改为“《解放军报》”,“《海外星云杂志》”应改为“《海外星云》杂志”。

(2) 标明不同版本、版别的文字,行文中称述带有这类注释说明的书报刊等时,常用括号把他们括起来放在书名号外面。

② 正确的写法为:《人民日报》(海外版)。

(3) 法令、规定、方案、条例等的“草案”“试用稿”“初稿”等文本说明,常以括注形式紧跟文件主体名称之后放在书名号里面,可以看作是文件名的一部分。

③ 正确的写法为:《中华人民共和国民事诉讼法(试行)》、《汉语拼音正词法基本规则(试用稿)》。

十、括号的误用

46. 括注位置错误。句内括号要紧挨着被注释的词语,放在句内或句末的标点之前。句外括号要用在句末点号的后面。

① 句的括注是注释引文的,应紧跟引文,放在后引号和句号之间。句外括号改为句内括号。

② 括号里的话是注释“皮肤温度”的,应紧贴在“温度”之后。

③ 句中第一个括注是针对“价格昂贵”的,第二个括注是针对“纠纷”的,都没有紧跟着被注释的词语。应把前一个括注移到“昂贵”之后逗号之前,后一个移到“纠纷”之后句末点号之前。

④ “《一次大型的泥石流》”是注释全句的,而非注释最后一个分句,因而括号应放在句

号外。

47. 括号离开了被注释的文字。

本句中“1678 年”是括注“康熙十七年”的，应紧跟其后，放在“三月”前。

48. 滥用括号。有时候根本用不着解释补充却用上个括号，或者本应归入正文说的话却被当作解释补充性的，硬是用括号括起来，造成滥用括号的错误。

① 句中括号里的内容不是对“简历”的注释或补充，而是跟“简历”并列，同样重要，应作为正文看待。所以，应去掉括号，同时在“简历”后加一个逗号。

② 句中被放在括号中的话并不是可有可无的，而正是作者要谈论的话题，应拿到正文说。所以，括号应去掉，括号后面的逗号改为句号，同时“两种人”后加一个逗号或冒号。

③ 句中的“口感”是很常用的词，根本不必加注。

49. 括号内文字标点使用不当。句内括号括注文字末尾不能用标点符号，句外括号末尾可以用句号。

① 句中括号里的逗号应去掉。

②③句中后括号前的句号应去掉。

④ 本句的句外括号末尾的句号可以保留。

十一、省略号的误用

50. 省略号衍用。文章中引用别人的著作或讲话只引用需要的部分，如果没有特殊的需要，省略的部分不必用省略号标明。

本句中两个省略号都应删去。

51. 省略号前后标点存去不当。省略号前面的标点，一般原则是，如果是句末点号，说明前面是完整的句子，应予以保留。如果是句内点号，则不必保留。省略号后面的标点，一般的趋势是不用，因为连文字都没有了，标点当然也可以不用。但是省略号后面如果还有别的话，省略的文字和后面的话不连着，有停顿，这时省略号后面可以用点号。

① 句中省略号后的点号应删去。

② 句中省略号前的顿号应去掉。

③ 句中省略号前是一个完整的句子，应加句号。

④⑤ 句中的问号需要保留。

⑥⑦ 句中省略的文字和后面的话不连着，省略号后面需要加句号。

52. 省略号与“等”“等等”“之类”等并用。省略号的作用相当于“等”“等等”“之类”，如果保留“等”“等等”“之类”，就要删去省略号。何去何留，要视具体情况而定，两者在标明列举省略时用法上有些区别。省略号是书面符号，只能看不能读，因而，在需要读出来的地方（如讲话稿）要用“等”“等等”“之类”，不能用省略号。

① 句中的“等等”和句号都应删去。

② 应把省略号去掉，保留“等”。

③ 句中的“之类”和句号都应删去。

④ 可以保留省略号，但要把“之类”去掉；或者去掉省略号保留“之类”。

53. 滥用省略号。

本句是客观地叙述一个场面，尽管那一“秘密”很牵动人心，但作为一个叙述句，已经讲完了,没有更多的意思蕴涵其中,句末应改用句号收住。

十二、破折号的误用

54. 破折号衍用。在引出解释说明的语句时,破折号前后所指并不相当(或并不完全相当),破折号衍用。

① 句中的“解放前”所指范围大,“1937 年”所指范围小,不能用破折号。破折号应改为“的”。

② 本句根本用不着破折号,删去。

55. 该用其他标点符号的地方误用了破折号。

① 本句表示说话慌乱,断断续续,要用省略号,不能用破折号。

② 句中的“解放军”是对藏语“金珠玛米”的意译,破折号应改为括号。

③ 句中连接数字用来表示幅度的符号,不应该用破折号,可改用一字线连接号或浪纹连接号。

56. 滥用破折号。

① 句中破折号与后面的语句“这七个领域是”作用都是进一步解释说明,同时使用是不必要的重复,应把破折号改为逗号或句号。

② 句中“广义而言”“狭义而言”是两个插入语,后面就是一般性的停顿,应用逗号表示,去掉破折号。

③“拉吉”和“流浪人”是同位语关系,不是注释和被注释的关系,两部分关系紧密,说和读的时候也是连起来没有什么停顿的,因此破折号多余,应去掉。

57. 破折号与括号混淆。破折号和括号虽然在标明注释说明或补充性语句这一用法上有相近之处,但两者还是有区别的。

① 句中“后人称之为哈雷彗星”只是个注释,可以不念出来,所以改为括号比较合适。

② 句中括号内的“灵山和百花山”是该句里很关键的内容,是重要信息,不宜以括注形式出现,宜作为正文处理,把括号去掉,在“两座名山”后用一个破折号。这个破折号引出后面的解释说明,而且还有提起注意的作用。

③④ 句中破折号都宜改为括号。③句中的“包括幼儿园”和④句中的“主要分支达八十多种”都与下文接不上,不宜作正文处理,宜改用括号。

58. 破折号与冒号混淆。用破折号引出下文的具体内容,有时有强调和提起注意的作用。这一点和冒号有些相似。

① 句中“底座上有这样一行字”后面已经有冒号,表示提起下文,因此不必再用破折号,这个破折号应去掉。

② 句中“我的表哥”是注释说明“地区少年摔跤比赛冠军赵强”的,适合用破折号而不适合用冒号,应把冒号改为破折号。

59. 该用破折号的地方没有用,或用了其他标点符号。

① 句中“合成车间”就是“叶绿体”,后者是对前者的补充说明,中间不能用逗号,应该用破折号。

② 句中“计算机科学的另一个实用分支”就是指“情报检索”,两者中间应加上破折号。

十三、间隔号的误用

60. 间隔号误为顿号。

“一二·九运动”是用该事件发生的时间（十二月九日）来命名的，月日之间不能用顿号。表示月份（一月、十一月、十二月）与日期之间的分界要用间隔号。

61. 间隔号误为下脚圆点号。

（1）表示事件、节日和其他特殊意义的含有月日（用阿拉伯数字）简称的词组，月日之间一定要用间隔号，不能用下脚圆点号。

①“3. 15”消费者日应改为“3·15”消费者日。

（2）标示外国人和少数民族人名内部各部分之间的分界用间隔号，不用下脚圆点号。

②“爱新觉罗.溥仪”应改为“爱新觉罗·溥仪”。

（3）人名中若出现缩写字母，则缩写字母后面要用下脚圆点号，不能用间隔号。

③“A·罗伯特·李”应改为“A. 罗伯特·李”，“A”后面应该用下脚圆点号，“罗伯特”与“李”之间用间隔号。

（4）缩写字母若出现在名字中间，则缩写字母与其前面汉字部分之间仍用间隔号。

④“埃斯尔.M. 戴尔”应改为“埃斯尔·M. 戴尔”。

第六章　修辞手法

【考试大纲解读】

考试大纲中，与修辞手法这一章节相关的表述，只有“正确运用比喻、比拟、借代、夸张、对偶、排比、反复、设问、反问等常见修辞方法”这一句话。考试中很少单独考查修辞手法，往往是在语言运用题、语病单选题中，或者阅读理解中涉及。

【考试真题解读】

Ⅰ．真题回放

2019 年第 24 题：“文中‘现在咳嗽一声都能打出火花’用的是什么修辞手法？有什么作用？”直接考查了修辞手法。

2017 年的语言综合运用题中有一道小题，涉及修辞手法：请以“读书”为主题给自己写一则座右铭。要求紧扣主题，起到激励、警醒的作用，至少采用一种修辞手法。

Ⅱ．对考试真题的解读及复习指导

对修辞手法的考查，很少出现直接单独命题的情况；有时涉及它，也只是在语用题目中要求使用某个或几个修辞手法造句；还有在现代文阅读理解中，问及运用某个修辞手法达到了什么效果。复习时，不能只满足于它是什么修辞手法，还要懂得这种手法适宜使用的语境，掌握在某个语境中使用它可以起到什么作用。达到这样的程度，才能较好地完成阅读理解和语用题目。

【修辞手法知识介绍】

一、常见的修辞手法

修辞手法这一内容在试卷中直接考查的几率不高，但是，在完成阅读理解题和语言运用题时，难免间接地用到相关知识。比如，“简析文中加线句的表达效果”“这种写法在文章中有什么好处”“把下面的句子（排比、对联）补充完整”，等等。死记硬背相关的修辞知识似无必要；活学活用相关的修辞知识，对于准确理解文章、抓住要点回答问题还是非常有必要的。

下面择要介绍一些修辞手法，其中前面的 9 种是《考试大纲》明确要求掌握的，其他的修辞手法，在完成阅读理解题和语言运用表达题时也时常用到，有必要熟悉掌握。

（一）比喻

1. 比喻的特点及作用

比喻就是“打比方”，即抓住不同性质的两种事物的相似点，用具体的、熟悉的事物来描述所要说明的事物。

一个完整的比喻一般由本体(被比方的事物)、喻体(打比方的事物)和比喻词(比喻关系的标志)三部分组成。本体、喻体必须是截然不同的两种事物,而且二者必须具有相似点,否则不能形成比喻。

比喻的作用主要是:化概括为形象,化深奥为浅显,化抽象为具体。

2. 比喻的类型

(1) 明喻。典型形式是:甲像乙。本体、喻体都在句子中出现,中间用“像、如、如同、犹如、宛如、仿佛、好似”等比喻词相联结,有时喻体后面还附有“一般的、一样的、似的、般的”等字眼。例如:“每朵花都像一团烧得正旺的火焰。”句中的“花”是本体,“火焰”是喻体,“像”是比喻词。此比喻句通过它们二者外形上的形似,唤起人们的联想。

(2) 暗喻。也叫隐喻,因为这种比喻隐藏在判断句之中。典型形式是:甲是乙。本体、喻体在字面上都出现,中间常用“是、成了、变成、成为、等于”等比喻词相联结。例如:“群众是汪洋大海,个人只不过是其中的一滴水。”此句用大海和一滴水的关系来比喻群众和个人的关系,一目了然。

(3) 借喻。典型形式是:甲代乙。不出现本体,直接叙述喻体,程度上比前两种更进一步,不仅有强调作用,而且更为简练生动。例如:“在科学上没有平坦的大道,只有不畏劳苦沿着陡峭山路攀登的人,才有希望达到光辉的顶点。”用“平坦的大道”“陡峭山路”“顶点”分别比喻“顺利”“艰难”“成就”,简明贴切,具体形象。

以上三种比喻,其关联词由“像”而“是”,再到不出现关联词,喻体与本体的联系是越来越紧密,感情程度越来越深。

(二) 借代

1. 借代的特点及其作用

借代就是改换一种称说方式,不直接说出某人或某物的名称,而用与它密切相关的事物来代替它本身。运用借代可以引人联想,达到形象突出、具体生动、褒贬分明的效果。

借代不同于借喻:借代涉及的是同一个事物,借喻涉及的是性质不同的两个事物;借代的本体与借体具有相关性,借喻所涉及的两个事物具有相似性;借代的作用是“称代”,是换名称说,只代不喻,借喻的作用是“喻”,虽然也有称代的效用,但总是喻中有代;借喻补出本体和喻词,可以还原成明喻或暗喻,借代则一定不能。

2. 借代的类型

(1) 特征代本体。例如:“大胡子凶神恶煞地吼叫着。”

(2) 具体代抽象。例如:“淮海战役的炮声一响,黄伯韬兵团一下子就进了我们的‘口袋’。”用“口袋”代替“伏击圈”。“枪杆子里面出政权。”用“枪杆子”代替“武装斗争”。

(3) 专名代泛称。例如:“三个臭皮匠,赛过诸葛亮。”

(4) 人名代著作。例如:“我们要多读点鲁迅。”

(5) 部分代整体。例如:“不拿群众一针一线。”用“一针一线”代替所有的东西。

(6) 结果代原因。例如:“好吧,咱们多勒勒裤腰带吧!”“勒勒裤腰带”是饿肚子的结果,借来代替饿肚子。

(7) 产地代本体。例如:“你怎么不把龙井沏上?”“龙井”是茶叶产地,借来代替茶。

(三) 比拟

1. 比拟的特点及作用

根据想象,把物当作人来写,或把人当作物来写,或把此物当作彼物来写。也就是把事物

"人化",把人"物化",或把甲物"乙物化"。其作用是使所写"人"或"物"色彩鲜明、描绘形象,表意丰富。

2. 比拟的类型

(1) 拟人。例如:"杜甫川唱来柳林铺笑,红旗飘飘把手招。"

(2) 拟物。例如:"指导员讲得真来劲儿,嘎子竖起耳朵一直细心地听着。""让你带一队人马,把黑龙潭的水牵到山下的坝子里去。"

(四) 夸张

1. 夸张的特点及其作用

为了强调事物的某一方面,让人获得鲜明、突出的印象,故意对事物进行合乎情理的扩大、缩小,或者做违背先后次序的叙述。要求使用时不能失去生活的基础和根据,不能浮夸。其作用在于烘托气氛,增强联想,给人启示。

2. 夸张的类型

(1) 扩大夸张。故意对事物的形象、特征、作用、程度等加以夸大。例如:"白发三千丈,缘愁似个长。""笔落惊风雨,诗成泣鬼神。"

(2) 缩小夸张。故意对事物的形象、特征、作用、程度等加以缩小。例如:"五岭逶迤腾细浪,乌蒙磅礴走泥丸。"

(3) 超前夸张。故意把本来后出现的事物说成在先出现的事物之前,或者两者同时出现。例如:"看见这鲜绿的麦苗,就嗅出白面馍馍的香味儿了。""李医生给人看病,药方没开,病都好了三分。""这个人真是个急性子,还没点火,就等着滚锅了。"

(五) 对偶

1. 对偶的特点及其作用

对偶是汉语特有的句式,是凭借方块汉字和声调的特点构成的。它必须是字数相等、结构相同或基本相同、意义相关的两个短语或句子。

对偶形式整齐,结构匀称,表意凝练,看起来醒目,读起来顺口,听起来悦耳,便于记忆,便于传诵;能够鲜明地揭示事物的内在联系,反映事物的关系,集中地刻画形象。

2. 对偶的类型

(1) 依照内容,可分为正对、反对、串对。

正对。上下联意思相似、相近、相补、相衬。例如:"两弯似蹙非蹙笼烟眉,一双似喜非喜含情目。"

反对。上下联意思相反、相对。例如:"有理走遍天下,无理寸步难行。""'护短'长变短,'揭短'短变长。"

串对。又称"流水对"。由上下联串连起来构成,上下联在意义上具有顺承、递进、因果、假设、条件等关系。例如:"才饮长沙水,又食武昌鱼。""独有英雄驱虎豹,更无豪杰怕熊罴。""为有牺牲多壮志,敢教日月换新天。""平时多流汗,战时少流血。"

(2) 依照形式,可分为工对、宽对。

所谓工对,就是字数、词性、结构、平仄等方面有严格的要求。符合这种形式要求的对偶也称为对仗,经常用于诗词和对联中。所谓宽对,就是基本符合对仗要求,但平仄、词性等方面稍有出入,形式要求宽松一些。

(3) 依照结构,可分为成分对偶和句子对偶。

成分对偶。例如:“说‘一着不慎,满盘皆输’,乃是说的带全局性的,即对全局有决定意义的一着,而不是那种带局部性的,即对全局无决定意义的一着。”

句子对偶。例如:“墙上芦苇,头重脚轻根底浅;山间竹笋,嘴尖皮厚腹中空。”通过这副对联,形象、概括地勾勒出并无真才实学而又夸夸其谈的人的特点。

(六)排比

1. 排比的特点及其作用

排比至少由三个意义相关、结构相同或相似、语气一致的语句组成。常用强调的同一词语重复出现在各个短语或句子的同一位置上。

排比是一种富于表现力的修辞方法。运用排比能增强语势,提高表达效果,给人以鲜明深刻的印象。用以抒情,能收到音调和谐、感情强烈的效果;用以说理,能收到条理分明、阐述透辟的效果;用以叙事,能收到层次清楚、形象集中突出的效果。

2. 排比的类型

(1)成分排比。例如:“一个人能力有大小,但只要有这点精神,就是一个高尚的人,一个纯粹的人,一个有道德的人,一个脱离了低级趣味的人,一个有益于人民的人。”

(2)句子排比。例如:“他们的品质是那样的纯洁和高尚,他们的意志是那样的坚韧和刚强,他们的气质是那样的淳朴和谦逊,他们的胸怀是那样的美丽和宽广。”

(七)反复

1. 反复的特点及其作用

为了强调某个意思,突出某种感情,或者为了其他目的,特意重复某个词句,给人留下难忘的印象。

反复具有突出思想、强调感情、分清层次、加强节奏感的修辞效果,因此,被广泛地运用于各种文体中。在议论文、记叙文中运用反复这一修辞手法,能起到加强论点、分清条理的作用;在文艺作品特别是诗歌中运用反复这一修辞手法,能表现强烈深挚的思想感情,起到强调主题思想、增加旋律美的作用。

当排比的几项有词句反复出现时,就是排比与反复兼用,两种修辞手法的作用也都能够得到合理而充分的发挥。

2. 反复的类型

(1)连续反复。中间无其他词语间隔。例如:“少顷,看见大路上黄尘滚滚,一辆摩托车驰过;少顷,又是一辆;少顷,又是一辆;又是一辆;又是一辆……”作者鲁迅一方面是如实地记叙所见所闻,描写阴森恐怖的现实;另一方面,通过词语反复,抒发对“军警林立”“特务横行”这一社会治理制度的强烈憎恨。

(2)间隔反复。中间有其他词语间隔。例如:“我们党已经走过了95年的历程,但我们要永远保持建党时中国共产党人的奋斗精神,永远保持对人民的赤子之心。”句中反复“永远保持”。“走得再远、走到再光辉的未来,也不能忘记走过的过去,不能忘记为什么出发。”句中反复“不能忘记”。

(八)反问

1. 反问的特点及其作用

反问的特点是“无疑而问”,把确定的思想感情包含在问句里,以加强语气,增强表达效果。句末一般用问号,也可用感叹号。

2. 反问的类型

(1) 用肯定句表达否定的意思。例如:“首长都是如此,我们还有什么可以特殊的呢?”

(2) 用否定句表达肯定的意思。例如:“当年用自己的血汗保卫过第一个红色政权的战士们,谁不记得井冈山上的青青翠竹呢?”“池水涟漪,莺花乱飞,谁能说它不美呢?”

(九) 设问

1. 设问的特点和作用

设问的特点也是“无疑而问”。往往是明知故问,自问自答,或者只问不答,寓答案于问话中。

虽然都是“问”,但二者是有区别的。在形式上,设问多是自问自答,反问多是问而不答;在目的上,设问是提出某个问题,以引起人们注意,启发人们思考,反问则主要是为了加强语气。

设问广泛地用在各种文体中。在一段或者一节文章的开头或者结尾运用设问,能够起到承上启下的过渡作用,在较长的说理文章中,为了使论证深入,波澜起伏,在关键性的内容上设问说理,更是行之有效的办法。有的文章直接用设问作标题,可以起到吸引读者注意、启发读者思考的作用,使读者更好地体会文章中心思想。

2. 设问的类型

(1) 自问自答。例如:“白色的花含有什么色素呢?白色的花什么色素也没有。”再如:“什么是知识?自从有阶级的社会存在以来,世界上的知识只有两门,一门叫作生产斗争知识,一门叫作阶级斗争知识。”

(2) 问而不答。例如:“问苍茫大地,谁主沉浮?”

(十) 双关

1. 双关的特点和作用

利用汉字同音或同义的关系,故意让语句兼有两种意思,言在此意在彼,有一箭双雕的作用。

2. 双关的类型

(1) 谐音双关。利用字词音同或音近的条件,形成字面意义和深层意义两种理解。例如:“果然正像老百姓说的那样:‘遭殃军、刮民党,又是夺来又是抢。’”句中的“遭殃军、刮民党”与“中央军、国民党”谐音。

(2) 语意双关。利用词语的多义性,在特定的环境中形成字面意义和深层意义两种理解。如:“夜正长,路也正长,我不如忘却,不说的好罢。”句子里的“夜”“路”一方面是按照字面理解为自然现象的黑夜和用于交通的道路;另一方面则是比喻的说法,分别指“黑暗的统治”“革命的征途”,含蓄深沉,意味深长。

(十一) 反语

1. 反语的特点和作用

故意地说反话,引起别人的注意,以增强表达效果,使人深入领会真正的意思。

反语和双关虽然都有表里两层意思,其表面的意思是词语本身所固有的,内里的意思是上下文所赋予的。但反语与双关不同:反语表里两层意思是相反的,双关表里两层意思是相关的。

2. 反语的类型

(1) 讽刺性反语。经常用于揭露敌人的恶行劣迹,有时也用于批评某些同志。例如:“(清国留学生)也有解散辫子,盘得平的,除下帽来,油光可鉴,宛如小姑娘的发髻一般,还要将脖子扭几扭,实在标致极了。”句中的“标致”就是反语。

(2) 非讽刺性反语。例如:“几个女人有点失望,也有些伤心,各人在心里骂着自己的狠心贼。”

(十二) 对比

1. 对比的特点和作用

把两个相对或相反的事物,或者一个事物的两个不同方面并举出来进行比较,使好的显得更好,坏的显得更坏。

对比与对偶两种修辞方法有联系也有区别。前者的特点是对立,后者的特点是对称;前者侧重内容,后者侧重句式。二者考察的角度不同,所以,有时候同一句话从内容上来看是对比,从句式上来看则是对偶,彼此融合,相得益彰。比如,“旧社会把人变成鬼,新社会把鬼变成人。”这句话就是兼用对比和对偶。

2. 对比的类型

(1) 两个事物的对比。例如:“自称盗贼的无须防,得其反倒是好人;自称正人君子的必须防,得其反则是盗贼。”本句运用对比,形象、深刻地告诉人们,不要被“旗号”所欺骗。“你是懂得多而又时刻以为不足,而在有些人本来只有‘半桶水’,却偏要‘淌得很’。”通过两种人的对比,热情地赞扬了“你”,而严肃地批评了“有些人”。

(2) 一体两面的对比。例如:“对待朋友像春天般的温暖,对待敌人像秋风扫落叶一样残酷无情。”把对待敌我截然不同的两种做法加以并举,态度鲜明。再如:“为人民利益而死,就比泰山还重;替法西斯卖力,替剥削人民的人去死,就比鸿毛还轻。”“比泰山还重”“比鸿毛还轻”构成对比,严肃地指明,“死”有截然不同的目的,也有截然不同的意义,引导人们正确对待。

(十三) 映衬

1. 映衬的特点和作用

映衬也叫衬托,是为了突出地描写主要事物,而用与之相关的事物做陪衬烘托的一种修辞手法。运用映衬手法,能够突出和渲染主体,使形象更加鲜明,给人以深刻的印象和感受。

映衬与对比不同:对比的两个事物是并列关系,不分主次,映衬所涉及的两个事物则有主次之别;对比常常用于论述,映衬常常用于描写。

2. 映衬的类型

按照主要事物与陪衬事物两者属性的差别,可以分为正衬和反衬。

(1) 正衬。本体和衬体两个事物的特点类似。例如:“撼山易,撼解放军难。”“桃花潭水深千尺,不及汪伦送我情。”

(2) 反衬。本体和衬体两个事物的特点相异。例如:“海鸥在大海上飞蹿,轰隆隆的雷声把海鸭吓坏了,企鹅胆怯地把肥胖的身躯躲藏在悬崖底下……只有那高傲的海燕,勇敢地、自由自在地在泛起白沫的大海上飞翔。”以海鸭和企鹅的怯懦来衬托海燕的勇敢。

按照主要事物与陪衬事物的属性,可以分为以景衬景、以人衬人、以景衬人、以人衬景、以声衬静、以喜衬悲等。

(十四) 互文

1. 互文的特点及作用

互文,“参互成文,合而见义”。具体来说,上下两句或一句话中的两个部分,看似各说一件事,实则说的是一件事,彼此互相呼应,互相阐发,互相补充,结合起来共同表达一个完整的意思。

互文的特征是“文省而意存”，主要表现在两个方面：结构特征——互省。例如“将军百战死，壮士十年归”，前句省去“壮士”，后句省去“将军”，“将军”与“壮士”分置，前后互相交错补充。语义特征——互补。例如：“当窗理云鬓，对镜贴花黄。”对着窗户已包含对着镜子，“理”和“贴”两个动作是在同一情境中进行的，翻译时应将它们拼合起来。

2. 互文的类型

(1) 分句的对应成分互文。例如：“不以物喜，不以己悲。”“处庙堂之高，则忧其民；处江湖之远，则忧其君。”前者的“物”与“己”，后者的“民”与“君”都是互文见义，都是对偶兼互文修辞手法。

(2) 句内对应成分的互文。例如：“奇山异水，天下独绝。”“秦时明月汉时关，万里长征人未还。”前者的“奇”与“异”，后者的“秦”与“汉”都是起修饰限制作用的定语，互文见义，简洁整齐。

（十五）通感

1. 通感的特点和作用

就是有意识地把视觉、听觉、嗅觉、味觉、触觉等感觉界限打通，用这种感觉替代另外一种感觉或是二者交替使用。它属于感觉词语的移用，所以也叫移觉。

通感可以启迪人们更加深远的想象和联想，让人们从各自的生活经历和文化素养中，去领会作品的思想内容和艺术境界，获得丰富的审美体验。

2. 通感的类型

(1) 借助一种感觉描述另一种感觉。例如：“微风过处，送来缕缕清香，仿佛远处高楼上渺茫的歌者似的。”“红杏枝头春意闹。”从例句可以看出，它们分别是借助比喻和形容把两种不同的感觉沟通起来的。

(2) 借助具体感觉描述抽象事物。例如：“论季节，北方也许正是搅天风雪，水瘦山寒。”北方冬天山水的形象特征，很难高度概括而又生动形象地加以描画，借助知觉词语“瘦”和触觉词语“寒”来形容，则显得真切而简洁。“这一天，我像在一支雄伟而瑰丽的交响乐中飞翔。”用视觉词语“雄伟而瑰丽”去形容比较抽象的“交响乐”。

（十六）移就

移就也称作移用，是一种词语活用现象。它把用来修饰甲事物的词语直接移用过来修饰乙事物。这种修辞格的最常见形式是名词性偏正短语，如：广场上又烧起了欢乐的篝火。”“甜甜的声音让奶奶心里乐开了花。”另外一种形式是谓词性短语，如：“秋天的黄昏，晚霞烧红了西方的天空。”“建筑也是新式，简截不啰嗦，痛快之至。”

移就与通感不同：通感侧重于感觉的相移，移就则侧重于词语在特定语境下的替换；通感属于感觉方面，移就多属于感情、状态方面。通感大多具有比喻的形式，移就不是这样；通感的核心内容多居于谓语、宾语的位置，而移就的核心内容多居于定语、状语的位置。

（十七）层递

把至少三个结构相似，字数大体相等的词句按照程度的深浅、语意的轻重、范围的大小、时间的先后或数量的多少，有次序地排列在一起，表达一层进一层的意思。例如：“那些打着诱人的旗号，喊着堂皇的主义，口惠而实不至的宣传鼓动和教育灌输，在信息时代的今天，越来越难持久有效了。在某个社团如此，在某个国家如此，在整个世界也会如此。”“春天的樱花，夏天的紫藤，秋天的黄菊，冬天的腊梅，以及成千上万种各色的鲜花点缀着日本人的生活。”“这种作

风,拿了律己,则害了自己;拿了教人,则害了别人;拿了指导革命,则害了革命。”以上三个例子分别是以范围的大小、时间的先后、程度的深浅(语意的轻重)构成了层递,不仅形式整齐,读音和谐,也强化了语气,凸显了语意。

(十八) 仿词

根据表达的需要,仿照上下文的词语,更换其中的某个语素,临时造出新的词,以表达风趣、幽默等效果的修辞手法。例如:“至于熊文灿这班龟儿子,他们忘记了,我的名儿叫张献忠,可不叫张献宝!”仿照人名“张献忠”而造出“张献宝”,表示张献忠对熊文灿一班人对他的敲诈勒索、逼他“献宝”的不满情绪。“一个阔人说要读经,嗡的一阵一群狭人也说要读经。”“狭人”是仿照“阔人”而造的。阔狭对举,互相反衬,含意深刻,婉而多讽。再如:“满心‘婆理’满口‘公理’的绅士们的名言暂且置之不论不议之列,即使所谓真心人所大叫的公理,在现今的中国,也还不能救助好人,甚至于反而保护坏人。”“婆理”是仿照“公理”而造的,有蛮不讲理的意思。

(十九) 顶针

顶针也称作顶真。用上一句结尾的词语作下一句的开头,使前后句子头尾蝉联,上递下接,衔接紧凑而语势畅达。在“接续”这一点上,与“成语接龙”游戏相似。

顶针这种语言形式适于表现客观事物之间的递相依存关系。用于说理议事,准确、严谨、周密;用于状物叙事,条理清晰;用于抒情写意,格调清新。例如:“严志和一见了土地,土地上的河流,河流两岸阴湿的湿田,田上青枝绿叶的芦苇,心上就漾着喜气。”“希望是附丽于存在的,有存在,便有希望,有希望便是光明。”

(二十) 拈连

拈连是一种词语活用现象。它利用上下文的联系,巧妙地把适用于甲事物的词语用到乙事物上来。格式为:甲 + 乙→甲 + 丙。例如:“我们人穷志不穷。”“别看我耳朵聋,可我的心并不聋啊!”“冻坏了皮肉,冻不坏俺们杀敌复仇的心!”

(二十一) 回环

把词语相同而次序相反的句子紧相连缀而形成的一种语言现象。具体来说,是为了更好地反映事物的有机联系而采用变换次序的办法,把两个词语相同而次序相反的语言片断紧紧连在一起,作用在于给人一种循环往复的情趣。例如:“对丑类的恨加深着对人民的爱,对人民的爱又加深着对丑类的恨。”说明了“对丑类的恨”“对人民的爱”的辩证关系。再如:“春在人里,人在春里,人和春天融在一起。”用回环的形式,形象生动地表现了“人和春天融在一起”。

(二十二) 引用

援引现成的语句来提高语言表达效果,是说明问题、阐明观点的一种有效手段。

引用可以分为直接引用和间接引用两种。例如:“沉舟侧畔过千帆,病树前头荣万木。尔曹身与名俱灭,不废江河流万古。”前两句诗间接引用了唐代刘禹锡诗歌中“沉舟侧畔千帆过,病树前头万木春”两句,后两句则直接引用了杜甫绝句中“尔曹身与名俱灭,不废江河万古流”两句;只是由于韵律的要求,改”千帆过”为“过千帆”,改“万木春”为“荣万木”而已。

二、解答修辞手法题常用的几种方法

对于修辞,明考的,审题时一眼就能看得出来;暗考的,凡是有“语言”“表达技巧”“表现手法”“表达效果”“作用”“好处”等字眼的,都要考虑到修辞问题。

（一）语句分析法

解答暗考修辞的试题，尤其是在辨识比喻、比拟等手法的时候，划分句子成分，去枝存干，易见分晓。对于排比等复句或句群的修辞方法，也可以通过分析语句关系来判断。

【例1】 对下面的文字使用的修辞手法，分析不当的一项是________。

风是调皮的小男孩，抓把土抛到空中，趁机扯乱女孩子的长发；风是年老的画家，一味选灰色调，造出黄昏的画面；风是不高明的小偷，溜进屋时弄响了门，逃走时还在窗上留下了脚印。

A. 这段文字使用了拟人的修辞手法。

B. 这段文字运用了三个长度、句式风格相近的句子，这是排比的修辞手法。

C. 这段文字使用了明喻，分别把风比作“小男孩”“年老的画家”“小偷”。

D. 这段文字中几种修辞方法结合得不露痕迹，恰到好处。

【解析】通过句子成分分析可以看出，这段文字的主干是“风是……小男孩、画家、小偷。”凭借修辞知识可以知道，它运用的是比喻中的暗喻，不是明喻。所以答案选C。

【例2】 对下面文字的修辞手法及作用的表述，准确的一项是________。

理想是火，点燃熄灭的灯；理想是灯，照亮夜行的路；理想是路，引你走向黎明。

A. 用了比喻的修辞手法，说明了人应该有理想。

B. 用了比喻、排比的修辞手法，说明了人应该有理想。

C. 用了排比的修辞手法，赞美了理想的作用。

D. 用了比喻、排比的修辞手法，赞美了理想的作用。

【解析】对于题干中的话语，通过提取句子主干成分和划分语句关系的方法，可以很明显地知道运用了比喻和排比的修辞方法，然后再根据对这两种修辞手法作用的掌握，可以发现这句话是赞美了理想的作用。所以答案选D。

（二）对应排除法

掌握常用修辞手法的特点及用法，如比喻、夸张、拟人、对偶等一般运用较广，考查也较多，可以根据所能确定的部分首先进行选定或者排除。

【例1】 依据对仗原则，在横线处填入合适的一句是________。

掬水月在手，____________。

A. 山色有无中　　B. 人迹板桥霜

C. 弄花香满衣　　D. 竹露滴清响

【解析】可以采取排除法来完成此题。对联不但要求意思相近或相反，对词性的对仗也有要求。“掬水”是动作行为，正好与“弄花”相对，而其他三项首词都是名词，皆不成对。答案选C。

【例2】 对下文中所用修辞手法的表述，准确的一项是________。

桃树、杏树、梨树，你不让我，我不让你，都开满了花赶趟儿。红的像火，粉的像霞，白的像雪。花里带着甜味，闭了眼，树上仿佛已经满是桃儿、杏儿、梨儿！花下成千成百的蜜蜂嗡嗡地闹着，大小的蝴蝶飞来飞去。野花遍地都是，有名字的，没名字的，散在草丛里，像眼睛，像星星，还眨呀眨的。

A. 拟人、比喻、顶真　　B. 排比、比喻、拟人

C. 排比、比喻、层递　　D. 拟人、顶真、夸张

【解析】首先，根据熟知的拟人、比喻、排比、夸张修辞知识可以断定，“你不让我，我不让你，

都开满了花赶趟儿”运用了拟人，“红的像火，粉的像霞，白的像雪”“像眼睛，像星星”运用了排比和比喻。然后，对照所给的四个选项可以看出，只有B项包含了那三种修辞手法。使用排除法，完全可以排除其他三项，所以答案选B。

（三）关键词分析法

对于语段中的关键词的词性和作用进行分析，尤其是形容词、动词等在句中的位置和作用，可以根据它们所连接或修饰的词语来进行判断。

【例1】 从修辞角度看，在横线处依次填入最恰当的词语，最恰当的是________。

苦瓜苗就像一个________一样，自生自长，蔫蔫的，一副要死不活的样子。然而，它却努力地活了下来，________，便渐渐地长大。它似乎满是敌意，一天比一天不规矩，或绕着南瓜藤，或缠在冬瓜架上。我不得不找来一根棍子，把它绑在棍子上，________。

A. 病儿　　胡搅蛮缠　　限制它的生长

B. 弃儿　　胡乱缠绕　　限制它的生长

C. 病儿　　胡搅蛮缠　　限制它的行为

D. 弃儿　　胡乱缠绕　　限制它的行为

【解析】对语段中的关键词进行分析：从“自生自长”“满是敌意”看，必用“弃儿”，因为“病儿”不是“自生自长”，也不会产生“敌意”。从行为看，是“胡乱缠绕”的动作特点，不是“胡搅蛮缠”不讲理。“生长”是无法限制的，只能限制其“行为”。答案选D。

【例2】 对下面文字所运用的修辞方法及其作用的表述，正确的一项是________。

别看浪花小，无数浪花集到一起，心齐，又有耐性，就是这样咬啊咬的，咬上几百年，几千年，哪怕是铁打的江山，也能叫它变个样儿。

A. 用了比喻的修辞方法，赞美了众志成城、锲而不舍的力量

B. 用了拟人的修辞手法，生动地反映了浪花改变自然环境的现象

C. 用了拟人的修辞方法，赞美了众志成城、锲而不舍的力量

D. 用了比喻的修辞手法，生动地反映了浪花改变自然环境的现象

【解析】可以采用关键词语分析法完成此题。给出的文字，关键词是“心”“耐性”，二者都是形容生物特别是形容人的。把它们用在浪花上，显然是拟人的手法。A、D项说“用了比喻的修辞手法”显然错了。句子的后半部分说“哪怕是铁打的江山，也能叫它变个样儿”，是说因为浪花不懈地“咬”，就算是“铁打的江山”也会“变个样儿”的，这是在强调会变个样儿。而A、C两项对作用的表示没有强调改变的情况，所以不准确。答案选B。

（四）语境分析法

结合语句的小语境和社会生活语言的大语境来分析。注意积极修辞与消极修辞之间效果的差别。

【例1】 下列句子中，没有使用比喻修辞手法的一句是________。

A. 生命如风，创造着春的精致；生命如月，辉映着夏的清凉；生命如水，荡涤着秋的萧瑟；生命如云，浮掠着冬的悲伤。

B. 那些细碎的往事，当时只是寻常，如今却全变成钻石一样晶莹纯粹的回忆。

C. 清晨，迎着朝阳，红领巾们带着小树苗去参加植树活动了。

D. 儿子是箭，父亲的背是弓，要想把箭射得更远，父亲的背便会愈弓。

【解析】本题可以采用对号入座的方法进行解析。A、B两项是明喻，D项是暗喻。C项是借

代修辞手法。答案选 C。

【例 2】 对下面文字所运用的修辞方法及其作用的表述,正确的一项是________。

瘦骨伶仃的有气节的杨树和一大一小的讲友谊的柏树,用凌乱而又淡雅的影子托照着被西北风夺去了青春的绿色草坪。

A. 用比喻的修辞手法,表达了对杨树、柏树的赞美

B. 用拟人的修辞手法,表达了对杨树、柏树的赞美

C. 用比喻的修辞手法,说明杨树、柏树和草坪相映生辉

D. 用拟人的修辞手法,说明杨树、柏树和草坪相映生辉

【解析】“瘦骨伶仃的有气节的”“一大一小的讲友谊的”等都是用来形容人的词语,可见,所运用的修辞手法是拟人。“托照着”显示了杨树、柏树对草坪的特殊关照。答案选 B。

【强化练习】

1. 没有运用夸张的一项是________。

A. 下了一天雪,到深夜还没有止,屋外一切静极了,静到要听出静的声音来。

B. 几年来的文治武功,在我犹如幼小时候读过的“子曰诗云”一般,背不上半句了。

C. 大家略有一点兴奋,但又很淡漠,不大相信,因为这一类不甚可靠的传闻,是谁都听得耳朵起茧了的。

D. 强不知以为知,见骆驼就说马肿背,我真不懂得他们为什么要说这些昏话!

2. 下列诗句中,没有使用比拟手法的一项是________。

A. 东风便试新刀尺,万叶千花一手裁。

B. 浮萍破处见山影,小艇归时闻草声。

C. 有情芍药含春泪,无力蔷薇卧晓枝。

D. 唯有南风旧相识,偷开门户又翻书。

3. 下列成语,用了同一种修辞手法的是________。

A. 穷途末路　　炮火连天　　伶牙俐齿　　口是心非

B. 一日三秋　　怒发冲冠　　一发千钧　　肝肠寸断

C. 草木皆兵　　何乐不为　　如梦初醒　　色厉内荏

D. 如虎添翼　　口若悬河　　旁若无人　　呆若木鸡

4. 对诗句的词语解说错误的一项是________。

A. “八月湖水平,涵虚混太清。气蒸云梦泽,波撼岳阳城。”

——“气蒸”“波撼”是夸张的写法,突出了洞庭湖的雄伟气势。

B. “黄河远上白云间,一片孤城万仞山。羌笛何须怨杨柳,春风不度玉门关。”

——“羌笛何须怨杨柳”用了拟人的手法。

C. “故人具鸡黍,邀我至田家。绿树村边合,青山郭外斜。”

——“合”“斜”是拟人写法,把绿树、青山写得有人的感情。

D. “好雨知时节,当春乃发生。随风潜入夜,润物细无声。”

——用“知”“潜”把春雨人格化,写成有知觉、有灵性的东西。

5. 对下列句子的修辞方法及其表达作用的解释,不正确的一项是________。

A. “这个手术我来给你做，希望你能配合。”话语轻柔得像一团云，一团雾。不，像一团松软的棉球，轻轻地擦着疼痛的伤口。

——“棉球”这个喻体贴切，不仅符合医生职业的特点，而且切合患者当时的心态。

B. 哦！我突然感觉到，我是看到了一个更是巴金的巴金。文静、温和、诚挚的外表里，却有一颗无比坚强的心。

——后一个“巴金”指代巴金的风格和精神，突出了描述对象的特征，给人印象鲜明深刻。

C. 目前，我正兴致勃勃地对自己的作品进行“减肥”，将可有可无的字、句、段删去，绝不吝惜。

——将作品拟人化，把删削冗繁说成是“减肥”，生动幽默。

D. 小雪和妹妹常常不吃晚饭就跑到海边，把自己焊在礁石上，听潮起潮落，看日沉日升。

——用拟物的方法夸大听潮观海的痴迷程度，形象生动，有感染力。

6. 对下列公益广告运用的修辞方法的理解，不正确的一项是________。

A. 说好普通话，走遍神州都不怕。（“推广普通话”公益广告）

——运用夸张的修辞方法，突出了学好普通话的益处。

B. 别踩，我怕疼。（“爱护草坪”公益广告）

——运用拟人的修辞方法，表现小草的娇嫩柔弱、惹人喜爱。

C. 为何血浓于水？因为爱在其中。（“无偿献血”公益广告）

——运用设问的修辞方法，引发思考，强调献血这一善举的意义。

D. 欲望就像气球，极度膨胀的结局只有一个——自我毁灭。（“反腐倡廉”公益广告）

——运用比喻的修辞方法，警示人们如不廉洁自律，就会自取灭亡。

7. 对下面语段中有关修辞方法作用的分析，有误的一项是________。

立春那天，我在电视中看到杭州西子湖畔的梅花开了。粉红的、雪白的梅花，在我眼里就像一颗颗爆竹，噼啪噼啪地引爆了春天。我所在的大兴安岭却还是零下三十摄氏度的严寒。早晨，迎接我的是寒流，是冷月，是霜花。就说说这霜花吧，不要以为这样的花儿一定是银白色的，一旦太阳升起来，印着霜花的玻璃窗就像魔镜一样，散发出奇诡的光辉。初升的太阳先把一抹嫣红投给它，接着，变成橘黄，再后来，太阳升起来了，又变成鹅黄，而后，成了雪白。

这里最早的春色出现在向阳山坡。嫩绿的草芽顶破丰厚的腐殖土，给大地绣出生机时，背阴山坡往往还有残雪呢。

我爱这迟来的春天！

A. 将梅花盛开比喻成爆竹炸响，形象写出梅花簇簇绽放的姿态，这给远在东北的作者以极大的视觉冲击。

B. “是寒流，是冷月，是霜花”运用排比句式，语势强烈，意在突出大兴安岭立春时的独特景象及寒冷的特点。

C. “印着霜花的玻璃窗就像魔镜一样”运用比喻，生动地描写出玻璃窗上变幻莫测的景致，表达了作者惊喜、赞叹之情。

D. “给大地绣出生机”运用拟人，生动地展现出一派春草葱茏的景象，表达了作者对小草带来春意与生机的喜悦之情。

8. 对下面语段中所使用的修辞方法的作用理解，不正确的一项是________。

黄山在影片和山水画中是静静的，仿佛天上仙境，好像总在什么辽远而悬空的地方；可是身历其境，你可以看到这里其实是生气蓬勃的，万物在这儿生长发展，是最现实而活跃的童话诞生的地方。

从每一条小径走进去，阳光仅在树叶的空隙中投射过来星星点点的光彩，两旁的小花小草却都挤到路边来了；每一棵嫩芽和幼苗都在生长，无处不在使你注意：生命！生命！生命！

在这些植物的大家庭里，我认为还是叶子耐看而富有生气，它们形状各异，大小不一，有的纤巧，有的壮丽，有的是花是叶巧不能辨；叶子兼有红黄紫绿各种不同颜色，就是通称的绿叶，颜色也有深浅，万绿丛中一层层地深或一层层地浅，深的葱葱郁郁，油绿欲滴，浅的仿佛玻璃似的透明，深浅相同，正构成林中幻丽的世界。

A. 语段中用“挤”一词赋予小花小草以人的行为，生动地表现出小花小草旺盛的生命力。

B. 语段中反复运用感叹句“生命！”，突出了黄山无处不在的生命力。

C. 语段中运用“有的……”的排比句式，写出了植物的叶子“形状各异，大小不一”的特点。

D. 语段中把植物的“叶子”比喻成“玻璃”，突出了“叶子”的绿色深浅不一的特点。

9. 结合语境，对下面语段中有关修辞方法作用的分析，有误的一项是________。

这里是大自然最单调最平板的一面，然而加上了人的活动，就完全改观，难道这不是“风景”吗？自然是伟大的，然而人类更伟大。

于是，我又回忆起另一个画面，这就在所谓“黄土高原”！那边的山多数是秃顶的，然而层层的梯田，将秃顶装扮成稀稀落落有些黄毛的癞头，特别是那些高秆植物颀长而整齐，等待检阅的队伍似的，在晚风中摇曳，别有一种惹人喜爱的姿态。更妙的是三五月明之夜，天是那样的蓝，几乎透明似的，月亮离山顶，似乎不过几尺，远看山顶的谷子丛密挺立，宛如人直立的头发，这时候忽然从山脊上，牛和掮着犁的人形出现，他们姗姗而下，在蓝的天，黑的山，银色的月光的背景上，成就了一幅剪影。

A. “难道这不是风景吗?”运用反问，加强语气，强调有了人类的活动，自然变得生动起来，突出了人类的伟大。

B. 语段中运用“装扮”一词，将层层梯田拟人化，生动地表现了人类改造自然的成果。

C. 语段中“等待检阅的队伍似的”，运用比喻，形象地表现了高秆植物的高而多的特征，突出了自然的神奇。

D. 语段中“天是那样的蓝，几乎透明似的，月亮离山顶，似乎不过几尺”，运用夸张，将月光下天蓝的程度、山顶的轮廓描绘出来，也为下文的“归耕剪影”做铺垫。

10. 对下面语段中所使用的修辞方法作用的理解，不正确的一项是________。

漫漫人生路，有谁能说自己是踏着一路鲜花，一路阳光走过来的？又有谁能够放言自己以后不会再遭到挫折和打击？成功的背后往往布满了荆棘和激流险滩。有的人为一时受挫就轻易地退出“战场”而懊悔不已；有的人一味沉溺于失败而在人生的泥潭越陷越深；有的人因害怕失败而与成功渐行渐远。这些人，永远不会追求到心中的梦想。是退却，还是前行？我想朋友们已经有了自己的选择。

A. 语段开头连用两个反问句，加强语气，强调人生的道路不会是一帆风顺的，有顺境的时候，也会有逆境的时候。

B. 语段中把人生中遇到的困难和挫折比作“荆棘”和“激流险滩”，生动形象地写出了困难和挫折之壮美，具有挑战性。

C. 语段中运用“有的人……”的排比句式，加强了语势，突出了不能正确面对挫折的后果。

D. 语段结尾是个设问句，引发读者对人生的思考，指出应该勇敢面对人生的挫折。

11. 杜甫有句名言曰：语不惊人死不休！语若惊人，须要炼字。下面的对联别出心裁，上联中“读”字，人格化地活现出水中景，请你在下联中填写一个动词，与“读”相对，拟人化地表现出山里的情趣。

水清鱼读月　　山静鸟______天

12. 某同学去看专题展览，在“留言簿”上题写寄语时只写了上句，请你续写下句。（要求：与上句语意相关、句式相同、字数相等）

上句：水源告急，首都市民节约用水迫在眉睫

下句：

【参考答案及解析】

1. B。**【解析】**B 项的“子曰诗云”是借代旧教育的读物。

2. B。**【解析】**A 项采用拟人修辞，将“东风”人格化；C 项也采用拟人修辞，将“芍药”“蔷薇”人格化，说“芍药”“有情”“含春泪”，说“蔷薇”“无力”“卧晓枝”；D 项也是采用拟人修辞，将“南风”人格化，说“南风”是自己的“旧相识”，说它“偷开门户”“翻书”。B 项是对仗工整的诗句，不含比拟修辞。

3. B。**【解析】**B 项中几个成语都用了夸张。“一日三秋”夸大了时间之快，“怒发冲冠”夸大了发怒的形象，“一发千钧”夸大了事件发生的危险，“肝肠寸断”夸大了伤心的程度。

4. C。**【解析】**“合”在这里是“环绕”的意思，“斜”在这里指“延伸”，都是自然景物的本身状态。作者在这里是用描写景物来衬托心情，并未用拟人手法写青山、绿树有人的感情。

5. B。**【解析】**从 B 项的意思看，后一个“巴金”当指巴金的作品风格特点，而不是“巴金”这个人。

6. D。**【解析】**D 句中比喻所指是“贪欲”，而“理解”中的“不廉洁自律”意义的范围比“贪欲”要小，比如“铺张浪费”也属于“不廉洁自律”，而不属于“贪欲”。

7. D。**【解析】**D 项，原句中说到“嫩绿的草芽”“残雪”，说明春天刚到，草刚冒芽，并不是“一派春草葱茏”的景象。辨别其中的错误，要凭借自己的观察力和联想力。

8. D。**【解析】**语段中把植物的“叶子”比喻成“玻璃”，形象、生动地说明“叶子”的“透明”的程度，而不是突出了“叶子”的绿色深浅不一的特点。所以 D 项错了。

9. C。【解析】C 句是拟人，“等待”，不是人的形象，而是人的行为情态。

10. B。**【解析】**分析基本正确，但是结合语段意思所用的“壮美”一词不当。因为语段并不是在赞美困难与挫折，而是告诉人们面对困难与挫折时应具有什么态度，所以应把该选项中对应句改为：生动形象地写出了困难之多和挫折之大，表明了成功不是轻而易举的。

11. 示例：谈。**【解析】**上联的第四个字是动词，后句也应是动词，且也应运用拟人的修辞手法，如“问”等。

12. 示例一：措施得力，京北区涵养水源功在千秋。示例二：办法多样，郊区两县保护水源造福京城。**【解析】**注意续句与原句内容上主题要一致，结构上前后要承接。

第七章　语言综合运用

【考试大纲解读】

考试大纲中，与本章节相关的内容，有下面几句话：一是“扩展语句，压缩语段”；二是“选用、仿用、变换句式”；三是“语言表达准确、连贯、简明、得体、鲜明、生动”。近年来在语言表述上没有什么变化，题型以衔接连贯题、语段压缩题、对联题为主。

【考试真题解读】

Ⅰ. 2020 年真题回放

详见书末真题第 27 至 29 题。

Ⅱ. 2019 年真题回放

28. 依次填入下面一段文字横线处的语句，衔接最恰当的一组是______。（3 分）

柳宗元与山水的相遇，多少有些偶然、被动和无奈。______。______。______，______，______。______。最后，山水与人合而为一，并且化为山水之文。

①与此相应，山水也走进了他的文章之中

②不过，或许是永州山水的深情召唤

③他不是自愿来到这里，而是被无可抗拒的力量抛掷到了这里

④或许是自己的突然醒悟

⑤当他来到这块蛮荒的土地时，心情的消沉郁闷可想而知

⑥总之，柳宗元终于在山水中找到了自己新的生存天地

A. ⑤①⑥④②③　B. ⑤④①③②⑥　C. ③②⑤⑥①④　D. ③⑤②④⑥①

29. 下面是一副对联的上联，请对出下联，要求与上联字数相等，结构相同，逻辑一致。（3 分）

上联：传承红色基因，熔铸忠诚品格。

下联：____________________。

30. 概括下面一段文字的主要内容，不超过 40 个字。（4 分）

当前全民阅读渐成全民共识，为了大力营造读书氛围，各地都想了不少办法。各种与阅读相关的活动层出不穷，诸如图书漂流、阅读接力、名人讲座、新书签售……不一而足，堪称丰富多彩。不可否认，这些新颖的阅读活动的确可以吸引读者，激发阅读兴趣，对营造全民阅读的良好氛围发挥了一定的促进作用。但阅读活动毕竟不是阅读本身，阅读活动就如同食物散发出来的香味，足以诱人，但不能饱腹。阅读活动数量的多寡、质量的好坏、参与者的多少，都不是评价阅读的指标。作为读者，唯一评价自己阅读情况的只能是自己的阅读收获。说到底，阅读要靠读者自己认真读书。

Ⅲ. 2018 年真题回放

28. 填入下面横线处的句子,与上下文衔接最恰当的一组是________。(3 分)

遍布华夏的古村落,作为乡土建筑的精华,________,________,________,________。________,________,承载着丰富的历史文化信息,对中国人的价值观念、生活方式产生过深远的影响。

①却辉映着辉煌的过去

②鲜明地折射出中国悠久的历史

③具有很高的文物价值

④它们看似陈旧

⑤生动地展现着民族文化的丰富多样

⑥成为了解中国文化和历史的一个重要窗口

A. ④①③⑥②⑤　B. ②⑤⑥①④③　C. ③⑤②⑥④①　D. ⑥④①③②⑤

29. 请以"山高水远"作开头,给父母发一条短信或微信,表达自己的感恩之情和刻苦训练之意。要求:①只写正文;②力求句式整齐,至少用一种修辞手法;③不超过 30 字。(3 分)

30. 阅读下面这则材料,请你把营长的话修改成一条简洁明确的命令,不超过 40 字。(4 分)

据说在 20 世纪初,美国有一个营长对值班军官下达了这样一条命令:"明晚 8 点,哈雷彗星将在这个地区出现。这种情形每隔 76 年才能看到一次。命令所有士兵,身着野战服到操场集合,我将向他们解释这一罕见的天文现象。如果下雨的话,就到礼堂集合,我为他们放一部有关彗星的电影。"这道命令由传令兵传达给连长,然后连长传达给班长,当班长对士兵下达命令时,命令竟然成了这样:"在明晚 8 点下雨的时候,著名的 76 岁的哈雷将军,将在营长的陪同下,身着野战服,乘坐他那辆'彗星'牌汽车,经过操场前往礼堂观看电影。"

Ⅳ. 对考试真题的解读及复习指导

最近 3 年的语言运用题都是 10 分。客观题只有 3 分,而且都是衔接连贯题;主观题 7 分,主要是对对联和整理概括题。2018 年第 29、30 小题贴近部队生活,注重实用,又能考出考生的汉语应用能力,是较好的命题方式。2020 年和 2019 年的对对联题,题型新颖,又有军事实用价值,值得关注。复习时,不妨多在此类题型上做一些准备工作。今后可能仍然维持主观题为主的局面,而且难度也基本与现在持平。

复习过程中,对本章介绍的题型和练习中碰到的题型能够掌握答题要领,能够做对大部分练习,就可以轻松应对语用考试了。即便是题型有所不同,也能较好地临场发挥、自如地进行变通。只有多做练习,才能练就答题能力,掌握答题要领。

近年来,语言文字运用能力越来越受到全社会的重视,对语用能力的考查分值应当是相对稳定的,题型大多为主观型试题。具体题型及解题方法介绍如下。

【语言文字综合运用知识介绍】

一、扩展语句　压缩语段

扩展语句是指根据给定的词句,围绕某个中心,按要求写成一句或者一段合乎情理、语意连贯的话。主要考查想象、联想和语言表达能力，而且经常与材料点评、语言表达和修辞综合起来考查。扩展语句要求想象合理、语言恰切。

扩展语句题、压缩语段题一般不会出现在同一份考题中，分值为4～6分。

（一）扩展语句题

根据形式特点，可以分为下面几种题型。

1. 提供词句型

提供几个词或者几句话，要求围绕中心写一段话。描述性的语段，要创设一种情境加以想象和联想；议论性的语段，要紧紧围绕某个中心分层展开。有的还有运用某些修辞手法等附加要求。例如下面这道2013年天津市高考题：

阅读《春暖花开》歌词片段，按要求作答。

春暖花开，这是我的世界。

每次怒放，都是心中喷发的爱。

风儿吹来，是我和天空的对白。

其实幸福，一直与我们同在。

春暖花开，这是我的世界。

生命如水，有时平静，有时澎湃。

穿越阴霾，阳光洒满你窗台。

其实幸福，一直与我们同在。

将“风儿吹来，是我和天空的对白”这句话扩写为一段散文，限60字内。

【解析】要注意文本中反复出现的句子。它不仅是需要扩展的关键内容，也提示了文本的意境和格调，写出来的语段要与之相吻合。再结合其他要求——散文、60字内，展开想象。

【示例】风儿吹来，带着泥土的清香。让春风也把我的心愿带给天空——幸福与春天永在，这是我和天空的对白。

2. 补写续写型

提供必要的语言片段，要求根据上下文补写或续写一句话或一段话。注意续写或补写的句子必须与原句一脉贯通，语境和谐，风格一致。例如2016年全国卷考题：

在下面一段文字横线处补写恰当的语句，使整段文字语意完整连贯，内容贴切，逻辑严密，每处不超过15个字。

花青素是一种水溶性的植物色素，分布在液泡内的细胞液中，能够决定花的红色，蓝色，紫色等颜色的差别，这是因为花青素____①____，在酸性溶液中呈现红色，在碱性溶液中变为蓝色，处于中性环境中则是紫色。更令人惊奇的是____②____，比如一种牵牛花清晨是粉红色，之后变成紫红色，最后变成蓝色，究其原因，就是花瓣表皮细胞的液泡内pH值发生了变化____③____，从而形成花的颜色的变化。

【解析】做这种题目，第一步，需要纵观全文以把握语段的核心话题、内容的层次及前后句的逻辑关系。第二步，依据上下文的相关提示语和相关信息，推想需要拟写的内容：第①空应当是个总括性的句子，下文对它进行具体阐释，与它是总分关系；第②空前面“更令人惊奇的是”提示将要补出的句子与上文是递进关系，其后的“比如”又提示下文与它说的是一个意思，是细化的举例；第③空是一个承接句，是顺应前一句所说的变化而来的，两个“原因”共同产生“从

而”之后的结果。厘清了关系，第三步按要求补写句子就不难做了。

【示例】①在不同环境中会形成不同颜色；②有些花的颜色可以一日数变；③花青素也就随之发生变化。

3. 想象创造型

提供一个特定情境，要求在此情境中展开联想与想象，进行扩写。例如：

“采菊东篱下，悠然见南山”中的“南山”是陶渊明不经意间所见。请对诗中“南山”之景展开合理想象，进行生动描写，表达诗人的“悠然”之情。（字数在100字内）

【解析】要深入体会语段所设定的情境氛围，言简意赅的诗歌尤其如此；要根据意境设定吻合的意象、选用恰当的词语。就本诗来说，能够突显南山和农夫的“悠然”，描绘出那种田园牧歌的自然和安闲情境，就切合了诗作的本意。

【示例】南山苍苍茫茫，向天边伸展而去。山顶上，几缕丝带般轻柔的云彩飘浮着，更给南山添了几分秀逸与灵气。山腰上，一片苍翠中隐约渗出些许秋叶的暗红。山脚下，偶然发现有农夫随意哼着小调在绿草掩映的小道上荷锄而归。

4. 图(表)文转换型

图文转换题是指用文字对图表资料等信息进行转述的试题，用来考查对材料的分析提炼能力和准确表达能力。要求从原材料中筛选信息进行分析、综合，并用简明的语言加以概括。

图文转换题可分为图画类文字转换、徽标类文字转换、思维导图类文字转换、表格类文字转换等几种。

图画类文字转换包括一般性图画和漫画与文字的转换，其中以漫画为主。要求描述画面内容，揭示漫画寓意，或者拟写标题，拟写公益广告。

徽标类文字转换包括徽志、商标、会标等。与一般的图标不同，其图形一般是用简单、抽象的线条、符号、字母等表达某种事物的象征意义，往往高度凝练、蕴涵丰富。徽标类文字转换解题时往往要善于进行形象化的联想，注意联系标题、中英文字母的大小写、首字母缩写和汉字的变形等。

表格类文字转换是指把表格内容用文字加以表述。要求对表格内容进行分析加工，挖掘隐性信息，或者对材料进行综合评价。具体有表格阅读概括题、曲线或柱形图表阅读概括题、结构图表概括题、饼式图表阅读概括题。解题思路一般为：源信息（图表）→观察认读→分析理解→归纳概括→文字表达。

思维导图类文字转换题始见于2014年全国新课标卷，之后频频出现在全国卷中。思维导图是把某项工作的思路和工作内容通过图文结合的框架图的形式予以展示，帮助读者简要直观地熟悉情况。解题时要首先厘清思维导图中各单元的层级，分清每个层级各单元哪些是程序单元，哪些是内容单元；厘清各层级内单元之间的顺序。然后按照层级由大到小的顺序，结合各层级内部的顺序，依次准确、简洁地表述出来。

之所以把上述四种图文转换题归为扩展类，是因为它提供的文字材料极少，近似于关键词，而答题的用语一般是完整的语句。所以在解答时，要在仔细认读图表、准确全面地捕捉信息的基础上，特别注意两个问题：一是防止遗漏关键信息；二是防止信息概括和推断失误，注重表述的针对性。

这里仅举思维导图类和表格类两种例子，其他类型在习题中会有所体现，解题方法大同小异。

思维导图类考题如2016年全国卷考题：

下面是某校团委“中国梦演讲赛”工作的初步构思框架，请把这个构思写成一段话，要求内容得当，表述准确，语言连贯，不超过58个字。

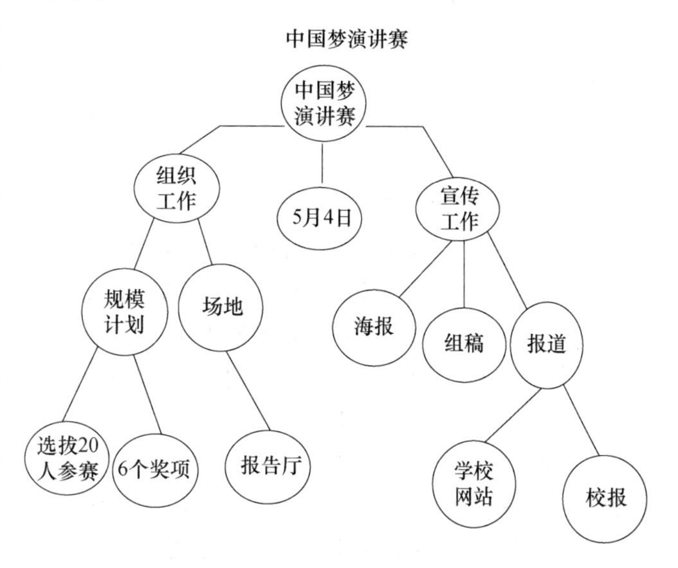

【解析】这幅框架图主要由四个层次组成，每一层有若干内容。分清这些之后，然后按照由上往下的顺序逐层介绍。解答本题要注意如下问题：①看清楚题目要求，明确陈述对象是什么。比如本题，陈述的对象是“中国梦演讲赛”。②把握概念间的关系。圆圈里的词语属于关键概念，分析这些概念在整个事件或行为过程中的地位及作用，弄清它们之间的关系，据此选定过渡词语或关联词语实施连缀。

【示例】拟于5月4日在报告厅组织中国梦演讲赛，从20名参赛者中评出6个奖。将搞好出海报和组稿工作，并在校园网和校报广为报道。

表格类的考题如2013年江苏高考卷考题：

有研究者对200多位作家从发表处女作和代表作的年龄两个方面进行了统计。比较图表中两组数据，从作家渐至成熟的角度归纳出一个结论。

年龄 / 人数 / 作品	20岁前	21~25岁	26~30岁	31~35岁	36~40岁	41~45岁
处女作	72人	95人	36人	7人		
代表作		8人	31人	96人	50人	25人

【解析】根据表中数据可知，作家发表处女作的高峰年龄段是20~30岁，发表成熟时期的代表作的高峰年龄段却是31~45岁，这两者相差十年左右，这十年，就是写作逐步成熟的时期。

【答案】大多数作家需要十年左右的创作积累，才能进入创作成熟期。

（二）压缩语段题

压缩语段就是把信息丰富的语段，按要求精简成语意明了、形式短小的语段。重点考查提炼、概括能力和表达能力。

根据形式特点，可以分为下面几种题型。

1．新闻类压缩

新闻类压缩语段题旨在考查辨识、筛选、提炼所给新闻材料重要信息的能力，是一种实用性很强的语言技能考查题，较好地体现了考试命题贴近时代生活的走向。它包括以下三种类型：

（1）拟写一句话新闻。

一句话新闻是一种高度概括的新闻形式。做这种类型的题，一般只需要交代清楚“（某某

时间）谁在什么地方发生了什么事”或者“某个事件的状态、结果、趋势或影响是怎样的”。要求文字简洁，句子短小。所以，首选单句结构；单句容纳不下关键的信息，再使用复句。

有时候语段中会有相关的句子，可以作为“母句”，做题时，挑选其他重要信息充实“母句”、完备关键内容即可。

（2）拟写新闻标题。

标题是新闻的眼睛，要能够浓缩文意、提挈全篇，做到确切、简洁、醒目。好的新闻标题，往往结构严整，用语简洁，善于修辞。

主标题一般点出新闻主体和事件即可，用以揭示重要新闻事实。拟写主标题，如果附加其他要求，比如用对偶句，斟词酌句的难度就会更大。

副标题用以补充说明相关情况，或指出内容范围等。句子一般比较长。

考试通常要求拟写主标题，有的要求主标题、副标题同时拟写。请看下面的例子：

给下列一则新闻拟一则标题，不超过 15 个字。

本报陕西宝鸡 5 月 23 日电　我国棉花仪器化检验工作长期依赖进口设备的局面将结束。记者从国家质检总局于陕西宝鸡举行的国产棉花综合性能测试仪批量装备仪式上获悉，由我国自主研发、拥有完全自主知识产权的 XJ128 快速棉纤维性能测试仪批量交付使用，它可快速检测棉花纤维的长度、强度、色泽、杂质、马克隆等性能。国家质检总局副局长蒲长城表示，该仪器的国产化并批量装备全国，将打破国外厂商对棉花综合性能测试仪器的垄断。

作为棉花纺织大国，我国的棉检仪器一直被国外公司垄断。经过十年研制和试用改进，XJ128 测试仪在技术上达到国外同类产品水平，且在销售价格、配件和售后服务方面更具优势，可全面替代进口。

【解析】新闻标题应当反映导语中的主要新闻事件，即我国的“棉检仪器”现状如何。

【示例】我国棉检仪器不再依赖进口

（3）拟写新闻导语。

导语一般在新闻的开头，要将时间、地点、人物、事件等概述出来，这是新闻的特殊格式。导语虽短，但新闻要素齐全，以便读者从导语中获得全部关键信息。

根据新闻的主体写导语，应仔细阅读主体部分，从中提炼出各个要素，然后巧妙连缀。

请看下面的例子：

为下面的新闻拟写一条导语。（不超过 30 字）

12 月 19 日，为传达中国和平利用太空造福人类的信念、体现中国传统文化与智慧的魅力，第一座中国绕月探测工程艺术象征、大型不锈钢雕塑“嫦娥奔月”在北京航天城揭幕并落户。该雕塑高 6.6 米，宽 13.2 米，以优质不锈钢精锻而成，由中国人民对外友好协会委托北京遥远艺术研究中心创作，并赠送给国防科学技术工业委员会，永久安放于“嫦娥一号”卫星研制单位中国空间技术研究院。

【解析】导语部分除时间、地点（报道具体时间、具体地点的动态新闻要有这两个要素）外，其余要素（人物、事件——包括经过和结果）均应具有。这则消息的导语还要体现大型不锈钢雕塑“嫦娥奔月”的意义。

【答案】首座中国绕月探测工程艺术象征“嫦娥奔月”雕塑 19 日在北京落户。

（4）拟写新闻结尾。

这种考题很少见到。一旦出现，往往不涉及事件趋向、意义、结果，只是要求拟写小结式、评论式、希望式的结尾。

2. 提取关键词类压缩

提取关键词,重在考查概括语段内容、提取主要信息的能力。提取关键词应当在整体把握语段、明确主要内容的基础上进行,一般要辨明语段层次、归纳层次大意、勾画重点信息,之后才能提取关键词语。

提取关键词语必须遵循三个基本原则:整体性原则——提取的词语必须体现整个语段的主要内容,不能过宽或过窄;出自原文原则——关键词应是材料中现成的词语;次序固定原则——作为答案的关键词,位置和次序不宜颠倒。所选词语的语序应体现语段内容的顺序,便于检索。例如:

把下面一段话的主要信息概括为四个关键词。

据报道,我国国家图书馆浩瀚的馆藏古籍中,仅1.6万卷"敦煌遗书"就有5000余米长卷需要修复,而国图从事古籍修复的专业人员不过10人;各地图书馆、博物馆收藏的古籍文献共计3000万册,残损情况也相当严重,亟待抢救性修复,但全国的古籍修复人才总共还不足百人。以这样少的人数去完成如此浩大的修复工程,即使夜以继日地工作也需近千年。

【解析】这种类型的压缩题,可分为两个步骤予以解答。先进行概括。所给的材料共两句话,第一句话又分两个层次:先说国家图书馆馆藏古籍修复的专业人员不足;再说各地图书馆、博物馆同样面临古籍修复人才不足的问题,其中"不足百人"表明这方面专业人员奇缺。第二句话是算了一笔账,同样说明了古籍修复人才短缺的问题。这段话的中心可以概括为"馆藏古籍亟待修复,但这方面人才严重不足"。然后再进行提取,抓住主要信息就能找出四个关键词。

结合例题,可以归纳出三步解题法:①明确陈述的对象或主要事件或议论的中心观点。如文段的主要表述对象(主要概念或主要事件)"古籍"("馆藏古籍")、"人才"是主题词,不可不取。②明确与主概念相对应的谓语动词或总结性的词语。如"修复""不足"就是对陈述对象的陈述,不可不取。③选定后,可将几个词语稍稍连缀,如能大体表达出文段的主要内容,即可敲定。可连缀成:(馆藏)古籍(亟待)修复,(但这方面)人才(严重)不足。这有点像提取句子主干,可以利用语法分析的方法来做,基本程序为:压缩内容—提取主干—筛选比较—整合表达(一般可以表述为"谁或什么怎么样了"这样一种主谓结构)。

【答案】古籍　修复　人才　不足

3. 概括信息类压缩

概括信息是指提取材料的主要信息,对所给的材料加以概括。根据材料特点可以分为记叙类压缩、议论类压缩、描写类压缩和说明类压缩。请看2013年安徽高考题的实例:

某校利用宣传橱窗举办关于"蛟龙"号的专题展览,展览包括四个板块。请根据下面的材料,为展览拟写总标题和各板块标题。要求:简明生动,每个标题不超过8个字。

"蛟龙"号是我国第一台深海载人潜水器。"蛟龙"号完全由我国工程技术人员自主设计,除少数非核心零部件之外,绝大部分零部件都是"中国制造",总装也由我国独立完成。"蛟龙"号技术上拥有三个优势,即先进的近底自动航行和悬停定位功能、高速水声通信功能、强大的续航供电功能;与国际上现有的大深度载人潜水器相比,其综合性能稳居前列。2012年6月24日,"蛟龙"号顺利下潜到马里亚纳海沟7062米的深处,全世界为之瞩目。此次深海作业的成功,证明这条"中国龙"具备了在全球99.8%的海域潜航的能力,标志着海底资源宝库向中国人敞开了大门。

总标题：____________

板块标题：①____________ ②____________

③____________ ④____________

【解析】文段内容是关于中国第一台深海载人潜水器“蛟龙”号。文段第一个句子是领起句。后面四个句子包含四层意思，分别提取句中的关键词语——中国制造、稳居前列、世界瞩目、海底资源宝库、敞开大门，加以整合即可。

【示例】其一：总标题：中国蛟龙！ 板块标题：①真正中国造 ②世界第一流

③蛟龙潜深海 ④探宝四大洋

其二：总标题：中国龙，我骄傲！ 板块标题：①中国制造大显神威

②技术性能世界一流

③蛟龙潜海世界瞩目

④海底宝库敞开大门

4. 下定义类压缩

“下定义”是在吃透材料内容的前提下，提炼出主要信息，并用准确简洁的语言对事物的本质特征进行概括说明。下定义，首先要抓住事物的本质特征，其次要符合形式要求。其结构形式是以一个被定义概念的上一层级的概念作为中心语，在中心语之前加上描述其本质特征的限制性词语。可以用数学公式表述为：被定义的概念 = 与它相近事物的本质差异 + 上一层级的概念。

根据材料下定义，既能考查重要信息的概括、筛选能力，又能考查合理排序、简洁表达等语言能力。下定义时要避免出现以下几种情况，即下成循环定义、用否定形式下定义、用比喻下定义、定义所包含的范围大于或者小于被定义的概念外延（没有做到“等于”被定义概念）。请看2013年山东高考卷的实例：

对下面这段文字提供的信息进行筛选、整合，给“创造”下定义，不超过30字。

作为人的一种活动，创造包括思维活动和行为活动。创造一定要获得成果。形形色色的创造成果可以分为两种类型：一类是精神性的，即新的认识；另一类是物质性的，即新的事物。这些创造成果不管以何种形式表现出来，都必须具备“首次获得”这个必要条件。

【解析】这道题既考查压缩语段的能力，又考查变换句式的能力，即短句变长句。首先确立“创造是……”或者“……是创造”的答题格式。其次找出被定义项的上一级概念：“人的一种活动（思维活动和行为活动）”。再次筛选相关信息：第二句介绍“创造”的特点，第三、四句介绍创造的两种类型；最后一句介绍其必要条件。最后一步是整合，把二至五句的内容整合为句子的修饰限制成分。为了满足字数要求还要把重复的内容、次要的内容删去。

【示例】创造是人首次获得精神或物质成果的思维和行为活动。

二、选用、仿用、变换句式

选用、仿用、变换句式三方面语用能力的考查，近年越来越趋向于综合考查。除了三者本身交叉重叠外，时而与修辞、与筛选语段信息，甚至与文学常识等考点相交集。这里只是讲述方便，分别列举阐述。

（一）选用句式

选用句式是指在特定语境中，从语意连贯、表情达意等方面着眼，结合特定的要求选用恰当的句子形式，以增强表达效果。进行这种训练的目的是在阅读时能辨识文中句式表达的效果，

在表达时能选用表达效果最佳的句式。

近年来,单纯的句式的选用题越来越少,常采用连贯衔接题的形式来考查选用句式的能力。例如2011年北京高考卷:

在文中①②横线上填入下列语句,衔接最恰当的一项是________。

金沙江大峡谷旁有一座远近闻名的纳西古城。__①__,是纳西人最原始的聚居地。我们步行了一个多小时,古城出现在前面。__②__,上面镌刻着“宝山石头城”五个大字。

A. ①古城建在一块庞大独立的蘑菇状岩石上
②远远地就能看出那拱形城门的别具一格

B. ①一块庞大独立的蘑菇状岩石上建着古城
②远远地就能望见那别具一格的拱形城门

C. ①一块庞大独立的蘑菇状岩石上建着古城
②远远地就能看出那拱形城门的别具一格

D. ①古城建在一块庞大独立的蘑菇状岩石上
②远远地就能望见那别具一格的拱形城门

【解析】语句选择的标准是能否与上下文连贯照应。从话题一致性的角度来分析就能找到答案。①前面的一句话谈论的中心话题是“纳西古城”,后面一句是省略句,主语应当是承前省略了“古城”,因此①应该以“古城”开头,从而排除了B和C两个选项。②后面的一句说某物体上面镌刻着五个大字,承前省略了的主语,推测这个物体就应当是城门,从而排除了A项。答案就只有D了。

【答案】D

选用句式侧重考查语言的连贯性。连贯性就是上下文的语句意思密切相连,语气贯通,文字风格谐调一致。要求缀词成句时做到话题集中,句式近似,排序合理,承接自然,语气一致。

下面的这个题目,则是比较单纯地考查语句的选择和使用能力:

从3月1日起,《杭州市公共场所控制吸烟条例》正式实施,10类场所禁止吸烟,违者最高罚款50元。请按照“直接警示”与“委婉劝说”的要求,各设计一条禁烟广告语。

(1)直接警示:____

(2)委婉劝说:____

【解析】设计的广告语,想要达到禁烟目的,就要动之以情,晓之以理,就宜一语中的,突显吸烟的害处。方式上,直接“警示”的,可以单刀直入;委婉劝说的,不妨用形象、具体的语言。

【示例】直接警示:吸烟恶化环境,害人害己;请勿吸烟,违者罚款。

委婉劝说:也许,你的指尖夹着自己和他人的生命——珍惜人生,远离肺癌!

(二)仿用句式

1. 开放式仿用

开放式仿用,有人称之为自由式仿用。这种题型特点是给出了一个语言材料作为例句,对所写的内容不作要求,只要求依照给出的句式来拟写。

这种仿写形式是仿写题的重点形式,题型较为灵活。解答时除了内容符合要求外,只要按照限定的句式或者修辞手法等去写即可。例如:

仿照下面诗歌的拟人手法,选取新的事物,另写一组意思完整、句式相近的句子。(不要求与原诗各句字数相同)

眼睛很宽容________________________________

能装下整个世界____________________________

它又很苛刻________________________________

容不得一粒沙尘____________________________

【解析】首先，要分析总结所给语段的特点：内容反映了同一事物的正反两方面，结构上使用了反复手法。弄清特点是正确仿写的前提。其次，根据语段中所写的“眼睛”展开联想，找到与之类似的意象如耳朵、嘴巴、鼻子等，看它是否具备正反两面的特点，能否做描述的意象。敲定之后，使用拟人手法按例句结构形式仿写就不成问题了。

【示例】嘴巴很豁达，吞得下所有辛酸；它又很狭隘，说不得一点是非。

2. 另写式仿用

另写式仿用就是按照题目给出的语句形式，用原材料的话题或另定的话题进行仿写。有人称之为命题式仿用。例如：

仿照下面的例句，另写两句话。要求句式一致，修辞手法相同。

例句：我不是宽阔无垠的海洋，也不是汹涌澎湃的湖泊，而是灿烂阳光下的一滴露珠。

【解析】要紧扣“不是……，也不是……，而是……”的句式，注意语意连贯。

【示例】我不是平静宽广的湖泊，也不是叮咚作响的溪流，而是翠绿荷叶上的一颗朝露。

给出话题或语言材料，要求拟成一幅对联，属于这种形式的题目。例如 2014 年山东高考题：

用下面的短语组成两副有关春节和端午节的对联。要求：上下联各为七字，语意连贯，符合节日和对联特点，不得重复使用短语。

门上桃符　碧波竞舟　江边柳线　青艾驱瘴　迎春绿　十里欢　耀眼红　千家乐

【解析】这道题给定了内容，要求我们把所给的词语组合成对联，实际上考查的是对联知识、连缀能力和文化常识。需要从两个方面去考虑：内容上要关照节日的语境，形式上要符合对联的要求。“江边柳线”与“门上桃符”有明显的春节的特征，“红”与“绿”相对，下联要收在平声上，这样就很容易确定写春节的对联。同样“青艾驱瘴”与“碧波竞舟”具有典型的端午节特征，“竞舟”与“十里”语意相关，“驱瘴”与“千家”语意相关，再加上韵脚平仄的要求，写端午的对联也很容易确定。

【示例】春节：江边柳线迎春绿　门上桃符耀眼红

端午节：青艾驱瘴千家乐　碧波竞舟十里欢

3. 填空式仿用

填空式仿用一般是在所提供的语段的中间空出一句话或几句话，让考生根据材料内容仿照上句或下句的句式特点，补写出恰切而连贯的句子。有人把它称作嵌入式仿用。做这种题目时，要注意与其前后语句搭配得当，语意相关，句式合乎要求。例如，2013 年山东高考题目：

以下是某中学庆祝教师节文艺演出的一段主持词。仿照画线部分的句式，在空缺处补写相应的语句。要求：句式一致，字数相等，语意相关。

学生甲：老师，您坚守一方净土，用粉笔书写忠诚，默默无闻；

学生乙：老师，您勤耕三尺讲台，________①________。

学生甲：<u>加减乘除，算不尽您付出的辛劳</u>；

学生乙：__________________②__________________。

【解析】解答此题，要搞清例句中透露的显性和隐性条件。①处内容要紧扣老师"勤耕三尺讲台"的话题，填写的内容，逗号之后的词语要与"勤耕"相照应；形式要与"学生甲"的后半句对偶，最后一个词语宜用成语。②处要用具体的教学内容来表现老师的工作特点与辛勤付出，注意到"加减乘除"与"算不尽"内容上相照应，形式上是否定句。

【示例】①用汗水浇灌希望，孜孜不倦 ②诗词歌赋，颂不完您带来的感动

4. 续写式仿用

续写式仿用，一般要求按照既定的内容，仿照给出的句式，把语段补充完整。这种形式的仿用，与扩展语句题颇为相似，差别在于续写式仿用限定了句式。例如：

仿照画线部分另选我国三位古代诗人的名句续写句子，结构要一致。

生活是什么？每个人都有不同的理解。李白说，生活是"长风破浪会有时，直挂云帆济沧海"的自信；____________；____________；____________。

【解析】注意，要求仿用的句式结构是：×××说，生活是"……"的……。另外，还要求在内容方面引用"我国三位古代诗人"的"名句"，兼顾了对我国古典诗歌知识的考查。

【示例】陶渊明说，生活是"采菊东篱下，悠然见南山"的恬静；杜甫说，生活是"无边落木萧萧下，不尽长江滚滚来"的惆怅；苏轼说，生活是"竹杖芒鞋轻胜马，谁怕？一蓑烟雨任平生"的旷达。

5. 对联式仿用

对联句式仿用，就是给出了对联的其中一联，要求补充另外的一联。例如：

补写下列有关"美丽中国"的两副对联。注意：内容与"小康"有关；可以不考虑平仄。

(1) 美丽中国瞻愿景，____________________________。

(2) 羊岁和谐，美丽中国仁政旺，____________________________。

【解析】写对联要注意隐性的要求：上下联结构一致，词性相同；对应工整，音韵协调；内容相关，意境完美。解答此题，必须掌握对联的这些基本知识。另外，如果题干对平仄没有作特殊说明，应以严式对联来拟写，也就是要注意两点：不重复使用词语；上联末尾用仄声字，下联末尾用平声字。

【示例】(1)下联：盛世华夏奔小康 (2)下联：猴年稳进，小康社会庶民欢

（三）变换句式

句式，指句子的结构方式，它是从语用实践中归纳出来的。不同的句式有不同的表达效果，适用于不同的语境。现代汉语里常用的句式分述如下：

1. 长句与短句的变换

句子的长短，是就单句而说的。长句结构复杂，词语较多，停顿较少，短句与之相反。

长句有三个特点：修饰语多，并列成分多，某一成分的结构复杂，如主语、宾语是单句形式。长句能够使表达更严密、更精确。

通常以长句变短句作为考查目标。例如2013年全国卷中的考题：

把下面这个长句改写成几个较短的句子，可以改变语序、增删词语，但不得改变原意。

教练在赛后分析会上对我在比赛中的表现进行的深入剖析，使我对自己在这次比赛中由于骄傲自大、轻视对手导致的严重失误有了更进一步的认识，并作出了坚决改正错误，争取在下一次比赛中取得好成绩的保证。

【解析】首先弄清长句包含几层意思，然后把每一层的意思用一个简练的单句来表述。注意单句之间的逻辑顺序。

【示例】我在这次比赛中出现了严重失误。赛后分析会上，教练对我比赛中的表现进行了深入剖析，我进一步认识到失误的原因在于我骄傲自大、轻视对手，并保证坚决改正错误，争取在下一次比赛中取得好成绩。

短句变长句题型，考试中很少出现。答题方法是：首先找到一个适合增添成分的单句作为基本句，然后将其他句子中的主要信息作为修饰成分添加进去，同时要注意语序的合理排列。例如：

把下面几个较短的句子改写成一个长句，可以改变句子语序，增删词语，但不得改变原意。

① 转基因食品利用的是现代分子生物技术。

② 这种生物技术可以将某些生物基因转移到其他物种中。

③ 这种生物技术使生物的遗传物质得到改造。

④ 改造后的生物在性状、品质等方面更符合人们需要。

⑤ 转基因食品属于食品中的一种。

【解析】按照上面的方法，能够比较容易地发现，⑤句可以做基本句，之后选定修饰成分依次添加即可。

【示例】转基因食品是利用现代分子生物技术将某些生物基因转移到其他物种中以便改造生物的遗传物质，使其在性状、品质等方面更符合人们需要的一种食品。

2. 整句与散句的变换

结构相同或相似的一组句子叫整句。对偶句、排比句等就是典型的整句。结构不整齐，各种句式或语气交错运用的一组句子叫散句。

整句变散句就是化“整齐”为“错落”，使前后句结构变化不居、形体长短不一即可。反之亦然。

散句改写为整句的题型，在考题中更为多见。例如2015年山东高考卷：

用排比的修辞方式，改写下面画线部分。要求：①句式一致；②字数相等；③与上文语意连贯；④不改变原意。

长途跋涉后，我终于在林中寻找到这幽深澄碧的水潭。这潭水，<u>可以将我的容颜映照在它明镜一般的水面上；我把这潭水当作激发我诗性的佳酿；这潭水还可以成为我的墨池，供我笔走龙蛇</u>。

【解析】“用排比的修辞方式，改写下面画线部分”说明这是一道最为常见的散句变整句题。要改为三个句式一致的句子，还要“字数相等”，比一般排比句字数要求更为严格，难度稍大一些。既然三个分句说的都是潭水，那就让它作主语；都用了比喻，那就沿用比喻手法，让喻词、喻体和对比喻内容具体的陈述共同构成排比句式；再锤炼词语，达到字数相等的要求即可。

散句变整句的步骤是，首先，确定某句作为基准句；其次，寻找重复性用语；最后，把其他分句加上重复性词语改成与基准句结构相似的句子。有必要时，还要进行合理排序。如果既要求调整句子的顺序，又要求把散句变成整句，一般采取两步法：一是按照前后连贯或逻辑顺序的原则，先对要求变更的部分进行排序；二是选择要求变更部分中的一句作为基准句，再把其他句改写成与基准句句式、结构一致的句子。

【示例】如明镜，让我映照容颜；似佳酿，助我激发主动性；若墨池，供我笔走龙蛇。

遇到整句变散句的情况，一般做法是：去掉重复性用语；合并内容相近或相关的语句；将合并后的同类语句作为某一句子成分。

3. 口语与书面语的变换

口语句子简短、自然，通俗易懂，结构较简单，关联词语少；书面语句子严谨、周密，庄重文雅,形体较长,结构较复杂,关联词语较多。二者各有特点,各有用处:口语亲切,用于日常交际;书面语严谨,用于议论文、应用文等。

高考中,这种句式变换时而出现。例如2013年江苏高考卷的考题:

请以平实的语言表述下面材料中画线句子的含意,不超过15个字。

有个青年人总是抱怨环境,一位长者对他说:"你想保护自己的脚,穿上一双鞋子比给全世界铺上地毯更容易做到。"

【解析】画线句是一个哲理句,首先要读懂句子,弄清所指。"自己的脚"代指自己,"全世界"代指环境,"给自己的脚穿上鞋子"指的是"改变自己","给全世界铺上地毯"指的是"改变环境"。"平实的语言",其特点就是词语通俗,较少修饰,直截了当。也就是说,以直白的方式表述。

【示例】改变自己比改变环境(世界)更容易。

4. 常式句与变式句的变换

常式句,就是正常语序的句子;变式句,有人把它称为倒装句,分为主谓倒装、宾语前置、状语后置、定语后置几种情况。

用什么句式来表达,是根据交际需要决定的。主要信息,总是先说出来;想强调某个成分,就把它放在特殊位置。比如"怎么了,他?"这样的句子,是急于知道第三方情况的问话方式。"下午开会,在阶梯教室。"这是状语后置,补充强调处所。

其他的句式,诸如肯定句与否定句、陈述语气与反问语气、主动句与被动句等,较为简单,一般也不直接考查。

5. 重组句子

这种类型的句式变换,句式选用的自由度很大,只是改变了陈述对象。具体来说,重组句子就是根据题目要求,打乱句子的结构,改变陈述的对象,重造一个新的句子。这种考题,难度比单纯语法方面的变换句式变化要大一些。例如:

以"地上的狮、虎"为开头,重组下面的句子。可适当增删词语,但不能增减信息。

天鹅在水中为王,是凭着一切足以缔造太平世界的所有美德,如高尚、尊严、仁厚等等;而地上的狮、虎,空中的鹰、鹫就不是这样,都只以善战称雄,以逞强行凶统治群众。

地上的狮、虎________________________________

【解析】首先要分析语意。从句子关系来看,这是一个并列关系的句组,题目要求作为开头的内容在后一个句组。其次,把两个句组的语序对调就可以了。需要注意,语段开头说到的天鹅与"空中的鹰、鹫"虽同是飞禽类,但称雄的缘由,却与狮、虎等兽类相同,重组后,要把它与狮、虎合说,作为对比的另外一方。

【示例】(地上的狮、虎)与空中的鹰、鹫,都只以善战称雄,以逞强行凶统治群众,而天鹅就不是这样,它在水中为王,是凭着一切足以缔造太平世界的所有美德,如高尚、尊严、仁厚等。

三、简明、连贯、得体

对简明、连贯、得体、准确、鲜明、生动的考查,侧重于从修辞角度强调对语言使用的要求。"简明""得体"常与辨析并修改病句、拟写实用类文体等主观题一起综合考查;"连贯"一般采用句子排序或填空的方式考查,多见于客观选择题。分值一般在3~7分。

"准确""鲜明""生动"多与扩展语句、压缩语段、变换或选择句式等综合考查,这里不再单独阐述。

（一）简明

“简明”，即简练、明晰。“简”体现的是数量方面的要求——要言不烦，不啰唆不拖沓；“明”体现的是效果方面的要求——条理清晰地加以表达，让人明白无误。用一句话来概括，简明就是言简意赅，准确度和可理解度较高。

达到简明的要求，一是紧扣中心，高度概括。二是不说多余的话，就是禁绝空话套话；不说啰唆话，能一句话说清的，就不用两句。三是能省略的成分尽量省略；能够指代的词句，就不再重复出现同一词句。四是力求表达准确清楚，没有歧义。

侧重于考查“简明”的题型，包括删改重复的词句、辨析有歧义的语句、修改晦涩的语句等。例如2016年山东高考卷用一个语段考了“简明”“得体”两项：

下面是某中学学生会向各班级班长所发通知的正文，请阅读并按要求完成后面的题目。

为了进一步弘扬优秀传统文化，提高同学们的国学素养，校学生会定于10月18日下午4点，在报告厅举办“走近孔子”读书交流会。届时在孔子研究领域享有极高盛誉的孙荣教授将光临指导，并向各班奉送其最新研究著作。请拨冗组织班委推荐两名发言的同学，并告知他们一定务必按时到会。

（1）在不改变语意的前提下，为了表达简明，文中必须删掉两个词语，分别是__________和__________。

【解析】“盛誉”是指极大的声誉，极力称赞，或好的口碑的意思；“极高”与“盛”重复，去掉“极高”。“务必”指一定，必须的意思；“一定”“务必”重复，保留一个即可。

【示例】极高　一定（或务必）

（2）文中使用不得体的两个词语，分别是__________和__________。

【解析】奉送：敬辞，相送，白送。语段中说“孙荣教授……向各班奉送其最新研究著作”，属于谦敬失当，可改为“赠送”。拨冗：具有文言色彩的客套话，（指对方）于繁忙中抽出时间。本题所给语段是学生会向各班级班长下的通知，一方面“拨冗”一词具有文言色彩，不够通俗易懂，不合语体；另一方面，用在班长身上也属于谦敬失当，可改为“抽时间”，或删掉。

【示例】奉送，拨冗。

（二）连贯

“连贯”就是上下文的语意关系密切，衔接紧凑，气势贯通，文字风格谐调一致。要求缀词成句时做到话题集中，句式近似，排序合理，承接自然，语气一致。

达到连贯要求，可以从内容和形式两个方面着手：内容方面，保持行文围绕一个中心话题、前后内容紧密相关、感情色彩前后一致等；形式方面，使用恰当的语序、合适的语体风格、谐调的句式、前后的关照呼应。

单纯考查“连贯”的似不多见，侧重考查“连贯”的题目比较常见。下面以2016年全国卷为例：

在下面一段文字横线处补写恰当的语句，使整段文字语意完整连贯，内容贴切，逻辑严密，每处不超过15个字。

花青素是一种水溶性的植物色素，分布在液泡内的细胞液中，能够决定花的红色，蓝色，紫色等颜色的差别，这是因为花青素________，在酸性溶液中呈现红色，在碱性溶液中变为蓝色，在中性环境中则是紫色。更令人惊奇的是________，比如一种牵牛花清晨是粉红色，之后变成紫红色，最后变成蓝色，究其原因，就是花瓣表皮细胞的液泡内pH值发生了变化________，从而形成花的颜色的变化。

【解析】解题时,要纵观整个语段,把握所给文字的核心话题,依据相关提示,准确补写内容,使文字语意连贯。第一处要结合横线后面的内容进行概括;第二处,后面有“比如……”的词语,可见是举例说明横线处的内容;第三处,是分析变化的原因。

【示例】的 pH 值发生变化;花青素会随着时间而变化;引发花青素的变化。

(三)得体

“得体”就是遣词造句能适合特定的语言环境。语言运用要受“语境”的制约。语境有内部语境和外部语境两种。内部语境主要指说和写的上下文,如语体、文体、句式、语言的搭配和使用习惯等;外部语境指言语交际的各种条件,如表达的目的,表达的场合,表达者的身份、职业等。判断语言是否得体,就是看是否切合特定的语境。合乎语境就能够达到得体的要求。

对“语言表达得体”的考查,文本内容具有生活化与时代化的特点,如拟写祝福语、广告词。要求我们注意一些日常应用文体如请柬、贺信、广告等的格式和用词特点,有意识地搜集掌握一些谦敬语词汇,达到正确使用的程度。

或许是由于难度较小,招生考试中,单纯考查“得体”或者侧重考查“得体”的题目都不多见。仅以 2013 年天津市高考卷为例:

下面这封信有四处不合规范,请指出其中的三处。

××学兄:

寄呈的大作收悉,拜读再三,激动不已。你的诗构思巧妙,语言隽永,弟自愧不如。只是个别字句略有笔误或不合韵律,我冒昧地作了一点雅正,随信寄回,谨供参考。

顺祝

夏安!

弟:××

2013 年 6 月 6 日

【解析】本题考查的是书信格式和语言得体等内容,书信体称谓和祝语都要顶格,用语要符合人物身份,语言要得体。“寄呈”“雅正”是敬辞,用于对别人。

【示例】①称谓“××学兄”没有顶格;②祝语“夏安”没有顶格;③“寄呈”不得体;④“雅正”不得体。

【强化练习】

1. 古人有名有字。名与字意义上往往有联系,或同义,或相关,如岳飞字鹏举,意思是鲲鹏高飞。给下面的人名取字,并说明字与名的意义关联。(各不超过 25 字)

(1) 陈璋,字________。 说明:________________________________

(2) 孙冠群,字________。 说明:________________________________

2. 仿照示例,从下列构字部件中任选两个不同的部件,另组一个汉字,并用该字组成一个双音词,再以该词立意,写两句感想。要求:立意积极,语句整齐,不超过 20 字。

构字部件:禾 亻 口 日 又 月 言 ナ

构字词示例:又 + 又→友→友善

感想示例:行友善营造温馨社会 讲真诚建设美好家园

3. 老兵复原前夕,连队里拟举行一次以“友谊”为主题的茶话会,请你拟两句话写在黑板

上,以彰显主题,营造气氛。要求每句话不少于7个字,两句话字数相等,句子结构大体一致。

4. 下面是某中学暑期瑶族村考察的初步构思框架,请把这个构思写成一段话,要求内容完整,表述准确,语言连贯,不超过75个字。

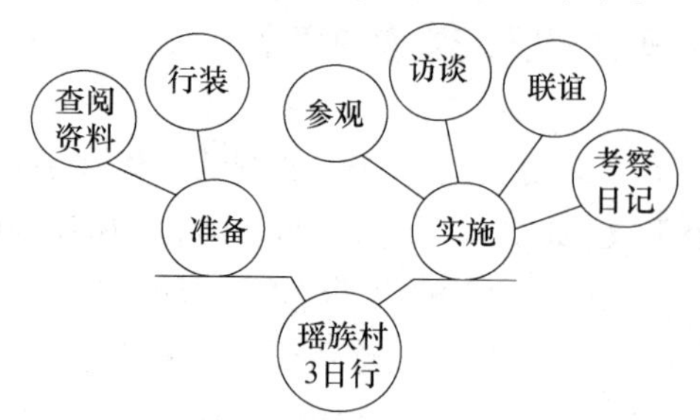

5. 请根据下面曲线图回答问题。

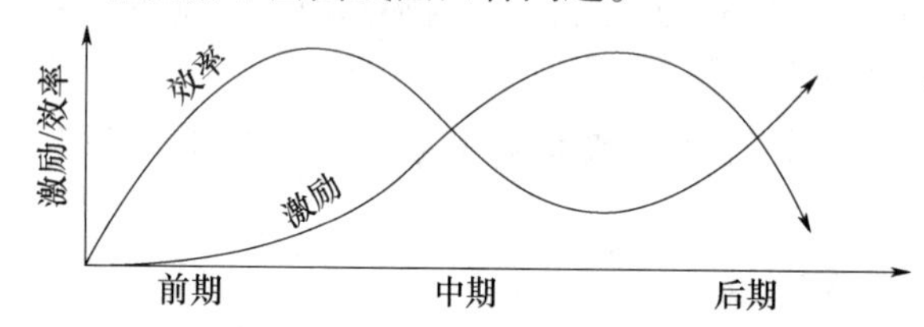

(1) 团队的工作效率与激励力度之间的关系是:在工作前期,团队的工作效率呈上升趋势,激励力度逐渐加大;当工作进行到中期时,____________________;当工作进行到后期时,团队的工作效率再次呈上升趋势,激励力度逐步降低。

(2) 上图所反映的工作效率与激励力度变化的规律,给领导者的启示是:______________。

6. 分析下面表格的内容,根据表格传达的主要信息,将下面的文段补充完整。

世界城市化进程:拥有800万以上人口的大城市数量见下表。

	1975年	1995年	2015年
全世界	11	23	36
发达国家(地区)	6	6	6
发展中国家	5	17	30

1995年全世界拥有800万以上人口的大城市数量,由1975年的11个发展到23个,其中________。预计到2015年,800万以上人口的大城市将发展到36个,________。由此可见,在世界城市化进程中,________________________。

7. 下面是中国历次个税调整示意图,根据要求回答问题。

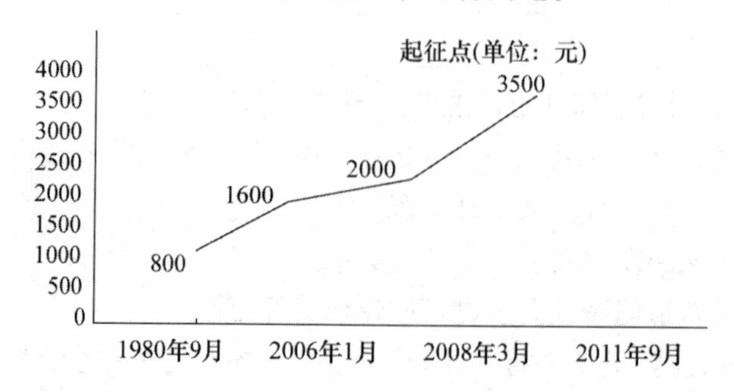

（1）从图中可以看出，我国个税的历次调整情况是：________________

（2）请简要总结个税调整的特点及影响：________________

8. 仿照图①的解题形式，根据图②内容写一句话揭示漫画寓意。

图①

图②

图①：在生活中，搞平衡的往往是以倾斜自己为代价的。

图②：________________

9. 请说明下面漫画的画面内容，并揭示其中的寓意。

触目惊心

10. 分析下图，得出结论，并合理推断其原因。要求：①语言表达准确、简明；②结论和原因均不超过 25 字。

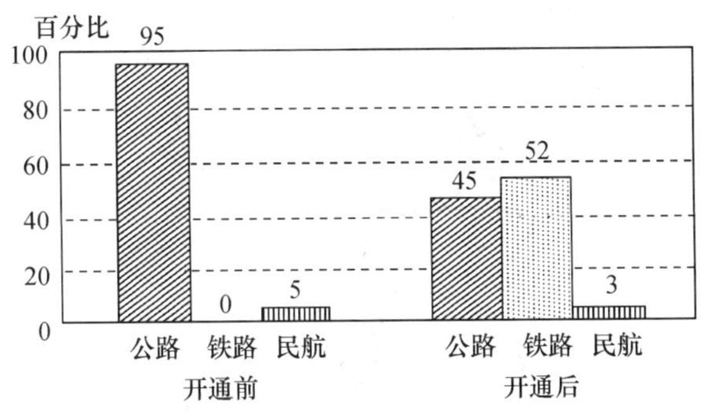

宜万铁路开通前后恩施州公路、
铁路和民航客运量对比图

（1）结论：________________。

（2）原因：________________。

11．根据上下文，在下面文字的横线处补写出相应内容。要求：语意连贯，表达明确。

江浙是古代吴越文化的发祥地，在先秦时，长江下游地区以太湖为界，①____________，南为越国。吴越虽是两国，土著却是一族。经过长期的历史发展，②______________，但越文化的海洋文化特色更浓。古老的吴越饮食文化也因地域不同而分为淮扬、金陵、苏州、杭州等不同风味，这些地域的饮食，虽有相近之处，③______________。

12．在下面一段文字横线处补写恰当的语句，使整段文字语意完整连贯，内容贴切，逻辑严密。每处不超过15个字。

又到了东滩草长莺飞的时候。芦苇荡深处，悠然浮出水面的大鱼猝尔游走；不时有鸟儿落下啄食，或是翩然起飞，优美地消失在远方。5年前，__①__。那时，广阔的滩涂上没有管护人员和设备，多的倒是偷猎者，毒杀鸟儿的事时时发生。然而，__②__。这种原产于北美的入侵植物，在东滩扩展迅猛，所到之处，其他植物"寸草难升"，水质恶化，生态系统退化，迁徙越冬的鸟儿没了事物和休息地。如今，东滩的互花米草已被剿灭大半。

13．下面是某校生物社团学生负责人王哲给诺贝尔医学奖得主、中国著名药学家屠呦呦写的一封短信。其中有几处用语不得体，请指出并改正。

尊敬的屠奶奶：

您好！

作为当今国际中医界霸主，您能够应允忝列本社顾问，百忙之中挤出时间为本社的发展提供绵薄之力，我们十分感激。本社广大中医学佼佼者恳请您不吝赐教。

敬祝编安。

生物社团　王哲

2016年1月10日

（1）将______________修改为______________；

（2）将______________修改为______________；

（3）将______________修改为______________；

（4）将______________修改为______________；

（5）将______________修改为______________。

14．请根据丰子恺先生《巷口》这幅画，围绕"盼"描写一个场景。

要求：①想象合理；②运用两种修辞手法；③字数不超过 80 字。

15. 紧扣下面句子的观点，结合《论语》或《三国演义》的有关内容，运用排比修辞手法，续写一段意思完整的话，不少于 60 字。

“和”是中华文化的精髓之一，不少名著都蕴含有尚和精神。

16. 请根据下面的调查数据，用一句话表达自己的看法。要求：①观点明确；②语言表达简明、得体；③字数不超过 40 字。

某杂志社登了一份关于青少年价值观的调查报告，其中一些数据引起了人们的注意。例如对“在公共场所大声喧哗”表示难以评价的为 27.2%，对“在公共汽车上不让座”表示难以评价的为 22.8%，对“过马路闯红灯”表示难以评价的为 15.2%，对“竞争可以不择手段”表示难以评价的为 18.6%，对“诚实意味着吃亏”表示难以评价的为 33.8%。

17. 元旦快到了，连队要开元旦晚会，请用幽默、活泼的语言，为该晚会写两句主题词，来活跃晚会气氛，激发大家踊跃表演节目的热情。要求：每句不得少于 7 个字，两句话字数相等、结构基本一致。

18. 毛泽东的诗词的思想和艺术性都很高，能给人以深刻的启示，有些诗词至今脍炙人口。某班在学习了毛泽东的《沁园春 · 长沙》后举行了“毛泽东诗词朗诵会”主题活动，现在请你为主持人写一段结束语，来结束这次朗诵会。要求：①要引用毛泽东的诗词；②语言连贯且富有激情；③不少于 50 字。

19. 阅读下面这幅漫画，按要求回答问题。

（1）请用简明的语言介绍画面的内容。

（2）根据这幅漫画所包含的哲理，把下面这句话补充完整：____________________像一扇铁门，____________________，____________________。

20. 在中国有这样一群儿童，父母为了生计外出打工，将他们留在了农村。这个特殊的群体被称为留守儿童。下面是某省关于留守儿童问题的部分调查数据。

项目	百分比(%)
非常想父母	65.0
害怕陌生人	40.0
觉得自己很一般	52.7
认为应该和父母共同生活	79.3
和(外)祖父母生活在一起	43.5
总是害怕被身边的人欺负	34.7

(1) 从以上的数据中可以得出什么结论?

(2) 请针对留守儿童现象,写一句公益广告词。(至少使用一种修辞手法)

21. 填入下面一段文字横线处的语句,最恰当的一项是________。

在这封信里我只有一个很单纯的目的,就是研究如何"免俗"。在这封信里我就想把一点心得介绍给你。__________________。

① 比从前感觉到更浓厚的趣味

② 然后再以美感的态度推到人生世相方面去

③ 懂得什么样的经验才是美感的

④ 再看到一首诗、一幅画或是一片自然风景的时候

⑤ 我的心愿就算达到了

⑥ 假若你看过信之后

A. ⑥④①②③⑤　　B. ⑤②③⑥④①

C. ⑥④①③②⑤　　D. ⑤②④⑥③①

【参考答案及解析】

1. **【示例】**(1)玉成　　"璋",玉器名,字"玉成",表示玉汝于成。

(2)谦之　　"冠群"意为出类拔萃,字"谦之",以谦虚戒之。

【解析】在传统文化日益受到青睐的背景下,能够传承传统文化血脉的语用题,比如对联拟写题、律诗排序题、阐释古人名字关系的考题都应当引起大家足够的重视。

2. **【示例】**其一:日 + 月→明→文明　　创文明社会　建和谐中国

其二:禾 + 日→香→书香　　博览群书通晓天下事理　沐浴书香养成高尚人格

【解析】本题考查文字组合生成能力以及联想能力、用整齐的句式造句的能力,有着传统文化基因。注意在组字组词时,选择自己比较熟悉的、易于抒发感想的字词。

3. **【解析】**注意两句话的主题、语境、结构和字数要求这些明示性信息,还必须注意隐含性信息,即信息的接受者是朝夕相处、即将分别的战友。

【示例】今日战友相聚共话美好未来,明日大家分手齐说深厚友谊。

4. **【解析】**该图应属于思维导图类,要注意理清思维框架的层次。最低端是整个框架的中心:"瑶族村 3 日行"。下级节点分为"准备"和"实施"两个方面,每个方面又包含几个子节点。

【答案】本次瑶族村 3 日行考察要求参加人员事先查阅资料,了解瑶族概况,备好所需行装;考察期间的主要活动有参观、访谈以及与村民联谊,每人需写日记记录考察情况。

5. **【解析】**本题考查曲线图表的阅读分析能力。解答时,要注意数据曲线所呈现出来的互动关系,并且注意各个时期的不同特点,进而由这种特点总结出启示来。

【答案】(1)团队的工作效率开始逐步下降,激励力度进一步提高。(2)在不同的时期,根据团队工作效率的变化,调整激励力度。

6. **【解析】**首先要认真阅读表格。阅读表格时要注意三点:一是表格的标题,二是行和列的提示,三是其中的数据。然后要分析表格中数据的变化情况,找出变与不变之处。最后根据文段内容,联系横线前后的语句,填上准确恰当的内容

【答案】增加的 12 个城市全都来自发展中国家　　增加的 13 个城市仍全部来自发展中国家　　发展中国家扮演了主要角色(或"发展中国家起决定性作用")

7. **【解析】**从中看懂我国个税的四次调整情况,总结出个税起征点额与工薪阶层受益的关

系即可。

【答案】(1)我国个税起征点分别经过了800元、1600元、2000元、3500元四次调整。

(2)个税起征点逐渐提高,工薪阶层及低收入阶层受益多。(特点:前三次调整幅度小,后一次调整幅度大。影响:对经济增长起到促进作用)

8.【解析】本题将对漫画理解的考查与仿写结合起来,属于综合性考查。答题时要看清沙发后面的那两个“面具”。

【示例】朋友就是那种能够摘下面具真心谈笑的人。

9.【解析】解答的关键在于认真观察漫画变异点,以此为切入点探讨寓意。

【答案】内容:远处工厂的废水蜿蜒而来,废水边的人惊愕地发现自己在水中的倒影成了一具骷髅。寓意:环境污染严重危及人类的生存和生命。

10.【解析】这个图表的主要内容为公路、铁路、民航客运量的对比,主图为柱形图,解题时要注意横坐标、纵坐标所标注的数据,全面、准确地分析表格中的数字以及呈现出的规律,通过比对,按设题及答题要求,概括出结论和原因。

【答案】(1)结论:铁路开通后,客运量超过公路、民航,成为出行首选。(2)原因:铁路出行比公路速度快,比民航费用低。

11.【解析】注意上下文之间的相互关联。①在句式上应与下文的“南为越国”一致,后文又提到了吴国,因此,应补写“北为吴国”。②下文中提到了“海洋文化”,此处应予以体现。③与上文构成转折关系。

【答案】①北为吴国 ②吴越的(海洋)文化特征也各自显现出来 ③但终究自成一家,各具特色

12.【解析】①处上文写了东滩的美景,下文写的是东滩5年前的景象,提示此处应填过渡性句子,据此可确定答案应为“东滩的景象可不是这样”一类的句子;②处上文写到了东滩5年前偷猎、毒杀鸟儿现象很多,下文写的是互花米草的入侵,而且明显可以看出互花米草的入侵带来的破坏性更大,据此可确定此处应填“比偷猎者更可怕的,是互花米草”之类的内容。

【答案】①东滩的景象可不是这样 ②比偷猎者更可怕的,是互花米草

13.【解析】采用应用文体的形式。需要根据这一特定文体、对象、语境,选择得体的词语。五个需要修改的地方,都是从修辞角度设题,用词违背了“得体”原则。其中“忝列”“绵薄之力”是谦词,“佼佼者”是敬词,“霸主”用于表示感谢的书信有失庄重,“编安”使用的对象是编辑,用于医学科学家则是对象误用了。

【答案】(1)将“霸主”改为“大家”;(2)将“忝列”改为“屈就”;(3)将“绵薄之力”改为“指导帮助”;(4)将“佼佼者”改为“爱好者”;(5)将“编安”改为“安康”。

14.【解析】完成图画题和徽标题,除了读懂读准材料之外,重要的是合理的想象和恰当的描述。想象的情感氛围基调要与画面相吻合,描述画面要抓住画面特征。这幅画的名称“巷口”和人物衣着,说明画面背景是上个世纪前半叶的中国农村,题干中的“盼”字是体现文本思想和情感基调的关键字,用两种修辞手法在80个字以内合理描写场景是具体要求。示例用了对偶和反衬手法。

【示例】夕阳西下,晚霞再起。此刻,麻雀们正在树枝上交谈。巷口,奶奶牵着孙子的小手伫立凝望,神情忧郁地期待着游子归来——是儿子,是父亲。身后,空巷幽幽,柴门半开……

15.【解析】首先,要围绕“和”这个中心来进行议论。其次,要求结合《论语》或《三国演义》

来写，同时也考查了我们的传统文化功底。再次，要求运用排比手法，又是对修辞知识的考查。

【示例】其一：《论语》中既有“礼之用，和为贵”的行事准则，也有“君子和而不同，小人同而不和”的谆谆告诫，还有“和无寡，安无倾”的社会理想，这部儒家经典蕴含了仁爱和谐的尚和精神。

其二：诸侯争霸，群雄逐鹿，三国鼎立。生灵涂炭渴望休养生息，社会动荡期盼和平安宁，战乱频仍祈求国家大治，宏伟的三国长卷蕴含了人们对天下归一的追求。

16.【解析】最为重要的是，要明确材料的论述话题，应结合调查数据和其中重复出现的关键词“难以评价”来发表自己的看法。

【示例】这些数据显示出相当一部分青少年对社会公德及个人品德的价值判断模糊。

17.【解析】主题词，就是用来标明图书、文件等主题的词或短语。这既是考查考生灵活运用语言解决实际问题的有效途径，又是考查考生面对实际科学创新能力的有效办法。

【示例】其一：释放青春展现活力，放飞理想迎接新年。其二：张扬个性显风采，辞旧迎新庆新年。

18.【解析】结束语要起到一个总结的作用，要紧扣“毛泽东诗词朗诵会”这一主题，在引用毛泽东诗词的时候，要保持语言的连贯，并需对相应的诗词点评赏析，让与会者体味到毛泽东诗词的激情。

【示例】毛泽东诗词是中国诗林中矗立的一棵参天大树，是中国革命的壮丽史诗，从“鲲鹏击浪从兹始”到“恰同学少年，风华正茂”，我们领略到了毛泽东“唤起工农千百万”的雄伟气魄，“三军过后尽开颜”的喜悦。“数风流人物，还看今朝。”同学们，让我们永远谨记一代伟人的教诲：一万年太久，只争朝夕！

19.【解析】(1)不要遗漏重要的细节即可。(2)比喻恰当，能正确揭示漫画所包含的哲理即可。

【答案】(1)一个人双手交叉在胸前，下巴靠在双手上，闭着眼睛，嘴和鼻子呼出的一串“Z”表明他正在呼呼大睡，他的脑袋上画着一只笼子(或铁窗、铁门等)，里面关着的正是他自己。(2)示例：懒惰就(像一扇铁门)，关住了知识的仓库，让你一事无成。

20.【解析】本题考查分析、归纳、概括能力。六项调查数据可分为两类：对父母关爱的渴望及因缺少关爱而引发的心理问题。注意答案语言要简洁。

【答案】(1)留守儿童渴望得到父母关爱；留守儿童心理问题突出。(2)留下你的关爱，守护他的心灵。

21.【解析】根据前文内容，可以确定横线处的首句应为⑥，从而排除 B、D 两项；而②是对③的延伸，据此可排除 A 项。由此即可得出答案。

【答案】C。

第二编　文学常识

【考试大纲解读】

在考试大纲中，与本编相关的内容，只有“默写现行中学课程标准中规定掌握的常见诗文名句”这么几个字。要求默写的诗文，一般都是“常见的”——语文考试大纲要求中学生背诵的75篇诗文，人民教育出版社出版的中学语文课本、读本以及注释中涉及的思想性、教育性、审美性较强且广为人知的精美语句，也是名句考查的主要范围。

【考试真题解读】

Ⅰ. 2020年真题回放

7. 下列有关文学常识的表述，不正确的一项是______。

A. 陶渊明是东晋田园诗人，《归园田居》（种豆南山下）表述了诗人在农耕劳作中获得的惬意和自得，表露出他对隐居生活的热爱。

B. 北宋文学家苏洵，与其子苏轼、苏辙全称“三苏”。他的《过秦论》借古喻今，批评北宋统治者贿赂契丹、西夏以求苟安的政策。

C. 史铁生的散文《我与地坛》表达了作者对生命的一些新的认识和理解。

D.《变色龙》作者是19世纪末俄国小说家契诃夫。

15. ____________________，吾将上下而求索。（屈原《离骚》）

16. 报君黄金台上意，____________________。（李贺《雁门太守行》）

17. 人有悲欢离合，月有阴晴圆缺，____________________。（苏轼《水调歌头》）

18. ____________________，自缘身在最高层。（王安石《登飞来峰》）

19. 朔气传金柝，____________________。（《木兰辞》）

20. 庄生晓梦迷蝴蝶，____________________。李商隐(《锦瑟》)

Ⅱ. 2019年真题回放

7. 下列有关文学常识的表述，不正确的一项是______。

A. 唐朝诗人刘禹锡的《陋室铭》在文体上属于骈体文。

B.《三国演义》是元末明初小说家罗贯中和施耐庵合写的。

C. 法国批判现实主义作家巴尔扎克一生创作了90多部小说，总称为《人间喜剧》。

D. 小说《荷花淀》的作者是中国现代作家孙犁。

15. 夫战，勇气也。____________________，再而衰，三而竭。（《曹刿论战》）

16. 无边落木萧萧下，____________________。（杜甫《登高》）

17. 黑云压城城欲摧，__________。（李贺《雁门太守行》）

18. __________，逸豫可以亡身。（欧阳修《五代史伶官传序》）

19. __________，西北望，射天狼。（苏轼《江城子·密州出猎》）

20. 山舞银蛇，原驰蜡象。__________。（毛泽东《沁园春·雪》）

Ⅲ. 2018 年真题回放

7. 下列有关文学常识的表述，不正确的一项是______。

A.《孔雀东南飞》是我国文学史上现存的第一首长篇叙事诗。

B. 被称为“雨巷诗人”的是戴望舒。

C. 苏轼是豪放词派的代表作家。

D.《百年孤独》的作者为哥伦比亚小说家弗兰茨·卡夫卡。

15. 大道之行也，__________。（《礼记·大道之行也》

16. __________，病树前头万木春。（刘禹锡《酬乐天扬州初逢席上见赠》）

17. __________，铜雀春深锁二乔。（杜牧《赤壁》）

18. __________？曹刘。生子当如孙仲谋。（辛弃疾（南乡子》）

19. __________？总是离人泪。（王实甫（长亭送别》）

20. 落红不是无情物，__________。（龚自珍（己亥杂诗》）

Ⅳ. 对考试真题的解读及复习指导

从近 3 年的考题可以看出，文学名句填空每年必考，文学常识单选题也是每年必考。复习时有必要对文学常识加以关注。

需要说明的是，以往是直接考查文学名句，给上句填下句，或者给下句填上句，这种考法是不是会继续下去呢？现在不会有人给出回答，只能等今后的考试实践来回答了。地方高考，大多用理解性默写形式来考查，难度较大。也许我们会循着地方高考的足迹行走。建议大家适当地练习一下诗文名句的理解性默写。

复习的范围，一般来说，就是要求背诵的 75 篇诗文。平时一定要注意某些字的正确写法。比如“路曼曼其修远兮”“鸡鸣桑树颠”之类的句子，其中“曼”“颠”等古今字，要按照作者本来的写法来写；对“天将降大任于是人也”“浪遏飞舟”中的“是”“遏”，一定要能正确书写；对“一种相思，两处闲愁”中的两个量词，对“流水落花春去也”中“流水落花”的语序，诸如此类的细节问题，一定要达到准确的程度。没有精细，应当不会有好的成绩。

Ⅴ. 考纲规定必背的古诗文篇目

1. 初中 61 篇

《论语》12 章、《孟子》三则（《鱼我所欲也》《生于忧患，死于安乐》《富贵不能淫》）、《庄子》一则（北冥有鱼，其名为鲲）、《礼记》一则（虽有佳肴）、《列子》一则（伯牙善鼓琴）、《左传·曹刿论战》、《战国策·邹忌讽齐王纳谏》、诸葛亮《出师表》、陶潜《桃花源记》、郦道元《三峡》、陶弘景《答谢中书书》、北朝民歌《木兰辞》、张岱《湖心亭看雪》、纪昀《河中石兽》、汉乐府《十五从军征》、陈子昂《登幽州台歌》、韩愈《杂说（四）》、刘禹锡《陋室铭》、柳宗元《小石潭记》、范仲淹《岳阳楼记》、欧阳修《醉翁亭记》、周敦颐《爱莲说》、苏轼《记承天寺夜游》、宋濂《送东阳马生序》（节选）、《诗经·关雎》、《诗经·蒹葭》、曹操《观沧海》、陶潜《饮酒》、王勃《送杜少府之任蜀州》、王湾《次北固山下》、王维《使至塞上》、崔颢《黄鹤楼》、李白《闻王昌龄左迁龙标遥有此寄》、李白《行路难》、杜甫《望岳》、杜甫《春望》、杜甫《茅屋为秋风所破歌》、岑参《白雪歌送武判官归京》、刘禹锡《酬乐天扬州初逢席上见赠》、白居易《卖炭翁》、白居易《观刈麦》、白居易《钱塘湖春行》、李贺《雁门太守行》、杜牧《赤壁》、杜牧《泊秦淮》、李商隐《夜雨寄北》、李商隐《无题》、李煜《相见欢》、范仲淹《渔家傲・秋思》、晏殊《浣溪沙》、王安石《登飞来峰》、苏轼《江城子・密州出猎》、苏轼《水调歌头》、陆游《游山西村》、辛弃疾《破阵子》、文天祥《过零丁洋》、马致远《天净沙・秋思》、张养浩《山坡羊・潼关怀古》、龚自珍《己亥杂诗》、秋瑾《满江红》、辛弃疾《南乡子》(何处望神州)。

2. 高中 14 篇

荀子《劝学》、庄子《逍遥游》、韩愈《师说》、杜牧《阿房宫赋》、苏轼《赤壁赋》、《诗经・卫风・氓》、屈原《离骚》(长太息以掩涕兮……岂余心之可惩)、李白《蜀道难》、杜甫《登高》、白居易《琵琶行》、李商隐《锦瑟》、李煜《虞美人》(春花秋月何时了)、苏轼《念奴娇》(大江东去)、辛弃疾《永遇乐》(千古江山)。

第八章　小说戏剧类

《智取生辰纲》　选自古典长篇小说《水浒传》,作者施耐庵,元末明初人。小说描述北宋末年梁山泊英雄的故事,反映了人民的反抗和斗争。节选的这一部分选自第十六回,写的是大名府留守梁世杰要把十万贯财宝送到东京,给他岳父蔡京庆贺生日,刘唐把这个消息告诉了晁盖,随后联络吴用、公孙胜、阮氏三兄弟和白胜等人聚义举事,决定劫取这不义之财,并由吴用谋划了智取策略。本文有两条线索,一是杨志押送生辰纲,一是吴用等人智取生辰纲。两条线索交织进行,使故事情节曲折多变,悬念迭出,引人入胜。

《杨修之死》　选自古典长篇小说《三国演义》,作者罗贯中,元末明初人。作品根据历史故事进行加工,着力描绘魏、蜀、吴三国的兴衰过程,创造了一系列的生动故事和众多鲜明的人物形象。节选的部分从不同侧面展开曹操和杨修的矛盾冲突。小说以"身死因才误"一线贯穿,把杨修有才、曹操忌才对照着写,情节曲折有致。

蒲松龄　清代文学家。他用数十年时间写成我国第一部文言短篇小说集《聊斋志异》,借谈狐说鬼以讽喻现实,抨击社会的腐败现象。选自其中的《山市》描绘了一幅奇异壮观的"山市"蜃楼图画。《狼》讲述屠户和狼之间的一场较量,讽喻恶人虽然狡诈,终将失败。

《范进中举》　选自我国第一部长篇讽刺小说《儒林外史》,作者吴敬梓,清代人。小说剖析当时不同类型知识分子的生活和精神面貌,抨击了封建科举制度的罪恶。同时对封建社会官场的黑暗和社会风尚的炎凉,以及礼教道德的虚伪也进行了剖析和批判。节选的这一部分运用对比手法描写范进中举前后的表现和境遇,着重刻画范进的疯态和周围的人趋炎附势,批判了科举制度对读书人乃至全社会的毒害,极富讽刺效果。

《香菱学诗》　选自古典长篇小说《红楼梦》,作者曹雪芹,清代小说家。小说以贾宝玉和林黛玉的爱情悲剧为线索,描写了以贾家为代表的贾、史、王、薛四大家族的兴衰史,反映了封建社会晚期广阔的社会现实。节选的这一部分详细叙述了黛玉指点学诗门径,香菱谈读诗体会及香菱苦心写诗的经过。

鲁迅　原名周树人,伟大的文学家、思想家、革命家。主要作品有小说集《呐喊》《彷徨》,散文集《朝花夕拾》,散文诗集《野草》,杂文集《坟》《热风》《华盖集》等,还有不少学术著作和翻译作品。小说《社戏》写"我"与农家小朋友夜间乘船看戏的一段生活经历,表达了对少年生活的怀念。《故乡》以"我"回故乡的见闻和感受为线索,通过闰土和杨二嫂二十多年的前后变化,反映辛亥革命前后中国农村日益破产、农民痛苦的现实,表达了改造旧社会、创造新生活的强烈愿望。《孔乙己》反映的是孔乙己一生的悲剧和冷漠的世态,揭示了封建科举制度和封建文化教育对人的戕害。

《芦花荡》　作者孙犁,现代作家。其小说写景和抒情熔于一炉,充满诗情画意,有"诗体小说"之称。《芦花荡》记叙抗日战争期间反扫荡斗争中的一个故事,描绘和赞颂了战斗在抗日烽火中的冀中人民。作品以明丽流畅的笔调,秀雅隽永的风格和鲜明的劳动者形象,在读者中间引起了强烈的反响。

《蒲柳人家》(节选)　作者刘绍棠，当代小说家。他追求田园牧歌式的风格，从内容到形式都追求乡土化、民族化，以写京东运河两岸的乡土生活而著名。《蒲柳人家》以九·一八事变后卢沟桥事变前冀东抗日救亡活动日趋兴起的历史阶段为背景，突出描写了20世纪30年代京东运河两岸的劳动生息、风土人情和斗争生活。

《荒岛余生》　节选自长篇小说《鲁滨孙漂流记》。作者笛福，十七世纪英国小说家。小说记述鲁滨孙出海经商遇到风暴，船只被巨浪吞没，他被抛到一个荒岛上过了28年的艰辛生活。节选的这一部分，主要写了鲁滨孙被陷荒岛之初那种绝望又尽力寻求希望的矛盾心情，表现了人物在逆境中奋斗的顽强精神。

《最后一课》　作者都德，19世纪后期法国小说家。小说以普法战争为背景，通过小弗朗士去上最后一堂法语课的见闻和感受，表现了法国人民在国土沦亡时的悲愤心情和强烈的爱国精神。

《我的叔叔于勒》　作者莫泊桑，19世纪后期法国小说家。小说通过菲利普夫妇对亲兄弟于勒先后不同的态度，揭露了资本主义社会人与人之间赤裸裸的金钱关系。

《变色龙》　作者契诃夫，19世纪末俄国小说家。小说通过精彩的对话，表现了警官奥楚蔑洛夫在处理狗咬人手指的案件中，见风使舵、欺下媚上的卑劣品质。

《柳毅传》(节选)　传奇小说。作者李朝威，唐代人。小说通过对柳毅、龙君、龙女等几个人物优秀品质的描写，肯定并歌颂了正直、正义等美德，是唐代小说中最富有浪漫主义色彩的优秀作品，对后世戏曲颇有影响。

《林教头风雪山神庙》　节选自《水浒传》。作者施耐庵，元末明初小说家。《水浒传》在宋元以来民间故事、话本的基础上加工创作而成，是我国第一部以农民起义为题材的长篇白话章回体小说。它描写了以宋江为首的农民起义发生、发展和失败的全过程，刻画了众多的人物形象。选文主要描写林冲由奉公守法、逆来顺受到奋起反抗、逼上梁山的经过，反映了官僚恶霸的凶残，封建社会政治的腐败，人民被迫走向反抗斗争的社会现实。

《失街亭》　选自《三国演义》。《三国演义》是我国第一部长篇章回体历史小说，作者罗贯中，元末明初小说家。《三国演义》故事起于刘备、关羽、张飞桃园三结义，止于晋灭吴，描写了东汉末年和整个三国时代100年左右的政治和军事斗争。结构宏大，情节曲折，人物众多，语言简练生动。本文节选自第九十五回和第九十六回，写的是诸葛亮想要北定中原而出兵祁山，魏蜀之间在街亭的一次战斗。文中的诸葛亮是一个有血有肉的人，尤其是“挥泪斩马谡”的情节，展示了人物丰富而复杂的内心世界。结尾处的悲剧处理，扩展并深化了作品的思想内涵和艺术境界。

《杜十娘怒沉百宝箱》　选自《警世通言》，它与《喻世明言》《醒世恒言》合称“三言”，共120篇，由明代文学家冯梦龙编订，属“话本”小说。“话本”原指“说话(说书)人”讲述故事时所用的底本，后来经过“说话人”不断丰富，再经过文人加工，逐渐成为供人阅读的短篇小说。这种短篇小说就被称为“话本”。文人(主要是明代文人)模拟话本体制写成的作品被称为“拟话本”。与之相近的还有“二拍”：《初刻拍案惊奇》《二刻拍案惊奇》，属“拟话本小说”，由凌濛初编订。本文是一篇话本小说，描写的是京师名妓杜十娘的爱情悲剧。小说把杜十娘、李甲和孙富几个人物放在一定的社会环境中刻画，个性鲜明，情节曲折。

《促织》　选自我国第一部文言短篇小说集《聊斋志异》，作者蒲松龄，清代文学家。其小说多借鬼狐怪异之事，或反映黑暗的社会现实，或歌颂纯真的爱情。《促织》通过描写主人公成名

因被迫交纳促织而备受摧残、几乎家破人亡的命运,反映皇帝荒淫无道、官吏横征暴敛的罪恶现实,寄寓了对下层群众的深切同情。

《红楼梦》 又名《石头记》,长篇章回体小说。《红楼梦》共一百二十回,前八十回为曹雪芹所作,后四十回一般认为是高鹗所续。《林黛玉进贾府》节选自第三回,以林黛玉初进贾府的见闻感受,初步展现了封建大家族贾府的富贵豪华,并介绍了林黛玉、王熙凤、贾宝玉等各具性格的人物。本文写人物的出场极具特色,人物语言精彩传神。《宝玉挨打》节选自第三十三回和第三十四回,是全书的第一个高潮。宝玉挨打的根本原因在于他是一个鄙视仕途经济、背离封建礼教的叛逆者,与封建卫道士贾政之间存在着不可调和的矛盾。宝玉挨打的实质是封建大家庭中正统势力对叛逆者的一次镇压。《抄检大观园》节选自第七十四回,是全书的又一个高潮。一个小小的绣春囊,引发了这次重大的事件,实际上是贾府内种种矛盾激化的结果,也是贾府由盛而衰的一个征兆。本文从人物性格特点出发,通过人物的活动推动情节的发展,并在对比中形成波澜起伏的情节。

《祝福》 作者鲁迅。选自小说集《彷徨》,塑造了祥林嫂这一遭凌辱、受迫害的旧中国农村劳动妇女的典型形象,深刻地揭露了封建礼教和迷信对妇女的精神摧残。小说描写的鲁镇这一典型环境实际上是封建礼教笼罩下的整个黑暗社会的缩影。《药》选自小说集《呐喊》,从一个侧面反映辛亥革命前后中国的社会现实。小说中,华老栓买药给儿子治病这条明线与革命者夏瑜被杀这条暗线,通过刑场、茶馆、坟地几个场景连接、交织、融合在一起,形成一个有机的故事。不仅控诉了封建制度的罪恶,揭露了统治者愚弄人民的本质,而且用革命者的鲜血竟成了治病之“药”这一发人深省的事件,表现了群众的愚昧和革命者的悲哀。《阿Q正传》也选自《呐喊》,是现实主义杰作。它以辛亥革命前后中国农村为背景,刻画了阿Q这一典型形象,也画出了“沉默的国民的灵魂”——精神胜利法。

《边城》 作者沈从文,现代作家。这篇小说以翠翠的爱情悲剧展现了湘西地方的风情和人性之美,歌颂了现实生活中古老的美德和人间的至情。

《荷花淀》 作者孙犁,现代作家。这是他短篇小说的代表作。作品细致地描写了抗日战争时期白洋淀人民对敌斗争的生活,生动地表现了军民英勇抗敌的爱国精神和热爱生活的革命乐观主义精神。

《陈奂生上城》 作者高晓声,当代作家。作品描述的是十一届三中全会后农村发生的深刻变化。主人公陈奂生被视为新时代的阿Q,他勤劳、单纯、善良,但又狭隘、自私、患得患失。作品反映了新时代的农民在物质生活改善后对精神生活的向往,以及在这个过程中的喜悦、苦恼和尴尬。

《守财奴》 作者巴尔扎克,19世纪法国批判现实主义的杰出代表。他一生创作了90多部小说,总称为《人间喜剧》。《高老头》《欧也妮·葛朗台》就是其中著名的两部长篇小说。本文选自《欧也妮·葛朗台》,它以家庭财产的纠纷为中心,展现了葛朗台对金钱的强烈占有欲,刻画出他贪婪、吝啬、专横、虚伪的形象。

《装在套子里的人》 作者契诃夫,19世纪末俄国批判现实主义作家,世界著名的短篇小说大师。他擅长在平静的生活中看出事物的本质,把笔触伸向人物内心世界,揭露当时的各种社会病态,具有一种机智幽默,略含讽刺,平而不淡,浓而不烈的风格。这篇小说运用讽刺手法塑造了一个保守、反动、害怕新事物、扼杀新思想的典型形象——别里科夫。文中的“套子”,象征沙皇政府专制统治,以及维护旧制度、旧秩序、害怕新事物的腐朽保守思想。

《项链》　作者莫泊桑,19 世纪法国批判现实主义作家。代表作有短篇小说《羊脂球》(成名作)、长篇小说《漂亮朋友》等。《项链》以项链为线索展开情节,尖锐地讽刺了爱慕虚荣的思想。出人意料的情节发展和细腻的心理描写是它突出的艺术特点。

《变形记》　作者弗兰茨·卡夫卡,奥地利小说家。卡夫卡善于用象征、夸张、变形的手法,揭示现代社会所面临的困境和“现代人的困惑”。这篇小说通过人变为虫的荒诞情节,深刻地揭露了资本主义制度下人与人之间的利害关系,以及小人物的悲惨命运。这篇小说是表现主义的代表作之一。表现主义用写实手法描写客观世界,强调表现作家的主观感受,作品常常致力于探讨抽象的哲学问题,情节离奇荒诞,而细节真实细腻,注重心理描写。

《墙上的斑点》　作者弗尼吉亚·伍尔夫,英国意识流小说家。这篇小说描写主人公看到墙上有一个斑点而引发一连串漫无边际的遐想,后来发现,那个斑点不过是爬在墙上的一只蜗牛。作者正是通过描述人物头脑中的这种意识流动的状况,来表现她所认为的人类真正的生活状态。本文是她意识流小说的代表作之一。意识流小说家认为人的思想意识是变幻无端、纷繁复杂的流动体,他们摒弃情节,让笔触始终追随着人物的意识流动,通过象征、暗示、内心独白和自由联想来表现人的“内心真实”。

《百年孤独》(节选)　作者加夫列尔·加西亚·马尔克斯,哥伦比亚小说家,20 世纪拉丁美洲魔幻现实主义杰出的代表作家。这部长篇小说是作者历时 18 年完成的,描写西班牙移民的后代布恩地亚家族的兴衰与马贡多由开拓、繁荣至再次毁灭的历史,反映了拉丁美洲长期封闭落后、与世隔绝的状态以及拉美人孤独、阴暗的心境,被誉为“再现拉丁美洲历史社会图景的鸿篇巨著”,获“当代的《堂吉诃德》”美誉,作者因此被称为“当代的塞万提斯”。魔幻现实主义是拉丁美洲最具世界影响的现代主义流派,“变现实为幻想而不失其真”是它的基本特征。

《窦娥冤》　全名《感天动地窦娥冤》,共四折。作者元代戏曲家关汉卿。剧本写的是青年妇女窦娥的冤案,揭示元朝吏制的腐朽,反映社会的黑暗,歌颂窦娥的善良和反抗精神。运用想象、夸张的手法显示正义抗争的强大力量,寄托作者的爱憎,反映人民伸张正义、惩治邪恶的愿望。课文选自剧本第三折,写窦娥被押赴刑场惨遭杀害,着重表现善良弱小的百姓与强大的黑暗势力之间的冲突,是全剧的高潮,具有震撼人心的力量。

《长亭送别》　选自《西厢记》,作者是元代戏曲家王实甫。全剧写张生和崔莺莺的爱情故事,具有鲜明的反封建礼教和封建婚姻制度的主题。《长亭送别》是剧本的第四本第三折,描写莺莺送张生进京应考的情景,细腻地刻画了莺莺在送别时的微妙心理。通过对秋天景物的描写,构成萧瑟凄冷的氛围,与主人公的离愁别绪相互融合。曲词富于文采,所用修辞方法多种多样,融古代诗词和民间口语为一体。例如“碧云天,黄花地,西风紧,北雁南飞。晓来谁染霜林醉?总是离人泪”,“将来的酒共食,尝着似土和泥。假若便是土和泥,也有些土气息、泥滋味”等曲,历来雅俗共赏。

《闺塾》　选自《牡丹亭》,是我国戏曲史上浪漫主义的杰作。作者是明代戏曲家汤显祖。通过杜丽娘和柳梦梅的生离死合爱情故事,歌颂了女主人公为情而死为情而生的感人至情,表达追求爱情自由、个性解放的愿望,也揭露了礼教社会的僵死、冷酷和虚伪。《闺塾》选段描写杜丽娘、侍女春香初次在闺塾听老塾师陈最良授课的情景,生动刻画了三个性格迥异的人物性格,表现封建礼教与年轻人的天性真情的冲突,对封建教育进行了辛辣的嘲讽。

《哀江南》　选自《桃花扇》,作者是清初戏曲家孔尚任。这个著名的悲剧巧妙地借复社名士侯方域与秦淮名妓李香君悲欢离合的爱情故事,反映了南明王朝覆灭的历史悲剧。所选的

《哀江南》通过教曲师傅苏昆生在南明灭亡后重游南京所见的凄凉景象，话兴亡之感，抒亡国之痛，表达了强烈的故国哀思。

《茶馆》(节选) 话剧，作者老舍。本剧主要写裕泰茶馆从清末到新中国成立前夕 50 年的变迁，进而反映当时的社会面貌，揭示了旧中国的动荡黑暗和罪恶。全剧最大的结构特点是没有贯穿始终的矛盾冲突，而以茶馆主人王利发的悲剧命运和裕泰茶馆的盛衰变迁为剧情线索，反映半封建半殖民地旧中国的社会面貌。

《雷雨》(节选) 作者曹禺，剧作家，代表作有话剧《雷雨》《日出》《原野》等。《雷雨》是一部杰出的现实主义悲剧，它以 20 世纪 20 年代中国社会为背景，通过周、鲁两家夫妻、父子、兄弟等错综复杂的矛盾，深刻地揭示了以周朴园为代表的、带有浓重的封建色彩的资本家的罪恶及其必然崩溃的命运。本剧戏剧冲突强烈，人物语言极富个性。

《罗密欧与朱丽叶》 作者莎士比亚，文艺复兴时期英国伟大的诗人和戏剧家。其传世剧本有 30 多种，最著名的是《李尔王》《哈姆雷特》《奥赛罗》《罗密欧与朱丽叶》《威尼斯商人》等。本剧是一部诗意浓郁的爱情悲剧，剧中男女主人公的名字几乎成了忠贞爱情的象征。全剧反映了人文主义者对封建压迫的反抗和对自由爱情的追求，充满积极向上的乐观主义精神，鼓舞人们追求幸福，向往美好的未来。

《等待戈多》(节选) 作者萨缪尔·贝克特，生于爱尔兰，后定居巴黎，是荒诞派戏剧的代表作家。本剧是贝克特的代表作，写两个流浪汉在乡间小道的一棵枯树下焦急地等待戈多。至于戈多是谁，为什么要等他，连他们自己也不清楚。本剧表现现代文明中一些人精神上等待与失望、苦闷和迷惘的情绪。荒诞派作家认为世界是荒谬的，人生是毫无意义的，因此，“非理性”成为他们戏剧表现的核心内容。其作品无性格鲜明的人物形象，无扣人心弦的戏剧冲突，舞台形象支离破碎，人物语言颠三倒四，道具功能奇特怪异。

第九章　散文类

《曹刿论战》　选自《左传》。《左传》是我国第一部叙事详备的编年体史书。本文记载齐鲁长勺之战，表现了曹刿的远谋和军事才能，反映了政治上取信于民，军事上后发制人的战略战术原则。文中曹刿说："夫战，勇气也。一鼓作气，再而衰，三而竭。彼竭我盈，故克之"，反映了战争规律。语言简练，剪裁得体，体现了《左传》长于记事的特点。

《〈论语〉十则》　《论语》是记录孔子及其弟子言行的书，由孔子的弟子和再传弟子辑录。内容以伦理、教育为主，是儒家经典之一。与《大学》《中庸》《孟子》合称"四书"。孔子，名丘，字仲尼，春秋后期鲁国人，儒家学派的创始人，我国古代伟大的思想家、教育家。十则语录主要讲述教育和做人。其中"温故而知新"，"学而不思则罔，思而不学则殆"，"三人行，必有我师焉"，"知之为知之，不知为不知，是知也"，"见贤思齐焉，见不贤而内自省也"，"有朋自远方来，不亦乐乎"，"岁寒，然后知松柏之后凋也"，"己所不欲，勿施于人"等都是千古名句。

《公输》　选自《墨子》。由墨子的弟子根据墨子的言行和墨家的学说编写而成，记录墨子及其弟子的言行，宣传"兼爱""非攻"等主张，反映小生产者的利益和愿望；墨家与儒家在当时并称显学，影响很大。《公输》叙述墨子说服公输盘，迫使楚王放弃进攻宋国的侵略意图，表现墨子为实现"非攻"主张而积极奔走的精神。

《孟子》　儒家经典之一，孟子及其门人所作，主要记录孟子言行。《得道多助，失道寡助》阐述"人和"是克敌制胜的首要条件。"天时不如地利，地利不如人和"等名句即出于此。《生于忧患，死于安乐》用层层推进的方法，从正反两方面进行推论，阐明人才要在困境中造就和人处困境能激发斗志、国无忧患易遭灭亡的道理。中间一段"天将降大任于是人也，必先苦其心志，劳其筋骨……"讲磨炼人的意志品质，极富启示。《鱼我所欲也》论述人们应该怎样对待"所欲"的问题，指出"义"的价值高于生命，贤者在必要时应当"舍生取义"。"鱼与熊掌不可兼得"等熟语都出自此文。

《庄子》　道家经典之一，是庄周和他的门人及后学的著作集。《惠子相梁》表现庄子对功名利禄的鄙弃。《庄子与惠子游于濠梁》反映了庄子"万物与我为一"的思想。两则故事都展现了庄子的机敏与幽默诙谐。

《愚公移山》　选自《列子》。今本《列子》是东晋人搜集有关列御寇（列子，名寇，又名御寇，战国前期道家代表人物之一）的材料编成的，里面保存了不少先秦神话传说和寓言故事。本文是一篇寓言，反映人类征服自然的理想和为理想而献身的精神；篇幅短小而结构完整，有波澜起伏的情节。

《大道之行也》　选自儒家经典《礼记》。《礼记》是西汉戴圣对秦汉以前的各种礼仪论著加以辑录、编纂而成。《大道之行也》通过对理想中的"大同"社会基本特征的描述，表达了儒家的"天下为公"的社会理想。

《夸父逐日》　选自《山海经》。《山海经》是我国最早的一本地理书，书中记述古代传说中的山川、部落和物产，同时，也保存了很多远古的神话传说、历史故事。本文表现夸父无比的英

雄气概,反映了先民征服大自然的愿望和顽强意志。

《陈涉世家》 节选自《史记·陈涉世家》。《史记》记载了我国远古直到汉武帝时的历史,是我国第一部纪传体通史,作者司马迁。本文记叙的是陈涉领导的我国历史上第一次农民起义的原因、经过和起义军初期的迅猛发展形势,表现陈涉在反对秦王朝暴力统治斗争的关键时刻所发挥的作用。

《战国策》 国别体史书。相传为战国时期各国史官或策士辑录,西汉末年刘向整理而成。记录了战国时期各国谋臣策士的活动,是一部优秀散文集。语言生动,人物形象鲜明,善于借助寓言、故事说明抽象的道理。《唐雎不辱使命》写唐雎面对狂暴的秦王,不惊慌、不示弱,置个人生死于不顾,最终折服秦王,出色地完成了出使秦国的任务。《邹忌讽齐王纳谏》记邹忌从自己与徐公比美中悟出治国之理,意在讽劝齐王广开言路,博采众议,修明政务。

《出师表》 作者诸葛亮,三国时期政治家、军事家。文中提出广开言路、严明赏罚、亲贤远佞三条建议,表明忠于刘氏和北定中原的决心。本文情词恳切,感人肺腑,有不少脍炙人口的名句,如"受任于败军之际,奉命于危难之间"等。

《隆中对》 节选自《三国志·诸葛亮传》。《三国志》为西晋史学家陈寿撰,是一部记载魏蜀吴三国历史的断代史,对后世小说、戏曲也产生了广泛影响。它与《史记》《汉书》《后汉书》并称"前四史"。选文记述刘备三顾茅庐请教诸葛亮,诸葛亮纵论天下大势、议论风发,使刘备对他倚重有加。

陶渊明 东晋文学家。《桃花源记》借渔人进出桃花源,虚构了一个与黑暗现实社会相对立的美好世界,寄托了作者的政治理想,反映了人民的意愿。《五柳先生传》中的五柳先生既是陶渊明的自况,也是作者心中的理想人物——安贫乐道、抱朴守真的隐士形象。文章写得极其平淡自然,看似未尝经意,却把五柳先生的个性、高志和奇趣生动形象地表现了出来。

《答谢中书书》 作者陶弘景,南朝人。齐时一度为官,后去官隐居。时人谓之"山中宰相"。这篇短札叙述江南山川之美,清丽自然,毫无堆砌雕琢之病。

《与朱元思书》 作者吴均,南朝人。这篇书信体写景短文文字清丽,充分描绘了浙西一带的秀丽风光,颇具诗情画意。

《世说新语》 南朝宋刘义庆和他的门人编纂,记载汉末至东晋士大夫的言谈轶事。《咏雪》表现了谢道韫的文学才智。《陈太丘与友人期》表现了7岁的陈纪的聪明机智、不卑不亢的言行。

《马说》 作者韩愈,唐朝文学家。"说"是一种叙议结合的文体,类似现代的杂文。本文以伯乐和千里马为喻,对统治者的不识人才、摧残和埋没人才表示强烈的愤慨。

《陋室铭》 骈体文。作者刘禹锡,唐朝诗人。"铭"是古代刻在器物上用来警戒自己或称述功德的文字,后来成为一种文体。本文通过对居室情景的描绘,极力形容"陋室"不陋,表达了一种高洁傲岸的节操和安贫乐道的情趣。

《小石潭记》 作者柳宗元,唐朝文学家。本文是一篇山水游记。作者以简练洁净的笔墨,描绘了小石潭石之奇、水之清、鱼之乐、人之情,渲染出了一种幽深静谧的诗的意境。状物生动,摹景真切,最能代表作者山水游记的特色。

《岳阳楼记》 作者范仲淹,北宋文学家。文章以作"记"为名,借题发挥,表达了"不以物喜,不以己悲"的旷达胸襟和"先天下之忧而忧,后天下之乐而乐"的政治抱负。将叙事、写景、抒情和议论结合在一起,气象宏伟,意趣无穷。

《醉翁亭记》 作者欧阳修，北宋文学家。本文是一篇优美的抒情散文，语言精练，有诗一般的意境，写景和抒情相结合。文章生动地描写了醉翁亭的秀丽风光，勾勒了一幅太守与民同乐的图画，抒发了作者娱情山水排遣郁闷的复杂感情。"醉翁之意不在酒，在乎山水之间也"是本文的中心句。

《爱莲说》 作者周敦颐，北宋文学家、哲学家。本文托物言志，用"莲"的高洁品格自况，婉曲地批判了当时趋炎附势、追求富贵的世风。"予独爱莲之出淤泥而不染，濯清涟而不妖"等是名句。

《记承天寺夜游》 作者苏轼，北宋文学家。本文随手写来，似不经意，却对月夜的景色作了美妙的描绘，透露出作者贬谪中自我排遣的特殊心境和些许不满情绪。

《送东阳马生序》 作者宋濂，明朝文学家。序，也称赠序，产生于唐代，是送别亲友时所用的一种文体，多用散文写成。本文寓理于事，以事明理，通过回顾自己早年求学时的艰苦经历与切身感受，启发马生，勉励他刻苦学习，自励精进。

《敬业与乐业》 作者梁启超，近代思想家、文学家、学者，"戊戌变法"的主要领导人。本文是一篇演讲稿，作者引用大量事例和名人著述，论述了有业、敬业、乐业在人类生活中的重要性，表明了自己的人生态度，并对世人提出敬业与乐业的中肯劝告。

鲁迅 《从百草园到三味书屋》通过百草园与三味书屋两段生活的对比，表现了儿童天真活泼的性格及其对自由快乐生活的向往，反映了封建教育对儿童身心的束缚。《藤野先生》赞扬藤野先生正直热情、治学严谨又没有民族偏见的性格，追述了自己当年弃医从文的思想变化，洋溢着爱国主义感情。

《我的母亲》 作者胡适，现代文学家、学者。他的《尝试集》是我国现代第一本新诗集。散文《我的母亲》用朴实的文字写了母亲的为人和母亲对"我"的教育和影响，表达了对母亲深切的怀念。

朱自清 散文家、诗人、学者、民主战士。《背影》是纪实散文，写车站送别时父亲的背影，语言朴实而饱含深情，抒发了真挚的父子亲情。《春》是写景抒情散文，以生动形象的语言描绘春天的动人景象，赞美春的活力，给人以希望和力量。

《竹影》 作者丰子恺，现代画家、散文家。本文写"我"和小伙伴看天看月看人看竹影，颇有几分中国画的意味，充满着童趣和艺术的美。

《济南的冬天》 作者老舍，现代作家。代表作有长篇小说《骆驼祥子》《四世同堂》，话剧《茶馆》《龙须沟》等。散文《济南的冬天》紧紧抓住济南冬天"温晴"这一特点，描述济南特有的冬景，表达了对于济南冬天最鲜明的印象和感受。

冰心 女作家、儿童文学家。《观舞记》表现印度舞蹈美妙的旋律，轻盈的舞姿，把异国文化风情形象地展现在读者面前，让人想象出那生命与心灵的跃动和狂欢。《谈生命》对人生的每个阶段进行了形象的解说，并告诫人们"生命中不是永远快乐，也不是永远痛苦，快乐和痛苦是相生相成的。""快乐固然兴奋，苦痛又何尝不美丽?"

巴金 现代作家，1981 年曾获得"国际但丁文学奖"。在短文《日》中作者用主要篇幅赞美飞蛾扑火，感喟"生命是可爱的，但寒冷的、寂寞的生，却不如轰轰烈烈的死。"在《月》中作者主要写月光的冷，同时写了光和热。

《云南的歌会》 作者沈从文，现代作家，学者。这篇散文以极其富有情趣的语言描写了云南的少数民族歌会盛况，表达了作者对少数民族风俗的热爱之情。

《吆喝》 作者萧乾，著名记者、作家、文学翻译家。本文以平易又不乏生动幽默的语言介绍了旧北京街市上动人的一景——各种叫卖声，反映了北京的风俗习惯，于缓缓的追忆语调中流露出的是愉悦的怀想，引人体味生活中蕴含的浓郁的情趣。

《老王》 作者杨绛，现代女作家、翻译家。这篇散文写作者与车夫的交往，写车夫艰难困苦的生活和厚道的品格，含蓄地提出了关怀不幸者的社会问题。

《爸爸的花儿落了》 作者林海音，台湾女作家。通过记叙爸爸对自己的教育，表现作者对父亲深沉的爱，同时也写出了父亲对自己的深情和盼望自己长大、懂事的情感。融情于事，含蓄蕴藉。

《端午的鸭蛋》 作者汪曾祺，以追求民族化、"中国味儿"，追求独异的地域风情、体现传统的人性美著称的现代作家。本文记叙的是自己家乡特有的一种咸鸭蛋，反映的是家乡特有的民俗。

冯骥才 当代作家。《俗世奇人》通过描述两位旧天津瓦肆市井之间的普通手艺人的奇闻趣事，塑造了两位有着独特技艺、独特性格的民间高人形象，展示了旧天津码头人才济济、鱼龙混杂的市井风俗。散文《珍珠鸟》落笔在鸟，而立意却在人生，通过人与小鸟的感情沟通，表达了对互相依赖的渴望，对建立一个和谐美好的清平世界的追求。文字简洁明快，既有绘画明丽的色彩与线条，也有诗的情调。

《信客》 作者余秋雨，当代作家，以写文化散文著称。本文着重刻画一个受人尊重的信客的形象，赞美他任劳任怨、诚信无私、宽容善良，说明无私奉献的人总是能赢得敬重和爱戴。

茨威格 奥地利现代作家，主要成就在小说创作和传记文学方面。《列夫·托尔斯泰》描绘了俄国作家列夫·托尔斯泰的肖像，展示了他独特的外貌特征，揭示了托尔斯泰深邃的内心世界。《伟大的悲剧》这篇文章记述了英国探险家斯科特与挪威探险家阿蒙森在南极考察的角逐之后，斯科特这位失败的英雄和他的队员在归途中的悲壮覆没，说明一个人虽然在同不可战胜的厄运的搏斗中毁灭了自己，但他的心灵却会因此变得无比高尚。

《海燕》 作者俄国作家高尔基，社会主义现实主义文学的奠基人。这首散文诗是作者在1901年写的"幻想曲"《春天的旋律》的结尾部分，采用象征手法刻画了勇于搏击风浪，敢于冲击黑暗的海燕的战斗形象，表达了作者对无产阶级革命风暴的呼唤和企盼，是一曲充满战斗激情的颂歌。

《组歌》 作者纪伯伦，黎巴嫩哲理诗人、画家，阿拉伯现代小说和艺术散文的主要奠基人。《组歌》包括五首散文诗，其中《浪之歌》借助海浪对海岸的热恋形象，表达作者对祖国的忠诚和热爱。《雨之歌》通过描述雨对海岸及世间万物的满腹爱情，歌颂奉献者的伟大和无私。

《子路、曾皙、冉有、公西华侍坐》 选自《论语》。描写孔子与弟子们所进行的有关志向抱负问题的讨论，刻画出孔子和蔼可亲、循循善诱、诲人不倦的形象和他的四位高足各自不同的志向和性格。

《烛之武退秦师》 选自《左传》，相传为春秋末期左丘明所著。《左传》与《公羊传》《穀梁传》合称"春秋三传"，属于编年体史书，叙事详备。《左传》记载了自鲁隐公元年至鲁哀公二十七年共255年的政治、军事、外交等情况，尤其擅长描写战争和外交辞令。本文写郑国大夫烛之武在秦晋联军围困郑国之际，利用秦晋之间的矛盾，说服秦穆公撤兵的故事，赞扬烛之武的爱国精神和卓越的外交才能。

《勾践灭吴》 选自《国语》。《国语》是先秦时代的一部国别体史书。内容重在记言，文字朴实简练。选文记叙越王勾践采取一系列固结民心的措施以复国雪耻的历史，既显示了勾践的权谋策略，又表达出夫差倨傲纵敌以致兵败亡国。其对话极富个性，人物身份、处境和政治谋略尽现。

《孟子》　孟轲，战国时期思想家，与孔子并称。其思想核心是“仁义”。其文章以雄辩著称，善用比喻，逻辑严密，气势磅礴。《寡人之于国也》重点阐述了孟子的仁政主张，反映了他的民本思想。文章运用诱使论敌就范的手法，加上一连串的比喻（如“五十步笑百步”等），笔锋咄咄逼人。《齐桓晋文之事》记叙的是孟子与齐宣王的一次谈话，阐述了孟子“保民而王”的政治主张。在《庄暴见孟子》中孟子借齐宣王“好乐”为话题，阐述了“与民同乐”的“仁政”思想。

《逍遥游》　选自战国时期道家的代表作《庄子》。作者庄子，名周。他继承并发展了老子的思想，与老子并称“老庄”。它擅长采用寓言故事来阐明事理，构思巧妙，想象奇幻，波澜起伏，妙趣横生，极富浪漫主义色彩。《逍遥游》是其最具代表性的一篇，集中表现了庄子追求绝对自由的人生观。文章层层推演，借用寓言说理，想象丰富，意境开阔。

《劝学》　选自《荀子》。《荀子》是战国末期思想家荀况所著，它批判地吸收了各家的观点，修正并发展了孔孟学说。本文阐述学习的重要性和学习的方法，主张“学不可以已”。文章结构完美，且善用比喻，有形象性。

《触龙说赵太后》　选自《战国策》。《战国策》是战国时代的史料汇编，国别体史书，西汉刘向整理。本文是一篇富有文学色彩的历史散文，写老臣触龙机智地劝说赵威后应允其爱子到齐国为人质，求得齐国支援，挽救国家于危亡之中。

《过秦论》　作者贾谊，西汉政论家、文学家。文章借古喻今，劝谏汉文帝施行仁政，防止重蹈秦始皇施行暴政而灭亡的覆辙。

司马迁　西汉史学家、文学家、思想家。他撰写了我国第一部纪传体通史《史记》。《史记》原名《太史公书》《太史公记》，记载上自黄帝，下至汉武帝共三千多年的历史。全书共130篇，分为十二本纪、三十世家、七十列传、十表、八书。它被鲁迅誉为“史家之绝唱，无韵之离骚”。《鸿门宴》选自《项羽本纪》，主要记述项羽进入函谷关以后与刘邦的一场斗争。全文以鸿门宴为中心，以杀不杀刘邦为线索，按时间顺序展开情节，集中反映了项刘之间尖锐激烈的矛盾，表现项羽的胸无城府，缺乏远见，沽名钓誉以及刘邦机智敏捷，善于用人的性格特点。成语“项庄舞剑，意在沛公”等出自本文。《廉颇蔺相如列传》着重写了“完璧归赵”“渑池之会”“负荆请罪”三个故事，表现廉颇与蔺相如为了赵国的利益而与强秦斗争的精神，也表现了廉蔺二人为了祖国的利益捐弃个人嫌隙，一致对敌的勇气和胸怀。《报任安书》是司马迁写给他的朋友任安的一封回信，阐明了自己受刑以后隐忍求活的原因，表达了坚持完成《史记》的决心。

《陈情表》　作者李密，西晋人。“表”是古代奏议的一种，用于向帝王陈说愿望和请求。文章委婉详尽地叙述了作者和祖母相依为命的处境，申述暂不能应召赴任的衷情。文中“外无期功强近之亲，内无应门五尺之童，茕茕孑立，形影相吊”，“日薄西山，气息奄奄，人命危浅，朝不虑夕”等都是脍炙人口的名句。

韩愈　唐朝诗人、散文家。与柳宗元合称“韩柳”，同为“古文运动”的倡导者。其散文气势雄健，列为“唐宋八大家”之首。北宋苏轼称他“文起八代之衰”。《师说》是写给他的学生李蟠的一篇议论性散文，论述了从师学习的重要性，批判了当时士大夫耻于从师的陋习，表现了作者不忌世俗，独抒己见的精神。《祭十二郎文》打破传统祭文四言韵语的格局，以散体文章形式，淋漓尽致地抒写胸中哀感，真切自然，丝毫没有华而不实、虚饰应酬之嫌，是“祭文中千年绝调”。

《种树郭橐驼传》 作者柳宗元，唐朝文学家，“唐宋八大家”之一。本文兼有传记文章和寓言的特点，使得叙议结合、事理相生。形象地表明了作者在永贞革新中的重要政治观点：与民休息，不可生事扰民。

《阿房宫赋》 作者杜牧，唐代人，擅长七绝。因不满唐敬宗的大兴土木、沉湎声色而写作此赋，希望统治者能以秦朝灭亡的教训为借鉴，收敛穷奢极侈的愚妄之举。写法上描写和议论紧密结合，抒情则寓于描写议论之中。语言骈散相间，错落有致。

《伶官传序》 作者欧阳修，北宋诗文革新运动的领袖。本文是为所著《五代史记》中的《伶官传》写的序文，是一篇著名的史论。以“盛衰之理，由于人事”为中心展开叙事、议论，叙事简约，论证严密，对比鲜明，抑扬有致，具有很强的说服力。其中“忧劳可以兴国，逸豫可以亡身”“祸患常积于忽微，而智勇多困于所溺”是著名警句。

《六国论》 作者苏洵，北宋文学家。与其子苏轼、苏辙合称“三苏”，同为“唐宋八大家”。本文论证六国灭亡的原因在于贿赂秦国，但本意不在悲叹六国的灭亡，而是借此批评北宋统治者贿赂契丹、西夏以求苟安的政策。

苏轼 《赤壁赋》是作者在黄州游赤壁后写的一篇散文，运用主客问答这种赋的传统手法，表现了力求排遣苦闷、听任自然、乐观旷达的情怀。其中“浩浩乎如冯虚御风，而不知其所止；飘飘乎如遗世独立，羽化而登仙”“哀吾生之须臾，羡长江之无穷。挟飞仙以遨游，抱明月而长终”“盖将自其变者而观之，则天地曾不能以一瞬；自其不变者而观之，则物与我皆无尽也”等都是非常有名的句子。《石钟山记》与王安石《游褒禅山记》齐名，都是借记游来说理，体现了宋代游记不以写景见长，而以说理议论取胜的特点。本文重在考辨石钟山名字的由来，并从探究中受到启发：对事物的判断，必须“目见耳闻”，认真调查研究，而不可“臆断其有无”。这一具有普遍意义的道理，体现了作者的务实精神。

《游褒禅山记》 作者王安石，北宋文学家，“唐宋八大家”之一。这篇记游散文，在记游的基础上发表议论，说明志、力、物三者之间的关系，强调了“志”对于成功所起的重要作用。

《项脊轩志》 作者归有光，明代散文家。借书斋项脊轩的兴衰写有关的家常琐事，表达对物在人亡、三世变迁的感慨，以及怀念亲人的感情。

《五人墓碑记》 作者张溥，明末文学家。记叙明末天启年间五位义士在苏州市民反对魏忠贤阉党的暴动中，“激于义而死”的原因和经过，表达了对五位义士的崇敬之情，阐述了人的生死价值问题。

《登泰山记》 作者姚鼐，清代散文家。本文着重勾画泰山冬季冰封雪盖的奇异景色和泰山日出的瑰丽图景；以游踪为线索，将泰山的地理形势、自然景色、名胜古迹及自己对泰山地名的考据绾合起来，移步换景，循序写来，脉络清晰，主次分明，篇幅短小而内容丰富。

《病梅馆记》 作者龚自珍，清代散文家、诗人，近代启蒙思想的先驱。本文借梅喻人，指陈时弊，在平常的生活琐事中包蕴了深刻的社会历史内容，体现了作者憎恶黑暗现实，追求个性解放的民主精神。

鲁迅 《记念刘和珍君》是为悼念“三·一八惨案”中遇害的刘和珍等爱国青年而写的纪念性文章。主旨是批判反动派和反动文人，纪念革命烈士，激励人们继续战斗。全文叙述、议论、抒情有机结合。《拿来主义》是一篇关于如何正确对待外国文化遗产的杂文，主张从中吸取精华，剔除糟粕。文章以“拿来主义”同“闭关主义”和“送去主义”作对比，通过比喻论证，既批判了当局的卖国政策和文化界的各种错误观点，又体现了马克思主义正确批判继承文化遗产的原理和方法。杂文《灯下漫笔》抨击封建暴政，揭露国民奴性人格，讽刺“太平盛世”。指出历史总是陷入“一治一乱”中，人民总是在“奴隶”和“下于奴隶”两种命运间挣扎。文章以情入理，情理交融。

《故都的秋》 作者郁达夫。本文写故都北平的秋色，将自然界的客观色彩与自己的心情和主观感受融合在一起，间接反映了作者当时处境的艰难和思想的苦闷。

《荷塘月色》 作者朱自清。这是一篇写景散文，也是朱自清的代表作。文章描绘了一幅清幽美妙的画卷，其间又交织着作者隐隐的孤独与苦闷的情绪，折射出那个时代的影子。文章用语优美，运用多种修辞手法，具有很强的表现力。

《我与地坛》（节选） 作者史铁生，当代作家。通过对“我”与地坛的深情描述，表达了作者对于生命的一些新的认识和理解，从而走出了残疾自伤的阴影，并用自己的苦难提高人们对于生命的认识。文章感情恳切，文字优美，表达细腻。

第十章　诗歌类

《诗经》　我国第一部诗歌总集。原称《诗》《诗三百》，收录了西周到春秋时期500年间的305篇诗歌，分为风、雅、颂三部分。它是我国现实主义文学的源头，其思想内容与艺术形式对我国文学尤其是诗歌影响深远。《关雎》是《诗经》的第一篇，写一男子对爱情的追求。《蒹葭》是一首情歌，用“叙物以言情”的形式来写景和抒情，表达思念恋人而恋人又可望而不可即的惆怅心情。

《长歌行》(青青园中葵)　汉代乐府诗。这首诗把“少壮不努力，老大徒伤悲”的人生哲理寄寓于朝露易干、秋来叶落、百川东去等鲜明的形象中，使所表达的哲理发人深省而又明白易懂。

《观沧海》　四言乐府诗，作者曹操。该诗勾画了大海吞吐日月、包蕴万物的壮美景象，表现了作者豁达的胸怀和豪迈的气概，展示了统一中国、建功立业的宏伟抱负。

《木兰诗》　北朝乐府民歌。记述木兰女扮男装，代父从军，征战沙场，凯旋回乡的故事，表现了木兰的爱国精神以及对和平劳动生活的向往。诗中以人物问答来刻画人物心理，生动细致；以铺陈排比来描述人物，神气跃然；以风趣的比喻来收束全诗，耐人寻味。

陶渊明　东晋田园诗人，对唐以来的诗歌创作影响很大。《归园田居》(种豆南山下)表达诗人在农耕劳作中获得的惬意和自得，表露出他对隐居生活的热爱和他对劳动的感受。《饮酒》(结庐在人境)语言简洁自然，婉曲含蓄，表现了远离尘俗、悠静闲适的心情。其中“采菊东篱下，悠然见南山”是表达诗人悠然自得、超然物外的思想情趣的名句。

《送杜少府之任蜀州》　作者唐朝王勃。他与杨炯、卢照邻、骆宾王被称为“初唐四杰”。本诗豁达乐观，读来颇感壮健爽朗。颈联“海内存知己，天涯若比邻”，历来妇孺皆知。

孟浩然　唐朝诗人。《望洞庭湖赠张丞相》是一首干禄诗，却写得气势宏伟，不亢不卑，含蓄形象地表达了诗人不甘心无所作为、希望张丞相引荐的迫切心情。颔联描写洞庭湖“气蒸云梦泽，波撼岳阳城”，气势磅礴，格调雄浑。《过故人庄》用看似平淡的描述创造了一幅恬静优美的田园风情画，使人领略到农家纯朴的情谊和美好的风光。颔联“绿树村边合，青山郭外斜”，再现了山村幽深的自然景色，很有艺术美感。

王维　盛唐山水诗、田园诗的代表作家。《送元二使安西》是送别诗，也是唐代流行的送别歌曲。诗句明白如画，意境优美，字里行间渗透着对朋友热烈深挚而又缠绵悱恻的惜别之情。后两句“劝君更尽一杯酒，西出阳关无故人”很容易唤起人们情感的共鸣。《使至塞上》写诗人在奉旨出塞慰问获胜将士的路上的见闻和感受。颈联“大漠孤烟直，长河落日圆”逼真地描摹塞外荒凉的沙漠奇景，写景如画。

李白　唐朝诗人。其诗豪迈奔放，想象丰富，是浪漫主义的风范。乐府诗《行路难》充满了失意的不平和对世路艰难的感慨，映射出现实的郁闷。全诗曲折跳跃，感情变化急遽多姿，颇具艺术魅力。尤其是表现茫然情绪的“欲渡黄河冰塞川，将登太行雪满山”，让人深感无奈，那“长风破浪会有时，直挂云帆济沧海”的激昂高歌，又让人顿生自信。《月下独酌》借描写月下独饮的情景，动人地抒写出诗人孤独寂寞而又高洁自视的情怀。“举杯邀明月，对影成三人”一句，状孤独凄清之况，倍增寂寞辛酸。《渡荆门送别》写由蜀入楚时的特殊感受，用细致的景物表现出河山的壮阔气象，句句精练。

杜甫　唐朝诗人，被誉为“诗圣”，与李白齐名，世称“李杜”。其诗在整体上反映了唐王朝由盛而衰的变化过程，有“诗史”之誉。《茅屋为秋风所破歌》生动地展现屋破难挨的苦况，并把个人的困境与时代的战乱、人民的苦难等联系起来，最后推己及人，强烈地表达了“安得广厦千万间，大庇天下寒士俱欢颜”的美好愿望。《春望》集中表达了诗人忧国伤时、念家悲己的感情。“国破山河在，城春草木深”二句，感情深挚细腻，颇能引人共鸣。《石壕吏》叙述差吏乘夜捉人，连衰年老妇也被抓服役的故事，对安史之乱中灾难深重的人民寄予深切的同情。《望岳》诗中赞颂了泰山的巍峨崇高、钟毓神秀，充满了蓬勃朝气。“会当凌绝顶，一览众山小”抒发了诗人敢于攀登绝顶、俯视一切的雄心壮志。

《白雪歌送武判官归京》　作者岑参，唐朝“边塞诗派”代表诗人。这首诗以雪为背景，描绘了一幅边塞八月风雪送友图。诗中“忽如一夜春风来，千树万树梨花开”，比喻新奇贴切，“山回路转不见君，雪上空留马行处”，余味无穷。

《酬乐天扬州初逢席上见赠》　作者刘禹锡，唐朝诗人。这是一首酬答诗，概括了对自己23年来贬谪遭遇的愤懑和对已故老友的悼念，“沉舟侧畔千帆过，病树前头万木春”一联显示了他对世事的变迁和仕途的得失不再耿耿于怀的豁达胸襟，格调昂扬，寓意深刻，形象生动，经常被人引用。

白居易　唐朝诗人。曾在诗歌领域倡导新乐府运动，主张“文章合为时而著，歌诗合为事而作”。七律《钱塘湖春行》写春天骑马游西湖，描绘湖上蓬勃的春意。中间两联“几处早莺争暖树，谁家新燕啄春泥。乱花渐欲迷人眼，浅草才能没马蹄”优美动人。七律《望月有感》是一首哀乱伤离之作，抒发了骨肉相思之情。全诗紧扣题意，反复咏叹，形象生动，想象入微。

《赤壁》　作者杜牧，唐代诗人，与李商隐合称“小李杜”。擅长七绝。《赤壁》是诗人经过著名古战场赤壁时有感而作的怀古咏史诗，立论精警，小中见大，形象鲜明，发人深省，颇能体现诗人咏史绝句的艺术特色。

李商隐　唐代诗人，以写无题诗著名。其诗辞藻瑰丽，韵律和谐，创造了各种优美生动的形象、迷离的意境。七律《无题》（相见时难别亦难）是一首熔铸着刻骨铭心的相思之苦和缠绵灼热的执著追求的爱情诗。全诗缠绵悱恻，娓娓动人。“春蚕到死丝方尽，蜡炬成灰泪始干”以春蚕吐丝和蜡炬流泪两个比喻，形象生动地表白爱情的忠贞，相思的深切，语言清新精彩，意境优美动人。《夜雨寄北》是一首思亲诗，后两句“何当共剪西窗烛，却话巴山夜雨时”借想象中的一个细节，寄寓深刻的思念之情，情真意切。

《望江南》　作者温庭筠，晚唐五代人。这首词表现一位因心上人远行而独处深闺的女子的生活状况和内心情感，写得清新明快。

《相见欢》（无言独上西楼）　作者李煜，南唐末代皇帝。其词感情真挚，不事雕琢，以白描手法直抒胸臆，具有鲜明的个性。这首词把作为亡国之君的哀痛、悲苦的情怀，深沉而含蓄地呈现在人们面前。

《渔家傲·秋思》　作者范仲淹，北宋著名的政治家、文学家。他词作不多，但写边塞风光苍凉悲壮，开豪放词风的先河。这首词细腻地描绘了边塞军旅生活和战士久戍不归、忧国思乡的情绪。

《浣溪沙》(一曲新词酒一杯) 作者晏殊,北宋婉约派词人。这首词是惜春伤时之作,上片追忆去年的情景,下片抒写当前的寂寞心情。语言自然而凝练,尤其是“无可奈何花落去,似曾相识燕归来”两句,向来为人们传诵。

苏轼 北宋文学家。其词意境雄浑,酣畅旷达,是“豪放词派”的代表作家。《水调歌头》(明月几时有)一词,写于中秋之夜。上阕把酒问月,展开想象;下阕思考人生,胸襟豁达。“但愿人长久,千里共婵娟”是千古名句。《江城子·密州出猎》不仅描述出猎的盛况,还表达了报国杀敌的雄心。全篇气势豪迈,场面壮阔。

李清照 南宋“婉约派”词代表作家。小令《醉花阴》(薄雾浓云愁永昼)写清秋季节的内心感受,委婉含蓄地抒发了思念亲人的愁绪。《武陵春》(风住尘香花已尽)写流离生活的孀居之痛,表达了作者内心的浓重哀愁。

陆游 南宋作家。《游山西村》描绘了山阴农村的习俗风光,倾注了对农村生活的向往之情。“山重水复疑无路,柳暗花明又一村”写的虽是山水景色,却蕴含了生活的哲理,已成为千古佳句。《卜算子·咏梅》通过对梅花的咏赞,表达了作者在险恶的环境中“零落成泥碾作尘,只有香如故”的坚强精神和美好品德。

《过松源晨炊漆公店》 作者杨万里,南宋诗人。这首诗写山区行路的感受,既有生活体验,也蕴含着人生哲理,是诗歌用形象的比喻阐发深刻道理的范例。语言浅近,雅俗共赏,像信手拈来,脱口而出,代表了他诗歌创作的风格。

辛弃疾 南宋“豪放派”词代表作家。《西江月·夜行黄沙道中》描绘江南乡村盛夏夜色的清幽和乡土气息,整首词词句优美动人。“稻花香里说丰年,听取蛙声一片”“七八个星天外,两三点雨山前”等句读来朗朗上口。《破阵子》(醉里挑灯看剑)追忆当年在起义军中的火热战斗生活,抒发渴望杀敌报国的雄心壮志,也表现了壮志未酬、报国无路的悲愤。

《过零丁洋》 作者文天祥,南宋大臣,文学家。这首诗充分表达了作者为了爱国主义理想而不惜牺牲性命的决心。最后两句“人生自古谁无死?留取丹心照汗青”如洪钟雷鸣,曾唤起无数后人的爱国热情。

《天净沙·秋思》 作者马致远,元代戏曲家、散曲家。“天净沙”是曲牌名。这首小令寓情于景,表现了一个长期漂泊异乡的人的愁苦之情,是千古流传的著名诗篇。其中“枯藤老树昏鸦,小桥流水人家,古道西风瘦马”三句九个名词,把九种不同的景物和谐地组织在秋天夕阳之下,而秋天的旅思羁愁则通过景物自然呈现,使人联想无穷。

《山坡羊·潼关怀古》 作者张养浩,元代散曲家。“山坡羊”是曲牌名。这首小令由潼关险要说到历代战祸,最后揭示封建统治者剥削人民、压迫人民的本质。末尾“兴,百姓苦;亡,百姓苦”是有名的警句。

《己亥杂诗》(浩荡离愁白日斜) 作者龚自珍,清代思想家,文学家。七绝《己亥杂诗》写于己亥年(1839 年),共 315 首,多咏怀和讽喻之作。《浩荡离愁白日斜》便是其中的一首。“落红不是无情物,化作春泥更护花”一句表现不甘退伏、憧憬未来的献身精神,经常被人援引。

《天上的街市》 作者郭沫若,现代杰出的作家、历史学家、社会活动家。这首诗由联想进入想象,借天街的美好生活表现对自由幸福生活的向往。

《沁园春·雪》 作者毛泽东。上阕描写北方风光,下阕议论历代英雄。抒发了对祖国壮丽山河的热爱,表达了诗人的伟大抱负和坚定的信心。其中“山舞银蛇,原驰蜡象,欲与天公试比高”“俱往矣,数风流人物,还看今朝”等都是非常精美的句子。

《纸船》 作者冰心。诗人期望异地的人知道自己的名字，期望让自己园中的花能在其他地方开放，期望天上的游伴把天上的船放下来同自己的纸船比赛。诗人梦想自己的船能载着人们的美梦前去，希望仙人能帮助人们实现自己的梦想。想象丰富，语言凝练。

《我用这残损的手掌》 作者戴望舒。这首抒情诗用虚拟和想象手法设想自己用残损的手掌抚摸饱受践踏和蹂躏的祖国大地，表达了诗人对侵略者的痛恨，对祖国被入侵的痛苦，以及热爱祖国并对人民战胜侵略者的坚定信心。

《我爱这土地》 作者艾青，现代诗人。在这首抒情诗中，"土地"是祖国的代名词。诗人假设自己是一只小鸟，以象征的手法，通过小鸟对"土地"的歌唱，表达作者对处于苦难之中的祖国的无比热爱，以及决心为之献身的强烈愿望。

《乡愁》 作者余光中，台湾作家。诗中通过小小的邮票、窄窄的船票、矮矮的坟墓、浅浅的海峡四个意象，形象而深刻地反映了游子思乡的殷切感情，并因富有时代感而受到人们的喜爱和赞赏。

《雨说》 作者郑愁予，台湾诗人。这首诗借雨的拟人化的形象，表达了诗人对生活在中华大地上的儿童的美好祝愿和对美好春天的讴歌。

《祖国啊，我亲爱的祖国》 作者舒婷，当代朦胧诗派的代表作家。诗中作者将个体的"我"熔铸在祖国的大形象里，并承担起为祖国取得"富饶""荣光""自由"的重任，表达了强烈的爱国之情和历史责任感。

《诗经》 我国第一部诗歌总集。《卫风·氓》是一首叙事诗，以独白的方式，叙述了女主人公从恋爱、结婚到被遗弃的生活经历，抒发了对爱情的追求和执著，谴责了"氓"背信弃义的丑恶行为。《秦风·无衣》是秦国的军中歌谣，表现了士兵们团结友爱、同仇敌忾、英勇抗敌的昂扬斗志和爱国精神。《邶风·静女》是一首民间情歌，写一对恋人炽热相爱、相约幽会的生活片断，通篇洋溢着清新活泼的气氛和愉快逗乐的情趣。

《离骚》 作者屈原，名平，战国时期楚国人，我国第一位浪漫主义诗人。《离骚》是楚辞最宏伟的代表作，全诗共370多句，是我国古代最长的抒情诗。自述受屈遭贬的政治原因，表示不愿同流合污的精神；表现追求美政，九死未悔的高尚节操；抒发忧国忧民，献身理想的爱国感情。"路曼曼其修远兮，吾将上下而求索"等是表达作者心志的名句。以《离骚》为代表的楚辞运用楚地的诗歌形式、方言声韵，描写楚地风土人情，具有浓厚的地方色彩。后世便称这种诗体为"骚体"。

《孔雀东南飞》 汉代乐府诗。此诗是我国文学史上现存的第一首长篇叙事诗。诗歌叙述刘兰芝与焦仲卿生死不渝的爱情悲剧，揭露了封建礼教摧残青年男女的罪恶，也表现了普通劳动人民对封建制度的愤慨之情。"乐府"原是汉武帝设立的掌管音乐的机构，后来把它所收集和配乐演唱的歌词以及仿照这种形式所写的诗歌统称为乐府或乐府诗，甚至把词、曲也称乐府。乐府成了一种音乐性的诗体名称。

《迢迢牵牛星》 选自《古诗十九首》——汉末文人受乐府民歌影响而写作的优秀诗篇。与乐府民歌的社会性和叙事性不同，这些文人诗篇重在表现个人的离情别绪及士人们的彷徨失意，格调低沉，表现了深厚的感伤情绪。形式上多用五言，善用比兴寄托，言近旨远，语短情长。本诗借天上织女牛郎之情，表现人间男女相爱而受着压抑与限制的苦闷。想象丰富，富有浪漫色彩。大量叠音词的运用增强了语言的音乐性和形象性。

《短歌行》 作者曹操，三国时期杰出的政治家、军事家、文学家。他用乐府诗的形式如实地反映了汉末动乱的社会现实,表现了他统一天下的豪情壮志和顽强进取的精神。其诗语言质朴,情感深沉,格调悲凉。本诗反复咏叹作者渴望招纳贤才以建功立业的急切心情,反映了曹操深沉博大的思想情怀。

《归园田居》(少无适俗韵) 作者陶渊明,又名陶潜,东晋诗人。本诗表现摆脱污浊的官场,来到清新的农村后的自由生活和愉快心情,反映了诗人辞官归隐后的田园生活和超俗不羁的品质。

《山居秋暝》 作者王维,唐朝诗人。这是一首近体诗。近体诗又叫今体诗,是跟古体诗相对而言的一种诗体,包括律诗和绝句。律诗每首四联,依次称首联、颔联、颈联、末联(或尾联);每联两句,上句称为出句,下句称为对句;每句的平仄都有严格规定,特别是第二、四、六字的平仄不得随意变更;凡双数句都要押韵(首句可押可不押),一般押平声韵,一韵到底;中间两联一般要对仗。绝句,也称律绝。每首两联,平仄和押韵同律诗一样,只是不一定对仗。这首诗描绘山村傍晚雨后的优美景色,洋溢着和平幸福的气氛,于诗情画意中寄托着对隐居生活的向往,体现出满足的心情。"明月、清泉、竹喧、莲动"都体现了诗中有画的特点。

李白 《梦游天姥吟留别》是一首古体诗。古体诗又称古诗、古风,多数通篇五言或七言句,也有五言或七言句为主而杂以长短句的。平仄没有严格的规定,体现自由的抑扬韵律,用韵比较自由,可一韵到底,也可换韵。这首诗通过梦境,以奇特的夸张手法,描写天姥山的雄姿,反映诗人政治上的不得志和对权贵的不妥协态度,突出体现了浪漫主义风格。《蜀道难》写蜀道的雄奇险峻,含有入蜀艰难和蜀地不可久居之意。诗中想象奇特丰富,夸张大胆,语言生动活泼,充分显示了诗人的浪漫气质和对祖国山河的热爱。《将进酒》借题发挥,尽吐胸中不平之气,也流露了施展抱负的愿望。诗中名句很多,"钟鼓馔玉不足贵,但愿长醉不复醒"是主旨句。七绝《峨眉山月歌》非常自然地就眼前所见的山月和江景,抒写旅途思友的一片深情。

杜甫 《兵车行》在广阔的背景上再现了时代的苦难,并深刻地揭示了苦难的根源。"边庭流血成海水,武皇开边意未已"是点明主旨的中心句。《登高》抒发了长年漂泊、老病孤愁的复杂感情。名句"无边落木萧萧下,不尽长江滚滚来"便出自其中。《蜀相》写作者怀着崇敬的心情瞻仰三国时蜀汉开国丞相诸葛亮祠堂,对诸葛亮历史功绩和忠心为国的精神予以热情的讴歌,对其"出师未捷身先死"的悲剧给予高度同情,同时也借此抒发了自己在国家动荡之际,未能有所作为的感慨。尾联"出师未捷身先死,长使英雄泪满襟"最为有名。

《石头城》 作者刘禹锡,中唐诗人。借描写石头城(即金陵城,是吴、东晋、宋、齐、梁、陈六朝都城)的萧条景象,寄托对国运衰微的感慨,希望统治者以前车之覆为鉴。

《琵琶行》 作者白居易。这是一首长篇叙事诗,是诗人被贬为江州司马时所作。诗中反映了作者对被压迫妇女的同情与尊重,及对当时社会的控诉,生动形象地再现了琵琶女的演奏技艺,反映了对被压迫妇女的同情和尊重,并把琵琶女的命运同自己的遭遇联系起来,发出了"同是天涯沦落人,相逢何必曾相识"的感叹。

《李凭箜篌引》 作者李贺,中唐诗人。在音乐描写上十分出色,借助奇特的想象将抽象的音乐转化为物象,高度赞扬李凭演奏箜篌的卓越技艺。"昆山玉碎凤凰叫,芙蓉泣露香兰笑"是描写音乐的名句。

《过华清宫》 作者杜牧。本诗揭露唐玄宗与杨贵妃穷奢极欲的生活。

《菩萨蛮》(小山重叠金明灭) 作者温庭筠,诗词兼工,是花间词派的重要作家之一。其词多写闺情,韵律和谐,精巧浓艳。这首词表现一个女子的孤独心情,着笔委婉含蓄,语言华丽,体现了温词秾艳的风格。

《锦瑟》 作者李商隐,唐朝诗人。本诗是他无题诗中最为著名的代表作。由于寄意深隐而异说纷纭。诗中运用比兴、象征的手法婉曲地吟咏怀抱,寄托身世遭际的哀伤。用典精巧,意境幽美,情味隽永。

李煜 史称南唐后主。《浪淘沙》(帘外雨潺潺)写亡国后的凄凉心境。最后一句"流水落花春去也,天上人间"写伤春情绪,字字血,声声泪。《虞美人》(春花秋月何时了)是他的绝命词,抒写作者亡国的伤痛与哀怨,即在月明之夜遥想故国宫苑,抒发了如一江春水般浩荡无尽的亡国之恨。最后一句"问君能有几多愁,恰似一江春水向东流",把抽象的感情表现得十分确切具体,极易引起共鸣。

《雨霖铃》(寒蝉凄切) 作者柳永,宋代第一个专力写词的作家,"婉约派"的代表作家。这首词抒写作者在汴京同恋人分手时的离愁别恨,同时也抒发了对生平遭遇不幸的感慨。"杨柳岸,晓风残月"两句集中了最能触动离愁的景物,鲜明生动,历来为人们所传诵,也是代表柳词风格的名句。

《桂枝香·金陵怀古》 作者王安石。这首词描写金陵的壮丽景色,慨叹六朝竞逐繁华,以至亡国的命运。

苏轼 《念奴娇·赤壁怀古》抒发对古代英雄的敬仰和自己功业未成的感慨。开头"大江东去,浪淘尽,千古风流人物"展现了一个引起人们兴亡之感的壮阔境界,气势豪迈,但又隐蓄着宇宙永恒、人生短暂的感叹,历来妇孺皆知。《江城子》(十年生死两茫茫)是一首悼亡词,表达了对妻子的深厚感情。

《鹊桥仙》(纤云弄巧) 作者秦观,北宋词人。描绘牛郎织女一年一度在鹊桥相会的情形,歌颂他们坚定不移的爱情。最后一句"两情若是久长时,又岂在朝朝暮暮"对人颇有启示。

《苏幕遮》(燎沉香) 作者周邦彦,北宋词人。其词格律精审,语句精工,内容多为羁旅相思之情。但这首词清新淡远,别具一格。"叶上初阳干宿雨,水面清圆,一一风荷举"写雨后初阳映照下荷叶在风中飘举的姿态,充分显示了荷的神韵。

李清照 宋代女词人。《一剪梅》(红藕香残玉簟秋)是写给外出求学的丈夫赵明诚的,再现了自己独居生活的寂寞和相思之苦。其下阕"花自飘零水自流。一种相思,两处闲愁。此情无计可消除,才下眉头,却上心头"非常有名。《声声慢》(寻寻觅觅)表达了晚年寡居时孤独、凄苦的生活感受。整首词几乎是用口语写成的,而又富有韵律感。

《书愤》 作者陆游。倾诉诗人收复中原、壮志成空的激愤,洋溢着浓烈的爱国激情。激昂慷慨,悲愤深沉。颔联"楼船夜雪瓜洲渡,铁马秋风大散关"连用6个名词,构成两幅壮丽的战斗画面,突出了诗人渴望战斗报国的英雄形象。

《扬州慢》(淮左名都) 作者姜夔,南宋词人。这首词以对比、烘托、引用的手法写扬州惨遭金兵洗劫的情景,寄托作者的沉痛之情和无限感慨。

《永遇乐·京口北固亭怀古》 作者辛弃疾。借古喻今,表现了坚持抗金反对冒进的正确态度,流露出老当益壮的战斗意志。全词吊古伤时,苍凉浓郁,用典贴切自然。

毛泽东 杰出的政治家、诗人。《沁园春·长沙》上阕描绘了湘江秋景,并即景抒情,提出了"问苍茫大地,谁主沉浮"的问题;下阕转到"忆往昔峥嵘岁月稠",围绕"同学少年",表达了早期共产主义战士雄姿英发的战斗风貌和豪迈气概。《采桑子·重阳》描写重阳节的战地风光,借景抒情,表现战争胜利后的喜悦和对革命前途的乐观。

《再别康桥》 作者徐志摩,新月诗派的代表人物。康桥今通译剑桥,英国城市名,因剑桥大学闻名于世。本诗通过"金柳""青荇""榆阴下的一潭"等意象,向读者展现了康桥的秀丽风光,抒发了不得不离去的哀愁。

《死水》 作者闻一多,新月诗派代表人物,学者。这首诗表现了对当时军阀混战,民不聊生社会现状的强烈不满,指出唯有创造一个新世界,才能找到美的所在。

《雨巷》 作者戴望舒。这首诗注意化用中国古典诗歌的传统意象,融汇西方现代诗歌技巧,形成自己诗歌技艺的特色,从而使现代新诗的发展提升到一个新的高度,是中国新诗史上的重要诗作。本诗优美、哀思、惆怅、朦胧,富有音乐美,是广为传诵的名篇,他因之被称为"雨巷"诗人。

《孤独的收割人》 作者华兹华斯,19 世纪英国浪漫主义诗人,"湖畔派"的代表。诗歌用质朴自然的语言,描绘了一位年轻姑娘边收割边歌唱的情景,在普通人身上挖掘出独特的美。

《致大海》 作者普希金,19 世纪俄罗斯诗人,俄罗斯文学的奠基人。诗歌以大海为自由精神的象征,借赞美自由奔放的大海,抒发了强烈的思想感情,体现了诗人浪漫主义的创作风格。

《我愿意是急流》 作者裴多菲,19 世纪匈牙利诗人。诗歌通过急流与小鱼、荒林与小鸟等意象,表现了对"爱人"无限热爱的感情,表达了对美好理想的向往。本诗充满了革命激情,风格清新通俗,富有民歌风味。

【基础练习】

一、文学常识填空。

1.《智取生辰纲》选自古典长篇小说________。本文的两条线索,一是______________,一是______________。

2.《杨修之死》选自古典长篇小说《________》,小说以________一线贯穿,主要描写的是________和________的矛盾冲突。

3. 我国第一部长篇讽刺小说是________。

4.《范进中举》运用________手法描写范进中举前后的表现和境遇。

5. 鲁迅主要作品有小说集《________》《________》,散文集《________》,散文诗集《________》,杂文集《________》《________》《________》等。

6. 孙犁的小说把写景和抒情熔于一炉,充满诗情画意,有"________"之称。

7. 描写了 30 年代京东运河两岸的劳动生息、风土人情和斗争生活的小说是________。

8.《荒岛余生》选自英国作家笛福的长篇小说《________》。

9. 墨子的政治主张是"________""________"。

10. ________与《大学》《中庸》《孟子》合称"四书"。

11. "天时不如地利,地利不如人和"出自《________》一文。"鱼与熊掌不可兼得"出自《________》一文。

12.《惠子相梁》选自道家经典著作《________》。

13. ______________是我国最早的一本地理书。

14.《战国策》是一部________________史书。

15.《出师表》中,诸葛亮提出了________、________、________三条建议。

16. ________、________《汉书》《后汉书》并称“前四史”。

17.《桃花源记》是东晋________的作品,虚构了一个与黑暗现实社会相对立的美好世界。

18. ________记载了汉末至东晋士大夫的言谈轶事。

19. 表现出刘禹锡高洁傲岸的节操和安贫乐道的情趣的一篇骈体文是________。

20.《小石潭记》描绘了小石潭石之奇、________、________、人之情,渲染出了一种幽深静谧的诗的意境。

21.《岳阳楼记》表达了“不以物喜,不以己悲”的旷达胸襟和“________________”的政治抱负。

22.《醉翁亭记》的中心句是“________________”。

23.《爱莲说》中集中表现莲的高洁品格的话是“____________________________________”。

24. 以写文化散文著称的当代作家是________。

25. 我国现实主义文学的源头是《________________》。

26. 表达陶渊明悠然自得、超然物外的思想情趣的名句是____________________________。

27. 杜甫的诗反映了唐王朝由盛而衰的变化过程,有“________”之誉。

28. “忽如一夜春风来,千树万树梨花开”描写的景色是边塞八月的____________________。

29. 在诗歌领域倡导新乐府运动的作家是________。

30. 以描写边塞风光出名、开豪放词风的先河的北宋作家是________。

31. “但愿人长久,千里共婵娟”一句出自北宋作者________的笔下。

32. “人生自古谁无死?留取丹心照汗青”的作者是________。

33. 余光中的《乡愁》通过邮票、船票、坟墓和________四个意象来表达游子思乡之情。

34.《柳毅传》是一部__________小说,是唐代小说中最富__________色彩的优秀作品。

35.《水浒传》是我国第一部以______________为题材的____________小说,作者是__________,__________时期小说家。

36.《失街亭》选自________,是我国第一部____________小说。《失街亭》中“________”的情节,展示了人物丰富而复杂的内心世界,并使故事的结尾显得悲剧意味。

37.《杜十娘怒沉百宝箱》选自__________,它与__________、__________合称“三言”,属“话本”小说。与之相近的还有“二拍”:______________、____________,属“拟话本小说”。

38.《促织》选自我国第一部文言短篇小说集____________,作者________,清代文学家。其小说多借______________之事,或反映黑暗的社会现实,或歌颂纯真的爱情。

39.《红楼梦》中宝玉挨打的根本原因在于他是一个_______________________的叛逆者。《红楼梦》又名__________,是章回体小说。前 80 回为______所写,后 40 回为______所写。

40.《祝福》选自小说集__________;《药》选自小说集____________;《阿 Q 正传》选自__________,是现实主义杰作,刻画了阿 Q 这一典型形象,也画出了“沉默的国民的灵魂”——________________________。

41.《守财奴》作者______________,他是 19 世纪法国______________的杰出代表,他一生创作了 90 多部小说,总称为____________。

42.《装在套子里的人》作者__________,他是 19 世纪末______国批判现实主义作家,世界著名的____________大师。

43.《变形记》作者卡夫卡,是____________(国籍)小说家,善于用象征、夸张、变形的手法,揭示“现代人的困惑”。这篇小说是__________的代表作之一。

44.《百年孤独》作者马尔克斯,哥伦比亚小说家,20世纪拉丁美洲____________的代表作家。这部长篇小说被誉为“再现拉丁美洲历史社会图景的鸿篇巨著”,获“当代的《唐吉诃德》”美誉,作者因此被称为“__________”。

45.《长亭送别》选自__________,作者是元代戏曲家________。全剧写________和__________的爱情故事,具有鲜明的反封建礼教和封建婚姻制度的主题。

46.《闺塾》选自__________,是我国戏曲史上浪漫主义的杰作,作者是明代戏曲家__________。通过__________和____________的生离死合爱情故事,歌颂女主人公为情而死、为情而生的感人情怀。

47.《罗密欧与朱丽叶》的作者是____________,他另外三部著名悲剧是________、__________、__________。

48. 孟子思想核心是__________,他的文章善用诱使论敌就范的手法和比喻;庄子的文章擅长采用__________来阐明事理,极富浪漫主义色彩;《劝学》阐述学习的重要性和学习的方法,主张“____________”。

49.《史记》是我国第一部____________,其中《廉颇蔺相如列传》着重写了__________、__________、__________三个故事,表现廉颇与蔺相如为了赵国的利益而与强秦斗争的精神。

50.《陈情表》的“表”是古代奏议的一种,用于______________。

51. 韩愈是__________的倡导者,北宋苏轼称他“____________”。《祭十二郎文》是“______________________”。

52.《种树郭橐驼传》作者__________,是____________之一,本文兼有传记文章和寓言的特点。

53.《边城》作者是__________。这篇小说歌颂了现实生活中______________。

54.《陈奂生上城》作者是____________。主人公陈奂生被视为新时代的________。

55.《项链》作者是____________。代表作有短篇小说__________,长篇小说________。

56.《哀江南》选自________,作者是清初戏曲家________。

57.《雷雨》作者是____________。代表作有话剧________、________。《雷雨》是一部杰出的________________。

58. 苏轼《石钟山记》与王安石《__________》齐名,都是借游记来说理,体现了宋代游记不以写景见长,而以说理议论取胜的特点。

59.《故都的秋》是写古都________的秋色,实质上是传达了作者处境的艰难和思想的苦闷。

60. 我国第一部诗歌总集是________。

61. 我国第一位浪漫主义诗人是________。

62. 我国文学史上现存的第一首长篇叙事诗是________。

63. 汉末文人受乐府民歌影响而写作的优秀诗篇《迢迢牵牛星》选自________。

64.《短歌行》的作者曹操是三国时期杰出的政治家、军事家和________。

65. 苏轼悼念亡妻的一首词是________。

66. 被称为“雨巷”诗人的是________。

67.《致大海》的作者________是十九世纪俄罗斯诗人。

二、诗文名句填空。

1. ____________,____________,北雁南飞。________________? 总是离人泪。
2. 忽如一夜春风来,________________。
3. ________________,内无应门五尺之童,______________,形影相吊。
4. 日薄西山,气息奄奄,______________,朝不虑夕。
5. 忧劳可以兴国,________________。
6. ____________,而智勇多困于所溺。
7. 浩浩乎如冯虚御风,____________;____________,羽化而登仙。
8. 哀吾生之须臾,________________。____________,抱明月而长终。
9. 盖将自其变者而观之,________________;自其不变者而观之,____________。
10. ____________________,吾将上下而求索。
11. 钟鼓馔玉不足贵,________________。
12. 边庭流血成海水,______________。
13. ________________,不尽长江滚滚来。
14. 出师未捷身先死,________________。
15. ____________,相逢何必曾相识。
16. 昆山玉碎凤凰叫,__________________。
17. ________________,天上人间。
18. ________________,恰似一江春水向东流。
19. 今宵酒醒何处? ____________,____________。
20. 大江东去,浪淘尽,______________。
21. ________________,又岂在朝朝暮暮。
22. 叶上初阳干宿雨,____________,____________。
23. 花自飘零水自流。____________,____________。
24. 此情无计可消除,____________,____________。
25. ______________,铁马秋风大散关。
26. ____________,谁主沉浮。
27. ________________,思而不学则殆。
28. ____________,必有我师焉。
29. 知之为知之,不知为不知,____________。
30. ________________,见不贤而内自省也。
31. 有朋自远方来,____________。
32. 岁寒,____________________。
33. 己所不欲,____________。
34. ____________,死于安乐。
35. 天时不如地利,____________。
36. 夫战,勇气也。一鼓作气,__________,__________。
37. 予独爱莲之出淤泥而不染,____________。

38. 醉翁之意不在酒,____________。
39. ____________,不以己悲。
40. 先天下之忧而忧,____________。
41. ______________,奉命于危难之间。
42. 大道之行也,____________。
43. ________________________,必先苦其心志,劳其筋骨。
44. ______________,老大徒伤悲。
45. 日月之行,若出其中。____________,若出其里。
46. 采菊东篱下,______________。
47. 种豆南山下,______________。
48. 海内存知己,________________。
49. ____________,波撼岳阳城。
50. ____________,青山郭外斜。
51. ____________,西出阳关无故人。
52. 大漠孤烟直,____________。
53. ________________,将登太行雪满山。
54. ________________,直挂云帆济沧海。
55. 举杯邀明月,____________。
56. 安得广厦千万间,__________________________。
57. 国破山河在,____________。
58. ____________,一览众山小。
59. ________________,雪上空留马行处。
60. ________________,病树前头万木春。
61. 几处早莺争暖树,______________________。
62. ________________,浅草才能没马蹄。
63. ________________,铜雀春深锁二乔。
64. 春蚕到死丝方尽,______________。
65. ________________,却话巴山夜雨时。
66. 无言独上西楼,______________,________________。
67. 无可奈何花落去,______________。
68. ____________,千里共婵娟。
69. 山重水复疑无路,______________。
70. ________________,只有香如故。
71. 稻花香里说丰年,____________。
72. 七八个星天外,________________。
73. 人生自古谁无死?______________。
74. 枯藤老树昏鸦,小桥流水人家,__________________。
75. 兴,____________;亡,百姓苦。
76. ________________,化作春泥更护花。

77. 山舞银蛇，________，欲与天公试比高。
78. 俱往矣，________，还看今朝。

三、根据情景填写诗文名句。

1.《离骚》一文中以博大的胸怀，对广大劳动人民寄予深深同情的语句是：“________，________”。

2.《永遇乐·京口北固亭怀古》中写古代英雄叱咤风云、驰骋疆场的名句是“________，________”。

3. 孔子曾对“学”与“思”二者的关系作过辩证论述，他说：“________，________。”

4. 欧阳修在《伶官传序》中就后唐庄宗耽溺于伶人而丧国的史实，告诫后人应记住：“________，________”。

5. 古代文人词客十分讲究炼字炼句，往往为了一个字而冥思苦想，卢延让《苦吟》中曾有过“________，________”的诗句，杜甫也有过“________，________”的诗句，令人非常敬仰。

6. 初冬的早晨，小明走出家门，看到满树的雪枝，不禁感慨地说：“真是________，________”。（用《白雪歌送武判官归京》）的名句回答）你知道的其他诗人描写雪景的诗句是________。

7. 王安石《元日》中的诗句：“________，________。”该诗句艺术地概括了年复一年辞旧迎新的春节景况。

8. ×××同志在澳门回归庆典讲话中引用唐朝诗人王维《九月九日忆山东兄弟》中的两句诗：“________，________”，表达了对台湾同胞的关心思念之情。

9. 崇俭反奢，历来是我国诗文中的重要内容，《左传》中有“俭，德之共也；奢，恶之大也”的句子。请再以“俭与奢”为话题，写出司马光的名句：“________，________。”李商隐的诗句：“________，________。”

10. 身教重于言教。对此，早在两千多年前孔子就指出：“其身正，________；其身不正，________。”

11. 人们在比喻“柔”的思想教育时，常引用“春风化雨，点滴入土”的俗话和杜甫“________，________”的诗句。

12. 谈到太平天国洪、杨内讧这段历史时，人们不禁会发出“________，________”的浩叹。（曹植诗）

13. 我国古典优秀诗歌中，常常突出一个典型事例来概括事物本质。晚唐诗人杜牧根据飞骑送荔枝一事，只用“________，________”两句14个字，便勾勒出唐明皇与杨贵妃骄奢淫逸的生活。

14.《荀子·劝学篇》指出：“青，取之于蓝，而青于蓝。”这与韩愈《师说》中“________，________”的观点是相同的。中国古典诗歌由于多用比兴手法，因而联想特别丰富、巧妙而多变，使诗歌形象更为突出。

15. 联想是回忆的一种形式。表象联想就是表象之间彼此相引起的。“落霞与孤鹜齐飞，________”，这是由空间上的接近而引起的联想。“故垒西边，________”，由历史事件发生的地点联想到有关历史人物,这是相关联想。”问君能有几多愁,____________”由“愁”想到江水长流,这是由特征相似引起的联想。“露从今夜白,________________”,时令、月色,触景生情,伤心折肠,这是因果联想。《琵琶行》中的一句“________________”,由琴声想到珠玉声,是声音的类比联想。

16. 从曹植的“________________,________________”,到文天祥的“人生自古谁无死,留取丹心照汗青”;从谭嗣同的“________________、________________”,到夏明翰的“砍头不要紧,只要主义真”,我们看到了志士仁人对“生死”所做出的最简单而又最精辟的诠释。

17. “带走一盏渔火,让它温暖我的双眼;留下一段真情,让它停泊在枫桥边。月落乌啼总是千年的风霜,涛声依旧,不见当初的夜晚。”这首歌化用了唐代诗人张继《枫桥夜泊》中的诗句:“________________,________________。”

18. 我国古代有句名言:“________________,________________。”就是说坏事虽小,也不能因为小就去做,干多了就会变成大坏事;好事虽小,也不要因为它小就不去做,再大的好事也是从点滴开始的。

19. 王国维在《人间词话》中用晏殊、柳永、辛弃疾词中所创造的三种境界,来说明古今之成大事业、大学问者必经的三种境界:“________________,________________”,是一种对学问、对事业的企望和追求;“________________,________________”,是一种对学问、对事业执着专一的追求和献身精神;“________________,________________,________________”,是一种在学问、事业追求中理想实现时的喜悦和欢乐。

20. “________________,________________”(苏轼《水调歌头》)这两句诗,深深祝愿自己和远在千里之外的亲人能健康长寿,共赏明月。借此寄托对亲人的殷切思念。

21. 清末进步思想家龚自珍的名句:“________________,________________。”该诗句常被呼吁大胆破格使用人才的雄辩家所引用。

22. 《茅屋为秋风所破歌》中诗人由自身贫寒推己及人地想到他人的困苦,表现杜甫博大胸襟的著名诗句是:“________________,________________,________________。”

23. 李白《梦游天姥吟留别》中表现诗人蔑视权贵的诗句是:“________________,________________!”

24. 杜甫《蜀相》中高度概括、评价诸葛亮一生伟大功业的句子是:“________________,________________。”

25. 杜甫在《登岳阳楼》中由个人身世转写国事危难,感伤涕零的诗句是:“____________,________________。”

26. 白居易《琵琶行》中描写琵琶女犹豫不决而出场的诗句是:“________________,________________。”

27. “________________,________________。”是《琵琶行》全诗的主旨,更是诗人与琵琶女感情的共鸣。

28. 李贺《李凭箜篌引》中直接摹写乐声激越动听的诗句是:“________________,________________。”

29. 王安石《桂枝香·金陵怀古》中:“________________,________________,________________。化用了杜牧《泊秦淮》的诗句:“商女不知亡国恨,隔江犹唱《后庭花》。”

30. 在当今深化改革的时代,许多站在改革前沿的开拓者,矢志探索创业新路时,多引用屈原《离骚》中的诗句:“________________,________________。”

31. 王维《送元二使安西》中有“劝君更尽一杯酒,西出阳关无故人”两句诗,高适《别董大》中也有两句诗正好与上述诗句中“无故人”意思想反,这两句诗是:“________________,________________?”

32. 杜甫《衷江头》中有两句诗“江头宫殿锁千门,细柳新蒲为谁绿?”姜夔《扬州慢》中也有两句诗与此意思相近,手法相同,这两句是:“________________,________________?”

33. 王之涣《登鹳雀楼》中蕴含着“只有站得高,才能看得远”的哲理的两句诗是:“________________,________________。”

34. 白居易《琵琶行》描写琵琶声“别有幽愁暗恨生,此时无声胜有声。________________,________________。”苏轼《前赤壁赋》形容洞箫声“其声呜呜然,如怨如慕,如泣如诉,________________,________________。”这都是通过音乐引起想象,运用一系列比喻描写听者的感受。

35. 游山玩水,赏心悦目。人们对山水的不同感受,全因心情有别。南北朝文学理论家刘勰的《文心雕龙》中有两句诗写出了游山玩水的饱满激情,这两句诗是:“________________,________________。”

36. 古代阳关,位于现在的甘肃省敦煌市西南,如今,由于经济的开发,人烟稠密,交通发达,那里再也不是王维在《渭城曲》里所描写的“______________,______________”的景象了。

37. 对于问题的认识,所处位置的不同,看法也就不同,“当局者迷,旁观者清”就说明了这个道理。宋代大诗人苏轼曾在《题西林壁》一诗中有相似的两句,它是“________________,________________。”

38. 一代名相诸葛亮曾在《诫子书》中,对名利和为人作过精辟的论述,后人也常将此句作为座右铭以自策,这两句诗是:“________________,________________。”

39. 陶潜的诗不仅有“采菊东篱下,悠然见南山”的闲适,也有“________________,________________”的激烈;苏轼的诗不仅有“________________,________________,________________”的豪放,也有“十年生死两茫茫,不思量,自难忘”的凄婉。

40. 在写作过程中,灵感如同思维

(1)江娥:________________________________

(2)神妪:________________________________

(3)吴质:________________________________

41.《永遇乐·京口北固亭怀古》用刘义隆事典的词句是:________________,________________,________________。

42. 姜夔《扬州慢》词序中有“寒水自碧”句,意在反衬。杜甫《蜀相》一联与此有异曲同工之妙,请写出来。

43. 下面是(扬州慢)中的词句,语出杜牧哪些诗句,请依次写出。

(1)过春风十里:________________________________

(2)纵豆蔻词工:________________________________

(3)二十四桥仍在:________________________________

44. 请依次写出下列词牌中带有”愁”的词句。

(1)李清照《声声慢》:________________________________

(2)李清照《一剪梅》:________________________________

（3）李煜《虞美人》：______

45. 写出《桂枝香·金陵怀古》化用下列诗句的词句。

（1）余霞散成绮，澄江静如练：______

（2）门外韩擒虎，楼头张丽华：______

（3）玉树后庭花：______

46. 写出陶渊明《归园田居》渴求摆脱官场，向往回归农村的两个对偶句。

47. 周邦彦的《西河》词中，画线的词句化用了刘禹锡《石头城》《乌衣巷》中的哪些诗句？请依次写出。

佳丽地，南朝盛事谁记，山围故国绕清江，髻鬟对起。怒涛寂寞打孤城，风樯遥度天际。断崖树，犹倒倚，莫愁艇子谁系？空余旧迹郁苍苍，雾沉半垒。夜深月过女墙来，伤心东望淮水。酒旗戏鼓甚处市？想依稀、王谢邻里。燕子不知何世；入寻常巷陌人家，相对如说兴亡，斜阳里。

（1）《石头城》：______，______。

（2）《乌衣巷》：______，______。

48. “环境”对做学问并不会有很大的影响，古今有不少学者都是在喧闹的环境中写出伟大著作的，陶潜说：“______，______。”

49. 岳阳楼真是幸运，有过杜甫“______，______。”的苍凉，也有过孟浩然“______，______”的豪情。范仲淹一句“______，______”更为山水添色，使岳阳楼名震天下。

50. 以“人权卫士”自居的美国，在联合国人权委员会选举中落选，再次证明了我国古代思想家孟子“______，______”这句话的正确。

【参考答案】

一、文学常识填空。

1. 《水浒传》，杨志押送生辰纲，吴用等人智取生辰纲
2. 《三国演义》，“身死因才误”，杨修，曹操
3. 《儒林外史》
4. 对比
5. 呐喊、彷徨，朝花夕拾，野草，坟、热风、华盖集
6. 诗体小说
7. 《蒲柳人家》
8. 鲁滨孙漂流记
9. 兼爱，非攻
10. 《论语》
11. 得道多助，失道寡助；鱼我所欲也
12. 庄子
13. 《山海经》
14. 国别体
15. 广开言路、严明赏罚、亲贤远佞
16. 《三国志》《史记》
17. 陶渊明
18. 《世说新语》
19. 《陋室铭》
20. 水之清、鱼之乐
21. 先天下之忧而忧，后天下之乐而乐
22. 醉翁之意不在酒，在乎山水之间也
23. 出淤泥而不染，濯清涟而不妖
24. 余秋雨
25. 诗经
26. 采菊东篱下，悠然见南山
27. 诗史
28. 雪景
29. 白居易
30. 范仲淹

31. 苏轼 32. 文天祥
33. 海峡 34. 传奇 浪漫主义
35. 农民起义 长篇白话章回体 施耐庵 元末明初
36.《三国演义》 长篇章回体历史 挥泪斩马谡
37.《警世通言》《喻世明言》《醒世恒言》《初刻拍案惊奇》《二刻拍案惊奇》
38.《聊斋志异》 蒲松龄 鬼狐怪异
39. 鄙视仕途经济、背离封建礼教 《石头记》 曹雪芹 高鹗
40.《彷徨》《呐喊》《呐喊》 精神胜利法
41. 巴尔扎克 批判现实主义 《人间喜剧》
42. 契诃夫 俄 短篇
43. 奥地利 表现主义
44. 魔幻现实主义 当代的塞万提斯
45.《西厢记》 王实甫 张生 崔莺莺
46.《牡丹亭》 汤显祖 杜丽娘 柳梦梅
47. 莎士比亚 《李尔王》《哈姆雷特》《奥赛罗》
48. 仁义 寓言故事 学不可以已
49. 纪传体通史 完璧归赵 渑池之会 负荆请罪
50. 向帝王陈说愿望和请求
51. 古文运动 文起八代之衰 祭文中千年绝调
52. 柳宗元 唐宋八大家
53. 沈从文 古老的美德和人间的至情
54. 高晓声 阿 Q
55. 莫泊桑 《羊脂球》《漂亮朋友》
56. 桃花扇 孔尚任
57. 曹禺 《日出》《原野》 现实主义悲剧
58. 游褒禅山记
59. 北平
60.《诗经》
61. 屈原
62.《孔雀东南飞》
63.《古诗十九首》
64. 文学家
65.《江城子》(十年生死两茫茫)
66. 戴望舒
67. 普希金

二、诗文名句填空。

1. 碧云天,黄花地 晓来谁染霜林醉 2. 千树万树梨花开
3. 外无期功强近之亲 茕茕孑立 4. 人命危浅
5. 逸豫可以亡身 6. 祸患常积于忽微

7. 而不知其所止　飘飘乎如遗世独立
8. 羡长江之无穷　挟飞仙以遨游
9. 则天地曾不能以一瞬　则物与我皆无尽也
10. 路曼曼其修远兮
11. 但愿长醉不复醒
12. 武皇开边意未已
13. 无边落木萧萧下
14. 长使英雄泪满襟
15. 同是天涯沦落人
16. 芙蓉泣露香兰笑
17. 流水落花春去也
18. 问君能有几多愁
19. 杨柳岸,晓风残月
20. 千古风流人物
21. 两情若是久长时
22. 水面清圆,一一风荷举
23. 一种相思,两处闲愁
24. 才下眉头,却上心头
25. 楼船夜雪瓜洲渡
26. 问苍茫大地
27. 学而不思则罔
28. 三人行
29. 是知也
30. 见贤思齐焉
31. 不亦乐乎
32. 然后知松柏之后凋也
33. 勿施于人
34. 生于忧患
35. 地利不如人和
36. 再而衰,三而竭
37. 濯清涟而不妖
38. 在乎山水之间也
39. 不以物喜
40. 后天下之乐而乐
41. 受任于败军之际
42. 天下为公
43. 天将降大任于是人也
44. 少壮不努力
45. 星汉灿烂
46. 悠然见南山
47. 草盛豆苗稀
48. 天涯若比邻
49. 气蒸云梦泽
50. 绿树村边合
51. 劝君更尽一杯酒
52. 长河落日圆
53. 欲渡黄河冰塞川
54. 长风破浪会有时
55. 对影成三人
56. 大庇天下寒士俱欢颜
57. 城春草木深
58. 会当凌绝顶
59. 山回路转不见君
60. 沉舟侧畔千帆过
61. 谁家新燕啄春泥
62. 乱花渐欲迷人眼
63. 东风不与周郎便
64. 蜡炬成灰泪始干
65. 何当共剪西窗烛
66. 月如钩,寂寞梧桐深院锁清秋
67. 似曾相识燕归来
68. 但愿人长久
69. 柳暗花明又一村
70. 零落成泥碾作尘
71. 听取蛙声一片
72. 两三点雨山前
73. 留取丹心照汗青
74. 古道西风瘦马
75. 百姓苦
76. 落红不是无情物
77. 原驰蜡象
78. 数风流人物

三、根据情景填写诗文名句。

1. 长太息以掩涕兮　哀民生之多艰
2. 金戈铁马　气吞万里如虎

3. 学而不思则罔　思而不学则殆
4. 忧劳可以兴国　逸豫可以亡身
5. 吟安一个字　捻断数茎须　为人性僻耽佳句　语不惊人死不休
6. 忽如一夜春风来　千树万树梨花开　孤舟蓑笠翁,独钓寒江雪;窗含西岭千秋雪,门泊东吴万里船等。
7. 爆竹声中一岁除　春风送暖入屠苏
8. 遥知兄弟登高处　遍插茱萸少一人
9. 由俭入奢易　由奢入俭难　历览前贤国与家　成由勤俭败由奢
10. 不令而行　虽令不从
11. 随风潜入夜　润物细无声
12. 本是同根生　相煎何太急
13. 一骑红尘妃子笑　无人知是荔枝来
14. 师不必贤于弟子　弟子不必不如师
15. 秋水共长天一色　人道是三国周郎赤壁　恰似一江春水向东流　月是故乡明　嘈嘈切切错杂弹,大珠小珠落玉盘
16. 捐躯赴国难　视死忽如归　我自横刀向天笑　去留肝胆两昆仑
17. 月落乌啼霜满天　江枫渔火对愁眠
18. 勿以恶小而为之　勿以善小而不为
19. 昨夜西风凋碧树　独上高楼望尽天涯路　衣带渐宽终不悔　为伊消得人憔悴　众里寻他千百度　蓦然回首　那人却在灯火阑珊处
20. 但愿人长久　千里共婵娟
21. 我劝天公重抖擞　不拘一格降人才
22. 安得广厦千万间　大庇天下寒士俱欢颜　风雨不动安如山
23. 安能摧眉折腰事权贵,使我不得开心颜
24. 三顾频烦天下计　两朝开济老臣心
25. 戎马关山北　凭轩涕泗流
26. 千呼万唤始出来　犹抱琵琶半遮面
27. 同是天涯沦落人　相逢何必曾相识
28. 昆山玉碎凤凰叫　芙蓉泣露香兰笑
29. 至今商女　时时犹唱　《后庭》遗曲
30. 路曼曼其修远兮　吾将上下而求索
31. 莫愁前路无知己　天下谁人不识君
32. 念桥边红药　年年知为谁生
33. 欲穷千里目　更上一层楼
34. 银瓶乍破水浆迸　铁骑突出刀枪鸣　余音袅袅　不绝如缕
35. 登山则情满于山　观海则情溢于海
36. 劝君更尽一杯酒　西出阳关无故人
37. 不识庐山真面目　只缘身在此山中
38. 非淡泊无以明志　非宁静无以致远

39. 刑天舞干戚　猛志固常在　大江东去　浪淘尽　千古风流人物

40. (1)江娥啼竹素女愁　(2)梦入神山教神妪　(3)吴质不眠倚桂树

41. 元嘉草草　封狼居胥　赢得仓皇北顾

42. 映阶碧草自春色　隔叶黄鹂空好音

43. (1)春风十里扬州路　(2)豆蔻梢头二月初　(3)二十四桥明月夜

44. (1)怎一个愁字了得　(2)两处闲愁　(3)问君能有几多愁

45. (1)千里澄江似练　(2)叹门外楼头　(3)时时犹唱,《后庭》遗曲

46. 羁鸟恋旧林　池鱼思故渊

47. (1)淮水东边旧时月　夜深还过女墙来　(2)旧时王谢堂前燕　飞入寻常百姓家

48. 问君何能尔　心远地自偏

49. 吴楚东南坼　乾坤日夜浮　气蒸云梦泽　波撼岳阳城　先天下之忧而忧　后天下之乐而乐

50. 得道多助　失道寡助

第三编　阅读与赏析

第十一章　古诗文

第一节　古诗

【考试大纲解读】

考试大纲中，与本章节相关的内容，有如下表述："鉴赏文学作品的形象、语言和表达技巧；评价文章的思想内容和作者的观点态度。""筛选并整合文中的信息；归纳内容要点，概括中心意思；分析概括作者在文中的观点态度。"

从考试大纲的相关要求可以看出，古代诗歌鉴赏主要考查四个方面的内容，即形象、语言、表达技巧和情感内容。

【考试真题解读】

Ⅰ. 2020 年真题回放

送赵都督赴代州得青字

王　维

天官动将星，汉地柳条青。万里鸣刁斗，三军出井陉。

忘身辞凤阙，报国取龙庭。岂学书生辈，窗间老一经。

【注释】①得青字：古人相约赋诗，规定一些字为韵，各人分拈韵字，依韵而赋，"得青字"即拈得"青"字韵。②天官：天上的星官。古人认为天上的星星与人间的官员一样，有大有小，因此称天官。③将星：《隋书·天文志》记载，天上有十二个天将军星，主兵象。中央的大星，乃天之大将。大将星摇晃，预兆有战事将发生；大将星出，预兆已经出兵。这里指赵都督将带兵开赴代州。

21. 下列对这首诗的分析鉴赏，不正确的一项是______。（3 分）

A. 首联写启程，"天官""将星"点明人物身份和事件起因，"柳条青"则表明了季节特征和特定场景，可谓言简意赅。

B. 颔联紧承首联,将军中用具“刁斗”写进诗中,形象地展现了军营生活场景,“出”点明了行军的路线。

C.“凤阙”指宫廷,“龙庭”借指敌虏。颈联两句互文见文,诗人以雄大笔力写出赵都督戍边卫国的耿耿忠心。

D. 尾联表达了离别时强烈的伤感之情,与诗人的另一首诗《送元二使安西》中表达的情感有很大不同。

21. 这是一首送别诗,但有人评此诗“意不止送别”。请结合全诗分析,你从中读出了诗人哪些思想感情?(5 分)

Ⅱ. 2019 年真题回放

菩萨蛮

六军阅罢,犒饮兵将官[①]

王安中

中军玉帐旌旗绕,吴钩锦带明霜晓。铁马去追风,弓声惊塞鸿。

分兵闲细柳[②],金字回飞奏。犒饮上恩浓,燕然思勒功。

【注】①此词是作者任燕山路宣抚使时所作。②细柳:本为地名,因汉代名将周亚夫扎营于此且军容整肃而闻名。后人称军纪严明者为“细柳营”。

21. 下列对这首词的赏析,不恰当的一项是______。(3 分)

A. 词的上片展现了一幅兵强马壮、军威雄伟的画面。“霜晓”点明了检阅军队的时间,“塞”点明了地点。

B. 下片首句对应“中军玉帐旌旗绕”,用典贴切,且照应标题,由“六军阅罢”引出“犒饮兵将官”之意。

C.“分兵闲细柳”的“闲”字看似寻常实则绝妙。边防力量强大,敌人不敢侵犯,守军自然显得“闲”。

D.“金字回飞奏”的“回”字极言回报朝廷之速,“飞”是“金字”下达后的行动反响,凸显将士的忠君爱国之情。

22.“铁马去追风,弓声惊塞鸿”描写的内容是什么?有什么作用?(3 分)

23.“燕然思勒功”一句表达了怎样的思想感情?(2 分)

Ⅲ. 2018 年真题回放

塞下曲六首(其三)

李　白

骏马似风飙,鸣鞭出渭桥[①]。

弯弓辞汉月[②],插羽破天骄[③]。

阵解星芒尽[④],营空海雾消。

功成画麟阁,独有霍嫖姚[⑤]。

【注】①渭桥:位于唐代长安西北渭水上。②辞汉月:指离开京城。③天骄:指匈奴,这里指敌人。④星芒尽:指战争结束。⑤霍嫖姚:指霍去病。

21. 下列对这首诗的理解,不正确的一项是________。(3 分)

A. 首联写战马飞奔出渭桥,风驰电掣,既说明兵强马壮、军队士气旺盛,又渲染了军情急迫的紧张气氛。

B. 颔联并没有直接描写战场厮杀的场景，在“弯弓”与“插羽”之间就迅速地结束了战争，照应了首联的内容。

C. 颈联描写“破天骄”后的景象，战争结束，敌军营寨空无一人，战争的气氛消失，烘托出战争的悲壮惨烈。

D. 全诗笔力雄健，气势雄浑，基调乐观高亢，意境壮美。

22. 本诗首联和颔联分别运用了什么表达方式来塑造将士形象？（2 分）

23. 诗中“独有霍嫖姚”一句运用了什么表现手法？表达了怎样的思想感情？（3 分）

Ⅳ. 对考试真题的解读及预测

这 3 年来，诗歌考题分值都是 8 分，包括一个单选题和一两个问答题。单选题的考查比较全面，既考查诗歌内容，也考查手法和诗歌风格，再加上问答题，对表达方式、表现手法、感情态度加以考查，考点覆盖更加全面。在体裁选择上，2019 年首次出现“词”的体裁，但以唐宋军旅诗为主要考查对象。每年的考点大同小异。诗句理解、思想感情、表达技巧每年必考，偶尔考到诗歌风格和用典，复习时应以唐宋军旅诗为主，全面复习。

【古诗阅读知识介绍】

一、鉴赏诗歌的形象

（一）鉴赏诗歌中的人物形象

人物形象分为两类：一种是抒情主人公“我”的形象，一种是作品所刻画的“主人公”的形象。

这类题目的提问方式一般是：“诗中塑造了怎样的一位抒情主人公形象？”“诗中刻画的××形象有什么特点？”

答题思路一般是：形象特点概述→诗中如何看出形象的基本特征，并逐一进行分析→总结形象意义（诗人寄托的思想情感、诗中所蕴含的哲理）。或者先分析诗句，再概括形象特点。

（二）鉴赏诗歌中的景物形象

景物形象是指诗歌中所描绘的自然景象。写景诗或杂诗中多用景物形象，抒情诗中用来表达感情的客观事物往往也是景物形象，如其中的日月风云、湖光山色、田园桑麻等。

鉴赏的方法：一是要通过分析景物来拓展意境，二是要分析景物所蕴含的情感。要能够拨开意象的迷雾，领悟言外的诗情。

考试中一般会有分析意象和分析意境两类题目。

1. 鉴赏诗歌的意象

所谓意象，通常是指意和象。它包括主观、客观两个方面，是诗人的立意与所描写的物象的结合，即指诗歌中浸润了诗人情感的物象。意象类题目的关键在于点明意象特征，说清意象与内容之间联系的原因。

提问方式一般是：“这首诗描绘了一幅怎样的画面（景象）？”“第×句用到了哪些意象？表达了什么情感？”

答题思路一般是：指出诗歌运用了何种意象，描摹相关诗句的景象→概括意象本身的特征，指出与诗文情感的契合处在哪里→点明意象运用的效果如何。

2. 鉴赏诗歌的意境

所谓意境,是指寄托诗人情感的物象(意象)综合起来构建的让人产生想象的境界。它包括景、情、境三个方面。答题时三者缺一不可。

提问方式一般是:"这首诗营造了一种怎样的意境? 表达了诗人怎样的思想感情?"

答题思路一般是:简要描绘诗中展现的图景画面→概括景物所营造的氛围特点(宜于用两个双音节词)→分析作者的思想感情,以及感情产生的具体原因。

(三) 鉴赏诗歌中的事物形象

咏物诗常常借助事物形象,用象征或者托物言志的手法来表达作者的思想,而这些形象就成了某种品格、品质、精神的象征。分析事物形象的题目一般提问方式为:"×联描写了××的什么形象?""××物象寄托了作者怎样的思想感情(情怀)?"

鉴赏的方法:一是要掌握特定意象的内涵,二是要抓住事物形象的特征。

答题的思路一般是:明确××一般是什么样的意象特征→联系这首诗歌,解读××意象的内涵→作者借此意象,表达了什么样的志向、气节、操守。

二、鉴赏诗歌的语言

(一) 鉴赏关键词语

古人为了炼字炼意,常常改变诗歌中某些词语的词性。这些改变了词语使用特性的地方,往往是一首诗的诗眼所在,或者是一首词的词眼所在,同时,也是诗歌鉴赏的关键所在。

古人惯于活用词语,形容词、名词都可以活用为动词,而且,往往还用得鲜活生动,呼之欲出。

常考的有以下几种词语:

1. 名词

一些意象名词,由于意象的独特性或代表性,可以通过它来理解作者的思想感情,尤其是多个名词连用时,意象的组合会营造一定的意境。如表达送别相思之情的诗作,常常会出现柳、酒、月、雁等意象。如"乡心正无限,一雁度南楼",游子心中蓄积的愁情,因秋而触发,化作无过的乡愁;孤雁从南楼飞来,凄哀的鸣叫使乡愁更加上了一层雁归人未归的感伤。情景交融,含蓄隽永,耐人寻味。

2. 动词

一首诗是由一些诗的意象按照一定的艺术构思组合而成的,而真正能够构成鲜明的化美为媚的意象的词,主要是表示动态的具象动词。一个好的动词,能够点燃整个诗句。在鉴赏诗歌时,要重点关照动词,特别是那些具有多重含义的动词。如:"你记得跨青溪半里桥,旧红板没一条,秋水长天人过少。冷清清的落照,剩一树柳弯腰。"在这里,一个"剩"字引人注目。其妙处就在于,"剩"字虽然与"留"意思相近,但"剩"字一般是被动的,而且有"残存""残余"之意;另外,"剩"字有时间性,给人一种"无可奈何"之感,"留"则没有这么多的含义。如果用"见"字,那一般是就眼前而言的,不能给人以今昔对比的变迁感。

3. 形容词

诗歌少不了绘景摹状、化抽象为具体、变无形为有形,让人有如临其境、如见其人、如闻其声、如触其物之感。这种任务,相当一部分是要由形容词来承担的。形容词不仅能从形、声、光、色诸方面点出形象的特点,还能传达出作者的感情。如"黄河远上白云间,一片孤城万仞山。"一个"孤"字,写尽了环境的凄凉艰苦、零落萧条,让人过目难忘,深入人心。

4. 虚词

恰到好处地使用虚词,可以获得疏通文气、开合呼应、悠扬委曲、活跃情韵、化板滞为流动之类的效果。杜甫《蜀相》:“映阶碧草自春色,隔叶黄鹂空好音。”“自”“空”二字突出诗人对先贤的敬仰之情,也衬托出武侯祠的寂寞与荒凉。

5. 数量词

精心选择的数量词,可以产生丰富隽永的诗情。数量词语在渲染气氛、描景状物、表情达意、说事明理方面有着非常重要的作用。如:“前村深雪里,昨夜数枝开。”郑谷把“数枝开”改为“一枝开”,化平庸为神奇:“一枝”,不仅写出梅花先于百花绽放,而且,写出这丛梅花是先于众梅绽放。生机乍泄,是早中之早。通过“一”字照应了诗歌标题,还扣紧了“早梅”二字的命意,无疑起到了画龙点睛的作用。

6. 颜色词

表示颜色的词语,可以增强描写的色彩感和画面感,能够渲染气氛、烘托感情。鉴赏过程中,要善于抓住能够表现鲜明对比色彩的词语,体会诗歌流露的感情色彩。如杜甫的《绝句》:“两个黄鹂鸣翠柳,一行白鹭上青天。”句中黄与翠、白与青,互相映衬,物象的色相、明度、彩度之间是那么协调,整个画面展现出清晰的空间感与和谐的暖色调。

(二)把握语言风格

语言是思想的载体。一个优秀的诗人,语言风格会与其他诗人有所不同,甚至截然不同。了解诗歌的语言风格,有利于鉴赏诗歌的思想内容和艺术特点。

诗歌的语言风格有豪迈雄奇、沉郁顿挫、悲壮慷慨、朴素自然、婉约细腻、含蓄委婉、清新明丽、绚丽飘逸、雄浑磅礴等类型。

各种语言风格特点的具体内涵参见附录三。

(三)鉴赏诗歌语言需要注意的问题

1. 分析诗眼要立足于情感主旨

诗眼有以下作用:一是统摄全篇的情调,二是深化诗句的意境,三是集中体现作者的感情。正因为它关系全局,所以,分析诗眼时,就要着眼于全篇,结合诗歌的内容,看它怎样强化诗歌的情调和氛围,如何体现诗歌的主旨。

2. 推究“炼字”要注意表意效果

推究“炼字”的妙处,不能孤立地来谈论所要分析的字眼。只有把它放在诗句的大环境中,结合全诗的内容或者语句的含义来分析,才是正确途径。答题的一般思路是:解释该字的意义→放入语句中描述景象→指出它在开拓意境、创设氛围或表达情感方面的效果。

3. 概括语言特色要恰切地运用术语

鉴赏评价诗歌,应当使用专业术语来恰当地概括诗人诗作的风格特点,否则,会让人有“门外汉”的感觉。准确地使用专业术语,才能要言不烦、精确恰当地进行诗歌鉴赏,答题中才有可能做到表述圆满恰切。

常见的语言特色术语及其内涵参见附录。

三、鉴赏诗歌的表达技巧

表达技巧也称艺术手法,是诗人在塑造形象、创造意境、表达思想时所采用的语言方式。一般在诗歌鉴赏中,表达技巧可以分为表达方式、表现手法与修辞手法。三者之间不是井水不犯河水的关系，其分界也不是泾渭分明的，其中有一部分技巧或手法有着归属上的交叉。

（一）表达方式

表达方式是表述特定内容所使用的特定的语言方法。它是构成诗歌的一种形式要素。一般表达方式可以分为叙述、议论、抒情、描写和说明五类。在诗歌中，运用广泛的主要是抒情和描写。

鉴赏诗歌的表达方式常用的术语参见附录一。

（二）表现手法

表现手法指作者在行文措辞和表达思想感情时所使用的特殊的语句组织形式。它与修辞手法、表达方式之间有一些交集，一首诗歌为了更好地表情达意，出于锤炼语言、表现诗歌内容、体现作者情感的目的，往往会使用表现手法。

鉴赏诗歌的表现手法常用的术语参见附录一。

（三）修辞手法

修辞手法，就是通过调整语句、修饰细节、运用专门的表达形式来提高语言表达作用的方法。掌握各种修辞的特点，有助于分析评价诗歌在塑造形象、表达情感、体现主旨等方面的作用。

鉴赏诗歌的修辞手法时常用的术语参见附录一。

（四）结构手法

"结构"一词本是造型艺术领域的术语，是指一件艺术作品的整体构思和布局。所谓"诗歌结构"，是指诗人对作品内容的组织安排。体现在人、事、场景的布局，局部与整体的协调，首尾的照应，段落的过渡，线索的安排，详略虚实的设计，时空动静的调度等方面。命题人常以"结构"为抓手，引导考生进入审美境界，体会诗人的匠心睿智。

诗歌整体结构的把握，既涉及诗歌写作的构思，又涉及诗歌即景抒情、由事转议等常见方法。如杜甫的《春夜喜雨》："好雨知时节，当春乃发生。随风潜入夜，润物细无声。野径云俱黑，江船火独明。晓看红湿处，花重锦官城。"全诗围绕"喜雨"展开，以春夜雨为特定对象，以"喜"字为贯穿前后的诗脉，虽不见一个"喜"字在诗中出现，但无处不显露着诗人的喜悦之情。又如杜甫的《绝句》："江碧鸟逾白，山青花欲燃。今春看又过，何日是归年？"一二句写美景，三四句写乡愁，由景入情，结构分明。

诗歌常见的结构手法很多。附录一中罗列一些"诗歌结构"相关的知识，以助考生掌握相关术语，提高诗歌鉴赏能力。

（五）鉴赏诗歌表达方式需要注意的问题

1．储备知识，明确内涵，正确使用相关术语

鉴赏古代诗歌的表达技巧，需要了解和掌握相关的术语。只有这样，才能使答案准确到位。

2．整体把握，认真分析，把握主要表达技巧

要明确诗歌的表达技巧，首先需要从整体上把握诗歌的内容，然后才能结合诗歌主旨以及诗歌情感进行分析。比如李煜的《望江南》："多少恨，昨夜梦魂中。还似旧时游上苑，车如流水马如龙，花月正春风。"这首记梦小词抒写了梦中重温旧时游娱生活的欢乐和梦醒之后的悲恨，是李煜降宋被囚后的作品。艺术手法上，通篇使用白描和反衬，语言明净流畅。尤其被后人肯定的是，以梦中的乐景抒写现实生活中的哀痛，恰当地使用了反衬手法，使得"深哀浅貌，短语长情"。这样以梦写醒、以乐写愁、以少胜多的高妙手法，使这首小词获得了无限的艺术生命。我们知道，形式是为内容服务的。在分析这首词时，只有首先整体了解它的写作背景、作者的身世经历，然后，再掌握一些评论诗歌艺术表现形式的相关术语，之后，才能正确恰当地评论其手法使用问题。

3．明确要求，规范整合，突出整体表达效果

诗歌的表达技巧，从军考命题的形式来看，有的问答题着眼于整首诗歌，有的则着眼于诗作中的某些局部现象甚至某个诗眼来设计问题。无论是整体还是局部，答题的思路一般是：陈述诗作里运用了何种表达技巧→结合诗意，说明这种表达技巧如何有效地传达了诗人的情感，或在突现诗作主题方面起到了什么作用→前人是如何评价这首诗歌的（能够完成最后这一环节，更容易得高分）。

四、如何评价古诗的思想内容

1．了解作家作品的写作背景

欣赏诗歌必须知人论世。首先，要了解当时的社会、诗人的生平、思想和性格等，这些无不深深打上当时社会风气的烙印；其次，要具体了解写作某一首诗时作者的生活状况、思想情绪和创作意图；最后，还要有必要的知识储备，亦即要对诗中所涉及的历史事件、历史人物、历史典故能有基本的了解。例如，李白那清新飘逸、热烈奔放的千古杰作，也只有在灿烂辉煌的盛唐文化背景下才会产生。王维前期创作以边塞诗为主，体现出强烈的进取精神，具有盛唐的浪漫豪情；后期转而以创作山水田园诗为主，渗透着佛家思想，艺术成就更高。只有知道这些常识，在具体评价其某个阶段的某首诗时，才能做到知人论世、恰如其分。

2．透过诗歌题目，了解作品的内容的范畴

读过诗歌题目之后，一般能够大致推断出作品的思想内容和作者的写作用意。诗歌题目多种多样，题目不同，内容的范畴也不同。如：登临之作多抒发今昔变迁的感慨；怀古之作多借古喻今，抒发个人进退的思考；叙事之作多借事抒情；咏物之作多托物言志；送别之作多抒发黯然销魂、旷达刚健的情感。具体到白居易的《观刈麦》来说，诗人叙写观刈麦的所见，抒发某种感受。这一层意思要在一接触到题目时就明白。读完诗作之后，就明确了诗人对自己“不事农桑”而“吏禄三百石”深感惭愧，表达了他对农民的深切同情。这就算抓住了诗歌的主旨。

诗人写诗都不可能单纯地为了叙事、咏物，而要赋诗言志，要抒发某种主观情感、人生体验或对家国世事的认识与感悟。我们一接触诗题，就要较快地把握诗歌作品的主旨。

此外，有一些常遇到的乐府旧题，如“出塞”多写边塞生活，“入塞”多写由边塞返归的情景。“关山月”往往写士兵和家人离别的生活，“燕歌行”多写征人怨妇的生活。

3．整体体味，挖掘主旨

（1）鉴赏诗歌，在了解背景的基础上，必须逐字逐句地阅读全篇。分清写什么、怎样写的，这样去实现整体体味。同时，需要找出核心句。核心句可能是直露的，也可能是含蓄的，但它是全篇主旨所在。挖掘主旨时，要充分利用标题、注释和题干说明，从这些地方往往会得到提示。有些标题本身就具有提示性。比如，杨炯的《从军行》、李白的《越中览古》《送孟浩然之广陵》、骆宾王的《在狱咏蝉》、杜甫的《春夜喜雨》等。作为命题材料的诗作，一般是代表着作者主要创作风格的。例如辛弃疾、毛泽东的豪放词，柳永、秦观的婉约词，李白的浪漫主义诗作，王维的“诗中有画”特征等。

（2）注释、小序等诗歌之外的文字是鉴赏中最值得注意的内容要素，虽然只有寥寥数语，诗作的辅助信息、出题人给出的暗示却蕴含其中。介绍写作背景，那是暗示本诗的思想内容；介绍相关诗句，那是暗示本诗的用典或意境；介绍作者，那是暗示本诗的写作风格。所以，一定要仔细研读注释。

(3) 评价主旨要会选用不同的术语。如深化意境、深化主旨、意境深远、意境优美、意味深长、耐人寻味、言近旨远、言简意赅、意在言外、含蓄蕴藉等,都是常用术语,必须理解其内涵,能够准确使用。

4. 把握基调,细评价值

一首诗歌一个基调,尽管题干没有要求分析基调,但是,在分析评价作品思想内容时必须把握好基调,不然,就必然产生风马牛不相及的结果。基调是分析的基础,分析是对整体体味(艺术感受)的深化和发展,是评价的基础。只有基调把握准了,分析才能妥帖;只有分析妥帖了,才能对诗歌中作者流露出的思想内容作出比较公允的评价。

诗歌的基调主要有压抑、沉郁、欢快、雄阔、委婉、含蓄、空灵、直率、自然、风趣、平淡等。如对韦应物《寄李儋元锡》思想内容的评价:

去年花里逢君别,今日花开又一年。
世事茫茫难自料,春愁黯黯独成眠。
身多疾病思田里,邑有流亡愧俸钱。
闻道欲来相问讯,西楼望月几回圆。

这首诗中是否表现了关心人民疾苦的思想感情?研读之后,我们会得出答案:是,表现了。但与杜甫有所不同,这是一种人道主义的同情,也是一种无奈。它的基调是忧伤的,诗人感到"愧俸钱",但有什么办法呢?他没有办法,只是"思田里",想辞官归隐。显然,就思想性这一点而言,这首诗是达不到杜甫的思想高度的。

五、评价作者的观点态度

一般来说,中国古代诗歌中作者的观点态度就是诗歌所表现的作者的思想感情,即诗人通过诗歌所表现的生活认识、个人思想政治倾向。在诗歌中,这些往往不是直接表露的,而是借助于某一种文学手段(诗化的语言)曲折地、隐晦地表达,它需要读者在解读过程中,通过各种鉴赏方法去体悟,去挖掘,去揭示。那么,鉴赏一首中国古代诗歌,应该如何去把握作者的观点态度呢?

我们认为,在把握作者的观点态度时要注意几个问题(不局限于诗歌这一体裁的作品):

(1) 作者的观点态度是建立在语言、形象、表达技巧等外在形式上的,因此,把握作者的态度观点也要注意从整体上去考虑,不能忽略语言、形象、表达技巧等诗歌的外在形式的赏析而去架空分析。因为只有了解了诗的形式美的内涵,才能深入地去探知作者的观点与态度。

(2) 对作品观点态度的概括要准确恰当,不夸大,不缩小,不绝对化。在这方面,我们常犯的错误有两个:一是想当然地用作者诗歌的主体思想倾向去代替特定篇目的观点态度,忽视了特定作品的个体倾向;二是防止以今度古、无端拔高——用今天的眼光去看待古人的思想、观点和态度。这样的评价,常常会有失恰当,有失分寸。

(3) 要因诗论诗、因人论诗、因事论诗,不能随便"套用"某首词的评价语言,尤其是要防止想当然地搬用某些现成的词语,造成评价中出现似是而非、言不及义的毛病。要想避免这类流弊,在鉴赏过程中,我们就得去认真体味,仔细分析,依据特定的诗、特定的作者、特定的时代作出特定的分析。

(4) 对作品观点态度的概括要注意完整性、全面性。在特定的诗歌中,作者的观点态度所包含的几个方面都要概括周到、准确,防止有失妥帖、有遗漏的现象出现。

【附录】

一、古诗鉴赏表达技巧术语释要

表达技巧是指作者在塑造形象、创造意境、表达思想感情时所采取的特殊方式。它的含义非常广泛，简单来说包括各种表达方式、表现手法、修辞手法、构思立意等方面的技巧。

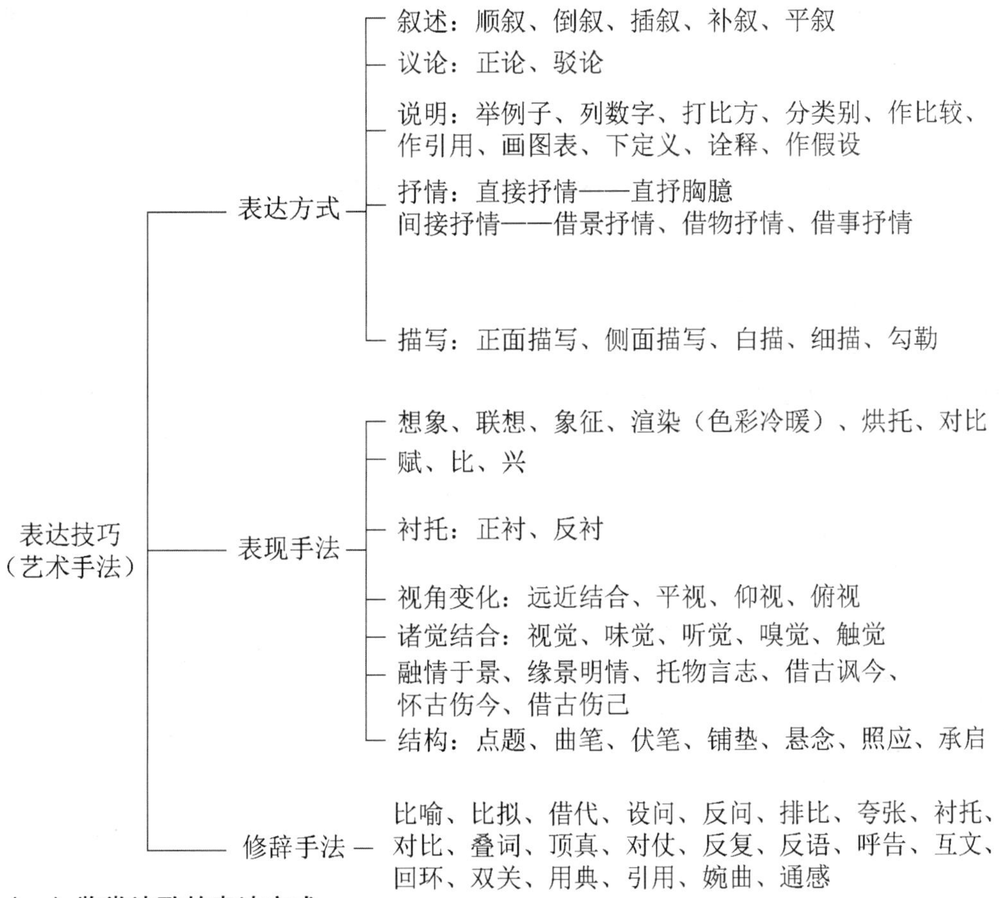

（一）鉴赏诗歌的表达方式

1. 直接抒情（直抒胸臆）

与间接抒情相对，它不以外物为依托，是一种以第一人称“我”为抒情主体，敞开心胸，倾情而出，直接表达思想感情的抒情手法。如李清照的《夏日绝句》：“生当作人杰，死亦为鬼雄。至今思项羽，不肯过江东。”

2. 借景抒情

是间接抒情的方式之一。即作者对某种景象或某种客观事物有所感触时，把自身所要抒发的感情、表达的思想寄寓在此景此物中，借此予以抒发。在我国古代诗歌中，松、竹、菊、柳、山石、溪流、古道、边关、落日、细雨等，都是诗人常常借以抒情的对象。如杜甫的《春望》：“国破山河在，城春草木深。感时花溅泪，恨别鸟惊心。”通过对花鸟草木的描写来抒发亡国的忧愤、离散的感伤。抒情而不只写情，绘景而不只写景，借景抒情，情以景兴，能使文章含而不露，蕴藉悠远，情丰意密，深切动人。

景物与感情的关系通常有四种：

（1）以乐景写乐情。如杜甫《绝句二首（其一）》："迟日江山丽，春风花草香。泥融飞燕子，沙暖睡鸳鸯。"用一幅色彩鲜明、生机勃勃的初春美景图，抒发了作者自己经过战乱的流徙，暂居成都草堂的安适、欢悦之情。

（2）以哀景写哀情。如杜甫的《登高》，全诗通过对登高所见秋江景色的描写倾诉了诗人长年漂泊、老病孤愁的复杂感情。

（3）以乐景写哀情。如杜甫的《江南逢李龟年》："岐王宅里寻常见，崔九堂前几度闻。正是江南好风景，落花时节又逢君。""江南好风景"恰恰成了乱离时世和沉沦身世的有力反衬，更让人觉出无限悲凉。

（4）以哀景写乐情。这一类比较少见，如《诗经》："昔我往矣，杨柳依依。今我来思，雨雪霏霏。"以"雨雪霏霏"的哀景，反衬久戍边疆、此时就要到家的战士的欢喜之情。

以上四种情与景的关系，总的来讲可以分为两类，前两种可以看作是正衬，后两种可以看作是反衬。

3．寓情于景（情景交融，缘景明情）

是一种借事抒情的方式。将感情融汇在特定的自然景物或生活场景中，借对此自然景物或场景的描摹刻画来抒发感情，是一种间接而含蓄的抒情方式。如杜甫的《春夜喜雨》："好雨知时节，当春乃发生。随风潜入夜，润物细无声。"

4．触景生情（缘景明情）

是借景抒情的方式之一。指诗人受到眼前景物的触动，引发联想，从而产生某种感情的抒情方式。见景生情，通常前句写景，后句生情。古诗词中有许多传统审美习惯就是触景生情的典范，如望月思乡、伤春悲秋、折柳送别、闻雁思归、见流水而思年华等。如寇准的《书河上亭壁四首（其三）》："岸阔樯稀波渺茫，独凭危槛思何长。萧萧远树疏林外，一半秋山带夕阳。"

5．以景结情

是一种借事抒情的方式。是指诗歌在议论或抒情时，突然转为写景，以景代情作结，收束全诗，使得诗歌富有余味。如王勃《山中》："长江悲已滞，万里念将归。况属高风晚，山山黄叶飞。"后两句写山上望见的实景，用秋风萧瑟、黄叶飘飞来衬托前两句的悲苦之情，就是以景结情。

6．托物言志

也称借物抒情。与借景抒情、借事抒情相对应，是间接抒情的方式之一。指诗人借自然界中的某物自身具有的特征，来表达某种志向或情感，诗中的物带有了人格化的色彩。托物言志的写作方法，最常用的有比喻、拟人、象征等。如王冕的《墨梅》："我家洗砚池头树，朵朵花开淡墨痕。不要人夸颜色好，只留清气满乾坤。"

7．用典抒情

是一种借事抒情的方式。借用典故来抒发自己的感情，讽刺时事。如杜牧的七绝《泊秦淮》："烟笼寒水月笼沙，夜泊秦淮近酒家。商女不知亡国恨，隔江犹唱后庭花。"后两句借用南朝陈国国君后主陈叔宝不顾国事、纵情欢娱以致亡国的典故，抒发了个人感慨，寄寓了对国家命运的关注。

8．借古讽今

是一种借事抒情的方式。指借历史上的事件来讽喻当朝。如刘禹锡的《石头城》："山围故国周遭在，潮打空城寂寞回。淮水东边旧时月，夜深还过女墙来。"

9. 借古伤己

是一种借事抒情的方式。表面上是回忆历史，叙述古人，实则抒发作者自己对人对事的感慨。如杜甫《蜀相》诗，借诸葛亮的故事，抒发作者怀才不遇、壮志未酬的悲愤心情。

10. 借议论抒情

是一种借事抒情的方式。如杜甫《八阵图》："功盖三分国，名成八阵图。江流石不转，遗恨失吞吴。"这首怀古绝句以议论入诗而没有空洞抽象之弊。语言生动形象，抒情色彩浓郁。把怀古和述怀融为一体，浑然不分，给人一种此恨绵绵、余意不尽的感觉。

11. 正面描写、侧面描写

是从描写角度的差异，对描写所做的观察和分类。正面描写是直接描写对象本身的一种描写手法，所以又称直接描写。如直接描绘人物的肖像、心理、语言和行动。侧面描写是通过对其他人物或环境的描写来映衬、烘托所写对象，或通过别人的评述来描写所写人物，所以又称间接描写。是以"烘云托月"的手法，来达到以"虚"写"实"的目的。如汉乐府《陌上桑》中对秦罗敷的描写："头上倭堕髻，耳中明月珠。湘绮为下裙，紫绮为上襦。行者见罗敷，下担捋髭须。少年见罗敷，脱帽著帩头。耕者忘其犁，锄者忘其锄。来归相怨怒，但坐观罗敷。"前四句是正面描写，后八句是侧面描写。

12. 白描、细描

是从描写技巧的视角对描写所做的观察和分类。这两个术语是从中国画的技法里借用来的。白描近似于西方绘画技巧中的速写。白描这一术语引入文学理论中，就是指用最朴素、最简练的笔墨，不事雕饰，不加烘托，抓住描写对象的特征，如实地勾勒出人物、事件、景物的情态面貌。体现在字面中，就是不使用或者绝少使用定语状语等修饰性的成分或者偏正结构的词汇。细描即细致描画，或称"工笔描画"，我国传统绘画中的仕女图往往用的就是这一手法。引入文学理论领域后，指的是使用大量生动、贴切的比喻，绚丽的文字，斑斓的色彩，进行浓笔涂抹；或者是指抓住生活中的细微而又具体的典型情节，进行生动细致的描绘。如杜甫的《绝句二首（其一）》："迟日江山丽，春风花草香。泥融飞燕子，沙暖睡鸳鸯。"前两句为白描，粗笔勾画阔远明丽的景物；后两句为细描，表现衔泥飞燕、静睡鸳鸯的景象。

13. 细节描写和场面描写

细节描写是从描写对象的大小这个视角对描写加以观察所做的分类。从这个角度分类，可以把描写分为场面描写、细节描写两种。必须要注意的是："细节描写"不是"细描"这一术语的简缩形式，它与"细描"完全不是同一个概念。细节描写是指抓住生活中的细微而又具体的典型情节，加以生动细致的描绘，细节指人物、景物、事件等表现对象的富有特色的细枝末节。它渗透在对人物、景物或场面描写之中。没有细节就没有艺术，同样，没有细节描写就没有活生生的、有血有肉的人物形象，就没有感人的生活事件。如赵师秀的《约客》："黄梅时节家家雨，青草池塘处处蛙。有约不来过夜半，闲敲棋子落灯花。"其中"闲敲棋子落灯花"这一生活细节的描写，细腻地刻画了主人在烦人的梅雨中焦灼期待的心情和闲闷无聊的神态，生动地表达了诗人雨夜孤独寂寞的情怀。

（二）鉴赏诗歌的表现手法

1. 对比

是把两种对立的事物，或者是同一事物的两个不同方面放在一起相互比较。对比的两个方

面不分主次。如梅尧臣的《陶者》:“陶尽门前土,屋上无片瓦;十指不沾泥,鳞鳞居大厦。”

2. 衬托

是指利用事物间相同或相对的条件,以一方作为陪衬来突出另一方的表现手法。衬托的两个方面有主次之分。利用事物的相同条件来衬托另一方,称为正衬。如崔护的《题都城南庄》:“去年今日此门中,人面桃花相映红。人面不知何处去,桃花依旧笑春风。”利用事物的相对条件来衬托另一方,称为反衬。以乐景写哀情即是反衬。王维的七绝《送元二使安西》:“渭城朝雨浥轻尘,客舍青青柳色新。劝君更尽一杯酒,西出阳关无故人。”初春雨后的景色固然无比清新可人,诗人却因送故人远别,并且是西出阳关而不安惆怅。乐景写哀情,更能突出诗人送别朋友的悲伤和对朋友此后生活的关心和同情。

需要辨明的是:对比和衬托,用于局部是修辞手法,用于整体则称为表现手法。其他类似的情形应当能够举一反三,依此类推。诸如此类的术语使用问题,回答问题时要注意根据具体情况来区别使用,否则难免丢分。

3. 联想

联想是由某人或某事物而关联性地想起其他相关的人或事物。这里“其他相关的人或事物”是已经客观存在的。如温庭筠的《咸阳值雨》:“咸阳桥上雨如悬,万点空濛隔钓船。还似洞庭春水色,晓云将入岳阳天。”

4. 想象

是指由某人或某事物而创造性地想到其他具体形象或情景。“其他具体形象或情景”不是客观存在的事物,只是人的主观的创想。如陈陶的《陇西行》:“誓扫匈奴不顾身,五千貂锦丧胡尘。可怜无定河边骨,犹是春闺梦里人。”

5. 渲染

本是一种国画技法,在需要强调的地方浓墨重彩,使画面形象的某一方面更为突出。用于文学创作,就是从正面来着意描摹。如汉乐府民歌《江南》:“江南可采莲,莲叶何田田。鱼戏莲叶间。鱼戏莲叶东,鱼戏莲叶西,鱼戏莲叶南,鱼戏莲叶北。”

6. 烘托

烘托本是一种国画技法,用水墨或色彩在物象的轮廓外面渲染衬托,使物象明显突出。用于文学创作,指从侧面着意描写,作为陪衬,使所要表现的事物鲜明突出。可以是以人烘托人,如《陌上桑》中借“行者”“少年”的行为来烘托秦罗敷惊人的美貌;也可以是以物烘托物,更多的是以景物烘托人物。

7. 象征

就是诗人借助物的象征义来表达个人情感或心志的一种表现手法,它们在整体构思上经常用到拟人、比喻、双关、借代等修辞手法。如于谦的《石灰吟》:“千锤万凿出深山,烈火焚烧若等闲。粉骨碎身全不怕,要留清白在人间。”

8. 用典

指诗歌中援用前人诗文名句、神话传说、历史故事等典故,使诗歌的意蕴更加丰富、含蓄、深刻。用典根据用法的不同可以分为明用和暗用。明用就是直接援用,如辛弃疾的《永遇乐·京口北固亭怀古》:“千古江山,英雄无觅,孙仲谋处。舞榭歌台,风流总被,雨打风吹去。斜阳草树,寻常巷陌,人道寄奴曾住。想当年,金戈铁马,气吞万里如虎。元嘉草草,封狼居胥,赢得仓皇北顾。四十三年，望中犹记，烽火扬州路。可堪回首，佛狸祠下，一片神鸦社鼓。凭谁问，廉颇老矣，尚能饭否？”暗用就是间接援用，又称化用，如欧阳修的《宿云梦馆》：“北雁来时岁欲昏，私书归梦杳难分。井桐叶落池荷尽，一夜西窗雨不闻。”

9. 以小见大

就是以细小的内容和景物来表现重大的思想和寓意。如杜牧的《过华清宫》：“长安回望绣成堆，山顶千门次第开。一骑红尘妃子笑，无人知是荔枝来。”

10. 主客移位

诗人在表达情感时，不直接从自身来写，而是通过想象，从对方入笔，通过客体对主体的情感来表达主体对客体的情感，从而显得委婉含蓄，更具深意。如白居易的《邯郸冬至夜思家》：“邯郸驿里逢冬至，抱膝灯前影伴身。想得家中夜深坐，还应说着远行人。”

11. 抑扬结合

把要贬抑否定的方面和要褒扬肯定的方面同时说出来，只突出强调其中的一个方面，以达到抑此扬彼的目的。按形式可分欲扬先抑（先抑后扬）和欲抑先扬（先扬后抑）两种。欲扬先抑式，如南宋诗人叶绍翁的《游园不值》：“应怜屐齿印苍苔，小扣柴扉久不开。春色满园关不住，一枝红杏出墙来。”欲抑先扬式，如李商隐的《贾生》：“宣室求贤访逐臣，贾生才调更无伦。可怜夜半虚前席，不问苍生问鬼神。”

12. 虚实结合

是指现实的景、事与想象的景、事互相映衬，交织在一起表达同一种情感。在诗歌欣赏中，虚与实是相对的：有者为实，无者为虚；有据为实，假托为虚；客观为实，主观为虚；具体为实，隐者为虚；有行为实，徒言为虚；当前为实，未来为虚；已知为实，未知为虚；等等。“虚实相生”是指虚与实二者之间互相联系、互相渗透与互相转化，以达到虚中有实、实中有虚的境界，从而极大地丰富诗歌的意象，开拓诗歌的意境，为读者提供广阔的审美空间。如李商隐的《夜雨寄北》：“君问归期未有期，巴山夜雨涨秋池。何当共剪西窗烛，却话巴山夜雨时。”诗中的“巴山夜雨”是写实，“共剪西窗烛”是拟虚。

13. 动静结合

是指对事物、景物作动态、静态的描写时，使两者相互映衬，构成一种情趣。如杜甫的《旅夜书怀》：“细草微风岸，危樯独夜舟。星垂平野阔，月涌大江流。名岂文章著，官应老病休。飘飘何所似，天地一沙鸥。”

14. 点面结合

广镜头为面，特写镜头为点；粗线条勾勒多为面，细笔描绘多为点。如柳宗元的《江雪》：“千山鸟飞绝，万径人踪灭。孤舟蓑笠翁，独钓寒江雪。”

15. 诸觉结合

描摹事物离不开视觉、听觉、味觉、嗅觉、触觉（形色、声音、味道、气味、触感）等感官的感受。古代诗歌中，经常运用多种感官，多角度地描摹事物的特征，使景、物具体可感，从而达到有声有色、形神兼备的境地。如王维的《过香积寺》：“古木无人径，深山何处钟。泉声咽危石，日色冷青松。”

16. 多视角结合

凡写景总有一个顺序，远近、高低、上下、内外，无论怎样，总是层次分明。“横看成岭侧成峰，远近高低各不同”，面对同一事物，从不同的角度去观察，可使描绘的画面井然有序，层次分

明,立体感强,会收到意想不到的效果。如柳宗元的《登柳州城楼寄漳、汀、封、连四州刺史》:“惊风乱飐芙蓉水,密雨斜侵薜荔墙。岭树重遮千里目,江流曲似九回肠。”

(三)鉴赏诗歌的修辞手法

1. 比喻

比喻是古代诗歌中运用得最为普遍的一种修辞手法。诗人借助比喻摹形绘声、传情达意,增强诗歌语言的形象性、生动性。比喻经过联想点化,能够化平淡为生动,化深奥为浅显,化抽象为具体,化冗长为简洁。所以有“无譬不成诗”之说。如刘禹锡的《望洞庭》:“湖光秋月两相和,潭面无风镜未磨。遥望洞庭山水色,白银盘里一青螺。”

2. 比拟

就是作者根据自己的主观想象,把物当作人来写(拟人),或把人当作物来写,或把此物当作彼物来写(拟物)。古代诗歌中,广泛地使用它以融情于物,引发联想,突显感情,增强语言的形象性和感染力。如李白的《月下独酌》:“举杯邀明月,对影成三人。”宋祁的《玉楼春》:“为君持酒劝斜阳,且向花间留晚照。”用的都是拟人。《古诗十九首、西北有高楼》:“愿为双鸿鹄,奋翅起高飞。”用的是拟物。李清照的《武陵春》:“只恐双溪舴艋舟,载不动许多愁。”把无形、无量的愁苦化成有量、有质的东西,并且用船来载着,是拟物写法。

3. 夸张

它是故意地言过其实,是通过形象化的语言,对被描写的事物进行艺术加工:或者夸大,或者缩小,或者颠倒先后次序。不仅能够增强语言的形象性、生动性,能够给人以异乎寻常的新鲜感,还能够突出地表现事物特征,提高作品的感染力。如李白的《秋浦歌》:“白发三千丈,缘愁似个长。不知明镜里,何处得秋霜。”再如他的《古风(其二十四)》:“大车扬飞尘,亭午暗阡陌。中贵多黄金,连云开甲宅。路逢斗鸡者,冠盖何辉赫。鼻息干虹蜺,行人皆怵惕。世无洗耳翁,谁知尧和跖。”此诗第 2 句、第 4 句、第 7 句、第 8 句等多处运用了夸张手法。

4. 借代

不是直接说出事物的本名,而是借用与之相关的词语来代替本名。运用借代不仅能使语言表述得形象生动,富有变化,而且,还可以利用词语转义,大量创造新词。如曹操《短歌行》:“何以解忧?只有杜康。”借最早造酒者的名字,代指酒本身。温庭筠《送人东归》:“江上几人在?天涯孤棹还。”借交通工具代指归家的人。杜甫《送远》:“带甲满天地,胡为君远行。”其中“带甲”即是士兵的代称。

5. 对偶

是把两个字数相等、结构相同的语句并列在一起来表达相关或相反的意思。在古诗中常称为“对仗”。其“仗”字来自“依仗”的“仗”。依仗,两两相对,排列整齐。近体诗产生之前,对仗只是修辞上的需要;近体诗的对仗,还是格律上的规定。“词”也是根据格律规定而用对仗的。

对偶从内容角度可以分为正对、反对和串对(亦称流水对、走马对),正对、反对分别是上下两句意思相对、相反,而串对是指上下两句意义上有顺承、因果、假设等语法关系的一种对偶形式。如杜甫《闻官军收河南河北》中的“即从巴峡穿巫峡,便下襄阳向洛阳”,上下两句是顺承关系。再如毛泽东《七律·到韶山》:“为有牺牲多壮志,敢教日月换新天”,前后两句是因果关系。

对偶从形式角度可以分为本句对、邻句对、隔句对。本句对,如杜甫《登高》中的“风急天高猿啸哀,渚清沙白鸟飞回”,上句以“风急”对“天高”,下句以“渚清”对“沙白”,然后上下句再构成对偶。隔句对,如白居易《夜闻筝》:“缥缈巫山女,归来七八年。殷勤湘水曲,留在十三弦。”

其四个句子中,一三句、二四句两两相对,形如扇面,故又称为扇面对。

近体诗的对仗,主要是律诗的对仗。律诗一般要求颔联、颈联用对仗,而且,上下联要合乎平仄格式,尽量用工对(相对应的位置上不能有相同的字眼),不能意思相同(亦即避免合掌现象)。古体诗的对仗,仅仅是一种修辞上的需要。位置不固定,句数不限制,不要求工对,不讲究平仄。词的对仗,比近体诗自由,但比古体诗严格。词是讲究格律的,对仗与否,各词牌一般是有其特殊规定的。

对偶的作用,从形式上看,可以使语言整齐和谐,朗朗上口,富有节律;从内容上看,可以使意义集中而含蓄。

6. 设问

首先提出问题,紧接着说出自己的看法。问题引入,带动全篇;中间设问,承上启下;结尾设问,深化主题,令人回味。如阿鲁威的《蟾宫曲》:"问人间谁是英雄?有酾酒临江,横槊曹公。紫盖黄旗,多应借得,赤壁东风。更惊起南阳卧龙,便成名八阵图中。鼎足三分,一分西蜀,一分江东。"

7. 反问

用疑问的形式表达确定的意思,用来加强语气,表达强烈的感情。如王安石的《题乌江亭》:"百战疲劳壮士哀,中原一败势难回。江东弟子今虽在,肯与君王卷土来?"

8. 双关

是指在特定的语境中,借助语音、语义的联系,使语句同时关涉两种事物,来获得双重意义的修辞方式。其特点是言在此而意在彼,移花接木,读起来饶有风趣,耐人寻味。双关表面上说这个意思,实际上是说另外一个意思,这另外一个意思才是语句的真意所在。

双关可以分为两种——谐音双关和语义双关。在诗歌中常见的是谐音双关,它利用词语音同、音近的条件,使之具有两种不同的意思。如李商隐《无题》中的"春蚕到死丝方尽,蜡炬成灰泪始干",其中的"丝"表面是说"蚕丝"的"丝",实际上是指与它谐音的"相思"的"思",一语双关,表达了一对恋人的离别之情。刘禹锡的《竹枝词二首》(其一)中的"东边日出西边雨,道是无晴却有晴",其中的"晴",表面指天气的晴朗,实际上是指恋人之间的爱情,利用天气变化的条件,巧妙地将自然的变化与人物的尽情变化合二为一。

9. 顶真

上句结尾的词语作下句的开头,或前文的末尾句作下文的开头。这种环环相扣的句式,主要作用是贯通语气,突出事物之间的紧密联系。如马致远的杂剧《汉宫秋》:"呀!俺向着这迥野悲凉。草已添黄,兔早迎霜。犬褪得毛苍,人搠起缨枪,马负着行装,车运着糇粮,打猎起围场。他、他、他,伤心辞汉主;我、我、我,携手上河梁。他部从入穷荒,我銮舆返咸阳。返咸阳,过宫墙;过宫墙:绕回廊;绕回廊,近椒房;近椒房,月昏黄;月昏黄,夜生凉;夜生凉,泣寒蛩;泣寒蛩,绿纱窗;绿纱窗,不思量。"

10. 反复

是指为了强调某个意思、某种感情,有意地重复某个词句的修辞手法。它可以增强语气或语势,增强感染力和表达效果。同时,还可以使诗文的格式整齐有序,回环起伏,富有音韵美。如辛弃疾的《丑奴儿》:"少年不识愁滋味,爱上层楼。爱上层楼,为赋新词强说愁。而今识尽愁滋味,欲说还休。欲说还休,却道天凉好个秋。"

11. 排比

至少由三个结构相同或相似、内容相关、语气一致的句子排列在一起而构成。可以增强语

言气势,深化思想内容,增强诗歌感染力。如《木兰辞》中:“开我东阁门,坐我西阁床,脱我战时袍,著我旧时裳。”

12. 互文

是指在古诗文中相邻的句子所用的词语互相补充,结合起来表达一个完整的意思的一种修辞手法。内容丰富,相互补充,可以起到言简意赅的效果。如《古诗十九首·迢迢牵牛星》中:“迢迢牵牛星,皎皎河汉女。纤纤擢素手,札札弄机杼。终日不成章,泣涕零如雨。河汉清且浅,相去复几许?盈盈一水间,脉脉不得语。”

13. 通感

就是通过联想把听觉、视觉、嗅觉、味觉、触觉等两种或两种以上的感觉沟通起来的一种修辞手法。可以使色彩有温度、声音有形象、冷暖有重量、气味有锋芒。可以创造出更加鲜明的形象,开拓出新颖的意境,抒发出独特的感受,增强艺术表现力和感染力。如韩愈的《听颖师弹琴》:“昵昵儿女语,恩怨相尔汝。划然变轩昂,勇士赴敌场。浮云柳絮无根蒂,天地阔远随飞扬。喧啾百鸟群,忽见孤凤凰。跻攀分寸不可上,失势一落千丈强。”

14. 列锦

就是全部用名词或名词性短语,经过选择组合,巧妙地排列在一起,构成生动可感的图像,用以烘托气氛、创造意境、表达情感的一种修辞手法。运用列锦修辞可达到凝练美、简约美、含蓄美的艺术效果。如马致远的《天净沙·秋思》:“枯藤老树昏鸦,小桥流水人家,古道西风瘦马。”连用九个名词构成一幅秋天傍晚萧瑟苍凉的图画,表现天涯游子的彷徨愁苦的心境。温庭筠的《商山早行》:“鸡声茅店月,人迹板桥霜。”连用几个名词构成六个意象,叠映出商山黎明前的一幅完整的画面,突出了“早行”二字。

15. 婉曲

也称折绕或婉转。不直截了当地表达本意,让人透过婉转委曲、含蓄隐约的语言领会作者的内在含义,让人越品味越觉得有吸引力和感染力。具体可分为曲折、微辞、吞吐、含蓄四类。如杜甫的《月夜》:“今夜鄜州月,闺中只独看。遥怜小儿女,未解忆长安。香雾云鬟湿,清辉玉臂寒。何时倚虚幌,双照泪痕干。”运用侧笔,设想将来重逢,回味今日的分离。虽只是作者想象妻子思念自己的景象,则自己的思念之情也就不言而喻了。

(四)鉴赏诗歌的构思立意技巧

1. 起承转合

①“起”定基调:“起”句为一诗之首句,地位很重要,作用一般有三点:点题明旨,统领全诗,奠定基调;托物起兴,烘托铺垫,渲染映衬;状物叙事,描景铺陈,提供背景。如杜甫的《登高》:“风急天高猿啸哀,渚清沙白鸟飞回。无边落木萧萧下,不尽长江滚滚来。万里悲秋常作客,百年多病独登台。艰难苦恨繁霜鬓,潦倒新停浊酒杯。”②“起”而续“承”:“承”句与“起”句语意接近,关联极为密切。它不是对“起”句简单的重复,而是“起”句的延续、深化(由面到点、由大到小、由简到繁、由整体到细节),两句之间的意思互为佐证。“承”的作用主要是:结构上承上启下,传递缝合;为下文铺垫蓄势,提供依托。如刘过的《柳梢青·送卢梅坡》:“泛菊杯深,吹梅角远,同在京城。聚散匆匆,云边孤雁,水上浮萍。教人怎不伤情?觉几度、魂飞梦惊。后夜相思,尘随马去,月逐舟行。”③“转”开生面:“转”是指结构上的转折,它是思路发展的关键所在。或是由写实转向写虚,或是情感由淡到浓、由弱到强,或是由此及彼、由正到反,等等。无论怎样“转”,都显现着诗人由外到内、由浅入深、由单面到多面、由具体到抽象的思维轨迹。“转”

在诗词结构对应中多指律诗的颈联、绝句中的第三句和曲中的“过片”。“转”往往还体现为由物及人、由景及情、由事及理的思路上的转换。前面铺垫蓄势已足，陡然一转，别开生面，让诗歌顿生波澜。“转”在诗中作用相当重要，是作者思维脉络转换或深化的重要标志，是体现诗歌主旨的重要线索。④妙“合”主旨：“合”是指诗的收束句，往往是作者情感和诗歌主旨的聚焦之处，是诗中谜底揭开之所。“合”的方式多种多样，有的直结，有的暗束；有的质朴浑然，有的婉曲蕴藉。“合”的作用有：呼应开头，完善结构；总结前文，收束全篇；揭示中心，升华主旨。如魏初的《鹧鸪天·室人降日以此奉寄》：“去岁今辰却到家，今年相望又天涯。一春心事闲无处，两鬓秋霜细有华。山接水，水明霞。满林残照见归鸦。何时收拾田园了，儿女团圞夜煮茶？”

2. 卒章显志

作为一种言志的结构方式，是指诗人往往在诗歌的结尾表达自己的心志或情怀。恰当运用这种结构方式可以增强诗歌的深刻性、感染力和结构美，有“画龙点睛”的艺术效果。如杜甫的《蜀相》。

3. 伏笔照应

诗歌篇章间的伏笔照应又叫呼应。前后内容要有内在联系，前面埋伏笔，后面就得有照应。这样，诗歌前后才能情节连贯、脉络清晰、结构紧凑，使读者容易掌握全诗的脉络。首尾照应，即开头与结尾的照应，这样照应使诗歌在结构上有浑然一体之感，能更加突出主题。如苏轼的《念奴娇·赤壁怀古》中：“大江东去，浪淘尽，千古风流人物。故垒西边，人道是，三国周郎赤壁。乱石穿空，惊涛拍岸，卷起千堆雪。江山如画，一时多少豪杰。遥想公瑾当年，小乔初嫁了，雄姿英发。羽扇纶巾，谈笑间，樯橹灰飞烟灭。故国神游，多情应笑我，早生华发。人生如梦，一尊还酹江月。”

4. 铺垫

是指通过描述与主要事物相关的次要事物来衬托、突出主要事物。作为铺垫的事物与主要事物之间是宾与主的关系。运用铺垫，有助于渲染气氛，蓄积气势，凸显主要形象，突出主旨，增强作品的表现力和艺术感染力。诗作经常先写景为抒情做铺垫。如柳宗元的《江雪》：“千山鸟飞绝，万径人踪灭。孤舟蓑笠翁，独钓寒江雪。”

5. 总领下文

严格来说，“总领下文”并不是一种手法，而是结构上所起的作用。一首诗的标题，或开头的一句诗，或诗中的某个字，经常会起到这样的作用。如南宋宫廷乐师汪元量的《湖州歌九十八首(其六)》：“北望燕云不尽头，大江东去水悠悠。夕阳一片寒鸦外，目断东南四百州。”

6. 开门见山

是指诗歌开头就直奔正题，不拐弯抹角。如杜审言的《和晋陵陆丞早春游望》：“独有宦游人，偏惊物候新。云霞出海曙，梅柳渡江春。淑气催黄鸟，晴光转绿苹。忽闻歌古调，归思欲沾襟。”

7. 层层深入

指诗歌内容由浅入深、环环相扣的结构形式。可使全诗结构严谨，条理清晰。如《古诗十九首·迢迢牵牛星》：“迢迢牵牛星，皎皎河汉女。纤纤擢素手，札札弄机杼。终日不成章，泣涕零如雨。河汉清且浅，相去复几许？盈盈一水间，脉脉不得语。”

8. 重章叠句

指上下句或上下段用相同的结构形式反复咏唱的一种结构方式。如辛弃疾的《丑奴儿·书博山道中壁》：“少年不识愁滋味，爱上层楼。爱上层楼，为赋新词强说愁。而今识尽愁滋味，

欲说还休。欲说还休,却道天凉好个秋。”

二、古诗意象举要

(一) 送别类

或表达依依不舍之情,或叙写别后的思念。主要意象有:

1. 杨柳

它源于《诗经·小雅·采薇》:“昔我往矣,杨柳依依。今我来思,雨雪霏霏”,杨柳的依依之态和惜别的依依之情融合在一起。“柳”与“留”谐音,古人在送别之时,往往折柳相送,以表达依依惜别的深情,以至许多文人用它来传达怨别、怀远等情思。如柳永《雨霖铃》中的“今宵酒醒何处?杨柳岸,晓风残月”等。

2. 长亭

古代路旁置有亭子,供行旅停息休憩或饯别送行。如北周文学家庾信《哀江南赋》:“十里五里,长亭短亭。”谓十里一长亭,五里一短亭。“长亭”成为一个蕴含着依依惜别之情的意象,在古代送别诗词中不断出现。如柳永《雨霖铃》中的“寒蝉凄切,对长亭晚”等。

3. 南浦

南浦多见于南方水路送别的诗词中,它成为送别诗词中的常见意象,与屈原《九歌·河伯》中“与子交手兮东行,送美人兮南浦”这一名句有很大关系。南朝文学家江淹作《别赋》(“春草碧色,春水绿波,送君南浦,伤如之何!”)之后,南浦在送别诗中明显多了起来;到唐宋送别诗词中出现得则更为普遍,如唐代白居易《南浦别》中的“南浦凄凄别,西风袅袅秋”等。

4. 酒

元代杨载说:“凡送人多托酒以将意,写一时之景以兴怀,寓相勉之词以致意。”酒在排解愁绪之外,还饱含着深深的祝福。将美酒和离情联系在一起的诗词多不胜举,如王维的《渭城曲》中的“劝君更尽一杯酒,西出阳关无故人”,白居易《琵琶行》中的“醉不成欢惨将别,别时茫茫江浸月”等,都是以酒抒写别离之情。

(二) 思乡类

或表达对家乡的思念,或表达对亲人的牵挂。主要意象有:

1. 月亮

一般说来,古诗中的月亮是思乡的代名词。如李白《静夜思》:“床前明月光,疑是地上霜。举头望明月,低头思故乡。”特别是苏轼《水调歌头·明月几时有》:“但愿人长久,千里共婵娟。”从良好的祝愿出发,写兄弟之情。意境豁达开朗,意味深长,用深邃无底而又美妙无空的自然境界体会人生。

2. 鸿雁

鸿雁是大型候鸟,每年秋季奋力飞回故巢的景象,常常引起游子思乡怀亲和羁旅伤感之情,因此诗人常常借雁抒情。如李清照《一剪梅》中“雁字回时,月满西楼”。元代王实甫《西厢记·长亭送别》中崔莺莺长亭送别时唱的“碧云天,黄花地,西风紧。北雁南飞。晓来谁染霜林醉?总是离人泪”,情景相生,其情不堪,成千古绝唱。

3. 莼羹鲈脍

典出《晋书·张翰传》。传说晋朝的张翰当时在洛阳做官,因见秋风起,思家乡的美味“莼羹鲈脍”,便毅然弃官归乡,从此引出了“莼鲈之思”表达思乡之情。如曾任国民党中央日报社社长的马星野先生的《呈南怀瑾先生谢赠鲜味》:“拜赐莼鲈乡味长,雁山瓯海土生香。眼前点点思亲泪,欲试鱼生未忍尝。”这首诗使多少思乡思亲的人洒下行行热泪。

4. 双鲤

鲤鱼代指书信,这个典故出自汉乐府诗《饮马长城窟行》:“客从远方来,遗我双鲤鱼。呼儿烹鲤鱼,中有尺素书。”再有古时人们多以鲤鱼形状的函套藏书信,因此不少文人也在诗文中以鲤鱼代指书信。如宋人赵令畤《蝶恋花》:“蝶去莺飞无处问。隔水高楼,望断双鱼信。”清代宋琬《喜周华岑见过》:“不见伊人久,曾贻双鲤鱼。”

此外,还有行为类意象,如“捣衣”,也表达对亲人的牵挂。月下捣衣,风送砧声这种境界,不仅思妇伤情,也最易触动游子的情怀,因此捣衣意象也是思乡主题的传统意象之一。如唐代李白《子夜吴歌·秋歌》:“长安一片月,万户捣衣声。秋风吹不尽,总是玉关情。何日平胡虏,良人罢远征。”

(三) 愁苦类

或表达忧愁、悲伤心情,或渲染凄冷、悲凉气氛。主要意象有:

1. 梧桐

在中国古典诗歌中,是凄凉悲伤的象征。如宋代李清照《声声慢》:“梧桐更兼细雨,到黄昏、点点滴滴。”元代徐再思《[双调]水仙子·夜雨》:“一声梧叶一声秋,一点芭蕉一点愁,三更归梦三更后。”都以梧桐叶落来写凄苦愁思。

2. 芭蕉

在诗文中常与孤独忧愁特别是离情别绪相联系。宋词有李清照的《添字丑奴儿》:“窗前谁种芭蕉树,阴满中庭。阴满中庭,叶叶心心,舒卷有余情。”把伤心、愁闷一股脑儿倾吐出来。

3. 流水

水在我国古代诗歌里和绵绵的愁思连在一起,多传达人生苦短、命运无常的感伤与哀愁。如唐代李白的《宣州谢朓楼饯别校书叔云》:“抽刀断水水更流,举杯消愁愁更愁。人生在世不称意,明朝散发弄扁舟。”刘禹锡的《竹枝词》:“山桃红花满上头,蜀江春水拍山流。花红易衰似郎意,水流无限似侬愁。”李煜《浪淘沙令》:“流水落花春去也,天上人间。”李煜的《虞美人》:“问君能有几多愁?恰似一江春水向东流。”宋代欧阳修的《踏莎行》:“离愁渐远渐无穷,迢迢不断如春水。”秦观的《江城子》:“便作春江都是泪,流不尽,许多愁。”

4. 猿猴

古诗词中常常借助于猿啼表达一种悲伤的感情。如郦道元《水经注·三峡》中渔者歌曰:“巴东三峡巫峡长,猿鸣三声泪沾裳。”唐代杜甫的《登高》:“风急天高猿啸哀,渚清沙白鸟飞回。”赵嘏的《忆山阳》:“可怜时节堪归去,花落猿啼又一年。”

5. 杜鹃鸟

古代神话中,周朝末年蜀地的君主望帝,因被迫让位给他的臣子,自己隐居山林,死后灵魂化为杜鹃鸟,暮春啼哭,至于口中流血,其声哀怨凄悲,动人肺腑。于是古诗中的杜鹃就成为凄凉、哀伤的象征。唐代李白的《蜀道难》:“又闻子规啼夜月,愁空山。”白居易的《琵琶行》:“其间旦暮闻何物?杜鹃啼血猿哀鸣。”宋代秦观的《踏莎行》:“可堪孤馆闭春寒,杜鹃声里斜阳暮。”等等,都以杜鹃鸟的哀鸣来表达哀怨、凄凉或思归的情思。

另外,斜阳(夕阳、落日),也多传达凄凉失落、苍茫沉郁之情。如唐代李商隐的《乐游原》:“夕阳无限好,只是近黄昏。”王维的《使至塞上》:“大漠孤烟直,长河落日圆。”宋代王安石的

《桂枝香》:"征帆去棹残阳里,背西风酒旗斜矗。"

(四)抒怀类

或托物显示高洁的品质,或抒发感慨。主要意象有:

1. 菊花

菊花一直受到文人墨客的青睐,有人称赞它坚强的品格,有人欣赏它清高的气质。屈原《离骚》:"朝饮木兰之坠露兮,夕餐秋菊之落英。"诗人以饮露餐花寄托他那玉洁冰清、超凡脱俗的品质。东晋田园诗人陶渊明,写了很多咏菊诗,将菊花素雅、淡泊的形象与自己不同流俗的志趣十分自然地联系在一起,如《饮酒》中的"采菊东篱下,悠然见南山。"宋代郑思肖《寒菊》中"宁可枝头抱香死,何曾吹落北风中。"宋代范成大《重阳后菊花二首》中"寂寞东篱湿露华,依前金靥照泥沙。"这些诗句都借菊花来寄寓诗人的精神品质。毛泽东《采桑子·重阳》里有"战地黄花分外香"一句,把菊花置于一个战争环境,"分外香"三个字凸显了毛泽东的革命乐观主义精神。

2. 梅花

梅花在严寒中最先开放,然后引出烂漫百花散出的芳香,因此梅花傲雪、坚强、不屈不挠的品格,受到了诗人的敬仰与赞颂。宋人陈亮《梅花》:"一朵忽先变,百花皆后香。"诗人抓住梅花最先开放的特点,写出了不怕打击挫折、敢为天下先的品质,既是咏梅,也是咏自己。王安石《梅花》:"遥知不是雪,为有暗香来。"诗句既写出了梅花的因风香远,又含蓄地表现了梅花的纯净洁白,收到了香色俱佳的艺术效果。陆游的著名词作《咏梅》:"零落成泥碾作尘,只有香如故。"借梅花来比喻自己备受摧残的不幸遭遇和不愿同流合污的高尚情操。元代王冕《墨梅》:"不要人夸颜色好,只留清气满乾坤。"也是以冰清玉洁的梅花来写自己不愿同流合污的品质,言浅而意深。

3. 松柏

《论语·子罕》中"岁寒,然后知松柏之后凋也。"通过赞扬松柏的耐寒,来歌颂坚贞不屈的人格,形象鲜明,意境高远,启迪了后世文人无尽的诗情画意。三国时期刘桢《赠从弟》:"岂不罹凝寒?松柏有本性。"诗人以此句勉励堂弟要像松柏那样坚贞,在任何情况下都要保持高洁的品质。唐代李白《赠书侍御黄裳》:"愿君学长松,慎勿作桃李。"韦黄裳一向谄媚权贵,李白写诗规劝他,希望他做一个正直的人。唐代刘禹锡《将赴汝州,途出浚下,留辞李相公》中的"后来富贵已零落,岁寒松柏犹依然。"也以松柏来象征孤直坚强的品格。

4. 竹

亭亭玉立,挺拔多姿,以其"遭霜雪而不凋,历四时而常茂"的品格,赢得古今诗人的喜爱和称颂。白居易《养竹记》中,以竹喻人生,晓以树德修身处世之道:"竹似贤,何哉?竹本固,固以树德,君子见其本,则思善建不拔者。竹性直,直以立身;君子见其性,则思中立不倚者。竹心空,空似体道;君子见其心,则思应用虚者。竹节贞,贞以立志;君子见其节,则思砥砺名行,夷险一致者。夫如是,故君子人多树为庭实焉。"张九龄的《和黄门卢侍御咏竹》一诗言简意赅地赞美道:"高节人相重,虚心世所知。"苏轼的《于潜僧绿筠轩》有咏竹名句:"宁可食无肉,不可居无竹。无肉令人瘦,无竹使人俗。人瘦尚可肥,士俗不可医。"将竹视为名士风度的最高标识。郑板桥一生咏竹画竹,留下了很多咏竹佳句,如《竹石》:"咬定青山不放松,立根原在破岩中。千磨万击还坚劲,任尔东西南北风。"赞美了立于岩石之中的翠竹坚定顽强、不屈不挠的风骨和不畏逆境、蒸蒸日上的禀性。

5. 黍离

“黍离”常用来表示对国家今盛昔衰的痛惜伤感之情，典出《诗经·王风·黍离》。旧说周平王东迁以后，周大夫经过西周古都，悲叹宫廷宗庙毁坏，长满禾黍，就作了《黍离》这首诗寄托悲思。后世遂以“黍离”之思用作昔盛今衰等亡国之悲。如姜夔的《扬州慢》中“予怀怆然，感慨今昔，因自度此曲。千岩老人以为有‘黍离’之悲也。”

6. 冰雪、草木

古代诗歌中，常以冰雪的晶莹比喻心志的忠贞、品格的高尚；以草木繁盛反衬荒凉，以抒发盛衰兴亡的感慨。如王昌龄的《芙蓉楼送辛渐》：“洛阳亲友如相问，一片冰心在玉壶。”以“冰心在玉壶”比喻个人光明磊落的心性。再如张孝祥《念奴娇·过洞庭》中的名句：“应念岭表经年，孤光自照，肝胆皆冰雪。”表明自己的襟怀坦白和光明磊落。草木类的例子更多，如姜夔的《扬州慢》：“过春风十里，尽荠麦青青。”春风十里，十分繁华的扬州路，如今长满了青青荠麦，一片荒凉了。杜甫的《蜀相》：“映阶碧草自春色，隔叶黄鹂空好音。”一代贤相及其业绩都已消失，如今只有映绿石阶的青草，年年自生春色（春光枉自明媚），黄鹂白白发出这婉转美妙的叫声，诗人慨叹往事空茫，深表惋惜。

（五）爱情类

用以表达爱恋、相思之情。主要意象有：

1. 红豆

传说古代一位女子，因丈夫死在边疆，哭于树下而死，化为红豆，于是红豆又称“相思子”，常用以象征爱情或相思。如王维的《相思》：“红豆生南国，春来发几枝？愿君多采撷，此物最相思。”诗人借生于南国的红豆，抒发了对友人的眷念之情。

2. 莲

与“怜”音同，所以古诗中有不少写莲的诗句，借以表达爱情。如南朝乐府诗《西洲曲》：“采莲南塘秋，莲花过人头。低头弄莲子，莲子清如水。”采用谐音双关的修辞，表达了一个女子对所爱的男子的深长思念和爱情的纯洁。

3. 连理枝、比翼鸟

连理枝，指根和枝交错在一起的两棵树；比翼鸟，传说中的一种鸟，雌雄在一起飞。古典诗歌里用作恩爱夫妻的比喻。白居易的《长恨歌》：“七月七日长生殿，夜半无人私语时。在天愿作比翼鸟，在地愿为连理枝。”

（六）战争类

或表达对战争的厌恶，或表达对和平的向往。主要意象有：

1. 投笔

《后汉书》载：班超家境贫寒，靠为官府抄写文书来生活。他曾投笔感叹，要效法傅介子、张骞立功边境，取爵封侯。后来“投笔”就指弃文从武。如辛弃疾《水调歌头·落日古城角》：“莫学班超投笔，纵得封侯万里，憔悴老边州。”

2. 长城

《南史·檀道济传》记载，檀道济是南朝宋的大将，权力很大，受到君臣猜忌。后来宋文帝借机杀他时，檀道济大怒道：“乃坏汝万里长城！”很显然是指宋文帝杀害将领，瓦解自己的军队。后来就用“万里长城”指守边的将领。如陆游的《书愤》：“塞上长城空自许，镜中衰鬓已先斑。”

3. 楼兰

《汉书》载,楼兰国王贪财,多次杀害前往西域的汉使。后来傅介子被派出使西域,计斩楼兰王,为国立功。以后诗人就常用"楼兰"代指边境之敌,用"破(斩)楼兰"指建功立业。如王昌龄《从军行》:"青海长云暗雪山,孤城遥望玉门关。黄沙百战穿金甲,不破楼兰终不还。"

4. 柳营

指军营。《史记·绛侯周勃世家》记载:汉文帝时,汉军分别驻扎霸上、棘门、细柳以备匈奴,细柳营主将为周亚夫。周亚夫细柳军营纪律严明,军容整齐,连文帝及随从也得经周亚夫许可,才可入营,文帝极为赞赏周亚夫的治军有方。后代则多以"柳营"称纪律严明的军营。

5. 请缨

汉武帝派年轻的近臣终军到南越劝说南越王朝。终军说:"请给一根长缨,我一定把南越王抓来。"后以其喻杀敌报国。如岳飞《满江红·遥望中原》:"叹江山如故,千村寥落。何日请缨提锐旅,一鞭直渡清河洛。"

6. 羌笛

唐代边塞诗中经常提到,如王之涣的《凉州词》:"羌笛何须怨杨柳,春风不度玉门关。"岑参的《白雪歌送武判官归京》:"中军置酒饮归客,胡琴琵琶与羌笛。"范仲淹的《渔家傲》:"浊酒一杯家万里,燕然未勒归无计。羌管悠悠霜满地。"羌笛发出的凄切之音,常常使得征夫怆然泪下。芦管、胡笳的作用与此相同,不再单独列举了。

(七)闲适类

或表达清闲恬淡的心情,或表达对隐居生活的向往。主要意象有:

1. 五柳

陶渊明《五柳先生传》载:"宅边有五柳树,因以为号焉。"后来"五柳"就成了隐者的代称。如王维的《辋川闲居赠裴秀才迪》:"寒山转苍翠,秋水日潺湲。倚杖柴门外,临风听暮蝉。渡头余落日,墟里上孤烟。复值接舆醉,狂歌五柳前。"

2. 东篱

陶渊明的《饮酒》中有:"采菊东篱下,悠然见南山。"后来多用"东篱"表现辞官归隐后的田园生活或娴雅的情致。如李清照《醉花阴》:"东篱把酒黄昏后,有暗香盈袖。"

3. 三径

陶渊明《归去来兮辞》中有"三径就荒,松菊犹存"的句子,后来"三径"就用来指代隐士居住的地方。如白居易的《欲与元八卜邻,先有是赠》:"明月好同三径夜,绿杨宜作两家春。"

三、古代诗歌语言风格释要

1. 冲淡

选用确切的字眼直接叙述,语言力求朴素,显现出质朴无华的特点,但于平淡之中蕴含着深意。如陶渊明的《饮酒》:"采菊东篱下,悠然见南山。山气日夕佳,飞鸟相与还。"这几句诗表面看来句句平淡,平淡之中却蕴含着作者超脱尘世、悠然自得的情趣。

2. 工丽

既讲究辞藻华丽,又讲究对仗工整,理解时可以借助对仗。如杜甫的《观李固请司马弟山水图三首》:“红浸珊瑚短,青悬薜荔长。”辞藻华丽,对仗工整,每句开头的“红”“青”颜色词语构成一幅色彩鲜明的画面。

3. 绚丽

有富丽的辞藻、绚烂的色彩、奇幻的情思。如白居易的《忆江南》:“日出江花红胜火,春来江水绿如蓝。”诗歌语言有鲜明的色彩感,而且色彩对比强烈,写出了春日江南的明艳如画。

4. 真率

语言毫不隐晦,毫不修饰,依照情感的原样直接写出。如《诗经·国风·魏风·硕鼠》:“硕鼠硕鼠,无食我黍!三岁贯女,莫我肯顾。”这两句诗直抒胸臆,反映了农夫对沉重的剥削的怨恨和控诉。

5. 委婉

不是直接叙述或抒情,而是通过写与本意看似无关的事物,或者通过对比而委婉地表达内心的情感。如李商隐《夜雨寄北》:“君问归期未有期,巴山夜雨涨秋池。何当共剪西窗烛,却话巴山夜雨时。”诗人本意在于表达作者对妻子的怀念,但是并没有直接写出,而写了“何当共剪西窗烛,却话巴山夜雨时”。

6. 清新

比喻新颖,用语通俗。山水田园诗人所作诗歌大多清新脱俗。如杜甫《绝句四首(其三)》:“两个黄鹂鸣翠柳,一行白鹭上青天。窗含西岭千秋雪,门泊东吴万里船。”这首诗写了四种景色,有动景,有静景,有近景,有远景,有实景,有虚景,色彩绚丽,语言清新生动。

7. 明快

直接的,明朗的,爽快的,泼辣的,往往是斩钉截铁的。如杜甫《闻官军收河南河北》:“即从巴峡穿巫峡,便下襄阳向洛阳。”“即”“穿”“便”“向”四个字表现了快捷的速度和跳跃的节奏,诗人喜不自禁的心情跃然纸上。

8. 自然

语言不留雕琢的痕迹,真率朴素,多用口语,较少炼字,读来平白如话,自然生动,韵味无穷。如李白《古朗月行》:“小时不识月,呼作白玉盘。又疑瑶台镜,飞在青云端。”写出了儿童时期对月亮稚气的认识,表现出月亮的形状和月光的皎洁可爱,不加雕饰,生动自然。

9. 清幽

清静而又幽深,表面看似平淡自然,细细体味却意味深远。如王维《鹿砦》:“空山不见人,但闻人语响。返景入深林,复照青苔上。”前两句写不见人影而闻人声,烘托出山的空寂清冷;后两句用夕阳返照之光映着林中的青苔,进一步渲染了山中幽暗的特点,给人一种无比清幽的美感。

10. 雄奇

气势雄伟,立意奇特。此风格的诗多用具有气势和节奏奔放的语言来塑造博大新奇的形象,营造恢宏阔远的意境。如李贺《梦天》:“遥望齐州九点烟,一泓海水杯中泻。”这两句诗是说九州小得像九个烟点,大海小得像杯中之水被打翻了一样。

11．豪放

直率而有气势。其特点是既表现了作为主体的诗人的特点，又表现了作为客体的描绘对象的特点。如苏轼《念奴娇·赤壁怀古》："大江东去，浪淘尽，千古风流人物。"词句将滚滚长江与历史长河融为一体，凸显了历史荡涤千古风流的奔放气势，使读者体味到作者兀立江岸对景抒情的壮怀气魄。

12．悲慨

悲壮慷慨、寂寥苍劲的艺术风格。此风格的作品，语气高昂，感情悲壮，充满对时代的感慨，或雄才不得志，或感时伤乱，忧国忧民，心中郁结，愤慨不平。如陈子昂《登幽州台歌》："前不见古人，后不见来者。念天地之悠悠，独怆然而涕下！"诗歌以苍茫原野为背景，勾勒出一位胸怀大志却因报国无门而孤独悲伤的诗人形象，苍凉悲壮，慷慨激昂。

13．凝练

通过千锤百炼而达到质朴、流畅、圆润、洒脱、意蕴无穷的境界。如王昌龄的《芙蓉楼送辛渐》："寒雨连江夜入吴，平明送客楚山孤。洛阳亲友如相问，一片冰心在玉壶。""连"与"入"相携，织出一张烟雨迷蒙的愁网，并以"孤"为动力，加之"冰心玉壶"的绝妙比喻，作者高洁傲岸、冰清玉洁的形象脱颖而出。

14．沉郁

用一种苍老遒劲的笔调去描绘广阔的社会生活，使所描绘的生活画面笼罩着凝重深沉的忧郁色彩和悲剧气氛，并配之以严格的诗律和铿锵的音韵。如杜甫的《登高》："风急天高猿啸哀，渚清沙白鸟飞回。无边落木萧萧下，不尽长江滚滚来。万里悲秋常作客，百年多病独登台。艰难苦恨繁霜鬓，潦倒新停浊酒杯。"全诗四联八句统统对仗，顿挫铿锵，回环曲折，显示出一唱三叹的情韵之美。这首诗抒发了诗人的忧愤之情，具有一种悲壮雄浑之美。

【强化练习】

一、阅读下面诗歌，按要求回答问题。

悲　秋

［南宋］黄公度

万里西风入晚扉，高斋怅望独移时。

迢迢别浦帆双去，漠漠平芜天四垂。

雨意欲晴山鸟乐，寒声初到井梧知。

丈夫感慨关时事，不学楚人儿女悲。

［注］诗人黄公度因反对朝廷推行的投降求和政策，被扣上"讪谤"国事的罪名，贬为肇庆府通判。

1．请从"景"与"情"的角度，赏析本诗的颔联。

2．颈联"山鸟"和"井梧"是带有喻意的艺术形象，请指出"山鸟""井梧"分别喻指哪类人。

3．黄公度的这首《悲秋》格调高致，请结合诗歌内容作简要分析。

二、阅读下面诗歌,按要求回答问题。

送 别

李 白

斗酒渭城边,垆头醉不眠。

梨花千树雪,杨叶万条烟。

惜别倾壶醑,临分赠马鞭。

看君颍上去,新月到应圆。

1. 从表达技巧上简要赏析颔联“梨花千树雪,杨叶万条烟”。

2. 本诗表达了怎样的思想情感?请结合后两联简要说明。

3. 李白有“梨花千树雪,杨叶万条烟”、岑参有“忽如一夜春风来,千树万树梨花开”的诗句。请赏析两位诗人的两联诗句,比较其所运用的手法、所描写的对象、所创造的情境以及所表达的情感的异同。

三、阅读下面诗歌,按要求回答问题。

登 泰 山

张养浩

风云一举到天关,快意生平有此观。

万古齐州烟九点,五更沧海日三竿。

向来井处方知隘,今后巢居亦觉宽。

笑拍洪崖咏新作,满空笙鹤下高寒。

1. 下列对这首诗的理解,不正确的两项是________。

A. “风云一举到天关”意思是从山下远望,风卷云烟,一下子冲上了山顶。

B. “快意生平有此观”是说此次看到泰山美景为生平最快意之事。“此观”,具体指颔联所写的景色。

C. “五更沧海日三竿”描写出泰山五更时刻太阳从云海涌出的壮观美景。

D. “满空笙鹤下高寒”最后一句诗人实写天上的鹤在笙乐声中来到泰山。“高寒”,指泰山。

E. 这首诗既写出登山所见之景,也写出登山感受;既给人美的享受,也给人思想的启迪。

2. 与杜甫的《望岳》相比,两诗描写景物的角度有何不同?请简要分析。

四、阅读下面诗歌,按要求回答问题。

[双调]沉醉东风·渔夫

白 朴

黄芦岸白渡口,绿柳堤红蓼滩头。虽无刎颈交,却有忘机友。点秋江白鹭沙鸥。傲杀人间万户侯,不识字烟波钓叟。

1. 对这首小令的分析与理解,不正确的两项是________。

A. 开头两句选用“黄”“白”“绿”“红”这样色彩鲜明的字眼,展现了渔夫生活环境的优美,引发读者丰富的想象。

B. 小令中的渔夫虽然没有生死之交,却能以在秋江上自在来去,与心地单纯的白鹭沙鸥为友,让人感到其心灵世界的洁净美好。

C. “烟波钓叟”就是诗人在这首小令中着力表现的渔夫,因为渔夫不识字,没文化,所以在万户侯面前骄傲不起来。

D. 这首小令语言平实自然,风格清新质朴,为我们塑造了一个像白鹭沙鸥那样生活自由自在、行动无拘无束的渔夫形象。

E. “点秋江白鹭沙鸥”用“秋”修饰“江”,既点明了季节是秋季,也写出了江面上点点鸥鹭飞翔的凄凉肃杀的景色。

2. 有人认为,“钓叟”是小令作者白朴用以自比的形象,这和柳宗元《江雪》诗“孤舟蓑笠翁,独钓寒江雪”中以“蓑笠翁”自比是一样的。请问:我们可以从“钓叟”和“蓑笠翁”身上看到两作者怎样的相同情怀与不同情怀?

五、阅读下面诗歌,按要求回答问题。

虞美人

舒　亶

芙蓉落尽天涵水,日暮沧波起。背飞双燕贴云寒,独向小楼东畔倚阑看。

浮生只合尊前老,雪满长安道。故人早晚上高台,赠我江南春色一枝梅。

[注]①舒亶:宋神宗时任御史中丞,获罪罢官,写此词寄赠江南友人公度。②赠我江南春色一枝梅:南朝宋陆凯与范晔是好友,陆凯自江南寄梅花一枝到长安给范晔,并赠诗曰:“折梅逢驿使,寄与陇头人。江南无所有,聊赠一枝春。”

1. 对这首词的理解和赏析,不正确的两项是________。

A. 上阕的前两句写词人日暮登楼所见,寥寥几笔,由下及上地勾勒出一幅苍茫的画卷。

B. 本词用字精妙,“芙蓉落尽天涵水”中“落”字写出了天空苍茫、水天一色的特点。

C. “贴云寒”运用拟人手法,写出了双燕背飞的心理感受,更寄寓了词人内心的凄凉。

D. 此词上阕主写景,下阕主言情,用语朴素自然,情真意切,不失为赠答词中的佳作。

E. 本词表达了词人罢官之后的孤寂和落寞,表达了对他乡友人的思念之情,更表达了自己想得到友人慰藉的渴望之情。

2. 本词是如何表现词人思想感情的?请结合全词简要分析。

六、阅读下面诗歌,按要求回答问题。

花非花

白居易

花非花,雾非雾。夜半来,天明去。

来如春梦不多时,去似朝云无觅处。

【注】①朝云:借用楚襄王梦巫山神女之典故。宋玉《高唐赋》:妾在巫山之阳,高丘之阻,旦为朝云,暮为行雨,朝朝暮暮,阳台之下。

1. 下列对本诗的理解和分析,不正确的两项是________。

A. 诗取前三字为题,近乎无题。首二句应读作"花/非花,雾/非雾",先就给人一种捉摸不定的感觉。"非花""非雾"均系否定,却包含一个不言而喻的前提:似花、似雾。

B. 单看"夜半来,天明去",颇使读者疑心是在说梦。但从下句"来如春梦"四字,可见又不然了。梦原来也是一比。这里"来""去"二字,有承上启下的作用。

C. 此诗末句"似朝云"的典故,兼用"梦神女"的比喻,表现出一种对于生活中存在过而又消逝了的美好的人与物的追念、惋惜之情。

D. 此诗运用三字句与七字句轮换的形式,这是对当时民间歌谣三三七句式的活用,兼有节律整饬与错综之美,极似后来的散曲。

E. 白居易诗不仅以语言浅近著称,其意境亦多显露。这首诗却颇有些朦胧味儿,在白诗中确乎是一个特例。

2. 这首诗主要采用了哪种表达技巧?营造了怎样的意境?请结合诗句简要分析。

七、阅读下面诗歌,按要求回答问题。

别范安成

[南朝·宋]沈约

生平少年日,分手易前期。及尔同衰暮,非复别离时。

勿言一樽酒,明日难重持。梦中不识路,何以慰相思?

答柳恽

[南朝·宋]吴均

清晨发陇西,日暮飞狐谷。秋月照层岭,寒风扫高木。

雾露夜侵衣,关山晓催轴。君去欲何之?参差间原陆。一见终无缘,怀悲空满目。

1. 两首诗所抒发的感情有何异同?请简要分析。

2. 两首诗共同运用了什么表现手法?请简要分析这样写的好处。

八、阅读下面诗歌,按要求回答问题。

早　雁

杜　牧

金河秋半虏弦开,云外惊飞四散哀。

仙掌月明孤影过,长门灯暗数声来。

须知胡骑纷纷在,岂逐春风一一回。

莫厌潇湘少人处,水多菰米岸莓苔。

【注释】①唐武宗会昌二年(842 年)八月,北方回鹘族乌介可汗率兵众向南骚扰,引起边民纷纷逃亡。杜牧时任黄州(今湖北黄冈)刺史,闻此而深以为忧,写下此诗。②金河,在今内蒙古呼和浩特市南。③仙掌:指汉代长安建章宫内铜铸仙人举掌托起承露盘。长门,汉宫名。

1. 春回大地,正是雁儿飞回家乡的时节,可诗人为什么劝雁儿留在南方?

2. 这首诗主要运用了什么表现手法?表达了怎样的主旨?请做简要分析。

九、阅读下面诗歌,按要求回答问题。

过杨村

杨万里

石桥两畔好人烟,匹似诸村别一川。
杨柳荫中新酒店,葡萄架下小渔船。
红红白白花临水,碧碧黄黄麦际天。
政尔清和[1]还在道,为谁辛苦不归田?

[注] ①清和:农历四月。

1. 请从绘色、立意这两个角度对诗歌的中间两联进行赏析。
2. 诗歌的最后一联是什么意思?它表达了作者什么样的愿望?

十、阅读下面诗歌,按要求回答问题。

和沈石田落花诗

唐　寅

万紫千红莫谩夸,今朝粉蝶过邻家。
昭君偏遇毛延寿,炀帝难留张丽华。
深院青春空白锁,平原红日又西斜。
小桥流水闲村落,不见啼莺有吠蛙。

1. 诗中颔联主要运用了哪种表现手法?表达了诗人怎样的情感?
2. 请结合全诗,赏析尾联的妙处。

十一、阅读下面诗歌,按要求回答问题。

舟中二首(其一)[1]

陈师道

恶风横江江卷浪,黄流湍猛风用壮[2]。
疾如万骑千里来,气压三江五湖上。
岸上空荒火夜明,舟中坐起待残更。
少年行路今头白,不尽还家去国情。

[注]①宋哲宗绍圣元年(1094),作者因党争之祸受牵连被罢职。这首诗作于离任途中。②风用壮,表示风力壮猛。

1. 颔联运用了哪些修辞方法?请做简要赏析。
2. 这首诗表现出作者怎样的复杂情感?请简要分析。

十二、阅读下面诗歌，按要求回答问题。

塞路初晴

雍 陶

晚虹斜日塞天昏，一半山川带雨痕。

新水乱侵青草路，残烟犹傍绿杨村。

胡人羊马休南牧，汉将旌旗在北门。

行子①喜闻无战伐，闲看游骑猎秋原。

[注]①行子：出行的人。

1. 本诗颔联运用了什么表现手法？描绘了一幅怎样的边塞风景？
2. 请结合全诗赏析尾联中的“喜”字。

十三、阅读下面诗歌，按要求回答问题。

蝶恋花·出塞

纳兰性德

今古河山无定据，画角①声中，牧马频来去。满目荒凉谁可语？西风吹老丹枫树。

从前幽怨应无数，铁马金戈，青冢黄昏路。一往情深深几许，深山夕照深秋雨。

[注]①画角：黎明和黄昏之时吹奏，相当于出操和休息的信号，发音哀厉高亢，古代军中常用来警报昏晓、高亢动人振奋士气。

1. 这首词开篇有何特点？
2. 简析下片最后两句的表现手法。

十四、阅读下面诗歌，按要求回答问题。

登原州城呈张贲从事

魏 野

异乡何处最牵愁？独上边城城上楼。

日暮北来惟有雁，地寒西去更无州。

数声塞角高还咽，一派泾河冻不流。

君作贫官我为客，此中离恨共难收。

1. 颈联描绘了一幅怎样的图景？主要运用了什么手法？请简要分析。
2. 本诗表达了作者哪些情感？请结合诗句简要分析。

十五、阅读下面诗歌，按要求回答问题。

从军行

杨 炯

烽火照西京，心中自不平。

牙璋①辞凤阙②，铁骑绕龙城。

雪暗凋旗画，风多杂鼓声。

宁为百夫长，胜作一书生。

[注]①牙璋:玉制的兵符。②凤阙:汉代建章宫的圆阙上有金凤。

1. 劲联两句写得十分传神,请结合诗句简要赏析。

2. 诗歌表达了作者怎样的思想感情?

十六、阅读下面诗歌,按要求回答问题。

从军行七首(其三)

王昌龄

关城榆叶早疏黄,日暮云沙古战场。

表请回军掩尘骨,莫教兵士哭龙荒。

从军行七首(其六)

王昌龄

胡瓶落膊紫薄汗,碎叶城西秋月团。

明敕星驰封宝剑,辞君一夜取楼兰。

1. 下列对这两首诗的赏析,不恰当的两项是________。

A. “关城榆叶早疏黄”点明地点和时令,形象生动地描绘出边地的荒凉景象。

B. “日暮云沙古战场”用意象“日暮云沙”,比喻古战场的暗淡无光与破败。

C. “碎叶城西秋月团”通过营造和烘托战场的气氛,暗示将军关注边塞安危。

D. “辞君一夜取楼兰”写出了将军率兵奔赴边关杀敌的神速和气势。

E. 两首边塞诗均运用情景交融的方法,表达了诗人对国家命运的关注与担忧。

2. 这两首边塞诗所表达的感情有何异同?

十七、阅读下面诗歌,按要求回答问题。

从军行

[隋]明余庆①

三边烽乱惊,十万且横行。

风卷常山阵②,笳③喧细柳营。

剑花寒不落,弓月晓逾明。

会取淮南地,持作朔方城④。

[注]①明余庆(约公元588年前后在世)字不详,平原鬲(今山东省平原县)人,明克让之子。生卒年均不祥,约陈末隋初间在世。②常山阵:兵法上将首尾呼应的一种排兵布阵之法称为常山阵。③笳:胡笳军乐,隋军中也用,主要用来助攻,提振士气。④朔方城:汉武帝时,汉军曾攻占淮南一带,为纪念胜利在当地建胜利之城。

1. 下列对这首诗的赏析,不正确的一项是________。

A. 首联写边庭紧急,烽火四起,敌人来势汹汹,十万隋军奔赴边疆,浩浩荡荡,威武雄壮。

B. 颔联写隋军摆出“常山阵”,以风卷残云之势打败来犯之敌,军营中响起了胜利的笳声。

C. 颈联运用细节描写和景物描写,表现隋军战士不畏严寒、彻夜未眠地守卫边关的战斗精神。

D. 尾联巧用典故,想象隋军也能像当年汉军攻取淮南那样所向披靡,并且建立纪念胜利之城。

2. 诗中表达了怎样的思想情感？请结合全诗简要分析。

十八、阅读下面诗歌，按要求回答问题。

塞下曲

戎　昱

北风凋白草，胡马日骎骎。夜后戍楼月，秋来边将心。

铁衣霜露重，战马岁年深。自有卢龙塞，烟尘飞至今。

1. 请概括首联描写的“塞下”环境的特点，并分析其作用。

2. 这首诗刻画了怎样的边将形象？寄寓了诗人怎样的感情？请简要分析。

十九、阅读下面诗歌，按要求回答问题。

从军行

陈　羽

海①畔风吹冻泥裂，梧桐叶落枝梢折。

横笛②闻声不见人，红旗直上天山③雪。

从军行

王昌龄

琵琶起舞换新声④，总是关山⑤旧别情。

撩乱边愁听不尽，高高秋月照长城。

［注］①海：当时天山附近的大湖。②横笛：笛子。③天山：山名，在今新疆维吾尔自治区内。④新声：新的乐曲。⑤关山：山川关隘。指山川阻隔的故乡。

1. 两首诗中征人的形象有何不同？

2. 两首诗在刻画人物的手法上有什么不同？其效果如何？

二十、阅读下面诗歌，按要求回答问题。

从军行七首（其五）

王昌龄

大漠风尘日色昏，红旗半卷出辕门。

前军夜战洮河北，已报生擒吐谷浑。

1. 第一句写景对于此诗歌所描写的战事起了什么作用？

2. 请设想“红旗半卷”是怎样的景象，作者捕捉这个景象入此诗要表现什么？

3. 这首诗在写法上很有特色，给读者很多联想和想象的空间，试说说从“红旗半卷出辕门”可以想象到什么？从“已报生擒吐谷浑”可以想象到什么？

【参考答案及解析】

一、1. 颔联融情于景，诗句描写了远处的别浦、远去的行舟、广漠而静谧的荒野、寥廓苍茫的天空等萧瑟落寞的景象，寄寓了诗人的怅惘、孤独的情感。

2. “山鸟”喻指那些只求一时的欢乐和和平、沉湎于偏安局面的权贵们；“井梧”喻指那些看到暂时繁荣背后隐伏着危机的、关心国家命运的有识之士。

3. 一般古人写悲秋大多从自己的身世经历诉离情,写别恨,寄愁思,多作“儿女悲”的个人感慨,而本诗却借悲秋抒发忧国之思,表现了诗人个人得失不萦于怀的豪迈气度和胸怀天下的伟大抱负。

二、1. 运用比喻、夸张(对偶)、乐景衬哀情等手法,“梨花”似“雪”,“杨叶”似“烟”,运用了比喻;“千树”“万条”是夸张手法。描写了千树梨花竞相开放、柳叶新条迎风摇曳美好的春景,以乐景衬分别时的哀情,也是对朋友前路的美好祝愿。

2. 对朋友的依依不舍惜别之情,豪迈豁达祝愿之情。作者喝得酩酊大醉,又“马上赠鞭”以示纪念,表达了豪迈豁达之情;尾联写诗人想象着友人的路途,等到友人到达目的地应该是在月圆之日,从缺到圆的明月都是诗人依惜别之情以及美好祝愿的感情寄托。

3. 都运用了比喻的修辞手法。李诗描写的对象是梨花,岑诗描写的对象是雪。李诗以梨花似雪、杨叶如烟,描绘出一幅清新的春景图,以乐景衬分别之际的哀情。岑诗将胡天飞雪描写得如春天的烂漫梨花,表现出边塞奇特的风光,表达了诗人的乐观情怀。

三、1. AD。**【解析】**A 项,“风云一举到天关”的意思是:我伴着和风轻云一口气登上了南天门。D 项,最后一句是想象。

2. ①杜诗是从泰山脚下远望,是诗人的想象;而本诗是登山后亲眼所见之景。②杜诗标题中的“望”字、诗中的“会当”表明作者没有登上泰山;张诗标题中的“登”字、诗中的“到天关”表明所写景物是作者登上泰山亲眼所见。

四、1. CE。**【解析】**C 项,“在万户侯面前骄傲不起来”错,准确理解应是:渔夫虽然不识字,但他自在美好的生活足以让人间的万户侯羡慕。E 项,“凄凉肃杀的景色”错,结合小令意境理解,应该是白鹭沙鸥点秋江的生动美妙的情景。

2. 相同情怀——远离世事(远离纷扰、远离尘嚣、不满于现实),崇尚自然(钟情自然、寄情山水)。

不同情怀——白朴有不与达官贵人为伍,甘于淡泊宁静,崇尚逍遥自在生活的情怀;柳宗元虽孤寂郁愤,但却仍有着清高而孤傲的情怀。

五、1. CD。**【解析】**C 项,不是拟人手法,“贴云寒”,状飞行之高,高处生寒,由联想而得。着一“寒”字,又从视感而转化为一种心理感受,暗示着离别的悲凉况味;“寒”表面写天气,实指诗人心境。D 项,“朴素自然”不正确,应为“清婉雅丽”。

2. ①词人直抒胸臆,“浮生”一句写光阴荏苒,自己寂寥寡欢,只能借酒浇愁,孤独一生。②借景抒情(寄情于景),借日暮时分登楼所见的花残香销、烟波荡漾与双燕分飞来寄托内心的孤寂。③用典,化用陆凯折梅相赠的典故,希望这一枝明艳的“江南春色”能给“雪满长安”的自己带来亲切的问候和友情的温暖,表达渴望得到友人慰问的心情。④虚写(或虚实结合、从对方落笔、想象),下阕后两句设想友人想念自己,登上高台眺望,即使道远雪阻也会寄给我江南一枝梅,更能显出迟暮怀人的深深情谊(念友情深)。

六、1. CD。**【解析】**C 项,手法分析错误,此诗末句“似朝云”是比喻,“梦神女”是用典。D 项,体裁定位错误,应该是“极似后来的小令”。

2. 本诗通篇由比喻构成,所用喻体依次是“花”“雾”“春梦”“朝云”,这一连串比喻构成博喻,它们环环相扣,以鲜明的形象喻示了本体“短暂美好”却又“无处寻觅”的特点,这就使诗的意境变得美丽轻盈、迷离朦胧,就像一个耐人寻味的谜。

七、1. 同:两首诗都写了离别时的悲伤。异:沈诗是当面送别,写暮年时的离别。吴诗是寄诗送别,表达的是没有当面送别的遗憾和相见不易的感伤。终究无缘见一面,只能空伤怀。

2. 虚实结合,沈诗“及尔同衰暮,非复别离时”是实写,而追怀少年时的离别和设想,梦中寻友是虚写。吴诗写“清晨发陇西”是实写,晚上到达飞狐谷和沿途所见为虚写。运用虚实结合的手法,使诗歌内容层次更丰富,更充分地表达了对友人的牵挂、不舍。

八、1. 胡人的骑兵还纷纷布满金河一带;虽然南方人烟稀少,但是食物充足,菰米和莓苔处处都有。

2. 运用了象征的表现手法。表面写雁,实为写人,即把逃避回鹘南侵的边民比作四散的早雁。全诗通过写雁来写边地人民的苦况,既有对人民的同情,也暗含了对统治者的不满。

九、1. 绿色的杨柳和葡萄架,红白相间的鲜花,金黄的麦田和碧蓝的天空,浓墨重彩,色调对比强烈。诗的中间两联勾画了一幅田园风光的美丽图画。从立意的角度看田园美景如画,田园生活充满乐趣,流露出诗人对淳朴美好的田园生活的向往。

2. 尾联是作者的感想,意思是说,在这农历的四月天,我还在赶往异地做官的路上,农村是这样的美,何不回家种田?出去辛辛苦苦做官,究竟是为了谁呢?在主旨上,作者是用自然美来表现对理想生活的追求,用田园乐趣来衬托辞官归隐的愿望。

十、1. 用典。使用了王昭君不被赏识,张丽华不得君王留幸之典,表达出诗人怀才不遇,仕途不顺,不得重用的苦闷。

2. “不见啼莺有吠蛙”寓指春去夏至,花落时节;呼应首联(或呼应标题)以景结尾,委婉地表现了作者的孤独寂寞(或无奈与自嘲)。

十一、1. 比喻和夸张。将迅猛的风浪夸张地比作瞬息千里的万马,将风浪的气势夸张地形容气势能横压过三江五湖,生动形象地写出风浪的威势。

2. ①“恶风”“黄流”寓示作者生活环境的险恶,借此表达出作者被罢职后的愤懑之情;②“空荒”“待残更”则表达出归家途中的孤寂落寞之感;③借“今头白”、情“不尽”表达出韶光已逝、壮志未酬的悲辛。

十二、1. 诗歌在颔联中用了拟人的手法。描绘了雨后黄昏时,积水在青草丰茂的路上自由地向低洼处流淌,袅袅的炊烟还盘旋在被绿杨簇拥的村庄上,展示出一幅旖旎如江南风光又不失北国雄浑的壮丽图景。

2. “喜”字在此处是高兴之意,表达了诗人对和平的向往和热爱。“行子喜闻无战伐”中的“喜”字紧承颈联“胡人羊马休南牧,汉将旌旗在北门”。经过打听,证实此时停止战争了,作者隐含在颈联中的戒备心理也就随之消失,不禁欣然于怀了。“喜”字还自然地引出下一句的“闲”字,诗人悠然地看着三三两两的游骑在草原上打猎,往来驰逐,心情轻松愉快。

十三、1. 总领全词,点明主旨;议论开篇,奠定感情基调。

2. ①以情相问,以景作答;②化抽象之情为形象之景,增强了全词的抒情效果。③“深山”“夕阳”“秋雨”三个意象连用,委婉地表达出词人心中的孤寂、惆怅之情。

十四、1. (1)本联描绘的是一幅萧瑟的边塞风光图。临近傍晚,荒芜的边城传来角声,有时高昂,有时呜咽,由原州城楼向外望去,泾河早已结冻,不再流淌。

(2)采用了视听结合(动静结合)的手法。“塞角高还咽”是听觉和动态描写,“泾河冻不流”是视觉和静态描写。

2. ①“异乡”“独上”表达了作者身处异乡的孤独、凄凉;②“惟有雁”“更无州”“冻不流”

表达了生活在边塞艰苦环境中的凄苦；③“贫官”“客”“离恨”表达了人生不如意的郁闷、无奈。

十五、1. 诗人没有正面描写战斗的激烈，而是从侧面，采用景物描写和气氛烘托的艺术手法来描写一场激战。“雪暗凋旗画”从人的视觉出发，写出了边塞环境的恶劣，天昏地暗，大雪弥漫，遮天蔽日，连军旗上的彩画都显得黯然失色，从侧面衬托出了将士们的昂扬斗志，表现了战斗的残酷。“风多杂鼓声”，从人的听觉出发，狂风呼啸，与雄壮的进军鼓声交织在一起，惊心动魄，烘托出战斗的激烈和悲壮。

2. 表达了他弃笔从戎，驰骋沙场，保边卫国的壮志豪情。

十六、1. BE。[解析]B 项，应是暗示有不少将士在这场战斗中为国捐躯。E 项，其六反映的是作者对唐朝强大国势与军力的自信与自豪心理。

2. 相同处：都是通过边塞战场荒凉景象的描绘，赞颂了边关将士英勇无畏、杀敌报国的英雄气概。

不同处：其三还表达了诗人对边关将士特别是战死沙场的将士深切的同情之心。其六则是通过描绘将士们英勇无畏为国出征的豪情，反映出诗人对国家强大国势与军力的自信与自豪之情。

十七、1. B。[解析]B 项，曲解诗意。“打败来犯之敌”“军营中响起了胜利的笳声”错。颔联描述的是隋军同仇敌忾，奋力抗击敌人的壮烈场面，悲壮雄浑的胡笳军乐如同当年细柳营中的军乐一样响起。

2. ①表现隋军军容强盛、军纪严明及战士们保家卫国的英勇无畏的壮志豪情。从“十万且横行”“风卷常山阵”“笳喧细柳营”“剑花寒不落”等描写，可见其雄浑气势和战斗精神。②尾联用典抒情，希望隋军能够取得战争的最终胜利。诗人想象着像当年汉军攻取淮南一样，取胜之后建立一座纪念胜利的“朔方之城”。③全诗格调昂扬向上，表现了作为大一统帝国隋朝的边塞诗的“大国之气”“强国之音”。

十八、1. 特点：自然环境险恶，军情紧急。

作用：营造了肃杀的氛围，渲染了边塞紧张的战争气氛，为边将的出场勾勒背景（“为边将出场作铺垫”也可）。

2. 刻画了一个饱受戍边之苦、思乡之愁的边将形象。表达了诗人对战争给边塞将士带来的苦难的同情、对从古到今连绵不断的战争的厌倦和对和平的渴望。

十九、1. 陈诗中将士们不畏严寒，勇登天山，精神振奋，豪情万丈，表现出一种积极乐观的情绪；王诗中征人都是背井离乡，所以感情苍凉、悲怆，心中充满离愁别恨。

2. 陈诗通过对环境的描写，突出环境的恶劣来衬托戍边将士无所畏惧的精神，用“横笛”“红旗”等典型事物烘托征人们的壮志和豪情，全诗具有诗情画意之美；王诗不直接抒写征人的离愁别恨，而用凄清的“新声”“秋月”等景物来烘托感情，写得一波三折，深沉感人。

二十、1. 第一句描写浩瀚的沙漠，呼啸的狂风，漫天的尘土，黯淡的阳光，衬托出战事的紧张艰苦。

2.“红旗半卷”是侧面描写战况，一方面是风势很大，卷起红旗便于急行军，另一方面是高度戒备，不事张扬，把战事的紧张状态突现出来。

3. 从“红旗半卷出辕门”可以想象到唐军出征时迅猛声威和紧张气氛。从“已报生擒吐谷浑”可以想象到唐军在战场上勇猛善战的情景和捷报传来时的振奋喜悦情景。

第二节 古文

【考试大纲解读】

考试大纲中，与本章节相关的内容，有如下表述：

1. 掌握常见文言实词在文中的含义；
2. 掌握常见文言虚词在文中的意义和用法；
3. 理解判断句、被动句、宾语前置、成分省略和词类活用等与现代汉语不同的句式和用法；
4. 理解并翻译文中的句子；
5. 筛选并整合文中的信息；
6. 归纳内容要点，概括中心意思；
7. 分析概括作者在文中的观点态度；
8. 鉴赏文学作品的形象、语言和表达技巧；
9. 评价文章的思想内容和作者的观点态度。

"常见文言实词"考点是每年必考的单选题，有所不同的是：2020年是以解释词语的主观题的形式出现的，难度比往年加大了。

"常见文言虚词"考点，过去曾列举了18个最为常见的虚词；从2017年开始，范围有所扩大。我们认为，军考近于成人考试，具备成人考试的很多特点；而且，"常见"是相对的，具体到考试文本中，以往所列举的那18个虚词很难涵盖得了。没有列举的18个虚词范围的限制，意味着会放宽虚词考试范围：只要是常用虚词就在考试范围，不一定就是18个中的某一个。但是，最近3年的考题中，没有单独出虚词题。

"筛选并整合文中的信息"，其考查范围一般是文中所写的人物、时间、地点、议论、事情、道理、情感等，考查的重点是对人物言行主张、品德形象的概括能力。

"归纳内容要点，概括中心意思"，这个考点考查学生对选文整体或某关键环节的理解，是文言文阅读中的重点，是考查在理解的基础上更为深化的综合能力，其难度比正确把握文意更大。如果是单纯理解语言方面的内容，就只能讲通字句，无法对阅读材料的主旨有深入的领会，更无法对之进行鉴赏评价。因而在分析基础上的综合，对文意的归纳概括就显得十分重要。近年来，这种归纳概括往往是通过对文章的理解来进行的。对内容要点的归纳，考题选项往往是对原文内容的概述，或符合原文或不符合原文，需要考生准确透彻地分析文章的内容，仔细体会，反复推敲，作出正确的判断。

"分析概括作者在文中的观点态度"，也是对阅读材料内容理解方面的分析综合，它要求学生能够分析概括在叙述某一事件或说明某一道理时作者自己的看法，而不是所述事件或所说道理本身的具体内容。作者写文章，在材料的选择、叙述的角度、句子语气上及直接抒情议论中，都可能表现出自己的观点态度。作者的观点态度有时表现得直露，更多的时候是表现得含蓄婉转，因而这类试题的难度也会相应增大。我们必须能够在通读的基础上领会、把握并概括作者

的观点态度。

其实,古文鉴赏、评价等阅读能力,与现代散文、小说的阅读能力基本通用。古文阅读的最大障碍在于字词、特殊句式的准确理解,以及对相关的文化知识、时代背景的掌握。这些也是古文试题考查的重点所在。在中学古文学习的基础上,我们仍然需要从复习考试资料中,选择10篇左右作为精读文本,对其中的词语、句式、文化常识等考点作记忆恢复性的、记忆巩固性的精读细研,然后再去训练答题速度和技巧,大量地做强化练习,达到匠石运斤的程度。

【考试真题解读】

Ⅰ. 2020 年真题回放

文本及考题(第11～14题)详见书末真题,此处从略。

Ⅱ. 2019 年真题回放

沈林子,字敬士,少有大度。及高祖为扬州,辟为从事,时年二十一。义熙五年,从伐鲜卑。大军于临朐交战,贼遣虎班突骑驰军后,林子率精勇东西奋击,皆大破之。慕容超退守广固,复与刘敬宣攻其西隅。广固既平,而卢循奄至。初,循之下也,广固未拔,循潜遣使结林子及宗人叔长。林子即密白高祖,叔长不以闻,反以循旨动林子。高祖以超未平,隐之,还至广固,乃诛叔长。林子时领别军于石头,屡战摧寇。循每战无功,乃伪扬声当悉众于白石步上,而设伏于南岸,故大军初起白石,留林子与徐赤特断拒查浦。林子乃进计曰:"此言妖诈,宜深为之防。"高祖曰:"石头城险,且淮栅甚固,留卿在后,足以守之。"大军既去,贼果上,赤特将击之。林子曰:"贼养锐待期,而吾众不盈二旅,难以有功。今距守此险,足以自固。若贼伪计不立,大军寻反,君何患焉?"赤特曰:"今贼悉众向白石,留者必皆羸老,以锐卒击之,无不破也。"便鼓噪而出,贼伏兵齐发,赤特军果败。林子率军收赤特散兵,进战,摧破之。徐道覆乃更上锐卒,沿塘数里。林子策之曰:"贼沿塘结阵,战者不过一队。今我据其津而厄其要,彼虽锐师数里,不敢过而东必也。"于是乃断塘而斗。久之,会朱龄石救至,贼乃散走。

高祖践阼,以佐命功,封汉寿县伯。遭母忧,诏曰:"军国多务,沈林子不得遂其情事,可辅国将军起。"林子固辞,不许,赐墨诏,朔望不复还朝,每军国大事,辄询问焉。时谢晦任当国政晦每疾宁辄摄林子代之林子居丧至孝高祖深相忧愍顷之有疾上以林子孝性不欲使哭泣减损逼与入省日夕抚慰,小差乃出。上寻不豫,被敕入侍医药,会疾动还外。永初三年,薨,时年四十六。群公知上深相矜重,恐以实启,必有损恸。高祖寻崩,竟不知也。

(选自《宋书·沈林子传》,有删改)

11. 下列加点词的解释,正确的一项是______。(4分)

A. 林子即密白高祖　　白:禀告

B. 林子策之曰　　策:鞭策

C. 林子固辞　　固:坚固

D. 竟不知也　　竟:毕竟

12. 下列对文中画波浪线部分的断句,正确的一项是______。(3分)

A. 时谢晦任当国政/晦每疾/宁辄摄林子代之/林子居丧至孝/高祖深相忧愍/顷之有疾/上以林子孝性/不欲使哭泣减损/逼与入省/日夕抚慰

B. 时谢晦任当国政/晦每疾宁/辄摄林子代之/林子居丧至孝/高祖深相忧愍/顷之有疾/上以林子孝性/不欲使哭泣/减损逼与入省/日夕抚慰

C. 时谢晦任当国政/晦每疾/宁辄摄林子代之/林子居丧至孝/高祖深相忧愍/顷之有疾/上以林子孝性/不欲使哭泣/减损逼与入省/日夕抚慰

D. 时谢晦任当国政/晦每疾宁/辄摄林子代之/林子居丧至孝/高祖深相忧愍/顷之有疾/上以林子孝性/不欲使哭泣减损/逼与入省/日夕抚慰

13. 下列对原文有关内容的概括和分析,不正确的一项是______。(4 分)

A. 沈林子能征善战,从伐鲜卑建功。临朐之战,高祖军队腹背受敌,战场形势极为不利,沈林子率领精兵奋勇厮杀,击败敌军;慕容超据守广固以后,他在攻城中立下大功。

B. 沈林子机敏善断,识破敌人诡计。卢循声称集中兵力从白石发动进攻,沈林子怀疑敌人声东击西,建议严加提防,于是高祖重新部署兵力,命令沈林子与徐赤特断后布防。

C. 沈林子沉着冷静,完成防守使命。徐赤特不听劝阻,贸然出击,使防守形势更加严峻,沈林子收容残兵,凭借险要的地势,又加上朱龄石的援助,终于令敌军四散奔逃。

D. 沈林子功绩卓著,深受高祖倚重。高祖下诏要沈林子不用服满丧期,自己患病时要他入宫服侍;群臣害怕沈林子的死讯会让高祖的病情加重,所以高祖生前并不知道他已经去世。

14. 把文中画横线的句子翻译成现代汉语。(8 分)

(1)初,循之下也,广固未拔,循潜遣使结林子及宗人叔长。(4 分)

(2)今我据其津而厄其要,彼虽锐师数里,不敢过而东必也。(4 分)

Ⅲ. 2018 年真题回放

凡兵,不攻无过之城,不杀无罪之人。夫杀人之父兄,利人之货财,臣妾人之子女,此皆盗也。故兵者,所以诛暴乱、禁不义也。兵之所加者,农不离其田业,贾不离其肆宅,士大夫不离其官府。由其武议,在于一人。故兵不血刃而天下亲焉。

夫将,提鼓挥枹,临难决战,接兵角刃,鼓之而当,则赏功立名;鼓之而不当,则身死国亡。是存亡安危,在于枹端,奈何无重将也。

武王伐纣,师渡盟津,右旄左钺,死士三百,战士三万。纣之陈亿万,飞廉、恶来身先戟斧,陈开百里。武王不罢士民,兵不血刃而克商诛纣。无祥异也,人事修不修而然也。今世将合龟兆,视吉凶,观星辰风云之变,欲以成胜立功,臣以为难。

胜兵似水夫水至柔弱者也然所触丘陵必为之崩无异也性专而触诚也。今以莫邪之利,犀兕之坚,三军之众,有所奇正[①],则天下莫当其战矣。故曰:举贤用能,不时日而事利;明法审令,不卜筮而获吉;贵功养劳,不祷祠而得福。又曰:天时不如地利,地利不如人和。古之圣人谨人事而已。

吴起与秦战,舍不平陇亩,朴樕[②]盖之,以蔽霜露。如此何也?不自高人故也。乞人之死不索尊,竭人之力不责礼。故古者,甲胄之士不拜,示人无己烦也。夫烦人而欲乞其死、竭其力,自古至今,未尝闻也。将受命之日忘其家,张军宿野忘其亲,援枹而鼓忘其身。吴起临战,左右进剑,起曰:"将专主旗鼓尔!临难决疑,挥兵指刃,此将事也;一剑之任,非将事也。"

三军成行,一舍而后成三舍,三舍之余,如决川源。望敌在前,因其所长而用之,敌白者垩之,赤者赭之。吴起与秦战,未合,一夫不胜其勇,前获双首而还。吴起立命斩之。军吏谏曰:“此材士也,不可斩。”起曰:“材士则是矣,非吾令也。”斩之。

(节选自《尉缭子》,有删改)

【注】①奇正:古代兵法术语。古代作战以对阵交锋为正,设计邀截、袭击为奇。②朴樕:一种灌木类的小树,泛指树枝。

11. 下列加点词的解释,正确的一项是______。(4 分)

A. 陈开百里　　陈:行列、阵势

B. 则天下莫当其战矣　　当:相当

C. 舍不平陇亩　　舍:舍弃

D. 一剑之任　　任:任用

12. 对文中画波浪线部分的断句,正确的一项是______。(3 分)

A. 胜兵似水/夫水/至柔弱者也/然所触/丘陵必为之崩/无异也/性专而触诚也

B. 胜兵似水夫/水至柔弱者也/然所触/丘陵必为之崩/无异也/性专而触/诚也

C. 胜兵似水/夫水至柔弱者也/然所触丘陵/必为之崩/无异也/性专而触/诚也

D. 胜兵似水夫/水至柔/弱者也/然所触丘陵/必为之崩/无异也/性专而触诚也

13. 对原文有关内容的概括和分析,不正确的一项是______。(4 分)

A. 本文首先探讨了作战的道义问题,指出战争的目的是平定暴乱、制止不义的行为,作战应该追求兵不血刃而获得天下人信服的境界。

B. 文章以武王伐纣为例,论证了国家存亡安危依靠将领,应该重视将领的道理,强调作战胜利依靠的是人事而不是占卜以知吉凶天象。

C. 作者认为战争取胜因素众多,既需要决断得当、目标专一、兵器锋锐、战术精妙,也需要举贤用能、申明法令、奖励战功、争取民心。

D. 吴起是一代名将,他能与士兵同甘共苦,使士兵为自己而不惜生死;为严明军法,维护将帅威严,他果断斩杀擅自行动而有功绩的士兵。

14. 把文中画线的句子翻译成现代汉语。(8 分)

(1)将受命之日忘其家,张军宿野忘其亲,援枹而鼓忘其身。(4 分)

(2)吴起与秦战,未合,一夫不胜其勇,前获双首而还。(4 分)

Ⅳ. 对考试真题的解读及复习指导

2018 年有两大显著变化:一是分值由 22 分降到了 19 分,二是文本跳出史传文的圈子,选用兵书类议论文。2019 年的古文文本则回归史传文文本。此外,最近几年虚词单选题换成了断句单选题。这种单选断句题,今后还很可能保持。实词解释题和断句题改为主观题的可能性不大。翻译题有可能离开长篇文本,要求翻译另外一两个小片段;这样的考法,更能检测出考生的知识水准。

复习时,应以史传文为重点,着重解决解词、断句和特殊句式的翻译等难点问题。

2018 年至今,考纲把“文化常识”的相关要求删除了。但是,我们认为,这并不意味着古代文化常识不重要,不纳入考试范围。在翻译、断句和实词解释中对之加以考查,仍然很有可能。

【人物传记类文本知识介绍】

人物传记类文本目前是文言文考题中最常见的一种考试文本。因此,这里介绍一下相关的知识。

1. 人物传记文本的特点

文言文人物传记的特点,可以简要概括成这样的顺口溜:“身份为人在前面,典型事件跟后边。经历官位会多变,品格教化文中见。”

“身份为人在前面”:比如,《廉颇蔺相如列传》人物介绍在文章的开头部分:“廉颇者,赵之良将也。赵惠文王十六年,廉颇为赵将,伐齐,大破之,取阳晋,拜为上卿,以勇气闻于诸侯。”

“典型事件跟后边”:比如,《廉颇蔺相如列传》在人物介绍以后,写了三个典型事件:完璧归赵、渑池会见、负荆请罪。

“经历官位会多变”:人物传记中的人物人生经历会有很多变化。比如,《屈原列传》中屈原的经历变化:屈原者……为楚怀王左徒……王甚任之;王怒而疏屈平;屈平既绌;是时屈平既疏,不复在位,使于齐;屈平既嫉之,虽放流;屈原至于江滨,被发行吟泽畔;于是怀石遂自投汨罗以死。再比如,《廉颇蔺相如列传》中,蔺相如官位的变化:蔺相如者,赵人也。为赵宦者令缪贤舍人(还没做官);相如既归,赵王以为贤大夫,使不辱于诸侯,拜相如为上大夫(提拔做了上大夫);以相如功大,拜为上卿,位在廉颇之右(再次提拔做了上卿)。

表示官职变动的词语:①表示授予、提升的:征、辟、荐、举、拜、除、授、起、擢、拔;②表示调动官职的:迁、转、调、徙;③表示兼职、代理的:兼、领、署、权、摄;④表示降职、罢免的:贬、谪、出、左迁、罢、黜。

2. 人物传记类文本的答题技巧

人物传记类的文本,其答题技巧可以简要概括成这样的顺口溜:末题先看是关键,回头读文一两遍。人时地事理清楚,词句找出要画线。实词语境很重要,虚词对比定答案。翻译看准重点词,句意通畅高分见。各句中含义不难理解,不再详细阐述了。

3. 人物传记类文本阅读注意事项

(1)要选择适宜自己能力水准的文本,文本不宜过难或过易。

(2)先练文本理解的准确度,再练答题速度。

(3)仔细研读文本,有疑惑的地方做好标记,然后再去做题。备考训练伊始,可以对译文与原文进行字字对等、句句相应的翻译;能力强一点的,先自己默译,再参考译文,找出差别,然后去辨别正误好坏。普通水准的考生,没有十篇八篇的精读细研,只是粗枝大叶地阅读,得高分的可能性自然不大。丢分的关键就在于细处不细。四处跑冒滴漏,总分也就难以提高了。

(4)做概括理解性单选题时,必须找到原文中相对应的句子,与选项的表述加以比对,以之判断转述概括的正误。

【强化练习】

一、阅读下面的文言文，按要求回答问题。

任延字长孙。更始元年，拜会稽都尉。会稽颇称多士。延到，聘请高行，敬待以师友之礼。掾吏贫者，辄分奉禄以赈给之。每时行县，辄使慰勉孝子，就餐饭之。

吴有龙丘苌者，隐居太末。王莽时，四辅三公连辟，不到。掾吏白请召之。延曰："龙丘先生躬德履义，有伯夷之节。都尉扫洒其门，犹惧辱焉。召之不可。"遣功曹奉谒，修书记，致医药，吏使相望于道。积一岁，苌乃乘辇诣府门，愿得先死备录。遂署议曹祭酒。苌寻病卒，延自临殡，不朝三日。是以郡中贤士大夫争往宦焉。

建武初，诏征为九真太守。九真俗以射猎为业，不知牛耕，民常告籴交趾，每致困乏。延乃令铸作田器，教之垦辟。田畴岁岁开广，百姓充给。

视事四年，拜武威太守，帝亲见，戒之曰："善事上官，无失名誉。"延对曰："臣闻忠臣不私，私臣不忠。履正奉公，臣子之节。上下雷同，非陛下之福。善事上官，臣不敢奉诏。"帝叹息曰："卿言是也。"

既之武威，时将兵长史田绀，郡之大姓，其子弟宾客为人暴害。延收绀系之，父子宾客伏法者五六人。绀少子尚乃聚会轻薄数百人，自号将军，夜来攻郡。延即发兵破之。自是威行境内，吏民累息。

又造立校官，自掾吏子孙，皆令诣学受业，郡遂有儒雅之士。

后坐擅诛羌不先上，左转召陵令。永平二年以为河内太守，视事九年，病卒。

《后汉书·任延传》

1. 加点词的解释，不正确的一项是________。

A. 修书记，致医药　　致：送去

B. 遂署议曹祭酒　　署：暂任

C. 民常告籴交趾　　籴：买卖粮食

D. 其子弟宾客为人暴害　　暴害：残暴凶恶

2. 加点词的意义和用法，相同的一组是________。

A. 都尉扫洒其门，犹惧辱焉//郡中贤大夫争往宦焉

B. 辄分奉禄以赈给之//九真俗以射猎为业

C. 敬待以师友之礼//既之武威

D. 延乃令铸作田器//绀少子尚乃聚会轻薄数百人

3. 对原文的分析和概括，不正确的一项是________。

A. 任延就任会稽都尉后，聘请那些品行高尚的人，救济家庭贫穷的属官，勉励那些孝敬老人的人，可见任延自己也是个"躬德履义"之人。

B. 任延认为龙丘先生有伯夷一般的节操，所以非常尊重他，可是龙丘为官不久就因病去世，任延很气愤，于是连续三天不去上朝。

C. 任延到任九真后，发现这里的人们靠打猎为生，常常搞到生活贫困。于是，教他们开荒垦地，终于使当地百姓富足。

D. 任延胆敢当面否定皇帝告诫他的要好好侍奉上级的话，不过皇帝还是肯定了任延的观点。

4. 把下列句子翻译成现代汉语。

(1) 每时行县,辄使慰勉孝子,就餐饭之。

(2) 臣闻忠臣不私,私臣不忠。履正奉公,臣子之节。

(3) 后坐擅诛羌不先上,左转召陵令。

5. 用斜线(/)为下文加线部分断句,并将加线部分译成现代汉语。

昔年过洛见李公简言真宗既东封访天下隐者得杞人杨朴能诗及召对自言不能上问临行有人作诗送卿否朴曰唯臣妾有一首诗云更休落魄耽杯酒,且莫猖狂爱作诗。今日捉将官里去,这回断送老头皮。'"上大笑,放还山。(选自苏轼《东坡志林》)

【参考答案】

1. C。[**解析**]籴:买进粮食。

2. D。[**解析**]"于是""就"。A 焉:代词"他"//助词,不译。B 以:连词,表目的//介词"把"。C 之:结构助词"的"//动词"到"。

3. B。[**解析**]任延不是感到气愤,而是表示悲伤与哀悼。

4. (1)每次到各县巡行,总是派人慰问孝子,并招待他们吃饭。

(2) 我听说忠臣不利己,利己不是忠臣。行正奉公,是臣子的节操。

(3) 后来任延因擅自诛杀羌人,事先没有上奏,被降职为召陵令。

5. (1)断句:昔年过洛/见李公简/言真宗既东封/访天下隐者/得杞人杨朴/能诗/及召对/自言不能/上问/临行有人作诗送卿否/朴曰/唯臣妾有一首诗/云/更休落魄耽杯酒,且莫猖狂爱作诗。今日捉将官里去,这回断送老头皮。上大笑,放还山。

(2) 译文:从前经过洛阳,见到李公简听他讲了一个笑话:说是宋真宗时,到处寻访天下的隐士。有一个叫杨朴的,颇有诗名,可召见之后,他却说自己不会作诗。于是宋真宗问他:"临行的时候,可有人作诗送你?"杨朴回答:"只有我的小妾送了一首——'更休落魄耽杯酒,且莫猖狂爱吟诗。今日捉将官里去,这回断送老头皮'。"真宗听了大笑,放他归隐山林。

【参考译文】

任延字长孙。更始元年,授予他会稽都尉一职。会稽这个地方以才士众多而著称,任延上任以后,聘请品行高洁之士,以师友之礼尊敬相待。部属有贫穷的,他总是分出自己的俸禄救济他们。每次到各县巡行,总是派人慰问孝子,并招待他们吃饭。

吴地有个叫龙丘苌的人,在太末隐居。王莽时期,四辅和三公连续召他做官,他都不去。掾吏禀告任延,请求将他召来。任延说:"龙丘先生躬行德义,具有伯夷的节操。我上门洒水扫地,还担心使他受到羞辱,召见他是不可以的。"于是派功曹拿了礼品拜见他,给他写信,送去医药,使者一个接一个。一年后,龙丘苌才坐车来到郡府,表示愿意在临死以前在郡供职。任延最后要他暂任议曹祭酒。龙丘苌不久病逝,任延亲自为他治丧,三天没有处理政务。所以郡内有才能的士大夫争着到他这里任职。

建武初年,诏书召任延任命他为九真太守。九真的百姓以打猎为业,不知道耕地种粮,老百姓经常到交趾去买粮,往往弄得穷困不足。任延于是要他们造农具,教他们垦荒种地。这样耕地年年增多,百姓自给富足。

任延在九真任职四年,被任命为武威太守。皇帝亲自召见他,告诫他说:"好好侍奉上级,不要坏了名声。"任延回答说:"我听说忠臣不利己,利己不是忠臣。行正奉公,是臣子的节操。上下雷同,不是陛下的福气。好好侍奉上级官员,臣不敢接受您的指示。"皇帝叹息,说:"您说得对。"

到了武威以后,当时统率军队的长史田绀,是郡内的望族,他的子侄及宾客为人残暴凶恶。任延将田绀拘捕,他的父子和宾客有五六人被处死。田绀的小儿子田尚于是聚集了几百放荡轻薄的人,自称将军,夜间攻打郡府。任延随即发兵打败了田尚。自此,他的威信大震,官吏和百姓都小心翼翼。

他又兴建学校,派官员管理,自掾吏以下官员的子孙,都让他们到学校接受教育,武威自此有了博学多才的人。

后来任延因擅自诛杀羌人,事先没有上奏,被降职为召陵令。永平二年,任命他为河内太守,任职九年,病逝。

二、阅读下面的文言文,按要求回答问题。

钱肃乐,字希声,鄞县人。临江知府若赓孙,宁国知府敬忠兄子也。崇祯十年成进士,授太仓知州。豪家奴与黠吏为奸,而凶徒结党杀人,焚其尸。肃乐痛惩,皆敛手。又以朱白榜列善恶人名,械白榜者阶下,予大杖。久之,杖者日少。尝摄昆山、崇明事,两县民皆立碑颂德。迁刑部员外郎,寻丁内外艰。

顺治二年,大兵取杭州,属郡多迎降。闰六月,宁波乡官议纳款,肃乐建议起兵。诸生华夏、董志宁等遮拜肃乐倡首,士民集者数万人,肃乐乃建牙行事。郡中监司守令皆逃,惟一同知治府事。肃乐索取仓库籍,缮完守具,与总兵王之仁缔盟共守。闻鲁王在台州,遣举人张煌言奉表请监国。会绍兴、余姚亦举兵,王乃赴绍兴行监国事。召肃乐为右佥都御史,画钱塘而守。寻进右副都御史。当是时,之仁及大将方国安并加封爵,其兵食用宁波、绍兴、台州三郡田赋,不能继,恒缺食。已,加兵部右侍郎。明年五月,军食尽,悉散去。鲁王航海,肃乐亦之舟山。唐王召之,甫入境,王已没。遂隐海坛山,采山薯为食。明年,鲁王次长垣,召为兵部尚书,荐用刘沂春、吴钟峦等。明年拜肃乐东阁大学士。

唐王虽殁,而其将徐登华为守富宁,鲁王遣大学士刘中藻攻之。登华欲降,疑未决,曰:“海上岂有天子?舟中岂有国公?”肃乐致书:“将军独不闻南宋之末二帝并在舟中乎?”登华遂降。郑彩专柄,连杀熊汝霖、郑遵谦。肃乐忧愤卒于舟,故相叶向高曾孙进晟葬之福清黄檗山。

【注释】丁内外艰:丁艰,指服丧。内外,指男子、女子,此处特指父母。

1. 加点词的解释,不正确的一项是________。

A. 尝摄昆山、崇明事　　摄:代理

B. 属郡多迎降　　迎:投降

C. 会绍兴、余姚亦举兵　　举:发起

D. 明年,鲁王次长垣　　次:驻扎

2. 分别表明钱肃乐“为政严厉”“为臣忠诚”的一组是________。

A. 久之,杖者日少//遂隐海坛山,采山薯为食

B. 士民集者数万人,肃乐乃建牙行事//鲁王航海,肃乐亦之舟山

C. 械白榜者阶下,予大杖//闻鲁王在台州,遣举人张煌言奉表请监国

D. 明年五月,军食尽,悉散去//缮完守具,与总兵王之仁缔盟共守

3. 对原文有关内容的概括和分析,不正确的一项是________。

A. 顺治二年,清军攻取杭州,所属各郡大多归顺,而钱肃乐却树立军旗宣布起兵。郡中监司守令都逃走了,只有一个同知治理府事。

B. 王之仁及大将方国安都加封爵位，其兵食用宁波、绍兴、台州三郡的田赋，不能坚持供应，常常缺粮。尽管如此，后来他们都加封为兵部右侍郎。

C. 钱肃乐到了舟山之后，唐王想要召见他，但是，很不凑巧，他刚刚进入唐王的境内，唐王偏偏死去了，他最终也没有见到唐王。

D. 守卫富宁的将领徐登华被刘中藻所攻，想要投降，又犹豫不决。钱肃乐一封信坚定了徐登华的信心，徐登华于是投降了。

4. 把下面的句子翻译成现代汉语。

(1) 又以朱白榜列善恶人名，械白榜者阶下，予大杖。

(2) 肃乐致书："将军独不闻南宋之末二帝并在舟中乎？"

【参考答案】

1. B。[**解析**]迎，这里是"迎接"的意思。

2. C。[**解析**]A项，前句从侧面反映其为政严厉，后句写其隐居的情况；B项，均表现其为臣忠诚；D项，前句表现其军队的窘境，后句表现其有坚守的决心。

3. B。[**解析**]加封为兵部右侍郎的是钱肃乐。

4. (1)他又用红白榜列出善人与恶人的名字，给白榜上的人戴上刑具，置于阶下，予以杖击。

(2) 钱肃乐致信徐登华说："将军没有听说南宋的最后两个皇帝都在船中吗？"

【参考译文】

钱肃乐，字希声，鄞县人。临江知府钱若赓的孙子，宁国知府钱敬忠哥哥的儿子。崇祯十年中进士，授官太仓知州。豪门奴才与狡黠小吏狼狈为奸，而凶暴之徒结党杀人，焚毁尸体。钱肃乐都狠狠地加以惩罚，那些人都不再胡作非为了。他又用红白榜列出善人与恶人的名字，给白榜上的人戴上刑具，置于阶下，予以杖击。时间长了，受杖击的人一天天地少了起来。钱肃乐曾经代理昆山、崇明的政事，两县的民众都立碑歌颂他的美德。升迁刑部员外郎，不久辞官为父母守丧了。

顺治二年，清军攻取杭州，所属各郡多出迎投降。闰六月，宁波乡官提议纳款示降，钱肃乐则建议起兵。生员华夏、董志宁等拦住钱肃乐拜他为起兵首领，士民聚集了数万人，钱肃乐于是树立军旗宣布起兵。郡中监司守令都逃走了，只有一个副职治理府中政事。钱肃乐索取仓库的簿册，修缮守城的器具，与总兵王之仁缔结盟约共同防守。听说鲁王在台州，(钱肃乐)派举人张煌言进表请求(鲁王)监国。恰逢绍兴、余姚也起兵，鲁王便到绍兴实行监国之事。(鲁王)召钱肃乐为右佥都御史，划出钱塘让他守卫。不久(钱肃乐)升任右副都御史。在这时，王之仁和大将方国安都加封爵位，他们的军队食用宁波、绍兴、台州三郡的田赋，难以保持供应，常常缺少粮食。随后，钱肃乐加封兵部右侍郎。次年五月，军粮吃尽，(人马)悉数散去。鲁王(出逃)航海，钱肃乐也到了舟山。唐王召见他，刚刚入境，唐王已死。于是(钱肃乐)隐居于海坛山，采集山薯作为食物。第二年，鲁王驻扎在长垣，(把他)召为兵部尚书，举荐任用刘沂春、吴钟峦等人。第二年拜钱肃乐为东阁大学士。

唐王虽然已经死去，而他的大将徐登华仍然为他驻守富宁，鲁王派遣大学士刘中藻进攻他。徐登华想要投降，又迟疑不决，说："海上哪里有天子？船中哪里有国公？"钱肃乐致信徐登华："将军没有听说南宋的最后两个皇帝都在船中吗？"徐登华于是投降了。郑彩独揽权柄，连杀熊汝霖、郑遵谦。钱肃乐忧愁愤恨死于船上，前朝宰相叶向高的曾孙叶进晟把他安葬在福清的黄檗山上。

三、阅读下面的文言文,按要求回答问题。

苏轼,字子瞻,眉州眉山人。生十年,父洵游学四方,母程氏亲授以书,闻古今成败,辄能语其要。程氏读东汉《范滂传》,慨然太息,轼请曰:"轼若为滂,母许之否乎?"程氏曰:"汝能为滂,吾顾不能为滂母邪?"

比冠,博通经史。属文日数千言,好贾谊、陆贽书。既而读《庄子》,叹曰:"吾昔有见,口未能言,今见是书,得吾心矣。"嘉祐二年,试礼部。方时文磔裂诡异之弊胜,主司欧阳修思有以救之,得轼《刑赏忠厚论》,惊喜,欲擢冠多士,犹疑其客曾巩所为,但置第二;复以《春秋》对义居第一,殿试中乙科。后以书见修,修语梅圣俞曰:"吾当避此人出一头地。"闻者始哗不厌,久乃信服。

徙知徐州。河决曹村,泛于梁山泊,溢于南清河,汇于城下,涨不时泄,城将败,富民争出避水。轼曰"富民出,民皆动摇,吾谁与守?吾在是,水决不能败城。"驱使复入。轼诣武卫营,呼卒长,曰:"<u>河将害城,事急矣,虽禁军且为我尽力。</u>"卒长曰:"太守犹不避涂潦,吾侪小人,当效命。"率其徒持畚锸以出,筑东南长堤,首起戏马台,尾属于城。雨日夜不止,城不沉者三版①。轼庐于其上,过家不入,使官吏分堵②以守,卒全其城。

道过金陵,见王安石,曰:"大兵大狱,汉、唐灭亡之兆。祖宗以仁厚治天下,正欲革此。今西方用兵,连年不解,东南数起大狱,公独无一言以救之乎?"安石曰:"二事皆惠卿启之,安石在外,安敢言?"轼曰:"<u>在朝则言,在外则不言,事君之常礼耳。上所以待公者,非常礼,公所以待上者,岂可以常礼乎?</u>"安石厉声曰:"安石须说。"又曰:"出在安石口,入在子瞻耳。"又曰:"人须是知行一不义,杀一不辜,得天下弗为,乃可。"轼戏曰:"今之君子,争减半年磨勘,虽杀人亦为之。"安石笑而不言。

轼尝锁宿禁中,召入对便殿,宣仁后问曰:"卿前年为何官?"曰:"臣为常州团练副使。"曰:"今为何官?"曰:"臣今待罪翰林学士。"曰:"<u>何以遽至此?</u>"曰:"遭遇太皇太后、皇帝陛下。"曰:"非也。"曰:"岂大臣论荐乎?"曰:"亦非也。"轼惊曰:"臣虽无状,不敢自他途以进。"曰:"此先帝意也。先帝每诵卿文章,必叹曰:'奇才,奇才!'但未及进用卿耳。"轼不觉哭失声,宣仁后与哲宗亦泣,左右皆感涕。已而命坐赐茶,彻御前金莲烛送归院。

【注释】①版:古城墙之夹板,中填土石,夯实,垒而成墙。②堵:古墙体单位,长与高各一丈为一堵。

1. 下列句子中加点词语的解释,错误的一项是________。

A. 比冠,博通经史　　比:等到

B. 闻者始哗不厌　　厌:厌恶

C. 徙知徐州　　知:管理

D. 轼诣武卫营　　诣:到……去

2. 下列句子中能直接表现苏轼是"奇才"的一组是________。

① 属文日数千言。

② 闻古今成败,辄能语其要。

③ 修语梅圣俞曰:"吾当避此人出一头地。"

④ 富民出,民皆动摇,吾谁与守?吾在是,水决不能败城。

⑤ 先帝每诵卿文章,必叹曰"奇才,奇才!"

A. ①③④　　B. ①④⑤　　C. ①②④　　D. ①②⑤

3. 下列对原文有关内容的理解和分析,不正确的一项是________。

A. 嘉祐二年时,社会上崇尚诡谲不合正道的文风。苏轼在科考时作了《刑赏忠厚论》,深得主考官欧阳修的喜爱,想评为第一,但欧阳修怀疑这可能是自己的学生曾巩所作,最终只评为第二名。

B. 苏轼在做徐州太守时,遇到了洪水泛滥,他非常有远见,认为富人出城避水,会引起人心恐慌,于是把出城的富民们赶回城中,最终他与其他官吏齐心协力保住了城池。

C. 苏轼路过金陵拜见王安石时,责备王安石为自保而不进谏皇上解决西边多年的战事和东南地区发生的多起重大犯罪事件,王安石欣然同意进谏。

D. 苏轼曾经锁在皇宫里边翰林院里过夜,被召进宫在偏殿面见皇上时,才知道自己被提升是先帝的意思,感动得失声痛哭,周围的人也跟着哭泣。

4. 把文中加横线的句子翻译成现代汉语。

(1) 河将害城,事急矣,虽禁军且为我尽力。

(2) 在朝则言,在外则不言,事君之常礼耳。上所以待公者,非常礼,公所以待上者,岂可以常礼乎?

(3) 何以遽至此?

5. 用斜线(/)为下文断句,并将其译成汉语。

伯乐一过冀北之野而马群遂空夫冀北马多天下伯乐虽善知马安能空其群邪解之者曰吾所谓空非无马也无良马也伯乐知马遇其良辄取之群无留良焉苟无良虽谓无马不为虚语也。

【参考答案】

1. B。[**解析**]B 项,厌:信服。

2. C。[**解析**]③⑤是间接表现苏轼是“奇才”。

3. C。[**解析**]C 项,没有责备王安石,只是建议。

4. (1)河水将要使城受害,事情很紧迫了,即使是禁军也将给我尽力。

(2) 在朝做官就进言,不在朝做官就不进言,这是侍奉皇帝的常理。皇上不按一般礼节对待您,您对待皇上,怎么可以用一般的礼节呢?

(3) (你)知道为什么突然这样吗?

[**解析**](1)注意关键词“害、虽、且”。(2)注意关键词“外、事、常礼、所以、可以”。(3)注意关键词“遽、何以”。

5. [**断句**]伯乐一过冀北之野/而马群遂空/夫冀北马多天下/伯乐虽善知马/安能空其群邪/解之者曰/吾所谓空非无马也/无良马也/伯乐知马/遇其良辄取之/群无留良焉/苟无良/虽谓无马/不为虚语也。

[**译文**]伯乐在冀州的原野一经过,马群就空了。冀州北部的马比天下的都多,伯乐虽然善于鉴别马,怎么能使马群空了呢?对这句话的解释是:我所说的空,不是说没有马,而是说没有好马了。伯乐善于鉴别马,遇到其中好的就挑出来,马群中没有留下好马。如果没有好马,即使说没有马,也不算是假话。

【参考译文】

苏轼字叫子瞻,是眉州眉山县人。十岁时,父亲苏洵到四方游历求学,母亲程氏亲自教他读书,听到有关古今成败得失的事,苏轼都能马上说出它们的要点。程氏读东汉《范滂传》,发出长长的叹息,苏轼问道:“我如果做范滂,母亲能答应我这样做吗?”程氏说:“你都能做范滂,我难道不能做范滂的母亲吗?"

等到二十岁的时候,苏轼对经典和史籍都很精通了。写文章每天能写数千字,喜欢贾谊、陆贽的著作。不久又读《庄子》,叹道:"我以前有一些自己的见地,但总说不出来,现在读到这本书,发现这本书真是深得我心啊。"嘉祐二年,参加礼部主持的科考。当时文章晦涩怪异的弊习很重,主考官欧阳修想加以改正,见到苏轼的《刑赏忠厚论》时,非常惊喜,想定他为进士第一名,但又怀疑可能是自己的学生曾巩写的,便放在了第二名;又以《春秋》经义策问取得第一,殿试中乙科。后来凭推荐信谒见欧阳修,欧阳修对梅尧臣说:"我应当让这个人出人头地了。"听到的人开始哗然不服,时间久了就信服此语。

苏轼调任徐州。黄河在曹村附近决堤,在梁山泊泛滥,从南清河溢出,汇聚在徐州城下,水不断上涨不久就要泄进城里,城墙即将被冲毁,城里的富人争着逃出城去避难。苏轼说:"如果富人都出了城,民心一定会动摇,谁和我一起守城呢?只要有我在这里,就不会让决堤的水毁了城墙。"于是将富民们赶回城中。苏轼到武卫营,把卒长叫出来说:"河水将要冲进城里,事情很紧迫了,即使是禁军也要暂且为我尽力。"卒长曰:"太守您尚且不逃避洪水,我们这些小人应该为您效力。"于是率领他的士兵拿着畚锸出营,修筑东南方向的长堤,堤坝从戏马台起,末尾与城墙相连。雨日夜不停,没有受损的城墙只有三版。苏轼天天住在城上,即使经过家门也不入,派官吏们分别在城墙各处守卫,最终保全了徐州城。

苏轼路过金陵(今南京),见到王安石,说:"大的军事行动和大刑狱,是汉、唐两朝灭亡的征兆。祖宗先帝用仁厚治理天下,正打算改革这些事。现在对夏用兵,连年不停,东南又多次兴起重大犯罪事件,您就不说一句话来解决这种困境吗?"王安石说:"这两件事都是吕惠卿引起的,我王安石不在朝为官,怎么敢去进言?"苏轼说:"在朝做官就进言,不在朝做官就不进言,这是侍奉君王的礼节。皇上对待你不是通常的礼节,你对待皇上,难道可以用常礼?"王安石大声说:"那我必须进言了。"又说:"今天这些话从我的嘴里说出来,从你的耳朵听进去。"又说:"人必须知道做一件不义的事,杀一个无罪的人,即使得到天下也不能这样做,终可以算是好人。"苏轼开玩笑说:"现在的君子们,都为了争取减少半年的磨勘时间,即使杀人也敢了。"王安石笑笑没有回答。

苏轼曾经在宫中锁门执宿,被召进便殿面见太后和皇帝,宣仁太后问他:"你前年做什么官?"苏轼回答:"臣是常州团练副使。"又问:"现在做什么官?"回答:"臣现在任翰林学士。"又问:"凭什么能骤然升到这个官位?"回答说:"遇到了太皇太后、皇帝陛下。"太后说:"不是。"苏轼说:"难道是大臣论奏保荐吗?"说:"也不是。"苏轼惊慌地说:"臣虽然没有品行,不敢利用不正当途径升官。"太后说:"这是先帝的意思。先帝每次诵读你的文章,必然赞叹说'奇才,奇才!'只是还没来得及进用你罢了。"苏轼不觉痛哭失声,宣仁太后与宋哲宗也哭了,左右的人也都感动落泪。一会儿又命苏轼坐下并赐茶,撤下皇帝面前的金莲烛举烛送苏轼回翰林院。

四、阅读下面的文言文,按要求回答问题。

刘恺字伯豫,以当袭父般爵,让与弟宪,遁逃避封。久之,章和中,有司奏请绝恺国,肃宗美其义,特优假之,恺犹不出。积十余岁,至永元十年,有司复奏之,侍中贾逵因上书曰:"孔子称'能以礼让为国,于从政乎何有'。窃见居巢侯刘般嗣子恺,素行孝友,谦逊洁清,让封弟宪,潜身远迹。有司不原乐善之心,而绳以循常之法,惧非长克让之风,成含弘之化。前世扶阳侯韦玄成,近有陵阳侯丁鸿、鄳侯邓彪,并以高行洁身辞爵,未闻贬削,而皆登三事①。今恺景仰前修,有伯夷之节,宜蒙矜宥,全其先功,以增圣朝尚德之美。"和帝纳之,下诏曰:"故居巢侯刘般嗣子恺，当袭般爵，而称父遗意，致国弟宪，遁亡七年，所守弥笃。盖王法崇善，成人之美。其听宪嗣爵。遭事之宜，后不得以为比。”乃征恺，拜为郎，稍迁侍中。

恺之入朝，在位者莫不仰其风行[②]。恺性笃古，贵处士，每有征举，必先岩穴[③]。论议引正，辞气高雅。

旧制，公卿、二千石、刺史不得行三年丧，由是内外众职并废丧礼。元初中，邓太后诏长吏以下不为亲行服者，不得典城选举。时有上言牧守宜同此制，诏下公卿，议者以为不便。恺独议曰：“诏书所以为制服之科者，盖崇化厉俗，以弘孝道也。今刺史一州之表，二千石千里之师，职在辩章百姓，宣美风俗，尤宜尊重典礼，以身先之。而议者不寻其端，至于牧守则云不宜，是犹浊其源而望流清，曲其形而欲景[④]直，不可得也。”太后从之。

时征西校尉任尚以奸利被征抵罪。尚曾副大将军邓骘，骘党护之，而太尉马英、司空李郃承望骘旨，不复先请，即独解尚臧锢，恺不肯与议。后尚书案其事，二府并受谴咎，朝廷以此称之。

安帝时，诏引恺拜太尉。视事三年，以疾乞骸骨，久乃许之。岁余，卒于家。

（选自《后汉书·刘般传》）

【注】①三事：三公之位，这里指丞相；后文提及的“公卿”即三公九卿，是朝廷高官；“二千石”“刺史”指地位较高的州郡牧守级长官；“长吏”指地位较高的县级官员。②风行：风操品行。③岩穴：即岩穴之士，指隐士。④景：通“影”，影子。

1. 加点词语的解释，不正确的是________。

A. 今恺景仰前修　　修：修长

B. 后不得以为比　　比：比照

C. 不得典城选举　　选举：选拔举用（贤能）

D. 以身先之　　以：用，拿

2. 对下列语句的理解，不符合文意的是________。

A. 有司奏请绝恺国，肃宗美其义，特优假之/有关部门上书请求撤除刘恺的封国，肃宗赞美刘恺的义行，特别优待宽容他。

B. 有司不原乐善之心，而绳以循常之法/有关部门不肯体谅刘恺乐于为善之心，因而依照平常的法规惩治了刘恺。

C. 恺性笃古，贵处士，每有征举，必先岩穴/刘恺性情纯厚古朴，推崇隐士，每逢征召举荐人才时，他一定优先推荐隐士。

D. 诏书所以为制服之科者，盖崇化厉俗，以弘孝道也/诏书制定长吏以下须守丧三年的法令，是为了崇尚教化、移风易俗，弘扬孝道。

3. 对文章的理解和分析，不符合文意的是________。

A. 贾逵上书引用孔子“礼让为国”的名言，列举韦玄成等人以高行洁身辞爵的事例，有力地驳斥了撤除刘恺封国的提议。

B. 和帝认为国法的本意就在于推崇善举，助人完成美事，所以采纳贾逵建议，准许刘恺承袭其父的爵位，并任命他为郎。

C. 汉旧制高级官员实行短丧制、不服三年丧，邓太后下诏长吏以下官员须服三年丧，后来经刘恺建议扩大到牧守级官员。

D. 文章褒扬高行洁身的“礼让”，弘扬服三年丧的“孝道”，反映了犯法抵罪的“法治”情况，展现了当时的一些社会风尚。

4. 刘恺的“风行”主要体现在哪些方面？请举例分析。

5. 用斜线“/”给下面的文言文断句。

东坡云:“古之君子,必忧治世而危明主,明主有绝人之资,而治世无可畏之防。”美哉斯言汉之武帝唐之武后不可谓不明而巫蛊之祸罗织之狱天下涂炭后妃公卿交臂就戮后世闻二武之名则憎恶之。

【参考答案】

1. A。[**解析**]修:善,美好。前修:前贤。

2. B。[**解析**]“体谅”错,原:推究。“治刘恺的罪”不当,只是建议撤除他的封国,并不至于“治罪”。全句理解为:有关部门不推究刘恺乐于为善的本意,而依照平常的法则处理此事。

3. B。[**解析**]B 项和帝采纳了贾逵的建议,准许刘宪袭爵,又征召刘恺,将他任命为郎。

4. ①善于礼让:刘恺本应世袭父亲刘般的封爵,却让给弟弟刘宪;②尊重人才:推崇隐士,每有征举,他一定以隐士为先;③坚持主见,见解独到:刘恺不赞同公卿大臣们的议论,独自建议刺史、二千石这样的官职更应该实行为父母守丧三年的礼制,得到太后采纳;④坚持法纪,不曲意附和:太尉马英、司空李郃迎合邓骘的旨意,不再事先请示,就独自解除任尚的监禁,刘恺不肯附和此议。

5. 美哉/斯言/汉之武帝/唐之武后/不可谓不明/而巫蛊之祸/罗织之狱/天下涂炭/后妃公卿/交臂就戮/后世闻二武之名/则憎恶之。

【参考译文】

刘恺字伯豫,因为应当承袭父亲刘般的爵位,而让给弟弟刘宪,离家躲避世袭封爵。过了很久,到了章和年间,有关部门上书请求撤除他的封国,肃宗赞美刘恺的义行,特别优待宽容他,可刘恺还是不肯出来。过了十多年,到了永元十年,有关部门重申原来的请求(撤除刘恺的封国),侍中贾逵于是上奏书说:“孔子说过‘能用礼让来治国,这对执政有什么困难’。我见居巢侯刘般继承封国的儿子刘恺,平时对父母孝顺,对兄弟友爱,为人谦逊清白,把封国让给弟弟刘宪,自己隐身远遁。有关部门不推求刘恺乐于为善的本意,而依照寻常之法则处理此事,这恐怕不能鼓励礼让的风气,也不能成全宽容仁厚的教化。前代有扶阳侯韦玄成,近代有陵阳侯丁鸿、鄳侯邓彪,都因高洁品行而辞去封爵,从未听说过他们遭到贬爵削封,而都晋身三公之位。现在刘恺仰慕前贤,有伯夷的节操,应当让他受到宽宥,保全他祖先的功业,以扩大彰显朝廷崇尚仁德的美誉。”和帝采纳了他的建议,下诏说:“过世的居巢侯刘般,他的嗣子刘恺,应当世袭父亲刘般的封爵,而刘恺声称遵从父亲的遗愿,把封国爵位让给弟弟刘宪,自己遁迹七年,操守更加纯厚。大凡王法在于推崇善举,助人完成美事。还是准许刘宪袭爵吧。这是遇上特殊情况的权变之策,今后不得以此为例。”于是征召刘恺,将他任命为郎,不久升迁为侍中。

刘恺入朝为官,同朝为官者没有谁不敬仰他的风操品行。刘恺性情纯厚古朴,推崇有才德而隐居不仕的人,每逢征召举荐人才时,一定以岩穴之士(隐士)为先。他评论引证,谈吐高雅。

以往制度规定:三公、九卿、二千石官员、刺史,不得为父母守丧三年,因此朝廷上下众多官员都废弃了丧礼。元初年间,邓太后下诏规定长吏以下官员不为父母服丧三年的,不得主掌诉讼案件和选拔举用贤能。当时有人上奏说州郡的长官也应该执行与此相同的丧礼制度。朝廷下诏让公卿大臣们讨论,议论者多认为州郡的长官不便行此丧制。只有刘恺建议说:“朝廷下诏书,之所以制定长吏以下必须守丧三年的法令,不过是为崇尚教化、移风易俗,来达到弘扬孝道的目的。现在刺史、二千石这样的官职作为州郡的师表,其职责就是教化百姓、美化风俗,更应该尊崇典章礼仪,以身作则。可是议论的人却不探寻它的因由,说郡守级官员不应该服丧三年,这就像使河水的源头混浊却想得到清泉,使树木的外形弯曲却想得到笔直的影子,这是不能做到的。”太后听从采纳了他的建议。

当时征西校尉任尚因为非法谋取利益而被追究罪责。任尚曾经是大将军邓骘的副手,因而邓骘的党羽庇护他,太尉马英、司空李郃迎合邓骘的旨意,不事先请示,就独自解除任尚的监禁,刘恺不肯赞同他们的做法。后来尚书核查此案,太尉马英、司空李郃二人都受到责罚,而朝廷却因此称赞了刘恺。

安帝亲政的时候,征召刘恺而授予他太尉之职,任职三年,因为疾病请求退职还乡,过了很久安帝才答应了他。一年多后,死在家里。

五、阅读下面的文言文,按要求回答问题。

朱英,字时杰,桂阳人。五岁而孤。力学,举正统十年进士,授御史。浙、闽盗起,简御史十三人与中官分守诸府,英守处州。而叶宗留党四出剽掠,处州道梗。英间道驰至,抚降甚众,戮贼首周明松等,贼散去乃还。

景泰初,御史王豪尝以勘陈循争地事忤循,为所讦。至是,循草诏,言风宪官被讦者,虽经赦宥,悉与外除。于是豪当改知县,英言:“若如诏书,则凡遭御史抨击之人,皆将挟仇诬讦,而御史愈缄默不言矣。”章下法司,请如英言,乃复豪职。未几,出为广东右参议。过家省母,橐中惟赐金十两。抵任,抚凋瘵流亡,立均徭法,十岁一更,民称便。

天顺初,两广贼愈炽,诸将多滥杀冒功。巡抚叶盛属英督察。参将范信诬宋泰、永平二乡民为贼,屠戮殆尽,又欲屠进城乡。英驰讯,悉纵去。信恚,留师不还。英密请于盛,檄信班师,一方始靖。潮州贼罗刘宁等流劫远近,屡挫官兵。英会师破灭之。还所掠人口数千,别置一营以处妇女,人莫敢犯。

成化十年以右副都御史巡抚甘肃,先后陈安边二十八事。其请徙居戎、安流离、简贡使,于时务尤切。

明年冬,两广总督吴琛卒,廷议以英前在广东有威信,遂以代琛。

自韩雍大征以来,将帅喜邀功,利俘掠,名为“雕剿”。英至,镇以宁静,约饬将士,毋得张贼声势,妄请用师。招抚瑶、僮效顺者,定为编户,给复三年。于是马平、阳朔、苍梧诸县蛮悉望风附。而荔波贼李公主有众数万,久负固,亦遣子纳款。为置永安州处之,俾其子孙世吏目。自是归附日众,凡为户四万三千有奇,口十五万有奇。帝甚嘉之。

英淳厚,然持法无所假借。与市舶中官韦眷忤,眷摭奏英专权玩贼。浔州知府史芳以事见责,亦讦英奸贪欺罔。按皆无验,乃镌芳二官,谕眷协和共事。

英为总督承韩雍、吴琛后。雍虽有大功,恢廓自奉,赠遗过侈,有司困供亿,公私耗竭。而琛务谨廉,至英益持清节,仅携一苍头之官。先后屡赐玺书、金币,英藏玺书,贮金币于库。其威望不及雍,而惠泽过之。在甘肃积军储三十万两,广四十余万,皆不以闻。或问之,答曰:“此边臣常分,何足言?”人服其知大体。正德中,追谥恭简。

1. 加点词的解释,不正确的一项是________。

A. 简御史十三人与中官分守诸府　　　　简:挑选

B. 亦讦英奸贪欺罔　　　　讦:追问

C. 久负固,亦遣子纳款　　　　负:自负

D. 有司困供亿,公私耗竭　　　　困:为难

2. 加点词的意义和用法,相同的一组是________。

A. 五岁而孤//而琛务谨廉

B. 请如英言,乃复豪职//按皆无验,乃镌芳二官

C. 尝以勘陈循争地事忤循//别置一营以处妇女

D. 为置永安州处之//仅携一苍头之官

3. 全部表现朱英平叛安边有功的一组是________。

① 章下法司,请如英言　　② 抚凋瘵流亡

③ 英会师破灭之　　④ 诸县蛮悉望风附

⑤ 然持法无所假借　　⑥ 此边臣常分,何足言

A. ①②④　　B. ①⑤⑥　　C. ②③④　　D. ③⑤⑥

4. 对原文有关内容的理解和分析,下列表述不正确的一项是______。

A. 朱英幼年丧父,却能努力求学考中进士。从他做御史镇守处州时,就能够恪尽职守,也多次平定贼乱,建立功勋。

B. 朱英为人朴实敦厚且能够恪守法度,坚持原则。之前曾为被诬告的御史王豪说话;他自己被人揭发贪腐也被查证属于诬告。

C. 参将范信滥杀无辜,朱英虽无法阻止却能请求上级干预。将帅喜欢借剿匪邀功,朱英却训诫将士不要夸张贼乱实情。

D. 朱英能保持清廉节操,探视母亲时只有皇帝赏赐的一点黄金;皇帝赏赐给他玺书、金币,他却收藏起玺书,把金币交给国库。

5. 把下面的句子翻译成现代汉语。

(1) 英间道驰至,抚降甚众,戮贼首周明松等,贼散去乃还。

(2) 英密请于盛,檄信班师,一方始靖。

(3) 英至,镇以宁静,约饬将士,毋得张贼声势,妄请用师。

【参考答案】

1. B。[**解析**]史芳是因为被朱英责罚过所以要诬告报复,因而"讦"应该是攻击或揭发人的短处的意思。

2. B。[**解析**]该项两个"乃"都是副词,于是,就。A 项,而,前句中是连词,表示修饰关系,可译为"就";后句中是连词,表示转折关系,可译为"然而"。C 项,以,前句中是介词,因为;后句中是连词,表示目的关系,可译为"来"。D 项,之,前句中是代词,代指"荔波贼李公主";后句中是动词,可译为"到"。

3. C。[**解析**]将每个句子都放入文本具体语境中去,不难发现:①是朱英在王豪的事情上的主张被采纳;⑤说的是朱英做人依法办事,没有徇私;⑥表现了朱英不邀功求赏,恪守为臣本分的品德。

4. C。[**解析**]选项中说朱英"无法阻止"与原文"英驰讯,悉纵去"的事实不符合。原文说的是朱英快速讯问后把范信乱抓的百姓放了。朱英请求上级帮助的是把扰乱地方的范信调离。

5. (1)朱英从小路快马赶到,安抚招降了很多盗贼,杀了他们的首领周明松等人,盗贼散去,朱英才班师回营。

(2) 朱英秘密向叶盛求援,叶盛发命令让范信撤兵,这地方才开始安定。

(3) 朱英来后,以安宁清静为原则来镇守,定规矩告诫将士,不得张扬叛乱者声势,轻率地请求出兵。

【参考译文】

朱英,字时杰,桂阳人。五岁时父亲去世。学习勤奋,考取正统十年(1515 年)进士,授御史职位。浙、闽盗贼起事,朝廷选拔御史十三人与宦官分守各府,朱英守处州。而叶宗留的同伙四出劫掠,处州道路为之阻塞。朱英从小路快马赶到,安抚招降了很多盗贼,杀了他们的首领周明松等人,盗贼散去,朱英才班师回营。

景泰初年,御史王豪曾经因为调查陈循争地的事,得罪了陈循,被陈循所攻击。此时,陈循起草诏书,说凡是受到揭发的御史,即使经过赦免宽恕,也应改任地方职务。因此王豪应当改任知县。朱英上奏章说:"如果按诏书上的说法处理,那么凡是遭到御史抨击的人都将怀着私仇诬陷攻击,而御史愈来愈缄默不语了。"奏章下到司法机构,有关人员请求按朱英说的办,于是恢复了王豪的御史职位。不久,朱英被调任广东右参议,路过家乡探望母亲,口袋里只有赐金十两。到任后,抚慰孤病流亡百姓,制定均徭法,十年一换,民众都称赞说便利。

天顺初年,两广盗贼愈来愈厉害,诸将多滥杀无辜冒领功劳,巡抚叶盛吩咐朱英督察。参将范信诬称宋泰、永平二乡百姓做贼,几乎将村民全部屠杀,又要血洗进城乡,朱英赶去查问实情后,放走了全部被虏百姓。范信十分怨恨,屯兵不还。朱英秘密向叶盛求援,叶盛发命令让范信撤兵,这地方才开始安定。潮州盗贼罗刘宁等流窜抢掠远近各处,屡次挫败官兵,朱英汇合军队消灭了他们,夺回所掠人口数千人,单独置一营安置妇女,人们都不敢侵犯。

成化十年(1474 年),以右副都御史的身份巡抚甘肃,先后陈述安定边防二十八件事。其中请求迁徙定居的戎人,安置流转、离散人员,挑选进贡的使臣,这些都十分切中当时的事务。第二年冬天,两广总督吴琛去世,因为朱英以前在广东有威信,廷臣推荐他代替吴琛任两广总督。

自从韩雍大举征讨以来,将帅喜好邀功,从俘虏和劫掠中获利,称为"雕剿"。朱英来后,以安定清静为原则镇守,约束告诫将士,不得张扬叛乱者声势,轻率地请求出兵。招抚瑶族、僮族归顺者,定为编户,免除三年徭役,于是马平、阳朔、苍梧诸县的少数民族全都望风归附。而且荔波叛乱者李公主有几万人马,长期凭恃地势险固,也派儿子归顺,朱英将他们安置在永安州居住,使他的子孙世代都做吏目。从此以后归附的一天比一天多,总共四万三千多户,十五万余人。宪宗十分赞赏。

朱英质朴、敦厚,然而执法从不宽容,与掌管市舶贸易的太监韦眷有矛盾,韦眷捡取琐事上奏说朱英专权,玩弄攻击贼人的手段。浔州知府史芳因为曾有事受到朱英责备,也攻击朱英奸诈贪婪欺罔朝廷。经过查究都没有证据,就降了史芳官职二级,告诫韦眷要与人融洽共事。

朱英承韩雍、吴琛之后任职总督。韩雍虽有大功,但出手大方,馈赠过于奢侈,有关部门为巨量供应而为难,公私财物耗费殆尽。而吴琛致力谨慎清廉,到朱英执政时更是保持清廉的节操,仅携带一个仆人赴任。前后屡次赐给他的玺书、黄金、纸币,朱英将玺书收藏起来,把黄金、纸币放入国库。他的威望不及韩雍,而恩泽超过韩雍。他在甘肃积存了军用储备金三万两,在广东存了四十万两,都没对外不加张扬。有人问起这件事,他回答说:"这是边臣的职分,有什么值得说呢?"人们佩服他明白大体。正德年间,追赠谥号"恭简"。

六、阅读下面的文言文,按要求回答问题。

韦彪字孟达,扶风平陵人也。彪孝行纯至,父母卒,哀毁三年,不出庐寝。服竟,羸瘠骨立异形，医疗数年乃起。好学洽闻，雅称儒宗。建武末，举孝廉，除郎中，以病免，复归教授。安贫乐道，恬于进趣，三辅诸儒莫不慕仰之。

显宗闻彪名，永平六年，召拜谒者，赐以车马衣服，三迁魏郡太守。肃宗即位，以病免。征为左中郎将、长乐卫尉，数陈政术，每归宽厚。比上疏乞骸骨，拜为奉车都尉，秩中二千石，赏赐恩宠，侔于亲戚。

建初七年，车驾西巡狩，以彪行太常从。数召入，问以三辅旧事、礼仪风俗。彪因建言："今西巡旧都，宜追录高祖、中宗功臣，褒显先勋，纪其子孙。"帝纳之。行至长安，乃制诏京兆尹、右扶风求萧何、霍光后。时光无苗裔，唯封何末孙熊为酂侯。建初二年已封曾参后曹湛为平阳侯，故不复及焉。乃厚赐彪钱珍羞食物，使归平陵上冢。还，拜大鸿胪。

是时，陈事者多言郡国贡举率非功次，故守职益懈而吏事浸疏，咎在州郡。有诏下公卿朝臣议。彪上议曰："伏惟明诏，忧劳百姓，垂恩选举，务得其人。夫国以简贤为务，贤以孝行为首。然其要归，在于选二千石。二千石贤，则贡举皆得其人矣。"帝深纳之。

彪以世承二帝吏化之后，多以苛刻为能，又置官选职，不必以才。因盛夏多寒，上疏谏曰："臣闻政化之本必顺阴阳伏见立夏以来当暑而寒殆以刑罚刻急郡国不奉时令之所致也农人急于务而苛吏夺其时赋发充常调而贪吏割其财此其巨患也。夫欲急人所务，当先除其所患。又御史外迁，动据州郡。并宜清选其任，责以言绩。其二千石视事虽久，而为吏民所便安者，宜增秩重赏，勿妄迁徙。惟留圣心。"书奏，帝纳之。

元和二年春，东巡狩，以彪行司徒事从行。还，以病乞身，帝遣小黄门、太医问病，赐以食物。彪遂称困笃。章和二年夏，使谒者策诏曰："彪以将相之裔，勤身饬行，出自州里，在位历载。中被笃疾，连上求退。君年在耆艾，不可复以加增，恐职事烦碎，重有损焉。其上大鸿胪印绶。其遣太子舍人诣中臧府，受赐钱二十万。"永元元年，卒，诏尚书："故大鸿胪韦彪，在位无愆，方欲录用，奄忽而卒；其赐钱二十万，布百匹，谷三千斛。"

彪清俭好施，禄赐分与宗族，家无余财。著书十二篇，号曰《韦卿子》。

1. 加点词的解释，不正确的一项是________。

A. 服竟，羸瘠骨立异形　　竟：终了，完结

B. 比上疏乞骸骨　　比：等到

C. 农人急于务而苛吏夺其时　　夺：占有，耽误

D. 在位无愆，方欲录用，奄忽而卒　　愆：过失、过错

2. 加点词的意义和用法相同的一组是________。

A. 安贫乐道，恬于进取//此非孟德之困于周郎者乎

B. 乃厚赐彪钱珍羞食物//今其智乃反不能及

C. 故守职益懈而吏事浸疏//农人急于务而苛吏夺其时

D. 因盛夏多寒，上疏谏曰//因击沛公于坐。

3. 都能体现韦彪"宽厚"的一组是________。

① 征为左中郎将、长乐卫尉，数陈政术，每归宽厚

② 乃厚赐彪钱珍羞食物，使归平陵上冢

③ 夫国以简贤为务，贤以孝行为首

④ 其二千石视事虽久，而为吏民所便安者，宜增秩重赏，勿妄迁徙

⑤ 君年在耆艾，不可复以加增，恐职事烦碎，重有损焉

⑥ 彪清俭好施，禄赐分与宗族，家无余财

A. ①②⑤　　B. ②③⑥　　C. ①④⑥　　D. ②③⑤

4. 对原文有关内容的概括和分析，不正确的一项是________。

A. 韦彪孝顺父母，当父母去世后，守孝三年，闭门不出，服丧完毕，形容憔悴。他好学博闻，被称为“儒宗”。安贫乐道，淡于进取，三辅诸儒莫不仰慕。

B. 韦彪被征召为左中郎将、长乐卫尉，多次陈述为政之术，每每归政于宽厚。这体现了他以简为务、不求苛刻的论政观点。

C. 韦彪上书君王说：“二千石上任已久，且能为官吏民众创造便利平安的，应增加秩禄施以重赏，不要随便调换。”这是因为自己属于二千石的官职，是为自己考虑。

D. 针对郡国贡举大多不按功名次序，以致职守日益懈怠而吏事荒疏的现象，韦彪认为关键是要选拔好有才能的二千石的官职。

5. 用“/”给文中画波浪线的部分断句。

臣闻政化之本必顺阴阳伏见立夏以来当暑而寒殆以刑罚刻急郡国不奉时令之所致也农人急于务而苛吏夺其时赋发充常调而贪吏割其财此其巨患也。

6. 把下面的句子翻译成现代汉语。

(1) 行至长安，乃制诏京兆尹、右扶风求萧何、霍光后。时光无苗裔，唯封何末孙熊为酂侯。

(2) 夫国以简贤为务，贤以孝行为首。

(3) 并宜清选其任，责以言绩。

【参考答案】

1. B。[**解析**]比：接连几次。

2. C。[**解析**]A 项，于，在……方面/被。B 项，乃，就/竟然。C 项，两个“而”都是表示并列关系。D 项，因，因为/趁机。

3. C。[**解析**]②是君王对韦彪的优厚赏赐，⑤是君王对韦彪的体谅。

4. C。[**解析**]“这是因为自己属于二千石的官职，是为自己考虑。”错误。

5. 臣闻政化之本/必顺阴阳/伏见立夏以来/当暑而寒/殆以刑罚刻急/郡国不奉时令之所致也/农人急于务而苛吏夺其时/赋发充常调而贪吏割其财/此其巨患也。

6. (1)行到长安，就下诏令京兆尹、右扶风寻找萧何、霍光后代。当时霍光无后代，只封了萧何后代萧熊为酂侯。

(2) 国家以选拔贤才为要事，贤才应以孝顺品行为首。

(3) 而且应公正地选择任职者，拿建议和政绩来要求他们。

【参考译文】

韦彪字孟达，是扶风平陵县人。韦彪的孝行纯真到了极点，父母亲去世，三年时间异常悲哀而损毁了身体，他守墓不离开守墓的房子一步。服丧期满，他消瘦得皮包骨头，形貌也变了大样，后来经过好多年的治疗才恢复健康。他喜欢学习，见识很广，一向被称为儒宗。建武末年，被推举为孝廉，授予郎中，因病免官回家，后来担任教授。他安于贫困，以自己的信仰为乐，淡泊于(功名)进取，三辅的各位儒生没有不仰慕他的。

显宗听说韦彪的名声，在永平六年，召见并授予他谒者的官职，赐给他车马衣服，多次迁任魏郡太守。肃宗即位他因病免去太守的官职。被征召为左中郎将、长乐卫尉，多次陈述为政的方法，每每归政于宽厚。接连几次上书请求告老还乡，被授予奉车都尉，领二千石俸禄，皇帝给他的赏赐恩宠与亲戚相等。

建初七年,皇上巡狩西部,让韦彪暂以太常职位跟随,几次被皇帝召入,以三辅旧事以及礼仪风俗咨询他。韦彪因而建议说:"今日向西巡狩旧都,应追念高祖、中宗功臣,褒扬荣显先帝的功臣,记下他们的子孙。"皇帝都接受了。行到长安,就下诏令京兆尹、右扶风寻找萧何、霍光的后代。当时霍光没有后代,只封了萧何后代萧熊为鄼侯。建初二年已封曹参的后裔曹湛为平阳侯,所以不再封曹参的后代。于是厚赐韦彪钱币珍贵的食物,让他回平陵扫墓上冢。回来后,拜他为大鸿胪。

这时,上书言事的大臣大多谈论地方郡国贡举大多不按功绩的大小和官阶升迁的顺序,所以职守日益松懈而官员做事逐渐粗疏,责任在州郡。皇帝下诏让公卿朝臣讨论。韦彪呈上建议说:"陛下明诏,忧虑百姓,认为百姓劳苦,对选拔人才施予恩泽,一定要选得合适的人才。国家以选拔贤才为要务,贤才应以孝行为第一。可是选拔人才的关键在于选二千石的官职,二千石的官职有才能,那么贡举就都选到合适的人了。"帝深以为然而采纳了他的意见。

韦彪认为当时继承了光武、明帝二代吏治之后,多把繁碎刻薄当作能力,又设置官吏、选任职务,不必以人的才能为条件。因为盛夏都有很多寒凉的天气,就上书劝谏说:"我听说政治教化的根本,一定要顺应阴阳的变化。我看立夏以来,应当热却还寒凉,这大概是刑罚苛刻急切,郡国不遵照时令节气处理政事造成的。农民急于农事,而苛刻的官吏却耽误农时,交纳赋税本已达到常规而贪吏们却强夺其财,这是巨大的祸患。要急人之所急,必先除掉他们心中的忧患。又御史外放,动辄占据州郡太守职位。而且应公正地选择任职者,拿建议和政绩来要求他们。那些二千石官员即便任职已久,但能为官吏民众创造便利平安的,应增加俸禄重重奖赏,不要随便调任。希望君王能够留意。"奏章呈上去以后,皇帝采纳了。

元和二年春天皇帝向东巡视,让韦彪代理司徒随行。回来后,韦彪因病请求退职,皇帝派遣小黄门、太医询问他的病情,赐给他食物。韦彪说身体疲困已极。章和二年夏天,皇帝派近侍赐给他诏书说:"韦彪以将相的后裔勤勉谨慎,出自州里,在位多年。因患重病,接连上书请求退职。他年事已高,不可以再加重任,恐怕职事烦琐,会加倍损耗他的身体。加授他上大鸿胪印绶。派遣太子舍人到中臧府,接受赐钱二十万。"永元元年卒,皇帝下诏给尚书:"前大鸿胪韦彪在位期间没有过失,正想继续任用,突然去世。特赐钱二十万,布百匹,谷三千斛。"

韦彪清廉、节俭、好施舍他人,所得俸禄和赏赐的东西分给宗族,家里没有多余的财物。著书十二篇,起名为《韦卿子》。

七、阅读下面的文言文,按要求回答问题。

李台州传

杨万里

李台州名宗质,字某,北人,不知何郡邑。母展,妾也,生宗质而罹靖康之乱,母子相失,宗质以父荫,既长,仕所至必求母,不得,姻家司马季思官蜀,宗质曰:"吾求母,东南无之,必也蜀?"从之西,舟所经过州,若县若村市,必登岸,遍其地大声号呼,曰展婆,展婆。至暮,哭而归,不食,司马家人哀之,必宽譬之,饮泣强食,季思秩满东下,所经复然,竟不得。至荆州,复然。日旦夕号呼,嗌痛气惫,小憩于茗肆,垂涕。

坐顷之,一乞媪至前,揖曰:"官人与我一文两文。"宗质起揖之坐,礼以客主,既饮茗,问其里若姓。媪勃然怒曰:"官人能与我几钱,何遽问我姓名?我非乞人也。"宗质起敬,谢曰:"某皇恐,上忤阿婆,愿霁怒,试言之,何害?恕火乡邻或亲族也,某倒囊钱为阿婆寿。”媪喜曰:“老婆姓异甚,不可言。”宗质力恳请,忽曰:“我姓展。”宗质瞿然起,抱之,大哭曰:“夫人,吾母也。”媪曰:“官人勿误,吾儿有验,右腋有紫痣,其大如杯。”宗质拜曰:“然。”右袒示之,于是母子相持而哭,观者数十百人,皆叹息涕下。

宗质负其母归,季思与家人子亦泣,自是奉板舆孝养者十余年,母以高年终,宗质亦白首矣。

宗质乾道庚寅为洪倅,时予为奉新县令,屡谒之,不知其母子间也。明年,予官中都,宗质造朝,除知台州。朝士云:“李台州,曾规姻家也,规无子,子台州之子。”予一见不敢再,亦未知其孝。

后十七年,台州既没,予与丞相京公同为宰掾,谈间,公为予言李台州母子事,予生八年,丧先太夫人,终身饮恨。闻之,泣不能止,感而为之传。

赞曰:孔子曰:“孝悌之至通于神明。”若李台州,生而不知失母,壮而知求母,求母而不得,不得而不懈,遍天下之半,老而乃得之。昔东坡先生颂朱寿昌,至今咏歌以为美谈。若李台州,其事与寿昌岂异也,兹不谓之至孝通于神明乎?非至孝奚而通神明,非通神明奚而得母?予每为士大夫言之,闻者必泣。人谁无母?有母谁无是心哉?彼有未尝失母而有母不待求母而母存或忽而不敬或悖而不爱者独何心欤?

1. 加点词的解释,不正确的一项是________。

A. 生宗质而罹靖康之乱　　罹:遭遇

B. 愿霁怒　　霁:停止

C. 除知台州　　除:罢免

D. 终身饮恨　　饮:含着

2. 文本最末画线的句子,断句最合理的一项是________。

A. 彼有未尝失母/而有母不待/求母而母存/或忽而不敬/或悖而不爱者/独何心欤?

B. 彼有未尝失母/而有母不待求母/而母存或忽而不敬/或悖而不爱者/独何心欤?

C. 彼有未尝/失母而有母/不待求母/而母存或忽而不敬/或悖而不爱者/独何心欤?

D. 彼有未尝/失母而有母不待/求母而母存/或忽而不敬/或悖而不爱者/独何心欤?

3. 全都直接表现李台州“至孝”的一组是________。

① 既长,仕所至必求母

② 舟所经过州,若县若村市,必登岸,遍其地大声号呼

③ 某倒囊钱为阿婆寿

④ 右袒示之,于是母子相持而哭

⑤ 自是奉板舆孝养者十余年

⑥ 规无子,子台州之子

A. ①②⑤　　B. ①③④　　C. ①⑤⑥　　D. ②④⑥

4. 对原文的理解与分析,不正确的一项是________。

A. 李宗质出生后因战乱母子失散,长大后曾四处寻访母亲下落而不得,以至茶饭不思,黯然神伤。

B. 作者杨万里素来仰慕李台州至孝之名,但直到李台州去世之后,才写作此文,并在士大夫中传颂其事迹。

C. 为一位官员作传,不注重其政治事功,却记叙其寻母尽孝之事,杨万里有褒扬孝道,规劝世风之意。

D. 文章记李台州事迹,以寻母、认母,侍母为线索,集中笔墨描写认母场景,详略得当,主次分明。

5. 把文言文阅读材料中划横线的句子翻译成现代汉语。

(1) 季思秩满东下,所经复然,竟不得。

(2) 宗质起揖之坐,礼以客主。

(3) 若李台州,其事与寿昌岂异也,兹部谓之至孝通于神明乎?

【参考答案】

1. C。[**解析**]除:授予官职。

2. B。[**解析**]注意全后句的语意关系,重点注意"失母""求母"和"母存"的三个层次,同时注意"而""或"的并列结构。

3. A。[**解析**]:③不能反映"至孝",⑥与"李台州"无关。

4. B。[**解析**]"素来"错误。注意结合文章的内容进行分析。文中有"亦未知其孝"。

5. (1)季思任期已满,向东而下,所经过的地方李台州仍然这样,始终没有找到。

(2) 宗质站起来向她作揖请她坐下,用主客之礼待她。

(3) 像李台州,他的事迹难道和朱寿昌有什么不同吗?这不就是所说的至孝和神明想通吗?

[**解析**]注意译出"秩、竟、揖、以、若、兹、谓"等词语和句式特点,保证句意通顺。

【参考译文】

李台州名宗质,字某,是北方人,不知道是哪个郡邑的。母亲姓展,是他父亲的妾,生下宗质后遭遇靖康年间的动乱,母子失散了。宗质凭着父亲的官职得到荫赏,(宗质)长大以后,到达做官的地方后,必定到处寻找母亲,没有找到。姻亲司马季思到蜀地去做官,宗质说:"我寻找母亲,东南地区没找到,一定在蜀地吧?"于是(宗质)跟随他到西部去,乘船经过各个州,或是县或是村市,一定登上岸边,走遍这个地方大声呼叫,喊道:展婆,展婆。到了傍晚,才哭着回去,不吃饭。司马家的人很同情他,一定(多方)宽慰劝解他,(他)才一边哭着一边勉强吃点东西。等到季思任职期满,向东而下,经过每个地方时,(李台州)仍然这样,终究没有找到。到了荆州,仍然这样。每天早晚号叫呼喊,咽喉疼痛,身体疲惫,在茶楼稍事休息,(伤心地)流泪。

坐了一会儿,一个讨饭的老妇人来到他的面前,作揖说:"官人给我一文两文钱吧。"宗质站起来(向她)作揖并请(她)坐下,用主客之礼待她。喝完茶以后,(宗质)询问老人的家乡和姓氏。老妇人勃然大怒说:"官人能给我多少钱,为何突然问我姓名?我不是要饭的人。"宗质起身示敬,道歉说:"我十分惶恐,犯上忤逆了阿婆。希望(您)停止生气,试着说一说,又有什么害处呢?或许是乡邻或亲族呢,我愿意倾囊为阿婆作寿。"老妇人高兴地说:"我的姓氏很特别,不能说。"宗质极力恳请,(老妇人)忽然说:"我姓展。"宗质惊讶地站起来,抱着她,大哭道:"夫人,(您)是我的母亲啊。"老妇人说:"官人不要弄错了,我儿子有可以验证的标记,他右腋下有个紫色的痣,大小如杯子。"宗质跪拜说:"是这样的。"(宗质)露出右腋给她看,于是母子相拥而泣。周围观看的人有几十甚至上百人,(他们)都一边叹息一边流泪。

宗质背着他的母亲回去,季思和老婆孩子也为(他们)哭泣。从此以后迎养母亲孝顺奉养十多年,母亲在高龄寿终,那时宗质也已经白头了。

宗质乾道庚寅年间担任洪州的副职,我当时是奉新县县令,多次拜见他,不知他们母子之间的这些事情。第二年,我到中都做官,宗质回到朝廷,被授予台州知州。朝中人士说:"李台州,是曾觌的亲家,曾觌没有儿子,把台州人的儿子当作自己的儿子。"我见了一次不敢见第二次,也不曾知道他的孝顺。

十七年后，李台州已经去世，我和丞相京公一同做宰掾，谈话间，京公对我说起李台州母子的事情。我八岁的时候，母亲去世，我终身抱憾。听说这件事情之后，哭得止不住，有感并为他作传。

赞语说：孔子说"孝悌到了极点是与神明相通的（真正能把孝敬父母、友爱兄弟之道做到极致，就会感动天地神明）。"像李台州，生下来不知道失去了母亲，但成年以后知道寻找母亲，寻找母亲却找不到，找不到也不懈怠，走遍半个天下，到老了才找到。昔日苏东坡歌颂朱寿昌，至今人们都咏叹歌颂并以为美谈。像李台州，他的事迹难道和朱寿昌有什么不同吗？这不就是所说的至孝与神明相通吗？如果不是至孝怎么能与神明相通？不是和神明相通怎么能找到母亲？我每次对士大夫们说起这件事，听到的人必定哭泣。人们谁没有母亲？有母亲的人谁没有这样的心呢？他们有的未曾失去母亲，有母亲而不用寻找母亲；母亲在世时，忽视甚至不尊敬她，或是拂逆甚至不关爱她，诸如此类的人，他们究竟是什么心肠啊？

八、阅读下面的文言文，按要求回答问题。

臧质，字含文，东莞莒人。父熹，字义和，习骑射，尝与人共猎，值虎突围，猎徒并奔散，熹直前射之，应弦而倒。质少好鹰犬，善蒱博意钱之戏。永初元年，为员外散骑侍郎。母忧去职。服阕，为江夏王义恭抚军。以轻薄无检，为太祖所知，徙为给事中。

虏侵徐、豫，拓跋焘率大众数十万遂向彭城，质率万人北救。既败，质投盱眙。盱眙太守沈璞完为守战之备，质大喜，因共守。焘与质书，质答书曰："寡人受命相灭，期之白登，师行未远，尔自送死，岂容复令生全，飨有桑乾[1]哉。"二月二日，乃解围遁走。上嘉质功，封开国子，食邑五百户。明年，太祖又北伐，使质率所统见力向潼关，质顾恋嬖妾，弃营单马还城，散用台库见钱六七百万，为有司所纠，上不问也。

元凶弑立，以质为丹阳尹，加征虏将军。后世祖即位，加质为散骑常侍，使持节如故。时世祖自揽威柄，而质以少主遇之，是事专行，多所求欲。台符屡加检诘，质渐猜惧，便有异图。以义宣凡暗，易可制勒，欲外相推奉，以成其志。会义宣有憾于世祖。质因此密信说诱，陈朝廷得失。又谓"震主之威不可持久主相势均事不两立持疑不决则后机致祸。"义宣时未受丞相，质子敦为黄门侍郎，奉诏敦劝，道经寻阳，质令敦具更譬说，并言世祖短长，义宣乃意定。驰报豫州刺史鲁爽，期孝建元年秋同举。爽失旨，即便起兵。遣人至京邑报弟瑜，瑜席卷奔叛。瑜弟弘为质府佐，世祖遣报质，质于是执台使，狼狈举兵。

兵败无所归，乃入南湖逃窜，无食，摘莲啖之。追兵至，窘急，以荷覆头，自沈于水，出鼻。军主郑俱儿望见，射之中心，兵刃乱至，肠胃缠萦水草，队主裘应斩质首，传京都，时年五十五。

（节选自《宋书·臧质传》，有删改）

【注】①桑乾：桑乾宫。

1. 对文中加点词语的解释，不正确的一项是________。

A. 而质以少主遇之　　遇：待遇

B. 质渐猜惧，便有异图　　图：图谋，打算

C. 期孝建元年秋同举　　期：约定

D. 自沈于水，出鼻　　沈：沉入

2. 对文中画线句断句，正确的一项是________。

A. 震主之威/不可持/久主相势均事/不两立/持疑不决/则后机致祸

B. 震主之威/不可持久/主相势均/事不两立/持疑不决/则后机致祸

C. 震主之威/不可持/久主相势均/事不两立/持疑/不决则后机致祸

D. 震主之威/不可持久/主相势均事/不两立/持疑/不决则后机致祸

3. 对原文有关内容的分析和概括,不正确的一项是________。

A. 臧质年轻时喜欢打猎,特别会赌博。曾经与人一起去打猎,遇到老虎突然冲出来,同来的人四散逃跑,他一箭就将老虎射死了。

B. 臧质为人轻佻放纵,因此被太祖降职处罚。辅佐世祖时,也专横独断,贪得无厌,多次被朝廷派人检查质问。

C. 臧质因击派北魏拓跋焘有功,受到太祖的褒奖,甚至因留恋姬妾,弃军回家,大肆挥霍府库钱财而被弹劾,太祖也没处罚他。

D. 多行不义必自毙,臧质自恃功高,藐视君主,私欲膨胀,最终唆使义宣造反,兵败被杀,脑袋被传到京师。

4. 把文段中画横线的句子翻译成现代汉语。

(1) 师行未远,尔自送死,岂容复令生全,飨有桑乾哉。

(2) 以义宣凡暗,易可制勒,欲外相推奉,以成其志。

【参考答案】

1. A。[**解析**]遇:对待。"遇"接了宾语"之",所以应为动词。

2. B。[**解析**]震主之威,不可持久,主相势均,事不两立。持疑不决,则后机致祸。

3. A。[**解析**]"曾经与人一起去打猎,遇到老虎突然冲出来,同来的人四散逃跑,他一箭就将老虎射死了。"错,不是臧质,应是他的父亲臧熹。

4. (1)还未等到那时,你竟然自动上门送死,怎么能让你活着跑回去,在你的桑乾宫喝酒吃肉呢。

[**解析**]注意译出"师、尔、生、全"等词语,以及"令(尔)生全"这个省略句。

(2)因为刘义宣能力平庸,容易挟制,想表面上推戴他,暗中则自己掌权。

[**解析**]注意译出"以、凡、暗、制勒、推奉"等词语。

【参考译文】

臧质字含文,东莞郡莒县人。他父亲臧熹字义和。学习骑马射箭的技术,曾经和人一起去打猎,恰遇老虎冲出猎圈,其他人都纷纷逃跑,臧熹却奔上去射了一箭,箭一射出老虎便倒地不动了。臧质少年时代喜欢追鹰走狗,特别会赌博。永初元年(420)臧质当员外散骑侍郎,母亲去世时他离职。服孝三年后,又当江夏王刘义恭的抚军参军。因为轻佻放纵,被文帝知道,降为给事中。

魏军侵略徐州、豫州,拓跋焘率大军数十万向彭城进发,臧质率一万多人向北增援。部队溃败之后,臧质跑到盱眙城。盱眙太守沈璞已完整地做好了攻守准备,臧质见了大喜,便和沈璞共同防守。拓跋焘给臧质写了一封信,臧质回信说:"我接受皇上的命令,要消灭你们,准备打到你们的都城,还未等到那时,你竟然自动上门送死,怎么能让你活着跑回去,在你的桑乾宫喝酒吃肉呢!"二月二日,拓跋焘解除对盱眙的包围逃走了。文帝认为臧质立了大功,封他为开国子,食邑五百户。第二年,文帝又北伐,命令臧质率领他的所有部队向潼关发动攻击,臧质留恋宠姬爱妾,丢下军队,一个人回到襄阳,把雍州府仓库的现钱用了六七百万,被有关部门弹劾,文帝没有追究这些。

太子刘邵杀文帝即位时,让臧质做丹阳尹兼任征虏将军。武陵王刘骏正式登皇帝位,加臧质为散骑常侍,让他和过去一样持节。此时宋武帝正收集权力,但臧质却把他当小皇帝看待,专横独断,贪得无厌。朝廷多次派人来检查质问,臧质渐渐怀疑起来,心中恐惧,便顿生野心。因为刘义宣能力平庸,容易挟制,想表面上推戴他,暗中则自己掌权。恰巧义宣和孝武帝有矛盾,臧质因此暗地派人引诱刘义宣,议论朝廷的措施的好坏。他对义宣说:"挟有震动皇帝的权威是不能长久地保持官位的,皇帝和丞相势均力敌,一山不容二虎,犹豫未决,必定被别人抢先,招致祸害。"此时义宣还未接受丞相的职位,臧质的儿子臧敦做黄门侍郎,带着朝廷诏书劝说刘义宣当丞相,路经寻阳,臧质叫臧敦重新劝说义宣造反,而且说到孝武帝的种种罪过,刘义宣于是坚定造反的决心。臧质又派人告诉豫州刺史鲁爽,约定在孝建元年(454)秋同时起兵。鲁爽听错了话,当时便宣布起兵,并且派人到京城告诉他弟弟鲁瑜,鲁瑜连忙带家人一起逃出城,奔赴鲁爽。鲁瑜弟弟鲁弘当臧质的州府官吏,孝武帝派人叫臧质抓住鲁弘,臧质于是扣住朝廷使者,慌忙宣布军队起事。

起事失败了,臧质走投无路,于是跑到南湖,肚子饿了,摘莲子吃。追兵赶到,臧质非常窘迫潜到水下,用荷叶遮住头,只让鼻子出气,小队长俱儿望见,射了一箭,正好击在他的心坎上,接着兵刀齐下,臧质的五脏六腑都流出来了,几乎把周围的水草挽住,队长裘应砍下臧质的脑袋,送他的脑袋到京城。当时他五十五岁。

九、阅读下面的文言文,按要求回答问题。

崔涣博综经术,长论议。十岁居父丧,毁瘠加人,陆元方异之。起家亳州司功参军,累迁司门员外郎。杨国忠恶不附己,出为巴西太守。玄宗西狩,迎谒于道。帝见占奏,以为明治体,恨得之晚,房琯亦荐之,即日拜同中书门下平章事。

元载辅政,与中官董秀檠结固宠,涣疾之,因进见,慨然论载奸。代宗曰:"载虽朴重慎,然协和中外无间然,能臣也。"对曰:和之为贵者,由礼节也,不节之以礼,焉得和? 今干戈甫定,品物思义。载为宰相,宜明制度,易海内耳目。而怙权树党,毁法为通,鬻恩为恕,附下苟容,乃幽国卑主术,臣所未喻。"帝默然,会涣兼税地青苗钱物使,以钱给百官,而吏用下直为使料,上直为百司料。载讽皇城副留守张清擿其非,诏尚书左承蒋涣按实,且载所恶,由是贬道州刺史。卒,赠太子太傅。

涣子纵。纵由协律郎三迁监察御史。会招择令长,授蓝田令,德化大行,县人立碑禄德。涣之贬,纵弃金部员外郎就养。后为汴西水陆运等使。王师围田悦,乏食,诏纵饷四节度粮,军无乏。德宗出奉天方镇兵未至纵劝李怀光奔命悉军财称所须怀光兵疲久战次河中迁延不进。纵以金帛先度,曰:"济者即赐。"众趋利争西,遂及奉天。迁京兆尹。上言:"怀光反覆不情,宜备之。"及帝徙梁州,追扈不及,左右短纵素善怀光,殆不来。帝曰:"知纵者,朕也,非尔辈所及。"后数日至,授御史大夫。处大体,不急细事.卒年六十二,谥曰忠。

初,涣为元载所抑,纵讫载世,不求闻达。涣有嬖妾,纵以母事之。妾刚酷,虽纵显官而数笞诟,然率妻子候颜色,承养不懈,时以为难。

(选自《新唐书·卷一百二十·列传第四十五》)

1. 下列各句中加点词的解释,不正确的一项是________。

A. 帝见占奏,以为明治体,恨得之晚　　　恨:遗憾

B. 怙权树党,毁法为通,胃恩为恕　　　怙:凭借

C. 乃幽国卑主术,臣所未喻　　　喻:明白

D. 处大体,不急细事　　　急:着急

2. 下列对文中画波浪线部分的断句,正确的一项是________。

A. 德宗出奉天方镇/兵未至/纵劝李怀光/奔命悉军/财称所须/怀光兵疲/久战次河中/迁延不进

B. 德宗出奉天方镇/兵未至/纵劝李怀光奔命/悉财称所须/怀光兵疲/久战次河中/迁延不进

C. 德宗出奉天/方镇兵未至/纵劝李怀光/奔命悉军/财称所须/怀光兵疲久战/次河中/迁延不进

D. 德宗出奉天/方镇兵未至/纵劝李怀光奔命/悉军财称所须/怀光兵疲久战/次河中/迁延不进

3. 下列对于原文内容的概括和分析,不正确的一项是________。

A. 崔涣不阿权贵。先因得罪杨国忠被贬出京任职,后因痛恨勾结宦官的元载被贬道州。

B. 崔涣明于治乱。安史之乱刚结束时,崔涣认为当务之急应严明制度,安定天下人心。

C. 崔涣父子皆有孝行。崔涣为父守丧悲痛超过一般人,崔纵曾为服侍父亲而辞掉官职。

D. 崔涣父子皆受天子器重。崔涣初见玄宗,即得要职;崔纵追息不及,德宗仍然信任。

4. 将文中画横线的句子翻译成现代汉语。

(1) 和之为贵者,由礼节也,不节之以礼,焉得和?

(2) 初,涣为元载所抑,纵讫载世,不求闻达。

【参考答案】

1. D。[**解析**]急:重视。

2. D。[**解析**]"奉天"是"出"的宾语,"方镇"是"兵"的主语,"奉天"与"方镇"之间应当断开。"久战"是"疲"的补语,其间不能断开;"次河中"的主语承前省略了"怀光兵","次河中"之前应当断开。根据以上断句,可以排除 A 项和 B 项。"悉军"是"财"的定语,二者之间不能断开;"奔命"的主语是"李怀光","李怀光"与"奔命"之间不能断开。根据以上断句,可以排除 C 项。所以,只有 D 项可选。

3. A。[**解析**]崔涣被贬道州主要是因有过错被朝廷查实。

4. (1)"和"之所以被人们看重,那是因为有"礼"的节制(约束),不用"礼"去节制(约束),怎么能得到真正的"和"呢?

(2) 当初,崔涣被元载排挤(压制),崔纵在元载执政期间,不追求名誉和地位。

【参考译文】

崔涣通晓经学,擅长论议。崔涣十岁时,他的父亲去世,在守丧期间,崔涣的悲痛超过了一般人,陆元方因此认为崔涣不同寻常。崔涣进入仕途的第一个职务是亳州司功参军,之后不断升迁直至担任司门员外郎。杨国忠厌恶崔涣不依附自己,就将他调出京去担任巴西太守。安史之乱爆发,唐玄宗逃往四川,崔涣去迎接并谒见玄宗。玄宗接见了崔涣,并当场跟他讨论问题,(玄宗听了崔涣的回答)认为崔涣精通治国的道理,为现在才得到崔涣这样的人而感到遗憾,房琯也大力推荐崔涣,就在当天,玄宗任命崔涣为同中书门下平章事。

元载执政期间,与宦官董秀檠勾结,想要长期得到皇帝信任。(崔涣)很痛恨元载这种做法,于是去求见皇帝,义正词严地揭发元载的奸心。代宗皇帝说:"元载虽然算不上持重谨慎的人,但能够让朝廷内外和谐融洽没有隔阂,也算是能臣。"崔涣说:"'和'之所以被人们看重,那是因为有'礼'的节制(约束),不用'礼'去节制(约束),怎么能得到真正的'和'呢?现在动乱刚刚平息,各个阶层的人都希望能天下太平。元载作为宰相,应该申明国家制度,让天下人改变对朝廷的看法、对朝廷充满信心。可是元载却凭借权势培植私党,把破坏国法当成变通,把乱施恩惠当成宽容,迁就下属,通过屈从附和来获得世人的接纳,这是让国家政治昏暗、让皇上威权不振的做法啊,我不明白为什么皇上还认为他是能臣!"代宗听了崔涣的话没有再说什么。刚好这时候崔涣兼任税地青苗钱物使,按照朝廷当时制度,青苗税被用作百官的料钱,崔涣的手下将不值钱的东西作为使者的食料,值钱的为百官的食料。元载暗示皇城副留守张清揭发崔涣的过错,皇帝下令尚书左丞蒋涣调查清楚是否确有其事。蒋涣调查结果显示,张清揭发的情况属实,加上元载又恨厌恶崔涣,崔涣因此被贬为道州刺史。后来崔涣去世,朝廷赠予了他太子太傅的荣誉职衔。

崔涣的儿子叫崔纵。崔纵从协律郎的职位连续升迁至监察御史,刚好碰上皇帝下诏挑选县级行政长官,崔纵就被朝廷授予蓝田县令的职位,在担任蓝田县令期间,崔纵大力推行德政去教化百姓,蓝田县的人民因此为崔纵立碑以歌颂他的功德。崔涣被贬为道州刺史后,崔纵辞去了金部员外郎的官职去奉养父亲,之后崔纵陆续担任了汴西水陆运使等职务。(田悦造反)朝廷军队围困叛军时粮草短缺,朝廷下诏让崔纵为奉命平叛的四个节度使的军队提供粮草,(崔纵事情办得很漂亮)此后军粮充足。德宗避乱到奉天,各方镇的勤王之师还没到达,崔纵力劝李怀光不顾一切去保护德宗,表示将所有为军队准备的财物拿出来满足李怀光的需求,李怀光的军队久战之后疲劳不堪,渡黄河时滞留河中,徘徊不进。崔纵带着金帛财物率先过河,然后下令说:"渡过河的士兵马上给予赏赐。"士兵们为得到赏赐争先恐后的渡河西进,于是顺利赶到奉天与德宗汇合。崔纵之后升迁为京兆尹,并给皇帝进言说:"李怀光立场不坚定,做事不近人情,应该防备他。"后来皇帝转移到梁州,崔纵没有来得及追随皇帝,皇帝左右的人就说崔纵的坏话,说崔纵向来与李怀光交好,恐怕不会再跟来。皇帝却说:"了解崔纵的人是我啊,我对崔纵的了解不是你们这些人赶得上的。"后来过了几天,崔纵果然赶了过来,皇帝授予他御史大夫的职务。崔纵处理政事从大局出发,不重视细枝末节。崔纵死年六十二。谥号为"忠"。

当初,崔涣被元载排挤(压制),崔纵在元载执政期间,不追求名誉和地位。崔涣在世时有个爱妾,崔纵把她当母亲侍奉。崔涣的这个爱妾个性暴躁乖戾,虽然崔纵是朝廷高官,她仍然多次打骂崔纵,但是崔纵带领妻子儿女看她脸色行事,奉养从不懈怠,当时的人认为这是一件非常难得的事情。

十、阅读下面的文言文,按要求回答问题。

刘文静,字肇仁,自言系出彭城,世居京兆武功。倜傥有器略。大业末,为晋阳令,与晋阳宫监裴寂善。寂夜见逻堞传烽,咤曰:"天下方乱,吾将安舍?"文静笑曰:"如君言,豪英所资也。吾二人者可终羁贱乎?"

高祖为唐公,镇太原,文静察有大志,深自结。既又见秦王,谓寂曰:"唐公子,非常人也,豁达神武,汉高祖、魏太祖之徒欤!殆天启之也。"寂未谓然。<u>文静俄坐李密姻属系狱,秦王顾它无可与计者,私入视之</u>。文静喜,曰:"上南幸,兵填河、洛,盗贼蜉结,大连州县,小阻山泽,以万数,须真主取而用之。诚能投天会机,奋臂大呼,则四海不足定也。今汾、晋避盗者皆在,文静素知其豪杰,一朝号召,十万众可得也。加公府兵数万,一下令,谁不愿从?鼓而入关,以震天下,王业成矣。"王笑曰:"君言正与我意合。"乃阴部署宾客。

唐公践天子位,擢纳言。时多引贵臣共榻,文静谏曰:<u>今率土莫不臣,而廷见群下,言尚称名</u>。帝坐严尊屈与臣子均席此王导所谓太阳俯同万物者也帝曰我虽应天受命宿昔之好何可忘?公其无嫌。

文静自以材能过裴寂远甚,又屡有军功,而寂独用故旧恩居其上,意不平。每论政多戾驳,遂有隙。尝与弟散骑常侍文起饮酣,有怨言,拔刀击柱曰:"当斩寂!"文静妾失爱,告其兄上变,遂下吏。帝遣裴寂、萧瑀讯状,对曰:"昔在大将军府,司马与长史略等。今寂已仆射,居甲第,宠赉不赀。臣官赏等众人,家无赢,诚不能无少望。"帝曰:"文静此言,反明甚。"李纲、萧瑀明其不反,帝素疏忌之,寂又言:"文静多权诡,而性猜险,忿不顾难,丑言怪节已暴验,今天下未靖,恐为后忧。"帝遂杀之,年五十二。

1. 加点词语的解释,不正确的一项是________。

A. 倜傥有器略　　器:才能,才干

B. 唐公践天子位　　践:登上

C. 寂独用故旧恩居其上　　用:使用

D. 今天下未靖　　靖:安定

2. 断句正确的一项是________。

A. 帝坐严尊屈/与臣子均席/此王导所谓太阳俯/同万物者也/帝曰/我虽应天受命宿昔之/好何可忘

B. 帝坐严尊/屈与臣子均席/此王导所谓太阳俯/同万物者也/帝曰/我虽应天受命/宿昔之好何可忘

C. 帝坐严尊/屈与臣子均席/此王导所谓太阳俯同万物者也/帝曰/我虽应天受命/宿昔之好何可忘

D. 帝坐严尊屈/与臣子均席/此王导所谓太阳俯同万物者也/帝曰/我虽应天受命宿昔之/好何可忘

3. 下列对原文有关内容的概括和分析,不正确的一项是________。

A. 刘文静才干卓异,有识人之明。早在李渊还是唐公镇守太原时,刘文静就察知他胸怀大志,与李氏父子深相交结。

B. 刘文静深受李世民器重。刘文静认为李世民能成大业,李世民也认为刘文静是可以共谋大事之人,不惜屈尊探狱。

C. 刘文静居功自傲,目中无人。刘文静自恃才高,鄙视裴寂,更不满自己位居其下,多次与裴寂争执,结下仇怨。

D. 刘文静结交裴寂,交友不慎。刘文静因心怀怨愤被李渊认为有反叛之心,裴寂趁机落井下石,刘文静最终被冤杀。

4. 把文中画横线的句子翻译成现代汉语。

(1) 文静俄坐李密姻属系狱,秦王顾它无可与计者,私入视之。

(2) 今率土莫不臣,而延见群下,言尚称名。

【参考答案】

1. C。[**解析**]用:因为。

2. C。[**解析**]帝坐严尊,屈与臣子均席,此王导所谓太阳俯同万物者也。帝曰:我虽应天受命,宿昔之好何可忘?

3. C。[**解析**]原文中,刘文静虽自恃才高,但没有居功自傲,目中无人,更没有鄙视裴寂。

4. (1)文静不久因与李密是姻属受牵连获罪,被关进了监狱,秦王看身边没有能够商讨大计的人,私下里入狱探望。

（2）现在天下没有谁不臣服，但是（您）召见群臣，言谈之中还称呼名字。

【参考译文】

刘文静，字肇仁，自称祖籍彭城，世代居住在京兆武功。豪爽洒脱有才能谋略。大业末年，任晋阳令，和晋阳宫监裴寂交好。裴寂夜晚见巡逻兵在城垛上传递烽火，叹道："天下正乱，我将在哪安居？"文静笑着回答说："如你所说。现在正是英雄用武之时。我们二人岂能始终漂泊贫贱呢？"

高祖为唐公镇守太原时，文静观察到他胸怀大志，加深交往。见过秦王后，对裴寂说："唐公之子，不是平凡人，豁达神武，是汉高祖、魏太祖一类的人啊！大概是上天要让他兴起了。"裴寂不以为然。不久刘文静因与李密是姻亲获罪下狱，秦王见没有其他可以商议的人，就私下去探视他。刘文静大喜，对秦王说："皇上到南方巡游，军队拥堵在河、洛一带，盗贼如蜉蚁一样集结在一起，大的连接州县，小的占据山泽为险阻，数以万计，有待于真正的君主收编并任用他们。如果您确实能顺应天命抓住机遇，振臂高呼，那么天下就平定了。如今汾、晋一带躲避盗贼的人全都聚集在此，我刘文静向来了解其中的豪杰，一旦号召，即刻就可得到十万军队。击鼓入关，威震天下，帝王大业就成功了。秦王笑着说："你的话正与我的心意想合。"于是暗中部署宾客。

唐公登上天子之位后，刘文静升迁为纳言。当时高祖时常招引贵臣同榻而坐，刘文静劝谏说：现在天下没有不臣服的，但接见臣下，说话还称姓名。皇帝的座位庄严尊贵，屈尊与臣子同席而坐，这正是王导所说的太阳附着万物啊。"高祖说："我虽然顺应天命，过去的好友又怎么能忘记？你还是不要介意。"

刘文静自认为才能比裴寂要强得多，又屡建军功，而裴寂只能凭故旧恩宠官位高于自己，心中不平。每次和裴寂谈论政事多持反对意见，于是有了矛盾。曾经与弟弟散骑常侍刘文起饮酒时喝醉了，口出怨言，拔刀击柱说："一定要杀了裴寂。"刘文静的妾失宠后，便告诉了她的兄长，其兄上告刘文静谋反，于是刘文静被交给了执法官审讯。皇帝派遣裴寂，萧瑀审讯罪状，刘文静回答说："过去在大将军府，司马与长史地位大致相等。如今裴寂已官居仆射，居住高等宅第，宠遇和赏赐的财产极多。臣的官位赏赐与众人相等，家无余财，确实不可能没有怨望之心。"皇帝说："文静这话，造反之心已经很明确了。"李刚、萧瑀都证明他没有造反，裴寂说："刘文静有权谋好诡辩，而且秉性猜忌阴险，激愤时常不考虑后果，恶言叛逆已暴露验明，如今天下尚未安定，恐怕会成为后患。"皇帝于是杀了他，终年五十二岁。

十一、阅读下面的文言文，按要求回答问题。

谢贞，字元正，陈郡阳夏人，晋太傅安九世孙也。父蔺，正员外郎，兼散骑常侍。贞幼聪敏，有至性。祖母阮氏先苦风眩，每发便一二日不能饮食，贞时年七岁，祖母不食，贞亦不食，亲族莫不奇之。母王氏，授贞《论语》《孝经》，读讫便诵。八岁，尝为《春日闲居》五言诗，从舅尚书王筠奇其有佳致，谓所亲曰："此儿方可大成，至如'风定花犹落'，乃追步惠连矣。"年十三，略通《五经》大旨。尤善《左氏传》，工草隶虫篆。十四，丁父艰，号顿于地，绝而复苏者数矣。父蔺居母阮氏忧不食泣血而卒家人宾客惧贞复然从父洽族兄暠乃共往华严寺请长爪禅师为贞说法。仍谓贞曰："孝子既无兄弟，极须自爱，若忧毁灭性，谁养母邪？"自后少进饘粥。

太清之乱，亲属散亡，贞于江陵陷没，暠逃难番禺，贞母出家于宣明寺。及高祖受禅，暠还乡里，供养贞母，将二十年。太建五年，贞乃还朝。及始兴王叔陵为扬州刺史，引祠部侍郎阮卓为记室，辟贞为主簿。贞度叔陵将有异志，因与卓自疏于叔陵，每有宴游，辄辞以疾，未尝参预，叔陵雅钦重之，弗之罪也。俄而高宗崩，叔陵肆逆，府僚多相连逮，唯贞与卓独不坐。

后主乃诏贞入掌中宫管记，迁南平王友。府长史汝南周确新除都官尚书，请贞为让表，后主览而奇之。尝因宴席问确曰："卿表自制邪？"确对曰："臣表谢贞所作。"后主因敕舍人施文庆曰："谢贞在王处，未有禄秩，可赐米百石。"

至德三年，以母忧去职。顷之，敕起还府。贞累启固辞，敕报曰："虽知哀茕在疚，而官俟得才，可便力疾还府也。"贞哀毁羸瘠，终不能之官舍。时尚书右丞徐祚、尚书左丞沈客卿俱来候贞，见其形体骨立，祚等怆然叹息。吏部尚书姚察与贞友善，及贞病笃，察往省之，问以后事。贞曰："弱儿年甫六岁，情累所不能忘，敢以为托耳。"是夜卒。后主问察曰："谢贞有何亲属？"察因启曰："贞有一子年六岁。"即有敕长给衣粮。

（节选自《陈书·列传第二十六》，有删改）

【注】惠连：谢惠连，南朝宋文学家。

1. 加点词的解释，不正确的一项是________。

A. 从舅尚书王筠奇其有佳致　　奇：稀奇

B. 工草隶虫篆　　工：擅长

C. 唯贞与卓独不坐　　坐：受珠链而获罪

D. 贞累启固辞　　启：禀告

2. 断句正确的一项是________。

A. 父蔺居母阮氏忧/不食泣血而卒家人/宾客惧/贞复然/从父洽/族兄暠乃共往/华严寺请长爪禅师为贞说法

B. 父蔺居母阮氏忧/不食泣血而卒/家人宾客惧贞复然/从父洽/族兄暠乃共往华严寺/请长爪禅师为贞说法

C. 父蔺居母阮氏忧/不食泣血而卒家人/宾客惧/贞复然/从父洽/族兄暠乃共往华严寺/请长爪禅师为贞说法

D. 父蔺居母阮氏忧/不食泣血而卒/家人宾客惧/贞复然/从父洽/族兄暠乃共往/华严寺请长爪禅师为贞说法

3. 对原文有关内容的理解和分析，表述不正确的一项是________。

A. 谢贞天性聪慧，小时候读过不少典籍，有的读过就能背诵，有的粗通大意；他八岁时写的诗就深得长辈称赞。

B. 谢贞受府长史周确委托，为他撰写辞让都官尚书的表文。陈后主读过之后，怀疑该表文不是周确亲笔所作。

C. 谢贞非常孝顺，小时候祖母因病难以进食，他便也不进食；父亲去世他悲痛欲绝，之后，奉养母亲未曾间断。

D. 母亲去世后，谢贞一心守丧，极度悲痛，骨瘦如柴，令人叹息。他忧病而死后，后主下令长期供他儿子吃穿。

4. 把文言文阅读材料中画横线的句子翻译成现代汉语。

（1）贞度叔陵将有异志，因与卓自疏于叔陵，每有宴游，辄辞以疾，未尝参预。叔陵雅钦重之，弗之罪也。

（2）吏部尚书姚察与贞友善，及贞病笃，察往省之，问以后事。

【参考答案】

1. A。[**解析**]奇：认为稀奇。是形容词的意动用法。

2. B。[解析]首先弄清本句意思:父亲谢蔺因母亲阮氏去世,不吃饭哭泣到眼中出血而死。家人宾客害怕谢贞也会这样,叔父前往华严寺,请禅师来为谢贞说法。然后寻找句子一些特定的名词、动词进行推断。

3. C。[解析]C 项"之后,奉养母亲未曾间断"不正确。

4. (1)谢贞推测叔陵将会有叛离的心意,趁机与阮卓在叔陵处疏远自己,每次有宴会游乐,就以疾病托辞,不曾参与。叔陵非常恭谨敬重他(谢贞),不怪罪他。

(2) 礼部尚书姚察与谢贞友爱交好,等谢贞病情严重时,姚察前去看望他(谢贞),问他后事。[解析](1)注意关键词:度、因、雅;注意定语后置句:辄辞以疾。(2)注意关键词:友善、笃、省、后事。

【参考译文】

谢贞,字元正,是陈郡太康县人。他是东晋太傅(筹划淝水之战的)谢安的第九代孙子。谢贞的父亲名叫谢蔺,担任正员外郎,兼散骑常侍。谢贞幼年时就很聪敏,性情纯厚。他的祖母阮氏曾经被风眩病苦苦折磨,每逢发作起来便一两天内不能吃饭。那时,谢贞才七岁,祖母不吃饭,他也不吃,家里的人都觉得这个孩子不同寻常。母亲王氏教他读《论语》《孝经》,读完便能背诵。八岁的时候,曾经写了一首题为《春日闲居》的五言诗,在朝里任尚书的本家舅父王筠觉得有很好的意境,就对他的亲人们说:"这个孩子将来可以成大器,至于像'风定花犹落'这样的句子,已经可以赶上谢惠连的诗了。"十三岁时,就领会了《五经》的主旨,尤其精通《左传》,擅长草书、隶书、虫篆。十四岁的时候,遭逢父亲去世,号哭顿首于地,数次气绝后又复苏。在这之前,他的父亲谢蔺因为母亲阮氏去世,绝食且哭出鲜血而死去。(谢贞)家里的人和宾客,都担心谢贞会与他的父亲一样,(悲哀过度而亡)。本家的父辈谢恰和堂兄谢暠,就一其去华严寺,请长爪禅师对谢贞讲解佛法。禅师就对谢贞说:"作为一个孝子,你既然没有哥哥和弟弟,就极需珍惜自己的生命和健康。如果因忧伤过度而毁掉自己的躯体生命,谁来奉养你的母亲?"自此,谢贞才多少喝一点稀粥。

侯景之乱期间,亲属逃亡,谢贞在江陵与亲人失散。谢暠逃难到番禺,谢贞的母亲出家到宣明寺。陈霸先取代梁朝建立陈朝后,谢暠回到故乡,奉养谢贞的母亲将近二十年。陈宣帝太建五年,谢贞(从北方)回到陈朝。始兴王陈叔陵被任命为扬州刺史,引荐刺部侍郎阮卓担任记室,征聘谢贞担任主簿。谢贞预料陈叔陵有(与其兄陈叔宝)争位的野心,就和阮卓主动疏远陈叔陵,每逢遇到宴会游览等集体活动,就以患病推辞,不曾参与。陈叔陵十分钦佩尊敬(二人),没有责备他们。不久宣帝去世,陈叔陵横行作乱,他部下的僚属多被拘捕,只有谢贞与阮卓没有受到株连而获罪。

陈后主就下诏书令谢贞入宫担任管记,又升任(陈后主的次子)南平王陈嶷的近臣。南平王府的长史汝南人周确刚被任命为都官尚书,请谢贞为他写了谦让的奏章。陈后主看了后觉得写得特别好,就在宴席间问周确:"您上的奏章是自己写的吗?"周确回答说:"我上的奏章是请谢贞代写的。"后主就嘱咐身边的秘书施文庆:"谢贞在(南平)王府上,没有固定的俸禄,可以赏赐给他一百石米。"【请注意:陈后主尽管十分赏识谢贞的才能,却始终没有授以重任,首先是因为他流亡北朝近二十年,曾在北朝任职,其次是有叛逆之心的陈叔陵曾拉拢过他。在那样的时代,陈后主这样做是可以理解的。】

陈后主至德三年(585 年),谢贞因为母亲服丧而离职。不久,皇帝命令他回到南平王府上班。谢贞多次上奏皇帝坚决推辞。皇帝的命令说:"尽管知道你的哀伤孤独是在内心,可是国

家的公务在等待有才能的人,应该尽快回府上班。"谢贞悲哀过度,损害了健康,形体羸弱,终究不能到南平王府上班。当时,尚书右丞徐祚、尚书左丞沈客卿一起去看望谢贞,看到他瘦得已经只剩下了骨头,两人伤心叹息。吏部尚书姚察与谢贞是心腹之交。谢贞病重时姚察去看望他,询问身后之事。谢贞说:"弱小的孩子才刚六岁,感情难以割舍,愿把他托付给你。"谢贞就在当晚辞世。后主问姚察说:"谢贞还有哪些亲人?"姚察说:"谢贞还有一个孩子刚六岁。"后主就下令长期供给他衣服和粮食。

十二、阅读下面的文言文,按要求回答问题。

崔慰祖,字悦宗,清河东武城人也。父庆绪,永明中为梁州刺史。慰祖解褐奉朝请。父丧不食盐,母曰:"汝既无兄弟,又未有子胤。毁不灭性,政当不进肴羞耳,如何绝盐?吾今亦不食矣。"慰祖不得已,从之。父梁州之资,家财千万,散与宗族。漆器题为"日"字,"日"字之器流乎远近。料得父时假贳文疏,谓族子纮曰:"彼有自当见还;彼无吾何言哉?"悉火焚之。

好学,聚书至万卷,邻里年少好事者来从假借,日数十帙。慰祖亲自取与,未尝为辞。为始安王遥光抚军刑狱,兼记室。遥光好棋,数召慰祖对戏。慰祖辄辞拙,非朔望不见也。建武中,诏举士,从兄慧景举慰祖及平原刘孝标并硕学。帝欲试以百里,慰祖辞不就。国子祭酒沈约、吏部郎谢朓尝于吏部省中宾友俱集,各问慰祖地理中所不悉十余事,慰祖口吃,无华辞,而酬据精悉,一座称服之。朓叹曰:"假使班、马复生,无以过此。"

慰祖卖宅须四十五万,买者云:"宁有减不?"答曰:"诚异韩伯休,何容二价?"买者又曰:"君但卖四十六万,一万见与。"慰祖曰:"岂是我心乎?"少与侍中江祀款交,及祀贵,常来候之,而慰祖不往也。与丹阳丞刘沨素善,遥光据东府反,慰祖在城内。城未溃一日沨谓之曰卿有老母宜出命门者出之慰祖诣阙自首系尚方病卒。

慰祖著《海岱志》,起太公迄西晋人物,为四十卷,半成。临卒,与从弟纬书云:"常欲更注迁、固二史,采《史》《汉》所漏二百余事,在厨簏,可检写之,以存大意。《海岱志》良未周悉,可写数本,付护军诸从事人一通,及友人任昉、徐寅、刘洋、裴揆,令后世知吾微有素业也。"又令以棺亲土,不须砖,勿设灵座。

(选自《南齐书》列传第三十三)

【注】①韩伯休,东汉人,因卖药三十多年从不接受还价而为世人所知。

1. 词语解释不正确的一项是________。

A. 政当不进肴羞耳　　羞:美味的食品

B. 料得父时假贳文疏　　料:估量,揣测

C. 而酬据精悉　　悉:详尽,详细

D.《海岱志》良未周悉　　良:的确,确实

2. 断句正确的一项是________。

A. 城未溃/一日沨谓之曰/卿有老母/宜出/命门者出之/慰祖诣阙/自首系尚方/病卒

B. 城未溃一日/沨谓之曰/卿有老母宜出/命门者出之/慰祖诣阙/自首系尚方/病卒

C. 城未溃一日/沨谓之曰/卿有老母/宜出/命门者出之/慰祖诣阙自首/系尚方/病卒

D. 城未溃/一日沨谓之曰/卿有老母宜出/命门者出之/慰祖诣阙自首/系尚方/病卒

3. 对原文有关内容的概括和分析,不正确的一项是________。

A. 崔慰祖在历史方面颇有研究,却著述未竟。他想对司马迁和班固的历史著作再作注释,

因早逝未能如愿，其《海岱志》也只完成了一半。

B. 崔慰祖家庭殷实富裕，仗义疏财。他的父亲在梁州有很多财产，崔慰祖分给了自己的族人；别人借欠父亲的钱款，他不但不索回，还将人们的租借字据全部烧掉。

C. 崔慰祖有才华，不善言辞却能服众。国子祭酒沈约、吏部郎谢朓的朋友曾经向崔慰祖询问有关地理方面的问题，他的回答有理有据，令人折服。

D. 崔慰祖出身官宦家庭，为人孝顺。他的父亲曾担任梁州刺史、奉朝请。父亲去世后他坚持不吃盐，在母亲的劝说下他改变了这种做法。

4. 把文中画横线的句子翻译成现代汉语。

(1) 料得父时假贳文疏，谓族子纮曰："彼有自当见还；彼无吾何言哉？"

(2) 好学，聚书至万卷，邻里年少好事者来从假借，日数十帙。

【参考答案】

1. B。[**解析**]料：收拾，整理。

2. C。

3. D。[**解析**]"他的父亲曾担任梁州刺史、奉朝请"，应为"他的父亲曾担任梁州刺史"，担任奉朝请的是崔慰祖。

4. (1)(崔慰祖)整理了父亲生前时有关的租借文书凭证，对族侄崔纮说："那些人有了钱，自然会归还我；如果他们没有，我又能说什么呢？"[**解析**]注意译出关键词语"假贳、见、何言"。

(2)(崔慰祖)爱好学习，收藏书籍达到万卷，邻居中有爱学习的青年都相随着来向他借书，每天借书达到几十卷。[**解析**]注意"年少好事者"句式、成分省略现象及关键词语"来从"等。

【参考译文】

崔慰祖，字悦宗，是清河郡东武城人。父亲崔庆绪，永明年间担任梁州刺史。崔慰祖脱去布衣做官担任奉朝请。父亲亡故后他不再吃盐，母亲说："你既没有兄弟，也没有子女。遇大丧不灭孝的本性，只是不应进食美味佳肴罢了，怎能断绝吃盐呢？我现在也不吃盐了。"崔慰祖不得已而听从了母亲的劝告。崔慰祖的父亲在梁州的资产家财有千万，他都散发给同宗的族人。家具器物都用漆写上"日"字，这种有"日"字的器具，流散到远近各地。崔慰祖整理了父亲有关的租借文书凭证，对族侄崔纮说："那些人有了钱，自然会将借去的归还我；他们如果没有，我说什么呢？"于是便将人们的租借字据全都烧掉。

崔慰祖爱好学习，收藏书籍达到万卷。邻居中有爱学习的青年都相随着来向他借书，每天借书达到几十卷，崔慰祖都亲自取出给他们，从来没有推托过。崔慰祖担任始安王萧遥光的抚军刑狱，兼记室。萧遥光喜欢下棋，多次召崔慰祖来对弈。崔慰祖总是推辞说下得不好，不是初一、十五就不来拜见。建武年间，诏令各地举荐才士，崔慰祖的堂兄崔慧景推荐崔慰祖和平原郡刘孝标同为饱学之士。齐明帝想让他管理一个方圆百里的小地方，以测试他的才能，崔慰祖推辞不就职。国子祭酒沈约、吏部郎谢朓曾在吏部省中聚集很多宾客好友，每人都向崔慰祖询问十几件地理方面不熟悉的事，崔慰祖口吃，语言不华美，但回答得有根有据，具体而且精准，满座宾客都称赞而且心服口服。谢朓赞叹说："假如班固、司马迁再生，也不能超过他。"

崔慰祖出卖自己的住宅，要价四十五万，买的人说："能否减点价？"崔慰祖说："确实不同于韩伯休，怎么容许有两种价格？"买的人又说："你只管标价四十六万，一万钱是送给你的。"崔慰祖说："这难道是我的心愿吗？"崔慰祖年轻时和侍中江祀是交情很深的朋友，等到江祀显贵了，

常来问候他，但崔慰祖不去他那里。崔慰祖和丹阳县丞刘沨一向要好，萧遥光占据东府造反时，崔慰祖正在城内。在城池还没有被攻下的一天，刘沨对崔慰祖说："你家中有老母亲，应当赶快出城去。"于是命守门人放他出去，崔慰祖（出城后）就去朝廷自首，被囚禁在尚方，病死。

崔慰祖著有《海岱志》，记载了从太公时起到西晋时止的人物，写到四十卷，完成了一半。临死时，写信给堂弟崔纬说："常想再注释司马迁、班固两人的历史著作，已搜集到《史记》《汉书》遗漏未载的二百多件事，放在橱柜竹箱中，你可以整理好写出来，以保存它的大意。《海岱志》确实不够完善详细，你可抄写几本，交给护军各位从事每人一本，也给朋友任昉、徐寅、刘洋、裴揆等，让后世的人知道我稍微有些清高的事业。"又嘱咐让棺材直接靠近黄土，不必用砖砌，不要摆设灵位。

十三、阅读下面的文言文，按要求回答问题。

曹修古，字述之，建州建安人。进士起家，累迁秘书丞、同判饶州。宋绶荐其材，召还，以太常博士为监察御史。奏曰："唐贞观中，尝下诏令致仕官班本品现任上，欲其知耻而勇退也。比有年余八十，尚任班行，心力既衰，官事何补？请下有司，敕文武官年及七十，上书自言，特与迁官致仕，仍从贞观旧制，即宿德勋贤，自如故事。"因著为令。修古尝偕三院御史十二人晨朝，将至朝堂，黄门二人行马不避，呵者止之，反为所詈。修古奏："前史称，御史台尊则天子尊。故事，三院同行与知杂事同，今黄门侮慢若此，请付所司劾治。"帝闻，立命笞之。晏殊以笏击人折齿。修古奏："殊身任辅弼，百僚所法，而忿躁亡大臣体。古者，三公不按吏，先朝陈恕于中书榜人，即时罢黜。请正典刑，以允公议。"久之，擢尚书刑部员外郎、知杂司事、权同判吏部流内铨。未逾月，会太后兄子刘从德死，录其姻戚至于厮役几八十人，龙图阁直学士马季良、集贤校理钱暖皆缘遗奏超授官秩，修古与杨偕、郭劝、段少连交章论列。太后怒下其章中书大臣请黜修古知衢州余以次贬太后以为责轻命皆削一官以修古为工部员外郎同判杭州。会赦复官，卒。既没，人多惜之。家贫，不能归葬，宾佐赙钱五十万。女泣白其母曰："奈何以是累吾先人也。"卒拒不纳。太后崩，帝思修古忠，特赠右谏议大夫，赐其家钱二十万。修古无子，以兄子觐为后。曹氏自修古以直谅闻，其女子亦能不累于利，世以是贤之。

（节选自《宋史·曹修古传》）

1. 加点词语的解释，不正确的一项是________。

A. 宿德勋贤　　勋贤：美好贤能

B. 自如故事　　故事：旧的典章制度

C. 请付所司劾治　　劾治：审查治罪

D. 宾佐赙钱五十万　　赙钱：为助办丧事而赠送给丧主的钱财

2. 断句正确的一项是________。

A. 太后怒/下其章中书大臣/请黜修古知衢州/余以次贬/太后以为责轻/命皆削一官/以修古为工部员外郎/同判杭州

B. 太后怒/下其章中书/大臣请修古知衢州/余以次贬/太后以为责轻/命皆削一官/以修古为工部员外郎/同判杭州

C. 太后怒/下其章中书大臣/请黜修古知衢州/余以次贬/太后以为责轻/命皆削/一官以修古为工部员外郎/同判杭州

D. 太后怒/下其章中书/大臣请黜修古知衢州/余以次贬/太后以为责轻/命皆削/一官以修

古为工部员外郎/同判杭州

3. 对原文有关内容的概括和分析,不正确的一项是________。

A. 曹修古精明强干,力除积弊。他担任监察御史时,上奏皇帝,要求效仿贞观年间的做法,汰除心力已衰的官员,皇帝采纳了他的这条建议。

B. 曹修古据理而争,捍卫尊严。他与御史们一起去上早朝时,在路上遭到两名宦官的羞辱,他认为这有损天子的尊严,请求将两名宦官依法治罪。

C. 曹修古正直无私,不畏权贵。马季良、钱暖都因临终前留下奏章而使其家属被越级提拔,他联合杨偕、郭劝等人上奏此事。

D. 曹修古两袖清风,教女有方。他去世后因为家境贫穷而无法归葬,亲戚朋友想要帮助他家人,而他的女儿却最终拒绝了大家。

4. 把文中画横线的句子翻译成现代汉语。

(1) 殊身任辅弼,百僚所法,而忿躁亡大臣体。

(2) 曹氏自修古以直谅闻,其女子亦能不累于利,世以是贤之。

【参考答案】

1. A。[**解析**]勋贤:有功劳、有贤能的人。

2. B。[**解析**]首先要通读画线句,理解大概意思,再依据语境断句。

3. C。[**解析**]C 项理解错误,原文是说马季良、钱暖因为刘从德的遗奏而被越级提拔。

4. (1)晏殊自身担任宰相,是百官效法的对象,却因为怨恨急躁而失去大臣的体统。[**解析**]注意译出"辅弼、法、忿躁"等关键词。

(2) 曹家从曹修古以来凭借正直忠诚而闻名于世,他家的女子也能不被利益连累,世人因此认为他家人很贤能。[**解析**]注意译出"谅、贤"等词语,以及"不累于利"这个被动句式。

【参考译文】

曹修古字述之,建州建安人。进士出身,屡经升迁为秘书丞、同判饶州。经宋绶推荐,他被召还朝廷,以太常博士的身份担任监察御史。

上奏说:"唐朝贞观年间,曾经下诏退休官员朝班位置在本品现职官员的上列,目的是让官员知道耻辱而勇于退职。近来有人年纪已经超过八十岁,仍然站在朝班行列。精力衰竭,对做官任职没有补益。请下诏给主管部门,命令文武官员凡年满七十岁者,自己上书提出申请,朝廷特别给予升官退休,仍沿用贞观年间办法,即便是名望和功劳很大的官员,自应按惯例退休。"朝廷于是据此制定了法令。

曹修古曾同三院御史十二人早上入朝,快到朝堂时,有两名宦官骑马不肯回避,有人斥责他们停止,反而被辱骂。曹修古上奏说:"以前史书上说,御史台有尊严则天子才有尊严。按照惯例,三院御史同行的规格与知杂事相同,现在宦官如此猖狂,请交主管官员弹劾治罪。"皇上知道后,立即命令鞭打宦官。晏殊曾用笏打人,把那人的牙齿都打断了。曹修古上奏说:"晏殊是皇上的辅弼大臣,是百官的榜样,却冲动急躁没有大臣的体统。古时候,三公犯法不交官吏查办,前朝时陈恕在中书省打人,当即就被免职。请依法对晏殊予以惩处,以平息舆论。"

很长时间以后,出朝任歙州知州,又调任南剑州,又担任开封府判官。历任殿中侍御史,提升为尚书刑部员外郎、知杂司事、权同判吏部流内铨。不到一个月,正遇太后的侄子刘从德死了,录用他的亲族连同仆役差不多有八十人,龙图阁直学士马季良、集贤校理钱暖都按遗书上奏的名单予以破格授任官阶,曹修古与杨偕、郭劝、段少连纷纷上奏章批评。太后大怒,把奏章交

付中书论罪。大臣请贬曹修古为衢州知州，其余依次处罚。太后认为责罚轻，命令全都削官阶一级，任曹修古为工部员外郎、同判杭州，尚未赴任，又改任兴化军知军。恰逢大赦，官复原职，死去。他死后，许多人为他惋惜。家里贫穷，不能把灵柩运回家乡埋葬，他生前的部属和幕僚捐钱五十万帮助治丧。小女儿哭着对母亲说："不能因为这件事损害父亲的名誉。"最终拒绝没有接受。太后去世，皇帝想到曹修古的忠贞，特别赠官为右谏议大夫，赏给他家钱二十万。曹修古没有儿子，过继侄子曹觐为后嗣。曹氏家族自从曹修古起就以正直无畏出名，连女子也能不为利禄拖累，当时因此认为他贤良。

第十二章　现代文

第一节　小说类文本

【考试大纲解读】

考试大纲中关于小说阅读的具体内容如下：

1. 了解军旅文学的发展历程、代表作家及作品。

2. 理解小说、散文、诗歌等文学作品中重要词语的含义以及重要句子的含义。

3. 分析作品结构，概括作品主题；分析作品体裁的基本特征和主要表现手法。

4. 体会重要语句的丰富含意，品味精彩的语言表达艺术；鉴赏作品的文学形象，领悟作品的艺术魅力；评价作品表现出的价值判断和审美取向。

5. 从不同的角度和层面发掘作品的意蕴、民族心理和人文精神；探讨作者的创作背景和创作意图；对作品进行个性化阅读和有创意的解读。

近5年文学类文本阅读体裁形式都是小说，复习的重点应当放在小说阅读上。

强调一下，2020年考试大纲新增了"了解军旅文学的发展历程、代表作家及作品"这个要求。只是要求"了解"，不是要求"掌握"，对此，不必过度恐慌。在精力容许的条件下，适当留意一下相关内容即可。

【考试真题解读】

Ⅰ. 2020年真题回放

文本及真题详见书末真题（第23～26题），此处从略。

Ⅱ. 2019年真题回放

赌　水

顾文显

一场实力悬殊的恶战后，团长只带着30多人冲出重围，一路狂奔甩脱了日本兵的追击，30多人几乎瘫倒在一座小山脚下，30多张嘴裂出了无数道血口子，大家已两昼夜滴水未进，现在咳嗽一声都能打出火花！

警卫员爬到旁边拐弯处，喊不出话来，他只能举起手臂示意。团长把残部带过去，发现山脚的乱草里隐藏着一个两只脚大小的窟窿，窟窿里静静地卧着一泓清水……30多双眼睛顿时亮了起来，有水，就有了命，否则，他们就算是逃出了敌人的包围，也得活活渴死！

可大家把目光投向团长时，团长却一摆手，说："慢。"团长皱起眉头，端详这个小泉眼一阵：怪怪的，四周没发现野兽踩踏的爪印，哪怕有溅在边上的水滴也好，至少说明有动物饮用过它了，然而，没有。小泉眼静得跟死人一样，满满的，一滴也没有外溢……不久前，曾经发生过一支小部队误饮毒泉全体死亡的事件，全军上下都通报过的。假如这次一下子误饮中了毒，这些从枪林弹雨中杀出来的勇士们，就得软绵绵地倒下！

空气仿佛要凝固了，冒烟的嗓子被泉水引诱着，好多人心里说，喝它一阵，就是毒死，也比渴死强。团长凝望着远方，四周是一望无际的盐碱地。也就是说，舍了这眼小泉，在他们力所能及的情况下，是不可能找到水源的，成败在此一赌，得有人先尝这水！团长吩咐几个强壮些的战士到附近看看，哪怕是抓到一只小蜥蜴，让它来试水。然而，大家失望了。团长用眼神命令大家别动，他走到小窟窿边蹲了下去。"团长！"几个沙哑的声音止住了团长的行动，谁都有义务先闯这道水关，只有团长不可以，他是这支队伍的主心骨，是部队的灵魂。

几名精壮的警卫冲了上来，要求尝这水，保护首长是他们的义务。团长摇摇头，他还在沉思，在这一泓摸不透底细的泉水面前，这个身经百战的老兵有些优柔寡断了。突然，那个受伤的号兵挣扎着站了起来："团长，让我来试试。"团长一下子呆住了。众人的目光一下子聚焦在号兵的身上，他年龄最小，又是那么瘦，抵抗力最弱了，何况还受了伤，轮也轮不到他身上。刚才突围出来时，团长竟然还背着他跑了很长一段路，怎么可能让他先尝这水呢！然而，团长盯着号兵的脸凝视了好久，才郑重地说："谢谢你，如果发生意外，我会告诉你娘，你表现得很勇敢。"团长认识小号兵的娘？众人都很疑惑。号兵神色庄重地蹲下，双手捧起一捧水，像捧起这支部队生的希望，他运足气，咕咚咚，连喝了三大捧。战士们听见，团长捏着皮带的手指关节嘎嘎地响，团长的眼睛盯着西方的一抹晚霞出神。

号兵抹了抹嘴报告说："报告团长，水很甜，肚子没疼，就是有点儿咕噜。"团长又盯了号兵片刻，突然笑了："小家伙，你肚子里没食，它不咕噜才怪呢！同志们，可以喝水了，小心点儿，别弄脏了它。"团长拍拍号兵的头："你很勇敢呀！""爹……"号兵刚发出一个字，却被团长严厉的目光给噎了回去。

这支队伍借着月光，喝足了小泉眼的水，肚子里填饱了草根，他们在团长的率领下，雄赳赳地上路了。没有人议论号兵是团长儿子的事，但是，每个人身上都鼓足了劲儿……

（有删改）

24. 文中"现在咳嗽一声都能打出火花"，用的是什么修辞手法？有什么作用？（3 分）
25. 文中哪些地方暗示了团长和号兵的父子关系？（3 分）
26. 团长有哪些性格特点？请简要分析。（6 分）
27. 小说以"每个人身上都鼓足了劲儿……"结尾，是哪些原因让每个人都鼓足了劲儿？请结合作品简要分析。（5 分）

Ⅲ. 2018 年真题回放

武装部长

大海

白马镇武装部长白建国是在一个周末深夜十二点，被白宝宝所在部队营长的电话吵醒的。营长焦急地告诉白建国："出大事了，你们镇那个白宝宝想逃跑！"

营长说:“这个白宝宝在新兵训练期间就流露出后悔的意思,下连队三个月多次装病不参加训练,今天更离谱,外出请假到下午六点,结果八点还没有归队。我们赶紧分头去找,在火车站逮住这小子。发现他回家的票都买好了!”白建国急了,拍着床板叫:“我立即过来处理!”白建国说完,打电话向镇主要领导汇报,连夜搭乘一趟特快列车去了部队。

去年冬季入伍的白宝宝是白马镇唯一在读本科生新兵,其他都是高中毕业生及少量在读专科生。白宝宝是家中独子,名副其实的宝贝蛋儿。父母忙于生意无暇照顾,爷爷奶奶对他娇生惯养,白宝宝成了啥也不会干的宠物宝宝。父母干着急,一直希望儿子能去部队锻炼一下。政审时,白建国问白宝宝为何当兵。白宝宝倒也爽快,说父母给报的名。这期间,部队正需要高素质的兵源,县里征兵部门综合考虑,批准白宝宝入伍。

白建国在次日中午风尘仆仆地赶到部队,脸都没洗就去见团领导。

团长扬着手中的报告说:“我们正准备上报呢!”白建国按住团长的手:“咱们受处理是小事,这个战士的一生也许就毁掉了。”政委反问:“那白部长的建议是?”白建国说:“白宝宝可能只是想家,我想带他回老家一个星期。”团长很严肃:“现在是两年义务兵制,原则上不能休假。”白建国拍着胸脯:“七天后保证把人带回,而且让他安心服役!”团长想了想,说:“那就特殊情况特殊处理吧!”

白建国带白宝宝上火车时,说:“还好今天是我来接你,否则将是军事法庭等着你!”白宝宝眼泪汪汪:“部队好累……我又想家。”白建国严厉地打断他:“我在这里生活过几年,那时条件更艰苦,还没有周末休息!”

回到白马镇后,白建国在镇消防中队要了间上下铺宿舍,和白宝宝同吃同住,作息时间和着装如同部队。随后数天,白马河堤上出现一道与众不同的风景。早晨6点30分和下午4点30分,两个穿军装的男人在跑步,大的是白建国,小的是白宝宝。白宝宝的爷爷奶奶、爸爸妈妈挤出时间,每天来到河边欣赏孩子出操。尤其是奶奶,发动村里十几个老人来看孙村人都在盯着你呢!”白宝宝心头一热,每当乡亲们看过来时,仿佛有股力量在他心中燃烧,口号响亮,浑身是劲。

白宝宝返队前夕,白马镇风雨大作,河水奔腾。6点20分的起床铃声响起,白建国问:“要不今天别出操了?”白宝宝说:“不行,奶奶和妈妈看不到我,会失望的。”他三下五除二地穿上衣服,冲进了雨幕。

白建国跟着冲了出去,果真在白马河岸边看到白宝宝家人的身影。他们撑伞而立,高呼加油,为奔跑的孩子呐喊助威。白宝宝在回跑第二趟经过家人身边时摔了一跤。爷爷奶奶刚要去扶,被白建国喝住。只见白宝宝很快爬起,一甩满身泥水,拔腿继续奔跑。白宝宝爸爸握住老婆的手热泪盈眶:“儿子是真正的男子汉!”

白建国本想亲自送白宝宝返队交差,但被白宝宝谢绝:“请部长放心,我会安心服役!”白建国点点头:“如果不相信你,这次也不会带你回来。”白宝宝临上车时,两腿并拢,双膝夹紧,“啪”地敬了个军礼!白建国也挺身立正,回了个标准的军礼!

四目相对,一老一少两个兵哥眼里泪花闪烁。

(有删改)

24. 下列对小说相关内容和艺术特色的分析鉴赏,不正确的一项是________。(3分)

A. 白建国连夜乘特快列车去部队,并且没洗脸就去见团领导,这些细节描写充分渲染出白宝宝逃跑的严重性。

B. 奶奶发动村里老人看白宝宝出操,妈妈逢人就夸穿军装的儿子,这从侧面说明了白宝宝极有军人气概。

C. 白建国保证七天后把白宝宝带回并能让他安心服役,这为下文设置了悬念,并与结尾白宝宝返队相照应。

D. “特殊情况特殊处理”既反映了团长的人情味,也彰显了新时代军队的人文关怀。

25. 文中描写白宝宝雨中摔跤又自己爬起继续奔跑的情节,意在表现什么?(3 分)

26. 本文的标题为“武装部长”,那么白宝宝在文中有什么作用?请简要分析。(5 分)

27. 本文以“四目相对,一老一少两个兵哥眼里泪花闪烁”结尾,这样安排有何作用?请结合作品进行分析。(6 分)

Ⅳ. 对考试真题的解读及复习指导

近几年的试题,考查点覆盖较为全面,从情节、人物、结构,到技巧、语言都考到了,复习时应全面复习。

考试文本体裁自 2016 年改为小说之后,加大了对鉴赏评价能力的考查。备考时不仅要训练快速筛选、整合、加工信息的能力,而且还要注重鉴赏能力的提升,即精选训练素材,做好“内容类”试题和“鉴赏类”试题的针对性训练。

【小说知识介绍】

一、小说的考点

小说的命题指向有四个关键词:环境、情节、人物、主题。具体来说可以分为以下几方面:把握故事情节;揣摩人物形象;注意环境描写;概括主题内容;品味语言特色;分析写作技巧。

二、小说考题主要命题方向

1. “理情节”题型

① 用简明的语句概括故事情节;②这一情节在文中起什么作用。

2. “析人物”题型

① 指出小说对人物进行描写的具体方法,并说明好处或者作用;②简要概括人物的性格特征;③对文中人物进行客观公平的评价。

3. “看环境”题型

① 文中景物描写有什么特点,起什么作用;②就指定的环境描写分析其对人物或表达主题的作用。

4. “谈构思”题型

① 说说作品在材料安排上有何特点,分析其好处;②这句(段)话在文中结构上起什么作

用;③联系全文,指出某某物在文中结构上起什么作用。

5. “讲方法”题型

① 文中运用了什么表现方法以及用它塑造形象时所起的作用;②文中特有的表达方式是如何为作者表情达意服务的;③在语言运用上有何特点;④从语言运用角度,鉴赏文中画线句子;⑤本文人物语言有哪些特点?请分别举例说明。

6. “明主题”题型

① 用自己的话概括作者的写作意图,作品的主题;②这篇文章的主旨是什么,为什么?③前后说法,是否有矛盾,为什么?④阐释小说社会意义。

三、应对小说考试的思路与方法

(一)环境描写

1. 解题思路

明确环境描写必须为主题服务的宗旨,结合环境描写的作用:①交代故事发生的时间地点;②暗示社会环境(背景、习俗、思想观念以及人与人之间的关系等);③揭示人物心境,表现人物身份、地位、性格;④渲染气氛、奠定基调;⑤推动情节的发展或作为情节线索;⑥揭示或深化主旨;⑦象征暗示,对比烘托。然后根据题目要求,结合文章作答。

2. 答题模式

环境+人物+情节+主题。

3. 答题思路

① 环境本身(交代……时间,交代……背景,营造……氛围,渲染……气氛)⟶②情节(推动,暗示,铺垫)⟶③人物(烘托,映衬)⟶④主题(表达,寄托,暗示,揭示)。

根据要求可以这样来组织语言表达:××具体描写了……景色,营造(创设)了一种……气氛;渲染(定下)了……的抒情基调;烘托了人物的思想感情;为下文……情节展开作了铺垫,推动……的情节发展。

(二)故事情节

1. 解题技巧

① 找出情节线索,理清情节的来龙去脉;②由事及人,看情节发展如何为塑造人物服务;③见微知著,从场面和细节描写中分析情节对表现主题的意义;④赏析技巧,注意发现作者组织情节的艺术匠心。

2. 答题思路

明确情节构思为表现人物的宗旨,结合情节的一般作用,然后根据题目要求,结合文章作答。

① 情节(使情节波澜再起,引出另一个情节,制造悬念,情节更突出,照应前文情节)⟶②人物(丰富人物,表现人物性格,)⟶③主题(深化某种主题,突显某种主题)。当然,这个三级概念中,本级和上一级为最基本。按照顺序,与之相近的是答案的重点。

根据要求组织语言表达:××情节(事物)在文中有……作用,突出了……,表现了……

（三）揣摩人物形象

1. 常见题型

（1）结合全文，简要分析人物形象。

（2）对文中人物进行客观公正的评析（包括作者自身对人物的态度和读者对人物的评价）——××是一个怎样的人物？

（3）概括人物的性格特征——××有哪些优秀的品质？

（4）分析小说对人物进行描写的具体方法及其作用。

2. 小说人物形象的切入点

这些题型应当如何解答呢？一般可从四方面着手：

第一，重视小说中人物的身份、地位、经历、教养、气质等，因它们直接决定着人物的言行，影响着人物的性格。

第二，通过人物的外貌、语言、行动、心理描写揭示人物的思想感情和性格特征。

第三，小说里的人物都是在一定的历史背景下活动的，所以分析人物就应把他们放在一定的社会历史背景下去理解。

第四，注意作者对人物的介绍和评价。

3. 答题思路

人物（自身的性格特点，与另一个人物烘托、映衬、反衬）→情节（人物性格决定情节发展）→主题（突显某种主题）。

通过人物的描写（语言、行动、心理、肖像、细节）分析人物的性格特征，然后根据题目要求作答。

根据要求组织语言表达：××是一个……的人物形象。作为什么人，他怎么样，表现了他怎样的性格（思想品质）。

（四）概括主题内容

小说的主题是小说的灵魂，是作者的写作目的之所在，也是作品的价值意义之所在。主题的深浅往往决定着作品价值的高低，因此，欣赏小说必须欣赏小说的主题。

1. 常见题型

① 找出体现小说主题的句子（或用自己的话概括作品的主题）；②读了全文后，文章让你明白了什么道理（本文对你有何启迪？谈谈你的一点体会）；③结合全文主题，谈谈你对某一句话（某一个问题）的理解或看法。

2. 主题挖掘的基本途径

对主题的挖掘一般可从以下几方面：从作者背景看、从人物特征看、从情节发展看、从语言情感色彩看、从整体倾向看。

对主题的概括常用这样一些基本术语：①歌颂、赞扬、弘扬什么；②讽刺、批判、揭露、谴责什么；③揭示什么人生道理；④对什么现象的反思；⑤表达了什么情感。

3. 主题的表现形式的主要类型

（1）以小说主要人物的性格特点、道德风貌、品格等揭示人性中的真善美和假丑恶。

（2）用故事的形式针砭时弊。

(3) 通过寓言,寄寓人生哲理。

(4) 虚构生活经历,反映人物生存状态和心理状态。

4. 解题思路

如何把握小说的主题呢?一是从小说的情节和人物形象入手;二是联系作品的时代背景及典型的环境描写,认清人物形象在思想性格方面的时代烙印,把握住人物形象所折射出的时代特征,达到揭示小说主题的目的;三是从小说的精巧构思中把握作品的主题。

根据要求组织语言表达:小说通过描绘××故事情节,暗示了……刻画了……抒发了(呼吁)……

如《孔乙己》:通过对断腿前后的孔乙己遭遇的描写〔情节〕,刻画了受封建文化和封建科举制度毒害的下层知识分子形象〔形象〕,控诉了封建文化和封建科举制度的罪恶。

(五) 分析写作技巧

质量上乘的作品,离不开精妙的写作技巧,这是因为写作技巧是作家驾驭文学语言,运用多种艺术表现手法,来构思文学作品塑造文学形象时所表现出的熟练而又独具特色的艺术才能。

1. 常见题型

(1) 文中运用了什么表现方法(如细节描写、象征、对比、衬托、铺垫、照应、悬念或巧合等)以及用它塑造形象时所起的作用。

(2) 文中特有的表达方式(如记叙、描写、说明、议论或抒情)是如何为作者表情达意服务的。

(3) 在语言运用上有何特点(例如:语言精炼、句式整齐而有节奏感、用词准确而形象、词语丰富而多样),给读者提供哪些艺术审美情趣。

2. 一般题型的解题思路

在解答这类题目的过程中要了解以下一些知识:

(1) 表达方式:

① 描写的角度(直接描写、间接描写)。

② 人称运用(第一、第二人称的妙处)。

第一人称:叙述亲切自然,能自由地表达思想感情,给读者以真实生动之感。

第二人称:增强文章的抒情性和亲切感,便于感情交流。

第三人称:能比较直接客观地展现丰富多彩的生活,不受时间和空间限制,反映现实比较灵活自由。

③ 明确各种描写的特点和作用(外貌、语言、心理、行动、细节、环境)。

人物肖像、动作描写、心理描写:更好展现人物的内心世界、性格特征。

人物对话描写、心理描写、细节描写:刻画人物性格,反映人物心理活动,促进故事情节的发展。也可描摹人物的语态,收到一种特殊的效果。

白描:纯用线条勾画,不加渲染烘托。以小见大,寥寥几笔勾勒出画面,表现了性格、主题。

景物描写:具体描写自然风光,营造一种气氛,烘托人物的情感和思想。

④ 不同顺序的作用(顺叙、倒叙、插叙、补叙、平叙)。

顺叙:能按某一顺序(时间或空间)较清楚地进行记叙。

倒叙:造成悬念,引人入胜。

插叙:对主要情节或中心事件做必要的铺垫照应,补充说明,使情节更加完整,结构更加严密，人物形象或内容更加充实丰满，与上文或下文对比照应；人物前后变化的对比照应。

补叙：对上文内容加以补充解释，对下文做某些交代。

平叙：俗称"花开两枝，各表一朵"，（指叙述两件或多件同时发生的事）使头绪清楚，照应得体）。

（2）结构方式：前后照应、创造悬念、埋下伏笔、总结上文、点题等。

（3）表现手法：烘托、象征、衬托、对比、铺垫、欲抑先扬、先抑后扬等。

3. 答题模式

小说用了什么方法（要辨明本语句所运用的是哪一种修辞或表现手法），表达了什么内容（分析这种修辞或表现手法在文句中是要表现什么内容），有何效果或作用（要清楚此种修辞或表现手法的一般表达效果，并结合具体语句加以说明）。

4. 分析小说常用的开头、结尾之类问题的答题思路

（1）小说常用的开头

设疑法（悬念法）：提出疑问，然后在行文过程中或结尾才回答疑问。作用是造成悬念，引出下文，并引起读者的思考，吸引读者把小说读下去。①引起读者的思考；②引出下文的情节；③突出人物形象；④揭示小说的主题。

写景法：如《药》的第一段写秋天下半夜阴暗、凄清、恐怖的环境，暗示了小说主人公的不幸命运。再如《荷花淀》开头写月下院子里的美景，烘托了水生嫂的美好心灵。

（2）小说的结局

① 分析出人意料的结局。

答题方向：

从结构安排上看，它使平淡的故事情节陡然生出波澜，如石破天惊，猛烈撞击读者的心灵，产生震撼人心的力量。如《项链》。

从表现手法上看，与前文的伏笔相照应，使人觉得又在情理之中。如《项链》，直到结尾才点出是假的，但前面已作了埋伏。如借项链时主人一口答应，还项链时主人没有打开盒子检查等，暗示了项链是不值钱的。

② 分析令人伤感的悲剧结局。

答题方向：

从主题上看，能更好地深化主题。如《药》华小栓、夏瑜的死（悲剧）揭示了辛亥革命的不彻底性——没有发动群众。

从表现人物性格看，能更好地塑造人物性格。如《药》写华小栓吃了人血馒头后的死，突现了群众（华老栓）的愚昧性格。

这种结局令人感动，令人回味，引人思考。如《杜十娘怒沉百宝箱》，杜十娘的死，引起读者思考死的原因。

③ 分析令人喜悦的大团圆结局。

这种结局符合人们的阅读心理。这样的结尾有什么作用？

答题方向：

从表达效果上看，小说喜剧结局给读者留下了广阔的想象空间，耐人寻味。

从阅读者的情感体验看，喜剧性的结尾与主人公、作者的意愿构成和谐的一体，给人以欣慰、愉悦之感。

从主题上看,这样的结局凸显出美好人性超越了战争,反映出人类向往和平美好生活的愿望。

④ 分析戛然而止,留下空白的结尾。

留下了"空白"给读者想象,让读者进行艺术再创造。

5. 分析小说的标题

(1) 题型:小说的标题如何理解?有何作用?

(2) 解题思路:一是通过分析小说的主要情节;二是通过分析小说的主要人物;三是通过分析小说的主要内容。

常见的作用有:一是起线索作用,贯穿全文;二是点明主题。

(3) 答题模式:一是具体的意思(文中具体的××);二是与主题相关的意思。

(六) 品味语言特色

这类型的题目主要是词语、句子的含义,句子在文中的作用。

1. 常见题型

(1) ××词语在文中如何理解?

(2) ××句在文中的含义是什么?有什么作用?

2. 解题思路

从三方面入手:①注意鉴赏人物语言的个性特色,以语言分析人物性格;②抓住关键词去品味语言的丰富内涵;③鉴赏作者运用语言的风格。

根据要求组织语言表达:××词语(句子),写了……,表现了……

四、阅读与解题步骤

(一) 阅读步骤

① 标序号;②抓文脉(按故事的发生、发展、高潮、结局);③边读边画关键词,适当点评(尤其是有关人物的)。

(二) 解题步骤

可以分为四步:审题干;定考点;根据模式酝酿;准确答题,力求准、全、通。

【强化练习】

一、阅读下面的文字,按要求回答问题。

暗　哨

徐凤林

伪满洲国的讨伐队又要进山了。

听村里人说,这中共南满省委机关报编辑部就藏在这牛毛大山的密营里,这份南满省委直属的机关报,除了发布最新的党的抗战指示、东北抗日联军在各地打击敌人的胜利消息外,还担负着另外一个任务,负责供给桓仁地区抗联战士穿的鞋子,牛毛沟的张皮匠就是做靰鞡鞋的高手。

张皮匠做靰鞡鞋大多是用牛皮做,牛皮不够用时才用马、猪皮等。收来的皮张先要放到木

头床子上用刀往下刮里子，然后把皮子放到装有石灰水的大缸里浸泡七天至半个月的时间，等把皮子上的毛泡掉了，再用清水泡，去掉皮子上面的灰尘。

泡好的皮子是柔软的，将皮子拿出来，搁进皮罩子里，底下放入草点着，用烟熏皮子，这就是熟皮子。熟好的皮子再用太阳晒，晒成老红色，然后再用铲子蹬，刮刀刮，将老红色蹬成杏黄色，裁成靰鞡坯子，将靰鞡坯子和靰鞡脸儿缝到一起，撤出鞋楦子就做出靰鞡鞋了。靰鞡鞋缝出来是敞口的，上面有块布，叫靰鞡腰子，用铁梳子将苞米叶子梳成一绺一绺的，或者用山上的靰鞡草，塞进靰鞡鞋里，靰鞡鞋上有靰鞡耳朵，将绳子从中穿过，脚穿进鞋里后，将绳子一紧，一道一道地缠在靰鞡腰子上，既暖和又轻便。东北地区冬天时天寒地冻，大雪插裆深，没有靰鞡鞋根本就出不了门。

张皮匠做的靰鞡鞋就是专门供应桓仁地区抗日联军的。

这次进山的讨伐队有一百多人，带头的日军队长叫东日文信。一张驴脸上戴着一副近视镜，藏在镜片背后的目光永远是闪烁不定的。几次进山讨伐都是空手而归，他很是想不明白原因在哪里。情报上明明说的报社地点在何处何处，为什么他们一进山，抗联的人就找不到了呢？若说有人偷着给抗联送情报，就更不可能了，每次进山讨伐前，他都会在各个进山的路上布下暗哨，从来就没有看到过有人进山。

他知道，今天进山了也抓不到抗联，但密探有情报，又不能不去。东日文信想偷个懒，让副队长带队进山找抗联，自己领着几个日本兵和伪军走进了张皮匠的家，他对中国人脚上穿的靰鞡鞋很感兴趣，想看看制作的工艺流程。

张皮匠此时正在熏皮子，蒿子草冒出的黑烟经过烟囱"咕嘟咕嘟"地在牛毛沟的上空飘荡着。屋子里充满了沤皮子的臭味。东日文信实在受不了这个味道，让伪军把张皮匠拉到了制作间，他要亲眼看看一双靰鞡鞋是怎么做成的。

张皮匠很有耐心，把一张皮子如何做成靰鞡鞋的制作过程详细地讲解了一遍，然后又缝制了一双鞋，把自己脚上穿着的鞋脱下来，演示如何往鞋里絮草，怎么穿。把个小鬼子看得心痒，非要自己试一下新做的靰鞡鞋，穿上后蹦了两下高，觉得这鞋比自己穿的军靴好，一是保暖，二是轻快，军靴太沉。

黄昏时，进山讨伐的日伪军陆续回来了，结果还是扑了个空。东日文信很不高兴，撅着驴嘴，穿着这双靰鞡鞋，也没有给钱就走了。

<u>张皮匠看他们走远了，熏皮子时就用苫房草了，望着牛毛沟上空飘荡的一缕缕轻柔的白烟，再看看峰峦起伏的大山深处，他露出了开心的笑。</u>

由于屡次讨伐不利，关东军要把东日文信送上军事法庭，东日文信不堪受辱，剖腹自杀了，他到死也没有弄明白，是谁、用什么办法给抗联报的信！

1. 下列对小说相关内容和艺术特色的分析和鉴赏，不正确的一项是________。

A. 小说地方特色浓郁，写靰鞡鞋的制作工艺：泡皮、熏皮、晒皮、蹬皮、刮皮……不厌其烦，重在表现作者对东北地区这一特产的偏爱。

B. 小说开头只一句，"伪满洲国的讨伐队又要进山了"，语言简练，交代了故事发生的时代背景、敌军的行动，营造出紧张的气氛。

C. 小说张弛有度，第二自然段到第五自然段按下敌军不表，介绍张皮匠的身份及张皮匠制作靰鞡鞋的工艺，让读者松了一口气。

D. 小说叙述不动声色，善于设置悬念，而结尾处东日文信的疑惑会使读者从头重读，再次体会。

2. 小说中的张皮匠具有怎样的性格特点？请结合文章简要分析。

3. 小说中画线一段颇耐人寻味。请结合全文，从不同角度谈谈你的看法。

【参考答案】

1. A。[**解析**]写靰鞡鞋的制作工艺，意在为后文写张皮匠与日军周旋一节作铺垫。

2. (1)手艺高超。小说详细地描写了靰鞡鞋的制作工艺，表现了张皮匠手艺的高超。

(2) 机智过人。张皮匠巧妙地利用自己的职业特点，以黑烟和白烟为信号，出色完成“暗哨”的任务。

(3) 耐心镇定。张皮匠为日军耐心讲解靰鞡鞋的制作过程，镇定自若，不露破绽。

(4) 勇挑重担。暗哨责任重大，又十分危险，张皮匠巧妙地利用自己的职业特点，一次次出色地完成了任务。

3. (1)故事情节上，呼应前文且为读者留下想象空间。此段照应“蒿子草冒出的黑烟”一段，暗示张皮匠报信的方法：黑烟为敌来，白烟为敌走。

(2) 人物形象上，使张皮匠的形象更加丰满。张皮匠机智过人，报信不动声色，成功也不喜形于色。

(3) 思想内容上，使小说主题得到深化。通过对张皮匠的描写，表现了抗联将士在艰难环境中与日军斗争的机智和勇敢。

(4) 语言的审美意蕴上，使小说充满诗情画意。“‘咕嘟咕嘟’的黑烟”“轻柔的白烟”“峰峦起伏的大山”等使小说更具画面感和意境美，给人留下审美的空间和回味的余地。

二、阅读下面的文章，按要求回答问题。

怀念战队

王 凯

又一次狭路相逢。

对方跳跃着向他奔来、扫射，他可以清楚地看到对方手中 AK－47 吐出的火焰，肩膀猛震，他中弹了。然而他的手并没有发抖，此刻，直觉和速度支配一切。一串 5.8mm 的子弹射出后，他满意地吹了一声口哨——他的战队又一次大获全胜。事实上，他受伤的肩膀并未流淌鲜血，手中也没有冰冷的扳机，有的只是闪着红光的鼠标和油腻的键盘。这就够了！他是这个著名 CS 战队的灵魂、主宰和第一杀手，这是他的战队！在教室和书本中失去的自尊和快乐，他在这里——赢了回来。没考上大学，那算个屁！

他伸了个懒腰，开始投入下一场战斗。然而就在即将进入那令他兴奋的界面时，他的脖子毫无准备地挨了重重一巴掌，紧接着，一双大手将他拎出了昏暗的网吧。滚回去。父亲面无表情地命令道。

他乖乖地执行了命令。据说，他出生那天，母亲正在产床上痛苦地呻吟，而父亲则静静地潜伏在南方茂密的丛林里。在一个适当的瞬间跃起，用粗壮的左臂勒住了敌方特工的脖子。父亲本想捉个活口，但当对方拼命挣扎着从怀里掏出一枚手雷时，父亲毫不犹豫地将匕首刺进了对手的右肋。就在那个时候，他离开了母亲的身体，来到了这个陌生的世界。这种并不愉快的巧合令他耿耿于怀，因为他一直认为自己正是那个倒霉的特工托生的，所以才不得不永远在父亲的强力面前低头。

他回到了家，他以为事情到此结束，可是在客厅的茶几上，他看到了一套崭新的军装。

那个冬天，他开始重新学习站立，学习行走，学习穿着，学习说话，学习礼节，也学习触摸从前自以为熟悉的沉重乌亮的步枪；在那个雪后的冬日，他伏在坚硬的戈壁上打出第一发子弹时，他的内心产生了一种前所未有的悸动。那一次，他打出的10发子弹全部脱靶。

他脖子上挨了班长一巴掌。虽然轻得如同抚摩，但那动作却熟悉得要命。那一刻，他想起了自己的父亲。他站起身，不由自主地整了整刚刚戴上的领花和肩章，然后挺起了胸。从前的战队里，他握的只是鼠标，而在这个战队里握着的却是真正的武器。他摸摸发烫的脸，他明白了在这个真正的铁血战队中，他只是一只——菜鸟。

从他记事开始，每一年的春天，父亲都会从箱底里把那些缀着红领章的旧军装一件件拿出来晾晒熨烫，然后像宝贝一样小心翼翼地放回箱底。他曾厌恶地看着这一切，那时他觉得父亲像一个生活在石器时代的老傻瓜。但现在，他开始迷惑起来。

在一个周末，他请假外出。当他看到一家网吧的招牌时，几乎走不动路了，他快速地跑进去找了一台机器，可看到等待开启的屏幕上映出军装里的自己时，他突然变得极度不安。没有父亲的大手揪住他的衣领，却有一双无形的手将他拉出了网吧。不久之后的另一个周末，他穿着便装再度走进这家网吧，但仅仅登录到游戏，他便坐不住了。在跨出门的那一瞬，他想，他已经无法忍受这狭小空间里的污浊空气了。再往后，他再也没有看过那家网吧一眼。

军装里的他先变得黑瘦，不过最终还是强壮起来，仿佛从大地中获取力量的安泰。第二年的时候，他领了一套更大号的军装，用自己的骨骼和肌肉填满了军装的每一寸空间。如果现在见到父亲，他想他再也不会害怕了，因为他也拥有了和父亲同样的力量。他的枪法已经很准，他的口令也很漂亮。当他拍一下新兵的脖子时，感觉惬意。那种真正战队高手的感觉，无与伦比。

两年前，他觉得两年漫长得像两个世纪。两年后，他觉得两年短暂得像两个小时。那天晚上，他穿着军装在军容镜前认真持久地凝视自己。他觉得自己很帅，他觉得自己以后再也不会这样帅了。

他小心翼翼地把领花帽徽和肩章摘下来，仔细地包好放进了皮箱的底层。如果明天司务长向他回收这些东西，他就撒谎说找不到了。以后，他也可以在每年春天，把自己的军装从箱底里取出来，像父亲那样有板有眼有滋有味地晾晒熨烫。这时，他打算为自己这个小小的计谋微笑一下，可奇怪的是，他却无声地流下了此生最为充沛的一次泪水。

1. 下列对小说相关内容和艺术特色的分析鉴赏，不正确的一项是________。

A. 小说题目一语双关，一是说“他”怀念CS战队中激情挥洒的青春岁月，一是说“他”怀念军营中经受磨炼的生活。

B. 作者刻画父亲这个人物，没有浓墨重彩，而是在快速勾勒中，推动并展示“他”的成长历程。

C. 小说富有强烈的时代感，“网络游戏”“CS战队”“菜鸟”等词语的运用，富有奇特新潮的特点，为文本增色不少。

D. 文末“他”既打算为计谋即将得逞而“微笑”，又“无声地流下”泪水，看似矛盾的行为，却是“他”重新认识人生价值的结果。

2. 小说在构思上很有特色，请简要分析。

3. 小说设置了“他”和父亲在参军退役后都爱“晾晒熨烫军装”这一细节，请结合文本分析其妙处。

【参考答案】

1. A。[解析]A 项,题目的含意没有对 CS 网络战队的怀念,相反是认识到过去沉迷于网络的错误。

2. (1)场景的设置。挑选了“CS 战队火拼”“军营射击”“两退网吧”“无声流泪”等几个典型场景,就把“我”前后的态度和成长的历程表述得清晰、感人。

(2)对比手法。将网络游戏与现实军营两种人生相互映照,体现人生的不同境界,突出主题。

(3)采用第三人称叙述。更直白更真实,便于展开文章叙述,使文章娓娓道来,不矫情造作。

3. ①折射小说特定的环境和背景,父子两人先后成为军人,体现他们对军队拥有强烈的感情;②充分展现“我”成长前后强烈的心理反差,使一个不事学业、沉迷网络而今感恩军营、思想成熟的退役军人形象变得丰满起来;③父子两人的行为遥相呼应,拉近父子心灵的距离,侧面烘托出严父深沉的爱的一面;④使小说主题更加深刻,每一个人都拥有自己的青春,怎样奉献青春才能获得成长的喜悦和美好的回忆值得深思。

三、阅读下面的文章,按要求回答问题。

借　条

尹全生

1946 年夏秋之交,解放军中原军区部队从宣化店突围。几十个伤员与大部队失去了联系,被国民党军队围追堵截,断粮数日。

一天深夜到了后山村,护送伤员的连长到大庚家借粮。大庚只有一亩兔子不拉屎的山地,夏季遭灾,收的麦子就要吃完了,而当时离秋收还早,哪有粮食?再说,新婚不久的媳妇已怀了孩子,自己还在为缺粮发愁呢!不满 20 岁的大庚天生心肠软,经不住求,心一横拿出了仅有的 50 斤麦种。连长给他打了张借条,说等全国解放了,让他凭借条到县政府换麦子,一年翻一番!借条上的签名是“周大成”。

三年后山门县解放了,大庚就带着借条进城兑换麦子。走上村前的山头,大庚面对村子坐下休息。坐在这里,大庚看到了刚刚属于自己的两间瓦房和两亩地。连长借粮后不久,他的两间破草房就塌了;那一亩兔子不拉屎的山地,第二年春就卖了。贪婪地看着那房子那地,大庚突然问自己:这房子这地是哪儿来的?——解放了,政府分给我的!想到这里,大庚就又想到了揣在怀里的借条:我分得的房子分得的地,难道还不值 50 斤麦子?他觉得自己不够意思,往脑袋上擂了一拳,拔腿朝回走。

转眼十年过去,遇到“三年自然灾害”。大庚实在揭不开锅了,就又带着借条去找政府。走到县城外面烈士陵园旁边时,他问路旁挖野菜的两个人,到县委怎么走?老的有五十多岁,脸浮肿着。大庚一眼就看得出来,那也是个被饥饿折磨了很久的人,没料到这个人正是县委书记,问大庚有什么事。大庚知道对方的身份后,惊得接连倒退了几步。看着县委书记浮肿的脸,咳在地上的血,他如同做贼被人当场发现了一般,拔腿就逃。大庚边逃边问自己:县委书记都饿成那个样子,都在挖野菜,你找谁要粮食?他又一次觉得自己不够意思,发誓再不拿借条找政府了。

年轻的大庚,渐渐变成老态龙钟的大庚了。人老了,心事也就多了。他打算在自己的有生之年买口好棺材,重新安葬媳妇,觉得只有这样,当自己下世时才有脸去见九泉之下的媳妇,也

才能获得安慰他灵魂、温暖他老脸的宽容，消除那种朝朝暮暮煎熬人心的愧疚感——当年，解放军伤兵离开后，遇到一秋大旱，庄稼歉收，来年春天，大庚家断粮了！更糟的是，他把所有的麦种都给了解放军，秋播没种子用，这就决定了他夏季的颗粒无收，决定了他没胆量向别人借粮食。女人怀孕最需要营养，而大庚媳妇却只能吃草根树皮。媳妇身子太虚，分娩时孩子产不下来，母子俩就这样去了，大庚用一张草席卷着媳妇埋了……

大庚是村里的"五保户"，自己的后事会有人操心的，棺材都已经准备好了。而重新安葬媳妇的事，则必须由自己来料理，要花几千块钱。而大庚连一千块钱都凑不出来。他听说：村长的存款有十几万，县里有的干部比村长还富。大庚心里出现了严重的不平衡。他第一次觉得自己一辈子太吃亏了。因此，他一改初衷，决定再一次带借条去找政府：村长还有县里的干部们，钱是从哪儿来的？不贪赃枉法，他们哪有那么多钱？他们能发不义之财，我为什么不能到政府，讨回自己应该得的钱财？

大庚请人算过账，借条能兑换成几千块钱，够安葬媳妇的。

走到县城外烈士陵园旁边时下起雨来，大庚只好进烈士陵园躲雨，与看护陵园的老头聊起天来。树老根多，人老话多，他无意间讲到了进城的目的和解放前那段往事。

看护陵园的老头听了很吃惊，也讲起了自己的一段往事：1949 年解放军攻打县城，请他当向导。有个团长对他说：曾向后山村一个老乡借过 50 斤麦种，等打完了仗，一定要到后山村看看，归还麦子……

大庚听着听着眼睛瞪大了，迫不及待地追问："那后来呢？"

"那团长在攻打县城时牺牲了，就埋在这陵园里。我在想，那团长与你说的连长，是不是同一个人？"

大庚一骨碌站起来，要去看团长的坟。那是一个普通的土坟。墓碑上赫然刻着"周大成之墓"几个字！

看护陵园的老头告诉大庚：这个烈士是孤儿，死时还没成家，所以这些年从没亲人来看望过。

老泪从大庚眼角爬出来，他嘴唇哆嗦着喃喃道："你这兄弟呀……我好歹，比你还多活 50 多年哪！"

大庚离开烈士陵园后，直接踏上了回家的路。看护陵园的老头问他为什么不进城了，他红着眼圈说："为解放咱这个县，人家连命都搭上了，人家找谁讨账？"

如何安葬媳妇大庚有了新主意：用自己现有的棺材。至于自己三天或者五天后死了怎么办，大庚却不去想了。

（选自《小小说选刊》）

1. 下列对小说有关内容的分析和概括，最恰当的两项是________。

A. 解放军伤员与大部队失去联系，被国民党军队围追阻截，断粮数日。大庚虽然家境贫穷为粮发愁，可还是主动拿出仅有的 50 斤麦种，这说明大庚很有思想觉悟。

B. "借条"是这篇小说的题目也是这篇小说的线索。小说围绕"借条"展开故事情节，写了大庚几十年来三次进城兑换麦子的故事，情节一波三折，内容寓意深刻。

C. 人物是小说的核心，小说通过人物来展现主题思想。环境是人物活动的空间，这篇小说在塑造人物时通过恰当运用环境描写，很好地揭示了小说主题思想。

D. 大庚找政府兑粮，看到县委书记都饿得浮肿咳血，发誓再不找政府兑粮了。可后来为重新安葬媳妇,再次找政府兑粮,说明大庚是个出尔反尔的人。

E. 小说用了插叙的手法交代解放军伤兵离开后大庚的家庭遭遇,交代大庚媳妇因缺乏营养身体虚弱难以分娩的情节,使小说情节更加完整。

2. 小说中的大庚具有什么样的性格特征?请简要分析。

3. 请简要分析这篇小说的结构。

4. 在自己的生活陷于困境的时候,大庚还是拿出仅有的50斤麦种借给了解放军,以致无法播种,媳妇因营养不良无力分娩。有人认为大庚不应该把粮食借给解放军;也有人认为大庚应该量力而行;还有人认为,为了革命胜利、为了新中国的建立,即使牺牲个人利益也是义不容辞的。请说说你的看法。

【参考答案】

1. CB。[**解析**]A项,大庚“主动”拿出麦种,“大庚很有思想觉悟”错;D项,“说明大庚是个出尔反尔的人”错;E项,“插叙”错。

2. ①性格善良,天生心肠软;②有良心,知足不贪得;③能为他人着想,不狭隘;④痛恨贪腐。

3. 开头,写解放军伤兵向大庚借粮并打借条承诺按年头翻倍偿还;中间,写大庚在几十年里三次持借条兑粮,又三次放弃兑粮的故事;结尾,写大庚要用自己的棺材重新安葬媳妇,不再顾及自己身后之事。

4. (1)大庚不应该借粮。大庚借出粮食后,自己的家人就会面临断粮饿死的危险,而生命是宝贵的,所以不应借粮。

(2)大庚在借粮时应量力而行。帮助解放军应该,可也不能饿死家人。大庚可以折中一下,借给解放军一部分粮食,留下一部分麦种,以便来年播种养家。

(3)大庚应该把粮食借给解放军。在革命遇到困难,解放军伤兵断粮数日陷入绝境的时候,应该舍小家保大家。为了革命取得成功,为了新中国的建立,就是牺牲自我也是值得的。

四、阅读下面的文章,按要求回答问题。

兵车行

唐　栋

六月的喀喇昆仑山依然贼冷。风裹起细碎的砂粒,拍打得车体啪啪作响。

“同志,请开快一点。”

司机慢慢地扭头看了我一眼:“这车,不能开快。”

“真见鬼啦!”

“你!”司机的脸冷峻得像块冰岩,但很快又恢复了常态,“你不知道,这车……只能跑这么快。”

“耽误了病员怎么办?”

司机神情坚毅沉稳,催促是没用了。我把头往后一靠,想像着病中的上官星。

不知这次领导怎的开了恩,竟派车专程送我。一辆军车静静等候在卫生队院子里,车厢用帆篷严严实实地罩着,夜色下犹如一块巨大的岩石。

这不是上官星的卡车吗?

车子颠了,司机竟如临大难,绕车察看了一圈,发现一切完好无损才不安地驾起车缓缓前进。

“自己班长的病一点也不急,车上的东西倒这么经心!”我嘀咕着,心想,这车要是上官星

开,早就飞起来了……

那是我第一次接到去5700哨卡处理病员的命令,司机就是上官星。车子呼地窜了出去,罗盘上的指针一下就指到了八十。

“开这么快干什么!”

“不是去救护战友吗?哪能慢慢腾腾!”

一团旋风旋起高高的尖柱,在山谷间游动。我感到头有点疼痛。

“不大好受吧?这儿是死人沟,海拔四千米以上。”

“你少唬人!谁不知道前面是个兵站”。

他哈哈大笑起来,“那不是灯火,是鬼火,一代代的商队和朝圣者留下的,我们哨卡就守卫在这条丝绸之路上,多有意思!”

车灯下,路两旁尽是片片白骨。我胸口直跳,只想快点走出这死人沟……

司机突然停车,看看路线,才慢慢开过河。磨磨蹭蹭,上官星的病……我想起过河的情形。

他会不会是自那以后病倒的呢?

那天水势真吓人!只记得上官星挠着脑袋思索片刻,一咬牙:要闯了。

他像尊铁塔稳操着车艰难推进。突然,车熄火了;顷刻,冰块撞击着车体,水从门缝缝直往驾驶室灌!

忽地,我闻到股浓浓的酒味——上官星举着酒瓶咕咕嘟地猛喝!

这深的水,冷的冰,怎么可以……

他光身站在齐腰深的水中,用手摇柄狠劲地摇着发动机,摇柄猛击着水面,整个车都在晃动。

我仿佛觉得站在水中的不是他,而是我自己;那冰冷的水似无数把锥子,直往骨头缝里钻……

车发动了!他磕碰着牙踏进驾驶室,我只管为他擦身上的冰水,忽然,他咳嗽了,先是一声两声,很快成了一串……

……

车子开始登山了。曲曲弯弯的盘山公路紧贴着悬崖,一头钻进了天,难怪叫它天神达坂。恼人的司机走一阵就停下来检查,稍微有点灌风的地方都要严密堵好。我连催他的气力都没了。“顶住,这次一定要闯过达坂,上官星在等……”

那天天气可不像这么平静。刚挨上达坂,挡风玻璃上顷刻就落满一层雪。上官星打开车门,将身子探到外面辨路,不一会儿就成了个雪人,脸色发紫,眼睛又红又肿。

正行间,不料车子被一溜暗冰滑了一下,半个后轮已经掉到了路外,那雾腾腾的深谷像只张大了嘴巴的饿狼!

“冰雪太厚,车挖不出来了。趁天还早,我步行去哨卡上搬兵。”

“我跟你一起走!”

“开玩笑,雪这么深,海拔又高,你怎么行?这是打火机,冷了就点燃汽油。祝你……保重了。”

“你也保重!”泪水情不自禁地打湿了我的睫毛。

他对我留下意味深长的一瞥。雪地上一串深深的脚印,仿佛是一条永远不断的线,牵动着我的心……

像谁把一盆鲜血泼给了夕阳,天际间一片艳红;满山满谷的冰雪静静地注视着天空。风照旧在刮,雪地上卷起层层白浪。绕过一段之字形的山路,整个哨卡豁地展现在眼前。几十名战士,分列两行,肃立在大门旁……

仿佛无数朵白花在眼前旋转起来。战士们从车上抬下一副盖着白布的担架，担架上躺着的就是上官星！

原来他就跟我在一辆车上……

我扑过去，呆呆地注视着他坚毅安祥的神情，感到整个世界都凝固了……

连长告诉我，上官星留下话：把他送回"家"，埋在积雪的山岗；希望秦月能到哨卡为他送行，因为在所有熟识的战友中，只有我这个唯一的女性。

"秦月同志。"连长拿来一封信，信里是一首诗：

我是星星，你是月亮，我们同在永恒的天上；美丽的夜晚，我们闪耀着理想！

（有删改）

1. 下列对小说相关内容和艺术特色的分析鉴赏不正确的一项是________。

A. 小说以"兵车行"为题既是对小说情节内容的高度概括，又暗示了社会背景，赋予作品丰厚的历史文化底蕴。

B. 上官星已经牺牲，他就静静地躺在送秦月去哨卡的军车的车厢里。这个最后才解开的悬念并不让人意外，因为在情节叙述中已留下了多处伏笔。

C. "仿佛无数朵白花在眼前旋转起来"心理刻画简单而深刻，通过人物心理感知的变化，表现出上官星的牺牲给秦月带来的巨大心理震动。

D. 死人沟、天神达坂等处都是小说情节的关键连接点，对它们的描述不仅是简单的环境描写，更是美与力的象征，充满着诗性意味。

2. 小说以秦月的视角，在现实与回忆的两次"兵车行"中交织穿插，这种叙述方式有哪些好处？请结合作品简要分析。

3. 小说结尾处上官星留给秦月的小诗，堪称全篇表现主人公的点睛之笔，请作简要分析。

【参考答案】

1. A。[**解析**]A 项"小说以'兵车行'为题……又暗示了社会背景"错误，从文中来看，标题"兵车行"与小说的故事背景无关，文章由两次兵车行事件组成，标题是对小说情节内容的高度概括。故选 A 项。

2. ①情节安排上，秦月的"急"与司机的"慢"形成了对比，不断制造悬念，吸引读者兴趣；②人物刻画上，有利于通过秦月的回忆，集中描写上官星为救战友而奋不顾身的行为，刻画其英雄形象；③表现手法上，有利于更好地运用侧面描写，通过秦月、司机和哨卡战士们的表现，来体现上官星精神的感人力量。

3. ①诗句体现了小说主人公为祖国守卫边疆、英勇献身的崇高爱国主义理想；②诗句体现了主人公在极度恶劣的生存环境中，奋力实现生命超越的顽强精神；③诗句体现了主人公追求人与人之间真诚、温暖情感（包括异性战友之间的相互吸引与依恋）的浪漫情怀。

五、阅读下面的文章，按要求回答问题。

炮兵的抉择

白文岭

五指叉开，晃晃，握紧。

志刚看到战友们的暗示，会意地点点头，也把五指叉开，晃晃，握紧。志刚握拳时，偷瞄了一眼连长。连长正盯着观礼台，全神贯注地听旅长讲话。

志刚盼着旅长把话讲完。旅长的话讲不完,演习就不会开始。志刚他们,对这次演习,准备了很久,也期待了很久,像赴女友的第一次约会,紧张而兴奋。

志刚所在的旅,很快会取消番号,大部分官兵将转业复员到地方上去。正因为是最后一次演习,他和战友们才加倍珍惜。

志刚初到炮旅时,见连长整天板着个脸,很严厉。连长的话,说一是一,说二是二,必须无条件服从。他教的动作,尤其发射炮弹的八个步骤,错一点就会被骂个狗血喷头。

有时,连长也笑。志刚他们以娴熟的动作,夺得全营演习第一名时,连长笑了。不仅笑了,还拍给志刚一盒红塔山牌香烟。

全营第一,志刚不满足。志刚想,为什么发射一枚炮弹,必须八个步骤?七个、六个行不行?志刚把想法说给了连长。连长把眼睛瞪得牛蛋大,说,胡扯,这八个步骤,哪一步不是多少代炮手智慧和经验的结晶?是你说减少就能减少的?

志刚不甘心,又把想法说给战友。战友们很支持。不仅支持,还帮着探索和实践。功夫不负有心人,他们成功了。他们不仅把八步减到了七步,又从七步减到了六步。

志刚他们成功了,却没有得到连长的红塔山。连长给每人发个笔记本,说:关禁闭,写检讨,谁的检讨不深刻,我处理谁!检讨是写深刻了,却没有深刻到心里去。他们又开始研究,能不能把六步,减少到五步。

他们再次成功时,传来一个消息:全国大裁军,他们这个炮兵旅,在被裁之列。取消番号前,旅里准备搞一次实弹演习。复员,是早晚的事儿。裁军不裁军,对于志刚他们,关系不大。关系大的,是实弹演习。

实弹演习,用八个步骤,还是五个步骤呢?志刚他们犯难了。商量来,商量去,达成了一致意见:无论受多大处分,也要把他们的研究成果,展现给全旅的战友和首长看。不能把遗憾带回老家!

对这次演习,连长也很重视。连长找志刚,单独谈话。连长说,七步发炮法,六步发炮法,都是狗屁发炮法。谁用,我处理谁!志刚说,明白,坚决不用狗屁发炮法!连长放心了,鼓励说,把你们熟练的步法拿出来,为全连争光!志刚保证说,请连长放心,把我们熟练的步法拿出来,为全连争光!

连长难得地笑了。连长笑着,掏出一盒红塔山,拍志刚手里说,争第一,再奖一盒。志刚来回地翻看着红塔山,很想把真实想法说出来。最终没有说,志刚真不想把遗憾带回老家。

旅长的讲话,终于结束了。随着观礼台上的一声令下,演习正式开始了。一,二,三,四,五。练习多天的步骤,志刚们熟悉得像走回家的路。别人的炮弹还在炮手手里时,他们的炮弹已在指定地点炸响了。

志刚不用回头,也能感觉得到,脊梁上有一束冷飕飕的目光。目光,来自愤怒的连长。连长跑来,用指头戳着志刚的胸口说,违抗命令,你不配当军人;背弃诺言,你不配当男人。亏我这么多年,一直把你当好兄弟。

连长把手摊开说,拿来。志刚不解,拿什么?连长咬着牙说,红塔山!志刚恍然,忙把香烟掏出来,恭敬地递过去说,没敢打开。

旅长走了过来。旅长拍拍炮身,问,谁是连长?连长抬头、收腹、挺胸、敬礼说:报告首长,我是。旅长瞄一眼连长,把目光落到炮弹炸响的地方说,发射这枚炮弹,只用了五个步骤,是吗?连长迟疑一下,再次抬头、收腹、挺胸说,是!

旅长把目光收回来,放在连长脸上,感慨地说,这枚炮弹,发得好。发得太好了!战争是残酷的。敌人可不问你,发射一枚炮弹,该用多少步骤。战争只一个目的——快速消灭敌人!先发者,制人;后发者,制于人。

旅长把手搭在连长肩头,轻轻拍两下说,我嘉奖你。

旅长回到观礼台,又看连长两眼。

连长把红塔山掏出来,重重地拍在志刚手里说,好兄弟,还有一盒等着你。

志刚复员了,带着军功章和连长送的两包红塔山,高高兴兴地回了老家。

连长去了另一个炮兵旅,现在是营长。

1. 下列对小说有关内容的分析和概括,最恰当的两项是________。

A. 小说在开篇借助凝练的动作、神态、语言描写交代了志刚在连长认真地听旅长讲话时偷偷地与战友们进行着交流,这给读者制造了一个悬念。

B. 由于连长带队教练,志刚他们发炮动作非常娴熟,赢得了全营演习的第一名,这说明志刚他们技术把握得很好,已经继承、学会了前几代炮手智慧和经验的结晶。

C. 志刚和连长都很重视这次演习,小说以插叙的笔法交代了志刚他们一直在探索着减少发射炮弹的步骤,这足以表明志刚他们爱岗敬业的优良品质。

D. 在正式演习中,志刚他们按照练习多天而且极为熟悉的五步法操作发炮,成功命中目标,但这一次他们违抗了连长的命令,背弃了当初对连长的诺言。

E. 志刚他们在演习中表现与众不同,既实现了他们在旅长面前露脸的愿望,也实现了再获红塔山奖励的愿望。

2. 小说中有两个性格鲜明的主要人物——志刚和连长,请结合情节简要分析一下连长的性格。

3. 小说中多次写到红塔山香烟,有什么作用?请简要分析。

4. 作者写一个普通炮兵连队中普通战士对发射一枚炮弹八个步骤的改革这样一个小故事,却放在了大裁军的背景之下,作者为什么这样安排?请结合全文,谈谈你的看法。

【参考答案】

1. BC。[**解析**]A 项,没有“语言”;D 项,“背弃了当初对连长的诺言”错;E 项,“红塔山的奖励”无中生有。

2. ①认真严厉:必须无条件服从。②保守:不准改八步法。③直性:给烟又要回。④粗野:骂个狗血喷头。

3. “红塔山”推动了情节的发展,使得情节有了波澜起伏,同时更加突出连长和志刚的性格。

4. 这样安排是为了突出小说的主题。小说中的志刚和连长对发炮步骤有着不同的观点,志刚即使要复员回家,也要坚持改革发炮法;借助发炮法的改革说明军队改革(大裁军)的必要性,同时也证明改革必将提高效率,说明改革是时代的主旋律。

六、阅读下面的文章,按要求回答问题。

雾

李延国

战地救护所被罩在浓雾中,像裹着一层又一层的纱布,扯不开,拉不断。我和师政委刘彬在这迷迷蒙蒙的“纱布层”里摸索着,脚下高高低低,好不容易找到了被伤员称为“死亡转运站”的一号病室。

病室中间有一个钢丝床，看上去像一艘白色的小舟，上面安详地躺着一位年轻的伤员，这艘小舟即将载着这个十八岁的生命驶向永恒和寂灭。

在他身边，那桅樯一样的吊瓶架上还挂着红色血浆袋和生理盐水，这对于已经报过病危的年轻生命都无济于事了。他的伤势太重了，腿上、腰部、胸部、左臂都缠着绷带。我最不忍心看的是那张我曾经熟悉的红润的娃娃脸，变得那么苍白和短小——敌人的地雷炸掉了他的下巴。

因此这个叫周小波的战士，无法讲出他英雄壮举的动因——他们班在插入敌人雷区之后，他第一个滚下身子，压响了一串地雷。作为随队的师组织干事，我有幸看到了这撼动心魄的壮举，那映在拂晓的霞光中的身影，使我终生都不能忘怀。

“你是英雄！”刘彬俯在他的耳边，透过绷带，传达着对这位士兵的嘉奖，“你是人民的好儿子。我们要给你报功！报军区、报中央军委……”

周小波很少有机会和师政委靠得这样近，目光里透着拘谨，也有一些迷惘，也许他没有听清师政委讲的话。

我灵机一动，从文件包里拿出了由我起草的《关于报请授予周小波同志滚雷英雄称号的决定》复印件给他看，以便让这个即将远行的农民儿子得到一些心灵的慰藉。我想他是看清了，目光里却没有我想象的那种喜悦，有一层雾样的东西罩在他的瞳仁上，他的头还微微一动，似乎要说点什么。

我猜想那是一个要求。

战斗打响之前，他也像那些老兵一样，咬破了中指写了一份决心书。他把血书交到我这个“师里来的首长”手里，却还磨磨蹭蹭不肯走。

“有事吗？”我问。

“我……我有个要求。”他涨红了脸。

“什么要求，提吧。”

“我妈妈……生癌呢。”他垂下了头，有些慌张，“没有钱看大夫……”

“你家里还有什么人？”

“哥哥。他是个哑巴。队里办工厂不要他，在家种地呢！”他忽然异常赤诚地望着我，“李干事你看着，这回打仗我不会怕呢，要是我……回不来了，能不能让我妈妈……住上部队医院……”

我许久没有吱声，只觉得嗓子眼里发哽。

他似乎觉得自己提的条件太高了，低声纠正着：“看看大夫也行……”

“组织上会考虑这个问题的。”不知怎么搞的，我的嗓音里带上我平时最深恶痛绝的官腔。可是，在我小小的职权范围里，我又能怎么说呢？

今天，作为一个即将闻名于全军、全国的“滚雷英雄”，他的夙愿可以偿还了！师政委听了我的叙述为之动容：“让他放心，组织上一定设法安排！”

使我不解的是，当我向他转述之后，他眉头微微一展，又痛苦地板到一起。那一定是还记着他的哑巴哥哥。我又冒昧向他许愿：“你哥哥的工作，我们也会想办法的。”

他眼睛里的雾仍未散去，我惶惑了！

“该不是对他战斗情况的补充吧？”师政委眼光亮亮的，“他能写么？”

“他的右手还能活动。”一直守在旁边的护士轻声说。

我拧开钢笔，塞到周小波的手里；护士递过病历夹做垫板，我双手为他托着……汗水在他额头上沁出来，足足十五分钟，他写下了十五个字，那是使我瞠目结舌的十五个字：“我不是滚雷英雄,我是被石头绊倒的。”

师政委脸色陡变,久久地盯着我的脸。

“我是千真万确亲眼看到的,连里的同志也都亲眼看到的……”我执着却又无力地辩解着。

师政委在屋里踱了一会步,看看护士,看看我,沉重地吐出一句:“当然喽,我们要实事求是喽!”

我像失落了什么,泪水涌上了眼眶。

透过那晃动的晶体,我看到周小波眼睛里的雾消散了,眼睛变得那么明净,那么清澈……

(取材于李延国同题小说,有删节)

1. 下列对文章的理解和分析,不正确的两项是________。

A. 周小波当得知师政委和“我”要给他报请军功之时,他想提一个具体要求。

B. 战斗打响之前的一段对话,既交代了周小波的家境,又丰富了人物的性格。

C. 周小波提出给妈妈看病的请求后,“我”觉得他要求过高,便以打官腔应付。

D. 周小波说出事实真相的一瞬间,使情节突转,产生了十分强烈的艺术震撼力。

E. “我”作为小说的叙述者,在文中起到了串联情节、增加故事真实性的作用。

2. 文章多处都写到“雾”,各有什么作用?

3. 周小波这一人物形象有哪些特点?请结合文中的具体描写分点说明。

4. 周小波“滚雷英雄”的真相澄清后,是否应该如实上报?对于这个问题,你是怎么看的?请结合文本,谈谈你的看法。

【参考答案】

1. AC。[**解析**]A 项,周小波是想澄清事实的真相;C 项,“我”并非觉得周小波要求过高,而是在“我”的职权范围内无法解决他的问题。

2. 开头写“雾”交代了故事发生的环境特点(或营造了沉重压抑的氛围,或暗示故事的扑朔迷离)。中间两处写“雾”喻指周小波内心不安。结尾写“雾的消散”喻指事实得到澄清,周小波的内心变得宁静(或突出了周小波诚实质朴);照应文题,呼应前文。

3. ①农家子弟,出身贫苦。妈妈生癌没钱看病,哑巴哥哥在家种地。②性格拘谨腼腆。师政委问候他时他目光拘谨;向组织提要求时涨红了脸,垂下了头,慌张。③孝顺。上战场前还想着给妈妈治病。④勇敢。自述打仗不会怕。⑤纯朴。提要求时觉得自己的要求太高。⑥诚实。被错加荣誉后执着地予以澄清。

4. 示例:观点一:应该如实上报。①澄清事实是周小波的心愿;②周小波不想做伪英雄;③应该尊重周小波的心愿。

观点二:不应该如实上报。①“滚雷英雄”更能激励疆场战士乃至全国人民,在战争年代更有意义;②“滚雷英雄”才能实现周小波的夙愿。

观点三:如实上报,但要注明他自己澄清了事实。①英雄固然重要,诚实的品质更值得珍惜;②不是“滚雷英雄”,但周小波仍然是英雄,是超越了物质和精神的大英雄。

七、阅读下面的文章,按要求回答问题。

老列与喜鹊

周建

傍晚,老列回空勤宿舍,听到路边松树下传来鸟坠地的扑棱声,寻声探去,原来是一只受伤的喜鹊。

老列是飞行三中队的飞行员，近日心情有些起伏。春节前，河南老家的弟弟（去年曾邀他一起回老家搞绿色农场）来部队探望他，看着弟弟那双粗糙的黑手，老列心疼得眼泪都快掉下来。可弟弟却精神头十足，“哥，办农场虽说苦累脏，可干着心里踏实。”老弟还说了很多美好的规划，说得老列心都动了，眼神里也有了憧憬。

老列距停飞还有大半年，按说飞到年限再退也没人说什么，但他总觉着不得劲儿。团里的老同志，已经在改革强军的大潮中主动离职退位，把机会留给年轻人，为军改让路。

那只喜鹊发现有人过来，像大祸临头，垂死挣扎。老列动了恻隐之心，见它左腿蜷缩着直打颤，便去军医那儿上了药，用纱布包好，找了只破鸟笼装进去放到窗下。

第二天早饭后，老列想到那只喜鹊得吃点什么，便用纸杯盛了半杯牛奶，拿了块蛋糕。把牛奶蛋糕往喜鹊跟前一推，它叫着扑腾了几下，才安静下来，将注意力转到牛奶蛋糕上。

“干吗呢，老列？哟，养喜鹊啦——”三中队长叫嚷着走过来。

“你有意见？”老列头都没抬。

“我哪敢啊。”三中队长笑道，用手指弹了下鸟笼，喜鹊受了惊吓，又扑棱起来。“哟，受伤了。”

“废什么话，走开、走开。”老列搡了他一下。

“明天咱俩第一波上啊。”三中队长声音低下来，显示明天任务的艰巨和对老列担当此任的特殊信任。

老列不喜欢故弄玄虚，徒弟当领导是好事，可飞行计划在黑板上写着，一目了然的事，非得弄得里面有了人情，有了尊师之味，学官场那套，让人不舒服。

“谢谢中队长。”老列蹲在原地，夸张地给他敬了个礼。

三中队长觉察到师傅的不快，退开一步，说：“9点技术讨论——”

“知道，第三学习室，我马上到。”老列旋即接了对方的话。他看到喜鹊绕开蛋糕，终于将喙伸进纸杯里。

技术讨论结束后，去地面演练时，那只喜鹊已经把蛋糕吃掉一多半，状态也比早上精神多了。看到老列，不再防御般地紧缩着翅膀，而是松弛地蹲在那儿，歪着乌黑脑袋看着他。

接下来的两天，喜鹊在老列的呵护下，安然度日，胃口也比先前好。第四天飞行休息时，天还没亮，就听到窗外一阵扑腾，像是喜鸽被什么东西吓到了。想起来看看，可昨天晚上飞行回来，看书看到快2点。老列也算是有心人。两年前，飞行团政委在自主择业离开部队的欢送会上，说他在飞行团的业余时间，都用来看书学习了，从那时起，老列就开始注重对新知识的掌握。

那声音折腾了好一阵，昏沉中，他好像觉得喜鹤飞了起来。渐渐的，那声音弱了，一切又回到黎明前的宁静。

起床后，老列走出宿舍，照例先朝笼子那边望了望。谁料，这一望让他大吃一惊，那笼子空了。笼子旁边的树下，不知道谁拴了一只哈巴狗。老列走过去，听到松枝间有细碎声响，方知那只喜鹊并没飞走，而是挣扎着逃离险境，飞到树上。

老列把笼子固定在粗大的树枝间，把喜鹊又放进笼内，还给它拿了新鲜的食物。可是，中午回来，那些食物仍原封不动。喜鹊看到老列，身子歪斜了两下，机警地睁着眼睛，将头降低，尾巴翘起，呈随时起飞状。老列把面包递进去，它啄了几口，心不在焉，像有了心事。

一定是那狗吓着它了。老列将笼子提到离他窗户最近的那颗松树上，回了宿舍。

老列再来时,喜鹊不见了。

"被野猫吃了。"三中队长嘟囔着走到哈巴的跟前,解开绳子。

老列心里不禁为这只命运多舛的喜鹊感到悲伤。它在天空中飞翔时,绝不会想到自己受伤坠落,甚至葬身猫腹的下场。

飞机的轰鸣,又覆盖了老列的生活。天气一天天暖起来,老列心里的某个地方也在复苏……

单位改革后的一个黎明,老列突然被窗上一阵轻轻的啄击声唤醒,透过东方晨曦的光亮,他看到一只喜鹊的剪影立在他的窗台上。恍然间,老列明白了什么。一直纠结的事,也在此刻有了答案。

1. 下列对小说相关内容和艺术特色的分析鉴赏,不正确的一项是________。

A. 小说第二段叙述了老列弟弟回乡创业的事情,目的不仅是表现老列对将来的憧憬之情,还透露了老列在改革强军的大潮中矛盾复杂的心理。

B. 小说详细描写了老列与三中队长的一段对话,从中可以看出,老列是一个自尊心很强原则性也很强的人,尽管心有不满,但还是服从领导。

C. 不能飞的喜鹊虽有老列的照顾仍难免被野猫偷食,提醒因军改离开部队的军人,要想在社会上有很好的发展,就要加强学习以提升自身能力。

D. 喜鹊被野猫偷食后,老列非常地感伤,这感伤既是因为喜鹊的命运多舛也是因为他自身,作为飞行员,他在半年之后也将会停飞,离开部队。

2. 这篇小说的情节是如何展开的?请简要概括。

3. 小说以"老列与喜鹊"为标题,这样安排有什么好处?请试作分析。

【参考答案】

1. B。[**解析**]B 项,"自尊心很强"在文中体现不明显,另外对徒弟当上领导,在老列看来是好事,并没有心怀不满。

2. ①发现受伤的喜鹊,心生恻隐为它治伤;②留下了喜鹊,精心喂养受伤的喜鹊;③想更好地保护喜鹊,却被野猫偷食了;④看到窗前喜鹊的剪影,不再为军改之事纠结。

3. ①标题点明了小说的主要情节和线索。小说主要围绕"老列与喜鹊"展开情节——老列救助受伤的喜鹊与老列对军改之事的心理纠结构成了小说明暗两条线索。②标题暗示了老列与喜鹊两者之间的内在联系,有助于读者理解小说中老列的形象。某种意义上,坠落受伤不能飞的喜鹊面对周围世界所流露出的敏感、疑惧、戒备心理,是老列面对军改时矛盾纠结心理的一种反映。③标题揭示了作品的主题,小说赞美了老一代飞行员在改革强军的大潮中主动离职退位,把机会留给年轻人,为军改让路的高尚情怀,回答了军人在面对军改时该如何选择的问题。小说中的老列面对军改时正是从喜鹊身上明白了优胜劣汰、新生力量必将取代旧有力量的道理,并最终作出了正确选择。

八、阅读下面的文章,按要求回答问题。

归 途

金顺根

出站后,我直奔售票处,买好回部队的车票。真是春风得意,这次多亏在邮局工作的老同学"帮忙",拍了封"母病危,速回"的电报,要不,谁知道猴年马月探一次亲呢!

刚离开售票口，那个一直守在边上的老人突然拉住我："去宁波？"我点点头，忽然明白了什么，甩掉了他的手继续朝前走。

"探亲还是出差？"他紧追不舍。"回部队。"我爱理不理的。说实在的，经常出门在外，这种人见多了，我猜得出再搭上两句话，他就要说"到部队看儿子，钱被偷了。想借点路费，回去寄还"这一类话，可能还会挤出几滴眼泪，最后还可能拿出一个证件，但其真假只有天知道。猛然，他跑到前面拉住我："解放军同志，想求你一件事儿……"一听这话，我差点儿笑出来，随手指了指不远处一个民警："找他去吧！"

老人一怔，说："不，我想请你回部队替我发个电报。"说着，递上一个信封和10元钱。我抽出信纸，上有一行短语："妈，儿因部队需要不能回家并到医院服侍你老人家，请妈原谅！小强于宁波。"

我疑惑地抬起头，仔细打量老人："你自己可以拍电报给你儿子，像这种情况，部队领导会考虑的。"

许久，老人才缓缓地说："他妈患的是绝症，这几天一清醒过来就要儿子，而小强却在两个月前因公牺牲了，没办法，只好……"

啊！是这样，我一时竟不知该说什么好，手上的信变得异常沉重，仿佛捧着一颗跳动的心。

"我还要到医院去，这件事儿拜托了。"说罢，他双手为我扶正军帽，抚平衣折，转身融入熙熙攘攘的人流之中。

望着人流中的老人，我庄严地举起右手……

1. 小说开篇交待请老同学拍假电报，在文章中的作用是什么？

2. 小说先写面对老人的请求"爱理不理"，后写"望着人流中的老人，我庄严地举起右手"，请结合文意，概括前后变化的原因。

3. 下面对小说有关内容的赏析，不恰当的两项是________。

A. 小说整体上运用先抑后扬和反衬的手法，体现了其构思的匠心独运。

B. 老人的坚强与高尚，"我"的卑琐与渺小，形成了鲜明的反差。

C. 小说中，老人解释性的语言中，透露着悲伤，也透露着坚强。

D. 老人为"我扶正军帽，抚平衣折"，是对"我"无声的批评。

【参考答案】

1. ①引出小说的情节发展，是情节的开端；②与下文老人请"我"拍假电报形成鲜明对比；③创设灵魂迷失的典型环境。

2. 是"我"心理和情感发生变化的真实流露，在老人面前，"我"的灵魂受到洗礼，由防范到忏悔、到崇敬。

3. AD。[**解析**]A 项，没有运用反衬手法；D 项，并非指责，而是殷切的期望。

九、阅读下面的文字，按要求回答问题。

亮剑（节选）

都　梁

冬天的田野山峦，显得特别空旷。西北风钻进了晋西北的群山，在山峰和沟谷间尖利地呼啸着，似乎把裸露的岩石都冻裂了。户外活动的人每人嘴上都像叼上了烟袋，呼呼的冒白烟。李云龙命令分散在各地的连队进行刺杀训练。这是没有办法的事，部队缺乏御寒的棉衣，不活动活动就会冻死人。有些连队只有一两件棉衣,只有哨兵上岗才能穿。

李云龙认为与其让部队冻得乱蹦乱跳,不如练练刺杀,既练出一身汗又提高了战斗素质。

只穿着一件单衣的赵刚冻得病倒了,高烧到39℃。

李云龙一发愁就爱骂街,他骂天骂地骂西北风骂小鬼子,日爹操娘的把老天爷和小鬼子的先人都骂了一遍。

赵刚从昏迷中醒来见李云龙骂街,便抱歉地说:“老李,我这一病,担子都放在你身上了,我这身体太不争气,要不怎么说百无一用是文人呢?”

李云龙眼一瞪:“你哪儿这么多废话?谁没个头疼脑热的时候?文人怎么没用?我老李没念过书,这些日子不是你教我,我李云龙脑子里还不是一盆浆糊?我李云龙上辈子烧了高香,碰见你这么个大知识分子,我还不该当菩萨似的供着?”

赵刚有气无力地骂了一句:“你少给我戴高帽……得想点儿办法啦,再这样下去咱们要被困死。棉衣还是小事,挺一挺也就过去了,最严重的是弹药问题。每人不到五发子弹,一场小规模战斗也打不起。”

李云龙摸起赵刚的笔记本要撕纸卷烟。

赵刚抗议道:“你少动我的本子,都快让你扯光了。”

李云龙哼了一声:“小气鬼,一个破本子也当宝贝,老子过些日子还你个新的,还是日本货。”

赵刚眼睛一亮:“我知道你又打鬼子运输队的主意呢,说吧,这仗准备怎么打?”

“先把一营集结起来,以一营为主。再把其他营的战斗骨干补充进一营,编成加强营。据侦察报告,鬼子运输队的押送兵力一般为一个小队,我拿一个加强营干他一个小队,10:1的兵力,该是没问题了。老赵,你说,这仗怎么打才好。”李云龙在卖关子。

赵刚说:“我知道你在考我。我要是说了可就没你这个团长什么事了,我当了团长,你干得了政委吗?好,只当咱们团现在没有团长,我暂时代理团长组织这场伏击战。第一,咱们的弱点是火力差,缺弹药。论兵力,咱们和日军为10∶1,若论火力,咱们和日军恐怕连1:20都不止。在这么强的火力下,别说一个加强营,就算独立团全上去也不过是一堆活靶子。打平型关,115师倾全师之兵力,在弹药充足、地形极为有利的情况下,向毫无防备的日军发起突然攻击,以正规野战军对付二流的辎重部队不过是打了个平手,伤亡比例是1∶1。比起平型关之战,咱们没有115师当时的本钱,要是算计不好,这个本可赔大了。”

李云龙一拍桌子笑道:“好你个赵刚,看来我这个团长位子坐不长了,你小子是不是早惦记上这位子啦?”

赵刚顺着自己的思路继续说:“其实你在安排部队进行刺杀训练时我就想到了,看看你安排的那些科目,单兵对刺,一对一、一对三对刺,当时我就猜出来,你打算在适当的时机、适当的地形条件下打一场正规的白刃战。日本陆军擅长白刃战,单兵训练中以刺杀训练为重。他们的《步兵操典》中规定得更为机械,进行白刃战之前要退出枪膛内的子弹。据说,他们认为在白刃战中开枪射击,有损于一支正规军队的荣誉。我猜想,你希望能用事实证明,八路军的刺杀技术和勇气丝毫不逊色于日本军人。”

李云龙点点头:“对,是这么想。其实,以中国武术的眼光看,日本步兵那两下子刺杀技术根本上不得台面。论冷兵器,咱中国人是老祖宗。这次刺杀训练中,全团有一百多个战士曾经练过武术,他们把武术中使红缨枪的套路揉进了刺杀训练……一营的张大彪上次找我,说他们

练练砍刀成不成。我才想起这小子在29军大刀队当过排长，懂些刀法。我说行，只要你不用子弹就能把日本鬼子宰了，你用老娘们儿的锥子剪子都成。没想到我刚一说成，他们变戏法似的拿出一百多把大砍刀，闹了半天人家早预备好了。”

赵刚接着说：“第二，选择地形是个关键，首先需要一个加强营的兵力能从隐蔽地点迅速展开，在日军没来得及组织火力反击之前，以迅雷不及掩耳的速度冲上去和敌人绞在一起。这种战术的前提是，尽量缩短冲击距离，最好限定在50米内，这样一分钟之内就冲上去了。一旦和敌人绞在一起，他们不想拼刺刀也由不得他了。”

李云龙眉开眼笑地说：“你看，一套完整的作战方案已经出来了嘛，老赵，你做好事做到底，帮我想想伏击地点选在哪里？”赵刚揶揄道：“得啦，别假谦虚了，这是你的作战方案，我不过是替你说出来罢了。你也别卖关子了，前些日子你在野狼峪那边转悠，我就知道你想干什么。那地方选得不错，我看就在野狼峪干吧。不过我要提醒你一句，万一情报不准，鬼子不是一个押车小队，而是一个中队或一个大队作战部队，你怎么办？”

李云龙道：“古代剑客和高手狭路相逢，假定这个对手是天下第一剑客，你明知不敌该怎么办？是转身逃走还是求饶？”

“当然不能退缩，要不你凭什么当剑客？”

“这就对了，明知是个死，也要宝剑出鞘，这叫亮剑，没这个勇气你就别当剑客。倒在对手剑下算不上丢脸，那叫虽败犹荣，要是不敢亮剑你以后就别在江湖上混啦。咱独立团不当孬种，鬼子来一个小队咱亮剑，来一个大队也照样亮剑。”

（有删节）

1. 小说第一段描写了哪些内容？这一段在文中有哪些作用？请具体说明。

2. 请概括相关内容，将表格补充完整。

<table>
<tr><th>原因</th><th colspan="3">作战方案</th><th>目的</th></tr>
<tr><td rowspan="4">部队缺乏御寒物资与弹药补给</td><td colspan="2">计划</td><td>条件</td><td rowspan="4">(5)</td></tr>
<tr><td>参战人员</td><td>(1)</td><td>侦察报告显示押运兵力为一个小队，双方兵力配置 10 : 1</td></tr>
<tr><td>战法</td><td>(2)</td><td>(3)</td></tr>
<tr><td>地点</td><td>野狼峪</td><td>(4)</td></tr>
</table>

3. 文中画线部分，能看出李云龙怎样的性格，你认为这样描写英雄形象是否妥当？谈谈你的理解。

4. 结合全文，谈谈你对最后一段的理解。

【参考答案】

1. 开头描写了天气的寒冷，并介绍了独立团缺乏御寒物资的现实情况。

作用：①交代故事发生的时间和地点（冬天、晋西北）；②点明环境的恶劣与条件的艰苦（似乎把裸露的岩石都冻裂了，不活动活动会冻死人，只有哨兵上岗才能穿棉衣）；③衬托出军人顽强拼搏的精神与勇气；④为下文策划袭击日军运输队的情节展开作铺垫。

2. (1)加强营

(2)伏击战，白刃战

(3)独立团火力差，刺杀技术有优势，日军白刃战不使用弹药

(4)冲击距离短,兵力可迅速展开,逼迫敌人拼刺刀

(5)袭击日军运输队,夺取物资

3. 粗鲁,脏话连篇。

〔示例一〕:妥当。这些普通人都会有的缺点,改变了以往“高大全”、扁平化、符号化的英雄塑造方式,使人物更加丰满立体,更接近现实生活,是“人性化的英雄”。

〔示例二〕:不妥。满嘴脏话,没有人民子弟兵的味道,容易让人产生一种我军指挥官都是泥腿子,没文化的误解,不利于正面传播。

4. 这段话描写了李云龙无所畏惧、视死如归的精神,展现出独立团勇往直前,“明知不敌也要敢于亮剑”的精神,这正是中华民族“宁为玉碎,不为瓦全”“富贵不能淫、威武不能屈”等传统精神的真实再现。

十、阅读下面的文字,按要求回答问题。

八月桂花遍地开(节选)

徐贵祥

①宫老秀才住在桃花坞,谈不上安逸也谈不上造孽。树老皮多,人老愁多,天下大事值得一愁,鸡零狗碎也值得一愁。但人老了也有老的好处,可以不负责任,可以装聋作哑。人老了难免糊涂,即便不糊涂了,需要糊涂的时候也可以假装糊涂,装起来浑然天成。

②但宫老秀才眼花耳不聋,老人家不是个糊涂人,前呼后拥也好,毕恭毕敬也罢,老人家心里一本清账,这都是儿子当了汉奸师长的结果。师长是个多大的官,老爷子不甚了了。老爷子只知道,儿子的这个师长是日本人封的,是给日本鬼子跑腿的干活。这样的师长当一天享一天福是不错,当一天也加一天罪孽,没准哪天抗日部队来了,真的把儿子五马分尸,老爷子那就不知道该如何是好了,是跟那些抗日分子拼上老命,还是眼睁睁地看着他们车裂儿子?老人家常做梦,梦里醒来,次日一天都是惊魂不定。

③方家老爷方蕴初的墓地坐落在桃花坞东头的长冈山南坡上,坐北向南,前面是浩浩森森的淠水河,背后是长冈山峰,东边是一尊古塔,西边是一片茂密的树林。圆顶石墓安放其中,颇有瞻前顾后吞吐山河之雄浑气势,一看就是块风水宝地。宫老秀才喜欢这块墓地。

④作为一个乡村秀才,宫老秀才其实不理解,方蕴初这个有钱人怎么能在弥留之际交代后人当汉奸挂日本国旗呢?一个行将就木的老人,怎么能做出这样有损人格和国格的事情呢?

⑤方蕴初的墓修得这样气派,这让同样身为汉奸之父的宫老秀才从中得到些许安慰——谁说当汉奸不得好死?像方蕴初这样的著名汉奸都能享受这样的好墓地。当然,宫老秀才也知道方蕴初的墓地经常被人扔些臭袜子烂鱼头的事情,心里就难免冷飕飕的。

⑥墓地经过了一个秋天,又经过了一个冬天,冰雪消融,四周的青草开始泛绿,这让宫老秀才心里涌出许多感慨,“王师北定中原日,家祭无忘告乃翁”的诗句也常常在老爷子的心头闪现。宫老秀才百感交集,真不知道死去的人到底有没有灵魂,冥冥之中是否也在为乱世的离愁别绪而感慨。“死后元知万事空,但悲不见九州同”。可是,人死了,还能悲得起来吗?

⑦一个细雨霏霏的清晨,天还没有完全亮透,宫老秀才照例到方蕴初的墓地,来同这位不曾谋面的亡者会晤。他觉得他和这位亡者的命运有许多相似之处,从一定意义上讲,他们是同病相怜,只不过他还有改变命运的机会,而这位长眠地下的老哥儿们,已经无可挽回地被钉在历史的耻辱柱上了。

⑧就在那个清晨,他意外地发现了墓地上多出了一个人。此人头戴礼帽,身穿青灰色长袍,背对着上山的路,宽阔的脊背梁一动不动,如雕像一般。他是在凭吊那个死去的汉奸吗?

⑨宫老秀才停住了上山的步子,心里有些发怵。他想不明白是谁会在天亮之前赶到这里,来看望一个遗臭万年的汉奸。后来宫老秀才走近了,那人也看见了宫老秀才,缓缓地把目光转移过来,疑问地投向宫老秀才。

⑩敢问先生,是方家的亲戚吗?宫老秀才向那人哈了哈腰。

⑪那人没有回答,向宫老秀才掀了掀礼帽,算是致意。他的目光又落在墓地右侧那块高大的石上:

⑫富甲一方思泽一方辉映江淮流芳千古

⑬深明大义远见卓识王道乐土锦上添花

⑭请教先生,为何夜行拂晓来看一个人人唾骂之人?宫老秀才讨好地看着那人说。

⑮那人神情凝重地说,松冈大佐的这副挽联,上联句句属实。至于下联嘛,那就是松冈先生的一厢情愿了。

⑯宫老秀才诧异地看着那人,怎么,难道方先生他……不是汉奸?那人断然说,为日本鬼子效劳,自然就是汉奸了。然后转身,向墓地掀了掀礼帽说道:方老先生,你当真死心地为日本鬼子效劳?

⑰墓地无语。

⑱宫老秀才好生纳闷,拄着拐杖看着那人,不再说话。那人说,我在童年的时候就听说桃花坞有个方大善人,用恩泽一方来概括实不为过。这样一个连走路都怕踩死蚂蚁的人,面对日本人的枪炮刺刀,你让他怎么办?登高一呼,让手无寸铁的百姓同日本人殊死一搏?倘若真的那样,令郎宫临济那样的军人岂不无地自容羞愧跳河?

⑲宫老秀才吃了一惊,捋起袖子擦擦老眼,看着那人问道,你是什么人,何以得知老夫犬子?

⑳那人平静地说,老人家不必惊慌,本人和令郎一样,都是被人称作汉奸的人。

㉑宫老秀才木了一会儿,问道,如此说来,先生认为方老先生之死,死得其所?

㉒那人说,方老先生,他那个汉奸,有其名而无其实啊!宫老秀才看着那人,向前走了一步,苍老的眼睛突然亮了一下,似乎很信赖地看着那人说,请问先生,你的意思是不是说,汉奸也有是非之分?

㉓那人说,浊者自浊清者自清。汉奸就是汉奸,大家都是一样的,没有是非之分。但是,汉奸的路是不同的。

㉔宫老秀才眼巴巴地看着那人说,请先生赐教。

㉕那人说,有人踏上汉奸路,也就踏上了不归路,有人错上汉奸路,只要不断后路,就有退路。君不见,自古卖国下场悲,卖国哪能卖出好价钱呢?国家都没有了,仰人鼻息,就只能任人宰割了。

㉖宫老秀才愣住了,愣了许久,才颤巍巍地向那人张了张手臂,问道,先生之言,如醍醐灌顶,老夫铭记心中,以此训诫犬子。敢问先生,像犬子这样的迷路人,是否还有归路?

㉗那人说,成也萧何,败也萧何,成败得失,但凭萧何。

㉘说完,那人向宫老秀才掀掀礼帽说,新的一天又来了,对不起老人家,失陪了。说完,拱手而去。

(有删改)

1. 下列对文章的概括与分析,不正确的两项是________。

A. 第①段开头“宫老秀才住在桃花坞”。“桃花”在东晋大诗人陶渊明的《桃花源记》中,被赋予了隐逸和超脱的气质。“桃花源”象征着“世外桃源”与“理想世界”。“桃花坞”,出自明代唐寅的《桃花庵歌》中的一句:“桃花坞里桃花庵,桃花庵里桃花仙。”隐含着淡泊功名、享受归隐的情韵。本文把本来象征着享受归隐生活的世外桃源“桃花坞”,用在此处具有“反讽”的作用。

B. 第⑥段画线部分引用的诗句,出自南宋爱国诗人苏轼的《示儿》,是苏轼临死前写下的遗愿:如果有一天中原统一了,一定在祭祀我的时候,把这件事告诉我。表达了陆游的爱国志向,以及对朝廷无为的悲愤。

C. 宫老秀才之所以经常来方蕴初的墓地,仅仅是因为他特别喜欢这里的环境,希望死后自己也能葬在这里。

D. 第⑫段“富甲一方思泽一方辉映江淮流芳千古”与第⑱段相呼应,第⑬段“深明大义远见卓识王道乐土锦上添花”与第④段呼应。

2. 你觉得宫老秀才是一个怎样的人物形象,请结合小说的具体内容,谈谈你的理解。

3. 第㉖段中,宫老秀才表示,他会“以此训诫犬子”。请结合文本设想一下,见到儿子后,宫老秀才会怎样“训诫”儿子。

【参考答案】

1. BC。[**解析**]B 项,《示儿》的作者是陆游;C 项,宫老秀才常去的原因:①喜欢这块风水宝地(“颇有瞻前顾后吞吐山河之雄浑气势,一看就是块风水宝地”);②获取安慰(“方蕴初的墓修得这样气派,这让同样身为汉奸之父的宫老秀才从中得到些许安慰”);③同病相怜(“他觉得他和这位亡者的命运有许多相似之处,从一定意义上讲,他们是同病相怜”)。

2. 这是一个在享福的同时备受良心煎熬,处于矛盾纠结中的汉奸家属形象:①并非一味贪生怕死的无耻汉奸,是有是非观与民族耻辱感的。知道“儿子的这个师长是日本人封的,是给日本鬼子跑腿干活的。这样的师长当一天享一天福是不错,当一天也加一天罪孽”。认为方蕴初“弥留之际交代后人当汉奸挂日本国旗”是有损人格和国格的事情,当汉奸会“被钉在历史的耻辱柱上”“遗臭万年”。陆游的《示儿》也“常常在老爷子的心头闪现”。②纠结在求生本能与道德审判的矛盾之中。一方面,担心“没准哪天抗日部队来了,真的把儿子五马分尸”“梦里醒来,次日一天都是惊魂不定”。在看到“像方蕴初这样的著名汉奸都能享受这样的好墓地”时,又宽慰自己“谁说当汉奸不得好死?”,可是想到“方蕴初的墓地经常被人扔些臭袜子烂鱼头的事情,心里就难免冷飕飕的”,却又开导自己“人死了,还能悲得起来吗?”

3. 从国家大义上探讨当汉奸的结局。例如:“卖国哪能卖出好价钱呢? 国家都没有了,仰人鼻息,就只能任人宰割了”;从个人角度出发规劝儿子。例如:“别说为了国家,就是为了自己,为了老父有个不被人家扔烂袜子臭鱼头的坟地,这个汉奸师长咱就别当了。”

十一、阅读下面的文字,按要求回答问题。

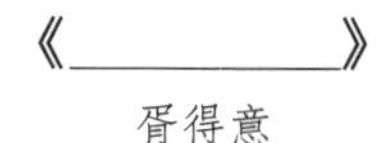

《__________》

胥得意

①当罗布在电视上第一次看到无边无际的大海后,他便知道了高原上那些叫海子的地方不是大海,而是湖泊。藏区的人们世代在高原上生活,他们把雪山脚下或是草地上面的湖泊叫成

海，是因为他们觉得眼前的这片水域太大了，像是他们心中的海。

②罗布想要走出高原，他想拥有一片真正的大海。自从有了这个梦想之后，他几乎天天都在做着关于大海的梦。他没有坐过船，不知道坐在船上是什么感觉。从电视上他看到过像足球场一样大的轮船，也看到过乘风破浪的军舰，还有运动员驾驶的帆船，无论是哪一种船，在浩瀚的海洋面前，都是那样的小。正是船的小，愈发衬托出大海的宽广无边。罗布想象不出大海的样子，哪怕是海在翻卷着浪花，拍打着海岸，也只是电视里的画面，根本闻不到海的味道。后来，罗布学会了一首汉语歌曲，叫作《大海》。没事的时候他就在雪山脚下唱这支歌。

③罗布想要去看大海。但这只是梦想，他的祖祖辈辈都在高原上，没有一个人去过海边。尤其是当爷爷听说罗布想看大海时，爷爷笑了，爷爷说，咱们高原上处处都有海子。

④又一年征兵开始了，让罗布惊喜的是要从家乡征一批海军。当得知这个消息时，罗布像是疯了一样，他央求阿爸一定允许他报名参军。

⑤阿爸没有阻拦他，只是问，"难道不是海军你就不想去了么?"

⑥罗布说，"不论是什么我都会好好干，可是我最喜欢的还是海军。"

⑦罗布如愿以偿了。当他领到水兵服的时候，他觉得梦想成真了。那天，他在草原上飞快地狂奔，雪山在飞舞，草地在旋转。女友次仁被他远远地甩在后面，只能听到他的尖叫，"我听到了大海的呼唤。"罗布的喊声在五彩经幡上飘过，一直飞向湛蓝的天空。

⑧新兵营在城市的郊区。几乎每一个夜深人静的晚上，罗布都能隐隐地听到军舰的汽笛声，浑厚悠远。每一个梦里，军舰都能在罗布的眼前出现。可是，每次醒来，只能听到战友们轻轻的鼾声。那个时候，他已经学会了《军港之夜》。他似乎感觉到了海浪在轻轻地摇，摇来摇去，他又睡着了。

⑨罗布最愿意训练的科目是队列训练。其他的科目都是迷彩服。队列训练的时候，新兵要穿上水兵服。风一吹来，罗布能够看到飘带在班长脑后飞舞，那个时候，他总会溜号，一直在想飘带在脑后轻盈舞动时，自己帅气的样子。

⑩新兵下连的日子一天天临近了，罗布不停地追问着班长他能够分到哪个舰上。班长却对他说，"所有人都要服从分配。"

⑪罗布认真地点头。一入伍，他就知道了一个道理，军人以服从命令为天职。

⑫新兵下连那天，罗布坐上了接新兵的车。可是，让他万万没有想到的是，汽车越走离海的方向越远，越走越往山里钻，最后汽车攀山而上，停在了一座山顶的雷达站前。

⑬罗布被分到了海军的一个雷达站。雷达站建在山顶上，只有一座孤零零的房子。四下望去，全是连绵的群山和密布的森林。站长说，"这里距离大海要有一百公里，但我们却在为军舰提供着信号。我们是军舰的眼睛。我们守护的是和平。"站长说得很慷慨，也很动情。站长已经在山上工作了二十多年了，肩上的杠杠一个挨着一个，脸上的皱纹也一道挨着一道。

⑭时间在一天天过去，失望的情绪笼罩住了罗布，他不知道自己这个海军怎么会跑到了这个大山里来。天气好的时候，站在塔楼顶上，隐隐地能望到最遥远的地方是白茫茫的一片。他不知道那是云雾还是海岸。

⑮那一天，罗布看到站长下了岗之后，又爬上了塔楼，他也悄悄地跟着爬了上去。站长站在塔楼顶上，遥望着远方，那时，他的目光像是穿越了眼前所有的远山和密林。罗布问站长，"你是在想家么?"

⑯站长摇摇头，"每年都能回一次家，不太想了。我当了二十多年兵了，却一次还没出过海子。"

⑰“海子?”罗布很吃惊。

⑱“对。我们家乡那儿都是大草原,我们把草原上的湖泊叫作海子。其实,那不是真正的大海。”

⑲罗布一步跨向了站长,他努力了好久,也没有说出一句话来。雾气漫上来了,整个山谷云雾涌动,这时,风也刮了起来。站长轻轻地对罗布说,“看,这多像大海呀。”

⑳罗布使劲地点头,说,“像,太像了,站长,我都听到了海风。”

㉑山上的风确实像是海风。因为风正一下一下吹拂着罗布和站长帽子上的飘带。

(选自《中国海洋报》,有改动)

1. 请结合文章,给这篇小说取个你认为最合适的题目:________

2. 请用简洁的语言完成下面的题目。

第⑬段中,“雷达站建在山顶上,只有这一座孤零零的房子。四下望去,全是连绵的群山和密布的森林。”表现了罗布当时__________的心理?“肩上的杠杠一个挨着一个,脸上的皱纹也一道挨着一道”,生动地概括了__________?

3. 小说结尾画线部分颇耐人寻味,请结合全文,谈谈你的看法。

【参考答案】

1.《海风吹拂》《心中的海》《山顶的海风》(答案不唯一)

2. ①对大海的强烈渴望以及愿望未能实现的失落;②站长20多年的军旅生涯。

3. ①故事结构上,呼应前文,“风一吹来,罗布能够看到飘带在班长脑后飞舞,那个时候,他总会溜号,一直在想飘带在脑后轻盈舞动时,自己帅气的样子。”

②人物形象上,使罗布和站长的形象更加丰满,使军人的崇高形象定格在读者心中。

③思想内容上,使小说主题得到深化,讴歌了当代军人忠于职守、无私奉献的精神。

④审美意蕴上,使小说充满诗情画意,为读者留下想象空间。

第二节　散文类文本

【考试大纲解读】

考试大纲对散文类文本的阅读要求如下:

1. 了解军旅文学的发展历程、代表作家及作品。

2. 理解小说、散文、诗歌等文学作品中重要词语的含义以及重要句子的含义。

3. 分析作品结构,概括作品主题;分析作品体裁的基本特征和主要表现手法。

4. 体会重要语句的丰富含意,品味精彩的语言表达艺术;鉴赏作品的形象,领悟作品的艺术魅力;评价作品表现出来的价值判断和审美取向。

5. 从不同的角度和层面发掘作品的意蕴、民族心理和人文精神;探讨作者的创作背景和创作意图;对作品进行个性化阅读和有创意的解读。

散文类文本阅读题,近5年被小说阅读所取代了。对散文类阅读技巧、考试题型、答题方式等知识进行一般了解即可,以备万一之需。

【考试真题解读】

Ⅰ. 2015 年真题回放

谁能让我带走星空

迟子建

① 年过完了,我也要返城了。每次离开故乡,家人都会让我带上各色绿色食品,野生的蘑菇木耳,磨坊磨出的黑面,各类江鱼,韭菜花,风干肠,小笨鸡,山野菜等等,够我吃小半年的。因为这半个冬天在哈尔滨被 PM2.5 所害,太向往新鲜空气了,我这次最想带走的,不是故乡的吃食,而是星空!因为带走这样的星空,就有了蓝天,有了好空气,有了温柔的梦乡!

② 可是谁能让我带走星空呢?我们又是在哪里失去了灿烂星空呢?

③ 祭灶前夜,我回到故乡。想必半个冬天在哈尔滨为烟霭所困,没过多少有蓝天的日子,也没呼吸多少空气,眼睛和肺子空前亏着了,所以下了火车进了家,一顿酒肉下肚,见午后阳光甚好,窗外是白雪世界,也不顾旅途劳顿,冒着零下四十度的严寒,就去户外散步了。

④ 我没戴口罩,大口大口呼吸着来自山野的新鲜空气。踩着白雪走在街上,听着"咯吱——咯吱——"的回声,如闻天籁。抬头看天,它是那么的蓝,蓝得不真实似的,让人怀疑自己被罩在水晶玻璃里,直想用一把大锤,砸向那片蔚蓝,看它是不是天!百货商场前的小广场,成了爆竹、春联和灯笼的专卖场。卖主们一边招揽生意,一边跺脚御寒。不跺脚也不行啊,他们穿得再厚,也厚不过寒风的脸皮。我心想,这红红火火的春联和灯笼,要是变成一汪炭火该多好啊,可惜我不是魔法师。

⑤ 腊月的街市,一派忙年的情景。街角卖花生瓜子的汉子,在外站了多半天了吧,他的黑胡子挂着霜,成了白胡子了!卖糖葫芦的女人,冻得嘶嘶哈哈的,脸颊比糖葫芦还鲜艳!最引人注目的,是一条拉着三轮车奔跑的大黄狗。三轮车上栽着一个老头和他采买的年货。狗跑得一身热气,眼脸处雪茫茫的,而老头叼着烟袋,自在地吸烟。联想起在城里看到的那些被主人打扮得漂漂亮亮的宠物狗,我对这条大黄狗,无比怜惜。但转而一想,这狗参与了忙年的事务,有新鲜空气可吸,能为主人出力,兴许还很快乐呢。

⑥ 这场雪中漫步,使我受了风寒,当夜就咳嗽起来。咳得睡不着的时候,我关掉灯,站在窗前望星空。窗外的山峦原野,此刻被白雪统帅着,即便下弦月的日子,半个月,亮加上满天繁星,也把它们照亮了。故乡的星空显得很低,星星仿佛枝头的花朵,唾手可得。这样的星空,也就给人花团锦簇的感觉。我也曾无数次站在城市窗前望星空,可那里空气一年不如。一年,我见到的星月,容颜也就越来越憔悴。月亮常常乌蒙蒙就出来了,像是多日没洗脸似的;而星星稀疏极了,混沌的大气中,有一张看不见的嘴,吞噬了太多的星星。所以每次回乡,我最惬意的,就是望星空。

⑦ 第二天母亲推门而至,见我重感冒了,埋怨我不该一下火车就去散步,待她看到我夜里没拉窗帘,"啊呀——"叫了一声,说我这是犯着星星了!在她眼里,星星不都是好东西,有心肠坏的,夜里缠磨在人身上;会让人害病。明明是寒风犯下的错儿,母亲非算到星星身上,我心里直为它们叫屈。星星知道自己落了埋怨吧,我生病的那几天,它们忙碌极了,频频来我床前探视。没有一个夜晚,我不是沐浴着星光入睡的。<u>这样的星光就是一味芬芳的药,很快治好了我的病</u>。

⑧ 我的故乡并不是世外桃源,因为有人类的地方,就会有罪恶,有腐臭和腥膻。所幸它的广阔和它的不发达,给这里的人们提供了良好的生存空间。即便是冬天,哪怕零下三四十度的严寒,哪怕吸进肺子的是冰碴,但这清冽的空气是多么令人留恋啊。

⑨ 三十年前,我曾写过一篇童话《拾月光》,说是一个少年背着桦皮篓,带把小铲子,每天去冰面拾月光,把月光带到冰屋子里,当柴来烧。那时的我无论在城市还是乡村,都被月亮朗照着,所以写出了这样的童话。而如今身处之境越来越污浊,怕是这样的幻想,再不会在心中发芽了。

⑩ 如果我们不能给下一代一个美丽星空,我们眼前的繁华,都将化为尘埃。

1. 第②段两句独立成段,联系全文,谈谈作者这样写的用意。(6 分)

2. 解释下列两句话在文中的含义。(4 分)

(1) 这样的星光就是一味芬芳的药,很快治好了我的病。

(2) 如果我们不能给下一代一个美丽星空,我们眼前的繁华,都将化为尘埃。

3. 这篇文章写到了哪些方面的对比?有什么好处?请结合全文简要回答。(4 分)

4. 这篇文章是怎样构思的?请简要分析。(6 分)

Ⅱ. 2014 年真题回放

时光村落里的往事

周国平

人分两种,一种人有往事,另一种人没有往事。

有往事的人爱生命,对时光流逝无比痛惜,因而怀着一种特别的爱意,把自己所经历的一切,珍藏在心灵的谷仓里。

世上什么不是往事呢?此刻我所看到、听到、经历到的一切,无不转瞬即逝,成为往事。所以,珍惜往事的人便满怀爱怜地注视一切,注视即将被收割的麦田,正在落叶的树,最后开放的花朵,大路上边走边衰老的行人。这种对万物的依依惜别之情是爱的至深源泉。由于这爱,一个人才会真正用心在看,在听,在生活。

是的,只有珍惜往事的人才真正在生活。

没有往事的人对时光流逝毫不在乎,这种麻木使他轻慢万物,凡经历的一切都如过眼烟云,随风飘散,什么也留不下。他根本没有想到要留下。他只是貌似在看、在听、在生活罢了,实际上早已是一具没有灵魂的空壳。

珍惜往事的人也一定有一颗温柔爱人的心。

当我们的亲人远行或故世之后,我们会不由自主地百般追念他们的好处,悔恨自己的疏忽和过错。然而,事实上,即使尚未生离死别,我们所爱的人何尝不是在时时刻刻离我们而去呢?

浩渺宇宙间,任何一个生灵的降生都是偶然的,离去却是必然的;一个生灵与另一个生灵的相遇总是千载一瞬,分别却是万劫不复。说到底,谁和谁不同是这空空世界里的天涯沦落人?

在平凡的日常生活中,你已经习惯了和你所爱的人的相处,仿佛日子会这样无限延续下去。忽然有一天,你心头一惊,想起时光在飞快流逝,正无可挽回地把你、你所爱的人以及你们共同拥有的一切带走。于是,你心中升起一股柔情,想要保护你的爱人免遭时光劫掠。你还深切感到,平凡生活中这些最简单的幸福也是多么宝贵,有着稍纵即逝的惊人的美……

人是怎样获得一个灵魂的?

通过往事。

正是被亲切爱抚着的无数往事使灵魂有了深度和广度,造就了一个丰满的灵魂。在这样一个灵魂中,一切往事都继续活着:从前的露珠在继续闪光,某个黑夜里飘来的歌声在继续回荡,曾经醉过的酒在继续芳香,早已死去的亲人在继续对你说话……你透过活着的往事看世界,世界别具魅力。活着的往事——这是灵魂之所以具有孕育力和创造力的秘密所在。

在一切往事中,童年占据着最重要的篇章。童年是灵魂生长的源头。我甚至要说,灵魂无非就是一颗成熟了的童心,因为成熟而不会再失去。圣埃克苏佩里创作的童话中的小王子说得好:"使沙漠显得美丽的,是它在什么地方藏着一口水井。"我相信童年就是人生沙漠中的这样一口水井。始终携带着童年走人生之路的人是幸福的,由于心中藏着永不枯竭的爱的源泉,最荒凉的沙漠也化作了美丽的风景。

"上帝创造了乡村,人类创造了城市。"这是英国诗人库柏的诗句。我要补充说:在乡村中,时间保持着上帝创造时的形态,它是岁月和光阴;在城市里,时间却被抽象成了日历和数字。

在城市里,光阴是停滞的。城市没有季节,它的春天没有融雪和归来的候鸟,秋天没有落叶和收割的庄稼。只有敏感到时光流逝的人才有往事,可是,城里人整年被各种建筑物包围着,他对季节变化和岁月交替会有什么敏锐的感觉呢?

何况在现代商业社会中,人们活得愈来愈匆忙,哪里有工夫去注意草木发芽、树叶飘落这种小事!哪里有闲心用眼睛看,用耳朵听,用心灵感受!时间就是金钱,生活被简化为尽快地赚钱和花钱。沉思未免奢侈,回味往事简直是浪费。一个古怪的矛盾:生活节奏加快了,然而没有生活。天天争分夺秒,岁岁年华虚度,到头来发现一辈子真短。怎么会不短呢?没有值得回忆的往事,一眼就望到了头。

1. 在作者看来,珍惜往事的人有什么特点?请简要概括。

2. 简析画线句"我相信童年就是人生沙漠中的这样一口水井"的表达效果。

3. 简析画线句"生活节奏加快了,然而没有生活"的含义。

4. 作者写这篇文章的意图是什么?

Ⅲ. 对考试真题的解读及复习指导

2015年之前,散文是文学类文本的必考题。多以抒情散文为考查文本,仅有一次用记叙性散文作考查文本。分值在18~20分。题目类型多是概括题、写作技巧题、词句理解赏析题,只有少数是中心概括题和全文理解的综合选择题。

之所以把散文作为文学阅读的一个独立单元来处理,一是我们预测今后出散文阅读理解题的可能性越来越大,它文学性更强,更适合用来考查文学鉴赏的能力;二是散文有自己的特点和特殊的命题方式。建议大家对本节内容予以适当的关注,学习中不必作为重点来对待。

【散文阅读知识介绍】

一、散文阅读的步骤

一读——整体感知:了解主要内容,归纳中心意思,分析题目含义。最好能简要概括中心意思。

二理——理清思路:一抓抒情议论句,二抓过渡句,三抓每层每段中心句。注意做标记。

三找——找答题区域,画出相关处。

四述——整合答案。①提炼组合:有的答案隐含于文中,须提炼;有的答案分散在各处,须组合。②组织归纳:围绕要点,句子通顺,言简意赅。

二、散文阅读的题型

（一）题型一：词句含义类

1. 提问方式

——××（词语或句子）的含义是什么？××有什么意蕴？

2. 解题方法

用来考查的词句通常是：生动、形象、含蓄的句子；运用了修辞手法的句子；在文中起关键作用的句子。

解题时要先从词句的表层含意理解，再联系前后文，看看段意，得出答案。

3. 解题步骤

弄清句子出处；明确其修辞手法、表现手法等；从语句内容角度分析语句的具体含义，如找出比喻句中的本体和喻体；去掉喻体成分，概括为平实准确的语言，阐明语句艺术效果——表达了作者怎样的思想感情。

4. 基本答题模式

抓关键词+分解句子+整合答案（结合主旨）

（二）题型二：人称类

人称类提问方式：

——使用这种人称来写，其好处是什么？或者：为什么要改变人称？

——这篇散文中，作者主要用第二人称写……，这样写的好处是什么？

第一人称：亲切、自然、真实，适于心理描写，以自己的经历和感受（小说中“我”未必是作者本人，一些散文也是如此），加强见闻和感受的真实性。

第二人称：以对面交流的形式，加强了互动效果，亲切（有亲和力），强化了抒情作用，还能起拟人化的作用。

第三人称：作者从旁叙述，增强了客观性，显得客观冷静，不受时空限制，便于叙事和议论。

（三）题型三：分析作品结构

1. 语段在文中的结构作用，提问方式

——从全文看，××句（段）在内容和结构起了什么作用？

分析作品结构，考查某句（段）话或某物在文中有什么作用。

语段的作用，集中体现在内容上、结构上两大方面，可以从情节内容、思想情感、行文结构、主题表达、写作技巧五个方面进行思考。

2. 结构作用的专用术语

（1）文首：①开篇点题、总领全文；②渲染气氛，营造氛围，烘托情感；③设置悬念，为下文作铺垫。

（2）文中：承上启下；总领下文；总结上文；呼应前文、照应后文。

（3）文末：①点明中心，升华感情，深化主题；②收缩全文（总结全文），照应开头，结构严谨，画龙点睛，言有尽而意无穷。

（四）题型四：鉴赏艺术手法类

1. 提问方式

——运用了什么样的艺术手法（艺术技巧、表达技巧等）？

——作者是如何写“……”的？这样写有什么作用（或好处、妙处）？

——赏析这段文字（这句话）的艺术手法和作用或表达效果。分析这段文字。

2. 答题模式

手法＋分析＋艺术效果（注意叠词：）＋表达感情。

（五）题型五：鉴赏作品语言

1. 语言特点赏析角度

——从修辞的角度鉴赏，如比喻、拟人、夸张、排比、引用、对偶、借代等，这些修辞手法本身具有典型的作用。如比喻的作用是化此为彼，形象生动，想象力丰富；拟人的作用是化物为人，亲切自然，人格化等。

——从语体的角度鉴赏，如：书面语与口语、普通用语与专业术语等。

——从句式的角度鉴赏，如叠字叠词，动词、形容词、量词的选用，整句或散句、长句或短句等。

——从语言风格的角度鉴赏，如自然淡雅、平和冲淡、苍劲雄健、绚丽浓艳、清婉隽永、形象含蓄等。再如：准确简练、生动形象、行云流水、幽默辛辣、含蓄隽永、平实、自然、质朴、清新明快、典雅厚重、富有书卷气、凝练传神……

注意：鉴赏语言作品，必须要了解语言的风格类型。理解并积累一些专用术语，加深对语言文字的特色的体会。

2. 概括语言特点的常用术语

浓墨重彩，惟妙惟肖，体物入微，行云流水，言近旨远，言简意丰，意在言外，含蓄蕴藉，整散结合。常用的还有：清新，平淡，质朴，淡雅，明快，华丽，委婉，富有哲理，幽默诙谐，情韵悠长，引人回味。

（六）题型六：引用文句

1. 引用的类别

（1）引用传说故事：增强文章的文学趣味、神秘色彩，丰富（充实）文章的内容。

（2）引用诗词：丰富（充实）文章内容，结合描写的景物，可增强文章的诗情画意，使文章具有意境美。

（3）引用名言：使文章更具有说服力。

2. 提问表述方式

——品味××句话的表现力，分析其表达特色。

——××（词句）的含义是什么？××（词句）有什么意蕴？

词语特殊含义有指代义、修辞义、语境义。要注意从原文中摘取、提炼、概括。

——文中成功地运用了什么艺术手法（艺术技巧、表达技巧等），请简要分析。

——这篇文章写到了哪些方面的对比，简要分析这种写法的好处。

——作者是如何写“……”的？作者是怎样把本文写得情趣盎然的？

3. 答题模式

描写（表现）对象（内容）＋手法（修辞格）＋分析＋表达（艺术）效果（情感、语言等）。

4. 引用类考题的答题要点

对当前语段的内容作用；对全文的内容作用；增加权威性、文学性、历史性、文化性；等等。

尤其需要注意的一点是：具体回答问题时，答什么内容，要结合文体和功能特点而定，不可以完全罗列,不可以没有针对性。

考查词句含义的通常包括:生动、形象、含蓄的句子;运用了修辞手法的句子;在文中起关键作用的句子。

解题时要先从词句的表层含意理解,再联系前后文,看看段意,得出答案。

5. 解题步骤

(1) 应该明确表现手法。

(2) 从语句内容角度分析语句的具体含义。

(3) 阐明语句艺术效果表达了作者怎样的思想感情。

6. 注意事项

此类题型还需从以下角度思考:

动静:动静结合,以动衬静(以静衬动)。

虚实:虚实相生,以虚写实(以实写虚即化抽象为具体)。此种手法常和想象、联想联系在一起。

顺序:时间、古今、季节、早晚。

空间:远近、表里、俯视、仰视与平视,整体与局部。

感觉:视觉、触觉、味觉、听觉、嗅觉(注意“通感”的运用)。

(七) 题型七:文题

1. 提问方式

——谈谈你对本文题目的理解。

——试分析本文题目的作用。

——给本文加(换)题目。

2. 题型举例

——试分析文章标题“长在岩石下面的小花”的作用?

示例:形象地点名了文章的主旨,暗喻了在逆境中顽强奋斗的人。

——文章为什么要以“六个馒头”为线索?

示例:之所以以六个馒头为线索,是因馒头凝聚着同学们的深情厚谊,运用它能够更好地表现文章的主题,可以充分引起阅读兴趣。

——作者为什么用“××”作为文章的题目? 请联系全文,谈谈你的理解。

注意解释题目中关键词的含义、表明人物的感情、主旨。

示例:因为石头是文中传达情感,表达爱意的物品,用“痴心”来修饰“石头”,表达父母对我的爱达到了痴迷的程度。

——文章主要写的是对“兰草”的欣赏、品评,可文题却用“访兰”而不用“赏兰”,为什么?

答题思路:解释题目中关键字、与人物的关系(表明人物的感情)、表现手法、修辞手法。

示例:“访”有寻求的意思,对兰草的访问表明了我与父亲对兰草淳朴高雅品格的敬仰,同时,用“访”把兰草人格化了,更突出了兰草的象征意义。

3. 答题技巧

先看标题的本义,再思考其深层含义,最后,结合题目本身的特点,分析其效果。

【强化练习】

一、阅读文章，按要求回答问题。

梵　高

吴冠中

每当我向不知梵高其人其画的人们介绍梵高时，往往自己先就激动，却找不到确切的语言来表达我的感受。以李白比其狂放？不合适。以玄奘比其信念？不恰当。以李贺或王勃比其短命才华？不一样。我童年看到飞蛾扑火被焚时，留下深刻的永难磨灭的印象，梵高，他扑向太阳，被太阳熔化了！

梵高是以其绚烂的色彩、奔放的笔触表达狂热的感情而为人们熟知的。但他不同于印象派。印象派捕捉对象外表的美，梵高爱的是对象的本质，犹如对象的情人，他力图渗入对象的内部而占有其全部。印象派爱光，梵高爱的不是光，而是发光的太阳。我从青少年学画时起，一见梵高的作品便倾心，此后一直热爱他，到今天这种热爱感情无丝毫衰退。我想这吸引力除了来自其绘画本身的美以外，更多的是由于他火热的心与对象结成了不可分割的整体，他的作品能打动人的灵魂。形式美和意境美在梵高作品里得到了自然的、自由的和高度的结合，在人像中如此，在风景、静物中也如此。古今中外有千千万万画家，当他们的心灵已枯竭时，他们的手仍在继续作画，言之无情的乏味的图画汗牛充栋；但梵高的作品几乎每一幅都透露了作者的心脏在跳动。

梵高不倦地画向日葵。当他说“黄色何其美！”时，这不仅仅是画家感觉的反应，其间更包含着宗教信仰的感情。对于他，黄色是太阳之光，光和热的象征。他眼里的向日葵不是寻常的花朵，当我第一次见到他的向日葵时，我立即感到自己是多么渺小，我在瞻仰一群精力充沛、品格高尚、不修边幅、胸中怀有郁勃之气的劳苦人民肖像！米开朗琪罗的摩西像一经被谁见过，它的形象便永远留在谁的记忆里。看过梵高的《向日葵》的人们，他们的深刻感受永远不会被世间无数向日葵所混淆、冲淡！一把粗木椅子、坐垫是草扎的，屋里虽简陋，椅脚却可舒畅地伸展，那是爷爷坐过的吧！或者它就是老爷爷！椅上一只烟斗透露了咱们家生活的许多侧面！椅腿椅背是平凡的横与直的结构，草垫也是直线向心的线组织。你再观察吧，那朴素色彩间却变化多端，甚至可说是华丽动人！凡是体验过留意过苦难生活、纯朴生活的人们，看到这幅画当会感到分外亲切，它令人恋念、落泪！

梵高热爱土地，他的大量风景画不是景致，不是旅行游记，是人们生活在其间的大地，是孕育生命的空间，是母亲！他给弟弟提奥的信写道：“……如果要生长，必须埋到土地里去。我告诉你，将你种到德朗特的土地里去，你将于此发芽，别在人行道上枯死了。你将会对我说，有在城市中生长的草木，但你是麦子，你的位置是在麦田里……”他画铺满庄稼的田野、枝叶繁茂的果园、赤日当空下大地的热浪、风中的飞鸟，所有的用笔都具运动倾向，表现了一切生命都在滚动……都缘自画家的心在燃烧。

梵高几乎不用平涂手法。他的人像的背景即使是一片单纯的色调，也凭其强烈韵律感的笔触推进变化极微妙的色彩组成。就像是流水的河面，其间还有暗流和漩涡。人们经常被他的画意带进繁星闪烁的天空、瀑布奔腾的山谷……他不用纯灰色，但他的鲜明色彩并不艳，是含灰性质的，沉着的。他的画面往往通体透明无渣滓，如用银光闪闪的色彩所画的西莱尼饭店，明度和色相的掌握十分严谨,深色和重色的运用可说惜墨如金。他善于在极复杂极丰富的色块、色线和色点的交响乐中托出对象单纯的本质神貌。

梵高的作品流露出他对绘画的专注和痴狂,他是一个艺术狂人,他对人生的执著、对爱情的执著皆在孤独的燃烧中一点点融进了他那一幅幅天才作品中,激荡着人们的灵魂。

(选自《20世纪末中国文学作品·散文卷》,有删改)

1. 对这篇散文思想内容与艺术特色的分析和鉴赏,最恰当的两项是________。

A. 第①段运用类比和夸张的手法,以充满感情的笔触,揭示了梵高狂放的性格、执著的信念,表达了作者对梵高的热爱与敬仰之情。

B. 梵高的画以色彩绚烂、笔触奔放著称,他善于通过复杂丰富的色块、色线和色点托出表达对象的外在美。

C. 第②段将画中的向日葵想象成一群劳苦人民,揭示了画中蕴含的精神内涵,即精力充沛,品格高尚,充满生气。

D. 印象派捕捉对象外表的美,梵高爱的是对象的本质,力图渗入对象的内部;印象派爱光,梵高也爱光——发光的太阳。

E. 梵高的作品能打动人的灵魂,是因为梵高热爱生命,信念执著,他火热的心与所画对象结成了不可分割的整体。

2. 梵高为什么会不倦地画向日葵?他的《向日葵》为何能打动人?请简要分析。

3. 梵高的画有哪些显著特点?请结合全文简要概括。

4. 梵高是享誉世界的绘画艺术大师。请结合文本,分析探究他获得如此艺术成就的原因。

【参考答案】

1. EC。[**解析**]D项,“梵高也爱光——发光的太阳”分析不准确,应为“梵高爱的不是光,而是发光的太阳”。见第②段。A项,没有运用夸张的手法。B项,“托出表达对象的外在美”分析不准确,应为“托出对象单纯的本质神貌”。见第⑤段。

2. 第一问:因为他眼里的向日葵不是寻常的花朵,向日葵的黄色包含着宗教信仰的感情,黄色是太阳之光,是光和热的象征。第二问:梵高的《向日葵》色彩朴素,但变化多端,凡是体验过留意过苦难生活、纯朴生活的人们,看到它都会感到分外亲切,会落泪。

3. ①以绚烂的色彩、奔放的笔触表达狂热的感情;②力图渗入对象的内部,表现对象的本质;③火热的心与对象结成不可分割的整体,能打动人的心灵;④偏爱黄色,不倦地画向日葵,其间包含着宗教信仰的感情;⑤多画自然景物,所有的用笔都具有运动倾向;⑥善于通过极复杂丰富的色块、色线和色点托出对象单纯的本质神貌。

4. ①对生活充满了希望,充满了激情;②在生活中,以发现美的眼睛,去寻找美,使自己灰暗的生活,增添更多的亮色;③用心去体验生活,表现生活;④对绘画极其专注和痴狂,让自己执著的感情,一点点融进每一幅作品中。

二、阅读文章,按要求回答问题。

乡野诗韵——水缸:静悟的诗人

宋长征

① 水缸呆在锅沿旁,水缸里不断清水。那些清粼粼的水,是活泛日子的水,是从遥远的雪山蜿蜒千里万里,从大地的深层输送到村庄地下的水。

② 水源是一口老井，老井的青石板上爬满青苔。唯独站人的地方，踏出两个浅浅的石窝子。村里人汲水，必要俯下身来，低下头来，如同感恩这天地之水——以澄明，以无私，以源源不绝的爱，哺育着温暖的村庄。

③ 水缸放在厨房里，厨房就是一架低矮的土屋。夜很静，月很明，白白的月光打在水面上，水缸里就有了一轮皎洁的月亮。父亲说，水缸里不能缺水，缺了水的日子就像长在墙头上的草，撑不了几天就会蔫头巴脑。分工，不管大小，一二三四往下排，大哥二哥不在家，为了挣得自己岁月里的那条活路远走他乡，三哥保家卫国去当兵，家里就剩下父亲和我两个男人。当然，父亲已经行动不便很多年，挑水的重担就落在二姐三姐和我的肩膀上。剪子包袱锤，很多次我都赢了她们。背地里，我狡黠地告诉父亲，我爱出锤子，小小的一只手，像握紧的螳螂爪子，这样，二姐和三姐的剪子就不得不敛去锋芒。恍惚的记忆里，好像两个人忽然背过脸去，吃吃地笑起了什么。

④ 水缸里的水常年不断，二姐三姐的肩膀能撑起一片天。棉花捉虫打叉，玉米除草打农药，割草喂牛，拣柴做饭，里里外外收拾得井井有条。我呢，顽皮得像一阵风在村子里跑来跑去，下河捉鱼，上树抓鸟，后来趴在昏黄的油灯下看书写字。我咬着铅笔头，说二姐三姐怎么这么傻，我不总是喜欢出锤子么，为什么你们一次包袱也不出？母亲停下手中嘤嘤的纺车，说我才是一个十足的傻小子。你傻别人可没那么傻，明明是二姐三姐商量好了只出剪子，就为了让你少出点力气。

⑤ 我是傻，呆呆地站在水缸前面不说话，眼泪吧嗒吧嗒掉进水缸里。水缸里的月亮好像也在笑，笑一个自以为聪明的人。<u>水缸不说话，水缸里的水就是水缸的心思，清净明亮，能照见一个人的灵魂。</u>

⑥ 我还记得第一次挑水的样子，父亲站在远处看着，我把两只脚踏进两个浅浅的石窝子。井绳三米多长，就像一条联系起天与地、现实与梦幻的线索。我要学会和大地对话，我要学会向一口老井致意，我要学会向滋养生命与灵魂的水，倾诉心中太多的感恩。

⑦ 当然，我深深记得自己笨拙的样子，把井里的那轮月明，摇曳成一片闪闪的碎银光泽。盛在水桶里，就多了两个一模一样的月亮。可是我的肩膀实在瘦弱，可是我的力气实在还不够充裕。扁担硬生生地硌在肩膀上，不是前面高后面低，就是像喝醉酒一样左右摇摆。一次，两次，直到脚步渐渐沉实，直到肩膀足够坚强，盛在水桶里的水，再也不会像闪闪的碎银一样，泼洒一路。至此，水缸里终于有了我满怀希望放进水中的一轮月明。

⑧ 水缸是陶制的器皿。在乡下，哪一家的锅沿旁不周周正正放着一口浅浅的水缸？水缸不会悭吝，盛进多少舀出来多少，绝不贪恋一点一滴。勺子碰锅沿，柴火暖着灶膛，一口水缸里盛放的是一家人清清浅浅的光阴。你从牙牙学语，蹒跚学步，到成为一个风华正茂的少男少女，水缸也就老了，老了的水缸依旧在乡间的厨房里恪尽职守。水缸不会歌唱，煮好热气腾腾的玉米粥，果腹生在乡村屋檐下的我们。吃剩的饭食，母亲用来喂鸡，母鸡就能咯咯下蛋，公鸡就能站在高高的树杈上，喔喔叫醒黎明。路过庄稼院的鸟儿，母亲也会从水缸里盛一碗清水，撒一把粮食放在院落里。这样，就能听见唤醒春天的鸟鸣。

⑨ 水缸是父亲背了一袋地瓜干，去很远的集市上换来的。那时的父亲正值身强力壮，一口气把水缸背回家，放在厨房。一桶一桶清粼粼的水，就这样哗哗地倒进水缸，一口一口的人，就这样出现在低墙矮屋的庄稼院里。

⑩ 到老，父亲也没能赶上自来水。有时我会在宁静的夜里听见哗哗的水响，仿佛来自远山，仿佛来自一条清澈的小溪，仿佛是大地深处一条血脉奔涌的时光暗河，一直流进苍老的水缸里。

⑪ 水是活着的诗，水缸是一个<u>日夜静悟的诗人</u>。

⑫ 有些简单而质朴的诗句，往往并非孔雀绚丽的羽翎。当远处的暮鼓晨钟敲响，你听，沿着生命回溯的那条河流的源头，一口水缸泛起冷冷的水光，缀满闪光的词语。

1. 对这篇散文思想内容与艺术特色的分析和鉴赏，最恰当的两项是________。

A. 本文以“水缸”作为叙事的主线，选取了记忆中家庭生活的点滴琐事，并以此为载体，表达了丰富的情感。

B. 文中叙述“我”在年纪尚小时便要承担起挑水的重任，这是一个生活在乡村的家庭的缩影，回忆中满含辛酸。

C. 文中简要描写了父亲、母亲的行为，转述了他们的只言片语，虽着墨不多，但他们勤劳、质朴、明理的形象已经跃然纸上。

D. 文章在第⑨段才交代水缸的来历，采用了倒叙的手法，使本文的情节波澜起伏，体现了作者的叙事技巧。

E. 本文将叙事和议论融为一体，文章语言质朴，意境优美，字里行间饱含深情，颇具感染力。

2. 结合全文内容，解释文中画线句子的含义。

（1）水缸不说话，水缸里的水就是水缸的心思，清净明亮，能照见一个人的灵魂。

（2）有些简单而质朴的诗句，往往并非孔雀绚丽的羽翎。

3. 文中多次写到月亮、月光，有什么作用？

4. 在作者的眼里，“水缸”具有哪些特点？“水缸”为什么是“一个日夜静悟的诗人”？

【参考答案】

1. CA。[**解析**]E 项，“本文将叙事和议论融为一体”分析有误，应为“本文将叙事和抒情融为一体”。B 项，“满含辛酸”说法不对，作者叙述的这一情节让我们看到的是他成长的过程，感受到的是浓浓的亲情。D 项，“采用了倒叙的手法，使本文的情节波澜起伏”理解有误，交代水缸的来历属补叙，而补叙历来是为了使文章结构完整，更好地表达主题。

2.（1）水缸里的水见证了姐姐们对“我”的爱护，也见证了“我”的自作聪明，让“我”感到惭愧。

（2）水缸没有华丽的外表，却有着丰富的内涵。

3. ①从内容上看，月亮、月光既是“我”成长的见证者，也是水缸默默服务、滋养我们一家人的见证者。②从结构上看，文中对月亮、月光的描写，照应了文章题目中的“诗人”二字，营造了浓郁的抒情氛围。

4. 第一问：水缸从不悭吝（无私）、恪尽职守、滋养万物（默默奉献）。第二问：①“水缸”日夜伴随着“我们”，默默奉献、恪尽职守，滋养了“我”的家人。②“水缸”见证了“我”的成长和成熟，让“我”明白爱与感恩，寄托着姐姐们对“我”的浓烈亲情。③“水缸”见证了父亲的日渐老去，浓缩了父亲对整个家庭的辛勤付出。

三、阅读下面的文字，按要求回答问题。

鸟 群

高亚平

① 又是一个金风送爽的季节，我携妻带子回到了故乡。原野上，一丘丘成熟的水稻、苞谷、大豆散发出一种诱人的清香。农人们正在修车磨镰准备秋收，孩子们在乡场上玩耍，一群群的鸡在田畔渠头觅食。我望着眼前这些熟悉的场景，心里感到异常亲切。然而，于我的记忆中，似

乎总少了一些什么,是什么呢?是鸟群。那种一到秋天,便一群一群的,于空中盘旋起落呼啸而过的鸟群。

② 在我童稚的心灵里,在我少年无羁的记忆里,鸟群实在是一种令人陶醉的景观。

③ 我的家乡在樊川的腹地,它南依终南山,北靠少陵原;东傍一片丘陵,西依神禾原。川地中有无数的溪渠沟汊穿流其中。独特的地理环境,使这里水丰地肥,林木丰茂,是鸟类栖身觅食、繁衍生息的理想所在。记忆中,少年时代家乡的鸟似乎特别地多,房前屋后,水湄旷野,到处可见到鸟儿们飞翔的身影,觅食、嬉戏的踪迹。我家的门前是一道小溪,沿溪边生长着两排高大的树木,树木多为白杨、榆柳,也有一棵苦楝。树的顶端有许多鸟窝,小巧玲珑的斑鸠窝,棕色硕大的喜鹊、铁老鸦窝,还有白鹤窝,黄鹂窝,以及一些不知名的鸟窝。至于麻雀、燕子,它们的窝筑于人家的檐下屋内。故而,我一年四季可以听到鸟儿们的鸣啼。

④ 春天,草木萌动,乡间便是一片欣欣向荣。"几处早莺争暖树,谁家新燕啄春泥",燕子、大雁北迁,它们开始忙碌筑巢。杜鹃声声,黄莺乱啼,麻雀亦喊喊喳喳,让人觉出一片盎然的春意。我常常于酣眠中被窗外树木上的鸟鸣声惊醒,睁眼一看,外面已是一片明媚;阳光已跃上了窗棂,爬上了树木梢顶。这时,我的心情便无限愉悦,穿衣起床吃饭。邀上小伙伴们,奔向原野上拔猪草,游玩嬉戏,找鸟窝,掏鸟蛋……

⑤ 一首外国歌谣这样唱道:"夏日来了,令人回忆。"其实,令我回忆的鸟群,在家乡的夏日里是决然见不到的。这并非鸟儿不多、不能成群的缘故,而是因为鸟儿们这个季节正忙于繁殖哺育后代;或者耐不得炎热,藏进绿树丛中。整个夏天,其实是鸟儿最多的时候,它们不扎群,亦不大鸣叫,只是在蓊蓊郁郁的树林里飞来飞去。只有到了傍晚,百鸟噪林的时候,你才可感到鸟儿的繁多,鸟群的庞大。一次,我和几位伙伴在树林中找蝉蜕,耐不得鸟儿的聒噪,我随手捡了一块石头,向树枝间使劲扔去,受惊的鸟儿便"轰"的一声飞向天空,霎时,鸣声一片,黑了头顶上的一片天空。

⑥ 然而,最让我痴迷的还是家乡秋天原野上的鸟群。

⑦ 几场秋风、几场秋雨之后,故乡的原野上便是一片金黄了。于丽日下,于澄明的碧空中,我们常常可以看见一道魅人的风景,那就是雁阵。大雁们排着"一"字形或"人"字形的队伍,嘎咕嘎咕地鸣叫着,从我们头顶飞过,由北而南,渐去渐远,以至于无,令少年时代的我,生出无限的畅想。而呼啸的麻雀群,若风暴骤起于蘋末,在庄稼地的上空,在乡场,刮来刮去,亦让人有一种惊心动魄的感觉。有时,麻雀群停驻在十几棵光秃秃的树上,树上便立刻像长满叶子。这些叶子在叫嚷着,吵闹着,让人觉出一种无限的生意。至于灰喜鹊,它们往往也在这个季节一大群一大群地从村庄的上空飞过,从原野上飞过,不知从哪里来,亦不知往哪里去了。还有一种鸟,我不知道叫什么名字,专门吃柿子。也是大群地来,每次来,家乡的柿子便会遭一次劫。但家乡人似乎并不恨这种鸟,有时在摘完柿子后,往往还在树上留下几个,供有些迟来的鸟儿们吃。

⑧ 曾几何时,家乡的鸟群不知不觉间消失了。生态的破坏,环境的变迁,使河流干涸,树木减少,鸟群再也找不到一个可供栖身、生存的家园。现在,家乡广袤的原野上偶尔还能见到麻雀群。但在我看来,亦没有记忆中的庞大、壮观了。<u>若干年后,连麻雀们是否也会弃我们远去?我说不清楚。</u>社会在进步,人类在繁衍,但我们谁愿意面对一个没有鸟群的明天呢?站在故乡的土地上,我翻捡着少年时代的记忆,于心灵深处默默地呼唤:归来吧,我的鸟群。

1. 对作品有关内容的分析和概括,最恰当的两项是________。

A. 作者回到故乡,感到异常亲切,却因为没有看见过去那种秋天时节一群一群的鸟儿在天空翻飞的景象,心里若有所失,总觉得少了些什么。

B. 作者的故乡水丰地肥,林木丰茂,是鸟类栖身觅食、繁衍生息的理想所在,鸟群只是成为作者童稚的心灵里令人陶醉的景观。

C. 第④段写作者少年时代早上穿衣、起床、吃饭,然后和小伙伴们到原野上拔猪草、游玩嬉戏、找鸟窝等,意在突出作者小时候天真、活泼、淘气和爱鸟。

D. 作者家乡有一种专吃柿子的鸟,但家乡人似乎并不恨这种鸟,有时甚至还在树上留下几个柿子,让迟来的鸟儿们吃,这体现了家乡人浓浓的温情。

E. 全文以故乡的鸟群为叙写对象,以记忆中的故乡的鸟群带给作者的独特感受为线索,写出了作者回到故乡后看不到鸟群的无奈与苦闷的心情。

2. 本文围绕"鸟群"展开叙述,条理清晰,请具体分析作者的行文思路。

3. 请赏析第⑦段的表现手法和作用。

4. 作者最后说:"若干年后,连麻雀们是否也会弃我们远去?我说不清楚。"作者为什么"说不清楚"?他要表达什么?请结合原文并联系现实加以探究。

【参考答案】

1. AD。[**解析**]B 项,"鸟群只是成为作者童稚的心灵里令人陶醉的景观"表述不全面,从第②段可知"鸟群已经成为作者童稚的心灵里和少年无羁的记忆里令人陶醉的景观"。C 项,"突出作者小时候天真、活泼、淘气和爱鸟"曲解文意,应该是"突出作者在鸟鸣中醒来的无限愉悦的心情"。E 项,"写出了作者回到故乡后看不到鸟群的无奈与苦闷的心情"不符合文章主题,应是"写出了作者回到故乡后产生的忧思和期盼"。

2. 开头写回家乡不见鸟群的怅然若失——接着回忆家乡春天和夏天的鸟群"令人陶醉的景观"——再写秋天的鸟群最让作者"痴迷"——最后表达作者对家乡环境被破坏、家乡鸟群消失的忧思。

3. ①烘托。用秋风秋雨、原野金黄营造氛围,烘托后文所写的秋日见到的鸟儿们;用丽日碧空烘托南飞的大雁,突出描写主体。②视听结合。在视觉方面,"金黄""碧"等色彩有很强的视觉冲击力;在听觉方面,写到鸟儿的鸣叫声、呼啸声,真切可感。③比喻。将麻雀群呼啸而起比喻成风暴骤起,把停留在秃树上众多的麻雀比喻成茂密的树叶,形象生动地描绘出鸟群壮观的景象。

4. ①"说不清楚"含意丰富,语气沉重,表达了作者内心的忧思和期盼。②作者的意思是说,现实环境生态破坏严重,如果再不高度重视环境保护、切实改善生态,故乡环境就会进一步恶化,连麻雀这道最后的风景都会消失。③其实,作者真正要表达的不仅是对故乡环境、生态的忧虑,更是对整个社会生态现实的忧虑。如果我们继续污染环境、破坏自然生态,本就脆弱的生态环境会不堪重负,带来的恶果也只有我们人类自己承受。

四、阅读下面的文字,按要求回答问题。

庄子:一个飞翔的人

朱以撒

① 深秋,在商丘的土地上走动,抬眼便可望见脱光绿叶的枝条,看到挂在树杈上的一个个空巢。巢的主人都往南方过冬去了,它们有着矫健弹性的翅膀,随着时节的转凉,毅然起飞,抛弃当时辛劳筑就的巢。巢无法跟着飞翔,随着黄叶落尽而暴露无遗,秋风秋雨扑击着它,空巢就

日渐一日地残破了。

② 这时我想起商丘的一个古人——庄子。庄子和远行的鸟一样，善于飞翔。

③ 我接触庄子的文字是在读大学的时候。当时把他的作品和老子、孔子、孟子、韩非子的作品比较起来读。我一直觉得这些文字如与庄子的文采相比，毫无疑问是素了些。尽管社会后来的发展明显地循孔说来立名立言，可是要让自己怡悦和自在一些，则不妨多多翻动庄子的文墨，在这里，我们可以知道这只大鸟如何地飞翔。

④ 飞翔的庄子是因为他极少牵绊，以至于他的思绪上九天下九渊无所不达。他的笔墨华章，我一直以为是梦境行程中的记录，那么窈兮冥兮，总是染上一层梦魇、梦幻般的色彩，创造出超现实的幻觉氛围来。那时候的人自然属性那么浓郁，科学的利器离他们那么遥远，才生出这样的浪漫情调。那些千奇百怪的形象，汇聚于庄子笔下，浩渺阔大又幽微蕴藉，也许有人要说庄子一定过着十分优渥的日子，闲来无事爱胡思乱想。错了，庄子的日子潦倒得很，"处穷闾陋巷，困窘织屦，槁项黄馘"，奇妙的想象却由此而生而长。庄子是那般地崇尚宇宙自然自我创造的"天籁""天乐"，他的自然主义审美情怀得到了很大的释放，无遮无拦无始无终。

⑤ 现在我们读庄子，大抵哈哈一笑而过，日子是越过越实在了。

⑥ 像庄子这般心灵善飞的人，是那个善于表现的时代的硕果。那个时节是我们情感上牵绊颇深的时节，百家争鸣，百花齐放，极一时之秀。庄子是那时的一首诗，一首自由磅礴的灵气冲天的长诗。庄子是异于常人的，他的笔墨里，不时出现一系列怪状错落的意象，姑射山神人、蝴蝶、水、镜，都成了超时空的象征。而现实中的他，即便是夫人过世，也敲着瓦盆歌唱。他眼中的死与生相等，都无所谓忧乐。这是常人难以理喻的。那个时节的人用他们争鸣的高低声响，张扬着他们的个性，让我们难以忘记。

⑦ 在我记住庄子的这个深秋，也记起了屈原。从生命的状态上说，屈原也算是一个能够飞翔的人。不同的是屈原不像庄子飞翔得那般轻松自如，他的牵挂太沉重了，他的心灵带着镣铐在飞，不惜以自己的血肉之躯掮住那已经走向衰败的楚国车轮子。可是谁来顾念他那逝水流年呢，他的放逐成为必然。屈原是在远离朝廷后开始心灵飞翔的，洞庭、沅水、辰阳、溆浦、湘水还有汨罗江，那时是这么的水天相接或地广人稀，他的心境也变得阔大起来。朝廷是回不去的，思路却异常发达和奇诡，他的腕下涌现出许多神灵仙人、虬龙鸾凤、香草美人。他让自己也生活在这个由自己想象编织成的意象世界里，自己也能饮朝露、食落英，浑身佩带着江蓠、辟芷、芰荷、芙蓉，散发着清香，宛若神仙一般。这个时候，应该是屈原最快乐的时候。他在这个瑰丽的世界飞翔的时日毕竟短而又短，泽畔行吟，夕阳古道，总是让他听到鼙鼓动地干戈交响，这时他飞翔的翅膀就如同灌满了铅，再也难以动弹了。

⑧ 如果说庄子的处世有一种怡然自得和自由不羁的平民气味，那么屈原的处世则很有几分英雄主义的色彩。在飞翔的高度上，两人都是乘奔御风的高手，这使我们翻开他们的文字，一不小心就坠入字里行间，不能自已。庄子死了，屈原也死了。庄子之死无疑属于喜剧，他的死如同他的梦，化蝶翩翩而去；屈原之死必然是一个悲剧，他是由于绝望而去死的，有责任感的屈原不是让自然界的代谢法则来执行，而是自己中断了生命的延伸，以至今人提起屈原颇感沉重。

⑨ 在古文人的许多辞章里，我抚摸到了他们各种各样的梦。时光绵长得让人晕眩，庄子和屈原的梦就越发瑰丽诱人，耐得住今人慢慢咀嚼。明显的是今人的翅膀上牵绊越来越多了，浪漫地飞翔真有些为难。我们也越来越少做梦了，那种岁月深处的古典浪漫已经被现代的潮水浸湿了翅羽，成了一道遥远的梦影。

1. 对散文相关内容和艺术特色的分析鉴赏，不正确的一项是________。

A. 在作者眼中，庄子是“一只鸟”“一首诗”，是因为庄子身上呈现出的超乎常人的灵气深深吸引和打动了同样具有浪漫主义气息的作者。

B. 文中大量列举庄子和屈原作品中的意象，既体现出作者对二人的熟悉和热爱，同时也使文章充满了浓郁的文化气息和浪漫主义色彩。

C. 写老子、孔子、孟子等人的作品，写屈原及他的心灵飞翔，能够更好地衬托庄子精神上的自由境界。同时也丰富了文章的内容。

D. 本文充满意趣，这得益于作者运用了丰富的联想和想象。由表及里的联想使人们对庄子的认识逐步深入，文章的主旨也在此中得以深化。

2. 理解下面两句话在文中的含义。

(1) 庄子和远行的鸟一样，善于飞翔。

(2) 他的心灵带着镣铐在飞。

3. 这篇散文的结尾段令人回味，请欣赏它的妙处。

【参考答案】

1. C。[**解析**]用老子、孔子、孟子等人的作品同庄子的作品进行比较，目的是通过对比衬托出庄子的作品语言和内容的诙谐幽默、洒脱自然的独特魅力，不是精神上的自由境界。

2. (1)本句用比拟的手法形象地描摹了庄子的文章语言文采飞扬，想象丰富奇特；庄子人格精神：心灵自由(不受现实生活羁绊、浪漫情怀、情感自由不羁)。(2)本句用比喻的方式生动地展现了屈原所描摹的自由瑰丽而梦幻的理想世界中附着着其忧国忧民的责任感和沉重的现实压力的不自由的色彩。

3. 运用对比、比喻手法，写出了古文人和今人的的不同状态。对庄子、屈原为代表的古文人浪漫的情调，个性张扬，充满梦想的状态的景仰与向往、缅怀；对现代社会中人们思想情感浮躁状态的叹惋和忧虑。

五、阅读下面的文章，按要求回答问题。

走向胡杨

刘醒龙

①去新疆，第一个想起的便是胡杨。

②小时候，曾经有一本书让我着迷。那上面将塔里木河描写得神奇而美丽。当年苏联专家曾经否定这儿可以耕种。沿着天山山脉脚下的公路往喀什走，过了达坂城不久，便遇上了大片不知名的戈壁，活着的东西除了一股股旋风，剩下的就只有趴在四只轮子上的汽车了。往南走，左边总是白花花的盐碱地，右边永远是天山雪水冲积成的漫坡和一重重没有草木的山脉。

③汽车跑了两千多公里，总听见兵团人说，只要有水，这儿什么都能种出来。兵团的人还告诉我，胡杨也分雌雄，母的长籽生絮时像松花江上的雾凇。胡杨的花絮随风飘散，只要有水它就能生根发芽，哪怕那水是苦的涩的。爱垦荒的王震将他的部队撒到新疆各地，随着一百二十个农垦团的成立，荒漠上立即出现了一百二十个新地名。在墨玉县有个叫四十七团的地方，那是一个几乎完全被沙漠包围的兵团农场，农场的生存条件已到了不能再恶劣的程度。农四十七团的前身是八路军三五九旅七一九团，进疆后这一千多名官兵便留下来，为着每一株绿苗每一滴淡水，也为着每一线生存的希望而同历史抗争。从进沙漠，五十年过去了，许多人已长眠不醒，

在地下用自己的身体肥沃着沙漠。活着的人里仍有几十位老八路至今也没再出过沙漠。另外有一些老战士，前两年才被专门接到乌鲁木齐住了几天。老人们看着五光十色的城市景象，激动地问这就是共产主义吗？对比四十七团农场，这些老人反而惭愧起来，责怪自己这么多年做得太少。在他们中从没有人后悔自己的部队没有留在北京，也不去比较自己与京城老八路的不同之处。他们说，有人做牡丹花，就得有人做胡杨；有人喝甘露，就得有人喝盐碱水。

④兵团人有句名言，活在自己脚下的土地上，就是对国家的最大贡献。在那些除了兵团人再无他人的不毛之地，兵团人不仅是活着的界碑，更活出了国家的尊严和神圣。他们放牧着的每一群牛羊，都无异于共和国的千军万马。兵团人耕耘着的每一块沙地，都等同于共和国的千山万水。

⑤在新疆的最后一天，周涛赶来送别。我们没有谈到诗。我们谈酒。

⑥被谈到的当然还有胡杨。

⑦和田是绕行塔克拉玛干大沙漠的折返点。塔克拉玛干在维吾尔语里是“进得去出不来”的意思。独自站在沙丘后面，来时的足迹，像时钟上的最后一秒，又像身临绝顶时最后的绳索。仿佛在与末日面对面，人很难再前行一步。兵团人在车上悄然睡去，他们曾经从沙漠这边进去那边出来，塔克拉玛干神话在他们的脚下改写得很彻底，成了日常的起居生活。车行十几个小时后，重又出现的戈壁上突然冒出几棵树干几乎粗过树冠的大树。兵团人说这就是活着一千年不死、死了一千年不倒、倒了一千年不烂的次生胡杨林。活的、死的、倒的胡杨零星地散布在戈壁上，没有其他草木做伴，一只鹰和两只乌鸦在高处和低处盘旋。地表上没有一丝水的迹象。胡杨们互相间隔都在十几米以上。作为树，它们是孤独的；作为林，它们似乎更孤独。希望里有雨露，希望里有肥沃，处在半干枯状态下的胡杨，用粗壮的主干举着纤细的枝条和碎密的叶片，像一张张网去抓住没有云的空气中的每一缕潮湿与养分。白云晨雾这种亘古的印象，成了盐碱烙在胡杨树上的灰白色的苍茫与沧桑。

⑧一种树为了天地，长在它本不该生长的地方。

⑨________________。

⑩一种人和树的沙漠戈壁有尽头。

⑪一种人和树的沙漠戈壁没有尽头。

1. 文章第⑥段“被谈到的当然还有胡杨”单独成段，其作用是什么？

2. 题目是“走向胡杨”，行文中直接写胡杨的笔墨并不多，忽而写戈壁滩，忽而写兵团人，忽而写塔克拉玛干大沙漠，这是为什么？请从内容和写法的角度加以赏析。

3. 本文语言精炼而意蕴丰富，耐人寻味，请结合具体语境分析“兵团人不仅是活着的界碑，更活出了国家的尊严与神圣”这句话的内在含意。

4. 结合上下文的内容和形式，试拟写本文的第⑨段。

5. 面对五光十色的城市，有人怨天尤人，有人纸醉金迷，甚至有人为了“追星”而家破人亡，而我们在沙漠中生活了一辈子的兵团老八路却“激动地问这就是共产主义吗”，进而“惭愧”地“责问自己”。读后你有何触动和感想？请结合对文本内容的理解谈谈你的触动和感想。（不少于50字）

【参考答案】

1. 作用是：①承上启下，从上文写兵团人、写与周涛谈酒过渡到下文在塔克拉玛干沙漠看到的胡杨。②单独成段，起突出强调作用，突出本文的写作对象“胡杨”，点明主旨。

2. (1)从内容的角度看,写戈壁滩和塔克拉玛干沙漠是交代胡杨生存环境的恶劣,突出表现胡杨和像胡杨一样的兵团人令人震撼的、顽强的生命力与意志力。而写像胡杨一样的兵团人正是本文的写作目的所在。

(2)从写法的角度看,这样写体现了散文"形散神聚"的特点,无论写戈壁滩还是大沙漠都是为写胡杨和像胡杨一样的兵团人服务的。

3. 在那片荒凉、渺无人烟的不毛之地,兵团人顽强地生活着、创造着,是祖国大地上的奇迹;兵团人的顽强与伟大正代表中国人的意志和精神,彰显着祖国的尊严和神圣。

4. 一种人为了历史,活在本不该他生活的地方。

5. "触动"是兵团老八路的言行、思想和精神给自己的印象和震撼,"感想"是联系现实生活和自身经验,谈谈青年人该建立怎样的价值观。

六、阅读下面的文章,按要求回答问题。

这是一张有故事的老照片

毕淑敏

那一年,我刚满二十岁,是实习军医。刚当医生的女孩,别提多自豪、多骄傲了,真想照好多幅照片,对全世界人宣布,我是大夫啦!

可我所实习的驻军医院,在新疆一座偏远的小城,根本就买不到胶卷。只得给远在北京的妹妹写信,叫她给我寄来。关山迢迢,第一次寄来的胶卷照出相灰蒙蒙的,一点也不威风。战友们戏说,别是你妹妹给你买的胶卷是处理的吧?

这当然是绝不可能的。只怨路途遥远,路上大概经了雨雪风霜,曝了光。

只得让妹妹重寄。这回胶卷一到,马上邀了几个要好的朋友,星期天起个大早,一同留影。

先照了几张合影。

年轻的女孩总是这样,她们以为友谊会一辈子常青。今天,我重新面对那些稚嫩得仿佛能滴下水来的脸庞,有许多已叫不出名字。

然后各自单兵教练。她们都是护士,就照了许多用大号注射器从盐水瓶子里抽药的照片,你照完了我照,①眼睛都亮晶晶的。

为表示无菌观念强,全戴着大口罩。我说,你们这么照,寄回家去,你妈妈认得出来是你吗?

她们一起回答:看眼睛啊!

是啊,每个女孩青春的眼睛都是不一样的。我怎么连这都不懂?

轮到我照了。我是医生,所取的姿势就同她们不一样。我潇洒地披着白大衣,把听诊器看似很随意实则很精心地挂在脖颈上,双手老练地插在衣兜里,在病房走来走去,挑病情不太重的病人做我的道具。那些慈祥的维吾尔族老人和腼腆的小战士,都温和地服从我的检查。我做出给病人检查的架势,然后对着镜头微笑,要拿机子的人快照。

胶卷像线轴一般卷过去。只剩下最后一张了,摄影师郑重地宣布。我们突然有了片刻的沉默,该照的都照了,好像不知该如何处置这最后一张胶片。

"你们照一张当医生的相吧。"我说。因为在我照相的时候,我看到她们②眼里跃跃欲试的闪光。

那怎么行呢!我们是护士啊。她们羞怯地推辞着,但③眼里的光更密集了。

那时的部队,等级观念森严。你是护士若要模仿医生,就是不安心本职工作,罪名不轻。

“怕什么呀？我们不过是玩玩的。再说，现在时候这么早，没有人会看到你们的。只要你们自己不说，我永远也不会说的。没准儿你们以后自己也当医生了，那这张照片只不过算是提前照了一点，不会怪你们的！”我起劲地鼓动她们。

“好吧……那就依你说的办……”她们之中两个胆大的决定一试。其他的人也保证绝不泄露。

摄影师忠实地跟着我们，表示一定把这张照片拍出水平。

现在轮到我们费斟酌了。她俩不敢到病房里像我那样大张旗鼓地招摇，我们就决定把背景迁到医生睡觉的值班室，所以照片里的墙上贴有两张地图，这在正规的病房是不允许的；所以面向走廊的窗户上隔有浅浅的纱帘，这也是病房不曾配备的设施。

好像万事俱备了。两位勇敢的女兵换上了医生的白大衣（护士的工作服样式不同），脖子上也悬挂起具有象征意味的听诊器……我们突然发现了致命的缺憾——那就是——谁来扮演病人？！

虽说病室里的任何一位病人，都会志愿为辛勤服务的白衣天使充当这一角色，但出于道义和保密的要求，我们不能再劳驾他们。

好了，现在你想想，还能让谁来出任这一艰巨的形象？

那几个连当医生的魄力都没有的小女兵，自然不会在这最后一张底片上留下倩影。

既然这主意是我出的，关键时刻我就该挺身而出。

义不容辞！

于是有一个人，她脱了鞋躺在医生值班室的床上，手搭在手上冒充病人。因为她实在没有生病的经验，竭力想做出呻吟的表情，可脸上还是笑眯眯的。她本该躺下，那样才更像重病卧床沉疴不起。可因为摄影师是个年纪轻轻的小伙子，她有点不好意思，就取了相片上半坐的姿势……那两个充作医生的女孩，多少有些拘谨，她们毕竟没有真正地诊视过病人。不过，这并不妨碍她们以后都成了优秀的医生。不知道是不是这张照片在冥冥之中暗示了她们的未来？

现在，你可猜出了相片上的病人是谁？

1. 下列对文本相关内容和艺术特色的分析鉴赏，不正确的一项是________。

A. 标题“这是一张有故事的老照片”中，题眼是一个“老”字，突出这一张照片距离现在遥远、值得珍藏的特点。

B. 第二段交代作者实习的驻军医院所处的地点和胶卷不易得到，主要是突出环境的偏僻和照相的机会难得。

C. 文章较细腻地描写了作者照相时的姿势、动作、神情等，栩栩如生地表现了作者作为一位医师的自豪与骄傲。

D. 文章写摄影师宣布胶片只剩下最后一张时，大家沉默了，不知该如何处置这张胶片，这为作者的不寻常提议做了铺垫。

2. 文中三处画线部分对护士们眼睛的描写，分别表现了她们怎样的内心世界？请简要回答。

3. 文章倒数第二段运用第三人称进行描写，这样写有什么好处？请结合全文简要分析。

【参考答案】

1. A［**解析**］A 项，“题眼是一个‘老’字”错，题眼应是“有故事”，后面的分析也不恰当。

2. 第①处表现了护士们的激动、兴奋；第②处表现了护士们想照一张当医生的照片的强烈愿望；第③处表现了护士们表面上推辞，而内心想照一张当医生的照片的愿望更强烈了的心情。

3. ①使用第三人称可以更好地对“我”的表情、笑容进行描写；②在第一人称（或有限视角）的描写中插入一段第三人称（或全知视角）的描写，能打破一种叙述角度叙述到底的单一、呆板状况，呈现出描述手段的灵活多变，显示出构思的新颖。

七、阅读下面的文章，按要求回答问题。

歌的高度

王宗仁

那年初春，青藏公路刚通车不久，我们这些跑车的汽车兵用人间最纯朴的感情给西藏运送着温暖，满脸的油腻都在欢笑。

那天应该说是我们心情最轻松最欢畅的日子，来自首都的中央慰问团要为青藏公路沿线的军民演出，这是第一次，也是至今为止最隆重、档次最高的一次慰问演出 。

江河源头兵站的演出令人难忘。那歌声、那舞蹈仿佛是演员肉体或灵魂的一部分。

演出结束后，慰问团继续西行，却不得不把一个跳舞的女文工团员留在了兵站。她发着高烧，高山反应十分严重，无法再到海拔更高的地方去演出了，必须留在原地休息、治疗。

那晚，站上住进了五个汽车连队。他们当中有些人本来这晚是投宿别的兵站的。但他们觉得，只要看女文工团员一眼，看看那身合体整洁的演出军装，心里也会舒畅好些日子。

江河源兵站这个夜晚的月亮只有一种颜色。纯白，干净。

晚饭后，兵们不约而同地、轻手轻脚地把女文工团员住的那顶帐篷围了个里三层外三层。他们不忍心打扰她，又不愿意远离她，就这样若近若离，远远地看着，似乎只要能瞅见那灯光就满足了。

女文工团员终于发现了帐篷外面有“情况”，她走出来，笑盈盈地对大家说：“外面太冷，里面有火炉，请大家到帐篷里坐。”

她满面春风，声音柔雅，很难看出有病在身。但是没有人进她的帐篷。一个胆大的战士突然违背大家原先只想看她一眼的初衷，提出了一个似乎过分的要求：“我们想听你唱支歌！”

这个本该视为节外生枝的要求一提出来，众兵们竟然一时心血来潮地附和起来。女文工团员稍有犹豫，张口想说什么却未出声。能看出她不是推辞，但有难处。但是面对这么多热切渴望的眼神，她顾不得多想，对兵弟弟们说：“好吧！我答应给大家唱歌。不过，我有个要求，既然唱就唱你们爱听的歌。由你们点歌，我来唱。”

她的话音刚落，一群战士就送来了大声呼号：“冲呀——点歌开始！”女文工团员这时完全消失了病态的神情，像一个等待出征的兵。

点的歌儿太多了，她只好说，我会唱的就满足大家，我不会唱的就过。大家拍手。她唱了《康定情歌 》，唱了《敖包相会》，又唱了《十送红军》……她已经有点力不从心了，歌声时断时续，好比鸟儿已经飞上了天空，但飞得有些沉重。她坚持着让歌声飞。可以想象得出，一定是剧烈的头痛再加上高山缺氧 使她痛苦万分。然而，那些热情却很粗心的兵们只是专心致志地听歌，竟然没有留意到唱歌人情绪的起伏变化，他们继续一个接一个地点歌。

奇怪的是，后来女文工团员的高山反应奇迹般地消失了，她越唱越来情绪，越唱声音越宏亮，越唱音阶越高。身为舞蹈演员的她仿佛从来都没有感到自己还有如此超拔的唱歌天赋。心

为歌源,血是真的。唱者不累,听者不厌。歌的高度可以摘取星辰。

然而,她毕竟是个严重高山反应染身的病人,毕竟是在海拔近5000米的缺氧地区耗尽体力地唱歌。唱着唱着,她累倒了,病倒了!她躺倒在江河源兵站临时为她腾出的帐篷里后就再也没起来……

在她的生命之泉干涸之前,月光皎洁的江河源上空破例地飞过一只连当地牧民也没见过的夜鸟,掉下了一片光滑多彩的羽毛。有个兵有幸拣起了这片羽毛,它是源头一页沉重的历史。这个"拣羽"的兵就是当时的一个汽车兵——后来成为作家的我:王宗仁 。

1. 文中画线句"江河源兵站这个夜晚的月亮只有一种颜色。纯白,干净。"描写景物用的是哪种手法?就全文而言,它在刻画人物方面有什么作用?

2. 联系上下文,说说文中画线句"能看出她不是推辞,但有难处"中的"难处"有哪些。

3. 文章最后一段有哪些作用?请简要分析。

4. 结合全文,探究"歌的高度"这个题目中"高度"一词的多重含义。

【参考答案】

1. 用的是白描的手法;用月亮的纯白、干净衬托(或"象征")汽车兵心灵的纯洁、无瑕,同时也衬托(或"象征")女文工团员心地的纯洁、善良。

2. 她正在患高山反应,还发着高烧;她是个舞蹈演员,唱歌非她专长。

3. 抒发感情,把女文工团员的牺牲看作是"源头一页沉重的历史";深化主题(或"深化主旨"),用当地牧民也没有见过的美丽夜鸟象征女文工团员的崇高精神(或"写出了女文工团员对作者的精神鼓舞和影响");增强文章的真实性,交代作者是这个故事的见证者和记录者。

4. 一是海拔的高度,女文工团员是在高原唱歌;二是艺术的高度,女文工团员显示了超拔的唱歌天赋(或"音阶的高度,女文工团员唱得声音宏亮、音阶高");三是人生的高度(或"生命的高度""精神的高度"),女文工团员以自己的牺牲完成了人生的高度。

八、阅读下面的文章,按要求回答问题。

写给戈壁

尹金丹

戈壁,被绿洲放逐的苦役。

紫红的落霞衬着紫红的戈壁,衬着戴着军帽同样紫红了的你。许久,我们相对无语。尽管我们曾一起把"两情若相许,岂止在朝朝暮暮"刻入东方温暖小城我们一同栽下的树干上,可我的心在此时依然想对你讲:"别走!别离开我!真的,真的,在我累了、乏了或欢乐的时候,我需要你,我多想在你温暖宽大的怀中哪怕只有一分一秒的歇息。"

车轮正碾着沉重的日子,吟着单调的旋律,把又一次分离的泪播进苍茫的戈壁里。谁的口琴声找不到归宿,在星的旷野里颤动:"不要问我从哪里来……橄榄树……"

"我的橄榄树",凝着你,终于我的泪水渐渐蒙目,见你凝重的注视,我又惊慌地掉过头去,我不敢去看那时钟,再有几个小时,无情的戈壁又要把离别的痛苦赠给我们。

突然,你紧紧地攥住了我的双手,把我已长满老茧的双手放在你满是硬硬胡茬的脸上轻柔地抚着,任周围异样的目光从车窗映入我的眼帘。

"明年盼盼出世时,我也许不能回去伴你,飞机、学员、机场我离不开,原谅……"你的双眼红红的,我抽出手来压在你的唇上。

“别说,我明白……”

该分手了。

站台下,你在衣袋里摸索着掏出一件东西送到我的手中,我知道,那是我们共同采回的骆驼刺——一种只有在戈壁滩上才能见到的生命力极强的植物。

夜的小站,只有你在风中。

几架作夜航训练的飞机从头顶飞过……我知道,这一方蓝天、土地不能没有你,我清楚,那里更需要你……我把那带着你的体温的骆驼刺紧紧地捧在我手里,贴在心头。

掩上房门,静静地坐在软垫上,身边睡下的是我的小盼盼。如梦般若隐若现的月光从窗口安详地照着我的小屋,也同样轻柔地照在小盼盼拱到小被子外边的胖胖的小屁股。邻屋公婆的鼾声均匀地吹入耳鼓。我记起你说的:生日偏偏是在月光最弱的时候,是你的锋芒太强么……女孩子,太厉害。我不语,只是含笑一副故意摆出的大意和不在乎。明白么,当我那幅马上就要完稿的油画《小栖》,画面上美丽少女的罗裙被盼盼用辣椒油抹成大厨师的大围裙时,我的不在意和大咧咧是怎样救我的么!别怪我变得诗少话多,沧桑后的心会画出更深刻的画。

我不想打开台灯,只想让已是半圆的月色,那清冷的光引导着我的思绪飞扬如你。我轻轻地掖好小盼盼的被角。掂起脚从书架的最高层拿出生日贺卡。真怪,我不敢给盼盼,生怕他的小手把它弄坏。因为这是你寄自天边的祝福。

没有生日蛋糕。我在小书桌上点上了一支前年我生日时你为我点燃的红烛。前年,你特别地点上了一百支蜡烛,愿能一次就送我一生、一世的祝福,仿佛只有这样,独处的日子里呼吸时都能有你的温馨气息,相伴一次次背靠着紧闭着的门,听着你匆匆归队的脚步声传出小巷,我怕我的泪水缠住你的脚步,甚至没能出门到站台,哪怕只送你一句:平安。任不经事的盼盼睁着迷惑的眼像在说:“爸爸惹你,长大了,我帮妈妈。”

烛光里你的战鹰呼啸着把祝福带到了九宵,传给云、传给风,传到我的小屋;戈壁滩上的一丛丛骆驼刺披着霞光在火红的夕阳下举着祝福我的千万支戟……

忽然,声音细细的,已是跑了调的:

“祝你生日快乐……”待我回头时,迎着我的是烛光里不知何时醒来的小盼盼,手里摆弄着已经被弄皱了的生日卡,伴着歪歪扭扭的祝福的乐曲,一股清幽幽的“瀑布”从小盼盼的“小雀雀”飞流到他那满是小动物图案的被子上。他惊奇地把生日卡贴到耳朵上,极开心地笑了。我那原本要伸出去的拳头竟变成了伸直的双臂——我的小天使。

你一定听到了,那跑了调儿的旋律带着我心底的思念在夜空,在微风中……

1. 概括本文中“你”的形象特点。

2. 文中三次提到骆驼刺分别有什么作用,请简要分析。

3. 简要分析本文在人称使用上的妙处。

4. 本文中的“我”给现实生活中的我们带来了什么启示?(不少于200字)

【参考答案】

1. “你”的形象特点:驻守戈壁滩的空军军官,体谅妻子、不乏温柔细腻、有责任心,坚毅、刚强,有强烈的事业心。

2. 第一处描写,表明夫妻俩对这种在艰苦环境下表现出极强生命力的植物的喜爱和敬佩,

也暗示出“我”对驻守戈壁滩军人的敬重；第二处描写，体现了“我’对丈夫的深深思念；第三处描写，表明“我”被丈夫及其战友献身国防的行为所感动，并理解了他们舍小家为大家的举动，与前面两处描写相呼应。

3. 文章第一人称和第二人称的交替出现，细腻、真实地再现了夫妇二人的情感世界，娓娓道来，亲切感人；使人物栩栩如生，让读者更深切地感受到人物的奉献精神。

4.〔示例〕文中的“我”是一个富于奉献精神的女性，在今天这个社会中这种精神非常难得，令人敬佩。懂得奉献的人才能真正拥有幸福。“我”对驻守边防的丈夫一往情深，给予充分的理解与支持。当孩子出生时丈夫不能守护在身边，“我”没有任何抱怨；面对独自抚养孩子的辛苦，“我”包容大度。恰恰因为“我”通情达理、懂得奉献，“我”才真正拥有幸福。现实社会中，一些人只讲究索取，只希望获得，对物质充满追求，对生活充满抱怨，于是他们越来越缺少真正的幸福感。

九、阅读下面的文字，按要求回答问题。

紫藤萝瀑布

宗　璞

①我不由得停住了脚步。

②从未见过开得这样盛的藤萝，只见一片辉煌的淡紫色，像一条瀑布，从空中垂下，不见其发端，也不见其终极，只是深深浅浅的紫，仿佛在流动，在欢笑，在不停地生长。紫色的大条幅上，泛着点点银光，就像迸溅的水花。仔细看时，才知那是每一朵紫花中的最浅淡的部分，在和阳光互相挑逗。

③这里春红已谢，没有赏花的人群，也没有蜂围蝶阵。有的就是这一树闪光的、盛开的藤萝。花朵儿一串挨着一串、一朵接着一朵，彼此推着挤着，好不活泼热闹！

④“我在开花！”它们在笑。

⑤“我在开花！”它们嚷嚷。

⑥每一穗花都是上面的盛开、下面的待放。颜色便上浅下深，好像那紫色沉淀下来了，沉淀在最嫩最小的花苞里。每一朵盛开的花像是一个张满了的小小的帆，帆下带着尖底的舱。船舱鼓鼓的，又像一个忍俊不禁的笑容，就要绽开似的。那里装的是什么仙露琼浆？我凑上去，想摘一朵。

⑦但是我没有摘。我没有摘花的习惯。我只是伫立凝望，觉得这一条紫藤萝瀑布不只在我眼前，也在我心上缓缓流过。流着流着，它带走了这些时一直压在我心上的焦虑和悲痛，那是关于生死谜、手足情的。我浸在这繁密的花朵的光辉中，别的一切暂时都不存在，有的只是精神的宁静和生的喜悦。

⑧<u>这里除了光彩，还有淡淡的芳香，香气似乎也是浅紫色的，梦幻一般轻轻地笼罩着我</u>。忽然记起十多年前家门外也曾有过一大株紫藤萝，它依傍一株枯槐爬得很高，但花朵从来都稀落，东一穗西一串伶仃地挂在树梢，好像在察颜观色，试探什么。后来索性连那稀零的花串也没有了。园中别的紫藤花架也都拆掉，改种了果树。我曾遗憾地想：这里再看不见藤萝花了。

⑨过了这么多年，藤萝又开花了，而且开得这样盛，这样密，紫色的瀑布遮住了粗壮的盘虬卧龙般的枝干，不断地流着、流着，流向人的心底。

⑩花和人都会遇到各种各样的不幸，但是生命的长河是无止境的。我抚摸了一下那小小的

紫色的花舱，那里满装生命的酒酿，它张满了帆，在这闪光的花的河流上航行。它是万花中的一朵，也正是由每一个一朵，组成了万花灿烂的流动的瀑布。

⑪在这浅紫色的光辉和浅紫色的芳香中，我不觉加快了脚步。

1. 下列对文章的概括与分析，不正确的两项是________。

A. 本文以“紫藤萝花”为线索，按照“赏花”“惜花”“悟花”的顺序行文。全文可分为三部分。

B. 作者发挥想象力，运用多种修辞方法，对紫藤萝作了形象生动的描绘。比如，第⑧段的画线部分，运用比喻手法，将色彩比喻成芬芳，描绘了花朵的柔美温馨。

C. 本文的描写语言，大多用鲜活的浅语短句，不仅增添了语言的形式美、流动感，也有助于表达作家赞美生命的欢欣情绪；文章的抒情议论语言，融汇在描写语言之中，犹如画面的配诗，既点化描写语言的内核，又表达了对于人生、命运的反思。

D. 从结构上看，本文从“不由得停住了脚步”起笔到“不觉加快了脚步”收墨，前后呼应，首尾衔接。停住脚步是因为被紫藤萝的繁茂旺盛所吸引；加快脚步是因为被紫藤萝的生命力所催促，结构严密，给人一气呵成之感。

2. 第⑧段中，采用了哪种记叙顺序，作用是什么？

3. 通过阅读这篇文章，你获得了怎样的启发？结合文章谈谈你的想法。

【参考答案】

1. AB。[**解析**]A 项，行文顺序是“赏花”“忆花”“悟花”；B 项，第⑧段的画线部分，运用的是通感手法。

2. (1)采用了插叙。(2)作用：①内容上，插叙十几年前的往事，由花及人，引出文章的主旨“花和人都会遭遇各种不幸，但是生命的长河是无止境的”；②结构上，避免平铺直叙。

3. “花和人都会遇到各种各样的不幸”，花的生命旅途也并非一帆风顺，它和人一样，在生命的旅途中会遭遇各种无可奈何的悲哀和不幸，“但是生命的长河是无止境的”。就像十多年前“花朵从来都稀落，东一穗西一串伶仃地挂在树梢，好像在试探什么。后来索性连那稀零的花串也没有了”的紫藤萝花，如今“又开花了，而且开得这样盛，这样密”。所以，人也一样，不能深陷在消极、痛苦中，不能让昨天的挫折把人压垮。每个人都应该像紫藤萝的花朵一样，振作精神，以饱满的生命力，投身到生命的长河中去。

十、阅读下面的文字，按要求回答问题。

秋天的况味

林语堂

①秋天的黄昏，一人独坐在沙发上抽烟，看烟头白灰之下露出红光，微微透露出暖气，心头的情绪便跟着那蓝烟缭绕而上，一样的轻松，一样的自由。不转眼，缭烟变成缕缕的细丝，慢慢不见了，而那霎时，心上的情绪也跟着消沉于大千世界，所以也不讲那时的情绪，而只讲那时的情绪的况味。待要再划一根洋火，再点起那已点过三四次的雪茄，却因白灰已积得太多而点不着，乃轻轻一弹，烟灰静悄悄的落在铜垆上，其静寂如同我此时用毛笔写在纸上一样，一点的声息也没有。于是再点起来，一口一口的吞云吐雾，香气扑鼻，宛如偎红倚翠温香在抱的情调。于是想到烟，想到这烟一股温煦的热气，想到室中缭绕暗淡的烟霞，想到秋天的意味。

②这时才忆起,向来诗文上秋的含义,并不是这样的,使人联想的是肃杀,是凄凉,是秋扇,是红叶,是荒林,是萋草。然而秋确有另一意味,没有春天的阳气勃勃,也没有夏天的炎烈迫人,也不像冬天之全入于枯槁凋零。我所爱的是秋林古气磅礴气象。有人以老气横秋骂人,可见是不懂得秋林古色之滋味。在四时中,我于秋是有偏爱的,所以不妨说说。

③秋是代表成熟,对于春天之明媚娇艳,夏日的茂密浓深,都是过来人,不足为奇了。所以其色淡,叶多黄,有古色苍茏之概,不单以葱翠争荣了。这是我所谓秋天的意味。大概我所爱的不是晚秋,是初秋,那时暄气初消,月正圆,蟹正肥,桂花皎洁,也未陷入懔烈萧瑟气态,这是最值得赏乐的,那时的温和,如我烟上的红灰,只是一股熏熟的温香罢了。或如文人已排脱下笔惊人的格调,而渐趋纯熟练达,宏毅坚实,其文读来有深长意味。这就是庄子所谓"正得秋而万宝成"结实的意义。在人生中最享乐的就是这一类的事。比如酒以醇以老为佳。烟也有和烈之辨。雪茄之佳者,远胜于香烟,因其意味较和。倘是烧的得法,慢慢地吸完一支,看那红光炙发,有无穷的意味。鸦片吾不知,然看见人在烟灯上烧,听那微微哔剥的声音,也觉得有一种诗意。

④大概凡是古老,纯熟,熏黄,熟练的事物,都使我得到同样的愉快。如一只熏黑的陶锅在烘炉上用慢火炖猪肉时所发出的锅中徐吟的声调,是使我感到同观人烧大烟一样有兴味。或如一本用过二十年而尚未破烂的字典,或是一张用了半世的书桌,或如看见街上一熏黑了老气横秋的招牌,或是看见书法大家苍劲雄浑的笔迹,都令人有相同的快乐。

⑤人生世上如岁月之有四时,必须要经过这纯熟时期,如女人发育健全遭遇安顺的,亦必有一时徐娘半老的风韵,为二八佳人所不及者。使我最佩服的是邓肯的佳句:"世人只会吟咏春天与恋爱,真无道理。须知秋天的景色,更华丽,更恢奇,而秋天的快乐有万倍的雄壮、惊奇、都丽。我真可怜那些妇女识见偏狭,使她们错过爱之秋天的宏大的赠赐。"若邓肯者,可谓识趣之人。

1. 下列对文章的概括与分析,不正确的一项是________。

A. 在作者看来,"秋"是一年四时里最好的季节,它"代表成熟",具有"温和"的格调和"古气磅礴"的气象。

B. 作者在文章中由秋天的赞许过渡到对人生的感悟,全文行文舒缓,侃侃而谈,笔调幽默,显示了作者达观清淡的人生态度。

C. 作者以鲜明欢快的语言来描写"秋"的美好与醇厚,描写和议论相结合的方法来写"秋",来解构中国的"悲秋"传统。

D. 文章用"月正圆、蟹正肥、桂花皎洁""烟上的红灰""酒、烟、雪茄""烧烟的声音""慢火炖猪肉时的声调""熏黑了的招牌""徐娘半老的风韵"等闲适的事物来比喻秋的况味,体现了作者"闲适"的文风。

2. 第②段中,作者说,"向来诗文上秋的含义,并不是这样的",请结合本文以及你所知道的诗句谈谈向来诗文上秋的含义是什么?

3. 你认为作者描写"秋天"的目的是什么?请结合文章谈谈你的理解。

【参考答案】

1. C。[**解析**]本文主要用的是描写和议论相结合的方法来写"秋",来解构中国的"悲秋"传统。

2. (1)是肃杀,"枯藤老树昏鸦,小桥流水人家,古道西风瘦马。夕阳西下,断肠人在天涯。"

(马致远《秋思》);

(2)是凄凉,“万里悲秋常作客,百年多病独登台。”(杜甫《登高》);

(3)是红叶,是荒林,“碧云天,黄花地,西风紧。北雁南飞。晓来谁染霜林醉?总是离人泪。”(王实甫《西厢记》)。

3. 作者是要借对“秋天”的描写,来表达自己对人生之“秋”的理解和领悟,即“人生世上如岁月之有四时,必须要经过这纯熟时期”,这也正是本文的主题。

第三节　论述类文本

【考试大纲解读】

考试大纲中对论述类文体要求如下:

1. 了解政论文、学术论文、时评、书评等文体的基本特征和主要表达方式;理解文中重要概念的含义以及重要句子的含意。

2. 筛选并整合文中的信息;分析文章结构,归纳内容要点,概括中心意思;分析论点、论据和论证方法;分析概括作者在文中的观点态度。

实际考试中,考试文本的内容多与军事或中国传统文化有关。

【考试真题解读】

Ⅰ. 2020 年真题回放

文本及考题(第 8 ~ 10 题)详见书末真题,此处从略。

Ⅱ. 2019 年真题回放

二、论述类文本阅读(每小题 3 分,共 9 分)

中国古典诗词中的意象繁多,“柳”是其中具有代表性的一个。“柳”作为一种文学意象出现,最早见于《诗经·采薇》:“昔我往矣,杨柳依依。”大量运用柳意象的,是六朝时期。自诗歌兴盛的唐代起,柳意象所负荷的含义更加丰富和深刻。

柳的意象在古典诗词中往往通过“杨柳”一词来表现,如“曾栽杨柳江南岸,一别江南两度春”(白居易),“杨柳堆烟,帘幕无重数”(欧阳修)。那么,“杨柳”与“柳”到底是什么关系?

有人认为“杨柳”是杨树与柳树的合称。但从植物学分类中分析,杨树与柳树外形区别很大,杨树叶圆、树高、枝挺,绝无柳的“依依”“袅袅”之态。“杨柳”合称一说,实在不妥。有人认为古诗词中的“杨柳”都是指柳树。理由是民间传说隋炀帝天性爱柳,下江都时将汴河两岸全栽上了柳,因炀帝姓杨,于是“御笔赐柳姓杨”。但此事发生于隋代,即使此传说确凿,“杨柳”一词早在先秦时期的《诗经》中即已出现,故此据不足为证。翻阅相关资料典籍,我们发现,在古代“杨”“柳”是同义的。因此,古代文学作品中,“杨”与“柳”经常换用。

“柳”是中国古代诗歌中出现频率极高而且寓意丰富的意象。它经过长期的历史文化积淀而形成,主要表现在以下方面。

初春时节，柳树的枝条上就已绽出了粒粒新芽。柳树早早地将春的讯息传递给人，也带来了春的喜悦。王维《田园乐（其六）》："桃红复含宿雨，柳绿更带朝烟。"用桃红、柳绿与烟雨描摹了一幅生机盎然的春景图。

自汉代以降，"折柳"之风俗流行开来。因"柳"与"留"谐音，"丝"与"思"谐音，故古人借"柳"传达送别之人对离人的无限相思之情。古人喜欢种柳，无论是家中庭院，还是河畔池边，遍植柳树。故"柳"常作故乡的象征，寄寓着人们对故土的眷念和对家园的依恋。唐代许浑《咸阳城西楼晚眺》："一上高城万里愁，蒹葭杨柳似汀洲。"开篇即写自己登楼晚眺，见到蒹葭、柳树这些生在水边的景物，勾起自己对故乡无限思念的客居之愁。

柳絮的飘忽不定，与骚客飘零、孤独的处境相合，故"柳""柳絮"又常被诗人们借以言"愁"。冯延巳《鹊踏枝》："撩乱春愁如柳絮，依依梦里无寻处。"写为春愁所困的女子对所爱之人的追寻不断。此外，柳树姿态婆娑，与风情万种的美丽女子极为相似。所以，"柳"又是风流多情的妙龄女郎的象征。刘禹锡《忆江南》有"弱柳从风疑举袂"，生动再现了少女舞动时柔曼轻盈的身姿。陶渊明辞官归隐后，在住宅旁种了五棵柳树，自号为"五柳先生"，所以"柳"在古代诗人笔下有时也成了隐者的象征。唐代刘昚虚《阙题》："闲门向山路，深柳读书堂。"即写自己隐居山中的读书之乐。

（摘编自蒋育君《古典诗词中"柳"的意象分析》）

8. 下列关于原文内容的理解和分析，正确的一项是______。

A. 作为中国古典诗词众多意象中最具代表性的意象，柳意象在《诗经》中就已出现。

B. 在诗人白居易、欧阳修的笔下，虽误把"柳"称作"杨柳"，但这并未影响到诗意的准确表达。

C. 经过长期历史文化积淀，"柳"在古代诗歌中具有丰富的意蕴，如摹春光、写离情、抒乡思等。

D. 古人常借柳表达对离人的相思和对家园的思念，是因为"柳"与"留"谐音，"丝"与"思"谐音。

9. 下列对原文论证的相关分析，不正确的一项是______。

A. 文章层次清晰，先论述了"杨柳"与"柳"之间的关系，进而对古诗词中柳意象的含义进行了阐述。

B. 文章按时间先后顺序对古诗词中柳意象的丰富含义展开论述，阐述了其发展的历史轨迹。

C. 文章在论述过程中大量引用古典诗词，在增强说服力的同时，也使文章具有浓郁的文化气息。

D. 文中引用许浑"蒹葭杨柳似汀洲"诗句，意在证明"柳"在古代具有乡思的意象内涵。

10. 根据原文内容，下列说法不正确的一项是______。

A. 隋炀帝"御笔赐柳姓杨"的传说并无确切根据，因而不能作为古诗词中"杨柳"皆指柳的证据。

B. 从杨树与柳树在外形方面具有的不同特征可知，把"杨柳"作为两种树的合称确有不妥之处。

C. 无论是许浑、冯延巳，还是刘禹锡等，都有写柳的诗句，可见柳意象在古诗中广泛存在。

D. "柳"在古代诗歌中可作为隐者的象征，与陶渊明辞官归隐，种柳于屋旁，自号"五柳先生"不无关系。

Ⅲ. 对考试真题的解读及复习指导

论述类文本阅读在很长时间里都是必考题。

考查点集中在对文本重要概念的理解、专项内容的理解、文章意思的理解与推断等方面。考题分值,2017 年、2018 年考题参见“实用文体阅读”真题回放。2017 年分值为 9 分,其中包含 3 个单选题和 1 个关于文章题目的简答题。2018 年以来分值仍为 9 分,共 3 个单选题,每个单选题 3 分,预测 2021 年仍然沿袭这种模式。

【论述类文本阅读知识介绍】

圆满地完成论述类文本阅读需要满足两个条件:一会读,二找准。

做答前,首先要解决一个“会读巧读”的问题。为了快速、准确地进行解答,建议分两步完成读文过程。

第一步:阅读全文,勾画文中信息要点。

1. 勾画出文中重要词语

(1) 表述中心论点的关键词语。

(2) 体现论证对象转换的词语,即往往体现论证思路的词语。

① 因果。如:因为、因此……原因在于、因而、由于、从而,等等。

② 转折。如:但是、反而、其实、实际上,等等。

③ 并列或递进。如:也、又、不是……而是……、不仅……还……,等等。

④ 分类分层。如:第一……第二……、首先……其次……、一方面……另一方面……、不仅如此……、此外,等等。

⑤ 举例子。如:例如、如,等等。

(3) 修饰、限制性词语。

① 年代(时间多次依序出现)。

② 程度。如:最、基本、根本、十分、非常,等等。

③ 范围。如:部分、全部、总共、所有、都、全、少量、多数、几乎、仅仅,等等。

④ 数量(具体数据、比例等)。

⑤ 已然、未然,或然、必然。如:目前为止、迄今为止、将、正在、假如、可能、如果、一定、必然,等等。

⑥ 代词。如:这、那、它、其、此,等等。

2. 勾画出文中重要句子

(1) 统摄全篇的句子——论点句、中心句、总结句。

(2) 作论据的句子——论述类文章作论据的材料分为两种:一种是事实论据,另一种是理论论据。

(3) 揭示文章脉络层次的句子。

论证的思路是沿着逻辑思维的过程展开的。段落与段落之间有明显的逻辑关系:或总分,或并列,或对比,或递进,或点与面。这些逻辑关系往往有一些标志性的语句,如“首先、其次”等语句。如果没有这样的语句,可标记每一自然段的开头句或结尾句,然后提取每一段的主要信息,把握文脉。

3. 简短批注

在表因果关系的句子中,对起表明中心、理清结构、区分层次、暗含材料与观点关系等作用的句子,作简短批注,为下一步操作起警示作用。

第二步:提取要点,整体把握。

勾画诸多要点是为整体把握文章内容作铺垫的。

1. 梳思路,明结构

对勾画内容进行提取、整合,梳理出文章思路。厘清文章围绕论点是如何展开说理的,把握段落之间的逻辑关系,注意某一段落的各分句间的逻辑结构和逻辑层次,把握观点和材料的关系。只有从整体上把握住了上述内容,对“文中重要概念的含义”“文中重要句子的含意”的理解才不至于出现偏差,对“文中的信息”的筛选和整合才不至于出现遗漏,对文中“内容要点”的归纳、“中心意思”的概括和“作者在文中的观点态度”的分析概括才不至于出现偏移或错位。

段落之间和语句之间常见逻辑顺序有:由一般到特殊,由具体到抽象,由主要到次要,由现象到本质,由原因到结果,由概念到运用等。论述类文章的行文思路和结构层次,往往会有一些明显的语言标志,但有些文章没有明显的标志,我们可以依据段落之间的观点和材料之间的关系,进行概括梳理。

2. 会文意,释观点

依据勾画的重点词句及文章结构,弄清文章论述了什么问题,主要观点和看法是什么,涉及什么内容。

3. 理材料,定意图

梳理文章中的事例、事理材料,将材料与作者的评述性文字相参照,明确作者引用材料的意图。

解决了“会读文”的问题,能帮助考生在解答时节省时间,可以达到“快”的目标。那怎样保证答案“准”呢?我们认为,这要通过“与谁比”“怎么比”“比什么”来解决。

第一步:据题目要求,锁定信息区。

从题干用语上明确考查点,进而确定阅读区间并锁定信息源。

(1) 题干中出现“对×××(词或概念)理解正确(或不正确)的一项”用语,表明是对重要概念、句子的考查,暗示了信息源可能集中在概念、句子所在语段或相邻语段,注意抓住对概念、句子阐释的文字,这即是信息所在区域。

(2) 题干中出现“对文章内容的理解或分析,正确(或不正确)的一项”用语,表明是在考查信息的筛选和整合,筛选区间不是固定的,一般分布在几段甚至全文。

(3) 题干中出现“对原文思路的分析”用语,表明考查的是对全文论述思路或段内层次分析及文意概括,筛选区间是全文或某一段。

(4) 题干中出现“推断”词语,表明是在考查推断能力。根据每一选项中的关键词确定筛选的大致区域,然后筛选此区间的开头一两句或结尾一两句,因为这部分是作者观点所在区域,从而确定信息源。

根据题干要求,明确考点并确定信息所在区域,然后比对,判断选项是否符合题干要求。

第二步:将选项切片,一一对应位置。

论述类文本有的选项信息跨度大,综合性强,有时含有好几个句号、分号,至少是三个逗号,并且选项信息分散在各个段落中或一个段落的不同位置。这样就需要有一个信息筛选整合分析的过程，所以对这样的选项需要切片分析，就是将选项拆解，切分成若干片断，逐一与分散在原文各个段落的对应的词语、句子所在的区域比对，看原文有没有相关的片断，看相关片断的信息是否与选项吻合。

第三步：从三处着眼，确定比对角度。

从题干用语“正确”或“不正确”上判断试题难度及做题方法。一般而言，要求选出“正确的一项”，题目难度大，必须综合运用比对法和排除法；要求选出“不正确的一项”，题目难度小，一定要用好比对法。不论哪种题型，都需要比对，运用“三重”比对法，来解决比对的角度，来突破辨析选项正误的瓶颈。

1. 角度一：比对词语

因为命题者在命题时采用删词、添词、改词的手段来设置部分选项，所以抓住选项或原文中的这些词语比对，就能迅速排除部分选项。命题者常在以下词语上做文章：

比对词语	比对特征	情况诠释	思考趋向
范围词语 程度词语	比对选项句中和原文中的一些表范围、程度的关键词，如“全部、都、会、一些、部分、相关、所有、人人、必须、一定、严重、非常、可能、似乎”等	这一现象涉及部分与整体（把部分说成整体，或把整体说成部分）、扩大与缩小（任意扩大或缩小外延现象）、偶尔与经常（往往）、轻度与严重等	混淆范围 以偏概全
时间词	比对选项句中和原文中的一些表示时间、结果的关键词，如“已经、将要、完成、成功”等	这一现象涉及故意把原文中尚未确定或还未实现的设想或推测说成既成事实，涉及已然与未然、可能与必然等	混淆时态
指代词	比对选项句中和原文中的一些代词，如“之、其、此、这、那、哪”等	选项句对原文中的“指代内容”有误，或是类别上的，或是程度上的，或是陈述对象方面的等	偷换概念 指代有误
是非词	比对选项句或原文中往往会出现含有肯定和否定的关键词，如“没有、没、无、无非、拒绝、妨碍”等	命题者设计选项时在事物的性质上设置干扰，有意将阅读材料中肯定了的事物加以否定，或者将否定了的事物加以肯定，即肯定和否定颠倒	混淆是非 无中生有

2. 角度二：比对关系

比对关系就是比对选项与原文语句时注意信息间的联系，既要注意选项句与句之间、分句与分句之间的关系，也要注意原文在表述相关意义时句与句之间、分句与分句之间的关系，看这种关系是否符合原文意思。重点考查是否读准、读懂了信息。而比对句间的关系，则要求考生不只是单纯地筛选信息，更应在筛选的基础上关注信息间的联系。

因此，比对分句间的逻辑关系是比对关系的重点内容。比对关系分两步：

第一步：逐项审查每一个选项有几个分句（包括句子），分句与分句之间是什么关系（重点抓关键词），一般的有因果、条件、假设、目的等关系，但以因果关系居多。

第二步：比对每一分句的意义在原文是否有依据，每一分句与分句之间的逻辑关系在原文中是否有依据。尤其看因果关系，是否有强加、倒置不当。

命题者常在以下关系上命题：

关系类型	比对特征	情况诠释	思考趋向
因果关系	选项句与原文相似,比较: 1. 选项句中的“因”与“果”在原文中是否在同一位置; 2. 一些改换因果关系的关键词,如:之所以……是因为等	因果混乱一般有三种情况:一是因果颠倒,就是把“因”的语句错断为“果”,“果”的语句错断为“因”,颠倒了两者的关系;二是强加因果,就是把没有因果关系的说成是因果关系;三是选项与原文的结果一样,但选项把原因给换了	因果颠倒 强加因果 变换原因
假设关系	注意假设的前提及这个前提下产生的结果,注意关键词:假设、如果、若等	假设前提下产生的结果,或变成了现实,或变换了假设前提,或把假设关系变成其他关系	无中生有 不合逻辑
条件关系	注意原文是充分条件还是必要条件。注意关键词:只要……就,只有……才……等	两个分句间或是把充分条件换成了必要条件,或是把必要条件换成了充分条件	
递进关系	注意前后句所在的位置及所表述的内容。注意关键词:不但(不仅)……而且(并且)……等	转换了前后两个句子间的关系,不符合逻辑;或把递进关系变成其他关系	无中生有 不合逻辑
并列关系 转折关系	注意表并列关系、转折关系的关键词,如:一……一……、不是……而是……(表并列);或:虽然……但是……等	把并列关系或转折关系的前后语句转换成了其他关系	

3. 角度三:比对依据和结论

比对依据和结论,看内容是否符合、推断是否成立。一般论述类文章依然是议论文,所以就有说理的依据和结论,高考命题者就会在分析文章或内容推断方面设题。推断题选项的表述,有的是完整的推断形式,原因、结果或条件、结论同时出现;有的只是一个判断句。对完整推断形式的表述,一看所述原因或条件在文中是否有依据,二看所述结果(结论)在文中是否有依据,三看原因或条件与结果或结论之间是否有合理的逻辑关系。对只是一个判断句的表述,一看文中是否提供了现成的结论,二是结论(既然是推断想象,“这个结论”文中往往没有提供)是否符合客观事实与逻辑事理。

比对特征	情况诠释	思考趋向
比对选项句或原文中陈述对象、被陈述对象的位置	选项将原文中句子的陈述对象和被陈述对象倒置,造成结论与依据互换而不合逻辑	主客倒置
比对选项中原因、条件、结论是否有依据	选项所述原因、条件、结论在原材料中是否涉及,是否能从原文中推断出来;原因或条件与结论之间是否有合理的逻辑关系	无中生有偷换依据或结论

一般论述类文章阅读选择题,命题者常常通过对原文重要信息的重组、变形、转述、概括、解说等来命制题目选项。因此,在做论述类文章选择题时应注意以下两点。

1. 坚持一个原则

一般论述类文章阅读考查的是对文章的阅读能力、逻辑思维能力,而不是要求考生全面、系统、透彻地弄懂相关的知识。因此,答案一定在原文中,完全可以靠选文提供的信息做出正确的判断和选择。(注意:哪怕文中的观点与常识相矛盾,也要相信文中的观点而不要以我们的常识来判断,因为高考考的是对文章的阅读能力而非个人的常识经验)

2. 培养两种心态

(1) 专注。做题时要高度专注,全身心地进入阅读和解题状态,切勿心浮气躁。只有这样,才能迅速、准确地发现问题,作出判断。

(2) 仔细。虽说信息全都来自原文,但往往在极细微处设置选项。有的选项看似与原文不符,其实是正确的;有的看似与原文相符,却因在极细微处做了改动,反而是错误的。这就要求做题时千万马虎不得,要细之又细。

【强化练习】

一、阅读下面的文章,按要求回答问题。

孔子说"有文事者必有武备,有武事者必有文备"(《史记·孔子世家》),这揭示了一个基本事实,即军事始终是社会生活的重要组成部分。这说明强化军事史研究,对于推动整个历史研究,深化人们对历史现象的全面认识和对历史发展规律的深刻把握,确实具有不可替代的意义。就中国范围而言,军事往往是历史演进的最直观表现形态。数千年的中华文明史,某种意义上便是一部军事活动史,抽掉了军事内容,就谈不上有完整意义的中国历史。

在中国历史上,军事渗透于社会生活的各个领域、各个层面,成为历史嬗变的指针。具体地说,最先进的生产力往往发源于军事领域,军事技术的进步在科技上呈现引导性的意义。《国语·齐语》记载的"美金以铸剑戟,试诸狗马;恶金以铸锄、夷、斤、斸,试诸壤土"就表明军事技术的发展程度是整个社会生产力最高发展水平的一个标尺。秦汉以降,军事技术的标尺地位仍没有丝毫改变,所有军事装备都是该历史时期先进生产力的集中体现,都起着带动其他生产领域工艺技术水平进步的重要作用。

历史上中央集权,首先是对军权的集中,这从"虎符发兵制""杯酒释兵权",到朱元璋以"五军都督府"代替"大都督府",清代设置"军机处"等制度的设置和行政措施,可以看得十分清楚。国家的法律制度与规章,也往往是在军队中首先推行,然后逐渐向社会推广。从这个意义上说,军队是国家制度建设的先行者,军事在国家政治发展中起着引导的作用。至于中国历史上的重大改革,也几乎无一例外以军事为改革中的主要内容,如商鞅变法中"尚首功"的措施等,更是完全以军事为中心的全面改革运动。

就世界范围而言,军事史作为历史学的重要组成部分,也是无可怀疑的。西方早期的历史著作大都是军事史著作。与此相对应,军事史在历史学界,甚至整个学术界都拥有较高的地位,产生了较大的影响。

中国军事学术思想,用比较规范与传统的概念来表述,就是中国古代兵学。所谓"兵学",指的是中国历史上探讨战争基本问题、阐述战争指导原则与一般方法、总结国防与军队建设普遍规律及其主要手段的思想学说。它起源、萌芽于夏商周时代,在春秋战国时期形成独立的学

术理论体系，充实提高于秦汉魏晋南北朝时期，丰富发展于两宋迄明清时期，直至晚清让位于近代军事学。

概括而言，中国古代兵学主要包括历史上丰富的军事实践活动所反映的战争观念、治军原则、战略原理、作战指导等内容，其主要文字载体是以《孙子兵法》为代表的兵书、其他文献典籍中的论兵之作以及唐到清朝诸多文集中有关军事的论述、“汉中对”“隆中对”等由史籍所记载的历代政治家、军事家的军事言行等，它们共同构筑起中国古代兵学思想的瑰丽宝库。

（选自黄朴民《军事历史与兵学文化》，有删节）

1. 下列关于原文内容的表述，不正确的一项是________。

A. 在中国历史上，与军队、战争有关的事情是社会生活的重要组成部分，战争成为社会生活的一个焦点，是历史演进的外在表现形式。

B. 中国历史发展中。军事渗透到人们生活的各个层面和领域，先进的工艺技术、优良的资源配置等往往最先使用在战争中。

C. 中国历史上的中央集权的强化、法律制度的完善、改革举措的推行等往往会与军事相关联，这说明军事与政治关系密切。

D. 中国古代兵学是一种军事学术思想，是善于征伐的古代军事学家对战争基本问题、指导原则、治军原则等研究出的思想体系。

2. 下列理解和分析，不符合原文意思的一项是________。

A. 中华文明史与中国军事活动史不可分割，中国历史发展过程中的社会生活的各个层面、各个领域都有军事生活的渗透。

B. 中国古代军事技术的发展程度自秦汉始体现出整个社会生产力发展的最高水平，该时代的最高技艺都会在战争中使用。

C. 军队是国家制度建设的先行者，国家制定的法律制度等往往会先在军队中实施，总结经验教训后推广到社会其他群体。

D. 夏商周时中国就出现了与兵学密切相关的内容，但此时兵学没有形成独立的学术理论体系，在宋明清时兵学得以丰富。

3. 根据原文内容，下列理解和分析不正确的一项是________。

A. 军事往往能最直观地反映中国历史演变发展的历程，如果没有军事内容，中国几千年的历史就变得残缺不全了。

B. 在战争中使用的军事技术客观上带动其他领域工艺技术水平的进步，体现了战争对中国古代科学技术进步所起的重要作用。

C. 西方早期历史著作和中国的历史文献、典籍等大都涉及军事史，说明无论是国外还是国内，军事史都是历史学的重要组成部分。

D. 中国古代的兵学研究和兵学思想很丰富，兵学研究涉及战争观念、治军原则、战略原理、作战指导等，对它们的文字记载十分丰富。

【答案】

1. D。[**解析**]D 项，“善于征伐的古代军事学家”错误，范围缩小，原文最后一段有“由史籍所记载的历代政治家、军事家的军事言行等”，由此可见，中国古代对兵学的研究还有政治家等，不限于军事学家。

2. B。[**解析**]B 项，“自秦汉始”错误 ，原文第二段有“秦汉以降，军事技术的标尺地位仍没有丝毫改变”,这说明秦汉之前也有,同时前文引用的《国语·齐语》也说明先秦时期军事技术就是社会生产力的标尺。

3. C。[**解析**]C 项,“中国的历史文献、典籍等大都涉及军事史”中“大都”错误。原文最后一段表述为“其主要文字载体是以《孙子兵法》为代表的兵书、其他文献典籍中的论兵之作以及唐到清朝诸多文集中有关军事的论述”。

二、阅读下面的文章,按要求回答问题。

区块链技术是伴随加密数字货币逐渐兴起的一种去中心化基础架构与分布式计算范式,以块链结构存储数据,使用密码学原理保证传输和访问的安全性,数据存储受到互联网多方用户共同维护和监督,具有去中心化、透明公开、数据不可修改等显著优点。区块链技术通过在网络中建立点对点之间可靠的信任,去除价值传递过程中中介的干扰,既公开信息又保护隐私,既共同决策又保护个体权益,为实现共享经济提供了全新的技术支撑,有望支撑实现共享交通、共享教育、共享住房、共享能源等多个共享经济场景,是实现共享经济的一种非常理想的解决方案。

数据公开透明,为共享经济提供信用保障。区块链本身即为一个大型海量数据库,记录在链上的所有数据和信息都是公开透明的,任何节点都可以通过互联网在区块链平台进行信息查询。任何第三方机构无法对记录在区块链上的已有信息进行修改或撤销,从而便于公众监督和审计。这种体现为“公正性”的技术优势,使得区块链技术在金融、选举、保险、知识产权、慈善公益等领域都具有广泛的应用价值。具体到共享经济当中,能够为以用户体验为核心的信用体系提供保障。

催生智能合约,为共享经济提供解决方案。智能合约是在一定条件被满足的情况下,就可以在网络信息平台和系统中得到自动执行的合约。基于区块链技术的智能合约系统兼具自动执行和可信任性的双重优点,可以帮助实现共享经济中的诸如产品预约、违约赔付等多种涉及网上信任的商业情景,使共享经济更加完善可靠。

当然,区块链技术应用于共享经济场景也有一些障碍,比如缺乏完善有效的“共识机制”,目前为止,还没有一种完善的共识机制能够同时解决安全性、环保性、高效性等问题。在现有区块链技术下,用户在对交易的公平性产生怀疑时无法向任何机构进行申诉。同时,区块链被设计成环环相扣的形式,能够从任何一点追溯至初始区块,查询到链上所有信息。然而这只能确保区块链交易的公平性,却不能保证区块链交易的合法性,追踪犯罪行为将变得异常困难。

长远来看,区块链技术面临潜在的安全性隐忧。目前区块链技术的算法是相对安全的,但是随着量子计算机等新计算技术的发展,未来非对称加密算法具有一定的破解可能性,这也是区块链技术面临的潜在安全威胁。

(摘编自许华磊《区块链技术与共享经济》,《光明日报》2018 年 1 月 18 日)

1. 下列对“区块链技术”的理解,不正确的一项是________。

A. 是一种去中心化基础架构与分布式计算范式,算法相对安全,但未来有可能被破解。

B. 数据以块链结构存储,受到互联网多方用户监督,任何第三方机构都无法进行修改。

C. 为支撑共享经济,在网上建立起了点对点之间的可靠信任关系,去除了中介的干扰。

D. 既公开信息又保护隐私,既共同决策又保护个体权益,是实现共享经济的理想方案。

2. 下列对原文论证的相关分析,不正确的一项是________。

A. 首段介绍了区块链技术这一概念及其特点,还有它在共享经济领域里的应用意义。

B. 文章先总说,然后分述优缺点,最后是对其未来发展趋势的瞻望,呈总分总结构。

C. 文章主要围绕区块链技术和共享经济的关系论述,第二、三段具体论述了其对共享经济的积极作用。

D. 最后两段,作者从应用障碍与安全隐忧方面对区块链技术进行了深入冷静的思考。

3. 根据原文内容,下列说法不正确的一项是________。

A. 公开性和公正性的技术优势,使得区块链技术在多个领域均有广泛的应用价值。

B. 基于区块链技术的智能合约系统将为多种共享经济场景的实现提供可靠保障。

C. 若合法性、安全性等得到了切实的保障,区块链技术将会有更好的应用前景。

D. 任何完善的共识机制都不能同时解决安全性等问题,这阻碍了区块链技术的应用。

【答案】

1. C。[**解析**]C 项,曲解文意,根据原文第一段"区块链技术通过……为实现共享经济提供了全新的技术支撑"可知,"支撑共享经济"是区块链技术的作用,而非这种技术的目的。

2. B。[**解析**]B 项,分析错误,文章最后并未瞻望未来发展趋势,全文也不是总分总结构。

3. D。[**解析**]D 项,曲解文意,原文第四段说"目前为止,还没有一种完善的共识机制能够同时解决安全性、环保性、高效性等问题",并非"任何完善的共识机制都不能"。

三、阅读下面的文章,按要求回答问题。

中国天眼

神秘宇宙,浩瀚星空。地外文明的壮阔和玄妙,自古以来就寄托着人类的奇妙遐想。

人们观测天象,起初是用肉眼,继而借助光学望远镜……随着科技的发展,射电天文学在第二次世界大战结束后脱颖而出。射电望远镜为射电天文学的发展起了关键的作用,比如:20 世纪 60 年代天文学的四大发现,类星体、脉冲星、星际分子和宇宙微波背景辐射,都是用射电望远镜观测得到的。射电望远镜的每一次长足的进步都会毫无例外地为射电天文学的发展树立一个里程碑。中国天眼——500 米口径球面射电望远镜又称 FAST,于 2016 年 9 月 25 日落成启用,它位于贵州省黔南布依族苗族自治州平塘县克度镇航龙村。

作为国家重大科技基础设施,"中国天眼"工程由主动反射面系统、馈源支撑系统、测量与控制系统、接收机与终端及观测基地等几大部分构成。主动反射面外形像一口巨大的锅,接收面积相当于 30 个标准足球场,利用了索网结构。国家天文台天眼工程技术人员介绍说。

探听地球之外的音讯,天眼的能力和其大小息息相关。简单来说,眼睛越大,看得越远。尤其特殊的是,这只天眼并非"死眼",它的索网结构可以随着天体的移动自动变化,带动索网上活动的 4450 个反射面产生变化,足以观测到更大天区的天体,同时,馈源舱也随索网一同运动,采集天体发射的无线电波。如同人类转动自己的眼珠,调整视线的指向,遥远的太空对它来说将不存在方向上的死角。

"如果将地球生命 36 亿年的历史压缩为一年,那么在这一年中的最后一分钟诞生了地球文明,而在最后一秒钟人类才摆脱地球的束缚进入太空无垠的广袤。"天眼设计师南仁东的心中,总是藏着许多诗意的构想。"让美丽的夜空带我们踏过平庸。"这是他留给人世间的最后思考。

从 2016 年 9 月 25 日起,天眼方圆 5 千米成为"静默"区。这个庞然大物开始睁开"慧眼",专注地捕捉来自宇宙深空的信号。借助这只巨大的"天眼",科研人员可以窥探星际之间互动的信息,观测暗物质,测定黑洞质量,甚至搜寻可能存在的星外文明。与德国波恩100米望远镜相比,“天眼”的灵敏度提高了约10倍;与美国阿雷西博350米望远镜相比,“天眼”的综合性能也提高了约10倍。“天眼”能够接收到137亿光年以外的电磁信号。

天眼可把中国空间测控能力由地球同步轨道延伸至太阳系外缘,将深空通讯数据下行率提高100倍。其应用价值可以是为自主导航这一前瞻性研究制作脉冲星钟;诊断识别微弱的空间讯号,为国家安全服务;提供高分辨率和高效率的地面观测;跟踪探测日冕物质抛射事件,服务于太空天气预报。

2017年10月10日,中国科学院国家天文台召开发布会宣布,中国天眼经过一年紧张调试,已实现指向、跟踪、漂移扫描等多种观测模式的顺利运行,并确认了多颗新发现的脉冲星。这是我国天文望远镜首次发现脉冲星。中国天眼团组利用位于贵州师范大学的早期科学中心进行数据处理,探测到数十个优质脉冲星候选体,经国际合作,并进行随后观测认证,目前已通过系统认证6颗脉冲星。其中2颗新发现的脉冲星,距离地球分别约4100光年和约1.6万光年,另外4颗还有待测量。

(取材于陈芳、丹长江等人的相关文章)

1. 下列关于“中国天眼”的说法不正确的一项是________。

A. 中国天眼的启用是射电天文学发展史上的一个里程碑,它成为我国首次发现脉冲星的天文望远镜。

B. 中国天眼依靠索网结构和馈源舱可随天体移动调整视线的指向,可以看到遥远的太空的任何地方。

C. 中国天眼能接收到137亿光年以外的电磁号,其灵敏度、综合性能和探测范围等都位居世界一流。

D. 中国天眼启用一周年,已经探测到数十个优质脉冲星候选体,而且部分脉冲星已经得到系统认证。

2. 下列说法符合原文意思的一项是________。

A. 20世纪60年代用光学望远镜观测到的类星体、脉冲星、星际分子和宇宙微波背景辐射,被称为天文学的四大发现。

B. 地球文明相对于漫长的地球生命的历史是非常短暂的,而人类摆脱束缚对广袤无垠的太空进行探索,这还只是科学构想。

C. 中国天眼方圆5千米成为“静默区”,这便于它尽可能减少无关信号的干扰,专注地捕捉来自宇宙深空的信号。

D. 中国天眼可使我国空间测控能力得到极大的提升,它能诊断识别微弱的空间讯号,探测日冕物质抛射事件,使天气预报更加准确。

3. 中国天眼被视作中国射电望远镜的又一长足进步,请概括“进步”的具体表现。

【答案】

1. B。[**解析**]B项,不存在方向上的死角,并不意味着能看到任何地方。

2. C。[**解析**]A项,是射电望远镜实现的。B项,构想已随天眼的构成而渐成现实。D项,跟踪探测日冕物质抛射事件,服务于太空天气预报。

3. ①观测范围更广,观测角度更灵活;②信号捕捉更深远,探测对象更高端;③测控能力得到提升;④应用价值更高。

四、阅读下面的文章，按要求回答问题。

11月5日到10日，中国国际进口博览会在上海召开。这是中国第一次举办国际进口博览会，吸引了172个国家、地区和国际组织参会，来自五大洲的3600多家企业参展。首届进博会交易采购成果丰硕，按一年计，累计意向成交578.3亿美元。

海纳百川的进博会，是各国大合唱。中国国际进口博览会是中国的，更是世界的，在这个开放共享的普惠平台上，迎的是五洲客，计的是天下利。“这不是一般性的展会，是中国推进新一轮高水平对外开放的重大决策，是中国主动向世界开放市场的重大举措。”在欢迎宴的致辞中，习近平道出举行此次博览会的核心要义。这个由习近平主席亲自谋划、亲自提出、亲自部署推动的盛大展会，应者如云。中国正张开双臂欢迎各国搭乘中国发展的“快车”“便车”，世界的“会客厅”奏响“共享未来”的全球交响曲。

凡益之道，与时偕行。当今世界正在经历新一轮大发展大变革大调整，各国经济社会发展联系日益密切。同时，世界经济深刻调整，保护主义、单边主义抬头，不稳定不确定因素依然很多。“中国推动更高水平开放的脚步不会停滞！中国推动建设开放型世界经济的脚步不会停滞！中国推动构建人类命运共同体的脚步不会停滞！”在开幕式主旨演讲中，习近平主席用三个“不会停滞”宣示中国拥抱世界、推动构建人类命运共同体的决心。与之同时，提出中国进一步扩大开放的新举措，“激发进口潜力”“持续放宽市场准入”“营造国际一流营商环境”“打造对外开放新高地”“推动多边和双边合作深入发展”，等等。显然，在贸易保护主义抬头、全球经济复杂多变的形势下，作为全球首个以进口为主题的博览会，不仅为世界经济发展注入更多信心，更向全世界充分表明中国坚定不移扩大开放，坚定不移维护多边贸易体制，坚定不移推动全球治理体系变革的坚强决心。对此，拉美社的报道如是评价：在保护主义威胁全球增长之际，规模盛大的首届进博会为全世界的制造商、服务供应商和生产商打开了巨大的中国市场，北京也借此释放出对自由贸易的信心。

开放市场，与世界共享机遇。“欢迎各国企业共享中国发展的机遇”，开幕式前，习近平会见参加博览会的外国企业家代表时强调。在国际贸易发展的关键时刻，中国倡议并举办迄今为止世界上第一个以进口为主题的国家级展会，以进一步打开自己市场的方式，标注了全球合作共赢的新高度。一定意义上说，作为开创性的合作大平台，进博会是中国为全球提供的重要公共产品，各国从中均可受益。揆诸当下，一个更加开放的中国正张开双臂，欢迎各国搭乘中国发展的“快车”“便车”，向着构建人类命运共同体目标不懈奋进。预计未来15年，中国进口商品和服务将分别超过30万亿美元和10万亿美元。不难想到，当13亿多人口的大市场敞开大门，与世界分享中国机遇，不仅有助于形成更高层次改革开放新格局，也将为世界各国人民带来满满的获得感。“过去几十年，中国在减贫、社会发展等方面取得巨大成就，向世界真切展示了全球贸易与竞争带来的机会。”泰拉能源主席比尔·盖茨如是说道。

合作共赢永不落幕，命运与共的精彩故事还将继续。放眼现实，首届中国国际进口博览会虽已落幕，但中国和各国搭建的全球开放合作的舞台永不落幕，中国推动更高水平开放的脚步不会停滞，全球共同构建人类命运共同体的时代大潮不可逆转。正如国际货币基金组织总裁拉加德所说，中国是国际合作、特别是贸易合作的典范，中国搭建了一座“通往未来之桥”。面向未来，中国将始终与世界同向同行，向着构建人类命运共同体目标不懈奋进，携手开创更加美好的未来。

（选自李建《开放市场，奏响“共享未来”的全球交响曲》2018－11－12 南方网）

1. 下列关于原文内容的理解和分析，正确的一项是________。

A. 由中国主办的首届进博会2018年11月5日至10日在上海召开，吸引了众多国家、地区和国际组织参会，交易额多达578.3亿美元。

B. 首届进博会的核心要义是中国主动向世界开放市场的重大举措，这向全世界充分表明了中国坚定不移扩大开放的坚强决心。

C. 习主席在首届进博会开幕式主旨演讲词中用三个“不会停滞”宣示了中国拥抱世界、推动构建人类命运共同体的决心和信心。

D. 由习主席亲自谋划、亲自提出、亲自部署推动的首届进博会是一个盛大展会，是国际合作、特别是贸易合作的典范。

2. 下列对原文论证的相关分析，不正确的一项是________。

A. 文章从四个角度阐释中国举行首届进博会的意义、背景、作用及影响，并较为深入地阐述了首届进博会的核心要义。

B. 文章论述首届进博会是在世界经济新一轮调整，保护主义、单边主义抬头的背景下举行的，并由此指出了中国进一步扩大开放的新举措。

C. 文章在叙述中以大量篇幅引用习近平主席的言辞，彰显了中国将始终与世界同向同行，携手开创更加美好的未来的博大胸怀和坚强信心。

D. 对于中国首届进博会的主旨论述，文章先交代意义和背景，接着层层深入，深刻表达了海纳百川、开放合作和共享未来的根本精神。

3. 根据原文内容，下列说法不正确的一项是________。

A. 因为在进博会这个开放共享的普惠平台上，迎的是五洲客，计的是天下利，所以中国国际进口博览会是中国的，更是世界的。

B. 在保护主义威胁全球增长之际，首届进博会不仅表明了中国坚定不移扩大开放的坚强决心，更表明了中国为世界经济发展注入更多信心。

C. 一定意义上说，因为首届进博会作为开创性的合作大平台，中国为全球提供了重要公共产品，所以各国从中均可受益。

D. 如果中国开放13亿多人口的大市场，与世界分享机遇，那么不仅有助于形成更高层次改革开放新格局，也将为世界各国人民带来满满的获得感。

【答案】

1. C。[**解析**]A项，应该是“中国举办”非“主办”；原文是“累计意向成交578.3亿美元”而非“交易额多达578.3亿美元”。B项，核心要义还包括“是中国推进新一轮高水平对外开放的重大决策”。D项，应该是“中国是国际合作、特别是贸易合作的典范”，而非“首届进博会”。

2. D。[**解析**]D项，“层层深入”错，四个层次是并列的；“海纳百川”应包括在“合作”之中。

3. B。[**解析**]B项，“不仅”“更”的内容互换。根据第三段的内容可知。

五、阅读下面的文章，按要求回答问题。

探讨环境美学涉及两个重要问题：环境是什么？审美是什么？

环境必然与人相关，是人的环境。强调环境的属人性是非常必要的。首先，它将环境科学

与自然科学区分开来,因为自然科学研究更关注自然本身。其次,它将环境与资源区分开来。环境于人的功能主要是生活,而资源于人的意义主要是生产。环境与资源都有价值,然而是不同的价值。它们都是人所需要的,二者在不矛盾的情况下相安无事,而在发生矛盾的情况下就需要权衡轻重。环境的意义在于它是人的生存之本、安居之地,重要性不言而喻。

看环境有两个维度,一个是自然维度,主要考察自然具不具有宜人性。只有宜人的自然才是人的环境。在自然维度中,最为重要的是生态。生态是否良好关系人的生存、生活和发展。在人看来,有利于人的生存、生活、发展的生态就是良好的生态,反之就是不好的生态。人可以通过自己的努力,协助生态在朝着有利于自身方向发展的同时也适合人的生存与发展,实现人与自然生态双赢。这样造就的环境就是生态文明环境。看环境的另一个维度是文明维度。文明是人类的创造,它体现在诸多方面,其中就有与环境相关的创造。人于环境的创造性活动,最重要的是上面说到的有利于人与生态共生的活动。此外,还有大量政治、经济、文化、科技等活动,这些活动质量的高低也在不同程度上影响着环境的质量。

审美是什么?美学家们对此有不同看法,但有一点是大家都赞同的,那就是愉快。我们可以将具有审美性质的愉快概括成“乐”。人有三种生存方式:谋生、荣生和乐生。谋生,为自然人生;荣生,为社会人生;乐生,则为审美人生。乐生,有物质性的乐,也有精神性的乐。对于审美来说,精神性的乐更为重要。精神性的乐有高低之别,审美无疑是品位高尚的精神性的乐。乐生,体现在环境审美中,则为“乐居”。“居”当然首先是住下来,但不局限于此,广义的居是生活。环境美学,顾名思义就是环境的审美。环境审美的本质即为“乐居”。人在环境中生活,感受到环境给予的种种或物质或精神的愉快,就是“乐居”。

那么,何为环境美学?简要地说,它是研究人在环境中乐居的学科。环境美学属于偏重于人文方向的研究。从人文方向研究环境,主要有环境哲学、环境伦理、环境美学,环境审美是这三个学科的尖端。说是尖端,不是说它最高深,而是说环境审美是在环境哲学的指导下、在环境伦理的基础上进行的。环境哲学提出人与自然互动和谐,环境伦理学提出人与动植物共生友好,都是环境审美的重要内涵,环境美学使人们的审美关注从原初的人自身扩展到人之外的世界,从艺术扩展到生活,从自然扩展到无限。审美视界的扩大,必然带来审美内涵的深化。

(摘编自陈望衡《环境美学助力美丽中国建设》2018 月 9 月 25 日《人民日报》)

1. 下列关于原文内容的理解和分析,正确的一项是________。

A. 人们如果加深对环境美学概念的理解,准确透彻地把握环境与审美的内涵,就能达到探究环境美学的目的。

B. 环境与资源都有价值,都是人所需,二者不矛盾时相安无事,而在发生矛盾的情况下就需要权衡轻重。

C. 人们通过努力,可以协助生态朝着“安居”“乐居”的方向发展,实现人与自然生态双赢,造就生态文明环境。

D. 除了人于环境的创造性活动,大量政治、经济、文化、科技等活动质量的高低也影响着环境质量。

2. 下列对原文论证的相关分析,不正确的一项是________。

A. 文章以设问为发端,在论证过程中先立论后分析,明确概念,承转自如,逻辑严密,结构清晰。

B. 文章首先强调环境的属人性的必要性，继而重申环境的意义是人的生存之本、安居之地，重要性不言而喻。

C. 文章分别从自然和文明两个维度明确了评价环境的指标，并进一步分析了两项指标的轻重主次。

D. 作者卒章结旨，明确环境美学的要义与方向，相信随着审美视界的扩大，环境审美的内涵必将不断深化。

3. 根据原文内容，下列说法不正确的一项是________。

A. 文章论述"谋生""荣生""乐生"三种生存方式，层层递进，其论述重点是与"审美"密切相关的"乐生"。

B. 环境审美的本质是"乐居"，人在环境中生活，"物质性愉快"和"精神性愉快"二者得兼，就是"乐居"。

C. 虽然对于"审美是什么"的问题，美学家们见仁见智，但"审美就是愉快"的结论已成为大家的共识。

D. 以环境哲学为指导，以环境伦理为基础，环境美学会不断发展与完善，并将助力美丽中国建设。

【答案】

1. B。[**解析**]A 项，表达绝对，探究环境美学，除了把握环境与审美的内涵，还关涉很多学科，关联人类很多的活动。C 项，转述错误，原文是"协助生态在朝着有利于自身方向发展的同时也适合人的生存与发展"，且"乐居"不属于生态文明环境的范畴。D 项，"政治、经济、文化、科技等活动"与"创造性活动"并非并列关系，而是包含与被包含关系，前者从属于后者。)

2. C。[**解析**]C 项，"进一步分析了两项指标的轻重主次"错，文章分析了两项指标的具体差别，但没有指明轻重主次。

3. B。[**解析**]B 项，转述错误，原文表达为"乐居"是指人在环境中生活，"感受到环境给予的种种或物质或精神的愉快"，可以理解为或"物质的"或"精神的"或"物质兼精神的"几种情况。

六、阅读下面的文字，按要求回答问题。

得益于中国在互联网、大数据、云计算等领域的卓著进步，人工智能在国内发展迅猛。在可以预见的未来，中国的人工智能产业将在自动驾驶、智慧医疗、智慧金融、机器人等领域获得蓬勃发展。

从娱乐、出行到支付手段，人工智能悄然改变着我们的生活。今年 7 月，国务院印发了《新一代人工智能发展规划》，指出人工智能成为国际竞争的新焦点、经济发展的新引擎，带来社会建设的新机遇，同时人工智能未来发展的不确定性也带来了新挑战。在这些新挑战中，最令普通人关注的，或许就是人工智能时代的"人机关系"：高阶人工智能有没有失控风险？未来的机器会不会挑战人类社会的秩序，甚至获得自主塑造和控制未来的能力？随着人工智能日新月异的发展，很多人有了这样的担心。

人工智能会带来福祉还是挑战，是许多文学、影视、哲学作品不断探讨的主题。近年来大众传播对人工智能的关注，无形中也加重了人们对"人机关系"的焦虑。以音源库和全息投影技术为支撑的"二次元"虚拟偶像上台劲歌热舞，人工智能用人脸识别技术与深度学习能力挑战人类记忆高手,“阿尔法狗”击败各国围棋大师,攻占了人类智力游戏的高地……尤其是一些以“人机对战”为噱头的综艺节目,通过混淆人工智能的概念,人为渲染了一种人机之间紧张的对立气氛,既无必要,也缺乏科学性。

事实上,现在所有人工智能仍属于在“图灵测试”概念下界定的“智能”,无论是将要盛行的根据神经网络算法的翻译程序,抑或是基于量子计算理论的各种模型,在未来很长时间内都将是从属于人类的工具。作家韩少功提出了“当机器人成立作家协会”的有趣假设,从文学的角度解释了自己对于人机对立关系的看法。他认为价值观才是人类最终的特点和优势,人工智能的发展,应该促使人们对自身存在的本质进行更加深刻的探索,并坚定人类本身存在的价值。

尽管如此,行将迈入人工智能时代,我们仍需谨慎界定人机之间的关系格局。国务院在《新一代人工智能发展规划》中提出,“建立人工智能法律法规、伦理规范和政策体系,形成人工智能安全评估和管控能力”。未来,应通过对人工智能相关法律、伦理和社会问题的深入探讨,为智能社会划出法律和伦理道德的边界,让人工智能服务人类社会。这也是世界范围内的一项共识。微软、谷歌等巨头也因人工智能的发展风险而成立了伦理委员会。越来越多的机器人专家呼吁,在机器人和自动化系统上安装“道德黑匣子”以记录机器的决定与行为。人们已经意识到,人工智能的发展应该以人类社会的稳定与福祉为前提。

中国在人工智能领域发展迅猛,在未来构建人机关系格局上,也应发挥中国传统文化的优势。面对人工智能,既要通过法律和政策予以规范,也要用文明和伦理赋予其更多开放的弹性。在这方面,相信中国文明传统会比偏重逻辑与实证的西方文明传统更有用武之地,更有助于开拓兼顾科技与人文的“中国智造”。

——《人民日报》(2017年08月23日05版,有删改)

1. 下列关于原文内容的理解和分析,正确的一项是________。

A. 中国的人工智能的迅猛发展,带来了它在自动驾驶、智慧医疗、智慧金融、机器人等领域的广泛应用。

B. 人工智能改变着我们的生活,同时机器人专家对人工智能将来发展的不确定性表现出了恐慌。

C. 人工智能是从属于人类的工具,人类社会的稳定与福祉是人工智能发展的前提。

D. “人机对战”的综艺节目通过混淆人工智能的概念,使人工智能与人类的关系对立起来。

2. 下列对原文论证的相关分析,不正确的一项是________。

A. 文章以时下热门的人工智能为分析对象,借用现实例子,探讨未来发展走向,体现了时评文章及时性的基本特点。

B. 文章既肯定人工智能给人类带来的发展和机遇,又深入地分析了未来人工智能发展风险的问题。

C. 对于人工智能,文章先交代背景,接着逐层分析,最后提出在未来构建人机关系格局上,也应发挥中国传统文化的优势。

D. 文章引用相关的文件规定和专家的观点,说明人们已经意识到仍需谨慎界定人机之间的关系格局。

3. 根据原文内容,下列说法正确的一项是________。

A. 如果我们能坚定人类本身的存在价值,深刻探索自身存在的本质,将会更好地促进人工智能的发展。

B. “人机关系”是人工智能时代最令普通人关注的问题,所以面对即将到来的人工智能时代,我们必须谨慎界定人机之间的关系格局。

C. 我们应深入探讨与人工智能相关的法律、伦理和社会问题,为智能社会划出法律和伦理道德的边界,让人工智能更好地服务社会。

D. 只要通过法律和政策予以规范人工智能,并发挥中国传统文化的优势,就能避免未来人工智能失控的风险。

【参考答案】

1. C。[**解析**]A 项,“未然”改成“已然”,原文是“中国的人工智能产业将在自动驾驶、智慧医疗、智慧金融、机器人等领域获得蓬勃发展”。B 项,缩小范围,原文是“很多人有了这样的担心”。D 项,曲解文意,原文是“人为渲染了一种人机之间紧张的对立气氛”。

2. B。[**解析**]并没有深入地分析了未来人工智能发展风险的问题,而是谈论人们对人工智能未来发展的忧虑,以及如何构建未来人机关系格局的问题。

3. C。[**解析**]A 项,因果倒置,原文是“人工智能的发展,应该促使人们对自身存在的本质进行更加深刻的探索,并坚定人类本身存在的价值”。B 项,“或然”改成“必然”,原文是“最令普通人关注的,或许就是人工智能时代的‘人机关系’”。D 项,说法绝对。

七、阅读下面的文字,按要求回答问题。

中国是世界四大文明古国之一。世界不能没有中国,世界史不能没有中国史。但一个不容回避的事实是,中国学者写的世界史都不包括中国史,苏联学者写《世界通史》中国部分要委托中国学者来写,这都说明中国史在世界史中的地位与现在的研究状况很不相称。

其实,中国历史传统就是天下国,有“中央”有“四裔”,“四裔”并无自大、歧视“外化”,而是局限于交通条件,凡与中国通,都包罗在内。中国正史都不乏对四夷单独列传的记载,《史记》就是写世界史,实质上中国史从来是既有中外之分,又有“天下一家”的理想。从考古学上看,中国古文化是土生土长的,又是在与周边民族文化交流中发展的。而考古学文化区系类型的建立和中国文明起源讨论的深入,把中国历史与世界历史的关系引向一个全新的认识,这就是“世界的中国考古学”的提出。

我们早在考古学文化区系类型形成过程中,就把中国考古学文化的六大区系分为面向海洋的三大块和面向欧亚大陆的三大块。提出“世界的中国考古学”,一方面把区系观点扩大为“世界的”观点,从世界的角度认识中国;一方面也用区系观点看世界。中国传统史学有四裔和华夏之别,如从区系的中国和区系的世界观点看,四裔正是中国的两大块和世界的两大块,即旧大陆和环太平洋这两大块的衔接点和桥梁,四裔地区古文化在中国与世界的比较及相互关系中占据更突出的地位。20 世纪后半段(二战以后)世界考古学的大发展已表明,东西方古代文明的发展是大体同步的。东西方从氏族到国家的转折大致都在距今 6000 年前;彩陶的产生,由红陶彩陶为主发展为以灰、黑陶为主的文化现象的出现也大体同步。世界三大古文明中心——西亚北非、中国为代表的东亚、中南美,经历过类似的从氏族到国家,而国家又经历过从古国到帝国的不同发展阶段。

世界文明发展阶段的大致同步,发展道路有相近的一面,以及彼此的相互交流都表明,世界文明发展具有“一元性”。开放,交流是世界历史、文化发展的总趋势,也是中国历史发展的总趋势。从旧石器时代起直到今天,中国文化从来不是封闭和孤立的。诚然,中国历史上有过"中华帝国无求于人"的闭关锁国的政策和时代,但事实上的内外交流几乎一天也没有停止过。陆上丝绸之路、海上丝绸之路、陶瓷之路如此,不见经传的条条通衢更是如此。闭关锁国不过是封建统治者的主观愿望而已,民间的物质文化、精神文化的开放交流从来未被锁国政策真正扼杀过。不绝于史书的沟通中外的名人、功臣们的业绩,只不过是综合构成、开拓疏通了世界文化交流网络中的一些环节和文化交流史上的一些辉煌的瞬间。所以,中国历来是世界的中国。

(摘编自苏秉琦《中国文明起源新探》)

1. 关于原文内容的表述,不正确的一项是________。

A. 由于交通条件的限制,中国历史形成了天下国的传统,凡与中国通者都包罗在内,这并非自大、歧视"外化"。

B. 中国史从来是既有中外之分,又有"天下一家"的理想的,这可以从《史记》等中国正史中都有对四夷单独列传记载得到印证。

C. 四裔地区是中国与世界陆地、海洋的衔接点和桥梁,因此,其古文化在中国与世界的比较及相互关系中比华夏地区占据着更突出的地位。

D. 开放、交流是中国历史、文化发展的总趋势,自古以来,中国文化就不是封闭和孤立的,中国历来是世界的中国。

2. 理解和分析不符合原文意思的一项是________。

A. 苏联学者写《世界通史》中国部分要委托中国学者来写,而中国学者写的世界史却都不包括中国史,这说明中国史在世界史中的地位并未得到中外学者应有的重视。

B. 中国是世界四大文明古国之一,中国古文化是在中国大地上诞生和成长起来的,同时又是在与周边民族文化的交流中不断发展的。

C. 东西方从氏族到国家的转折大致都在距今6000年前,而国家又都经历过从古国到帝国的不同发展阶段,可见东西方古代文明的发展是大体同步的。

D. 世界文明发展的"一元性"特征可以概括为:发展阶段大致同步,发展道路有相似性,彼此相互交流。

3. 根据原文内容,下列说法不正确的一项是________。

A. 考古学文化区系类型的建立和中国文明起源讨论的深入,突破了以往对中国历史与世界历史的关系的认识局限。

B. 既要扩大区系的观点,从世界的角度认识中国,又要用区系的观点看世界。这是"世界的中国考古学"提出的主要观点。

C. 尽管清代曾实行过闭关锁国政策,但并未能真正扼杀物质、精神文化与世界的交流,丝绸之路、陶瓷之路等就是最好的证明。

D. 沟通中外的名人功臣们只是世界文化网络中的一些环节或文化交流史上的一些辉煌瞬间而已,史家不必特别郑重地加以记载。

【参考答案】

1. A。[**解析**]A项因果判断不成立,中国历史天下国的传统并非因交通条件限制形成。

2. C。[**解析**]C项"东西方古代文明的发展大体同步"中"同步"强调时间上有一致性,"国家又都经历过从古国到帝国的发展阶段",则是说从"古国"发展到"帝国"的"发展道路"相近,因此,后者不能作为东西方文明发展大体"同步"论据。

3. D。[解析]D 项中“史家不必特别郑重地加以记载”错。联系语境,原句意思是说民间广泛丰富的物质及精神文化交流从未停止,这些名人功臣只是中外文化交流中的一些典型表现,并无否定之意。

八、阅读下面的文字,按要求回答问题。

近代以来,为了应对国际战争和冲突,构建持久稳定的国际秩序,一系列全球治理方案接踵而出,但总体上收获甚微。这不禁令人反思一个重大问题:构建持续和平稳定发展的国际秩序是否可能?

依照黑格尔在《法哲学原理》中的理解,构建持续和平稳定发展的国际秩序是不可能的。在他看来,战争是伦理发展的必然环节,是保持各民族伦理健康的必要手段,“持续的甚或永久的和平会使民族堕落”。应当说,在黑格尔所处的现代性发展阶段,这种理解不仅是正确的,还是相当深刻的。因为黑格尔把握了那个时代主体间、国家间关系的本质,即“一切人反对一切人的战争”。正如前文所述,在各个国家为了实现自我发展而激烈争夺有限的发展条件时,战争和冲突是不可避免的,暂时的和平不过是弱小国家面对大国霸权的无奈选择,或多个大国之间的短期相互制衡。在这种情况下,一旦某一国家在发展中获得更大的优势和力量,平衡便必然会被打破,“弱肉强食”的国际秩序仍将继续。

但问题在于,当今世界已经远不是黑格尔所处的那个现代性起步和快速发展的时代,而是处于现代性发展的新的历史阶段。今日世界现代性问题的严重化和普遍化,并不是靠丛林法则就能根本解决的。对外战争不能确保自身和平,限制他国发展不能确保自我发展,不合作就不能发展,不共赢就不能单赢,这已经是时代发展的大趋势。这时候再抱着传统现代性全球治理方案不放,显然就不能适应时代发展了。时代发展呼唤新的全球治理方案。在这种背景下,中国准确把握时代的新特点和新趋势,积极推动构建人类命运共同体,倡导共商共建共享共赢的全球治理方案,这是时代发展的必然。中国在世界历史发展中首次突破和超越了传统现代性全球治理方案的单一主体性思维,在主体性基础上强调公共性,开启了全球治理的崭新篇章。

现代性发展的新阶段和新特点,是所有国家都居于其中的历史境遇。那么,为何唯有中国能够率先提出超越传统现代性的全球治理方案呢?这并不是出于偶然,而是由中国道路和中国文化决定的。中国道路不同于西方发达国家的发展道路,其根本原因在于,中国现代化道路从来就不是个人主义或自由主义式的发展道路,而始终是一种集体主义或公共主义式的发展道路。这使得中国的现代性从其开启之日起,就与西方经典现代性存在本质区别。西方的市民社会、原子化的个人、“一切人反对一切人的战争”,在中国道路中没有生根发芽的土壤。

由此可见,积极推动构建人类命运共同体的世界意义,不仅体现于提出一整套具体的、可操作的方案,而且做到了准确把握现代性发展的新变化和新特点,成功提出一种超越传统现代性全球治理观和发展观的新方案。其最根本、最重要的世界意义在于中国发展道路的拓展和中华民族复兴进程的推进,为这种新方案的实施提供了充分的证明和鲜活的示范。

(节选自桑明旭、郭湛《人类命运共同体:历史坐标、现实基础与世界意义》)

1. 下列关于原文内容的理解和分析,正确的一项是________。

A. 黑格尔认为战争是必然的,有了战争就能保持各民族伦理健康,民族就不会堕落。

B. 在现代性发展的初始阶段,战争和冲突不可避免,和平只是小国的妥协或大国间的制衡。

C. 中国为适应时代发展摒弃传统的主体性思维,强调公共性,提出全球治理的新方案。

D. 受中国文化等因素的影响,中国现代化道路是一种集体主义或公共主义式的发展道路。

2. 下列对原文论证的相关分析,不正确的一项是________。

A. 对于构建人类命运共同体这一论题,文章首先设问,然后通过对比论证得出结论。

B. 文章引用黑格尔的“一切人反对一切人的战争”,是为了证明在当时战争和冲突是必然的。

C. 第三段通过分析当今世界处于新的历史阶段,论证建立人类命运共同体的必然性和可行性。

D. 文章从历史回顾、现实基础和世界意义等方面来论述构建人类命运共同体这一问题。

3. 根据原文内容,下列说法不正确的一项是________。

A. 过去所提出的一系列全球治理方案收效不大,其中一个原因是没有很好把握时代特点。

B. 因为西方文化关注个体、关注自身利益,所以他们很难提出有效的全球治理方案。

C. 中国现代化的发展道路,决定了中国能够率先提出符合时代的全球治理方案。

D. 全球治理方案只有准确把握现代性发展的新变化、新特点并且具体可操作,才会有效。

【参考答案】

1. B。[**解析**]A 项,“有了战争就能……”错,战争只是保持各民族伦理健康的必要手段。C 项,“摒弃传统的主体性思维”错,原文是“在主体性基础上强调公共性”。D 项,原文没有谈及中国文化和中国道路的关系。

2. C。[**解析**]“可行性”错,新的历史阶段论证的是必然性,“可行性”无中生有。

3. C。[**解析**]率先提出符合时代的全球治理方案,走中国道路只是其中一个因素,中国文化也是一个因素。

九、阅读下面的文字,按要求回答问题。

中国哲学同外国哲学不同之处极多,其中最主要的差别之一就是,中国哲学喜欢谈论知行问题。我想按照知和行两个范畴,把中国文化分为两部分:一部分是认识、理解、欣赏等等,这属于知的范畴;一部分是纲纪伦常、社会道德等等,这属于行的范畴。这两部分合起来,形成了中国文化。在这两部分的后面存在着一个最为本质、最具有特征的深义的中华文化。

陈寅恪先生论中国思想史时指出:“南北朝时,即有儒释道三教之目。故自晋至今,言中国之思想,可以儒释道三教代表之。此虽通俗之谈,然稽之旧史之事实,验以今世之人情,则三教之说,要为不易之论。……故两千年来华夏民族所受儒家学说之影响,最深最巨者,实在制度法律公私生活之方面,而关于学说思想之方面,或转有不如佛道二教者。”

事实正是这个样子。对中国思想史仔细分析,衡之以我上面所说的中国文化二分说,则不难发现,在行的方面产生影响的主要是儒家,而在知的方面起决定作用的则是佛道二家。潜存于这二者背后那一个最具中国特色的深义文化是三纲六纪等伦理道德方面的东西。

专就佛教而言,它的学说与实践也有知行两个方面。原始佛教最根本的教义,如无常、无我以及十二因缘等等,都属于知的方面。八正道、四圣谛等,则介于知行之间,其中既有知的因素,也有行的成分。与知密切联系的行,比如修行、膜拜,以及涅槃、跳出轮回,则完全没有伦理的色彩。传到中国以后,它那种无父无君的主张,与中国的三纲六纪等等,完全是对立的东西。在与中国文化的剧烈冲击中,佛教如果不能适应现实情况,必然不能在中国立定脚跟,于是佛教只能做出某一些伪装,以求得生存。早期佛典中有些地方特别强调“孝”字,就是歪曲原文含义以适应中国具有浓厚纲纪色彩文化的要求。由此也可见中国深义文化力量之大、之不可抗御了。

这一点,中国不少学者是感觉到了的。比如,梁漱溟先生说,“中国人把文化的重点放在人伦关系上,解决人与人之间怎样相处”;冯友兰先生说,“基督教文化重的是天,讲的是‘天学’;……中国的文化讲的是‘人学’,注重的是人”。这些意见都是非常正确的。

国外一些眼光敏锐的思想家也早已看到这一点,比如德国最伟大的诗人歌德就说:“中国人在思想、行为和情感方面几乎和我们一样,使我们很快就感到他们是我们的同类人,只是在他们那里一切都比我们这里更明朗,更纯洁,也更合乎道德。还有许多典故都涉及道德和礼仪。”正是这种在一切方面保持严格的节制,使得中国维持到几千年之久,而且还会长存下去。

中国文化同世界其他国家的文化,既然同为文化,必然有其共性。我想强调的却是它的特性。中国文化的特性最明显地表现就是它的伦理色彩,它所张扬的三纲六纪,以及解决人与人之间的关系的精神。

(季羡林《中国文化的内涵》)

1. 下列关于原文内容的表述,不正确的一项是________。

A. 中国文化可以分为知和行两个部分,二者合起来构成中国文化,隐藏于二者背后、最具中国特色的则是它浓厚的纲纪文化色彩。

B. 从历史记载和现实看,中国文化深受儒释道三家思想的影响,中国人在行方面受儒家影响,在知方面受佛道二家影响。

C. 三纲六纪等伦理道德方面的东西是中国文化最为本质的部分,它的力量巨大,对中国的文化产生了深远的影响。

D. 在歌德看来,中国人在思想、行为和情感方面和世界其他国家的人民几乎没有什么不同,但中国人的表现更符合道德的要求。

2. 下列理解和分析,不符合原文意思的一项是________。

A. 中国哲学的特点是喜欢谈论知行问题,从中国哲学的角度出发,认识中国文化,也可以从知和行两个方面入手。

B. 考察中国的思想史,关于儒释道的论述可以追溯到南北朝时期,以儒释道三家的思想来代表中国思想可以追溯到晋朝。

C. 原始佛教是完全没有伦理色彩的,“孝”是具有浓厚的中国文化特色的东西,佛教中讲“孝”是适应中国文化的结果。

D. 中国文化重视解决人与人之间的关系,具有鲜明的伦理色彩,这是不少中外学者对中国文化共同的认知。

3. 根据原文内容,下列说法不正确的一项是________。

A. 佛教也可分知行两方面,在漫长的历史过程中,受中国文化影响染上了浓重的伦理色彩。今天的佛教已与原始佛教完全不同。

B. 中国文化注重伦理道德,在一切方面注意节制,这使得中国得以延续发展几千年,保持这一传统,对中国的未来发展也将产生积极作用。

C. 同中国文化一样,中国哲学和世界其他国家的哲学既有同为哲学的共性,也有鲜明的个性,这就是对知和行的特别关注和思考。

D. 今天的我们仍然应当从中国传统伦理道德文化中汲取智慧,将道德认知和道德实践结合起来,这将有助于解决今天中国社会面临的一些问题。

【参考答案】

1. B。[解析]“中国人在行方面受儒家影响,在知方面受佛道二家影响”不合文意。

2. C。[解析]“原始佛教是完全没有伦理色彩的”错,原文只是说“与知密切联系的行,比如修行、膜拜,以及涅槃、跳出轮回,则完全没有伦理的色彩”。

3. A。[解析]“今天的佛教已与原始佛教完全不同”错。

十、阅读下面的文字,按要求回答问题。

南宋范成大在《醉落魄·栖乌飞绝》中云:“花影吹笙,满地淡黄月。”此乃一绝妙的境界,花影扶苏,月光绰绰。而苏轼的《水龙吟》也具此类风韵:“……一池萍碎。春色三分,二分尘土,一分流水。细看来,不是杨花点点,是离人泪。”朦朦胧胧,迷离忧愁,自有独特的美感。

雾里看花,乃中国美学的一种境界,它构成了中国含蓄美学的另一种表现形式。曲径通幽,以婉转委曲的传达,产生优雅流畅的美感;雾敛寒江在于从艺术形式的内部激起一种张力,从而创造一个回荡的空间,展示丰富的艺术内容;雾里看花,则通过迷离恍惚产生独特的美感,与西方美学中的朦胧美有着相似的内涵,但却略有不同,它具有独特的哲学思想内涵。

谢榛谓作诗“妙在含糊”,董其昌谓作画“正如隔帘看花,意在远近之间”;恽南田曰“山水要迷离”……这些论述均意在说明,迷离微茫能产生比清晰直露更妙的美感。

中国古代有三远之说,北宋郭熙以平远、高远和深远为画之三远法。郭熙稍后的韩拙又提出三远说:“郭氏曰:山有三远……愚又论三远者:有近岸广水、旷阔遥山者谓之阔远;有烟雾暝漠、野水隔而不见者谓之迷远;景物至绝而微茫缥缈者谓之幽远。”

韩拙眼中,迷远被视为一种重要的山水境界。阔远,弥望的是无边的山色,幽远更是“微茫缥缈“,也具有迷远的审美特征。故可说,韩氏“三远”突出了迷远的地位,使中国画的朦胧处理从激发而走向理论自觉。

唐宋山水画就有很多重迷远的例子,如李思训善画云雾缥缈之态,《历代名画记》说他:“其画山水树石,云霞缥缈,时睹神仙之事,窅然岩岭之幽。”李成更以平远迷离山景见长,苏辙谓其:“缥缈营丘水墨仙,浮空出没有无间。”二米(米芾、米友仁)将迷远之景推向极至,他们所创造的“云山墨戏”,就是以迷离漫漶之景为形式特色。

中国画到了明代董其昌,提出南北宗说,推崇南宗,其中二米的风格就被当做南宗画的代表之一。在董其昌等人看来,二米的“云山墨戏”做的是一种“宇宙的游戏”,它使人能看到宇宙初开之象,在其朦胧恍惚的传达中看出鸿蒙的意味。如米友仁的《潇湘图卷》如同一个梦中的世界。全幅画以淡淡的水墨染出,轻云出没有无间,雾气缥缈,树木唯留恍惚的影,山只存若隐若现的轮廓。

园林艺术中也如此,园林中点点皆实景,你不能在园中起一丝云烟,也无法在山前看一片梦幻,但中国许多园林创造恰恰就是为了缥缈的云,为了迷离的雨,为那山前的暮霭,为那萧寺的岚气设计的,看看他们为园景的命名就知道他们的用意。如“浮翠阁”“远香堂”“涵碧山房”“寄啸山庄”等,景皆实,但起意皆虚,实景虚意,妙出玲珑。虚意构思使园林给人留下更丰富的想象空间。

(节选自朱良志《曲院风荷:中国艺术论十讲》)

1. 下列有关“中国含蓄美学”的表述,不符合原文意思的一项是________。

A. 范成大的《醉落魄·栖乌飞绝》"花影吹笙,满地淡黄月"、苏轼的《水龙吟》"春色三分,二分尘土,一分流水"等所描绘出的朦胧迷离的景象,就具有含蓄美的特征。

B. 在作者看来,曲径通幽、雾敛寒江与雾里看花构成了中国含蓄美的三种形式,其中"雾里看花"与西方美学中的朦胧美同中有异,不过西方的朦胧美具有独特的哲学思想内涵。

C. 曲径通幽以婉转委曲为表现形式,雾敛寒江重在从艺术形式的内部激起一种张力,雾里看花借助迷离恍惚而产生独特的美感,三者在表达朦胧的美感上异曲同工。

D. 中国许多园林建造中,在有限的实景基础上,建造者从"浮翠阁""远香堂"这样的园景命名等角度使之具有虚意,这就在园林的虚意构思中使人们丰富的想象空间得以拓展。

2. 下列理解或分析,符合原文内容的一项是________。

A. 选文中,谢榛、董其昌、恽南田等人,均是各自领域中的佼佼者,但对绘画艺术美的理解上,他们眼中的含蓄美具有一致性:迷离微茫比清晰直露更具美感。

B. 郭熙与韩拙均对绘画中"远"的画法提出了独到的见解,而由郭氏"三远"到韩氏"三远"的山水画法的转变,使中国画的朦胧处理从技法而走向理论自觉。

C. "二米"将山水的迷远之境推向了极致,如米友仁的《潇湘图卷》就体现"云山墨戏"以迷离漫漶之景为形式特色的艺术特征,这种画风为董其昌等画家所推崇。

D. 李思训的绘画以善画云雾缥缈之态见长,李成的绘画以平远迷离山景见长,被后世视为唐宋山水画看重迷远的例证,《历代名画记》与苏辙对他们的绘画成就的评价都很高。

3. 唐朝诗人王维的诗句被誉为"诗中有画,画中有诗",下列王维诗句描述的景象与选文中作者重点描述的审美观最为接近的一项是________。

A. 大漠孤烟直,长河落日圆。(《使至塞上》)

B. 明月松间照,清泉石上流。(《山居秋暝》)

C. 行到水穷处,坐看云起时。(《终南别业》)

D. 江流天地外,山色有无中。(《汉江临眺》)

【参考答案】

1. B。[**解析**]B 项"不过为西方的朦胧美具有独特的哲学思想内涵"有误,对应的原文第二节中说"雾里看花,则通过迷离恍惚产生独特的美感,与西方美学中的朦胧美有着相似的内涵,但却略有不同,它具有独特的哲学思想内涵",把原文中的"它"换为"西方的朦胧美",犯了张冠李戴的错误。

2. C。[**解析**]A 项对应信息在原文第三段"谢榛谓作诗'妙在含糊',董其昌谓作画'正如隔帘看花,意在远近之间';恽南田曰'山水要迷离'……这些论述均意在说明,迷离微茫能产生比清晰直露更妙的美感"可推知选项"但对绘画艺术美的理解上"错误。B 项对应信息在文章第五段"故可说,韩式'三远'突出了迷远的地位,使中国画的朦胧处理从激发而走向理论自觉"可以推知选项"使中国画的朦胧处理从技法而走向理论自觉"说法错误。D 项"《历代名画记》与苏辙对他们的绘画成就的评价都很高","都很高"错。对应信息在文章第六段"如李思训善画云雾缥缈之态,《历代名画记》说他:'其画山水树石,云霞缥缈,时睹神仙之事,窅然岩岭之幽。'李成更以平远迷离山景见长,苏辙谓其:'缥缈营丘水墨仙,浮空出没有无间。'"

3. D。[**解析**]作者重点描述的审美观是"朦朦胧胧,迷离忧愁,自有独特的美感""迷离微茫能产生比清晰直露更妙的美感""使中国画的朦胧处理从激发而走向理论自觉""唐宋山水画就有很多重迷远的例子”“但起意皆虚，实景虚意，妙出玲珑。虚意构思使园林给人留下更丰富的想象空间”，可看出强调的是朦胧美，一种“迷远”之境。

第四节　实用类文本

【考试大纲解读】

考试大纲对实用类文本阅读的要求如下：

1. 理解传记、新闻、报告、科普文章中重要概念的含义以及重要句子的含义。

2. 筛选并整合文中的信息；分析语言特色，把握文章结构，概括中心意思；分析文本的文体特征和主要表现手法。

3. 评价文本的主要观点和基本倾向；评价文本产生的社会价值和影响；对文本的某种特色作深度的思考和判断。

4. 从不同的角度和层面发掘文本所反映的人生价值和时代精神；探讨作者的写作背景和写作意图；探究文本中的某些问题，提出自己的见解。

大纲明确指出的考试文本的文体有传记、新闻、报告、科普文章等4种，但实际上只考过科普文章。复习时以2017年考题中的文本类型为主进行复习即可，估计大刀阔斧地变革考试内容及形式的可能性不大。

【考试真题解读】

Ⅰ. 2018 年真题回放

烽火，古代用于边防报警的烟火，也称烽燧，有白天、夜间之分。白天放烟叫“烽”，也称烽烟，夜间举火叫“燧”。《墨子·号令》载：“出候无过十里，居高便所树表，表三人守之。比至城者三表，与城上烽燧相望，昼则举烽，夜则举火。”烽燧，也是施放烟火的地方，即烽火台，是古代重要的军事防御设施。今天我们见到的古丝绸之路上时间最早、保存最完好的烽燧遗址，是始建于西汉宣帝年间的克孜尔尕哈烽燧。它是汉唐丝绸之路标志性的军事通讯建筑设施，是汉代中央政府在西域设置军政系统和丝路繁荣的见证。

烽火台一般建在高台上或是高楼上，以便戍守者瞭望，有军情时也便于通知相邻的其他烽火台。烽火台的设置，不是孤设一台，而是台台相连相望，遇有紧急的军事情况，一台燃起烽燧，台台相继点燃，可以从边境一直传到内地直至京城。

烽火是最古老且行之有效的消息传递方式，作用就是预警外敌入侵，所谓“边烽警榆塞，侠客度桑干”，“榆塞”，即边关、边塞。通常在烽火台上放置干柴，遇有敌情时燃放。唐人段成式《酉阳杂俎》载：“狼粪烟直上，烽火用之。”因为施烟的燃料中通常会有狼粪，故又称烽烟为狼烟。烽火一起，常有战事，社会动荡，民不聊生，故又常以烽火（包括烽燧）指代战乱。

从历史上看,各个王朝都重视烽燧的营建戍守,以保证边疆通讯的畅通和国家的安全,特别是边患严重的王朝或南北对峙的时代。营建戍守烽燧的历史悠久,早在周王朝就已经开始。为了预警边患,战国时期各国也不断修建烽燧。

汉王朝是历史上大力经营烽燧的王朝之一,汉王朝的边患主要来自匈奴,最紧急的时候,“胡骑入代句注边,烽火通于甘泉、长安”(《史记》)。每当匈奴大举南侵,烽火从边境燃起,直到离宫、甘泉宫甚至是长安城。汉代著名的塞墙遗址,位于额济纳河流域。此塞墙始建于西汉武帝太初三年,废弃于东汉末年。塞墙沿线遍置烽燧,烽燧以草苣点燃,在历史上起到维护河西走廊畅通、保证汉与西域的交通、切断匈奴与羌联系的战略作用。

烽火关乎重要军事边防信息的传递和国家的安危,所以从设置到燃放都有着严格的规定。《史记·封禅书》记载,烽火最早被称为“权火”,即祭祀时所举的火把、火炬。烽火大约是由权火发展演变而来的,其形状如从井中取水的桔槔。烽火台用的桔槔一端系的不是水桶,而是“兜零”,即“烽火”,里面置放的是薪草。

烽火台一定要设置在险绝的高山上,在没有高山的平地上设置也要远离其他物体,为的是视线辽阔,便于观察。烽子,即守卫烽火台的士兵。烽火的施放有具体明确的要求,如举一火是报平安,举二火是提醒守军要提高警惕、加强戒备,举三火表明已远远看到敌人骑兵扬起的烟尘,而确确实实看到敌人来犯,就要点燃柴笼。

(选自高建新《烽火及其设置》,有删改)

8. 下列关于原文内容的表述,不正确的一项是______。

A. 古代用于边防报警的烽火有白天和夜间的区别,白天放烟,夜晚举火,用来向内地甚至京城传递边塞军情。

B. 烽火台不单独存在,是间隔一定距离并能彼此望得见的群体组合,以保证一台燃起烽燧,台台相继点燃,起到长距离传递消息的作用。

C. 烽火台在周王朝时期就已经出现,但只有在边患特别严重的王朝或出现南北对峙情况的时代,才会得到重视。

D. 烽火施放有着明确的规定,举火数量不同,传递的军情也是不同的,如举一火是报平安,举二火表示要加强戒备。

9. 下列理解和分析,不符合原文意思的一项是______。

A. 古丝绸之路上建造最早的烽燧是克孜尔尕哈烽燧,它始建于西汉宣帝年间,是汉代中央政府在西域设置军政系统和丝路繁荣的见证。

B. 狼粪能作为烽燧中的燃料,主要是因为白天在烽火台点燃狼粪时其烟雾直上,能让远处其他烽火台看得清楚。

C. 沿线有很多烽火台的汉代塞墙在军事边防信息的传递以及保证汉与西域的交通、切断匈奴与羌的联系等方面起到了重要作用。

D. 据载烽火起源于早期祭祀时所举的火把、火炬,其设置、燃放无论在哪个朝代都有着严格规定,这与烽火具有的功能关系密切。

10. 根据原文内容,下列说法不正确的一项是______。

A. 古代重要的军事防御设施——烽火台一般会建在高台、高楼或险绝的高山上,这样做的目的是确保视线辽阔,便于戍守者瞭望敌情。

B. 烽火是我国最古老且行之有效的消息传递方式,烽火一起,往往代表着将有战事发生。

C. 汉朝的边患主要来自匈奴,最紧急时匈奴能打到甘泉、京城,所以汉朝就大力营造烽燧,以保证信息传递的畅通。

D. 在烽火台上燃烧烽火时不是把燃料放在地上直接点燃,而是要用一种叫作桔槔的工具把燃烧的柴薪举起,让其他烽火台能看见。

Ⅱ.2017 年真题回放

“大数据时代”的小数据

①当下,“大数据”是个时髦词,一会儿用大数据分析这个,一会儿用大数据建构那个,似乎大数据无所不能。其实大数据就是一个大到用现有的技术无法处理的数据库,真正能够分析大数据的,一定是专业领域的大师,而非寻常众生。我感兴趣的倒是另一个有趣的概念,那就是“大数据时代”的小数据。

②小数据就是个体化的数据,是我们每个个体的数字化信息。比如我天天都喝酒,突然有天喝完酒感到胃疼,那么这天和之前的每一天有何不同呢?原来,这天喝的酒是个新牌子,可能这就是导致胃疼的原因。这就是我生活中的“小数据”,它没有大数据那样浩瀚繁杂,却对每个人的个体至关重要。

③第一个意识到“小数据”重要性的是美国康奈尔大学教授德波哈尔·艾斯汀。艾斯汀的父亲去年去世了,而早在父亲去世前几个月,这位计算机科学教授就注意到老人在“数字社会脉动”中信号异常——他不再发送电子邮件,不去超级市场买菜,到附近散步的距离也越来越短。然而,这种逐渐衰弱的状态,在医院心电图检查中是看不出来的。这位 90 岁老人在检查时并没有表现出特别明显的异常。可事实上,追踪他每时每刻的个体化数据,他的生活已经明显发生变化。这种日常小数据所带来的生命讯息的警示和洞察,启发了艾斯汀,他发现小数据可以看作是一种新的医学数据,它是唯一的“your row of their data”(属于你的那行数据)。

④也许人们都知道,大数据将改变当代医学,譬如基因组学、蛋白质组学、代谢组学等等,不过由个人数字跟踪驱动的小数据,同样可能为个人医疗带来变革,特别是当可穿戴设备更成熟后,移动技术将可以连续、安全、私人地收集并分析你的数据,这可能包括你的工作、购物、睡觉、吃饭、锻炼和通讯,通过这些数字追踪将会得到一幅只属于你的健康自画像。

⑤________譬如我们可以分析年老父母的集成数据,用于比较不同的医学治疗方案;如果患者想要确定适合自己的服药剂量,就可以通过数字跟踪数据的前后比较,了解不同剂量的药物对自己日常功能的影响;对于慢性病、抑郁症、记忆力衰退等病症,日常活动变化的数据同样非常重要。长期以来,攻克癌症一直是人们的梦想。肿瘤细胞的 DNA 对不

同的癌症病人会引起不同变化,大致相同的基因变异只占患者的10%,也就是说,即使是同一个肿瘤,其细胞的变异也可能是不同的,所以,利用患者的数据进行个性化的癌症治疗,不是“对症下药”,而是“对人下药”,无疑会成为未来研究的方向。这些个性化的治疗都需要记录和分析个人行为随时间变化的规律,所以“小数据”也可以有大作为。

⑥有人说,个人的小数据汇聚起来不就是大数据吗?从大数据里面取出相关的小数据不就可以了吗?其实不然。小数据是隐私的,不能共享的,而且它还是动态变化的,这些特性使得小数据不能与大数据混为一谈。

⑦当然,这并不是说大数据就不重要,在医学上发现某种疾病治疗的一般规律就离不开大数据。也就是说,依靠大数据可以得到一些规律或普遍的现象,而用小数据则能匹配个人,表现个性化特点。不过大数据流行,大家就只谈“大数据”,这显然不是做学问该有的态度。

(文章有改动,作者闵应骅系中国科学院计算技术研究所研究员)

6. 为使上下文文意连贯,以下填入⑤段横线处最恰当的一句话是______。(2分)

A. 的确,小数据可以在很多研究领域中完全替代大数据。

B. 那么,运用小数据进行研究到底有哪些成功的案例呢?

C. 那么,小数据可以为我们提供多少研究的可能性呢?

D. 那么,小数据和大数据到底哪一个的作用更突出呢?

7. 对上文理解分析正确的一项是______。(2分)

A. 作者认为对我们每个个体而言,大数据太过繁杂,小数据却和我们的生活息息相关。

B. 第③段以艾斯汀父亲为具体事例说明了个体化数据因无法检测而在医学上价值不大。

C. 根据第⑤段所列数据可知:肿瘤细胞在癌症病人体内发生基因变异的可能性并不大。

D. 第⑦段告诉我们:大数据远比小数据重要,因为借助它能够发现疾病治疗的规律。

8. 结合文本,判断下列不属于“大数据”的一项是______。(2分)

A. 小明具有A型血做任何事都条理分明、十分细心认真的特点。

B. 感冒一般有鼻塞、喷嚏、头痛、咳嗽、咽喉红肿等明显症状。

C. 小宝宝一般4至10个月开始出牙,最晚2岁半出齐全部乳牙。

D. 为了怡情养性,小红以一杯绿茶代替了原来每天必喝的咖啡。

9. 上文花了大量篇幅介绍小数据,那么文章的题目能否就改为“小数据”呢?请作出判断并简述理由。(3分)

Ⅲ. 对考试真题的解读及复习指导

2017年“实用类文本阅读”取代了“社科文本阅读”,分值是9分,2018年仍然如此。从2019年起,它已被“论述类文本阅读”所取代。备考时,对实用类文本稍加留意即可,短时间内复出的可能性不大。

【实用类文本阅读知识介绍】

实用类文本包括传记、新闻、报告、科普文章等文体,要求了解传记、新闻、报告、科普文章的文体基本特征和主要表现手法,理解文中重要概念、重要句子的含义。鉴于最近两年考题有"实用类文本"的名头,为达到充分准备、以防万一的目的,这里选择考试可能性最大的科普文章,重点介绍相关的知识,考生只需要一般性地了解和练习即可,不必花费过多精力。

一、科普文章的含义

科普文章就是把人类已有的科学知识、科学方法,以及融于其中的科学思想和精神,通过文字表达出来,而使之为读者所理解的文章。科普文章往往有着宏观叙事的风格,即以科学发展的宏观脉络为基础,告知读者科学界的主流观点。

二、科普文章的类别

科普文章分为科学小品和介绍性说明文两大类型。下面分别加以叙述。

(一)科学小品

科学小品是一种以科学为题材的小品文。它用文学笔法来写,寓科学性、知识性、趣味性、娱乐性为一体,使读者在文学欣赏中获得科学知识。科学小品一般短小精悍,通俗易懂,语言丰富多彩,形式生动活泼。读这类文章能活跃思维、丰富知识、开阔视野,很受广大读者的喜爱。

科学小品文有内容的科学性、文笔的生动性、内容的通俗性等特点。

科学小品的内容具有广泛性,无论是工业、农业方面,还是物理、化学、天文、地质、生物等方面,都可以找到科学小品的题材。小到肉眼看不见的基本粒子、原子,大到巨大的地球、太阳。所以小品的表现形式必然多种多样,灵活自如。但归纳起来常见的有以下几种:

1. 描述式

描,指描写;述,指叙述。这类小品文想象丰富、语言优美、既有形象的描写,又有生动的叙述;具有文艺性散文的风格,都以介绍科学知识为目的。比如《奇峰异洞话桂林》就是最典型的例证之一。这种描述式便于说古到今,旁征博引,趣味盎然,吸引读者。

2. 自述式

自述式就是把所要介绍的科学知识,用第一人称的拟人化手法,赋于人的思想、感情、语言、动作,让被说明的事物站出来作自我介绍。比如《灰尘的自述》《我是电》等题目就是自述式的。

3. 故事式

将要介绍的科学知识,编成生动有趣的故事,使人们在读故事或听故事时获得科学知识,这种表达形式称故事式。它和自述式不同的是,用第三人称;相同的是,大多采用拟人化的手法。采用这种形式,既要使故事情节能引人入胜,又要注意其合理性。

既然是故事,就应交代时间、地点,"人物"就是将所述的事物人格化,还要有情节;在表达方式上,一般兼有叙述和描写,语言形象、生动。当然不能强调了故事而忽视了科学知识,喧宾夺主就失去了写作的意义。

4. 谈话式

谈话式也称对话式,就是以问答、对话的方式进行说明。这种方式给人一种亲切、真实的感觉,容易和读者沟通,产生共鸣;同时,这种写法文字更易精练。

谈话式一般分为三种:一问一答式、甲乙对话式、文中对话式。前两种比较常见,也容易把握,后一种是把人物对话组织到具体故事当中去,故事情节的发展主要是由对话内容的变化而推进,对话是文章的主体。

总之,采用哪种形式是依据内容而决定的,都会突出以说明为主线,集叙述、描写、抒情甚至议论为一体,看似散文,实为说明,用文学笔法的感染作用达到说明的目的,可读性更强。

(二)介绍性说明文

介绍性说明文是根据某种特定的需要,介绍某种事物或说明某种事物特点的一种说明文体。它主要运用说明的表达方式,向别人介绍清楚事物"是怎么样"的,对被介绍对象起解释、阐述的作用。

在军考中,它是以选择题的形式出现的,侧重考查学生对概念、语句、内容的理解和把握,考查学生筛选信息的能力,以推断的形式考查学生处理信息的能力。后来,它被社科文章阅读所取代。

1. 介绍性说明文的特点

(1)知识性。介绍性说明文以知识的传导作为写作的出发点和落脚点,这样,知识性便成了介绍文的内涵。介绍文的知识性内涵,建立在写作态度的客观、如实之上。作为文章,介绍文不可能没有见解,不可能不包含着作者的倾向。不过,这种"倾向"是历史的、客观的定论在作者头脑中的反映,不能带有作者的偏见。

(2)直接中介性。介绍性说明文是作者和读者之间的中介。作者通过撰写文章,把知识传授给读者。这种中介,不用婉曲的语言、暗示的手法,而是直截了当地把作者想让读者知道的知识展示出来。

2. 介绍性说明文的基本结构

(1)总分式。包括总—分、分—总、总—分—总等,事物说明文多用总分式,其"分"的部分又常按并列方式安排。

(2)递进式。事理说明文多用递进式结构,一层一层地剖析事理。主体部分详写说明对象,结尾部分总结说明对象。

3. 说明的顺序

(1)空间顺序。按照事物在空间位置关系依次说明。说明相对静止的事物,诸如园林、建筑物、工艺品等,多用这种顺序。

(2)时间顺序。按事物发展的时间先后顺序写,事物的发展变化常用这种顺序。

(3)逻辑顺序。按事物的内部联系来解说。具体表现在:从现象到本质(或从本质到现象);从原因到结果(或从结果到原因);从特点到用途(或从用途到特点);从整体到部分(或从部分到整体);从概括到具体(或从具体到概括);从主要到次要(或从次要到主要)等。

4. 说明的方法

(1)下定义——用简洁、准确、周密的语言揭示出一事物区别于他事物的本质属性。

(2)分类别——把被说明事物按一定标准分成若干类进行说明。

(3)列数字——援引有关数据以解说一定事物性状。

(4)举例子——列举事实材料来说明事物。

(5)作比较——把两种或两种以上同类或异类事物作比较,通过同点和异点的分析,达到说明事物本质的目的。

(6) 作比喻——运用比喻的方法,形象说明事物的性质特征。

(7) 设图表——用图画、表格对被说明事物作较直观明晰的说明。

三、科普文阅读要求

在考场短暂的时间内,要迅速阅读说明文,准确解答问题,就一定要在考前加强以下几个方面的训练。

(一) 分清类别读懂文本

拿到说明文要立即分清说明文的类别,注意各自的特点。介绍性的说明文在于让人开阔眼界,增广见闻;记叙性的说明文在于科学地、精确地记录研究对象的变化;文艺性的说明文寓科学性、知识性于趣味性、娱乐性之中;阐释性说明文旨在阐述事理、事因、物因,使人知其然并知其所以然;科技说明文主要是研究自然科学科学及技术方面的文章,其内容主要是介绍科技新成果、新技术、新工艺、新见解等。

(二) 考试中应该三读文本

文本就是我们要阅读的文章本身。要做好阅读题,就必须把文本真正读懂,这是答题的必要前提。

一读,快速浏览了解大意。因考场上时间宝贵,不可能像平时那样慢慢地读,快速浏览的目的是把握文本的主要意思。要明确说明的对象,正确把握文章的思路,知道文章的结构是先总后分,还是先分后总,还是"总—分—总",是按时间顺序,还是空间顺序,还是逻辑顺序,进而准确地把握住说明对象的特征。注意,说明实体事物一般以空间为序,说明事物的发展变化过程一般以时间为序,阐明事理一般按逻辑顺序,对某事物做单一的说明则根据具体情况来安排,有的说明文综合几种说明顺序。

二读,根据题目细读重点句段。细读不再是全文泛读,而是有针对性地读,这样集中读,不仅速度快而且实用性强。题目问什么或者要求什么就读什么,重点阅读相关内容。注意那些起限定作用的词语及那些表示各种不同的判断的副词,以更好地体会说明文的语言。如《中国石拱桥》一文,是桥梁专家茅以升的说明文。文中有这样一句话:"《水经注》里提到的'旅人桥',大约建成于公元 282 年,可能是有记载的最早的石拱桥了。"作者先用"大约""可能"表示估计,再用"有记载的"限定范围,然后用"最"强调程度,极有分寸地说明了中国石拱桥历史悠久的特点。阅读这篇文章,只有用心揣摩,才能体会出这篇说明文语言的准确性。

三读,这是对前两次阅读的深化。就是根据全文的意思和题目的要求深入品读,考虑答题思路,确定答案。

1. 审清题意,把握要求

有人急于作答,轻视了审清题目这一关,从而出现了不该出现的错误。如因漏读或错读题目而失分,这种过失性的失分,只要细心读题,完全可以避免。有的考生忽略题目中的修饰语而失分,还有的是因为没有真正把握题目的要求,答非所问而失分。仔细审题可以帮助考生提高得分率,尤其是一些难度较大或开放性较强的题目更需要认真审题。有些所谓难题,只要仔细阅读,捕捉到题目所给的信息,就能发现其内在含义,进而攻下难关。捕捉到的"信息"只是一个"毛坯子",需要根据题意作比较之后再进行精加工。

2. 准确表述,灵活回答

表述要准确,就是将前面通过阅读确定的答案以准确的语言表达出来,要求做到准确、简洁、灵活。准确是答题最重要的要求,语言再漂亮,不准确也绝不会得分。在准确的前提下,还需要简洁。答题的语言不在多少,而在于是否准确和简洁。所谓灵活,就是在答题时不能死板地套用平时练习中碰到的题型答案。考试中有许多题目会让人有似曾相识之感,即使这个题目与平时做过的某道题差不多,也要细致分析,灵活回答。

3. 掌握方法,避免失误

考查的知识点不同,阅读解答方法也不同。解题方法不是绝对的,但要绝对避免使用容易造成解题错误的方法。为了节约时间,可以先看题,然后在文中寻找与题意有关的语句。

解题的技巧大概如下:

(1) 界定区域,比较选项

做单选题时,要在感悟文本的基础上,注意界定区域。因为阅读的核心是"提取信息",要"提取信息"就要"界定区域"。阅读时,先看题目涉及文中哪些段落或区域,理清段落之间的关系,了解行文思路,然后确定与题干要求相对应的语句及其内涵。比较是确认答案的一个关键环节。必须从两个方面着手:一是题干与文本的比较,看原文内容与题干要求是否一致;二是筛选出的原文内容与试题选项之间的比较,看选项与原文的内容是否一致。

比如,"本文第一、二两段内容的表述,不符合原文意思的一项",考生必须就此界定区域,明白命题人的意图,就为我们解题指明了方向,提供了切入点,对快捷准确地筛选答案会起到极大的作用。之后认真地比较各个选项对照阅读。

(2) 对照阅读,辨识陷阱

注意辨识命题人故意设置一些与原文意思发生了偏离、曲解了作者所要阐述的观点或所要表达的意思的选项,即陷阱。比如推断失据、故意曲解、不合事理、以偏概全、偷换概念、是非颠倒等,面对这种情况,考生就要根据选项,对照原文进行阅读,在原文中准确寻找与选项对应的语句,找出语句中含有的条件,提取与答案相关的有用信息。

比如,根据文意,温室气体使全球变暖并由此造成两级冰川融化并非既成事实,目前只是一种趋势、一种可能而已,但选项中却"将未然说成已然",这就是给考生挖了一个陷阱。这样的陷阱,考生必须能够辨识出来。

(3) 提取信息,掌握方法

主观题要掌握提取科技信息的有效方法。提取科技信息常有两种方法:一是组合重点段落。科普文中的科技信息相对集中,只要将有关段落加以组合就可以了。二是分散摘录信息。有的文本,科技信息犹如满天星斗散落在文中,这就要分散摘录。摘录时注意不摘录穿插的故事,不摘录形象的描述,不摘录生动的阐释,不摘录抒发的感受,不摘录作者的设想,不摘录没有知识含量的首尾与过渡。

【强化练习】

一、阅读下面的文字,按要求回答问题。

材料一:

文化作为民族的血脉、人民的精神家园,是千百年来的生产生活方式以及思想的积淀与升华,5000年的历史文化造就了中国卓越的过去与璀璨的今天。在自豪的同时,更应该展望未来。文化是一个国家软实力的关键来源，也是综合国力的重要构成。回首改革开放30多年来，中国开辟了一条人类史无前例的高速和平发展之路。然而相对于物质财富的增长，我国的文化软实力却没有得到相应的快速发展，与拥有5000年历史文化的泱泱大国显得并不相称。实现中华民族伟大复兴的“中国梦”，中华文明与中国文化的复兴是其核心内涵之一。而文化复兴与文化自信可谓相辅相成，倘若对自身文化都产生了距离感、陌生感乃至排斥、厌恶，那么何谈文化复兴与民族崛起呢？因此，中国比历史上任何时期都更加意识到建立文化自信的迫切性与重要性。

据调查，中国公众的文化自信从文化自知、文化自豪、坚定信念、文化传承、文化交流、文化发展、文化竞争等维度的认知如下图：

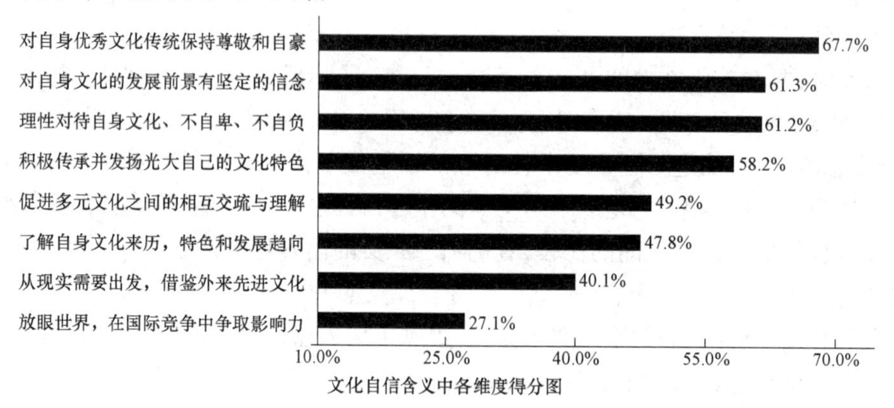

文化自信含义中各维度得分图

（摘自《人民论坛网》人民智库研究员陈琳、贾晓芬）

材料二：

拥有悠久的文化传承，但却在很长时间中缺少社会文化氛围的中国，如何走向真正的文化繁荣？北京师范大学教授黄会林说，首先应该建立起我们自己的文化自信，重新树立对中国文化的信心，发掘出中国文化中优秀的部分。

黄会林说：“当代中国的文化正处在一个转折性的发展关头。一方面，以扩大物质生产、加快消费为主的发展方式不可能无限延伸，忽视文化力量的社会将面临着‘精神缺钙’的危险。而在今天，文化艺术的自觉意识、主体意识也自然显现出来。物态、制度和行为三个层面的文化，为心态层面的文化提供了良好的发展机遇和条件。在过去很长的一段时间里，中国文化在西方文化面前一直都处于弱势地位。全球化一方面带来所谓的文化趋同，但另一方面更加凸显了各自的差异性，并带来了危机感和紧迫感。独立和自觉是融入世界的基础和先决条件。费孝通曾经明确提出应该立足21世纪，加强文化自觉。因此，我们必须有自觉的文化发展思维和战略。在全球一体化和西方强势文化的冲击下，中国当代文化缺乏足够定力，模仿、照搬之风盛行，中国文化被歪曲、降格、肢解，存在着被通俗文化、高度发达的美国文化日益同化的危险。面对强势文化的包围，我们不能妄自菲薄，忽视中国文化的优良传统和自我更新能力，而应在全球意识的观照下，加强文化自信，寻找中国文化的坐标，发展和传播中国文化，使中国文化精神与时代要求接轨。”

（摘自《冰点文库》）

材料三：

青年必须有足够的文化自信，才能把社会主义核心价值观内化于心、外化于行。

强调文化自信，是因为我们在某些方面不够自信。中华文明绵延数千年，发展出了一个根植在中国土壤上的文化体系，它是中华民族的基因，潜移默化中影响中国人的价值判断。“东圣西圣，其揆一也”，中国文化传统里的优秀基因，对当下的世界有着不可估量的正向引导力量，正可大放异彩，却见不少青年言必称西方，对自己的宝藏视而不见。相反，倒是越来越多的西方有识之士，来中国寻找发展的钥匙。

社会主义核心价值观24个字，深深植根于中国的优秀传统文化，作为青年应首先熟习自己的历史与文化，再图融汇异邦文化之所长，才能真正成为有文化自信与根基、又有世界眼光的“新青年”。

又比如，面对纷繁复杂、真伪难辨的信息潮流，不少年轻人放弃了对信息甄别、筛选、判断的权利，拱手让于网络舆论，这也是文化不自信的表现。网络上所谓的真假代替了事实的真假，网络上所谓的对错代替了事实的对错，任凭思想观念与价值判断被裹挟而不自知。一个成熟的社会，首先要有成熟的公民，公民成熟与否的重要标志就在于是否具有独立思考的理性精神，而理性来自定力。

（摘自《人民日报》李林的文章）

1. 对材料中与公众文化自信相关内容的理解，不正确的一项是________。

A. 中国公众的文化自豪感最强，主要体现在优秀传统文化方面；最不自信的是文化国际竞争影响力。

B. 中国公众在文化特色、发展趋向以及对外来先进文化借鉴等方面的意识理念较差。

C. 中国公众对自己的文化发展信念坚定，表现出比较积极的文化自信和热情。

D. 中国公众非常需要借鉴学习外来文化，促进多元化之间的交流与理解。

2. 对材料的相关内容的概括和分析，正确的两项是________。

A. 作为国家软实力的文化是综合国力的重要组成部分，但我国的文化软实力并没有与物质财富同步发展。

B. 中国有五千年的历史文化，丰厚的文化底蕴，优秀的传统文化，充分具备文化自信的根基。

C. 虽然中西文化因全球化趋同方向发展，但西方文化也给中国文化带来危机感。

D. 中国文化由于被通俗文化、美国文化等强势文化包围，缺乏足够的定力，模仿、照搬之风盛行。

E. 如果年轻人没有定力，不具有独立思考的理性精神，缺乏甄别判断能力，就没有文化自信。

3. 根据上述材料，概括说明青年如何培养文化自信。

【参考答案】

1. D。[**解析**]学习的是“外来先进文化”，扩大范围。

2. BC。[**解析**]A项，文化是国家软实力的关键来源而不是国家软实力。D项，“缺乏足够的定力，模仿、照搬之风盛行”的原因是“全球一体化和西方强势文化的冲击”。E项，“年轻人没有定力，不具有独立思考的理性精神，缺乏甄别判断能力”是没有文化自信的表现，而不是原因。

3. ①学习了解自己的历史文化及特色，重视中国文化的优良传统和自我更新能力。

② 要有自觉的文化发展思维和战略，要具有独立思考的理性精神。

③ 借鉴先进外来文化，促进多元文化的交流与理解。

二、阅读下面的文字，按要求回答问题。

材料一：

2015年我国成年国民图书阅读率为58.4%，较2014年上升了0.4个百分点。从阅读量来看，2015年我国国民人均纸质图书阅读量为4.58本，与2014年相比增加了0.02本，但对比2013年的4.77本还有微弱下降。报纸和期刊阅读量分别为54.76期和4.91期，与2014年相

比也出现了不同程度的下降。

移动互联网的蓬勃发展为人们提供了“任何时间、任何地点、任何内容”的阅读环境，随着生活节奏加快，数字阅读已成为人们在碎片化时间重要的阅读方式。据林克艾普大数据，2012年至2015年，我国国民人均电子书阅读量分别为2.35本、2.48本、3.22本和3.26本，呈现出逐年增长的趋势。

受数字媒介迅猛发展的影响，数字化阅读方式的接触率较2014年的58.1%上升至64.0%，提升了5.9个百分点，其中，手机阅读增速最快。据统计，2015年，我国成年国民人均每天手机阅读时长为62.21分钟，比2014年的33.82分钟增加了28.39分钟。这是历次统计中首次日均手机阅读时长超过1小时。

数据监测发现，纸质出版物阅读仍是国民倾向的阅读方式，而年轻人则更倾向于数字化阅读形式。在数字化阅读用户中，90后成为了绝对的主力军，占比达到53%；80后以22%的占比紧随其后；其他年龄层占比25%，可以预见的是，未来00后的数字阅读潜力还有很大的发掘空间。

（摘编自林克艾普公司《2016年最新国人阅读大数据分析报告》）

材料二：

2014年，我国15岁及以上人口的识字率较2007年增加了3.48个百分点，基础教育进一步普及，人口识字率持续上升；2014年6岁及以上人口中，大专及以上学历人口较2007年上升4.97个百分点，高等教育发展有效提高了国民综合文化素质。

中国新闻出版研究院每年组织实施全国国民阅读调查，并发布《全国国民阅读调查报告》，对国民图书阅读量、阅读习惯、数字阅读发展趋势等进行统计研究。近5年来，成年国民图书阅读率与年均图书阅读量均稳步上升，2014年人均图书阅读量4.56本，成年国民图书阅读率为58.00%，反映了随着消费结构升级、居民收入增加、受教育程度提高，国民逐渐养成阅读习惯，不断增长的消费需求支撑图书市场稳步发展。

与发达国家相比，中国人均读书数量较低，发达国家不仅以经济手段支持图书产业发展，也通过多种途径营造社会读书氛围，如韩国颁布《读书振兴法》、美国颁布《卓越阅读法》，从立法层面鼓励读书。随着国民经济的持续发展，国民阅读习惯的养成与深化，中国图书市场有进一步的增长空间。

（摘编自《2017—2022年中国图书零售连锁市场供需预测与投资战略研究报告》）

材料三：

2015年我国国民人均纸质图书阅读量为4.58本，这其中还包括教材教辅。而据不完全统计，犹太人以64本的年人均阅读量雄踞世界首位。日本、法国、韩国的人均阅读读书量分别为40本、20本和11本。与日韩等国相比，我国纸质图书平均阅读量差距不小。

造成这个问题的原因有很多：其中一大原因是，确实没时间读书，首份《中国国民休闲状况调查报告》显示，中国人每天用于休闲的时间仅3.156个小时，经济合作与发展组织（OECD）18个国家平均值5.736小时，而中国人工作的时间则达到9.249小时。有限的休闲时间，国人又大把扔进了应酬、交际中。相对于其他国家，我们中国人工作强度是全世界最大的。此外，网络时代人们获取信息的渠道日益增多，快餐化、娱乐化的阅读方式也令人们很难静下心捧一本书细细品味。

当然，还有一个重要的原因就是应试教育影响，从小学到大学，被强迫学习，读死书，导致不少人对读书很抵触，甚至害怕读书。

（摘编自天下趣事网《2016年中国人读书数据》等）

1. 对上述材料的理解,准确的一项是________。

A. 根据材料一,虽然纸质出版物阅读仍是国民倾向的阅读方式,但数字化阅读更受年轻人的喜爱,数字化阅读将会取代纸质化阅读。

B. 根据材料一,2015 年成年国民人均每天手机阅读时长相比 2014 年增长了接近一倍,是历年统计中首次日均手机阅读时长超过 1 小时。

C. 材料二认为,阅读习惯的养成与深化取决于受教育程度的提高,国民不断增长的阅读消费需求将支撑图书市场进一步发展。

D. 材料三认为,我国国民纸质图书人均阅读量比日韩等国少的最直接原因,是中国人的工作强度全世界最大,导致国民没有时间读书。

2. 针对三则材料的理解和分析,合理的两项是________。

A. 材料一显示 2013—2015 年,我国国民阅读方式中,纸质图书的阅读量呈逐年下降的趋势,而电子书的阅读量呈逐年增长的趋势。

B. 材料一显示,2015 年手机阅读增速最快,这一趋势与人们利用碎片化时间进行"任何时间、任何地点、任何内容"阅读的倾向一致。

C. 材料二中发达国家通过经济手段、立法方式鼓励国民读书,营造良好的社会读书氛围来促进国民阅读,这种做法值得我国借鉴。

D. 材料三显示我国人均纸质图书阅读量中还包括了对教材和教辅的阅读,这充分说明了我国广大中小学生对课外阅读的抵触。

E. 三则材料从不同角度对我国国民的阅读情况进行了分析,都认为我国国民的阅读情况虽和发达国家相比有差距,但会越来越好。

3. 请你对提高我国国民阅读量提出两条合理建议,并结合材料简要阐述。

【参考答案】

1. B。[**解析**]A 项,"数字化阅读将取代纸质化阅读"文中没有根据;C 项,"取决于"的说法绝对;D 项,"最直接原因"错误。

2. BC。[**解析**]A 项,纸质书图 2015 年的阅读量高于 2014 年;D 项,"抵触"一句分析不恰当;E 项,"都认为"错误,材料一并没有和其他国家进行比较,同时材料三没有任何信息表明"越来越好"。

3. ①制定我国的《阅读法》,从立法角度保障国民的阅读时间和阅读权利,鼓励国民读书。②从材料看,发达国家通过立法途径促进全社会阅读氛围,如韩国、美国均颁布读书法,这值得我们借鉴,而从现实环境看,我国尚未就阅读立法,这方面的空白需要填补。

三、阅读下面的文字,按要求回答问题。

材料一:

短短十余年,中国的北斗导航系统(BDS)从无到有,进而投入产业化运营。"北斗之父"孙家栋强调,时间、空间信息是国民经济不可或缺的基础资源,中国需要在北斗导航系统自主可控的基础上,探索和其他卫星系统系统的兼容和互相操作,以提高定位精度与提升服务质量,推动地面应用的发展。

从 2017 年 8 月初开始,中国和俄罗斯专家进行了两国导航卫星的联合在轨试验,以测试北斗和格洛纳斯两个系统的兼容和互相操控问题。卫星的兼容,涉及频谱、轨道的协调,目前协调难度还不是很大;但互相操作显得有些复杂,与独立自主有一定冲突,不太容易协调。

(摘编自《“北斗之父”孙家栋:中国发展北斗导航不排斥GPS》)

材料二:

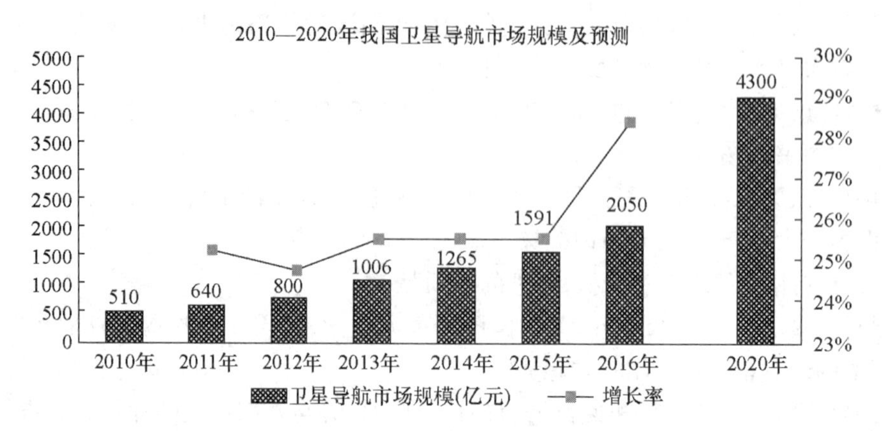

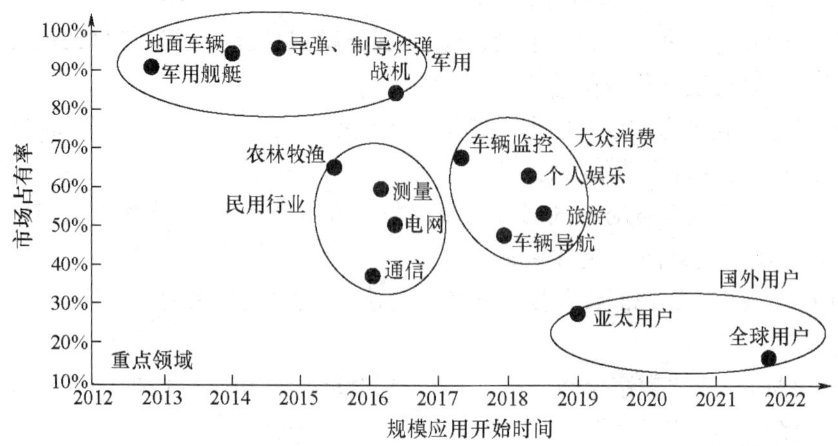

(资料来源于诺达咨询)

材料三:

在全球卫星导航服务领域,BDS仅占9%的份额,而GPS在中国市场占95%的份额。美国已把GPS做到了极致,BDS布局全球很难再走美国的老路。BDS如果紧跟美国,即使最后成功了,也可能会在很多方面难以获得知识产权的支撑。中国的“北斗”正面临重大的转折,要想做到跨越式发展,就要提出一套新的体系。

主推“服务”被认为是一大出路。四川九洲北斗导航与位置服务有限公司总经理张继宏指出,我们要走差异化竞争的道路,以泛在高精度的融合应用为抓手,在“源、端、云、服务”等方面打造位置生态链。只有把BDS的服务做到无缝泛在,做到精准和融合,才可能走出一条特色道路。

(摘编自李惠钰《北斗布局全球应抓住“牛鼻子”》)

材料四:

中国的北斗卫星导航系统与其他几个系统相比,具有短报通信功能,这使得用户在沙漠、海洋等正常通讯无法覆盖的区域可以实现位置信息的回传,从而达到报警和救援的目的。再就是,卫星新增自主运行管理能力,即可不依赖地面控制系统,而靠空间运行卫星的星间链路构成管理新体系,这可以减少对地面测控站的依赖,有效降低系统运动管理成本和减少地面测控站发生灾难时对卫星的影响等。

当然,北斗系统也面临来自美国 GPS 和欧洲伽利略的竞争。美国 GPS 目前也正在升级换代,预计到 2020 年实现 GPS3,也就是第三代的布局。GPS3 与以前的 GPS 相比,具有很大的优势,精度大大提高,甚至可以实现室内定位,而中国的北斗要在 2020 年实现室内定位还有一段艰难的路要走;GPS3 卫星彻底实现了军码和民码的分离,为屏蔽民码打开方便之门,这意味着战时那些利用 GPS 民码制导的武器将可能被直接掐断定位信号,或受到错误导引而产生灾难性后果。和欧洲伽利略系统的竞争,主要是系统建成并提供全球导航定位服务的先后之争,谁先布置完毕,谁先获取应用市场和经济利益。

随着北斗特色服务水平和"北斗 +"融合应用水平的提高,北斗导航系统可以给大众生活带来更多、更显著的便利,改变人类的生产生活方式。

(摘编自《北斗卫星导航系统发展前景广阔》)

1. 对材料相关内容的理解,不正确的一项是________。

A. 北斗导航和其他系统兼容和互相操控,可以提高定位精度与提升服务质量,推动地面应用的发展,但这些和独立自主有冲突。

B. 北斗导航系统如果紧跟美国,按照 GPS 的做法布局全球,即使最后成功了,也可能会遇到知识产权问题,不易获得知识产权的支撑。

C. 北斗卫星导航系统具有美国 GPS 不具备的短报文通信功能能发挥报警和救援的作用,在正常通信无法覆盖的区域表现出优势。

D. 北斗卫星导航系统和美国 GPS 的竞争,很大的问题是技术上的竞争;和欧洲伽利略系统的竞争,重在谁能先建成系统并提供服务。

2. 对材料相关内容的分析和评价,正确的两项是________。

A. 我国卫星导航市场规模大,且市场规模增长率稳步上升,但由于美国 GPS 在中国市场占 95% 的份额,北斗导航系统仍面临着巨大的市场压力。

B. 北斗导航系统的业务主要在国内,集中在军用领域,民用行业、大众消费在 2016 年才开始规模应用,和军用相比,市场占有率低,亟需着力。

C. 北斗导航系统国内市场,通信和车辆导航领域占有率 40%、50%,反映了北斗导航系统存在的问题和拥有很大的发展空间。

D. 当战争发生时,如果利用 GPS 民码制导的武器的定位信号被人控制,就可能发生灾难性后果,可见,实现军码民码的分离对军事有利。

E. 面临 GPS 的巨大市场压力,北斗导航系统如果能以服务为抓手,在服务上做到无缝泛在,做到精准和融合,就能实现弯道超车。

3. 根据上述材料,请简要谈谈北斗导航系统今后有哪些发展措施。

【参考答案】

1. A。[**解析**]本项错在范围扩大,原文只说了互相操作有一定冲突,没有说兼容方面有冲突,而本项则说两者都有冲突。

2. CD。[**解析**]A 项,"市场规模增长率稳步上升"错误,从图中可以看出,2012 年增长率有下降趋势,2013 年至 2015 年增长率基本持平。B 项,"2016 年才开始规模应用"错误,民用行业从 2015 年已开始规模应用,大众消费是 2017 年才开始规模应用的。E 项,文中有"才可能走出一条特色道路""以服务为抓手,在服务上做到无缝泛在,做成精准和融合"只是有实现弯道超车的可能性,而选项表述为"就能实现弯道超车",太绝对。

3. ①在自主可控的基础上,探索和其他卫星导航系统的兼容性和互相操作;②努力提高国内外市场占有率;③主推服务,做到无缝泛在,做到精准融合;④积极应对来自美国 GPS 和欧洲伽利略的竞争。

四、阅读下面的文字,按要求回答问题。

宋文骢:追梦云霄间

三月春光里,一位老人却没能赶上他"孩子"的 18 岁生日。

3 月 22 日,中国工程院院士、歼-10 飞机总设计师、中航工业成都飞机设计研究所首席专家宋文骢走完了他 86 年的人生旅程,错过了他人生中最重要的一个日子——3 月 23 日,歼-10飞机首次试飞成功的日子。

最早与飞机的结缘,并不是美好的记忆。1930 年 3 月,宋文骢出生在云南。他的童年是在防空警报和硝烟战火中度过的,他印象最深的就是日本飞机对昆明没完没了的轰炸。

"防空警报,警报什么呢?——中国飞机跑了,日本飞机来了。我们没有抵抗力啊!"宋文骢扼腕,一个国家如果落后,那挨打起来是没完的。

"我们一定要有很好的飞机。"梦想如同种子般在他心底萌芽。

少年伤痛,心怀救国壮志。中年发奋,澎湃强国雄心。1949 年,19 岁的宋文骢成为一名侦察员。在抗美援朝的战场上,宋文骢成为一名空军机械师。回国后第二年,他考入了哈尔滨军事工程学院,开始了他的飞机设计生涯。

在祖国的航空工业体系里,宋文骢不断成长,儿时的梦想也越来越近。1980 年,宋文骢任歼-7C 飞机总设计师,领导了第二代战斗机从设计到定型装备部队全过程,填补了我国轻型全天候战斗机装备的空白,使我国跨入自主研制第二代战斗机的国际行列。

1986 年,时年 56 岁的宋文骢被任命为歼-10 飞机总设计师,肩负起了我国自主研发新一代先进战斗机的历史重任。歼-10 飞机是我国自行研制的当前唯一的具有国际先进水平的第三代战斗机,技术跨度大、难度高,其战技要求集中体现了西方先进国家着手开发的 2000 年左右装备第三代先进战斗机的特点。

20 世纪 80 年代,西方发达国家已经在航空领域研发了一大批高新技术,而那时,我国的航空工业可以说才刚刚起步,甚至在某些领域还是空白。

"技术、人才和实验条件等方面,和第三代先进飞机的要求相距甚远。"在漫长的研制过程中,宋文骢领导广大设计技术人员,一步一个脚印,默默地向目标迈进,先后攻克了先进气动布局、数字式电传飞控系统、高度综合化航电武器系统、CAD/CAE/CAM 等关键技术。

一埋头就是 12 年。

1998 年 3 月 23 日,歼-10 飞机终于做好了所有首次试飞的准备。当时已经 68 岁的宋文骢知道,国外第三代飞机无一例外都发生过坠机事故,这如同一个魔咒,笼罩在团队每一个人的心头。

"这种飞机没有不摔的,所以他当时压力很大。"歼-10 战斗机副总设计师戴川回忆,"宋老的方法就是反反复复、反反复复把工作做到位。"

一项项试验顺利通过,飞机终于平稳着陆。成功了,有人欢呼,有人落泪。歼-10 战斗机设计师杨伟说:"在那之前从未见过老头流泪,但是在那一刻他哽咽了。他毕生的精力,最终化作了一种战斗力。"

那一天，宋文骢执意把自己的生日改成了3月23日——歼-10成功首飞的日子。“我想的不是说一架飞机首飞就完了，我考虑的是我们的飞机出来后它在什么层次上，最终一定要使我们的飞机进入世界的先进行列。”

生日成为又一个起点。经过数千次的定型试飞，歼-10战斗机于2006年正式列装空军航空兵部队。

“青骥奋蹄向云端，老马信步小众山。”那一年，宋文骢76岁，离他受命为歼-10总设计师之时，已经过去了20年。

在他的影响和培育下，以歼-10双座飞机和枭龙飞机总设计师杨伟为代表的一代又一代航空新人，一大批站在航空科技前沿、全面掌握了航空高新技术的飞机设计师，航电专家，飞控专家和机械、软件开发等优秀人才，已经成长为各个领域的骨干和栋梁。

宋文骢的梦还在继续。

（摘自2016年3月24日《光明日报》）

1. 对原文的理解和分析，不正确的一项是________。

A. 宋文骢的童年是在防空警报和硝烟战火中度过的，他想到“我们没有抵抗力啊”，便立志要建造一架性能良好的飞机。

B. 抗美援朝战场上空军机械师的经历以及哈尔滨军事工程学院飞机设计学习都有助于宋文骢实现他飞机设计师梦想。

C. 1980年，宋文骢任歼-7C飞机总设计师，领导了第二代战斗机从设计到定型装备部队全过程，为第三代战机的设计打下了良好的基础。

D. 宋文骢执意把自己的生日改成了3月23日——歼-10成功首飞的日子，可见歼-10在他心目中的位置非常重要，是他的第二生命。

2. 对材料有关内容的分析和概括，最恰当的两项是________。

A. 宋文骢因为从小就酷爱飞机，所以“我们一定要有很好的飞机”的梦想如同种子般在他心底生根、萌芽、壮大。

B. 宋文骢被任命为歼-10飞机总设计师时，我国的航空工业才刚刚起步，而西方发达国家在此领域已颇有成就。

C. 在技术、人才和实验条件等方面欠佳的情况下，宋文骢独自埋头苦干12载，先后攻克了先进气动布局等关键技术。

D. 国外第三代飞机无一例外都发生过坠机事故，所以，即使宋文骢做好了所有首次试飞的准备工作，歼-10战斗机最终也没能逃脱这个魔咒。

E. 文章采用了倒叙的手法，字里行间透露出作者对中国工程院院士宋文骢逝世的哀痛及惋惜，以及对宋老那种一直追梦精神的敬佩。

3. 作为中国工程院院士，宋文骢一直追梦云霄间，关于“梦想”，你怎么看？请结合文本谈谈你的看法。

【参考答案】

1. C。[**解析**]“为第三代战机的设计打下了良好的基础”无中生有。原文是“填补了我国轻型全天候战斗机装备的空白，使我国跨入自主研制第二代战斗机的国际行列”。

2. BE。[**解析**]A项，由原文“最早与飞机的结缘，并不是美好的记忆”可知，宋文骢并不是从小就爱飞机的。C项，“独自”错，原文“宋文骢领导广大设计技术人员”。D项，“歼-10战斗

机最终也没能逃脱这个魔咒”错,歼－10战斗机首次试飞成功了。

3. 宋文骢一直追梦云霄间,执着如一,令人钦佩,也是我们学习的榜样。其实每个人都有梦想,对人生、对未来充满许多期许,但面对竞争、面对挫折,我们可能会丧失信心,畏缩不前,愿景就此“夭折”,梦想从此“凋零”。但古往今来也有许多古圣先贤、仁人志士为了实现自己的梦想,或忍辱负重,或至死不渝,或披肝沥胆,或以死明志,或百折不挠,或屡败屡战,或投笔从戎,或弃医从文,数十年如一日,或行程数千里……让我们用信心播种梦想,用汗水浇灌梦想,用智慧耕耘梦想,用创造收获梦想。

五、阅读下面的文字,按要求回答问题。

风华绝代钱钟书

有外国记者曾说,“来到中国,有两个愿望:一是看看万里长城,二是见见钱钟书”。简直把钱钟书看作了中国文化的奇迹与象征。其实如果没有《围城》,也许多数人并不知道钱钟书。他文风恣意幽默,作品充满智慧与哲理以及对世俗的笑骂与揶揄。

1929年,钱钟书考入清华,立即名震校园,不仅因为他数学只考了15分,更主要的是他的国文、英文水平使不少同学佩服得五体投地。他到清华后的志愿是:横扫清华。

孔庆茂的《钱钟书传》中曾写到他在清华学习的一则趣事:同学中一位叫许振德的男生爱上了一位漂亮女生,在课堂上就不住地向女生暗送秋波,钱钟书本来上课就不听讲,他把许的眼睛向不同方向观看的眼神变化都画了下来,题为《许眼变化图》,没等下课就把画传递给其他同学,一时在班上传为笑谈。

【甲】____

在中国现代文学史上,可称得上幽默大师的,除了鲁迅、梁实秋、老舍之外,就要推钱钟书了。《围城》的幽默更是中国现代小说中首屈一指的。如:学国文的人出洋“深造”,听来有些滑稽。事实上,惟有学中国文学的人非到外国留学不可。因为一切其他科目像数学、物理、哲学、心理、经济、法律等等都是从外国灌输进来的,早已洋气扑鼻;只有国文是国货土产,还需要外国招牌,方可维持地位,正好像中国官吏、商人在本国剥削来的钱要换外汇,才能保持国币的原来价值。甚至在《谈艺录》《管锥编》等纯学术著作中也充满了机趣与幽默。

1991年,全国十八家省级电视台联合拍摄《中国当代文化名人录》,要拍钱钟书,被他婉拒了,别人告诉他将要酬谢他钱,他淡淡一笑:“我都姓了一辈子‘钱’了,还会迷信这东西吗?”

【乙】____

钱钟书狂得直率、自然、可爱。其实,人们往往忽视了钱钟书性格中很重要的另一面,那就是谦虚、谨慎,并不以自己的博学才华而故步自封,沾沾自喜,他对自己要求更高、更严格,尤其在学问上。他的《谈艺录》《管锥编》《围城》,皇皇巨著,可谓尽善尽美了,但他并不满意,并不引以自豪自傲。他说他对《谈艺录》“壮悔滋深”,对《围城》“不很满意”,对《宋诗选注》“实在很不满意,想付之一炬”,因此他对这些既成著作不厌其烦地修正、补订,自我完善。他对自己著作中每个字句,每一条中、外引文都要逐处地查找核对,从不轻易放过,人们很难在他的书中挑出错误来,戏称之为“文正公”,他却自谦为“文改公”。

钱钟书65岁做《管锥编》,72岁出版《管锥编增订》,而年近八十又做《管锥编增订》之二,以如此之高龄对自己功业垂成的巨著作如此缜密繁琐的订补,且旁征博引涉及中西,仅引文就包括中、英、德、法、拉丁等数种语言。其治学精神着实让人感动且叹服,似在学界未有第二人。

钱钟书的性格很独特，他有一般才子恃才傲物的性格，也有一般才子不具备的童心，然而面对一系列相继而来的风雨，他的童心不得不跟着变得苍老，虽然他的才气仍不减当年，但他的热情与欲望却在逐年递减，钱钟书一度开始沉默。在许多年间，他开始由创作走向研究，他决定整天闭门自守，什么地方也不去了，终日沉入自己的学问事业，用半辈子寒窗的寂寞，默默地为世界文化奉献着自己的智慧。

也许正是由于当年的《围城》和后来的《管锥编》，他不幸成为神话或靶子。迄今为止，钱钟书被学界关注评论的历史已经有六十多年了。许多中外著名人士都对钱钟书作了极高评价，称之为“二十世纪人类最智慧的头颅”。

也有一些人认为，钱钟书并没有什么了不起，不应该给他过高的评价。一位博士生曾发表《我看钱钟书》一文，声称：“在钱钟书身上体现着中国现当代学人的根本欠缺：缺乏体系性建构的能力。”表示要给钱钟书“上课”。

无论别人如何褒贬，钱钟书却等闲视之，保持着一个智者的淡定平和。

相关链接：

① 1933 年钱钟书从清华外文系毕业，校长亲自告诉他要破格录取他留校，希望他进研究院继续研究英国文学，为新成立的西洋文学研究所增加光彩，可他一口拒绝道：整个清华没有一个教授有资格充当钱某人的导师。其率真狂傲可见一斑。

② 钱钟书，中国近代著名作家、文学研究家。1910 年 11 月 21 日生于江苏无锡，原名仰先，后改名钟书。1929 年，考入清华大学外文系。1937 年，获牛津大学艾克赛特学院学士学位。学贯中西，主要学术著作有《谈艺录》《宋诗选注》《管锥篇》《七缀集》等，主要文学作品有《围城》《人兽鬼》《写在人生边上》等，主要译著有《〈毛泽东诗词〉英译本》等。1998 年 12 月 19 日在北京逝世，享年 88 岁。

1. 对材料有关内容的分析和概括，最恰当的两项是________。

A. 钱钟书学贯中西，一生笔耕不辍，著作颇丰，既是著名学者，又是著名作家，具有崇高的人格魅力，深受人们敬仰，被外国人看作中国文化的奇迹与象征。

B. 作者在文中写钱钟书婉拒全国十八家省级电视台联合拍摄《中国当代文化名人录》的事件，主要是为了突出钱钟书淡泊名利的精神风貌。

C. 从写作的结果上看，钱钟书的书中很难挑出错误，所以人们称他为“文正公”，而从写作的过程上看，他的著作是在不厌其烦地修改中写成的，所以他自谦为“文改公”。

D. 钱钟书凭借他的优秀著作奠定了崇高的文学和学术地位，蜚声海内外。本文不落窠臼，另辟蹊径，从解读钱钟书精神特质的角度着笔，突显了“钱钟书作品和人品风华绝代”的主题。

E. 钱钟书在清华上课就不听讲，画《许眼变化图》，没等下课就把画传递给其他同学，一时在班上传为笑谈，所以他数学只考了 15 分。

2. “也许正是由于当年的《围城》和后来的《管锥编》，他不幸成为神话或靶子”中，为什么说“他不幸成为神话或靶子”？

3. ①是从原文抽取出来的一段，将它还原到文中，你认为应放在【甲】处还是【乙】处？为什么？

4. 钱钟书独特的性格主要表现在哪些方面？请结合材料概括并简要分析。

【参考答案】

1. DC。[**解析**]A 项，“被外国人看作中国文化的奇迹与象征”不精确；B 项，婉拒事件在这里主要是突出“机趣幽默”；E 项，数学只考了 15 分是考人清华时的成绩。

2. 因为《围城》和后的《管锥编》,是钱钟书的代表作,许多中外著名人士都对钱钟书作了极高评价,称之为"二十世纪人类最智慧的头颅",他成了赞美的"神话";同时,也有人认为钱钟书并没有什么了不起,不应该给他过高的评价,他成了批评的"靶子"。

3. 放在【甲】处。因为此段承接前两段,都是记叙钱钟书清华之事:入学——学习——毕业;并且是按时间先后顺序安排叙事的:1929—1933 年,自然顺畅。

或:放在【乙】处。因为此段主要是写钱钟书的率真狂傲;放在【乙】处,与下段"钱钟书狂得直率、自然、可爱、可敬"相呼应,过渡自然流畅。

4. 机趣幽默:《围城》的幽默、"钱"的机趣作答;率真狂傲:他到清华后的志愿横扫清华、拒绝留校;谦虚谨慎:对著作逐处地查找核对;淡定平和:默默研究。

六、阅读下面的文字,按要求回答问题。

喷发英武正气

很小的时候,宗璞就开始背诵诗词。父亲冯友兰会给她选一些诗,每天早晨背上书包在母亲床前背了再去上学。宗璞还读了很多儿童读物,她读过《格林童话》《爱丽斯漫游仙境》,而在小孩子中流行的《七侠五义》《隋唐》《小五义》《水浒》《荡寇志》,她也都读了。宗璞甚至还看了不少成人读物,八九岁时就读了《红楼梦》,看到林黛玉死,哭得泣不成声。

童年的阅读,尤其是诗词对宗璞的影响是巨大的。1944 年,15 岁的宗璞就写了一篇关于滇池月光的散文并在刊物上发表。此后,她开始尝试创作小说。1948 年,宗璞的短篇小说《A. K. C. 》发表在《大公报》上,她从此走上文学创作道路。

1957 年,发表在《人民文学》上的《红豆》,小说描写女大学生江玫和银行家少爷齐虹之间的爱情悲剧,突现出宗璞在特殊年代对青年爱情观的人文关怀。这为宗璞赢得了声誉,也带来了麻烦。《红豆》被打上"毒草"的标签,她无奈搁笔,直到"文革"结束后,才陆续写了《弦上的梦》《三生石》《我是谁?》等作品。

宗璞的许多中短篇小说和散文都写到了"文革"。在《1966 年春夏之交的某一天》中写到很多知识分子被批斗、被迫自杀,对这些人的遭遇,宗璞无疑是同情的,但她自己是坚强的——她不仅在被批斗和羞辱的巨大痛苦里,选择了坚强地"活下去",而且还对那个时代发出了尖锐的质疑:"而这一切,是在革命的口号下进行的。这世界,以后还不知怎样地荒谬,怎样地灭绝人性!"这就启发和促使我们要在更深的层面去反思那一段历史。

有一部作品,对于宗璞来说是"不得不写"的,这就是她的长篇小说《野葫芦引》。"七七事变"后,一大批教授、学者在战火硝烟中跋山涉水,把西南边陲造就成为保存中华民族文化命脉的"圣地"。宗璞随父亲冯友兰南迁,就读西南联大附属中学。当时西南联大毕业学生从军者有 800 余人,宗璞目睹了青年学生的爱国行动,认为"如果不写上这一笔,就是不完整的"。滇西战役是中华民族抗日战争的一次重要战役,十分辉煌,长时间被埋没,被歪曲。抗日老兵被审查,流离失所,翻译官被怀疑是特务,他们徽章上的号码被说成是特务编号。"把这段历史从尘封中磨洗出来"被宗璞视作自己的责任。小说包括《南渡记》《东藏记》《西征记》《北归记》四卷。从 20 世纪 50 年代起,宗璞开始动笔,如今 60 多年过去,前三卷已陆续出版。其中,《东藏记》获得了第六届茅盾文学奖。

一方面,宗璞通过规模恢宏的小说叙事来写抗日战争,写我们民族的深哀巨痛;一方面宗璞热情讴歌中国知识分子毁家纾难,先公后私的爱国情怀。这样一部作品,没有出现在充满豪情的男儿笔下,倒是宗璞写出来了,令人惊叹。作家王蒙曾评价《野葫芦引》:"喷发着一种英武,一种凛然正气，一种与病弱之躯成为对比的强大与开阔。”

在文坛上，宗璞是一面以自我生命守护中国文学真火的旗帜。近30年，她在病中笔耕不辍，以至真至纯的文学结晶为时代立言。从写《东藏记》开始，宗璞的视网膜脱落，头晕频频发作，半边身子麻痹，只能在助手的帮助下口述成文，7年才写完。《南渡记》写完，父亲去世了；《东藏记》写完，先生去世了。经历了更多死别，又经历了一些大事件，对人生的看法更沉重了一些，对小说结局的设计也更现实，更富于悲剧色彩。宗璞写得很苦，实在很不潇洒。但她即使写得泪流满面，内心总有一种创造的快乐。

宗璞最大的困难是写战争。她经历过战争的灾难，却没有亲身打过仗。她害怕凭借材料只会写成一般的报道。困惑之余，书中澹台玮、孟灵己年轻的身影给予宗璞极大的启发。用人物统领材料，将材料化解，再抟、再炼、再调和，就会产生新东西。宗璞诚心诚意地烘托书中人物，用书中人物的喜怒哀乐烛照全书，一切就会活起来了。

（摘编自《光明日报》2016年4月28日）

相关链接：

① 宗璞十岁时，随父亲冯友兰与清华大学一起南迁到昆明，在西南联大度过了8年时光。宗璞的哥哥冯钟辽于1943年志愿参加中国远征军，任翻译官，那年他19岁。随着战事的推移，他用双脚从宝山走到畹町。宗璞对这段历史有一种亲切感。

（肖鹰《宗璞与长篇小说〈野葫芦引〉》）

② 在宗璞的作品里，体现出冯友兰先生屡屡讲到的张载的“为天地立心，为生民立命，替往圣继绝学，替万世开太平”的担当精神，还表现出对大地、对自然、对人、对物甚至一只鸟、一只猫的那种大爱。

（李建军《一位尽力发光的作家》）

1. 对原文的理解和分析，不正确的一项是________。

A. 在父亲的影响下，宗璞很小的时候就开始读书，不仅涉猎范围广泛，而且感情非常投入。童年的阅读为她以后的文学创作奠定了基础。

B. 她亲身经历文革，看到很多知识分子被迫自杀，自己也被批斗，所以才会对那个时代发出了尖锐的质疑。

C. 抗战的特殊经历使她认识到作家的责任，关于抗战的小说包括《南渡记》《东藏记》《西征记》《北归记》四卷，影响深远。

D. 近30年的笔耕不辍，使宗璞的视网膜脱落，头晕频频发作，半边身子麻痹，只能在助手的帮助下口述成文。

2. 对材料有关内容的分析和概括，最恰当的两项是________。

A. 小说《红豆》为宗璞赢得了声誉，让她从此走上文学创作道路，但也被打上“毒草”的标签，使她一度被迫搁笔。

B. 抗日战争爆发后，知识分子南迁的历史、西南联大的故事，没有出现在充满豪情的男儿笔下，却被宗璞写出来了，令人惊叹。

C. 面对把战争写成一般报道的忧虑，宗璞采用人物统率材料的方法，展示在战争中人物的喜怒哀乐，使写作活跃而有新意。

D. 宗璞在创作《野葫芦引》时遭遇到病痛的折磨，经历了亲人的离世，由此可见，在整个创作过程中宗璞的内心一直是沉痛的。

E. 宗璞在病痛中坚持写作,以至真至纯的文学结晶为时代立言,用自我生命守护着中国文学真火的旗帜,令人钦佩、赞美。

3. 宗璞的作品体现着“大爱”和“担当”,二者有何关系?有哪些表现?请结合文本具体说明。

【参考答案】

1. D。[**解析**]“宗璞的视网膜脱落,头晕频频发作,半边身子麻痹”并不一定是因为“近30年的笔耕不辍”,强加因果。

2. CE。[**解析**]A项,让宗璞走上文学创作道路的是发表在《大公报》上的《A. K. C. 》,选项弄错了对象;B项,“知识分子南迁的历史、西南联大的故事,没有出现在充满豪情的男儿笔下”,无依据;D项,“一直是沉痛的”错误,曲解文意。

3. ①大爱是担当的基础,为担当提供动力,担当用以表现、实现大爱;②在宗璞的作品里,体现出张载的“为天地立心,为生民立命,替往圣继绝学,替万世开太平”的担当精神,以及对人对物的大爱;③关心青年人的成长,创作《红豆》,在特殊年代对青年爱情观加以引导;④“文革”中对知识分子遭受迫害给予同情,创作作品表达对“文革”的忧思;⑤感动于师生的爱国行动和滇西战役的辉煌,创作《野葫芦引》,谱写中国学人抗战史诗。

七、阅读下面的文字,按要求回答问题。

丰子恺:抒情漫画缘何依然动人

范　昕

1910年,在李叔同的推荐下,陈师曾即兴创作的文人水墨画陆续发表在上海的《太平洋画报》上。这应该是中国现代的第一批漫画。其中一幅名为《落日放船好》,简单至极,画中央是一株无叶的柳树,一位身着长袍、头戴斗笠的书生独坐船头,隐于柳树后,仿佛漂浮在无尽的时空中。“即兴之作,小形,着墨不多,而诗趣横溢”,这批画给丰子恺留下了极为深刻的印象,以至于35年之后他仍记得其中一部分的题目。

丰子恺早期的作品中,有大量的古诗新画。图画与诗意的结合,原本不稀奇,宋代以来的文人画即有这样的传统。丰子恺这一系列作品既有对文人画的继承,也有他的特别之处:不是对诗意的简单阐释,而是在技法和意境上进行大胆的创造。

尝试古诗新画以前,丰子恺其实热衷户外写生。上世纪20年代执教于上虞的春晖中学期间,一次他向学校请假寄居在杭州西湖的朋友处。一晚月上柳梢时,他出门写生,想去描绘月光下的西湖,却怎么也无力捕捉月夜微妙的情境氛围,只得徒劳而返。他的朋友观赏过丰子恺描绘的湖光月色之后,脱口而出唐代诗人赵嘏的诗句:独上江楼思渺然,月光如水水如天。同来望月人何处,风影依稀似去年。这诗句让丰子恺豁然开朗。他突然琢磨起,是不是可以放弃对西湖的直接描画,转而尝试去表达由诗句联想到的场景。他想描绘的,其实是关于西湖的诗句引发的想象,而非风景本身。这件事令丰子恺一生难以忘怀,不禁深感“诗人眼力可佩,习画应该读诗”。

1926年,军事冲突在上海蔓延,丰子恺一家从江湾逃离,最终在沪江大学里找到了避难所。一晚,丰子恺随口问骑在自己膝上年仅4岁的小儿子瞻瞻,“你最喜欢什么事?”瞻瞻率性回答:“避难。”丰子恺纳闷,设法探问他:“你晓得逃难是什么?”瞻瞻解释道:“就是爸爸、妈妈、宝姊姊、软软……娘姨,大家坐汽车,去看大轮船。”丰子恺恍然大悟,原来孩子理解的“逃难”是这样的!这样一次对话,激发丰子恺思考关于童年的话题。他写了一篇《从孩子得到的启示》,感叹“仆仆奔走的行人,扰扰攘攘的社会,在他们看来都是无目的地在游戏,在演剧。唉!我今晚受了这孩子的启示:他能撤去世间事物的因果关系的网,看见事物的本身的真相。"

丰子恺能够发现孩子心里和成人完全不同的儿童世界,他的很多画都是来源于儿女的嬉戏,看到哪个孩子有个有趣的举动,就马上画下来。孩子们碰到蚂蚁搬家,不但不去伤害它们,还用小凳子放在蚂蚁搬家的路上请行人绕行。

为丰子恺最早的"儿童相"漫画提供灵感的,则来自日常的温情一幕。一天,丰子恺完成了一天的教务,妻子抱了儿子瞻瞻,携了女儿阿宝,到弄堂门口等他回家。瞻瞻坐在母亲的臂上,口里唱着"爸爸还不来,爸爸还不来!"阿宝拉住了母亲的衣裾,在下面同他合唱。马路上熙来攘往的人群中,瞻瞻一眼就认出了带着一叠书和一包食物回家的父亲,突然欢呼舞蹈起来,几乎使他母亲的手臂撑不住。阿宝陪着他在下面跳舞,也几乎撕破了母亲的衣裾。母亲则在一旁笑着喝骂他们。这时,丰子恺觉得自己立刻化身为两个人。其中一人体验着小别重逢时的家庭团圆之乐。另一个人,则远远地站出来,从旁观察这一幕悲欢离合的活剧,看到一种可喜又可悲的世间相。

对丰子恺而言,儿童的世界更接近真实,更具有自然之美,这正是他希望通过作品努力捕捉乃至置身其中的境地。可贵的是,丰子恺描绘日常,出于感情,也出于自然,其实也是带有诗趣的。恰如他自己所说"这种画表面都平淡,浅率的人看了毫无兴味,深于感情的人始能欣赏"。

(选自2016年2月26日《文汇报》)

相关链接:

有一天,门前来了卖鸡崽的小商贩,孩子们齐声向爸爸呐喊"买小鸡"。丰子恺和小商贩讨价不成,小商贩拔腿就走,孩子们顿时哭声一片。丰子恺再度加码讲价,小商贩还是不依,孩子们的哭声更强了。因为还会有来卖小鸡的,丰子恺就抚慰孩子们,"我们等一会再来买吧,但你们下次……"丰子恺立即把话打住了,因为下面的话是"看见好的嘴上不可说好,想要的嘴上不可说要"。这些成人世界的道理,丰子恺没有告诉孩子们。

女儿丰一吟回忆说:父亲给我留下最深印象的是那种对童真的珍视和守护,一言一行都饱含对子女真善美的教育。

(节选自望秋园《丰子恺是个慈父》)

1. 理解和分析,不符合原文意思的一项是________。

A. 文章写丰子恺在抒情漫画方面取得的成就,先从陈师曾写起,是说明丰子恺的漫画创作受到了陈师曾的绘画影响。

B. 丰子恺的抒情漫画至今依然能够感染读者,是因为他继承传统,敢于创造;热衷写生,大胆尝试;而且他能守护童真。

C. "仆仆奔走的行人,扰扰攘攘的社会"是丰子恺艺术成就的土壤,举家的逃难虽然艰辛,但对于画家而言却是幸事。

D. 丰子恺描绘日常景物,不仅出于感情,而且出于自然,带有浓浓的诗意,感情丰富的人才能真正体会。

2. 对材料有关内容的分析和概括,最恰当的两项是________。

A. 丰子恺对陈师曾发表在上海《太平洋画报》上的一批画作深入研究,对陈师曾赞赏有加,以致丰子恺早期有大量的作品是仿效陈师曾的"古诗新画"。

B. 宋代以来的文人画就有图画与诗意结合的传统,丰子恺早期作品中,有大量的古诗新画,这些作品不是对诗意的简单阐释,而是大胆的创造。

C. 丰子恺寄居杭州西湖,月上柳梢时出门写生,却无法捕捉月夜微妙的情境氛围,徒劳而返,后来从朋友的诗句中得到启发,让他豁然开朗。

D. 丰子恺一家从江湾逃离到沪江大学避难,小儿子对“逃难”的喜欢,给他的启示是:孩子能撤去世间事物的因果关系的网,看见事物的本身的真相。

E. 有一天,丰子恺的妻子带着子女到弄堂口玩:儿子瞻瞻和女儿阿宝看见带着一叠书和一包食物回家的父亲而欢呼舞蹈,不想妻子陷于难堪而烦恼地责骂孩子们。

3. 丰子恺“对童真的珍视和守护”包含着哪些优秀的品质?请结合文本并联系生活实际谈谈你的看法。

【参考答案】

1. C。[**解析**]文章出现“逃难”文段,只是为了说明丰子恺善于从儿童的角度发现问题,思考问题,善于守护童真。逃难“对于画家而言却是幸事”于文无据。

2. BD。[**解析**]A 项,“仿效陈师曾的‘古诗新画’”分析概括错误,“古诗新画”是丰子恺对宋代以来文人画的继承与创新。C 项,理解错误,是从朋友“吟诵唐代诗人赵嘏的诗句”中得到启发的,而不是“朋友的诗句”。E 项,“妻子陷于难堪而烦恼地责骂孩子们”表述不够准确;原文是“母亲则在一旁笑着喝骂他们”,看不出“烦恼”。

3. 优秀品质:①率真。在孩子面前,言行举止都源自内心,不掺杂一点成人世界里的东西。②正直。不说违心话,不做违心事,不固执己见,不把自己的意见强加给孩子。③友善。平等待人,爱世界的一切生命;和孩子对话心平气和,不责怪打骂孩子。

联系实际:(示例)当今一些家长常常用成人的眼光看待孩子,要么把自己的思想强加给孩子,向孩子灌输成人的观点;要么放任自流,娇生惯养;要么方法简单、态度粗暴,经常打骂孩子。家长要关心孩子、尊重孩子、倾听孩子的心声,宽严有度,注意发挥孩子的个性特长。

八、阅读下面的文字,按要求回答问题。

阎肃:活出不一样的“风花雪月”

桑　可

他是一位可敬可爱朝气蓬勃的“顽童”,也是一位德高望重的老前辈;他是一枚“不起眼”的军中绿花,也是文艺界和人民“打成一片”的天使;他为新中国的文化事业做出了突出贡献,受到毛泽东同志的亲切接见,也曾入围“感动中国 2015 年度人物”;他是一位词作大家、一级编剧,是文艺战线的一颗“常青树”“不老松”,他的人格魅力和火一样的热情,至今仍在感染着一代又一代的青年人奋勇向前。

阎肃同志的一生,留下 1000 多部(首)有筋骨、有道德、有温度的文艺佳作,参与策划 100 多台重大文艺活动,获国家和军队大奖 100 余项。几乎以一己之力把江姐搬上歌剧舞台,一曲《红梅赞》一时传遍大江南北,让《江姐》成为不朽的红色经典。在 61 岁的高龄担纲创作歌剧《党的女儿》,谱写了一曲中国共产党人的正气歌,给所有的观众上了一堂撼人心魄的生动党课。他创造的《敢问路在何方》《我爱祖国的蓝天》《长城长》《雾里看花》《梦水乡》等歌曲,至今仍广为流传……

细品阎肃同志创作的一系列文艺作品,那些汩汩流淌于时空里的旋律,始终不缺少一颗滚烫的心、一种为国抒怀的情、为民放歌的魂。他的作品,总是能沿着时代的烙印剪接出华丽的色彩,也灌注着一位军人所独有的对国家的浓情厚意。报效祖国、放歌时代、思索人生,一部部文艺作品就像一曲曲时代的号角,把对我们所处时代的深沉思考揉进了每一个音符和歌词里,让民族勇于探索、自强不息的华彩乐章在豪迈的进行曲中激情流淌。

2014 年在京举行的文艺座谈会上,阎肃同志在发言时说,“我们也有风花雪月,但那风是‘铁马秋风’、花是‘战地黄花’、雪是‘楼船夜雪’、月是‘边关冷月’。就是这种肝胆、这种魂魄教会我跟着走、往前行,我愿意为兵服务一辈子!”正是这种别样的“风花雪月”,这种颂英烈、咏家园、唱时代的军人情怀,铸就了他一路豪歌向天涯的人生之路。他就像一株迎风傲雪的红梅,雪岭冰霜之间绽放出夺人的光彩;也像一段斑驳的城墙,挺起岁月的胸膛向人们展现沧桑的力量。

阎肃最爱这样介绍自己:“我是部队文艺战线上的一名老兵。”无论酷暑寒冬、无论风霜雨雪,入伍 60 多年,他把自己的一切都奉献给军营,始终与战士们血肉相连。走进基层,深入基层,和基层的官兵打成一片,他用“百姓习俗、社会风尚、民族魂魄、生活素养”不断去贴近基层、发现故事,他以自己的身体力行,用自己豁达的胸襟、开阔的气象、和谐的身心,让我们见证了一位“胸有大业、腹有诗书、肩有担当、术有专攻”的文艺工作者楷模。

刘云山同志说:“阎肃同志是文艺战线的一面旗帜,他 60 多年勇攀艺术高峰,80 多岁依然奋斗在文艺工作第一线,无论是创作实践还是为人做事,都一片丹心、一腔热血、一身正气。”在壮阔的时代大潮中把个人融入时代的主旋律,阎肃用对党无限的忠诚、对人民的深情和高尚的情操去工作,去为时代放歌。

一个民族的复兴需要强大的物质力量,也需要强大的精神力量。在这样一个快速变革的时代,我们需要一批又一批像阎肃同志一样的文艺工作者,成为时代风气的先觉者、先行者、先倡者,创作更多有筋骨、有道德、有温度的文艺作品,不断赓续薪火、再造经典,才能引导人民树立和坚持正确的历史观、民族观、国家观、文化观。

阎肃在创作的《红梅赞》中曾写过这样一句歌词:“蜂儿酿就百花蜜,只愿香甜满人间。”一个人的一生,能够把自己的生命全部奉献给这样一个伟大的时代,他应该是无限欣慰的了。用忠诚去燃烧生命,用灵魂去点燃光明,用旋律去传递信仰,阎肃同志不辜负时代召唤、不辜负人民期待,用自己灿烂的生命,把自己的人生谱写成了一曲浩气永存的时代长歌。

相关链接:

① 一个人有什么样的信仰,就会选择什么样的人生,就产生什么样的行为。1946 年,那是一个“追求进步就是民心所向”的年代,阎肃考取南开中学。在那里,他如饥似渴地阅读五四以来的新诗、老舍的戏剧、巴金的小说,最令他心驰神往的是红色延安传来的先进思潮。用阎肃自己的话来说,那时“我对共产党最朴素的心理就有了”。(郭超、刘小兵《站在时代琴弦上的放歌者》)

② 在阎肃的生命源泉中,中华传统文化是一汪深邃的清泉。与阎肃有长期合作的中央电视台副总编朱彤介绍,阎肃作品中体现出的深厚的民族文化精神,应该出于他的自觉追求,是在深入研究和长期思考之后外化出来的一种风格。他的作品是民族文化与时代精神的叠加。(黄子娟《时代歌者的追梦人生》)

1. 对材料有关内容的分析和概括,最准确的两项是________。

A. 开头运用排比句式来增强表达的气势,引起读者的阅读兴趣;从不同角度概括出阎肃在艺术上取得的突出成就,高度赞扬了他的人格魅力和如火热情的巨大影响。

B. 阎肃创作的《红梅赞》让歌剧《江姐》成为不朽的红色经典,他也通过“蜂儿酿就百花蜜,只愿香甜满人间”的歌词表达出自己为时代、为人民而歌的奉献精神。

C. 阎肃说“铁马秋风、战地黄花、楼船夜雪、边关冷月”就是一个战士的风花雪月。正是这种军人情怀让他无论酷暑寒冬、风霜雨雪，都把自己的一切奉献给军营。

D. 阎肃创作的作品有筋骨、有道德、有温度，是民族文化与时代精神的叠加，能够引导人民树立和坚持正确的历史观、民族观、国家观、文化观，促进民族的复兴。

E. 材料通过对阎肃创作的众多艺术作品的评价以及对他一生传奇经历的回顾，高度赞扬了阎肃所具有的高贵品质和精神追求，表现了阎肃这位时代歌者的非凡人生。

2. 阎肃在文艺上取得卓越成就的原因有哪些？请简要分析。

3. 作为一篇人物通讯报道，本文有哪些特点？请简要分析。

4. 阎肃被誉为“文艺战线的一面旗帜”，他的高尚追求体现在哪些方面？请结合材料，谈谈你的看法。

【参考答案】

1. DC。[**解析**]A 项，概括不全面。不仅有“突出成就”，还有阎肃的为人和职业等。B 项，“他也通过‘蜂儿酿就百花蜜，只愿香甜满人间’的歌词表达出自己为时代、为人民而歌的奉献精神”错误。原文中，作者借阎肃的这句话来赞颂阎肃的奉献精神。而阎肃是通过这句话来表现像江姐这样的共产党员为国为党的奉献和牺牲精神。E 项，“对他一生传奇经历的回顾”错误。原文没有表现他一生的经历。

2. ①爱党爱国爱民，执着艺术创作；②扎根基层生活，把握时代脉搏；③传承民族文化，广泛吸取知识。（答出“有坚定信念”“有奉献精神”“不畏艰难”等也可）

3. ①在内容上，个人经历记叙简单，偏重介绍人物的作品的艺术价值和创作的高尚追求；②在表达上，记叙、议论、抒情相结合，突出人物在艺术创作过程中表现出的精神追求和价值意义；③在行文上，多借用别人评价和阎肃的原话来写，增强了文章的真实性；④在语言上，语言富于文采，采用排比、比喻等修辞手法，文学性强。

4. ①（信仰追求）一生爱党、爱国。忠诚于党，融入民族前行和复兴中，创作《红岩》《党的女儿》，表现共产党人的精神。②（价值追求）热爱军营，愿意为兵服务一辈子。他创作了大量军歌。③（艺术追求）高扬时代主旋律，承传民族文化。他在艺术生涯中，勇立时代潮头，创作的作品无不彰显民族特色，唱响时代强音。④（道德追求）为人坦荡，无私奉献。一生奋斗，一身正气，充满激情，热心待人，胸襟开阔。

九、阅读下面的文字，按要求回答问题。

量子世界的“中国神探”

万玉凤

首次从实验上观测到量子反常霍尔效应，这一世界基础研究领域的重大发现，让薛其坤以国际著名实验物理学家的身份进入公众视野。

荣誉背后，是每天早上 7 点到实验室，夜里 11 点才离开，这个作息时间薛其坤保持了 20 年。

在学生眼里，薛其坤乐观，幽默、充满活力，大部分时候都很和蔼，还经常买好吃的“贿赂”他们。但对实验技术与科研训练，薛老师的要求却近乎苛刻。

写报告，一个标点符号的错误，他都会挑出来；操作仪器，是按顺时针还是逆时针，他都要求学生养成习惯，做到闭着眼睛都能操作无误。

薛其坤说，不能让学生为了发文章、好找工作而来做实验，而是希望他们志在把某个科学问题搞清楚，并在这个过程中培养他们科研的基本技能，让他们学到从科研执行者到指挥者的方法和路径。

“练好‘童子功’，科研机会来了，你就能抓住它。”学生常翠祖就尝到了甜头。他在麻省理工学院做博士后期间，凭借在薛其坤科研团队打下的扎实功底，成功帮助麻省理工重复实验并验证了量子反常霍尔效应。

要想真正进入科学殿堂，“童子功”只是第一步。薛其坤也是在国内做了 5 年基础研究，又在日本、美国留学，经历了近乎“魔鬼式”的科研训练之后，才渐入佳境。

在美国物理学家霍尔发现反常霍尔效应 130 多年后，2013 年 3 月，薛其坤带领的团队实现了反常霍尔效应的量子化，这是中国科学家从实验上独立观测到的一个重要物理效应，也是世界基础研究领域的一项重大科学发现。

薛其坤将攻克量子反常霍尔效应的秘诀，归结为“团队攻关十高超的实验技术”，相比于积累了近 20 年的实验技术，他更看重团队攻关的力量。

薛其坤深知，要想真正实现协同作战并非易事，特别是在实验物理领域，就像一台机器，只有每个零部件都能发挥最大作用，才能运转良好。

“这不仅要明晰大目标，还要确认每个人的攻关重点，理顺彼此之间的关系，加之基础研究本身的不确定性，随时可能遭遇挫败。”薛其坤说。

在攻克量子反常霍尔效应的 4 年多里，除了经常组织篮球赛、羽毛球赛营造和谐的团队文化外，他还常常和团队成员一起“泡”在实验室，在生长和测量样品的过程中，启发他们明白团队协作的重要性，学会怎么做高水平科研。

可每次得奖，薛其坤却“往后缩”，把年轻人推上去，并注重平衡每个人的机会。在周围的人看来，也只有薛其坤才能凝聚起这么多力量去做这项研究。清华大学物理系前主任朱邦芬院士评价他：“不仅智商高，情商也高，总能找到顶级的合作伙伴，并让每一个人都发挥很好的作用。”

“现在，我国在科研重大发现上，已经有了‘点’和‘线’的突破，下一步期待‘面’上的突破。”薛其坤认为，这离不开高校的人才培养。

薛其坤说，我们曾经经历了特殊的时期，像他这代人接受正规的系统科学训练已经很晚，所以需要比别人更加刻苦弥补这个差距。他把更大的希望寄托在学生一代身上。

“国家连续多年来对基础科学领域的投入都大幅增长，这是一个极大的鼓舞。而我们要做的，就是把比较成熟的研究方法和研究习惯传承下去，让研究少走弯路。”薛其坤说。

他凭借自己对国际科研发展趋势的敏锐把握，在制定学校科研工作规划时，在交叉学科布局、跨学科研究团队建设等方面，都进行了很好的设计。

但薛其坤时刻都能感受到肩上沉甸甸的责任。不管做教授，还是做科研、管理科研，他都要求自己，“必须把功夫用到”。

回国十几年来，薛其坤几乎没有休息过一个假期和周末，每天平均工作 15 个小时，每年工作时间在 330 天以上。

“科学来不得半点马虎，人才培养也要循序渐进。”面对“钱学森之问”，薛其坤认为，解决的关键在时间，“中国科学大发展才搞了 20 多年，再有 10 年、20 年，这个问题或许就不难解决了。”

（摘编自 2015 年《中国教育报》）

相关链接：

① 2012 年 10 月 12 日晚 10 时 35 分，薛其坤院士至今清晰地记得这个时刻。“我从实验室

回家刚把车停好,就收到学生常翠祖的一条短信:‘薛老师,量子反常霍尔效应出来了,等待详细测量。’”

这一刻,距离美国物理学家霍尔提出反常霍尔效应已经过去133年,反常霍尔效应的量子化终于在中国实验室里得以实现。为了这一刻,薛其坤和他的团队已经努力了4年多。(《薛其坤院士:微观世界里的魔术师》)

② 回国十多年间,无论在中科院还是在清华,他都保持着“7-Ⅱ”作息。清华大学物理系前系主任朱邦芬院士说:“我曾与其坤一起出差,晚上12点回到北京,他仍坚持要去实验室再看看。”(《“科研的快乐让我停不下来”》)

1. 对材料有关内容的分析和概括,最恰当的两项是________。

A. 薛其坤认为,要想真正进入科学的殿堂,“童子功”非常重要。可见,只要有了扎实的基本功,就能让自己的科学研究一帆风顺。

B. 薛其坤团队实现了反常霍尔效应的量子化,这一中国科学家从实验上独立观测到的物理效应也是世界研究领域的一项重大发现。

C. 作者引用了朱邦芬的评价,借此高度评价、赞美了薛其坤能够团结人、凝聚人的人格魅力,从而也说明了其团队成功的原因之一。

D. 本文撷取薛其坤人生的若干片段,真实地展现了他在各方面的付出与成就,人们对他褒贬不一,更揭示了他丰富复杂的性格。

E. 本文虽为新闻通讯,但在行文中却使用了很多表可能、推测的词语,如“几乎”“或许”,这恰恰能表现出新闻通讯语言的准确性。

2. 作者是从哪几个角度展现薛其坤教授的形象的?请结合全文简要概括。

3. 人物通讯是以报道新闻人物事迹或活动,展示人物精神面貌为主要内容的通讯类型,它要充分展示出人物的形象美。请结合本文简要分析作者是如何呈现出人物的形象美的。

4. 薛其坤教授取得了令人瞩目的成就。在怎样取得成功这一问题上,你从薛其坤教授身上获得了哪些启示?请结合全文简要探究。

【参考答案】

1. CE。[**解析**]B“世界研究领域”不够准确,因为“世界基础研究领域”。A“只要……就”说法绝对,与文意不符。D“褒贬不一”错误,文中对薛其坤没有贬抑之词。

2. 为人师,让学生领略科研真谛;带团队,讲究协同创新;管科研,瞄准国际前沿勾勒蓝图。

3. 选择典型的事件来塑造人物形象;找准表现角度塑造人物形象;引用最具表现力的人物语言塑造人物形象;通过侧面描写塑造人物形象。

4. 忘我工作,常年坚持;严谨认真,注重细节;魔鬼训练,狠抓基础;凝聚团队,团结协作;敏锐观察,规划准确;牢记责任,全力投入。

十、阅读下面的文字,按要求回答问题。

永远的丰碑

金　涛

“人们不得不对人类中居然有以这般坚强意志追求终极真理的灵魂,从内心产生深深的敬意。”这番对史蒂芬·霍金的评价,用在高士其身上也是恰如其分的。

高士其1925年进入美国威斯康星大学化学系。翌年夏天,转入芝加哥大学化学系。1927

年入芝加哥大学医学院细菌学系。1928 年，高士其在实验时不慎受甲型脑炎病毒感染，留下严重后遗症，但他仍以惊人的毅力完成了医学博士课程，并加入美国化学学会和美国公共卫生学会。

高士其于 1930 年秋学成归国，但他已无法像正常人一样从事科学研究了。于是，这位细菌学家从此离开了实验室，用手中的笔与读者交流，开始了科普创作的生涯。

自 1935 年发表第一篇科学小品《细菌的衣食住行》以来，高士其进入了创作的旺盛期，《我们的抗敌英雄》《抗战与防疫》等科学小品集相继出版。高士其认为："好的科学小品能给人以智慧和力量，点燃理想的灯和希望的火花；培养读者的观察力和想象力，开阔眼界，启发思想，引导他们幻想未来，激励他们向科学技术进军。"他以自己的创作实践，奠定了科学小品在科学文艺中的地位。这种小巧玲珑、随笔式的文章，以其独特的视角，融科学知识与社会人文于一体，深入浅出地普及科学知识，传播科学精神与科学方法论，受到公众的普遍欢迎。

高士其对科普创作特别是科学文艺的巨大贡献之一，是率先倡导了科学与艺术相结合的理念，开创了科学诗这一独特的艺术形式。这是一种突破传统的创新。

高士其对科学诗的探索，对于广大的科普作家来说，一个很重要的启示是，科普创作也如艺术创作一样，贵在创新。这里最重要的是科普形式的创新，切忌故步自封，因循守旧。诸如科幻小说、科学童话、科学诗等，都需要跟上时代步伐，善于从其他文学艺术中汲取营养，创造出别开生面的作品。科普创作往往因科学技术的迅猛发展，出现内容的陈旧而需要不断更新，这是所有的科普作家不得不面对的现实，高士其的科普作品也不例外。但是，高士其的有些作品却有着长久的生命力，这也是客观的事实。当"非典"肆虐之时，他早期的作品如《菌儿自传》，以极为生动的笔调揭露这些危害人类的"小魔王"的真面目，引起人们对于病菌、病毒的高度警惕，使很多初次接触其作品的年轻读者感到亲切。

抗战时期，高士其以笔为武器，写出了许多脍炙人口的佳作。高士其曾说过："我写这些科学小品，以抗战救亡为主题。一方面，向读者普及科学知识；一方面，唤起民众保卫祖国，保卫民族。"1937 年高士其克服常人难以想象的困难，奔赴延安投入革命的洪流。

高士其对中国科普界的重大影响，还在于他的人格魅力。他的坚强意志和对生活的热爱，他对祖国和人民的赤诚，支撑着他数十年如一日地献身于向大众传播科学的事业。我有幸多次见过高老，他永远是那样和蔼可亲，眸子里闪动着慈爱的光芒，尽管他无法用语言表达自己的想法，但他却用文字，用他的行动，关爱中国的科普事业，关心年轻一代科普作家的成长。

高士其胸襟广阔，热情似火，善于团结所有热心科普事业的人，也宽待与自己学术观点不同的人。他深知中国的科普事业的发展，需要建立一支强大的科普队伍，他向党中央建言成立中国科普研究所。他的一切努力，绝不是以科普之名谋个人之私利，都是出自发展壮大中国科普事业的公心。

不论是文学家还是科普作家，都是以作品奉献社会，以作品与读者心灵沟通，而不是像鲁迅当年批评的那种拿不出一本像样的作品，却像奴隶总管那样作威作福、鞭笞他人的空头文学家。高士其是科普作家的领头人，也是这支队伍中的一员。

高士其在我的心目中是永远的丰碑，是中国科普界的一面光辉的旗帜。

相关链接：

① 他由美国留学回来，在上海贫病交加时，发表的第一篇著名的科学小品《细菌的衣食住行》，没有用真实姓名"高仕錤"，而是用了一个新的笔名"高士其"。他说道："去掉人旁不做官，

去掉金旁不要钱。”(李宗浩《永远的高士其》)

② 进入到科普信息化时代,加强受众的研究并有针对性地采取满足不同受众需求的科普方式应该成为一种必然选 择。(王大鹏《为受众量体裁衣的科普》)

1. 对材料有关内容的分析和概括,最恰当的两项是________。

A. 高士其在芝加哥大学医学院细菌学系学习期间,因实验时不慎感染甲型脑炎病毒,无法正常从事科学研究,于是开始了科普创作生涯。

B. 高士其早期的作品《菌儿自传》至今仍能赢得很多年轻读者的喜欢,就是因为它以生动的笔调揭示了“非典”病毒危害人类的真面目。

C. 作者引述当年鲁迅对作威作福、鞭笞他人的空头文学家的批评,反衬出高士其作为一名科普作家的谦逊,这样写丰富了文章的内容。

D. “高士其”这一笔名始于他发表第一篇科普作品《细菌的衣食住行》,从他对笔名的解说,可以看出其淡泊名利、不慕权贵的个性。

E. 本文评价高士其有三种方式:一是借用对其他人的评论从正反两面来评价,二是结合他的言论来评价,三是直接评价其作品和品行。

2. 高士其科普创作取得成功的主观因素是什么?请结合材料简要分析。

3. 文章说高士其是“中国科普界的一面光辉的旗帜”,请结合材料简要阐述。

4. 高士其有些作品具有“长久的生命力”,这对今天的科普创作有哪些启示?请结合材料谈谈你的理解。

【参考答案】

1. ED。[**解析**]B 项,“因实验时不慎感染甲型脑炎病毒”“但他仍以惊人的毅力完成了医学博士课程,并加入美国化学学会和美国公共卫生学会。”直到高士其于 1930 年秋学成归国,无法正常从事科学研究,才开始了科普创作生涯。C 项,这篇作品揭露的是危害人类的“小魔王”的真面目,引起人们对于病菌、病毒的高度警惕,而不仅仅是“非典”病毒。D 项,“这样写丰富了文章的内容”理解有偏差,这样写更是为了突出人物形象。

2. ①始终对科学葆有热情。因为身体的原因,无法像正常人一样从事科学研究,但对科学的热爱并未消退,主动拿起笔进行科普创作。②勇于创新科普创作。率先倡导并践行科学与艺术相结合的创作理念。③自觉地服务时代和社会。抗战期间,顺应时代和社会的要求,创作很多科普佳作,服务时代和社会。

3. ①佳作众多,受到公众的普遍欢迎。他创作了大量脍炙人口的科普作品,奠定了科学小品在科学文艺中的历史地位,是科普作家的领头人。②理念先进,影响广大科普作者。他的创作实践和创作主张,勇于突破传统,对广大科普作者产生重大而深远的影响,是科普界的典范。③人格高尚,是科普界的精神楷模。他身残志坚,克服常人难以想象的困难献身科普事业,是其他科普作家学习的榜样。

4. ①要创新科普形式,要善于从其他文学艺术中汲取营养,融科学知识与社会人文于一体。②要积极顺应科技发展,更新科普内容;同时,要关注永恒的主题,创作出像《菌儿自传》那样的跨越时代的佳作。③要加强受众的研究,努力满足不同受众的心理期待,创作的形式和内容要能为受众喜闻乐见。④要有扎实的科学素养、雅正的美学品位和高尚的情趣,练就独特的视角、独到的认识和生动的文笔。⑤要胸怀祖国,情系人民,热爱科普事业,创造出更优秀的新作奉献给社会和时代。

第四编　写　作

【考试大纲的要求及其解读】

考试大纲只把写作分为两个等级,提出评价标准如下:

1. 基础等级:符合题意;符合文体要求;感情真挚,思想健康;内容充实,中心明确;语言通顺,结构完整;标点正确,无错别字。

2. 发展等级:深刻(透过现象深入本质,揭示事物内在的关系,观点具有启发性);丰富(材料丰富,论据充实,形象丰满,意境深远);有文采(用词贴切,句式灵活,善于运用修辞手法,文句有表现力);有创新(见解新颖,材料新鲜,构思新巧,推理想象有独到之处,有个性色彩)。

针对一篇考场作文,很难列出具体的评价指标。实际评分时,老师会在掌握大原则的前提下,凭直接感觉从主题、语言、材料、结构和字迹、字数等方面综合给分。

【考试真题解读】

Ⅰ. 2020 年真题回放

30. 阅读下面的材料,根据要求写作。

“受命之日则忘其家,临军约束则忘其亲,援枹鼓之急则忘其身。”古往今来,“一家不圆万家圆,万家圆时心方安”始终是军人的初心本色和孜孜追求。2020 年春节,新型冠状病毒肆虐武汉。危急关头,除夕之夜,来自陆、海、空军医大学的 450 名英雄儿女,舍小家,为大家,置个人生死于度外,紧急集结,飞降武汉,拯救人民,展示了守卫人民、守护祖国、无怨无悔、不畏牺牲的勇敢担当和家国情怀。

作为军人的你,读了上面的材料有何感想?请据此写一篇文章。要求:自拟题目,自选角度;文体不限,诗歌除外;不少于 700 字。

Ⅱ. 2019 年真题回放

31. 习主席访欧时说:“我将无我,不负人民。”这句饱含奉献情怀的话语,迅速爆红网络。作为新时代革命军人,我们也有我们的奉献情怀。请以“我将无我,矢志强军”为题,写一篇不少于 700 字的文章,文体不限,诗歌除外。

Ⅲ. 2018 年真题回放

31. 近年来流行这样一句话:“哪有什么岁月静好,不过是有人替你负重前行。”请从军人的视角谈谈你的理解,写一篇不少于 700 字的作文,题目自拟,文体不限,诗歌除外。

Ⅳ. 对考试真题的解读及备考指导

最近 3 年的作文考试,具有下面几方面的共同之处:一是文体方面,文体不限,诗歌除外。

二是字数不少于 700 字。三是内容方面,都要求联系军队生活实际。四是都属于给材料作文,都提供有短小的材料。此外,2019 年有“以 × × × 为题”的具体要求,是“背景材料加作文题”形式的。以后也许还会出现这种形式的作文。我们认为,考生选择自己擅长的议论文或者记叙文作为考场作文体裁较为稳妥。如果写成“小小说”“微剧本”,不知道会不会遇上麻烦。按照我们的理解,是合乎要求的。至于字数的要求,虽然与地方高考作文相比,经常是“不少于 700 字”,似乎是少了 100 个字。但我们猜测,命题者的观念是:只要言之有物,短一些无妨;有真情实感、真材实料才是上品。军队是个视战斗力为生命的群体,注重高质高效。军事文章,提倡干净利落、言之有物。字数不作更多要求,质量标准才是作文的最高追求。

与地方高考作文相比,军考作文是有一些特点的。写作主体是高中毕业至少两年的士兵,比校园内的中学生有了更多的生活阅历,有了更丰富的文化知识,增长了很多的见识。即便是同一个题目的作文,考生也不宜想当然地写成中学作文的花样,拿中学作文的水准来衡量自己的作文。停留在普通中学生的作文水平上,材料未免单调了,内容未免浅薄了。军营生活的素材,应当有所展现;青年关注的焦点,应当有所反映;观点的辩证性、主旨的深刻性应当高于中学生。希望考生多关注身边生活,多积累新鲜素材,多一些成人的精深,少一点校园的局限。总之,内容充实、表达生动、结构严谨、体裁一贯、意旨明朗、书写规范、极少错别字的作文,才是赢得高分的作文。评分标准是比较笼统的,评卷老师的主观感受是相当重要的。评卷老师心里都有一把尺子,我们考生要想得到理想的分数,还是好好琢磨一下老师的心理和喜好,知道他们的尺子上有哪些刻度标线吧。找到自己的备考方向,这是不吃亏的。

今后的军考作文,写出军味,写出简洁、充实、深刻一些的作文,仍然是我们考生追求的目标。考前一定不要忘记作文热身活动——选择一些话题,写七八篇作文。平时不去着意积累材料,很少关注生活、思考问题,考前不运笔成文,考场要一举成功,想必是很不现实的吧?

写作是运用书面语言进行的一种创造性的认识和书写活动,它是一种表达思想、感情、认识和传播信息的精神劳动。对于考场写作来说,审题立意、谋篇布局、材料选择和语言运用这几个关键环节,都需要考前作一些适应性的“热身训练”。

第十三章　确定中心思想——审题与立意

审题立意，是考场写作的第一个环节。审题，简单来说，就是要读懂题目，明确题目在文体、字数、标题等方面的要求，确定要写的话题。立意，是在审题的基础上进行构思，确定自己作文的主题和观点。通常来说，考场作文分为命题作文、话题作文和材料作文三大类。不同类型的作文，审题立意的方法和侧重点各不相同。

一、命题作文

命题作文，指给出一个包含事件、人物、场面等要素的既定题目，要求根据这个给定题目进行写作的作文。因此，审题立意，首先，要审"限制"，即找出"关键词"，确定写作范围和内容；其次，要审"不限定"，即想到题目没有限制的内容，在题目限定的范围内，进一步理解"关键词"的引申义、比喻义或象征义，尽可能的扩大选材的天地。比如，下面这道题：

请以"温暖的冬天"为题，写一篇文章，文体自选，立意自定。

审题

这个题目中的关键词是"温暖"与"冬天"。冬天是一年当中最冷的季节，特点是寒冷。温暖则是寒冷的反义词，作动词可以理解为"使感到温暖"。"温暖"与"冬天"这两个关键词构成了一个偏正短语，应突出名词前的修饰成分，即"温暖"。因此，可以表述为：虽然是冬天，但却很温暖。

立意

除了季节，冬天也可以理解为逆境、挫折、沉寂等。因此，可立意如下：

1. 冬天本应是沉寂、冷清的，可因为某个人或事的发生，而变得温暖了。"良言一句三冬暖，恶语伤人六月寒"，从这个角度出发，可以写让人感动的人和事。

2. 冬天代表着蛰伏、沉寂，可因为春天终会到来的希望，而会变得温暖。"冬天来了，春天还会远吗"，从这个角度出发，可以写努力与希望。

3. 写一个人或一类人。身处边缘，不受重视，但他们因为自身美好的品质取得了骄人的成绩，或为他人带来了帮助。

4. 编写历史故事。有很多古人，官场失意被贬，却没有消沉颓废，而是以开朗乐观的潇洒心态，积极为官为民，造福百姓，给偏远的地方带来温暖与幸福。

5. 从本意出发，写由暖冬带来的环境保护方面的思考。

二、话题作文

话题作文，指提供一个话题，要求围绕这个话题的中心内容进行选材写作的作文。这类作文最大的特点是"灵活"，只规定话题的范围，而在题目、选材、文体等方面的选择上不作具体要求。好处是考生发挥的空间很大，考生可以根据自己的特点，扬长避短，进行创造性的写作。但是，"灵活"也意味着容易出现"跑题"的问题。因此，在话题作文的审题立意环节，首先，要审材料，领悟命题意图；其次，要审“话题”，明确思维方向；然后，要审“要求”，避免跑题；最后，在审题的基础上构思立意。比如，下面这道题：

有两只小鸟，一只在笼子里，一只在野外。笼子里的小鸟不愁吃喝，笼外的小鸟可以自由翱翔。他们相互羡慕，都觉得自己很不幸福。于是，它们互换了位置。不久之后，两只小鸟都死了。一只死于饥饿，一只死于抑郁。请以“幸福”为话题写一篇文章，谈谈你的思考，体裁不限。

审题

材料是个小故事，两只小鸟互相羡慕，觉得自己不幸福，最后都死掉了。这样的结局，显然是在批评盲目“羡慕”的行为。

立意

“幸福”的话题，对故事的内涵进行了揭示。因此，可以在此基础上立意如下：

1. 盲目的羡慕不能带来幸福。
2. 适合自己的才是真的幸福。
3. 珍惜已拥有的也是一种幸福。

三、材料作文

材料作文，是根据所给材料和要求来写文章的一种作文形式。和话题作文、命题作文相比，材料作文是通过材料将“作文中心”提供给考生，因此，又称为“命意作文”。目前，材料作文是最受命题老师青睐的作文类型，具体来说，分为传统材料作文和任务驱动型作文两大类。

（一）传统材料作文

按照材料形式分，传统材料作文可分为故事型、论说型、事例型、情景型和图表型。由于材料作文的“基本中心”是通过材料提供给考生的，所以，对材料的理解和解读是材料作文审题的关键。首先，要审“整体”，即吃透材料，从整体着眼，全面、完整地理解材料的内容；其次，审“倾向”，即从细节及具体语句着手，体会材料的情感倾向，辨明命题者的褒贬情感；然后，审“本质”，即透过现象，通过积极思考，发现隐藏的本质，并从中提炼自己的观点。由于，材料中提炼出的观点可能具有多样性，因此，在立意环节需要本着既能推陈出新、有创意，又能言之有物、有话说的原则进行筛选。比如，下面这道题：

被誉为“最美乡镇干部”的某乡党委书记，在一个别人不想去，去了也干不了两年的地方，他一干就是八年，通过他辛勤的汗水、坚定的信念和顽强的意志，带领广大乡亲把一个穷乡僻壤，建设成一个美丽的乡村。他看到美丽的山山水水，内心发出感慨：“心在哪里，美丽的风景就在哪里。”请根据上面材料，结合自己的感受和思考，任选角度、自拟题目，写一篇不少于800字的作文。

审题

要审“整体”可以采用“文本细读”的方式，对材料内容所传达的“基本中心”进行把握。被誉为“最美乡镇干部”的某乡党委书记（点明中心人物），在一个别人不想去、去了也干不了两年的地方（说明环境差且难出政绩，留不住人），一干就是八年（八年意味着坚持、吃苦耐劳），以坚定的信念和顽强的意志（关键词“坚定”“顽强”），率领村民发愤图强（点出所采用的方式一：走群众路线），将穷乡僻壤建设成了美丽乡村（点出结果，政绩卓著）。面对洒满心血与汗水的山山水水（点出所采用的方式二：以身作则，吃苦耐劳），他深有感触地说：“心在哪里，风景就在哪里。”（材料的主旨句）

这则材料的指向性很明显，在此基础上可以提炼观点，进行立意。

立意

1. 从“最美乡镇干部”“把一个穷乡僻壤，建设成了一个美丽的乡村”出发，可以写领导干部的火车头作用；可以写扎根基层的人，平凡而伟大。

2. 从“别人不想去，去了也干不了两年的地方，他一干就是八年”“洒满心血与汗水”出发，可以写要敢于挑战，不畏惧困难；也可以写平凡的坚守，能铸就不凡的成就。

3. 从“坚定的信念和顽强的意志”“面对洒满心血与汗水的山山水水”出发，可以写做事要持之以恒；也可以写成功需要付出心血与汗水。

4. 从“心在哪里，风景就在哪里”出发，可以写信念、意志的作用；可以写信心与责任是实现理想的基石。

（二）新材料作文——任务驱动型作文

任务驱动型作文，是在陈述材料之后，就立意与写作形式方面发出指令性要求，提出明确任务，并通过任务来驱动考生写作的作文。所以，解读材料、搞清写作任务，是任务驱动型作文审题立意的关键。首先，审材料的主要内容，弄清材料的含义；其次，明确题目要求。一般来说，任务驱动型作文的任务包含两项：一是评事，即评论材料所涉及的人、事或现象；二是论理，即由“材料”联系“现实”，作出思考，或给出建议。因此，立意环节需要在审题的基础上，进行多角度立意，并筛选出最贴近自己生活，并能评说出新意的角度，确定文章的主旨。比如，下面这道题：

阅读下面的材料，根据要求写一篇不少于800字的文章。

某报为了发掘有温度和人情味的新闻，引导读者以温暖的视角看待社会，开设了《暖闻》专栏。编辑部收到三则新闻：

一位卖油条的青年多年坚持不用有害的“复炸油”炸油条，给顾客提供新鲜健康的油条，被网友称赞为最帅的良心“油条哥”。

一位老父亲从外地来医院看望儿子，看到儿子正在坐诊，忙得抬不起头，根本说不上话。老人家等了两个多小时后，只好挂了个号，和儿子见了一面。

某地举办珍品画展，一位男孩在探身观赏时不慎跌倒，损害一幅珍贵名画，主办方认为男孩只有12岁，又不是故意的，因此仅备案而未报案，希望男孩的心理不要受到影响。

从以上新闻中选择一则刊登在《暖闻》专栏中，你认为哪一则更合适？请综合材料内容及含意作文，体现你的思考、权衡与选择。要求选好角度，确定立意，明确文体，自拟标题；不要套作，不得抄袭。

审题

材料设置了一个情景：某报为了引导读者以温暖的视角看待社会，开设《暖闻》，收到三则新闻：一是“油条哥”坚持不用“复炸油”，二是父亲排队挂号看望忙碌的医生儿子，三是主办方宽容无意间损坏名画的男孩。

写作任务很明确：

1. “你认为哪一则更合适？”即要求从三则新闻中选出一则。可以从情景设置的第一句话“某报为了发掘有温度和人情味的新闻，引导读者以温暖的视角看待社会”，判断出选择标准是“温暖”和“人情味”这两个关键词。“温暖”是使人心里觉得暖和；“人情味”是人与人之间温暖的感情。即判断标准是“谁更让人觉得温暖，有人情味”。如果只分析了三则新闻的温暖，没有做出选择，则没有完成任务，属于偏离题意。

2. “请综合材料内容及含意作文，体现你的思考。”即要求作文必须体现考生自己的思考、看法、建议等，并上升到对社会同类现象的思考。“权衡与选择”结合这道题，即暗示考生对三则新闻进行比较分析，阐述选择新闻的理由，凸显所选择新闻的“温暖”和“人情味”。如果不写“温暖”和“人情味”的内容，属于偏离题意。

也就是说写作任务有3项：一是“谁更让人觉得温暖，有人情味”，二是“温暖和人情味体现在哪”，三是“由此带来的思考或启发”。

立意

立意需紧紧围绕“温暖”和“人情味”这两个关键词，寻找“温暖点”。

1. “油条哥”坚持不用“复炸油”，核心是“诚信”。“温暖点”可以写守良心，暖社会；坚守道德底线，诚信经营等。

2. 父亲排队挂号看望忙碌的医生儿子，核心是“敬业”。“温暖点”可以从儿子的角度写坚守、职责；也可以从父亲的角度写理解、父爱等。

3. 主办方宽容无意间损坏名画的男孩，核心是“宽容”。“温暖点”可以写理性处理损失，谅解孩子的过失等。

【基础练习】

一、针对下列作文题目，进行审题、立意练习。

如果时光能倒流　　传统与现代　　感恩有你　　“战斗力”

战斗力与文化素质　　“人”字的启示　　朋友与敌人

二、阅读下面的文字，自选角度，自拟题目，列出审题、立意提纲。

有一位哲学家说过：使我们疲惫的往往不是远处的高山，而是鞋里的一粒沙子。

三、阅读下面的文字，联系生活实际，自选角度，自拟题目，自主立意作文。

海洋馆里，游客问管理员：“这只鲸鱼会长多大？”管理员说：“那得要看鲸鱼住的地方有多大。”

旅客又问：“会跟水族箱一样大吗？”管理员说：“如果在水族箱，鲸鱼只能局限在几公尺的大小，不会长太大。如果在海洋，就会大到一口吞下一只狮子。”

第十四章　设计结构——谋篇与布局

写考场作文，在审题立意之后，紧接着需要进行的便是“谋篇布局”，对结构进行设计。所谓结构，是指作文内部的组织架构，相当于作文的“骨架”。它的作用是将“素材”围绕“中心思想”有序的表达出来。就像新建楼房需要有设计图纸一样，考场作文也需要根据文章主题列出提纲，筹划好段落。设计好文章的结构之后，才能正式动笔。不然，写出的很可能是“脚踩西瓜皮，滑到哪里是哪里”的流水账。而在考场短短的几十分钟写作时间里，一篇结构清晰的考场作文，更容易获得阅卷老师的青睐。所以，对考场作文进行合理的布局与结构，是非常必要的。

总的来说，第一，结构必须完整，开头、主体、过渡、照应、结尾缺一不可。第二，结构必须匀称。第三，结构必须符合文体特征。就目前的作文命题情况来看，“记叙文”和“议论文”是最常用的两种文体。下面，简要介绍下这两种文体的结构与布局。

一、记叙文的常见结构

考场作文对记叙文的要求是：首先，中心必须明确，无论写几件事、用几个片段，线索必须清楚，所有材料都要有内在联系，必须服务于一个中心思想，构成一个统一的有机整体；其次，最忌平铺直叙，情节要有波澜起伏，能吸引人。因此，记叙文的常见结构有以下两种：

（一）一线串珠法

“一线串珠”也叫作“冰糖葫芦式”，所谓“线”，是指文章的线索，即写作顺序线；“珠”，是指与作文中心有关的素材片段。这种结构方式是指在记叙文的谋篇布局中，根据表达中心的需要，用一条主要线索，把一些零散的、独立的材料串联起来，形成一篇思路清晰、中心突出的作文。

为了使文脉清晰，可以采用将“标题句”“相似句”“中心句”等放在每段的段首或段尾来串联材料，从而用一个个材料，围绕作文中心，形成一个有机整体。这些句式可以是“侧面式”的。所谓“侧面式”，即这些句式分别从不同角度反映了事物的各个侧面。比如，2009 年山东卷的优秀作文：

见证

当我坐在清凉的教室认真答试卷时，父亲正在烈日下收麦，谨记此文，让它化成一片树荫，环绕在父亲头上，表达女儿的疼惜与感激。

金澄澄的麦田见证了你的辛勤，灰白的头发见证了你的付出，幸福的家庭见证了你的努力。父亲，你一切的一切见证了你平凡中的伟大。

伤痕见证你的坚强。永远忘不了你跪拜邻居请罪时的那一幕。这是你的伤痕，我们都知道。母亲的疯病又犯了，失手打了邻居；人家吵着上吊自杀，我们急得不知所措，你沉默许久后带我上邻居家磕头道歉。我愣了，一个经常教育我‘人穷志不短；男儿膝下有黄金’的父亲竟然做了这个决定，但我服从了。当我们给人家跪下时，全屋子的人震惊了，而我的心在滴血流泪，我看到七尺男儿沉下的头，我听到那微微的一声叹息。但我更看到你的大义，你的坚强。

泪水见证了你的温柔。从未见过你的泪水，你的脸上只有坚毅、严肃和岁月折磨的刮痕。那次见了你的泪水，大而晶莹。我们送母亲去住院，条件差、秩序乱的医院让母亲暴躁。我一边拉着母亲的手，一边疼惜地流泪，终于护士带走你我之间的母亲，我看见你拉着母亲的手挣扎了一下，眼里全是不舍、担心。终于在大门关闭的那一刻，我看见有泪水从你的眼眶流出，大而晶莹，折射着温柔、不舍的情感。

沉默见证你的孝义。母亲的疯病让爷爷奶奶对我们不满，面对脾气暴躁的爷爷你低下了头。他又在训斥你，训斥你不听他的话，没有跟母亲离婚，你每次都用沉默来回答爷爷的训斥。那次爷爷在村里闯了祸，叔叔大伯都在指责他，逃避责任；你仍旧沉默，沉默地借了钱给爷爷弥补了过失。我看到了爷爷看你的背影的那份歉意、爱怜，我看到爷爷眼神中的感动，我看到了爷爷也开始照顾母亲，我看到你用孝义填满了一个家庭幸福的空位。

父亲，岁月见证了你的坚强、温柔、孝义，岁月见证了你平凡中的伟大。麦子熟了，见证了你的付出，汗水的付出。高考的捷报就要来了，见证了你的付出，心血的付出。

这些句式也可以是“诗歌式”的，即将歌词或诗句巧妙拆解，作为撑起整篇作文的骨架，串联起故事材料。比如，2015 年北京卷的优秀作文：

假如我与心中的英雄生活一天

捧着厚厚的《稼轩长短句》，吟诵着，吟诵着，我竟渐渐进入了梦乡……

“楚天千里清秋，水随天去秋无际。”漫漫秋季，天高气爽。我在夫人的安排下一大早便随辛将军登上了建康赏心亭。不，是随稼轩先生登上了建康赏心亭，因为将军私下里已经多次要求我们不要再称他将军了。可我老是忘记，时不时就吐口而出喊他“将军”，他总是无奈地摇摇头。

“遥岑远目，献愁供恨，玉簪螺髻。”江水东逝，时光荏苒，稼轩先生已经南归十多个年头了，却一直做着小小的通判。每当想起金人铁蹄践踏下的父老乡亲，先生总是眉头紧锁。我猜测先生的心中定是委屈的，只是他从不与我们这些人说起。如今，先生又将目光投向了北方……

“落日楼头，断鸿声里，江南游子。把吴钩看了，阑干拍遍，无人会，登临意。”远处的层峦叠嶂，煞是秀丽迷人。但稼轩先生显然没有观景的兴致。转眼间，夕阳快要西沉，一只孤雁悲鸣着飞向天际。先生若有所思，他抽出了一把宝刀。据说，正是这把宝刀伴随他杀出金人的重重封锁，来到了南方。先生双眼凝视宝刀良久，重重地把手拍向了栏杆……“休说鲈鱼堪脍，尽西风，季鹰归未？求田问舍，怕应羞见，刘郎才气。”听说，前不久皇帝又准备安排一批将军解甲归田，要他们颐养天年。这在平常人眼中可能是求之不得的解脱，但在先生看来，绝对是一种羞耻。国难当头，宝刀只能作为腰间的佩饰，空有一身本领却无用武之地，哪个男儿能心甘啊？

“可惜流年，忧愁风雨，树犹如此。”归雁声中，先生怕是也思念家乡了吧？可惜，现在还回不去啊！时光易逝，容颜易老，先生也不再年轻了，他的鬓间已经有了些许白发。南归之后，栽在居所池塘边的那些小柳树，如今早已枝叶婆娑了。

“倩何人唤取，红巾翠袖，揾英雄泪。”本是可以横枪立马、征战沙场的人物，却被困在这里。我看到将军微红的眼眶。我多希望我能抚平他紧皱的眉头，可不知怎的，我却偷偷背过身去，执起衣袖，轻轻擦拭着自己的眼角。是啊，男儿有泪不轻弹，我一弱小的女子，有何资格去为男儿拭泪呢？更何况，那是英雄之泪。

“傻丫头，睡觉还不把书放下！”妈妈的话语将我惊醒。我赶紧把书小心翼翼地放回了书架的最上面，然后掏出了纸巾。此时，电视里正传出外交部发言人铿锵有力的声音：“中国政府严正告诫……”

(二)波澜起伏法

写事为主的记叙文通常以事件为中心,写出事件的起因、发展、高潮与结局等。由于考场记叙文最忌讳平铺直叙,因此,谋篇布局时,可以简单交代起因与结局,将发展与高潮作为重点,使故事情节给人一种波澜起伏感。这种结构方式,叫作“波澜起伏法”。具体来说,可以通过在情节发展中设置悬念,使读者产生期盼心理,然后在适当的时机揭开谜底。比如,2013 年上海卷优秀作文:

更重要的事

手里捧着奶奶做的虎头鞋,我终于明白了这些天我们所忽略掉的更重要的事。

(采用倒叙手法,开篇点题“更重要的事”,同时引起悬念)

就在今天,一家人筹划许久的家庭聚会终于得以实现了。半个月以来,奶奶的生日聚会是大家共同期待的最重要的事。妈妈忙着采购,爸爸负责联系亲属,婶婶去买蛋糕,兴高采烈地问妹妹要什么口味。一家人情绪高涨,好不热闹。久违的团聚气氛让我感到阵阵温暖,而我心里却总有一丝难以言说的不安——是否有什么更重要的事被我们遗忘了?

(简单交代事情起因:为奶奶准备生日聚会。继而提出“是否有什么更重要的事被我们遗忘了”的疑问?加深悬念,初显波澜)

傍晚踏进奶奶家熟悉的铁门,一派大家庭团聚的氛围立刻将我包围。妈妈从厨房进进出出,菜香扑鼻而来;妹妹得意地向我展示新连衣裙;叔叔则麻利地打开一箱啤酒。我看了看四周,奶奶呢?

果然,我在房间最里面的老藤椅上看到了奶奶的身影。她正安静地绣花,手里托着布一针一针地专注地绣。偶尔抬头扶一扶老花镜,瞄一眼电视,又很快低下头重复飞针走线的动作。满屋的喧闹和来回的人影几乎把她的存在都淹没了。

一瞬间我的心里像是被那根细细的绣花针扎了一下,那种不安感似乎清晰了几分。

晚餐一如既往在欢笑和吵闹中度过。杯碗碰撞声中我有意看了一下唯一不太和谐的一角——奶奶依然安静地坐着,虽然是在上座的位置,却只是笑眯眯地听着大家你一言我一语。

终于在妹妹闹着要端上蛋糕时,身为寿星的奶奶缓缓站起,慢悠悠地走进里屋,轻掩房门,门把发出咔嗒一声。

(详细描写事情发展,众人的“忙碌、热闹”与奶奶的“安静、沉寂”形成强烈反差,“那种不安感似乎清晰了几分”再次加深悬念。奶奶离开寿宴是转折)

“奶奶,怎么不吃了?”我推开房门问。“奶奶吃饱了,让你叔叔伯伯再喝点酒吧。”我看着奶奶又捧起白布,绣花针带着彩线再次舞动起来。我这才注意到,柜里不知何时又多了三五幅绣品,还有好几双精致玲珑的虎头鞋。

我随手捧起一双细细端详。“做了这么多为什么不送掉些?”我本是随口一问。“这幅呀将来给你挂在新房里,这两幅给你姐姐妹妹。虎头鞋你们一人两双,将来给孩子穿。奶奶还给你们做了几件睡衣……”

(抓住作秀品这个细节,对奶奶进行特写,以小见大,体现奶奶被子女忽略却依然默默付出。奶奶的语言则将文章主旨升华,与开头“忽略掉的更重要的事”照应,体现奶奶的无私奉献。)

鼻子突然酸了,我没有再听下去。奶奶的生日,妹妹在吃着自己最爱的蛋糕;叔叔伯伯们谈论的是汽车和股票;所有人为了聚会而聚会。而奶奶,她在给我们准备礼物。被我们忘掉的事,

那就是今天是奶奶的生日，是那个一直以来牵挂着子女、早已把奉献当成习惯的奶奶的生日。

（抒情点题）

忍了忍泪水，我上前挽住奶奶的手臂："奶奶，明天您跟我们一起去西太湖散步吧。让爸爸开车送您，那儿晚上可漂亮了……"

（以温馨的情节结尾）

"波澜起伏法"，还可以通过在为情节或结局设置突然反转，这种反转往往是作品中的人物以及读者始料未及的，因此，容易造成强烈的戏剧性。比如，小故事：

施主

去年，我来到一所山村小学支教。这里的伙食糟透了，不是白菜萝卜就是萝卜白菜。于是，我经常到学校旁边的一个小村庄去买鸡蛋。

卖主是个年过花甲的老太太。她叫我说个价，我便定了 5 角钱一个。其实，我暗中提高了 5 分钱，在我老家，4 角 5 分一个要多少有多少。我看这老人可怜，没儿没女，只靠几只母鸡养活自己，于是每个蛋多给 5 分钱，并暗下决心，将这个"一帮一"作为一项长期"扶贫工程"进行下去。这老太太可怜，我就做一个小施主吧！过了一段时间，我觉得老太太实在可怜，便单方面又想提高 5 分钱，但奇怪的是，老太太却坚持不肯涨价，僵持了很久，她才勉强接受了。

终于有一天，我平衡的善心被打破了。那天，我照旧去老太太那儿买蛋，正碰上一个蛋贩子跟老太太讲价。蛋贩子出 6 角一只的价要把蛋全收走，老太太不肯。蛋贩子说，这个价够高了，现在都是这个价。老太太说，不是因为价钱问题，而是这些蛋要卖给那位瘦老师。人家那么远到我们这里来教书，又那么瘦，我希望他能营养好一些。孩子们需要他。

我顿时懵了，原以为自己是个有善心的施主。想不到，真正的施主是这位老太太。

使用情节反转有两个忌讳：一忌将事件描写得复杂曲折，却与作文中心关系不大，会造成文章冗长拖沓，离题万里；二忌情节老套，看到开头就能猜到结尾，达不到波澜起伏，引人入胜的效果。

二、议论文的常见结构

考场议论文的谋篇布局，常见的有总分结构法、并列结构法、层进结构法和对比结构法。

（一）总分结构法

总分结构法是最常用的一种议论文布局谋篇方法，即开头提出中心论点，然后分几个层次展开论证说理。论证时，要在中心论点的统率下，确立几个为阐述中心论点服务的分论点。然后，在每个分论点后，加以分析，最后得出结论，使中心论点得到深刻有力的证明。

这种方法，纲目清晰，层次井然，可让阅卷老师一看文章就明白你的观点。

具体来说，"总分结构法"有三种基本结构形式：

1. "总一分"，这种形式采用的是开篇即亮出中心论点，然后分出若干分论点加以阐述论证，最后，没有总收照应或总结。

2. "分一总"，这种形式是直接分若干分论点进行论证，最后在结尾处进行归纳，得出结论。

3. "总一分一总"，这种形式是"总分结构法"的完整形式。按照提出问题、分析问题、解决问题的顺序来展开论述。采用这种形式，要注意在开头和结尾互相呼应。

无论采用哪种形式，都需要避免各个分论点在内容和意义上的交叉、重复问题。而且，为了使这种结构的脉络更加明晰，最好能有整齐的中心句引领分论点。如广东考生的作文：

我爱这时代

我也偶尔会在文章里，畅想未来斑斓的图景；我也偶尔会在白日梦中，痴想如果我回到古代会有怎样的奇遇。但是如果时光穿梭真的能够实现，如果有人邀请我迁居到另一个时代，我一定会坚定地告诉他：我不愿意。因为，我爱这个时代。（开篇运用假设，提出中心观点：“我爱这个时代”）

我爱这个时代，因为我的根在这里。（分论点一）我已经习惯了这里的电视、电脑、洗衣机，习惯了和好友在电话上的闲聊或讨论，习惯了家门口的菜市场，习惯了人满为患的公交车。更多的，已经融入血液，成为深深的依恋。我无法想象，我该怎样与古人谈论维生素或是微积分，也不知如何才能使他们接受自由乃天赋人权。我也无法想象，未来的世界究竟会怎样发达，又会怎样问题重重？我接受了这时代的滋养与教诲，注定了我对这时代无尽的依恋。（紧扣“根在这里”组织材料）

我爱这时代，因为这时代充满美与机遇。（分论点二）虽然，这时代里有着像药家鑫杀人、小悦悦遭遇冷漠路人、动车事故、食品安全屡出问题等危机，但这时代里也有“最美妈妈”“最美大妈”“最美老外”等等真善美的典型。青少年越来越多地投身社会公益，从争当志愿者到支教助学到为环保人权奔走呼吁，他们的身上彰显了品格精神之美，也让人看到，我们的舞台正在变得越来越大，我们有了越来越多的追求梦想的自由。当我看到“菜花甜妈”站在舞台上羞涩而自信地唱出《送你葱》，当我看到 18 岁少年已经在华大基因中从事喜欢的研究，我知道，这个时代如此美好，这个时代离梦想更近，人生更加丰富多彩，机遇无穷！（紧扣“美与机遇”组织材料）

我爱这个时代，因为建设它的责任已来到我们的肩上。（分论点三）我们从降生之时起就承载了家庭的期望、祖国的期望。我们也无数次构想过自己的事业，遥望过自己的理想。只有我们能继承父辈的事业，只有我们能为后辈的幸福奠定基石。这份光荣的使命让我们怎能不心潮澎湃，心怀自豪！这个时代，既是我责任所在，也是我心之所在。（紧扣“时代责任”展开）

我为这个时代而激动自豪，我为这时代而梦寐思忖。纵然还有千千万万个别的时代，它们自有热爱它们的赤子。我爱这个时代，我的根、我的梦、我的责任所在！（呼应开头，总结全文）

（二）并列结构法

并列结构法，指在论述中先引述、分析材料，提出总论点，然后在作文的主体部分将总论点分成几个平行关系的分论点，进行论证。使用时，可以围绕中心论点，从不同角度多问些为什么，得出的答案便可看作分论点。用这种平行结构法谋篇布局，层次分明，文章立体感强。但要注意，各分论点的语意不可交叉、重复。各分论点要互补，观点鲜明。

这种方法常与“总分结构法”配合使用，即“总分结构法”中的各个分论点，一般都采用“并列结构法”。比如，2014 年高考优秀作文：

稳中求胜

梁山智有吴用，道有公孙，武更是好汉如云。英雄如雨，却以宋江为首。蜀国谋赖孔明，勇让关张，却以刘备为王，东木西金，南水北火，却以戊土居中。何也？宋公明为人沉稳，刘备做事敦厚，戊土谦稳厚实，终脱颖而出，施展风采，各得其所，故曰：为人沉稳，稳中求胜，吉。（开篇引述、分析材料后，提出中心论点）

沉稳从志而来。一个人若没有远大的志向，只沉迷于现实的花花世界之中，自然无法拥有沉稳的性格。班超投笔从戎，志在报国，在对匈奴一战中从容不迫，沉稳冷静，终弘扬国威，不教

胡马度阴山。林则徐斩钉截铁，志在禁烟，在与洋人交涉中不卑不亢，稳中含刚，终虎门销烟，让洋人胆战心寒。有远大的志向，眼光便放得远，心胸便沉稳下来，故曰：非有志者不能稳也。

沉稳从难而来。一个人若没有经历无数的挫折与磨难，身陷蜜水与襁褓之中，自然无法拥有沉稳的性格，一遇困境，便心浮气躁，岂能成所谓大事者哉。君不见文王拘而演《周易》，仲尼厄而作《春秋》，左丘失明厥有《国语》，孙子膑脚《兵法》修列。没有经历磨难，便无法形成沉稳的性格，也就无法取得辉煌的成就。始皇建秦以来，不居安思危，身陷声色犬马，终心浮气躁，毫无沉稳。一夫作难而七庙隳，身死人手，为天下笑。倘若秦王不念纷奢，经历磨难，以求沉稳，则可递三世以至万世而为君。

沉稳从无欲而来。孟子曰："无欲者，可王矣。"无欲就是没有私欲，做大事者，不能因蝇头私利而毁坏全局，只有这样才能练就出沉稳的性格，赢得最终的胜利。如来佛祖抛除私欲，性格沉稳，终修成正果，普度众生，诸葛孔明淡泊明志，宁静致远，终运筹帷幄，功成名就。有了私欲，心中自然无法沉稳下来，遇事则慌，处事则乱。霸王以一己私欲，赶走亚父，气走韩信，终被困垓下，遗憾千古，长使英雄泪满襟。霸王之败，后人哀之。后人哀之而不鉴之，则必使后人而复哀后人矣。（主体部分，以句式整齐的三个分论点，从不同角度展开论述）

宋公明以沉稳之心赢得了好汉的拥护，刘备以沉稳之心赢得了半壁江山，而自然界的大山以沉稳的性格也在四季中变化出不同的色彩来。（结尾点题，收束全文）

（三）层进结构法

层进结构法，指在亮明观点后，层层深入，步步推进地去论述、证明，最后提出解决办法或明确观点。简单来说，这种结构方式就是"是什么→为什么→怎么办"或"提出问题→分析问题→解决问题"。采用这种结构方式谋篇布局的作文，层次清楚，逻辑严密，说理深刻。要注意与"并列结构法"的区别。"并列结构法"的分论点没有先后顺序，"层进结构法"则注重环环相扣，先后顺序不可调换。比如，小作文：

正确对待压力，化压力为动力

人无压力轻飘飘，井无压力不喷油。压力就像火箭里的动力，推动它冲天直上九千里；压力就像一种珍稀的催化剂，催促化学反应加快与充分；压力就像一种无形的动力，激励着人们不断奋进、不断搏斗；压力就像取之不尽，用之不竭的能源站，为我们不断地输送能源。人无压力无作为，让我们化压力为动力。（亮明观点，从正面论证"是什么"）

那么，压力有什么好处呢？（以一个问句引出对"为什么"的分析）

首先，压力能为我们提供源源不断的能源与动力，激发我们的斗志和思维。当人感受到身边的压力时，他就会有紧迫感，就会想尽各种各样的办法来解除压力，从而不断奋进，不断拼搏，并且激发我们的斗志与思维。哥伦布由于生存的压力，使得美洲大陆得以发现，使人类对世界的认识进入了一个新的阶段；彼得大帝由于动荡的压力，使他积极致力于改革和改善人民生活，使俄罗斯帝国得以复兴，得以强盛；爱迪生由于发明的压力，使电灯泡、电线、电器等物品得以问世，为人类进入电气时代打下基础。哥伦布、彼得大帝、爱迪生正因为有了压力，才会促使他们不断拼搏奋进，并取得辉煌成就，成为人类史上一粒明珠。朋友啊！让我们一起化压力为动力吧。

其次，压力能使人有生存欲望，让我们勇敢地面对人生的挫折与困难。当人有了压力后，他就有了勇气，不再畏惧任何困难，从而使问题迎刃而解。在西北山区有一块地被称为"鬼谷"，因为那里的道路曲折、狭窄。一天，当地人阿吉带着一游客出谷，途径一出小路，路很窄，仿佛一不小心就会掉进万丈深渊。阿吉说:“你去捡一枝棍子来,挑上一些东西”,游客说:“这么危险还挑物品”,阿吉说:“不,有6起事故是因为没有重物,没有压力才发生的。”于是两人挑着重物顺利过了谷。游客这才明白,人生路上没有压力是不行的,有了压力就能使问题迎刃而解了。其实人生路上的困难与挫折是为没有压力的人设置的,让我们正确面对压力,化压力为动力吧!(用两个分论点,从各个层面以具体事例,进行了逐层深入的论证,有力地支撑了中心论点)

压力固然重要,但怎样才能化压力为动力呢?要化压力为动力,就要有居安思危的意识,要有紧迫感,时时提醒自己处境动荡,危机四伏,不要等火灾起了,才来设法如何预防火灾。唐太宗的居安思危使得唐朝出现空前繁盛,成为世界经济、政治、文化中心。(分析“怎么办”)

朋友!正确面对压力吧。让我们一起化压力为动力,不断奋进拼搏,开创自己美好的未来与蓝天,使自己的人生价值得以实现,让我们一起走向光明大道吧!(结尾再次点题,照应前文)

(四)对比结构法

对比结构法,是在论证过程中把两种事物或意见加以对比的一种结构方式。这种结构形式,简单来说,包含三部分:第一部分,开篇,提出论点;第二部分,论述,就正反两方面,分别从分论点、论据、小结来写;第三部分,结尾,得出结论,照应全文。比如,2017年全国卷优秀作文:

德合君子,心清志宁

当今世界,随着经济科技的飞速发展,人们匆匆忙碌于快节奏的生活,希望跟上生活步伐,而忽略了文化对心灵的熏陶与浸润。我们知道做人要做君子,可行为举止与思想内涵都与谦谦君子相距甚远。心灵鸡汤似的文化能解决浮躁之气吗?我认为需要优秀文化滋养。(开篇从实际生活谈起,引出文化修养问题,直接切题,亮明观点。)

李清照诗云:“何须浅碧深红色,自是花中第一流。”的确做人不仅要注重外表美,更要注重内在美。这种含蓄之美正是我们追求做人的终极目标。但社会仍有许多不和谐现象:诈骗虚假、急功近利、道德绑架……这些不君子的行为,有如金玉其外败絮其中的橘子,光鲜亮丽,又好似泥沼般吞噬人们的灵魂,还有人自甘堕落任其沉沦,但更有文化熏陶下的“出淤泥而不染,濯清涟而不妖”的馨香美德,影响并净化着社会风气,持之以恒的坚持,成为“行比一乡、德合一君”,拂袖清风的谦谦君子,成为世人学习的典范。不受欲望的诱惑,拒绝不良因素的影响。当今世界,身边不乏难以抵抗的诱惑:手机游戏,奢侈用品,酒吧网吧等,这些东西让意志不够坚定的少年沦陷;有多少孩子因抵不住诱惑而陷入犯罪深渊。面对诱惑,我们必须坚定立场,拒绝不良文化和网游的吞噬,不因外界诱惑而改变初心。坚持传统美德的化育,做到清者自清。以优秀思想和先进人物为榜样,传播正能量。这不正是“亦余心之所向兮,虽九死其犹未悔”的精神感召吗?

敢于直面问题,相信正义战胜邪恶。因为有了勇气与正义,才推动社会向前发展。敢于讽齐王的邹忌,富有战略意识的曹刿不正如此吗?做有勇气、敢于担当的人,是我们追求的目标。鲁迅说:“必须敢于正视,这才可望,敢想,敢说,敢做,敢当”。文天祥大义凛然吟唱“人生自古谁无死,留取丹青照汗青”的名句;李白拥有“长风破浪会有时,直挂云帆济沧海”的顽强信念。责任与担当,不光为自己,更致力范仲淹“先天下之忧而忧,后天下之乐而乐”的家国情怀而名垂史册,光耀千秋,哺育着后代成长。(引用切合题目的丰富材料,从正反两方面对比论证)

“天行健,君子以自强不息;地势坤,君子以厚德载物。”《周易》名言,激励着多少英雄豪杰,

厚德载物，自强不息？“独有英雄驱虎豹，更无豪杰怕熊罴”，扫除污浊社会的阴霾，还一个河清海晏，心清志宁的社会风气。“数风流人物，还看今朝”，这个历史责任，落在我们新一代少年身上，传承中华文化的精髓，融入时代特色，德合君子，心清志宁。（结尾引用《周易》名言，点明主题，照应前文）

【基础练习】

一、按照要求完成下列写作训练。

1. 《一名当代军人的爱情思考》（用“一线串珠法”列出一篇记叙文的提纲）

2. 《一张老照片》（用“波澜起伏法”写一个完整的故事或事件）

3. 《苦难与辉煌》（用“总分结构法”列出一篇议论文的提纲）

4. 《我的强国强军梦》（用“并列结构法”列出一篇议论文的提纲）

二、按要求作文。

1. 假如，你有一次使用时光机的机会，你会怎样选择？请自拟题目，写一篇不少于 800 字的记叙文。

2. 古人说：“临渊羡鱼，不如退而结网。”也有人说：结网不如借网。请自拟题目，写一篇不少于 800 字的记叙文。

3. 面对秋天的落叶，一位哲人说：“它不是凋零，不是陨落，它是胜利者的凯旋。”请根据材料，联系实际，自拟题目，写一篇不少于 800 字的文章，文体不限。

三、阅读下面的材料，根据要求写一篇不少于 800 字的文章。

某战区“当代风采军人”评选活动已产生最后三名候选人：小王，笃学敏思，矢志创新，为破解 × × 技术做出重大贡献，率领团队一举跻身国际相关领域最前沿；老王，爱岗敬业，刻苦钻研信息化知识和技能，瞄准实战谋打赢，先后攻克 12 项新装备训练难题，取得坦克通信、射击、驾驶 3 个专业的特技证书；大李，立志戍边，扎根海岛哨所 13 年，视海岛为第二故乡，三次不顾个人安危救群众于危难中，被村民们亲切地称呼为“海岛模范儿子”。这三个人中，你认为谁更具军人风采？请综合材料内容及含意作文，体现你的思考、权衡与选择。要求选好角度，确定立意，明确文体，自拟标题；不要套作，不得抄袭。

四、阅读下面的材料，根据要求写作。

一把坚实的锁挂在门上，钥匙来了，他瘦小的身子钻进锁孔，“啪”的一声锁开了。铁棒好奇地问：“为什么我费了那么大的力气也打不开，你却轻而易举就把他弄开了呢?”钥匙说：“因为我最了解他的心。”

这是一则寓言故事，故事中的锁、钥匙、铁棒都有象征意义。请你根据材料，明确文体，自选角度，自拟题目，联系实际，写一篇不少于 800 字的文章。

五、阅读下面的文字，根据要求写作。

过去我们熟悉的是邮票、信纸，现在熟悉的是微博、微信；过去我们熟悉的是笔墨纸砚，现在熟悉的是鼠标键盘；过去我们熟悉的是字典、书籍，现在熟悉的是 iphone、kindle。

要求：1. 自选角度，确定立意，自拟标题，文体不限；

2. 不要脱离材料内容及含义的范围；

3. 不少于 800 字。

六、仔细观察下面的漫画,根据要求写一篇不少于 700 字的文章。

要求:结合漫画材料的内容和寓意,选好角度,确定立意,明确文体,自拟标题;不要套作,不得抄袭。

七、仔细观察下面的漫画,根据要求写一篇不少于 700 字的文章。

要求:结合漫画材料的内容和寓意,选好角度,确定立意,明确文体,自拟标题;不要套作,不得抄袭。

第十五章　素材运用

对于一篇考场作文来说，如果说"中心思想"是灵魂，"结构"是骨架，那么，"素材"便是血肉。只有血肉丰满的作文才是一篇完整、有价值的文章，才能获得阅卷老师的青睐。因此，素材的选择与运用尤为重要。

一、素材的选择

由于素材质量与作文的质量密切相关，因此，必须根据作文主题的需要，从平时积累的材料中挑选合适的素材。选择素材的标准如下：

（一）有"新度"

大众化和过于平淡的素材，很难使作文出彩，反而容易让阅卷老师产生审美疲劳。因此，考场作文的素材要选新颖、生动的。而且，不要轻易选用容易想到的材料。毕竟，典型的常见材料吸引力不大。所以，选用有"新度"的材料，要善于从军营生活、历史典故、文学名著中去搜寻别人没有用过的材料，而且要注意材料的贴切性、典型性、新颖性、多样性。比如2017年全国卷的优秀作文：

便利中国，高效中国

从夏商周到唐宋元明清，再到如今美丽富饶的中华人民共和国，这片土地一路走来，在曲折中发展与上升，历久弥新，愈加繁荣，如今，中国的繁荣昌盛又有了新的代名词——高铁、移动支付、共享单车。换言之，便是一个便利的中国，一个高效率的中国。

身为人口大国，我国在基础设施与公共服务方面可谓面临着史无前例的巨大压力。幸运的是，我们不畏难题，化压力为动力，使问题得到很好的解决。

首先是高铁，高铁总的来说是一种安全、便捷有舒适的交通工具。它分为城际轻轨与省际高铁。城际高铁极大缩减了人们出行所费时间。比方说A城到B城驾车需要两个小时，轻轨只需半小时即可轻松到达。省际高铁时速可高达350千米每小时，在各个省份之间畅行无阻，所到之地更为精确，中国高铁与日本新干线相比，更精确、更快速，有过之而不及。如今大量出口到各个国家，可谓是中国人"别样的骄傲"。

其次，移动支付可以说是名副其实的"中国特色"。微信支付、支付宝支付、百度钱包等第三方支付软件俯拾即是。把外出付费称作"手机在手，天下我有"简直一点也不夸张，就连最不起眼的街边小吃摊，都无需携带现金。来自英国的留学生拂菻坊，也是现在的网络红人，在视频网站上发表的第一个视频，便是称赞移动支付的便利与高效。他所说的："在所有发达国家都以为中国将陷入人口的泥潭时，中国却以她特有的方式，达到了他国望尘莫及的高效率"，完美诠释了中国的特色成就。

最后，共享单车也是不得不提的重头戏。它发端于校园，由中国大学生一手创办，如今上至北上广深这样的大城市，下至小城镇，共享单车的身影随处可见。只要用手机轻轻一扫，随处可骑，无处不到，可谓是穿梭于城市各处的美好使者。这种建立在信任与素质上的特色交通工具，不再是西方国家独占的卖点。中国,也能做好属于自己的“共享服务”。

坐高铁周游神州大地,骑共享单车穿越美丽校园,随时随地掏出手机“一键支付”,如此轻快便捷的生活,岂不美哉?中国不只有五千年深厚文化底蕴,还有如今便利,高效的新面貌。

中国随时打开怀抱,欢迎你的到来!

(二)有“信度”

概念化、脸谱化的材料,很难产生感染力。因此,考场作文的素材要选真实准确,有说服力的。这样的材料才会给人以代入感,才会打动阅卷老师。比如,2015 年江苏高考优秀作文:

皱纹中的智慧

岁月的车轮在人生的道路上碾过,深深的皱纹诉说着爷爷的人生,体现着纯朴的智慧。

一、牛耕

“呦喝,呦喝……”爷爷沙哑的呼声在空旷的地里显得格外清晰。天上乌云开始汇聚,要下雨了,我忙跑到田埂边。“爷爷,快回来!”“知道了,就这一块了,耕完再回去。”话毕,又响起了呦喝声。天空果真飘起细密的雨。爷爷回来时身子已湿透,脚上沾满了泥。“爷爷,你把牛卖了吧,这牛都老了,耕地太费力了,现在有机器,很方便啊。”我望着爷爷,说出心里的想法。“小丫头,这牛耕虽然慢,也是老祖宗留下的法子,适用啊。趁爷爷还有劲,多耕些地,比机器耕得细呀,也不伤地。”如今,村里只剩爷爷的这一头牛了,也只剩爷爷一个人还在用牛耕地。望着屋外的雨,我明白了:“智慧是一种历久弥新的经验。烟雨朦胧中,一人一牛,多么和谐,多么自然。

二、珠算

“得咚、得咚……”爷爷撑着老花眼镜,拨弄着算盘,时不时地在小本子上记些什么。“爷爷,你在算账啊,我帮你吧。”“小丫头,你能帮我什么,你会用这老算盘吗?”爷爷笑着向我挑眉。“我用手机帮你算,你报数字就行,不比你这快嘛,而且又准。”“哎,你就不懂啦,你那新鲜玩意我这把年纪学不会了。这老算盘倒好用,爷爷教你算吧。”“不要,我看着就晕了。”爷爷低下头去,眉头皱起,自己又开始拨弄。我偷偷地用手机计算,发现爷爷的结果那么精准,条理清晰。我明白了:智慧是一种熟能生巧的能力。一人静坐,手指拨弄,那般淡定,那么稳重。

三、戏曲

静夜,凉风习习,微弱的星光陪衬皎月,洒下清辉。爷爷在门前的老槐树下,抽着旱烟。“爷爷,夜晚天凉进屋睡吧。”“丫头,坐这儿,这点凉,爷爷还受得住。”“那您讲故事给我听吧。”“故事都给你讲遍了,没了呦,爷爷唱歌吧。”爷爷清了清嗓子:“我本是卧龙岗上散淡的人,凭阴阳如反转保定乾坤……”爷爷的歌声并不动听,却带着莫名的心颤、悲凉。望着爷爷皱纹间的无限认真,我明了:智慧是一种净化了的境界。一人一曲,那般投入,那么融和,在月夜下格外协调。

(三)有“效度”

再精彩、感人的素材,如果无法为主旨服务,都会导致跑题。因此,考场作文的素材要避免“材料先行”生搬硬套的做法,素材应该选择贴合主题,能为主题服务的。比如,2012 年高考优秀作文:

道德高尚是最大的财富

什么是财富,仁者见仁智者见智,但无外乎有如下观点,财富就是金钱,财富就是知识,财富就是阅历……严格来说这些观点没有问题,但笔者认为高尚的职业道德也是宝贵的财富。

比如这个船主和漆工的故事,船主交代给漆工的任务是刷漆,所以漆工只要能认真完成刷

漆任务即可，但职业道德告诉这个漆工，这个洞可能会让这艘船沉没，所以道德的力量让他这个漆工在刷完漆之后补上了这个漏洞。而正是这个不经意举动使漆工不仅赢得了船主大量的额外奖励，而且还赢得了大家的尊重。

德国哲学家康德有这样一句话："世界上唯有两样东西让我们深深感动，一是我们头顶灿烂的星空，一是我们内心崇高的道德。"灿烂的星空就是我们的理想，而实现理想的途径就是要具备崇高的道德。

西汉名相张良在椎击秦王未遂几近穷途末路之时，不厌其烦为一老人穿鞋，而正是陷入绝境的张良依然保持的这份恭敬，让他最终获得绝世才学，成为一个运筹帷幄之中、决胜千里之外的一代名相。而张良的成功其实就是道德力量的再现。当今社会，因何 18 路人会面对受伤的 2 岁小依依而见死不救生，因何号称世界一流的动车故障频出，因何会有那么多曾经风光无限的贪官落马，根本原因在于道德缺失。因为道德缺失，所以缺少了同情心，因为道德缺失，所以忘却了自己的职责和使命，因为道德缺失，所以忘却了为人民服务的宗旨。正所谓道之不存，德将焉附？

吴斌，一个最普通的客车司机，驾驶客车行驶在高速公路途中，意外遭受金属片袭击，在生命垂危的情况下，吴斌用尽最后力气，换挡、停车、拉手刹、打开双闪灯，拯救全车乘客，而这一系列动作完成之后，吴斌倒下了。吴玉兰，一个普通的老师，面对无耻的劫匪，虽头破血流依然保护 659 张考生准考证。从这些人身，我似乎看到道德的力量在中华这块大地上茁壮生长。

吴斌走了，但省委书记为他流下了眼泪，数万群众自愿去护送他的灵车，整个中国为吴斌而感动，"中国最美司机"的称号将是我们这个民族最大的财富。吴玉兰老师受伤了，但她面对凶残劫匪依然想着自己的职责和使命，她的行为让我们明白什么是真正的职业道德。

高尚的道德就是最大的财富，我们这个社会需要高尚的道德支撑，建设民主、文明、和谐的未来中国需要高尚的道德，让我们一起呼唤，期待高尚的道德能占据每一个的心灵，高尚的道德能够在中华大地上茁壮成长。

二、素材的运用

素材的运用同样讲求方法，主要方法有以下几种：

（一）裁剪加工法

考场作文的写作中，切合题意是选材的首要条件，能够直接照搬的现成素材并不多。因此，根据作文主题表达的需要，将已掌握的材料进行裁剪、加工是最常见的一种素材运用方法。加工素材的目的：一是经过删减，使材料紧扣题目中心；二是经过加工，使材料能充分、恰当地表达作者自己的感情。简单来说，就是要删除与作文主题无关的部分，增添自己的情感。比如，下面这个素材的加工：

表达主题：风景随心

素材加工前：摄影师安德烈拍摄的一张以妻子为模特的照片，获得年度最佳摄影奖。对此，安德烈说，照片的成功源于自己和妻子的默契。

素材加工后：美国摄影师安德烈一直希望自己拍摄的纪录片能在美国纪录片频道播出，对摄影师而言，那是不可磨灭的骄傲。他努力了很多年，妻子陪伴他很多年，但他一直都没有成功。其间他闲来无事，会随手拍几张妻子的照片。后来他将这些照片展出，在美国引起了不小的反响。这些照片，有妻子在洗碗，有妻子晒衣。安德烈最喜爱的一张，是一个阴雨天，妻子目送儿女离家上学后，坐在桌边看书，她将长发挽起，安静的侧脸美得不可思议。安德烈在接受采访时说："或许我更该观察身边，现在我的心只在家人身上。"风景随心，心停留在家里，最美的风景就在家里。(2014 年湖南高考优秀作文节选)

（二）素材开会法

所谓"素材开会法"，即考场作文写作时，使用多个服务于同一主题的素材。这种素材的使用方法，有材料丰富、充分翔实的效果。具体来说，素材的组合可以使用"组合排比式""详略搭配式"和"反向联想式"。

1. 组合排比式

所谓组合排比式，是将几个短小、叙述角度一致的事例，以并列、排比的方式组合在一个自然段中，会有气势磅礴的效果。在组合时，需要注意：一是句式要整齐，事例要按时间、主次等顺序合理安排；二是语言要简洁，每个事例的字数要控制在 40 字以内；三是事例要选择精彩，又能共同服务主题；四是在段首或段尾，有一定的归纳、总结。比如，下面这段文字：

孤独是荆轲口中所吟唱的那句悲壮的"风萧萧兮易水寒，壮士一去兮不复还"，那是他于这易水之上的侠客之情。孤独，是苏武手中那屹立不倒的大汉旌旗，那是他在这北海之畔的赤子之心。孤独，是庄子的"扶摇直上九万里"，是陈子昂的"念天地之悠悠，独怆然而涕下"，是李白的"众鸟高飞尽，孤云独去闲"，是……孤独，是能窥见大千世界的一扇门，是能化解千种忧愁的一眼泉，是能映射星河万里的一方净土。(选自 2017 年北京卷高考优秀作文《独钓寒江雪》)

2. 详略搭配式

所谓详略搭配式，是将几个叙述角度一致的事例，按照详略搭配的方式，连用在一起。这种搭配方式避免了臃肿和阐述不透的问题，是考场作文中非常有效的一种素材运用方式。比如，下面这段文字：

是机遇造就了成功，还是不懈的努力造就了成功？这两者一时反而成了矛盾的统一体，成了纠缠不清的谜团。这究竟是怎么回事？

杨振宁先生相信大家都很熟，是诺贝尔物理奖获得者，是创造与成功的典范。恰恰在不久，他参加了浙江大学的百年校庆，而记者也恰恰问了他我们正在探索的问题：人们怎么才能获得成功？杨振宁先生是这么回答的：我们要想成功，第一要有机遇，第二要了解你从事的事业的尖端和你自己，第三就是个人坚持不懈地努力。记者又问杨振宁先生，"你是不是总是成功，而没有失败过？"杨振宁先生斩钉截铁地回答："不是的。我失败过，而且败得很惨。我在美国读过一年半的研究生，搞实验物理。但是，我天生动手能力差，我搞的实验失败了。当我充分认识了自己后，我转而搞理论物理的研究，后来我成功了。"

从杨振宁先生的回答我们可以总结出来，杨振宁先生的成功也正在于他说的那三点：一是机遇，二是智慧，三是努力。

试想，如果杨振宁先生没有客观地认识自己，而是一味地蛮干，一味地投入于实验物理也许直至今天他还一无所获。

同样，法国科学家别涅迪克要不是细心地留意实验中一只烧杯掉到地上，没被摔碎的现象，没把他看到一辆客车发生车祸，车窗上的挡风玻璃碎片划伤了司机和乘客那篇报道，加以联系，深入研究，他能发明出新型材料制成的挡风玻璃吗？不能！(选自 2017 年北京卷高考优秀作文《智慧是维系成功的纽带》)

3. 反向联想式

所谓反向联想式,指选取一组具有相反特征的事例进行论证。这种方式,对事例从正反两方面进行论证,使文章论证更充分,更有说服力。比如,下面这段文字:

有时候我也会想到新闻里报道的“虎妈”“狼爸”,他们希望自己的孩子从小就赢在起跑线上,在这个到处是竞争的年代希望能“与众不同”,但我觉得他们的孩子并不真的快乐。同为少年成名的作家蒋方舟,小小年纪便已出书,但她并不是父母逼的,而是她真的热爱写作,到如今已是受广大读者喜爱的青年作家之一。母亲,我知道您一直很爱我,您外表严厉只是想让我成为更优秀的自己,也许您可以选择用另外一种方式引导我,鼓励我,我更愿意看到一个温柔的母亲。

今天,坐在高考考场上,人生往后漫漫长路也许就在我的笔尖下书写与改变,只是想借此机会,想跟您说一句:这一次,让我做一回真正的自己,无论结果如何,我都无怨无悔。(选自2016年全国卷高考优秀作文《致母亲的一封信》)

(三)旧例新用法

考场作文的写作中,在有限的时间内,找到合题又有新意的素材,往往不是件容易事。因此,对广为人知的老旧事例进行“深加工”,也不失为一种有效的素材运用手法。所谓的“深加工”,即运用熟事例时,必须融入自己的独特思考和个性,这是熟例新用的关键。这种方法也可以结合“故事新编”的方式进行。所谓“故事新编”,即根据主题,对原故事进行一番改写,形成新的故事情节。从而使作文增加趣味性和新鲜感。比如,2015年北京卷高考优秀作文:

假如我与心中英雄生活一天

已经是深夜了,司马迁通过天牢的小窗,望着那漆黑的夜。幽蓝的天幕上,不见星也不见月,几处乌云低低地沉着,带着令人窒息的压力。暮秋的风裹着寒气,钻进每个角落,包括司马迁那件破旧的长衫。

穿越千年历史,这一天我和心中的英雄司马迁生活在一起,我是一个卑微的小吏。我再次走到司马迁近旁悄声心痛地说:“太史公大人,我可以帮您逃离天牢,从此隐姓埋名,便可躲过此劫,日出之前,您要做好选择,否则就没机会了。”昏暗的灯光下,司马迁猛然站起:“人固有一死,或轻于鸿毛,或重于泰山。死,用一腔热血去控诉昏君的无道,用高贵的头颅去证明自己的清白;活,忍辱偷生,完成未竟事业,使文采表于后世。岂可隐姓埋名,湮没于世?”

司马迁拖动着脚镣,走回几块砖堆成的床。金属的撞击声在死一般静的夜里,带着几分鬼魅。床上那盏昏黄的油灯跳动着火焰,拖下长长的抖动的影子,似乎加重了黑暗。

我一定要想办法营救我心中的英雄司马迁。“太史公大人,还有一条路,以您的才华和文笔,给皇帝写一封认错信,一定能让他改变主意,怎么样?时间不多了,您赶快写,小人拼了命,一定在天亮前,把信送到皇帝手中。”

太史公一动不动,然而借助昏暗的灯光,我能感受到,无法抑制的愤怒在他心中升腾。昨日朝堂的场景历历在目,当汉武帝在歇斯底里地咆哮时,当满朝文武双股战战时,当李陵一下子从英雄被定性为叛徒时,司马迁觉得胸中有什么东西压着。司马迁与李陵并无交好,然而他不能容忍,为国家出生入死的将士,遭人污蔑。为此他奋起抗争,替李陵辩护,为此他不惜触怒龙颜。

我凝神屏气,等待我的太史公做出决断,时间一分一秒地流逝,四周寒气在凝结。终于太史公打破沉寂坚定地说:“谢谢你,但是,著成信史是我的使命!”

也许,他想到过屈原的投江;想到过孤竹君的儿子们在首阳山的遗骸;他想到过抛弃这个世界，这个昏暗、污浊的世界，便是死，他也应该是个大丈夫。怎能接受世间的奇耻大辱！

司马迁再次掏出父亲交给他的笔。父亲临终时那双幽怨的眼睛，仿佛浮现在他眼前。他清楚地记得，父亲指着案上的书，哽咽着，然后看了他一眼。他理解那一眼的重量与意味着的责任，是的，他永远都不会忘记——究天人之际，通古今之变，著成信史照尘寰。

司马迁在床边坐了下来，闭上眼，沉默了好久好久，他的胸口在剧烈地起伏，他的手指在不停地颤抖。东方发白了，牢外传来一声吆喝："司马迁，想好了没有？""愿受极刑而无愠色。"面对司马迁的坦然，我禁不住泪水滑落。

千年之后，一位诗人说："真正的勇敢不是为某件事壮烈地死去，而是为某件事卑贱地活着。"一阵秋风呜咽着，吹起《史记》发黄的纸页，我知道那是史家之绝唱，从远古传来。

【基础练习】

一、请分别围绕以下表达主题，进行材料选择。

美　　传承　　生活、诗和远方

二、请分别以"最好的风景""有一种任性叫执著"为表达主题，对下面材料进行加工。

乔纳森·艾维是美国苹果公司首席设计官。曾参与设计了 iPod、iMac、iPhone、iPad 等众多苹果产品。大学时期的艾维曾设计过一款形如麦克风的电话，被试用者称为"令人尴尬的电话"。工作后，小到梳子大到马桶，都是他的设计范畴。艾维办公室的装饰品很简单，一个按自己肖像做出的人偶，一个橄榄球，一张写着"考虑所有该死的可能性"的海报，以及一张印着"大猩猩英女王"头像的班克斯海报。

三、阅读下面的文字，根据要求作文。

德国有一个著名的"钉子理论"：一枚钉子，可以影响一个战士，一个战士可以影响一次战斗，一次战斗可以影响一场战争，一场战争可以输掉整个德意志。自拟题目，选择合适的素材，写一篇不少于 800 字的文章。

四、阅读下面的文字，根据要求作文。

某啤酒集团某车间的角落里放了个活动梯子，为了防止倒下伤人，便立牌警示："请留神梯子注意安全。"后来，一位前来洽谈的专家看到后，建议将提示改为："不用时请将梯子横放。"同样九个字，都强调安全生产，但是思考角度不同，内涵和效果便迥然不同。日常生活中，你注意过"角度"的问题吗？请以"角度"为话题，自拟题目，联系实际，写一篇不少于 800 字的文章。

第十六章　注意事项

对于军考作文来说,公平公正的原则要求试题力求考出考生的真正水平,投机取巧、猜题押宝这些抱有侥幸心理的做法是难以奏效的。因此,考生需要具备相应的基本作文能力。平时,需要多想多看,勤于积累作文素材。考前,需要积极备考、复习。同时,也应注意一些临场应考技巧。

一、时间分配

考场作文必须合理分配时间,尤其要避免前松后紧,虎头蛇尾。就考场作文来说,较为合理的时间安排,大致应该是时间和分数按 1∶1 的比例进行分配。例如,150 分的语文卷面分数,考 150 分钟。作文 60 分,因此,留 60 分钟写作文比较合理。预留作文时间太少,往往会造成没有足够的时间认真审题、立意与谋篇布局。匆匆下笔,既容易跑题又很难写出思路清晰、丰满精彩的作文来,还可能有虎头蛇尾之憾。

具体来说:审题立意 10 分钟,谋篇布局 5 分钟,素材选择 5 分钟,正式写作 40 分钟。切记:拟好提纲后再动笔,成文后的修改需谨慎,要避免成文后做大的修改(只宜作字词更换或句式的微小调整)。

二、书写规范

对于考场作文来说,书写是给阅卷老师带来的第一印象。特别提醒大家,网上阅卷是目前唯一的批阅形式。因此,考生需要对书写规范有足够的重视。需要注意的问题有:

(一)卷面清晰、整洁。考场作文不是书法比赛,作文卷面的要求是清晰、端正、整洁。因此,切勿因为自己字写得不够好,就以放任自流的心态随意书写。应认真书写,笔画清楚,字形大小统一,忌写连笔字。

(二)避免过长的段落。在写作文时,很多考生没有分段落的习惯,所写作文往往只有三段:开头、结尾各一小段,夹着中间长长的一大段。这样的文章段落结构,会给阅卷老师带来一种抵触情绪,容易拉低印象分。

(三)尽量避免修改、涂画。如有写错处,字少可用橡皮擦改。字多最好用直尺比着在上面画一条横线。所画横线宁少勿多,切勿横七竖八如蛛网般交错。简单来说,尽量避免修改。即使要改,也要改得清清楚楚,给阅卷老师一目了然之感。

(四)力避扣分点。审清题目在字数、问题方面的要求,避免丢分。作文字数每少 50 字扣 1 分,错别字或作文卷面脏乱及不完篇等均扣相应分数。

(五)书写规范的汉字。不写不规范的简体字或繁体字,尽量不写“网络语言”和外语。

(六)不要使用偏激语言,不说脏话、混账话。部分考生喜欢在考场上写社会上的一些病态东西以及阴暗的非主流东西,这些做法是极不明智的。

(七)观点尽量鲜明,语言尽量朴实。部分考生有较好的语言功底,对社会生活又较为敏感，能从中发现或提取一些感悟，在写作时，又往往写一些朦胧的文字。但是，对于高考这样一种重要而又特殊的选拔性考试来说，这种风格并不适合。由于军考阅卷时间和教师精力等因素，阅卷老师不可能在一篇作文上花费太多的时间，更不可能在有限的时间内去揣测一篇意旨朦朦胧胧的文章。因此建议考生在写作时尽量观点鲜明、开门见山。

二〇二〇年军队院校生长军(警)官招生文化科目统一考试

士兵高中语文试题

考生须知	
考	1. 本试卷共八大题，考试时间150分钟，满分150分。
生	2. 将部别、姓名、考生号分别填涂在试卷及答题卡上。
须	3. 所有答案均须填涂在答题卡上，填涂在试卷上的答案一律无效。
知	4. 考试结束后，试卷及答题卡全部上交并分别封存。

一、单项选择(每小题3分,共21分)

1. 下列加点字的注音,完全正确的一项是______。

A. 狙击 jū　亲家 qìn　气馁 něi　荷枪实弹 hè

B. 忖度 cǔn　斐然 fēi　偈语 jì　飞来横祸 hèng

C. 扛鼎 gāng　纤细 xiān　粗犷 guǎng　一哄而散 hòng

D. 发酵 jiào　弓弦 xián　祛除 qù　刚愎自用 bì

2. 下列没有错别字的一项是______。

A. 湮塞　别出机杼　饮鸠止渴　哀声叹气

B. 腊月　草菅人命　杯盘狼籍　别出新裁

C. 竣工　挺而走险　锋芒必露　天遂人愿

D. 闲暇　韦编三绝　各行其是　粲然一笑

3. 依次填入横线上的一组词语,最恰当的是______。

我们读所有的书,最终的目的都是读自己。读有益的书,你会发现______的心平息下来了,有种______的感觉;你会发现你百思不得其解的______,千百年来被无数的人思考过,并且提供了各种各样的答案。每一本在你心目中值得阅读和记住的书,都是因为其中______着未来你更期待的那个自己。

A. 焦虑　豁然开朗　疑惑　蕴含

B. 焦躁　豁然开朗　困惑　蕴藏

C. 焦躁　茅塞顿开　困惑　蕴含

D. 焦虑　茅塞顿开　疑惑　蕴藏

4. 下列句子中加点的成语,使用不恰当的一项是______。

A. 李克强总理在国务院常务会议上表示,国务院绝不会发空头文件,为官也绝不能尸位素餐。

B. 生活是一切文艺的源泉,在当今仍然是一条颠扑不破的真理,是医治当今文艺病态的一剂良方。

C. 毋庸置疑,铁路电话订票使很多旅客获得了便利,但是,铁路局数万张车票无人领取的状况,也反映了有的旅客把电话订票当成儿戏,缺乏一言九鼎的诚信。

D. 修复长城是一份既辛苦又危险的工作,工人们却甘之如饴,因为他们觉得这是一种荣誉,他们在用汗水和勇气维护着长城的荣光。

5. 下列各句中没有语病的一项是______。

A. 当前某些引起轰动的影视作品，也许在五年以后，甚至在两年之后就会被人遗忘得一干二净。

B. 张艺谋执导的《十面埋伏》对于中国青年是不陌生的。

C. 今年，支队政治处向支队推广了一中队开展尊干爱兵教育活动。

D. 与空中航路相对应，在沿途的地面上，平均间隔 300 公里左右就设有一处雷达站，为“天路”上的飞行提供服务。

6. 下列标点符号的使用，正确的一项是______。

A. 没有任何根据可以得出这样一种结论，市场经济越发展，消极腐败越严重。

B. “太晚了，你也累了，”妈妈轻声说：“明天还得早起，快睡吧。”

C. 据不完全统计，截至去年年底，我国各类民办学校——包括幼儿园已有两万多所。

D. 这种态度，就是有的放矢的态度。“的”就是中国革命，“矢”就是马克思列宁主义。

7. 下列有关文学常识的表述，不正确的一项是______。

A. 陶渊明是东晋田园诗人，《归园田居》(种豆南山下)表述了诗人在农耕劳作中获得的惬意和自得，表露出他对隐居生活的热爱。

B. 北宋文学家苏洵，与其子苏轼、苏辙合称“三苏”。他的《过秦论》借古喻今，批评北宋统治者贿赂契丹、西夏以求苟安的政策。

C. 史铁生的散文《我与地坛》表达了作者对生命的一些新的认识和理解。

D. 《变色龙》作者是 19 世纪末俄国小说家契诃夫。

二、论述类文本阅读（每小题 3 分，共 9 分）

爱国的内涵

①爱国是人类共有的感情，是我们民族精神的核心内容和各族人民共同的精神支柱，是中华民族传承了五千年的传统美德。新时代，我们青少年更应该懂得爱国的内涵。

②爱国的内涵是什么？陆游用一句“位卑未敢忘忧国”做了最好的诠释。历史上，屈原流放中仍眷恋楚国，苏武牧羊数十年心志不变，都是炎黄子孙心系祖国的写照。

③爱国的内涵是什么？曹植在《白马篇》中说得明白：“捐躯赴国难，视死忽如归。”文天祥《过零丁洋》中的“人生自古谁无死，留取丹心照汗青”，更是荡气回肠。近代无数仁人志士正是用鲜血和生命，诠释了中华民族的灵魂之歌。爱国就是要以身许国、不存杂念。这是中华民族薪火相传的灵魂。

④爱国的内涵是什么？自西汉流传至今的千古名言“明犯强汉者，虽远必诛”是最有力的回答。为保卫祖国的河山，维护祖国的统一和领土完整，无数中华儿女执着坚守，奉献自己的青春和热血。戚继光，一代名将，面对倭寇入侵，奋起组建“戚家军”，潜心操练，英勇奋战，终于将倭寇赶出国门；______________。爱国要以维护祖国统一为己任。这是中华民族的根本利益所在。

⑤爱国的内涵是什么？爱国就是继承和弘扬中华民族的优秀传统文化。中华文化是世

界上持续时间最长的文化，从先秦诸子百家到汉魏六朝歌赋，从唐诗宋词元曲到明清小说，中华文化经历了几千年的沉淀和发展，源远流长，博大精深。爱国要以敬重的态度继承和弘扬中华民族的优秀传统文化。

⑥“天下兴亡，匹夫有责。”我们青少年生活在一个幸福和谐的社会中，在全面建设小康社会、实现中华民族伟大复兴的奋进征途上，我们要肩负重任，做出自己的贡献。

（有删改）

8. 下面对文章的理解，正确的一项是______。

A. 全文从四个层面进行了论述，层层递进，结构清晰完整。

B. 第②段采用引用论证和对比论证的方法，论证了爱国的内涵。

C. 第⑤段从目的和行动上论证了继承和弘扬优秀传统文化的紧迫性。

D. 第①段从“爱国是人类共有的感情”切入，引出议论对象“爱国的内涵”。

9. 如果要在第④段的横线上补充一句话，下面最恰当的一项是______。

A. 郑学勤，热带作物科学家，六十多年前来到海南，几十年如一日，坚守着责任和担当，虽历经千辛万苦，但初心不改，最终为中国跻于世界产胶大国的行列做出了卓越的贡献。

B. 詹天佑，我国第一批出国的留学生，学成回国，凭借杰出的才能完成了京张铁路的修建，给了藐视中国的帝国主义一个有力回击。

C. 任正非，75 岁的华为公司创始人，在众多媒体面前表示：要拥抱全世界，依靠全球创新发展，为中国企业砥砺奋进树立榜样。

D. 李文波，一个普通的南海守礁士兵，二十年坚守，从健壮小伙变成了两鬓斑白的“小老头”，他就是守护祖国的一块坚不可摧的礁石！

10. 林俊德，一位将军，也是一位院士，他参与了中国全部的 45 次核试验，他人生 75 年都默默无闻，一直工作到生命的最后时刻。下列有关爱国内涵的概括，与林俊德其人其事最契合的是______。

A. 心系祖国：位卑未敢忘忧国　　B. 以身许国：全心全意报效祖国

C. 守护祖国：保卫祖国或维护祖国统一　　D. 传承文化：继承和弘扬民族文化

三、文言文阅读（共 19 分）

吴起者，卫人也，事鲁君。齐人攻鲁，将而攻齐，大破之。鲁人或曰夫鲁小国而有战胜之名则诸侯图鲁矣且鲁卫兄弟之国也而君用起则是弃卫。鲁君疑之，谢吴起。吴起于是闻魏文侯贤，欲事之。魏文侯以为将，击秦，拔五城。起之为将，与士卒最下者同衣食，与士卒分劳苦。卒有病疽者，起为吮之。卒母闻而哭之，曰：“往年吴公吮其父，其父战不旋踵，遂死于敌。吴公今又吮其子，妾不知其死所矣。”文侯以吴起善用兵，廉平，尽能得士心，乃以为西河守，以拒秦、韩。魏文侯既卒，起事其子武侯。武侯浮西河而下，中流，顾而谓吴起曰：“美哉乎山河之固，此魏国之宝也！”起对曰：“昔殷纣之国，左孟门，右太行，常山在其北，大河经其南，修政不德，武王杀之。由此观之，在德不在险。”

武侯曰："善。"吴起为西河守，甚有声名。魏置相，相田文。吴起不悦，谓田文曰："请与子论功，可乎？"文曰："主少国疑，大臣未附，百姓不信，方是之时，属之于子乎？属之于我乎？"起默然良久，曰："属之子矣。"文曰："此乃吾所以居子之上也。"吴起乃自知弗如田文。田文既死，公叔为相，尚魏公主，而害吴起。吴起惧得罪，遂去，即之楚。楚悼王素闻起贤，至则相楚。于是南平百越；北并陈蔡，却三晋；西伐秦。诸侯患楚之强。故楚之贵戚尽欲害吴起。及悼王死，宗室大臣作乱而攻吴起，吴起走之王尸而伏之。击起之徒因射刺吴起，并中悼王。悼王既葬，太子立，乃使令尹尽诛射吴起而并中王尸者。坐射起而夷宗死者七十余家。

（节选自司马迁《史记·孙子吴起列传》）

11. 解释文中加点字的含义。（每小题1分，共4分）

（1）鲁君疑之，谢吴起。

（2）魏文侯以为将，击秦，拔五城。

（3）楚悼王素闻起贤，至则相楚。

（4）坐射起而夷宗死者七十余家。

12. 下列对文中画波浪线部分的断句，正确的一项是______。（3分）

A. 鲁人或曰/夫鲁/小国/而有战胜之名/则诸侯图鲁矣/且鲁卫兄弟之国也/而君用起/则是弃卫

B. 鲁人或曰/夫鲁小国/而有战胜之名/则诸侯图鲁矣/且鲁卫兄弟之国也/而君用起则是/弃卫

C. 鲁人或曰/夫鲁小国/而有战胜之/名则诸侯图鲁矣/且鲁卫兄弟之国也/而君用起/则是弃卫

D. 鲁人或曰/夫鲁小国/而有战胜之名/则诸侯图鲁矣/且鲁卫兄弟之国也/而君/用起则是弃卫

13. 下列对原文有关内容的概括和分析，不正确的一项是______。（3分）

A. 吴起本是卫国人，先是率鲁军抗齐得胜，后又率魏军攻陷秦国五城；这些战功都和他善于为将、与士卒同甘共苦密不可分。

B. 吴起声名渐起，遭到公叔妒忌。吴起虽然对田文为相表示不悦，但不久就平复了心情；而公叔继田文为相后，吴起深表不满，担心被害，于是离开魏国前往楚国。

C. 魏武侯沿西河而下时，指出山河之固是魏国之宝；吴起则认为，治国依据山河险固不如推行德政，德政才能免于国家灭亡。

D. 吴起为楚建功，反而受到迫害。他到楚国后虽然屡建奇功，而原本的楚国贵戚却想加害于他，施暴者射击吴起；太子继位之后，这才诛杀作乱之人。

14. 将文中画横线的句子翻译成现代汉语。（9分）

（1）往年吴公吮其父，其父战不旋踵，遂死于敌。吴公今又吮其子，妾不知其死所矣。（3分）

（2）文曰："此乃吾所以居子之上也。"吴起乃自知弗如田文。（3分）

（3）及悼王死，宗室大臣作乱而攻吴起，吴起走之王尸而伏之。击起之徒因射刺吴起，并中悼王。（3分）

四、文学名句填空（每小题1分，共6分）

15. ____________________，吾将上下而求索。（屈原《离骚》）

16. 报君黄金台上意，____________________。（李贺《雁门太守行》）

17. 人有悲欢离合，月有阴晴圆缺，____________________。（苏轼《水调歌头》）

18. ____________________，自缘身在最高层。（王安石《登飞来峰》）

19. 朔气传金柝，____________________。（《木兰辞》）

20. 庄生晓梦迷蝴蝶，____________________。（李商隐《锦瑟》）

五、诗歌阅读（共8分）

送赵都督赴代州得青字[①]

王维

天官[②]动将星[③]，汉地柳条青。

万里鸣刁斗，三军出井陉。

忘身辞凤阙，报国取龙庭。

岂学书生辈，窗间老一经。

［注释］①得青字：古人相约赋诗，规定一些字为韵，各人分拈韵字，依韵而赋，“得青字”即拈得“青”字韵。②天官：天上的星官。古人认为，天上的星星与人间的官员一样，有大有小，因此称天官。③将星：《隋书·天文志》记载，天上有十二个天将军星，主兵象。中央的大星，乃天之大将。大将星摇晃，预兆有战事将发生；大将星出，预兆已经出兵。这里指赵都督将带兵开赴代州。

21. 下列对这首诗的分析鉴赏，不正确的一项是______。（3分）

A. 首联写启程，“天官”“将星”点明人物身份和事件起因，“柳条青”则表明了季节特征和特定场景，可谓言简意赅。

B. 颔联紧承首联，将军中用具“刁斗”写进诗中，形象地展现了军营生活场景，“出”点明了行军的路线。

C. “凤阙”指宫廷，“龙庭”借指敌虏。颈联两句互文见义，诗人以雄大笔力写出赵都督戍边卫国的耿耿忠心。

D. 尾联表达了离别时强烈的伤感之情，与诗人的另一首诗《送元二使安西》中表达的情感有很大不同。

22. 这是一首送别诗，但有人评此诗“意不止送别”。请结合全诗分析，你从诗中读出了诗人哪些思想情感？（5分）

六、文学类文本阅读（共17分）

永不掉队

谢志强

1947年冬，秦山第一次听见方歌唱歌。团长命令：我们的两条腿要跑过敌人的汽车轮子。秦山穿草鞋，脚磨破了，渐渐地落在队伍的后边。于是，他听见了那支歌：向前向前向前，我们的队伍向太阳……

方歌站在路边的一个小土坡上，齐耳短发，她旁边还站着两个女兵，是师文工团的团员。秦山踏着歌声，赶上了队伍。

部队准时到达了指定的地点，堵住了敌人的退路，激战三天。秦山身负重伤，被送到野战医院。

方歌所在的文工团来医院慰问伤病员。

秦山在昏迷之中，仿佛又掉队了。他听见方歌的歌声，苏醒过来。歌声飞进了他的心里，他像在舔嘴唇，默默地跟着哼。

医生对方歌说：你把这个英雄唱醒了。

秦山家境穷困，爹娘却供他上学，念到初中，日本人来“扫荡”，他就参了军。

他受过五次伤，这一次伤得最重。他说：一颗炮弹把我炸飞了。方歌说：我见过你，看不出，你还是个英雄！

1948 年，秦山调进了王震所在的部队，当了独立旅某连的连长。挺进西北，开赴新疆——新疆和平解放。

翻过祁连山，秦山第三次听见了方歌唱歌。

方歌所在的文工团跟秦山的连队在一起宿营。女兵很惹眼。秦山看见了方歌，风撩着她的齐耳短发，像水边的垂柳。秦山的心里奏起旋律。

茫茫戈壁荒漠，一眼望不到头。

方歌突然唱起了歌：向前向前向前……

秦山站起来，走过去，说：你咋知道我在唱，我一点儿也没唱出声呀。

方歌说：我似乎听见了一个旋律，有谁起了个头。

部队来到了南疆重镇阿克苏，驻守在塔克拉玛干沙漠的边缘，开始垦荒。秦山第四次遇见方歌，是在团部。

他乐了，说：是要来慰问一下我们了？戈壁荒漠听了你们的歌声就会开花呢。

方歌说：这一回，是调到你们这儿了。

1952 年春，秦山独自骑马，向着太阳升起的方向，进入了沙漠。他打算建立一个新的连队，开垦一个新的荒原。按他的说法，大口啃一块沙漠。

起了大沙暴。沙漠似乎要捉弄一下英雄。两天里，风沙铺天盖地，仿佛真的要让他“进去出不来”。风一停，沙一落，像什么事都没发生，沙漠异常美丽，移动过的沙丘，那纹路，如同水的波纹。沙漠总是将它上边的物体藏起来。

幸亏有一棵枯死的胡杨树。找到秦山的时候，他搂着树干，沙子已埋到他的腰。胡杨树仿佛缩短了一截。秦山的嘴里灌满了沙粒，几乎没了脉搏。

打电话给团部。方歌带了团部的两个女兵赶来，其中一位是医生。秦山像胡杨树一样，一动不动。

方歌和女兵含泪唱歌，唱沂蒙山小调。

秦山是山东籍。但他对家乡的歌没反应。

女医生听不到秦山的心脏跳动，就用一块白布裹住秦山。

教导员拿来了军旗，盖到秦山的身上。

方歌扑过来，揭掉军旗，打开白布，向秦山喊：我们早就讲好了，来，让我给你唱歌。地窝子里一片宁静。

歌声响起：向前向前向前，我们的队伍向太阳……

渐渐地，所有的人都跟着方歌唱了起来。阳光从地窝子上边的天窗照进来，沙尘像音符，在阳光中飞舞。

秦山的嘴唇居然动了。

多年后，我了解到了各种版本的秦山和方歌的爱情故事。其中一个讲述者是秦平沙，他是秦山和方歌的儿子，我们都是军垦第二代。

（有删改）

23. 下列对小说相关内容和艺术特点的分析鉴赏，不正确的一项是______。（3 分）

A. 秦山负伤醒来之后，“他像在舔嘴唇，默默地跟着哼”，这一细节写出了一个战斗英雄意志坚定、热爱生活的情怀。

B. 作者通过心理描写，表现了方歌在面对已无生命体征的秦山时内心的悲痛，写得极富感染力。

C. 翻过祁连山后，“秦山的心里奏起旋律”“方歌突然唱起了歌”，说明两个人已经暗生情愫、心有灵犀一点通了。

D. 小说通过对秦山和方歌二人从相遇、相识、相知到相爱的爱情历程的生动叙写，赞美了爱情的美好，同时也歌颂了这对军人伴侣永不掉队、共同进步的革命精神。

24. 小说以“秦山听方歌唱歌”谋篇布局，这样安排的作用是什么？请简要说明。（6 分）

25. 这篇小说洋溢着英雄主义和浪漫主义的精神，结合作品，谈谈你的理解。（6 分）

26. 小说的最后一段是多余的吗？请作分析。（2 分）

七、语言运用（10 分）

27. 依次填入下面横线处的语句，衔接最恰当的一组是______。（3 分）

云计算，尤其是共有云计算的运用，可以将所有的数据集中存储到“数据中心”，即所谓“云端”。______，______。______，______。______，______，运行于网络上的数据随时都有可能遭受安全威胁。因此，我们应清醒地认识到保障数据安全的重要性，及早制定数据安全防范措施，全面筑牢数据安全防护墙。

①一旦云服务平台安全管理出现疏漏

②必然会吸引更多的攻击者

③但震惊世界的“棱镜门”事件警示我们

④信息化网络是支撑数据运行的物质技术基础

⑤但敏感的数据一旦上了“云端”

⑥必然导致数据泄露或丢失

A. ④⑤⑥①③②　　B. ⑤①②⑥③④

C. ⑤②①⑥④③　　D. ⑥②①⑤④③

28. 下面是一副对联，请写出下联，要求与上联字数相符，结构相同，逻辑一样。（3 分）

上联：乘长风，复兴逐鹿征帆远

下联：____________________

29. 概括下面一段文字的主要内容，不超过50字。（4分）

2019年11月13日14时35分，我国在太原卫星发射中心用长征六号运载火箭，以一箭五星的方式成功将宁夏一号卫星（又称钟子号卫星）发射升空，卫星顺利进入预定轨道，任务获得圆满成功。本次任务是长征六号运载火箭首次进行低倾角发射，针对任务需求，火箭做出了包括起飞滚转、横向导引、新型复合材料双层壁挂式发射筒等一系列技术升级。中国航天技术一直走在前列，但中国航天人并未满足于已有的成就，而是勇于探索、勇于开拓，用自己的大脑与双手创造着一个属于中国的航天新时代！

八、写作（60分）

30. 阅读下面的材料，根据要求写作。

"受命之日则忘其家，临军约束则忘其亲，援枹鼓之急则忘其身。"古往今来，"一家不圆万家圆，万家圆时心方安"始终是军人的初心本色和孜孜追求。2020年春节，新型冠状病毒肆虐武汉。危急关头，除夕之夜，来自陆、海、空军医大学的450名英雄儿女，舍小家，为大家，置个人生死于度外，紧急集结，飞降武汉，拯救人民，展示了守卫人民、守护祖国、无怨无悔、不畏牺牲的勇敢担当和家国情怀。

作为军人的你，读了上面的材料有何感想？请据此写一篇文章。

要求：自拟题目，自选角度；文体不限，诗歌除外；不少于700字。

二〇二〇年军队院校生长军(警)官招生文化科目统一考试

士兵高中语文试题参考答案及评分标准

一、单项选择（每小题3分，共21分）

1. C　　2. D　　3. B　　4. C　　5. A　　6. D　　7. B

二、论述类文本阅读（每小题3分，共9分）

8. D　　9. D　　10. B

三、文言文阅读（共19分）

11. 解释文中加点字的含义（每小题1分，共4分）

（1）谢：辞谢；拒绝，引申为不用。　（2）拔：攻取；攻伐。（“拿下”亦可得分）

（3）素：平素；向来；一向。　（4）坐：因；因为；由于。

12. A（3分）　　13. B（3分）

14.（1）昔年（“过去”“以前”均可）吴将军曾为他父亲吸毒疮，他父亲作战时勇往直前，最终死在敌人手里。吴将军现在又为我儿子吸毒疮，我不知儿子会死在哪里。(3分)

（2）田文说：“这就是我职位在你之上的原因。”吴起才知道自己不如田文。(3分)

（3）等到楚悼王去世后，王室大臣暴乱而攻击吴起，吴起跑到楚悼王停尸的地方，伏在悼王的身体上。攻击吴起的暴徒趁机射击刺杀吴起，同时也射中了悼王的尸体。(3分)

四、文学名句填空（每小题1分，共6分）

15. 路漫漫其修远兮（“路曼曼其修远兮”亦对）　　16. 提携玉龙为君死

17. 此事古难全　　18. 不畏浮云遮望眼

19. 寒光照铁衣　　20. 望帝春心托杜鹃

五、诗歌阅读（共8分）

21. D（3分）

22. ①对友人的不舍、惜别之情。首联以“柳”字点出折柳送别的特定场景，表现了送别的情谊。(1分)

②对赵都督戍边报国的赞美之情。颈联“忘身”“报国”及尾联的反问，表达了诗人对即将出征的赵都督甘愿驰骋沙场、为国捐躯的英雄气概的高度赞扬。(2分)

③诗人自己渴望建功立业、济世报国的豪情。尾联寄寓了诗人不愿做皓首穷经的书生，而想建功立业、报效国家的心志。(2分)

六、文学类文本阅读（共17分）

23. B（3分）

24. ①从情节上，以“秦山听方歌唱歌”为线索，推动了故事情节的发展。②从形象上，展示了人物献身革命事业、追求爱情的美好形象。③从主旨上，“歌声”代表一种希望，写方歌唱歌，有利于强化主旨。④从效果上，增强了故事的传奇色彩，使故事具有可读性。（每点2分，答出其中三点即可；满分6分）

25. ①英雄主义。秦山不怕牺牲，在战争时期，用双腿跑过敌人的汽车轮子，五次受伤；他勇于奉献，在国家建设时期，为开垦一个新的荒原，不畏恶劣条件，独自深入沙漠。②浪漫主义。歌声唤回生命，秦山受重伤时，方歌用歌声唤醒他；歌声催生爱情，在共同的革命理想中，通过歌声，他们产生了爱情。（每点3分，满分6分）

26. 不是多余的。最后一段既是对前文的补充交代，同时通过写后人难以忘怀的追忆，表达了对前辈的崇敬之情，深化了主旨，不是多余的。（2分）

七、语言运用（共10分）

27. C（3分）

28. 示例：踏巨浪，砥砺前行盛世来（3分）

29. 中国以一箭五星方式圆满完成宁夏一号卫星发射任务，实现了一系列技术升级，体现了勇于开拓创新的航天精神。（4分）

八、写作（60分）

30. 评分标准

一等（60～51分）	二等（50～41分）	三等（40～31分）	四等（30～0分）
以55分为基准 上下浮动	以45分为基准 上下浮动	以35分为基准 上下浮动	30分以下
文体符合要求	文体基本符合要求	文体大体符合要求	文体不符合要求
紧扣题意	符合题意	基本符合题意	严重偏离题意
中心突出	中心明确	中心不够明确	中心不明确 或文不对题
内容充实	内容较充实	内容较单薄	内容空洞
结构严谨	结构完整	结构基本完整	结构混乱或残缺
语言流畅 有表现力	语言通顺达意	语言基本通顺	语病多

说明：

（1）以高中一般写作水平为衡量的依据。

（2）各项具体标准中，以“中心”“内容”“语言”为重点。

（3）扣分标准：

①字数不足但完篇者，先按相应等级评分，然后每少20字扣1分。未完篇者（内容、结构残缺），按四等评分，不再扣字数分。②每2个错别字扣1分，重复者不计。③每2个标点错误扣1分。④字迹潦草难辨，卷面脏乱，酌扣1～3分。

二〇二〇年军队院校士官招生文化科目统一考试

士兵高中语文试题

考生须知	
考	1. 本试卷共八大题，考试时间150分钟，满分150分。
生	2. 将部别、姓名、考生号分别填涂在试卷及答题卡上。
须	3. 所有答案均须填涂在答题卡上，填涂在试卷上的答案一律无效。
知	4. 考试结束后，试卷及答题卡全部上交并分别封存。

一、单项选择（每小题3分，共21分）

1. 下列加点字的注音，完全正确的一项是______。

A. 孝悌 dì　　屡见不鲜 xiǎn　　脍炙人口 kuài

B. 纰漏 pī　　茅塞顿开 sè　　混淆视听 xiáo

C. 浸渍 jìn　　含情脉脉 mò　　锲而不舍 qì

D. 曲折 qǔ　　随声附和 hè　　奄奄一息 yān

2. 下列没有错别字的一项是______。

A. 奇葩　　忧心忡忡　　否极泰来

B. 迸列　　欲盖弥张　　平心而论

C. 瞠目　　熙熙攘攘　　涓然泪下

D. 蹊跷　　病入膏盲　　源远流长

3. 依次填入下列各句横线处的词语，最恰当的一组是______。

①这样______地帮助同学，他一贯如此。

②只见树木不见森林，只记住了名词术语，却______了主要内容，这是浅薄的学习态度。

③鲁迅先生后期的杂文，几乎都是讽刺文学的______。

④由于骄傲，你们会在应该同意的时候______起来。

A. 主动　疏忽　典型　顽固　　B. 主动　忽略　典型　固执

C. 自动　疏忽　典范　顽固　　D. 主动　疏忽　典范　固执

4. 下列句子中加点的成语，使用不恰当的一项是______。

A. 中国和本地区国家就解决南海分歧达成了有效共识，希望域外国家支持而不是干扰中国和东盟国家的努力，不要横生枝节，不要试图破坏这个局面。

B. 如今的书坛画坛鱼龙混杂，且处处都是圈起来的围墙篱笆。

C. 毛主席一针见血地指出，一切反动派都是纸老虎。

D. 安全问题无小事，对一些看似细小的安全隐患要重视，否则滴水穿石，细小的问题也会酿成大灾祸，从而造成巨大损失。

5. 下列各句中，没有语病的一句是______。

A. 培养一代新风，不只是学校的事情，而是整个社会的事情。

B. 纸条上写着：还欠款 5000 元。

C. 他把我们连的几个干部叫到了一起。

D. 战士们连续打败了敌人的五次进攻。

6. 下列标点符号的使用，正确的一项是______。

A. 他几步跨了过来，把小孩搂在怀里，左边亲了，右边亲。

B. “哎呀！”一个小孩惊叫起来，“大家快来看啊，这儿有一窝小老鼠！”

C. 然而，他还是感到遗憾，总觉得有两个是字没唱好。

D. 在另一领域中，人却超越了自然力，如飞机、火箭、电视、计算机……等等。

7. 下列有关文学常识的表述，不正确的一项是______。

A.《诗经》是我国第一部现实主义诗歌总集。

B. 宋代女词人李清照，其代表作品有《一剪梅》（红藕香残玉簟秋）等。

C.《致大海》是俄罗斯诗人普希金的作品。

D. 郁达夫的散文《荷塘月色》语言优美，运用多种修辞手法，具有很强的表现力。

二、文学类文本阅读（共 13 分）

飞来的木桶

高 军

1939 年冬天，沂蒙山区比往年冷得多。这样的气候对患有胸膜炎的徐向前来说是很不舒服的。

部队很快就要从东高庄村移防了，一有空闲徐向前总是到老百姓家里多转一转。

<u>这天，他和警卫员随意走进了麻其老人家中，老人正坐在被窝里取暖。麻其想从床上起来，徐向前赶紧上前一步，按住了他：“大爷，够冷的哈。”徐向前觉得那破被子薄薄的，仅有很少的一点暖意，“你就坐在被窝里，咱们拉拉呱。”说着，他把自己披的大衣脱下来，盖在了麻其的薄被子上面。警卫员想阻止，徐向前摆手阻止他说下去：“咳，咳，你出去吧，我和大爷说说话。”</u>

麻其心中一热，眼睛有些湿润起来。徐向前倾着身子，拉着他那粗糙的手与他家长里短地说着话。麻其看徐向前嘴唇有些发青，想把大衣让他披上。徐向前用力制止了：“大爷，这是送给你的。”

告辞的时候，麻其还是起来了，徐向前赶紧给他披上大衣，拉了拉领子：“这样会暖和一点，别送了，有空我再来看你……”

拐过院子墙角的时候，警卫员突然对徐向前小声说：“首长，大爷家的木桶盛的水不易上冻，咱们饮马用的铁桶，太容易冻实心了，要是……”徐向前摆摆手制止了他，大步向前走去。

这些天天气太冷了，饮马水很快就被冻住了，冻实的冰块倒都倒不出来，非常麻烦，警卫员打的小九九是想要麻其家的木桶，但看到徐向前很坚决地摆了手，知道没有戏了，也就打消了这一念头。

可是说来也奇怪，第二天，警卫员在大门楼下发现了一只不知道从哪里飞来的木桶，他高兴地拿着去井上打满水，提回来就放到了马头前面。他站在一边，高兴地观察着，马悠闲地喝了几口水，偶尔抬起头来看他一眼，温驯的眼睛中好像充满感激之情。

“怎么回事儿?”警卫员转眼一看，是徐向前来了，正用严厉的眼光逼视着自己，食指直直地指着木桶。“我、我……”警卫员正想解释，被徐向前毫不客气地打断了，“我什么我，赶紧给麻大爷送回去。”警卫员想，肯定是自己昨天说的话让大爷听见了，大爷知道咱们的军队不拿群众一针一线，所以偷偷把木桶给送过来了，于是赶紧倒掉水，提起来就小跑着去了。

徐向前在军用地图前思考着，时而也会用手在上面指点比画一下。不一会儿，警卫员提着空空的木桶慢吞吞地回来了。

徐向前转回身来：“怎么回事儿?”

警卫员汇报说：“麻其大爷家的木桶还好好地在家里呢，他根本不承认这是他家的木桶。”徐向前自言自语道：“难道是长着翅膀自己飞来的?”警卫员赶紧接上说：“咱们什么异常情况也没有发现，什么动静也没听到，早晨起来大门楼下就发现了这只木桶，说不定就是自己飞来的呢。”徐向前瞪了他一眼，他赶紧住了嘴。徐向前又问道：“老人家怎么说的?”警卫员小声说道：“大爷说，找不到主儿就先用着呗。”徐向前嘱咐道：“先注意观察情况吧，看到底是谁给咱送来的，然后再做处理。”警卫员出去了，徐向前又皱着眉头想了一会儿，摇摇头又回到了地图前面。

又过了一天，一切都已收拾整齐，部队就要出发。徐向前让警卫员提起两个铁筲桶，招呼说：“走吧。”警卫员有些疑惑，但还是听话地紧跟上了脚步。

他们再次来到了麻其家的小院子，麻其看着警卫员提的铁筲桶，问道：“这个……”徐向前用一只手揽着麻其的肩：“天气太冷了，咱们屋子里说话吧。”

坐下后，徐向前说道：“麻大爷，部队马上就要出发了，我们过来向你告个别，再来看看您老人家哈。”麻其说：“别见外啊，你送我的棉大衣可暖和了。”徐向前说：“前天早上，我那里突然飞去了一只木桶，我用来饮马可好用了，特别是这大冷天。可是，你说说它会长翅膀吗？怎么就会飞了去呢?”麻其呵呵一笑：“山里奇事多，长翅膀也是有可能的。”徐向前用舒缓的语调深情地说道：“玩笑话咱就不多说了，得道多助，失道寡助啊，这说明我们的军队是得到了拥护和支持的，我们深深感谢父老乡亲们的大力支持啊。大爷啊，我有了那飞来的木桶，这两个铁筲桶也就用不着了，想着送给你哈。”麻其摇头：“这不行，这不行。”徐向前笑了笑：“这也能给我们行军减轻一些负担啊。”麻其嗫嚅着：“你看看，你看看，这刚送了我大棉袄，怎么能再要这个啊？”徐向前说：“不是说军民一家吗？咱们就别分你我了好不？”

（有删改）

8. 下列对文章相关内容和艺术特色的分析鉴赏，不正确的一项是______。（3分）

A. 文章开头交代沂蒙的天气状况，既交代了故事发生的背景，同时为下文徐向前将身上大衣赠送给麻其做铺垫。

B. 文中“首长，大爷家的木桶盛的水不易上冻，咱们饮马用的铁桶……”一句看似不经意的话，实则是全文叙事的关键点。

C. 伏笔是小说常用的手法，如文中“徐向前让警卫员提起两个铁筲桶”就为下文将铁筲桶送给麻其埋下了伏笔。

D. “你说说它会长翅膀吗？怎么就会飞了去呢？”文中连用两个问句，刻画出了徐向前对木桶来历感到困惑的心理。

9. 文中画线段运用了哪些描写方法？起到了怎样的表达作用？（4分）

10. 结合全文，简要分析“木桶”这一事物在文中的作用。（3分）

11. 概括文章的主题。（3分）

三、诗歌阅读（每小题3分，共9分）

渔家傲·秋思

范仲淹

塞下秋来风景异，衡阳雁去无留意。

四面边声连角起，千嶂里，长烟落日孤城闭。

浊酒一杯家万里，燕然未勒归无计。

羌管悠悠霜满地，人不寐，将军白发征夫泪。

12. 下列最能体现塞下秋天季节特点的一项是______。

A. 长烟落日　　B. 孤城紧闭　　C. 衡阳雁去　　D. 四面边声

13. 下列对这首词的分析鉴赏，错误的一项是______。

A. 词的上片中“长烟落日孤城闭”与“大漠孤烟直，长河落日圆”的意境相似。

B. 词的上片重在写景，主要描写了塞下秋景之凄寒；词的下片集中抒情，主要抒发了征人思乡爱国之情。

C. “燕然未勒”借用东汉大将军窦宪燕然勒石记功而还的典故，表现将士们建功立业的壮志和决心。

D. 这首词的意境悲凉壮阔，形象鲜明生动，语言质朴凝练，是宋词中的精品。

14. 你怎样理解“人不寐，将军白发征夫泪”一句中的“不寐”？

四、诗文名句填空（每空2分，共12分）

15. ________________，儿女共沾巾。（王勃《送杜少府之任蜀州》）

16. 稻花香里说丰年，________________。（辛弃疾《西江月·夜行黄沙道中》）

17. 己所不欲，________________。（《论语》）

18. 日月之行，若出其中。________________，若出其里。（曹操《观沧海》）

19. 会当凌绝顶，________________。（杜甫《望岳》）

20. 俱往矣，数风流人物，________________。（毛泽东《沁园春·雪》）

五、古文阅读（共15分）

王翦者，频阳东乡人也。少而好兵，事秦始皇。

秦将李信者，年少壮勇，尝以兵数千逐燕太子丹至于衍水中，卒破得丹，始皇以为贤勇。于是始皇问李信："吾欲攻取荆，于将军度用几何人而足？"李信曰："不过用二十万人。"始皇问王翦，王翦曰："非六十万人不可。"始皇曰："王将军老矣，何怯也！李将军果[1]势壮勇，其言是也。"遂使李信及蒙恬将二十万南伐荆。王翦言不用，因谢病，归老于频阳。李信攻平与，蒙恬攻寝，大破荆军。信又攻鄢、郢，破之，于是引兵而西，与蒙恬会城父。荆人因随之，三日三夜不顿舍[2]，大破李信军，秦军走。

始皇闻之，大怒，自驰如频阳，见谢王翦。曰："寡人以不用将军计，李信果辱秦军。今闻荆兵日进而西，将军虽病，独忍弃寡人乎！"王翦曰："大王必不得已用臣，非六十万人不可。"始皇曰："为[3]听将军计耳。"于是王翦将兵六十万人，始皇自送至灞上。王翦果代李信击荆，大破荆军。

（选自宋·张预《十七史百将传》）

［注释］ ①果：果然。 ②顿舍：停止。 ③为：惟。

21. 解释下列加点词的意思。（每小题1分，共4分）

（1）少而好兵。

（2）王翦言不用，因谢病，归老于频阳。

（3）于是引兵而西，与蒙恬会城父。

（4）寡人以不用将军计，李信果辱秦军。

22. 将文中划线的句子翻译成现代汉语。（每小题3分，共6分）

（1）王翦者，频阳东乡人也。

（2）吾欲攻取荆，于将军度用几何人而足？

23. 王翦起先为什么"谢病"？后来又为什么会"将兵"大破"荆军"？请结合文章作简要分析。（5分）

六、实用类文本阅读（共12分）

材料一：

革命文化，是中国共产党领导中国人民在伟大斗争中构建的文化，它以马克思主义为指导，以“革命”为精神内核和价值取向，继承中华优秀传统文化，借鉴世界优秀文明成果，是具有鲜明中国特色的先进文化。它是革命实践的伟大创造，是中国革命事业的精神遗产和文化传承，是中国共产党人和广大人民群众优良传统和品格风范的集中体现，是推进中华民族伟大复兴的强大精神动力。它起源于五四新文化运动和中国共产党成立，形成于新民主主义革命时期，丰富发展于社会主义革命与建设以及改革开放时期。

（摘编自朱喜坤《革命文化是文化自信的重要源头》）

材料二：

红色文化遗存是红色记忆的重要组成部分。随着国家对传承红色文化的日益重视，各地逐渐认识到保存、修缮红色文化遗存的重要性，甚至兴起了重建、复建红色文化遗址的热潮，带动了当地经济的发展。然而，在这一股红色文化热潮中，一些违背红色文化保护宗旨及历史基准的做法，却是令人忧虑的。

真实是历史的最根本要求，红色文化遗存承载着革命历史，首先就应该遵循真实的原则，尽力回到历史的原生态。实际上，国内红色老区有一大批热衷于革命历史、献身党史研究的专家学者，他们对革命历史、革命遗存有着非常丰富且准确的认识，是革命历史活的“百科全书”，红色文化遗存的保护和复建应该充分尊重他们的意见。

党的十八大以来，国家一直强调要传承红色基因，激活革命文化的生命力。红色文化遗存具有重要的价值与特殊的意义，它是几代人红色记忆的主要载体，对其保护必须秉持敬畏之心。我们在红色文化遗存的保护与建设中，一定要避免求新求美，必须尽力回归历史的本真。实际上，革命年代的物质条件本来就不好，做到修旧如旧、恢复红色文化遗存的朴素面貌，恰恰能更好地保留更接近真实的历史记忆，也能够更好地发挥红色文化凝神聚魂、砥砺初心的作用。

（摘编自韩伟《红色文化遗存保护须回归历史本真》）

材料三：

嘉兴南湖对每个中国人来说都具有特别的意义。在刚刚过去的暑假，有大批中小学生、参加社会实践的大学生来到南湖，走近红船，感受中国共产党的初心与使命。

从中国共产党的诞生到党的第一个纲领、第一份决议被通过，南湖上的这艘画舫见证了这一切，它拥有了特殊的历史地位及象征意义，孕育出了独特的“红船精神”。2005年，时任浙江省委书记的习近平同志在《光明日报》刊文，首次将“红船精神”阐释为开天辟地、敢为人先的首创精神，坚定理想、百折不挠的奋斗精神，立党为公、忠诚为民的奉献精神。党的十九大闭幕不久，习近平总书记就带领新一届中共中央政治局常委到中共一大会址重温入党誓词，强调要结合时代特点大力弘扬“红船精神”，使其在新时代绽放光芒。

诞生于革命年代的革命文物，有生命，有记忆，有语言，印证着来路，昭示着明天，是革命文化的具体展现。当红色基因沉淀在一件件宝贵的革命文物中，穿越时空向我们走来，每个人都会有一种激动、一种奋斗的情怀与自信。

（摘编自绿箫《让革命文化焕发时代光彩》）

24. 下列不属于保护红色文化遗存的做法的一项是______。(3分)

A. 根据相关专家学者的意见修缮烈士故居，建立爱国主义教育基地。

B. 在市民广场和文化公园修建象征革命精神的艺术雕塑和园林小品。

C. 建立五四时期革命青年手稿纪念馆。

D. 在博物馆珍藏抗日战争时期的军号等革命文物。

25. 下列对材料相关内容的概括和分析，不正确的一项是______。(3分)

A. 革命文化是中国共产党领导中国人民在争取国家独立、民族解放和人民幸福的伟大实践中构建起来的先进文化。

B. 革命文化是在继承中华优秀传统文化、借鉴世界优秀文明成果的基础上的伟大创造。

C. 出于推动经济发展、砥砺初心、激活革命文化的生命力、增强文化自信等的考虑，国家对传承红色文化日益重视。

D. 嘉兴南湖上的红船具有特殊的历史地位及象征意义，对其保护必须秉持敬畏之心。

26. 以上三则材料均论述了“革命文化”的相关内容，但侧重点各不相同，请结合材料简要分析。(6分)

七、语言运用（共8分）

27. 下列在文中横线上补写的语句，最恰当的一项是______。(3分)

影视作品特别是军事题材的创作，只有在如何讲好中国故事、传播好中国声音方面实现彻底的突破，方可赢取可观的成绩。______，它的压力就在于如何在历史原型与现实艺术表达之间架起符合观众共同审美的桥梁，如何处理情节、立意、人物等要素之间的关系，从而带给观众理性的价值判断。

A. 虽然，创作一部好的军事题材作品是需要压力的

B. 当然，创作一部好的军事题材作品也是有压力的

C. 当然，压力是创作一部好的军事题材作品所必需的

D. 虽然，压力是创作一部好的军事题材作品所必需的

28. 对下面语段中所使用的修辞方法作用的理解，不正确的一项是______。（3分）

漫漫人生路，有谁能说自己是踏着一路鲜花，一路阳光走过来的？又有谁能够放言自己以后不会再遭到挫折和打击？成功的背后往往布满了荆棘和激流险滩。有的人为一时受挫就轻易地退出“战场”而懊悔不已；有的人一味沉溺于失败而在人生的泥潭越陷越深；有的人因害怕失败而与成功渐行渐远。这些人，永远不会追求到心中的梦想。是退却，还是前行？我想朋友们已经有了自己的选择。

A. 语段开头连用两个反问句，加强语气，强调人生的道路不会是一帆风顺的，有顺境的时候，也会有逆境的时候。

B. 语段中运用“有的人……”的排比句式，加强了语势，突出了不能正确面对挫折的后果。

C. 语段中把人生中遇到的困难和挫折比作“荆棘”和“激流险滩”，具有生动形象的特点。

D. 语段结尾是个反问句，引发读者对人生的思考，指出应该勇敢面对人生的挫折。

29. 请对下面这段文字进行压缩。要求保留关键信息，句子简洁流畅，不超过50个字。（2分）

10月1日上午，庆祝中华人民共和国成立70周年大会在北京天安门广场隆重举行，20余万军民以盛大的阅兵仪式和群众游行欢庆共和国70华诞。而在阅兵方阵中，女兵方阵格外引人注目。以往阅兵，女兵方阵的领队是各方面表现都比较突出的女兵，而这次阅兵，女兵方阵则由两位女将军带领走过天安门，她们是程晓健少将和唐冰少将。据悉，这是新中国国庆阅兵史上首次出现女将军。

八、写作（60分）

30. 新训是我们军旅生涯的第一步。在实现“两个转变”的过程中，曾经留下过不少难忘的记忆。请以“新训记忆”为题，写一篇不少于700字的文章，文体不限，诗歌除外。

二〇二〇年军队院校士官招生文化科目统一考试

士兵高中语文试题参考答案及评分标准

一、单项选择（每小题3分，共21分）

1. B　　2. A　　3. D　　4. D　　5. C　　6. B　　7. D

二、文学类文本阅读（共13分）

8. D（3分）

9. 用了动作（行为）描写、语言描写的方法。用“按”“脱”“盖”等一系列动作，形象地刻画了徐向前关心爱护群众的形象；“大爷，够冷的哈”“你就坐在被窝里，咱们拉拉呱”等极具方言特色的语言，拉近了徐向前与麻其老人的距离，形象地刻画了徐向前平易近人的一面。（答出描写方法2分，分析表达效果2分，满分4分）

10. “木桶”是全文的线索。小说围绕“木桶”叙事写人，“木桶”贯穿全文始末。（3分）

11. 文章通过麻大爷送木桶、警卫员还木桶的故事，表现了麻大爷知恩图报，徐向前治军严明的形象，揭示了军爱民、民拥军、军民团结一家亲的主题。（3分）

三、诗歌阅读（每小题3分，共9分）

12. C　　13. B

14. 其一，写将士们因思念家乡而难以入眠；其二，抒发年华老去而功业未就的苦闷。

四、诗文名句填空（每空2分，共12分）

15. 无为在歧路　　16. 听取蛙声一片　　17. 勿施于人

18. 星汉灿烂　　19. 一览众山小　　20. 还看今朝

五、古文阅读（共15分）

21. （1）好：喜欢；喜爱。（1分）
（2）谢病：托病辞职（官）。（1分）
（3）引：率领；带领。（1分）
（4）以：因；因为；由于。（1分）

22. （1）王翦是频阳东乡人。（3分）
（2）我想攻取（攻打）荆（“楚”或“楚国”亦可），在李将军看来，打算用多少兵力才够？（李将军考虑用多少兵力足够呢？）（3分）

23. 王翦托病是因为秦始皇轻信李信的话而疏远自己，因而迫不得已告老还乡。当荆兵向西进军时，李信兵败，国难当头，王翦义无反顾，重新带领军队打败荆军。（5分）

六、实用类文本阅读（共 12 分）

24. B（3 分）　　25. C（3 分）

26. ①材料一侧重介绍“革命文化”的概念、历史发展及重要意义；②材料二侧重介绍红色文化遗存的保护原则及红色文化遗存的价值和意义；③材料三以传承“红船精神”为例，阐述如何让革命文化焕发时代光彩。（每点 2 分，共 6 分）

七、语言运用（共 8 分）

27. B（3 分）　　28. D（3 分）

29. 在为庆祝中华人民共和国成立 70 周年举行的阅兵仪式上，首次出现女将军带领女兵方阵受阅的情况。（2 分）

八、写作（60 分）

30. 评分标准：

一等（60 ~ 51 分）	二等（50 ~ 41 分）	三等（40 ~ 31 分）	四等（30 ~ 0 分）
以 55 分为基准 上下浮动	以 45 分为基准 上下浮动	以 35 分为基准 上下浮动	30 分以下
文体符合要求	文体基本符合要求	文体大体符合要求	文体不符合要求
紧扣题意	符合题意	基本符合题意	严重偏离题意
中心突出	中心明确	中心不够明确	中心不明确 或文不对题
内容充实	内容较充实	内容较单薄	内容空洞
结构严谨	结构完整	结构基本完整	结构混乱或残缺
语言流畅 有表现力	语言通顺达意	语言基本通顺	语病多

说明：

（1）以高中一般写作水平为衡量的依据。

（2）各项具体标准中，属于思想内容的部分，以“中心”和“内容”为重点；属于语言表达的部分，以“语言”和“结构”为重点。

（3）扣分标准：

①字数不足但完篇者，先按相应等级评分，然后每少 20 字扣 1 分。未完篇者（内容、结构残缺），按四等评分，不再扣字数分。②每 2 个错别字扣 1 分，重复者不计。③每 2 个标点错误扣 1 分。④字迹潦草难辨，卷面脏乱，酌扣 1 ~ 3 分。